ESG NA ADMINISTRAÇÃO PÚBLICA

Estudos dirigidos

CAROLINE RODRIGUES
RODRIGO PIRONTI
Coordenadores

Prefácio
Benjamin Zymler

ESG NA ADMINISTRAÇÃO PÚBLICA

Estudos dirigidos

Belo Horizonte

FÓRUM
CONHECIMENTO JURÍDICO

2025

FÓRUM
CONHECIMENTO JURÍDICO

Luís Cláudio Rodrigues Ferreira
Presidente e Editor

Coordenação editorial: Leonardo Eustáquio Siqueira Araújo / Thaynara Faleiro Malta
Revisão: Bárbara Ferreira
Projeto gráfico: Walter Santos
Capa e Diagramação: Formato Editoração

Rua Paulo Ribeiro Bastos, 211 – Jardim Atlântico – CEP 31710-430
Belo Horizonte – Minas Gerais – Tel.: (31) 99412.0131
www.editoraforum.com.br – editoraforum@editoraforum.com.br

Técnica. Empenho. Zelo. Esses foram alguns dos cuidados aplicados na edição desta obra. No entanto, podem ocorrer erros de impressão, digitação ou mesmo restar alguma dúvida conceitual. Caso se constate algo assim, solicitamos a gentileza de nos comunicar através do *e-mail* editorial@editoraforum.com.br para que possamos esclarecer, no que couber. A sua contribuição é muito importante para mantermos a excelência editorial. A Editora Fórum agradece a sua contribuição.

Dados Internacionais de Catalogação na Publicação (CIP) de acordo com ISBD

E75 ESG na Administração Pública: estudos dirigidos / Caroline Rodrigues, Rodrigo Pironti (coord.). Belo Horizonte: Fórum, 2025.
666p. 14,5x21,5cm

ISBN impresso 978-85-450-0779-1
ISBN digital 978-85-450-0775-3

1. Administração Pública. 2. ESG. 3. Governança. 4. Responsabilidade social. 5. Sustentabilidade ambiental. I. Rodrigues, Caroline. II. Pironti, Rodrigo. III. Título.

CDD: 350
CDU: 35

Ficha catalográfica elaborada por Lissandra Ruas Lima – CRB/6 – 2851

Informação bibliográfica deste livro, conforme a NBR 6023:2018 da Associação Brasileira de Normas Técnicas (ABNT):

RODRIGUES, Caroline; PIRONTI, Rodrigo (coord.). *ESG na Administração Pública*: estudos dirigidos. Belo Horizonte: Fórum, 2025. 666p. ISBN 978-85-450-0779-1

Dedico esta obra à minha família, aos amigos, ao marido Cleverson, que compreendem as ausências e sempre estimulam meu crescimento e, em especial, ao meu filho Leonardo, minha razão de vida, meu melhor projeto e para quem trabalho para tornar o mundo um lugar mais sustentável, justo e equânime.

Caroline Rodrigues

Dedico esta obra à minha família, em especial, a minha amada esposa Ana e as razões de nossas vidas, Enrico e Chiara.

Rodrigo Pironti

Agradeço àqueles com quem convivo e aos que passaram pela minha vida e colaboraram pela construção dos meus valores pessoais e profissionais, aos autores que consentiram em participar desta obra e dedicaram seu tempo para compartilhar seus conhecimentos e inquietações e agradeço especialmente ao amigo Rodrigo Pironti, que desde a faculdade é um grande parceiro, que sempre me apoiou pessoal e profissionalmente, com quem tive a honra de trabalhar e que aceitou mais esse projeto conjunto.

Caroline Rodrigues

Agradeço a todos os colegas de escritório, que me auxiliam no diálogo diário sobre o tema e com quem sempre aprendo, em especial aos professores e sócios Eduardo Moura, Mariana Keppen, Mirela Miró Ziliotto, Rafael Lovato e Isabele Hopker. Aos amigos e professores Marcelo Zenkner, Daniel Lança e Rodrigo Fontenelle, com quem tenho a oportunidade de crescer teoricamente para muito além dos laços de amizade que nos unem, aos coautores desta obra e em especial à Caroline Rodrigues, pela exímia coordenação desta obra, sem a qual tal feito não seria possível.

Rodrigo Pironti

"Nenhum projeto é viável se não começa a construir-se desde já: o futuro será o que começamos a fazer dele no presente".

Içami Tiba

SUMÁRIO

PREFÁCIO

Benajmin Zymler 23

INTRODUÇÃO 25

PARTE I

CONTEXTUALIZAÇÃO

OS SETE GRANDES MOTIVOS PARA IMPLEMENTAR O ESG NA ADMINISTRAÇÃO PÚBLICA

RODRIGO PIRONTI AGUIRRE DE CASTRO, CAROLINE RODRIGUES 31

Introdução 31

1 Uma contextualização necessária 32

2 Principais motivos para a implementação do ESG na Administração Pública 36

Conclusão 55

Referências 56

ASPECTOS RELEVANTES PARA O FOMENTO DE PRÁTICAS DE ESG NA ADMINISTRAÇÃO PÚBLICA

FRANCISCO LOPES FERNANDES NETTO 59

1 Noções gerais 59

2 É possível o poder público fomentar a pauta ESG? 62

3 A estratégia governamental como elemento principal de fomento à integridade no Brasil 64

4 Outros fatores de impulsionamento da pauta ESG 67

5 Conclusões 68

Referências 69

O PODER DE COMPRA DO ESTADO COMO INSTRUMENTO PARA A CONCRETIZAÇÃO DO DESENVOLVIMENTO NACIONAL SUSTENTÁVEL

JULIETA MENDES LOPES 71

AS (NOVAS E GRANDES) OPORTUNIDADES PARA OS FORNECEDORES DA ADMINISTRAÇÃO PÚBLICA
MIRELA MIRÓ ZILIOTTO, CARMEN IÊDA CARNEIRO BOAVENTURA 79
Considerações preliminares 79
1 Sustentabilidade no âmbito das contratações públicas 80
2 Dimensões da sustentabilidade na Lei nº 14.133/2021 85
2.1 A dimensão econômica da sustentabilidade 91
2.2 A dimensão ambiental da sustentabilidade 92
2.3 A dimensão social da sustentabilidade 94
2.4 A dimensão jurídico-política da sustentabilidade 96
2.5 A dimensão ética da sustentabilidade 97
3 Considerações finais 100
Referências 101

PLANO DE LOGÍSTICA SUSTENTÁVEL NA ADMINISTRAÇÃO PÚBLICA
JANDER LEAL 103
1 Contexto do PLS ante o princípio do desenvolvimento nacional sustentável 103
2 O PLS e os Objetivos do Desenvolvimento Sustentável (ODS) .. 113
3 O PLS e as políticas ESG 118
4 Conclusão 121
Referências 122

QUEM SÃO OS *STAKEHOLDERS* DA ADMINISTRAÇÃO PÚBLICA E POR QUE ENVOLVÊ-LOS NO ESG
DANIEL FERREIRA 125
Introdução 125
Governança no setor público e "sustentabilidade" 126
A importância dos *stakeholders* para o sucesso das instituições .. 134
Quem são os *stakeholders* da AP e por que envolvê-los no ESG? 136
Enfim, como engajar os *stakeholders* da e para a Administração Pública Sustentável (APS)? 138
Considerações finais 143
Referências 144

PARTE II
EIXOS AMBIENTAL, SOCIAL E GOVERNANÇA
I AMBIENTAL
UM OLHAR HOLÍSTICO PARA O MEIO AMBIENTE NAS ORGANIZAÇÕES PÚBLICAS
REGINA MARIA BUENO BACELLAR 151

	Introdução	151
1	O meio ambiente como direito humano fundamental	152
2	O Estado e o seu dever de proteção ambiental	155
3	Um olhar holístico para o meio ambiente	158
4	Uma nova visão na gestão ambiental das organizações públicas	160
	Conclusão	163
	Referências	165

II SOCIAL

AS LICITAÇÕES COMO INSTRUMENTO DE MATERIALIZAÇÃO DE POLÍTICAS SOCIAIS

LAURA FRANÇA BUBNIAK		171
I	Introdução	171
II	Dos princípios e da efetividade por meio das políticas públicas	172
III	Da evolução legislativa em políticas públicas	176
IV	Conclusão	187

SUSTENTABILIDADE SOCIAL NAS RELAÇÕES DE TRABALHO: IDENTIFICAÇÃO, PREVENÇÃO E ENFRENTAMENTO DO ASSÉDIO MORAL E SEXUAL NAS ORGANIZAÇÕES

ANA PAULA NUNES MENDONÇA SEXTOS, ANA CAROLINA CORRÊA PETENATI DE OLIVEIRA		189
	Introdução	189
1	Assédio moral	192
2	Assédio sexual	203
3	Programas de prevenção e combate ao assédio: Lei nº 14.457/2022	213
	Conclusão	216
	Referências	217

ESG E AS TRANSFORMAÇÕES NA ADMINISTRAÇÃO PÚBLICA: UMA ANÁLISE A PARTIR DO DIREITO À SAÚDE

FERNANDO MÂNICA, PRISCILA AGUIAR MÂNICA		221
1	Da Administração Pública liberal à Administração Pública ESG	221
2	A construção do direito à saúde: da Convenção de Genebra aos Objetivos de Desenvolvimento Sustentável – ODS	223
3	A universalização da cobertura dos cuidados de saúde: o tema central da Agenda 2030 é o maior desafio da Administração Pública brasileira	227

4 O poder-dever estatal de adotar modelos administrativos adequados à provisão de serviços de saúde 231
5 A Administração Pública ESG na saúde 237

PROTAGONISMO SOCIAL E ESTRATÉGIAS EM ESG NO ACESSO À FELICIDADE OBJETIVA COMO "EXISTÊNCIA DIGNA" (ART. , CF)
JULIANA OLIVEIRA NASCIMENTO, MARIA DA GLORIA COLUCCI 239
1 Introdução 239
2 Sentido jurídico da felicidade no direito interno e internacional 241
2.1 O Direito Internacional sob o enfoque da felicidade (valor) e princípio (fundamento jurídico) 245
3 ESG – *Environmental, social and governance*: protagonismo e ênfase na felicidade individual e coletiva: breve análise 248
3.1 Estratégias em ESG em prol da felicidade coletiva (tecnologias sociais) 251
4 Considerações finais 251
Referências 253

MULHERES – MATERNIDADE E CARREIRA NA ADMINISTRAÇÃO PÚBLICA
DAIESSE QUÊNIA JAALA SANTOS BOMFIM, VANESSA SANTANA DE JESUS SOUZA 255
1 Introdução 255
2 Avanços e desafios: políticas de igualdade de gênero na Administração Pública 256
3 Maternidade e carreira na Administração Pública 261
4 Políticas de apoio à maternidade no serviço público 265
5 Conclusão 269
Referências 271

III GOVERNANÇA

PRINCÍPIOS FUNDAMENTAIS DA GOVERNANÇA PÚBLICA
MARCELO ZENKNER 277
1 Introdução 277
2 A governança pública como apêndice do direito fundamental a uma "boa administração" 278
3 Primeiro princípio: capacidade de resposta 280
4 Segundo princípio: integridade pública 281
5 Terceiro princípio: confiabilidade 289
6 Quarto princípio: melhoria regulatória 289
7 Quinto princípio: *accountability* 290
8 Sexto princípio: transparência pública 291

9 Conclusão 293
Referências 294

ESG E O DEVER CONSTITUCIONAL DE IMPLEMENTAÇÃO DE BOAS PRÁTICAS DE GOVERNANÇA E *COMPLIANCE* PELA ADMINISTRAÇÃO PÚBLICA

BRUNO BARTELLE BASSO 297
Introdução 297
I A Administração Pública no atual Estado Democrático de Direito 297
II A pós-modernidade e o neoconstitucionalismo 300
III O processo de início da constitucionalização da Administração Pública 302
IV ESG e a exigência constitucional de adoção de boas práticas de governança e *compliance* pela Administração Pública 307
V O princípio da eficiência como principal fundamento normativo para a estruturação de boas práticas de governança e *compliance* na Administração Pública 312
Conclusão 315
Referências 316

OS SISTEMAS DE INTEGRIDADE NO SETOR PÚBLICO: A GOVERNANÇA NAS CONTRATAÇÕES E ANÁLISE DO ARTIGO , §º, DA LEI Nº 14.133

RODRIGO PIRONTI AGUIRRE DE CASTRO, MIRELA MIRÓ ZILIOTTO 321
1 Prevenção e combate à corrupção no âmbito das contratações púbicas 321
2 O artigo 25, §4º, da Lei nº 14.133/2021 324
3 Inconstitucionalidade? 328
4 Críticas e proposições de melhorias 329
5 Afinal, o que esperar da exigência de implementação de *compliance* nas contratações públicas? 332
Referências 335

PARTE III
IMPLEMENTAÇÃO

AS ETAPAS DE IMPLEMENTAÇÃO DO ESG NAS INSTITUIÇÕES PÚBLICAS

CAROLINE RODRIGUES 341
Introdução 341
1 Conceitos relevantes 343
2 Etapas de implementação 346

I Conhecimento 347
II Intenção estratégica – ESG como política institucionalizada 348
III Diagnóstico 349
IV Planejamento e materialidade 350
V Implementar 351
VI Medir e monitorar 352
VII Relatar e comunicar 353
Conclusão 353
Referências 355

ESG NA ADMINISTRAÇÃO PÚBLICA:
DIAGNÓSTICO E ESTÁGIOS DE MATURIDADE

BRUNA TOLEDO PIZA MAGACHO,
EDNILSON ALVES DA SILVA 357
Introdução 357
1 Diagnóstico 359
2 Indicadores de desempenho 360
3 *Frameworks* de ESG 362
4 Diagnóstico e estágios de maturidade 367
4.1 ABNT PR 2030:2022 368
4.2 Jornada ESG 371
4.3 Identificação do nível de maturidade 373
4.4 Diferenciais do *framework* ABNT PR 2030:2022 375
Considerações finais 375
Referências 376

MATRIZ DE MATERIALIDADE E TEMAS MATERIAIS

LUCCA T. BARROS 379
Introdução 379
Visão geral (ESG e a Administração Pública: um panorama atual) 380
A importância do foco no setor público 381
Desafios e oportunidades 382
Matriz de materialidade: conceitos e aplicabilidade 383
Como levantar o grau de importância de todos os temas ESG de uma instituição? 385
Conclusão 390
Referências 391

ANÁLISE SOBRE AS ESTRUTURAS EXISTENTES PARA O RELATO E GERENCIAMENTO DOS IMPACTOS AMBIENTAIS, SOCIAIS E DE GOVERNANÇA CORPORATIVA (ESG)

FABRICIO SOLER, CAROLINE PALERMO 393
1 Introdução 393

2 *Task Force on Climate-Related Financial Disclosures* (TCFD) 394
2.1 Definição 394
2.2 Divulgação sobre as emissões de gases de efeito estufa 396
2.3 Materialidade 397
2.4 Auditorias 398
2.5 Análise do cenário de mudanças climáticas 398
3 *International Sustainability Standards Board* (ISSB) 399
3.1 Definição 399
3.2 Divulgação sobre as emissões de gases de efeito estufa 401
3.3 Materialidade 401
3.4 Auditorias 401
3.5 Análise do cenário de mudanças climáticas 402
4 *Global Reporting Initiative* (GRI) 402
4.1 Definição 402
4.1.1 Padrões universais do GRI 403
4.1.2 Padrões setoriais do GRI 404
4.1.3 Padrões temáticos do GRI 404
4.2 Divulgação sobre as emissões dos gases de efeito estufa 406
4.3 Materialidade 406
4.4 Auditorias 407
4.5 Análise do cenário de mudanças climáticas 408
5 *Sustainability Accounting Standards Board* (SASB) 408
5.1 Definição 408
5.2 Divulgação sobre as emissões dos gases de efeito estufa 410
5.3 Materialidade 410
5.4 Auditorias 410
5.5 Análise do cenário de mudanças climáticas 411
6 Conclusão 411
Referências 411

RELATÓRIOS DE SUSTENTABILIDADE: A IMPORTÂNCIA DE GERAR EVIDÊNCIAS E RELATAR AS INICIATIVAS DE PROGRAMAS ESG
MARCELA MACEDO FÉDER 415
1 Introdução 415
2 Como registrar e gerar indicadores para um programa ESG 417
3 Conclusão 427
Referências 429

ESG NA ADMINISTRAÇÃO PÚBLICA: TREINAMENTO E COMUNICAÇÃO PARA UMA GESTÃO EFICIENTE
ISABELLE CAMPOLI CAZARIM CAVALHEIRO 431
1 Relembrando os fundamentos e a evolução do ESG 431
2 ESG na Administração Pública 432

3 ESG: o que não deve ser 435
4 A importância do treinamento e da comunicação no ESG 435
4.1 Comunicação interna 438
4.2 Comunicação externa 439
5 Desafios e oportunidades 440
6 Considerações finais 442
Referências 443

COMO APLICAR A SUSTENTABILIDADE NAS LICITAÇÕES: O CICLO DE VIDA COMO PARÂMETRO DE SUSTENTABILIDADE
TATIANA CAMARÃO, ADRIANA TOSTES 445
Introdução 445
1 Governança e sustentabilidade 447
2 Plano de Logística Sustentável 449
3 Ciclo de vida do objeto e custos indiretos 453
3.1 Análise de ciclo de vida e sua complexidade 455
3.2 Interação com o mercado fornecedor e a integridade 458
Considerações finais 461
Referências 461

ROADMAP CIRCULAR DE INTEGRAÇÃO DO *TRIPLE BOTTOM LINE* EM COMPRAS PÚBLICAS SUSTENTÁVEIS
ANDRÉ TRAJANO 467
Introdução 467
O desenvolvimento sustentável e sua evolução na Administração Pública brasileira 471
As compras públicas sustentáveis como um caminho para a promoção da sustentabilidade 476
As dimensões da sustentabilidade a partir do *Triple Bottom Line* e a Agenda ESG 480
Framework circular em compras públicas sustentáveis a partir das dimensões do *Triple Bottom Line* 484
As contribuições da Lei de Licitações e Contratos Administrativos para a promoção da Agenda ESG a partir de critérios de sustentabilidade 486
Considerações finais 495
Referências 496

A ESTRUTURAÇÃO DE UM PROGRAMA DE COMBATE AO ASSÉDIO E O DESENVOLVIMENTO DE ESTRATÉGIAS SOCIAIS NA ADMINISTRAÇÃO PÚBLICA
MARIANA KEPPEN, EDUARDO MOURA 503
Introdução 503
Parte 1 – Principais previsões da Lei nº 14.540/202 504

Parte 2 – Por que implementar um programa de combate ao assédio? ... 506
Parte 3 – Como implementar um programa de combate ao assédio? ... 507
Parte 4 – Processo de melhoria contínua e aperfeiçoamento do programa de combate ao assédio ... 510
Conclusão ... 511
Referências ... 511

ESG NAS EMPRESAS ESTATAIS: A PONDERAÇÃO ENTRE O PÚBLICO E O PRIVADO
CAROLINE RODRIGUES, RONNY CHARLES LOPES DE TORRES .. 513
Introdução ... 513
1 Qual o fundamento de aplicação do ESG nas estatais ... 515
1.1 Características das empresas públicas e sociedades de economia mista ... 516
1.2 A Lei das Estatais ... 517
1.3 Atividades desempenhadas ... 520
1.3.1 Estatais abertas. Resoluções CVM – Relatório ... 521
2 Benefícios de um programa ESG nas estatais ... 523
3 Como implementar o ESG em empresas estatais ... 524
4 Estágios de maturidade ... 531
Conclusão ... 532
Referências ... 533

IMPLEMENTANDO O ESG NAS ENTIDADES DO SISTEMA "S": PASSOS ESSENCIAIS PARA UMA JORNADA DE IMPACTO EFETIVO
CAROLINE RODRIGUES, ANA CAROLINA COURA VICENTE MACHADO ... 535
Apresentação ... 535
Introdução ... 536
1 Apresentação do Sistema S e sua relevância socioeconômica no Brasil ... 539
1.1 Criação, evolução e natureza jurídica ... 539
1.2 Missão institucional e relevância socioeconômica no Brasil ... 541
2 A relevância do ESG para o Sistema S ... 542
2.1 Como os princípios de ESG se alinham com a missão e os valores do Sistema S ... 542
2.2 Os benefícios de um programa ESG nas entidades do Sistema S ... 544
3 Os passos essenciais para a aplicação do ESG nas entidades do Sistema S ... 545
3.1 Conhecimento ... 546
3.2 Intenção estratégica ... 546

3.3 Diagnóstico ... 547
3.4 Planejamento ... 548
3.5 Determinação da materialidade ... 548
3.6 Implementação ... 549
3.7 Medição, monitoramento e métricas ... 550
3.8 Emissão de relatórios e comunicação ... 551
4 O relevante papel da alta administração das entidades na implementação e gestão do ESG ... 551
5 Estratégia para integrar uma estrutura ESG nas entidades do Sistema S ... 553
6 Análise da maturidade da entidade para a melhor eficiência na implementação do ESG ... 555
7 Estratégias específicas para cada pilar do ESG ... 557
7.1 Pilar ambiental ... 558
7.2 Pilar social ... 560
7.3 Pilar de governança ... 562
8 A integração do ESG nos Regulamentos de Contratações e Aquisições do Sistema S ... 567
9 ESG em ação: exemplos do Sistema "S ... 569
Conclusão ... 572
Referências ... 573

PARTE IV
CASES

ESG NA AGÊNCIA NACIONAL DE SAÚDE E IESGO NO TRIBUNAL DE CONTAS DA UNIÃO: MUDANÇAS DE PARADIGMAS E AVANÇOS

TERESA VILLAC, RENATO CADER ... 581
1 Introdução ... 581
2 ESG na Agência Nacional de Saúde ... 582
2.1 Práticas relativas às diferentes dimensões do ESG na ANS ... 584
2.1.1 Dimensão social ... 584
2.1.2 Dimensão ambiental ... 585
2.1.3 Dimensão da governança ... 586
2.1.3.1 Governança de contratações sustentáveis ... 588
3 ESG no Tribunal de Contas da União ... 589
3.1 ESG na governança pública: origens pelo Acórdão nº 1.205/2023 - Plenário TCU ... 589
3.1.1 Impactos imediatos do Acórdão nº 1.205/2023 - Plenário TCU nas contratações públicas ... 592
3.2 iESGo – índice ESG no TCU ... 593
4 Conclusão e perspectivas de futuro ... 601
Referências ... 602

AINDA QUE EM CALAMIDADE, COM INTEGRIDADE. PANO DE FUNDO: CATÁSTROFE CLIMÁTICA ENFRENTADA PELO ESTADO DO RIO GRANDE DO SUL/BRASIL EM MAIO DE 2024

ÁLVARO SANTOS, JÚLIA FLORES SCHÜTT 605

1 Introdução: panorama da crise climática enfrentada pelo Estado do Rio Grande do Sul em maio de 2024 605

2 Etapas da calamidade e respectivas "brechas" à corrupção....... 612

3 A integridade como resposta: prevenção, fiscalização e investigação de possíveis práticas ilícitas que podem decorrer da calamidade climática 616

3.1 Criação de grupo multifuncional de acompanhamento, de fiscalização e de investigação voltado às obras de infraestrutura cujo objeto tenha com fundamento a calamidade pública apontada... 616

3.2 Fomentar a elaboração de normas que visem a incentivar, no âmbito do RS, o "denunciante do bem" 619

3.3 Desenho de programa de *compliance* voltado à contratação de bens e serviços para a "reconstrução do RS" 621

3.4 Fomento à elaboração de "plano de contingência" destinado a desenhar as linhas gerais para a coordenação de "gabinete de crise" em situações de catástrofe... 625

Referências 626

FRAMEWORKS: O CASE DA CEMIG SOBRE CRITÉRIOS APLICÁVEIS E COMO ADAPTAR À REALIDADE DE POLÍTICAS PÚBLICAS DE ASG

DANIEL PERRELLI LANÇA, ALINE CARUSO DE OLIVEIRA, ADIÉLITON GALVÃO DE FREITAS 629

1 Universalização do fornecimento de energia elétrica 630

2 Pesquisa e Desenvolvimento (P&D) em energia elétrica............ 632

3 Projetos de Eficiência Energética (PEE)...................................... 633

4 Cidadania corporativa e investimentos sociais 635

5 Conclusão.. 639

O PLANO DE LOGÍSTICA SUSTENTÁVEL COMO FERRAMENTA DE GOVERNANÇA NAS CONTRATAÇÕES PÚBLICAS SUSTENTÁVEIS NO PODER JUDICIÁRIO BRASILEIRO

ADRIANA TOSTES, KETLIN FEITOSA DE ALBUQUERQUE LIMA SCARTEZINI 641

1 Introdução.. 641

2 Governança pública e sustentabilidade....................................... 642

3 Os avanços normativos 643

4 O protagonismo do Poder Judiciário.. 646

5 Estudo de casos 648

5.1 Superior Tribunal de Justiça – STJ... 648

5.2 Tribunal de Justiça do Distrito Federal e dos Territórios – TJDFT 651
6 Conclusão 653
Referências 655

SOBRE OS AUTORES 659

PREFÁCIO

ESG (*Environmental, Social and Governance*), sigla cunhada em 2004 em uma publicação do Pacto Global em parceria com o Banco Mundial, pode ser entendida como uma jornada por meio da qual instituições públicas e privadas podem direcionar sua atuação no sentido de alcançar seus objetivos de forma conjugada com a geração de valores éticos, ambientalmente sustentáveis e de impacto social positivo. Corresponde, pois, às práticas ambientais, sociais e de governança de uma organização.

Alinhada a esse espírito, a presente obra, sob iniciativa e esmerada coordenação dos professores Rodrigo Pironti e Caroline Rodrigues da Silva, reúne artigos de diversos autores que se aproximaram pelo interesse em comum em um tema que, embora ainda incipiente no âmbito da Administração Pública, vem ganhando cada vez mais destaque.

Fruto de um trabalho proficiente e da vasta experiência profissional dos autores, a coletânea oferece um instrumento dedicado ao exame, sob diversas óticas, da responsabilidade socioambiental, do desenvolvimento sustentável e da boa gestão dos recursos públicos.

A obra propõe-se a explorar a aplicação e implementação do ESG na Administração Pública, tanto direta quanto indireta, e nas entidades do Sistema S, dividindo-se em três partes principais: a contextualização do ESG no setor público, o aprofundamento nos eixos que o compõem e a sua implementação prática, culminando na apresentação de casos de sucesso em órgãos públicos.

Além de fornecerem uma visão geral sobre o tema em estudo, os textos apresentados também trazem enfoques específicos, ressaltando importantes questões que envolvem o assunto.

A internalização dos princípios de ESG e a adoção de boas práticas ambientais, sociais e de governança já fazem parte da realidade do Tribunal de Contas da União. O questionário antes chamado de "iGG – Índice Integrado de Governança e Gestão Públicas", utilizado para avaliar os níveis dos processos de governança de órgãos e entidades, foi remodelado e transformado no "iESGo", instrumento de avaliação do nível de adesão das organizações públicas federais e de outros entes jurisdicionados ao TCU às práticas ESG. A expectativa é que esse novo índice seja uma diretriz tanto para as unidades de gestão dos órgãos públicos quanto para as áreas de auditoria interna em relação a possíveis critérios balizadores de futuras avaliações nesse sentido.

É com alegria, portanto, que prefacio um trabalho que trata de tema importante e ainda pouco discutido. As informações e conhecimentos ora compartilhados serão valiosos para fomentar a estruturação de ações de melhoria em governança, gestão e sustentabilidade nas organizações.

Benjamin Zymler
Ministro do Tribunal de Contas da União

INTRODUÇÃO

ESG é uma sigla cunhada em 2004, pela ONU, para orientar investimentos sustentáveis e com responsabilidade social. Direcionada inicialmente para o mercado de investimentos, a sigla se expandiu para outros mercados, públicos e privados. Trata-se de uma convergência de temas globais relevantes relacionados ao desenvolvimento sustentável e apresenta três grandes eixos: o social, o ambiental e a governança.

O primeiro deles, o social, avalia como uma corporação gerencia suas relações com colaboradores, fornecedores, clientes e as comunidades onde opera. Isso envolve direitos humanos, trabalho justo, saúde e segurança, bem-estar, além de práticas de diversidade, inclusão e combate às desigualdades.

A vertente ambiental do ESG refere-se à gestão responsável e consciente dos recursos naturais e à minimização e mitigação dos impactos ambientais das atividades empresariais. Isso implica adotar políticas de eficiência energética, redução de emissões de carbono, gestão adequada de resíduos e proteção de ecossistemas. Ao integrar critérios ambientais em suas decisões e processos, as corporações não apenas contribuem para a preservação do meio ambiente, mas também para a saúde e o bem-estar da coletividade.

Por fim, a governança impactou de forma positiva a sigla ao trazer à luz a avaliação, direção, controle e monitoramento dessa confluência de eixos sociais e ambientais. Refere-se à liderança, à estrutura da tomada de decisões, com as práticas de gestão de riscos, auditoria e transparência, à ética nos negócios, a integridade e conformidade legal e normativa.

A importância global do tema dissemina suas práticas nos setores corporativos, sociais, coletivos, individuais e, não poderia ser diferente, começa a inundar o setor público com muitos questionamentos a respeito do papel do Estado em políticas efetivas de impacto social e ambiental na sociedade. Para além disso, passa-se a indagar se o ESG poderia ser implementado nas estruturas internas da Administração Pública. Ou seja, interna e externamente há muitas questões a serem debatidas para a efetividade da agenda no setor público.

A pretensão da presente obra é a de apresentar aos leitores estudos direcionados às várias indagações sobre a importância do tema, os conceitos, a aplicação e implementação na Administração Pública, direta e indireta, e entidades do Sistema S, além de trazer cases que demonstram as várias possibilidades e a efetividade da pauta da governança socioambiental.

Os coautores da obra foram singularmente selecionados em vista de seu brilhantismo, carreira, conhecimento, atuação, posicionamento ousado e inquietação diante dos desafios para alcançar um futuro sustentável. A eles foi lançado o desafio de ingressar em uma temática de extrema relevância, mas ainda nebulosa para o Poder Público, de poucos estudos e poucas referências, ora transversal, ora diretamente impactante em suas jornadas profissionais. O convite para transpor as barreiras referenciais foi prontamente aceito. E o resultado é esse conjunto de estudos direcionados, com densidades diversas, mas convergentes ao conhecimento e aplicação do ESG na Administração Pública direta, indireta e entidades do Sistema S.

A obra está dividida em quatro partes, sendo que a primeira apresenta artigos sobre a contextualização do tema ESG na Administração Pública, começando pelos sete grandes motivos para implementar a temática, quais sejam, enfrentar os riscos globais que serão materializados na próxima década, imposições legislativas em contratações públicas, atuação dos órgãos de controle para o fomento da pauta ESG, cumprimento de legislação socioambiental e de governança específicas, o clamor da coletividade, o regime jurídico e atividades desempenhadas por entidades da Administração Pública indireta e uma miríade de benefícios.

Em vista da capilaridade significativa do poder público em influenciar as organizações com diretrizes e políticas, serão apresentados, também nessa primeira parte, os aspectos relevantes para o fomento de práticas ESG na Administração Pública.

Temática de extrema relevância no Poder Público é seu poder de compra, que ajuda a delinear a estrutura e o funcionamento da iniciativa privada, contribuindo de forma salutar para o desenvolvimento econômico e social do País. Do outro lado dessa moeda, apresentamos os impactos da implementação da sustentabilidade nas contratações públicas, sobretudo em relação aos fornecedores, com a apresentação das (novas) oportunidades para as empresas relativamente ao desenvolvimento e aprimoramento de práticas sustentáveis como motor para modificação de cultura e, também, como diferencial competitivo no mercado.

O Plano de Logística Sustentável igualmente é apresentado na obra como importante ferramenta de gestão para impulsionar uma mudança do paradigma cultural das organizações públicas e valorizar a eficiência como um princípio.

Para fechar a primeira parte, é essencial identificar quem são os principais *stakeholders* da Administração Pública e como eles podem ser envolvidos para fins de colaboração, passiva ou ativa, com vistas à colocação do Brasil nos trilhos rumo à ecossocioeconomia.

A segunda parte da obra aprofunda-se nos eixos ambiental, social e de governança, formadores do acrônimo ESG, trazendo na abertura da seção a necessidade de um olhar holístico para o meio ambiente nas organizações públicas.

O aspecto social, palco de muitas oportunidades de aprofundamento e aplicação na Administração Pública é apresentado nas licitações como instrumento de materialização de políticas sociais; nas relações de trabalho, com a identificação, prevenção e enfrentamento do assédio moral e sexual nas organizações; no direito à saúde, como base de transformação na Administração pública, a partir da ótica do ESG; no protagonismo social e estratégias ESG no acesso à felicidade objetiva como "existência digna"; e, por fim, e não menos relevante, na temática das mulheres, com a maternidade e a carreira na Administração Pública.

No eixo da governança, conceituada como conjunto de regras, processos e práticas que influenciam a qualidade do exercício do poder, destacando responsabilidade, transparência, coerência, eficiência e eficácia,[1] a obra apresenta os princípios fundamentais da governança pública; e o dever constitucional de implementação de boas práticas de governança e *compliance* pela Administração Pública.

Após o amadurecimento sobre os aspectos conceituais, a terceira parte da obra é dedicada aos textos sobre a implementação, de forma pragmática, iniciando com o necessário diagnóstico e os estágios de maturidade do ESG; a elaboração da matriz de materialidade e identificação dos temas materiais; a análise sobre as estruturas existentes para o relato e gerenciamento dos impactos ambientais, sociais e de governança corporativa; os relatórios de sustentabilidade e sua importância em gerar evidências e relatar as iniciativas dos respectivos programas; e a importância do treinamento e comunicação para uma gestão eficiente.

Ainda sobre a implementação, com temas transversais, será apresentado o ciclo de vida como parâmetro de sustentabilidade nas licitações; o *roadmap* circular de integração do triple bottom line nas

---

[1] COMISSÃO DAS COMUNIDADES EUROPEIAS, Governança Europeia. Um Livro Branco, COM 2001/428. Disponível em: http://eur-lex.europa.eu/legal-content/PT/TXT/?uri=URISERV%3Al10109, acesso em: 20 jun. 2024.

contratações públicas; como estruturar um programa de combate ao assédio moral e sexual; o ESG em empresas estatais, com a ponderação entre o público e o privado; e, por fim, implementando o ESG nas entidades do Sistema "S" e os passos essenciais para uma jornada de impacto efetivo.

A quarta e última parte da obra traz os cases de implementação de ESG em órgãos públicos, tais como na agência nacional de saúde, o IESGO no Tribunal de Contas da União; integridade em momentos de calamidade, como a ocorrida com a catástrofe climática enfrentada nas enchentes no Estado do Rio Grande do Sul, no ano de 2024; e, finalmente, o case da CEMIG sobre critérios aplicáveis e como se adaptar à realidade de políticas públicas de ASG.

Apresentada e introduzida, há uma forte e ousada aspiração dos coordenadores para esta obra, a de que o ESG se torne de fato uma grande bússola para o poder público e o Sistema S, que os guie para um futuro promissor e sustentável, que atenda aos anseios da coletividade, aos valores sociais e ambientais relevantes, que se torne, enfim, uma referência de leitura para apaziguar as inquietações e estimular a implementação do ESG. Pode ser apenas o início de uma longa jornada, mas o primeiro passo está dado. Boa leitura!

PARTE I

CONTEXTUALIZAÇÃO

OS SETE GRANDES MOTIVOS PARA IMPLEMENTAR O ESG NA ADMINISTRAÇÃO PÚBLICA

RODRIGO PIRONTI AGUIRRE DE CASTRO
CAROLINE RODRIGUES

> *"A vida é uma série de colisões com o futuro; não é uma soma de tudo que fomos, mas do que anunciamos."*
> José Ortega Y Gasset

Introdução

ESG é um dos temas mais relevantes do presente, pois impacta em toda a cadeia de suprimentos, nas relações humanas, no meio ambiente, nas corporações, na sociedade. Ele molda uma nova percepção de responsabilidade integrativa e holística. É assunto do presente, mas garantidor de um futuro sustentável e responsável.

Mas, dentre os atores que de alguma forma se relacionam com o tema, seja impactando ou impactado, devemos questionar se é possível sua aplicação na Administração Pública. Mais que isso, se é necessária. Afinal, qual é sua relevância para o Poder Público, já que teve sua gênese em instituições financeiras para orientar financiamentos sustentáveis e tem sua difusão de forma mais proeminente no mercado privado.

Desde já afirmamos ser absolutamente aplicável a qualquer instituição, corporação, órgão ou entidade, seja público ou privado.

Explica-se.

O ESG incorpora a matriz de materialidade, cunhada pelos temas relevantes selecionados pelas partes interessadas. Ora, a Administração Pública tem por finalidade congregar e satisfazer os interesses coletivos colocados sob sua tutela. Portanto, a coletividade é sua principal "parte interessada" e não é única. E o interesse público seu principal "tema material". Em outras palavras, buscar satisfazer as necessidades da coletividade é a função primordial e constitucional dos órgãos e entidades integrantes da Administração Pública. Essas necessidades variam no tempo e no espaço, das básicas como educação, saúde, lazer, segurança, às mais sofisticadas como meio ambiente ecologicamente equilibrado, diversidade e inclusão, controle e transparência dos atos administrativos, dentre milhares de outras. Muitos desses temas convergem justamente no ESG.

O presente artigo apresentará as principais razões para inclusão da pauta ESG na Administração Pública, não apenas no campo das ideias e discussões, mas na implementação com efetividade.

1 Uma contextualização necessária

Social, ambiental e governança: três temas de profusão global reunidos no acrônimo ESG e que dão o matiz das preocupações em todos os setores, desde o produtivo à sociedade, passando por instituições públicas e o terceiro setor, com maior ou menor proeminência em cada qual.

A contextualização é importante. O ESG teve sua gênese com um movimento crescente de conscientização sobre questões ambientais e sociais, no chamado "desenvolvimento sustentável".

Com maior aprofundamento, a revolução industrial inaugurou um desenvolvimento que se baseava no uso intensivo de combustíveis fósseis, como o carvão, despejo de lixo urbano e efluentes químicos nos rios e mares, poluição atmosférica e exploração excessiva dos recursos naturais, levando ao declínio de muitos deles, além da prática do imperialismo e colonialismo, para apropriação de riquezas.

Desde que o movimento ambientalista desabrochou nas décadas de 40 e 50 do século passado, o mundo passou a conhecer os malefícios causados ao meio ambiente pelo modelo desenvolvimentista emergente. O movimento tomou envergadura global na década de 60 com a obra "Primavera Silenciosa", de Rachel Carson, que apontou o materialismo da ciência e os problemas relacionados ao uso de pesticidas na agricultura para a saúde humana e dos animais, quando passou-se a questionar como estabelecer um desenvolvimento que não fosse tão predatório aos recursos naturais a ponto de inviabilizar o atendimento das necessidades de gerações presentes e futuras. O que se observou em muitos países foi um crescimento econômico que não foi acompanhado pelo desenvolvimento social. Outrossim, a exploração dos recursos naturais para fazer frente aos avanços da indústria e aumento nas relações comerciais tornou-se predatória e os sistemas naturais começaram a colapsar.

Muitas nações passaram a dialogar para instaurar modelos de desenvolvimento que pudessem atender às necessidades das gerações presentes sem, contudo, prejudicar a satisfação das necessidades das gerações futuras. Esse foi o conceito apresentado pela ONU para o desenvolvimento sustentável na Primeira Conferência das Nações Unidas sobre o Meio Ambiente e Desenvolvimento, em Estocolmo, na Suécia, em 1972.

A sustentabilidade passou a ter presença em agendas políticas e a comunidade internacional organizou grandes eventos globais para discutir a questão ambiental e elaborar documentos que estabelecessem os princípios da sustentabilidade e as ações para empreendê-los.

Dá-se destaque, nesse plano, à iniciativa da Comissão Mundial sobre o Meio Ambiente e o Desenvolvimento, que elaborou em 1987 o Relatório Brudtland, intitulado "Nosso Futuro Comum", que apontou para a incompatibilidade entre desenvolvimento sustentável e os padrões de produção e consumo até então vigentes.

Na sequência a ONU realizou na cidade do Rio de Janeiro, em 1992, a Conferência das Nações Unidas para o Meio Ambiente e Desenvolvimento, também conhecida como ECO-92, que estabeleceu os princípios do desenvolvimento sustentável e um programa de ações para alcançá-lo. Foram produzidos importantes documentos oficiais, como a Carta da Terra e a Agenda 21, e realizadas três convenções para tratar de temas específicos como biodiversidade, mudanças climáticas e desertificação.

Por fim, ainda cabe citar a Conferência realizada pela ONU em Nova York, no ano de 2015, na qual foram estabelecidos 17 Objetivos do Desenvolvimento Sustentável (ODS), para que os países-membros pudessem, numa agenda global cunhada para até o ano 2030, "acabar com a pobreza, promover a prosperidade e o bem-estar para todos, proteger o meio ambiente e enfrentar as mudanças climáticas".[1]

Ainda hoje os ODS são utilizados por muitas organizações como parâmetros para o ESG.

No plano social, dentro dessa leitura histórica, até os anos 1970 havia um foco em filantropia assistencialista, integrando a pauta das empresas a partir da redemocratização, abertura econômica brasileira

---

[1] Disponível em: https://nacoesunidas.org/pos2015/, acesso em: 4 mar. 2024.

e com o advento da Constituição Federal de 1988 e direitos sociais carreados em seu texto. A responsabilidade social era vista como um "compromisso com relação à sociedade e à humanidade em geral, uma forma de prestação de contas do seu desempenho, baseada na apropriação e no uso de recursos que originalmente não lhe pertencem".[2] Segundo Melo Neto e Froes,[3] as empresas contraem uma dívida social ao consumirem recursos da sociedade, renováveis ou não, que constituem patrimônio da humanidade.

Grandes fundações e organizações sociais foram criadas nessa época, tais como o Instituto Ayrton Senna, em 1994, e o Instituto Ethos de Responsabilidade Social, criado em 1998, ambos apoiados e financiados por empresas com interesse em investimento em responsabilidade social.

O conceito de filantropia assistencialista evoluiu para o Investimento Social Privado (ISP) e, posteriormente, para a Responsabilidade Social Empresarial (RSE), tornando-se uma ferramenta de gestão de negócio; inclusive, muitas corporações buscam certificações para garantir seu comprometimento com a pauta e gerar maior valor ao negócio.

No aspecto da governança, o histórico de maior proeminência remete-nos à década de 1990 com o lançamento pelo Banco da Inglaterra do Código de Melhores Práticas de Governança Corporativa, conhecido com Cadbury Report.[4] Em 1992, nos Estados Unidos, o *Committee of Sponsoring Organizations of the Treadway Commission – COSO* publicou o *Internal Control – integrated framework*.[5] As discussões sobre o tema foram fortalecidas pelas iniciativas da Organização para a Cooperação e Desenvolvimento Econômico (OCDE). Investidores valorizavam as empresas que adotassem boas práticas de governança corporativa voltadas à longevidade do negócio.

Em 2002 nos Estados Unidos foi publicada a Lei Sarbanes-Oxley, prevendo controles internos para proteger investidores e demais *stakeholders* dos erros de escriturações contábeis e práticas fraudulentas de empresas.

---

2 MELO NETO, F. P. de; FROES, C. *Gestão da responsabilidade social*: o caso brasileiro. Rio de Janeiro: Qualitymark, p. 84.

3 MELO NETO, F. P. de; FROES, C. *Gestão da responsabilidade social*: o caso brasileiro. Rio de Janeiro: Qualitymark, p. 84.

4 Disponível em: https://www.migalhas.com.br/depeso/336710/historia-da-governanca-corporativa, acesso em: 1º jul. 2024.

5 Disponível em: https://portal.jmlgrupo.com.br/pagina.php?area=coluna-juridica&acao=download&dp_id=178, acesso em: 1º jul. 2024.

Ao longo do tempo o conceito foi evoluindo e, segundo o Instituto Brasileiro de Governança Corporativa (IBGC), governança corporativa é compreendida hoje como "um sistema formado por princípios, regras, estruturas e processos pelo qual as organizações são dirigidas e monitoradas, com vistas à geração de valor sustentável para a organização, para seus sócios e para a sociedade em geral".[6] Segundo aquele instituto, a governança busca o equilíbrio entre os interesses de todas as partes e contribui positivamente para a sociedade e para o meio ambiente.

Por fim, as três linhas históricas de cada tema tratado evoluíram e resultaram no termo ESG, citado pela primeira vez no ano de 2004, no relatório denominado *Who Cares Wins*, resultado de uma iniciativa conjunta de instituições financeiras que foram convidadas pelo Secretário-Geral das Nações Unidas, Kofi Annan, para desenvolver diretrizes e recomendações sobre como integrar melhor a governança ambiental, social e corporativa no mercado de investimentos. As 18 instituições que endossaram o relatório concluíram que uma melhor consideração de fatores ambientais, sociais e de governança contribui para mercados de investimento mais fortes e resilientes; bem como que o investimento bem-sucedido depende de uma economia vibrante, que depende de uma sociedade civil saudável, que, em última análise, depende de um planeta sustentável.[7]

Diante de todo esse contexto, o leitor desta obra pode estar se perguntando: por que incluir o ESG na pauta pública? Se as questões apresentadas vieram ou são direcionadas ao universo privado, qual o interesse em se aplicar a teoria ESG na Administração Pública?

São perguntas essenciais e respondemos não com um, mas com vários motivos e ao final certamente entenderemos o título desse texto. Importante pontuar que, em que pese o título do texto refira-se à Administração Pública, seu conteúdo aplica-se a todas as instituições que de alguma forma e em algum momento administrem recursos públicos ou que prestem serviços de interesse público, tais como as entidades do Sistema S, fundações públicas e outros entes.

---

6 Disponível em: https://www.ibgc.org.br/conhecimento/governanca-corporativa, acesso em: 2 jul. 2024.

7 Disponível em: https://www.unepfi.org/fileadmin/events/2004/stocks/who_cares_wins_global_compact_2004.pdf, acesso em: 2 jul. 2024.

2 Principais motivos para a implementação do ESG na Administração Pública

A seguir apresentamos os sete principais motivos para a implementação do ESG na Administração Pública. Sete é o número da transformação. Coincidência ou não, esses sete motivos são os mais representativos da transformação pela qual ao final todos clamam: um mundo sustentável, justo, fraterno. Ainda que haja dezenas de bons argumentos para a mudança de paradigma na Administração Pública, que dispersará positivamente em toda a coletividade, os sete listados são os mais impactantes e merecem maior atenção e aprofundamento.

Motivo 1 – Riscos globais

Um primeiro e grande propulsor para a aplicação do ESG no Poder Público sãos os riscos globais que serão enfrentados na próxima década e que, certamente, orientarão e impactarão as ações públicas.

Segundo sinalizado no relatório Riscos Globais de 2025,[8] do Fórum Econômico Mundial, publicado no mês de janeiro, em sua 20ª edição e com a colaboração de mais de 900 especialistas globais do meio acadêmico, empresarial, governamental, da comunidade internacional e da sociedade civil, os dez maiores riscos para as nações enfrentarem nos próximos dez anos incluem, na seguinte ordem de importância: eventos climáticos extremos, perda de biodiversidade e colapso de ecossistemas, mudanças críticas nos sistemas terrestres, escassez de recursos naturais, desinformação, resultados adversos das tecnologias de IA, desigualdade, polarização da sociedade, insegurança cibernética, e poluição.

É de se observar que dos riscos citados metade se refere ao meio ambiente, constituindo as quatro primeiras colocações. Na sequência, os riscos tecnológicos são em número de três e sociais representam 2. Portanto, se depreende que os 10 maiores riscos a serem enfrentados por todas as nações na próxima década representam categoricamente o anagrama ESG.

A publicação do Fórum Econômico Mundial aponta que no curto prazo esses riscos poderão agravar-se e atingir um ponto de inflexão,

---

8 Disponível em: https://reports.weforum.org/docs/WEF_Global_Risks_Report_Press_Release_2025_PT.pdf, acesso em: 30 abr. 2025.

o que poderá resultar em perturbações significativas nas cadeias de abastecimento, no desenvolvimento humano e na sociedade civil. Nesse aspecto, se 900 especialistas globais apresentam tal afirmação,[9] há urgência nos tratamentos desses riscos. E se uma nação pretende enfrentá-los, e apenas podemos supor que não será uma faculdade, mas sim uma imposição atrelada à sobrevivência humana, deverá fazê-lo com práticas que busquem evitar ou mitigar os impactos desses eventos e hoje a única agenda capaz de oferecer uma dessas soluções é a da temática ESG.

Nesse viés, o poder público será um dos principais atores para responder a essa demanda, estabelecendo políticas públicas voltadas aos seus *stakeholders*, internos ou externos, e materializando-as ao implementá-las em suas atividades ou na própria missão institucional.

Se a preocupação são os riscos para os próximos 10 anos, devemos planejar um desenvolvimento que seja sustentável, na acepção de ser capaz de suprir as demandas e necessidades atuais, sem comprometer a capacidade de atendimento das futuras gerações. Mas devemos qualificar essa sustentabilidade, e não apenas manter os recursos naturais, mas melhorá-los, incluir os recursos humanos, a prosperidade intergeracional, a transparência e o controle nas instituições. Nesse cenário, o Estado será o guia da jornada transformadora da sociedade.

Motivo 2 – As imposições das leis de licitações da administração direta e indireta e dos regulamentos de entidades de sistemas

É nas contratações públicas que se encontra um dos maiores palcos de oportunidades ESG para o Poder Público, ao modelar o mercado. A gênese veio com a inclusão na Lei nº 8.666/93,[10] com a alteração

---

[9] E não é de hoje que esses temas estão na lista dos riscos. Na edição de 2024, novamente, dos 10 riscos, 5 eram ambientais, sendo os 4 primeiros. Em 2023, 5 riscos eram ambientais, sendo também os 4 primeiros; 3 sociais; 1 geopolítico; e, 1 tecnológico. Em 2022, novamente, 5 riscos eram ambientais, sendo os 3 primeiros; 3 sociais; 1 econômico; e, 1 tecnológico. No ano de 2021, 3 eram os maiores riscos ambientais; 2 sociais; 3 geopolíticos; 1 econômico; e, 1 tecnológico. Fica claro que numa escala evolutiva os riscos ambientais e sociais dominam a pauta de preocupações globais. Fontes consultadas: https://www3.weforum.org/docs/WEF_The_Global_Risks_Report_2021.pdf, https://www3.weforum.org/docs/WEF_GRR22_Press_Release_Brazil.pdf, https://www3.weforum.org/docs/WEF_GRR23_Press_Release_PT_BR.pdf, https://www3.weforum.org/docs/WEF_GRR24_Press%20release_PORT_BR.pdf, acesso em: 8 jul. 2024.

[10] Revogada pela atual Lei de Licitações, a Lei nº 14.133/21.

promovida Lei nº 12.349/10, do princípio do desenvolvimento nacional sustentável, atendendo aos valores constitucionais que demandam suporte ao meio ambiente e à responsabilidade social.[11]

Nesse contexto, Daniel Ferreira já destacava que a contratação pública deve atender a uma função social, indo muito além da simples consecução de uma necessidade material administrativa. Para o autor:

> descumprir a função social da licitação (promoção do desenvolvimento nacional sustentável), em tempos atuais, importa em simultaneamente desatender a seleção da proposta mais vantajosa, porque não pode haver 'benefício neutro', aquele que apenas considera como juridicamente relevantes os benefícios econômicos para a Administração e a utilidade obtida diretamente pelos destinatários da obra pública, por exemplo. É que o interesse (público) geral exige mais, muito mais.[12]

Na mesma toada, Juarez Freitas (2012) ressalta a importância de "se assumir, vez por todas, que, em qualquer processo administrativo, o Estado tem de implementar as políticas constitucionalizadas, com o desempenho da função indutora de boas práticas sustentáveis, ao lado da função isonômica de oferecer igualação formal e substancial de oportunidades".[13] Para o doutrinador nas contratações públicas, "o melhor preço é aquele que implica os menores impactos e externalidades negativas e os maiores benefícios globais".[14]

Com o advento da Lei nº 13.303/16 (chamada Lei das Estatais) e, mais recentemente, a Lei nº 14.133/21 (lei de licitações aplicável à Administração Pública direta, fundacional e autárquica), é possível identificar esse progresso em matéria de governança socioambiental nas licitações, pois a legislação materializou muitos valores enraizados no texto constitucional e na esteira de outras leis atualizadas e apresentou em seu texto toda a base do ESG nas contratações públicas.

As entidades do Sistema S, igualmente vinculadas a processos licitatórios para aquisições e contratações de bens, serviços e obras, apresentaram recentemente novas versões dos seus Regulamentos de Licitações e Contratos e, ainda que com pequenas variações textuais, a

---

11 Tais como para o meio ambiente o art. 225 e para o social os arts. 6º e seguintes da Constituição Federal.

12 FERREIRA, Daniel. *A licitação pública no Brasil e sua nova finalidade legal:* a promoção do desenvolvimento nacional sustentável. Belo Horizonte: Fórum, 2012, p. 39.

13 FREITAS, Juarez. *Sustentabilidade*: direito ao futuro. Belo Horizonte: Fórum, 2012, p. 234.

14 *Op. cit.*, p. 235.

grande maioria incorporou temas de governança socioambiental que devem ser observados, tais como a sustentabilidade e a possibilidade de exigência de programa de integridade de fornecedores.[15]

Com um recorte maior nas Leis nº 14.133/21 e nº 13.303/16 e começando com uma breve leitura da legislação mais recente, vislumbra-se que houve evolução na acepção dos objetivos centrais das licitações. Da proposta mais vantajosa para a contratação material e da isonomia entre os licitantes, progrediu para proposta apta a gerar o resultado mais vantajoso, inclusive no que se refere ao ciclo de vida do objeto, tratamento isonômico entre os licitantes e justa competição, exclusão de defeitos quanto aos preços, incentivo à inovação e ao desenvolvimento nacional sustentável.[16] Um único artigo apresenta o propósito de toda contratação pública e ainda congrega o ambiental e o social.

Encontramos a primeira referência, e a mais relevante, no texto legal da definição do desenvolvimento sustentável como princípio e como objetivo das contratações públicas.[17] Pode-se afirmar que houve uma evolução legislativa da aplicação do desenvolvimento nacional

---

15 Como exemplo o que dispõe o RLC do Sistema Sebrae, em seu art. 24 sobre o fomento à integridade: "Art. 24. Os editais de licitação e os processos de contratações diretas poderão prever a implantação de programa de integridade pelo licitante vencedor, no prazo de 6 (seis) meses, contados a partir da celebração do contrato, principalmente nas hipóteses de contratação de grande vulto ou complexidade [...]"; e, no art. 25, o fomento à sustentabilidade: "Art. 25. Os editais de licitação e os processos de contratações diretas atenderão, sempre que possível, às seguintes diretrizes, referentes à sustentabilidade: I – estímulo à adoção de padrões sustentáveis de produção e utilização; II – adoção, desenvolvimento e aprimoramento de tecnologias limpas como forma de minimizar impactos ambientais; III – incentivo à indústria da reciclagem, tendo em vista fomentar o uso de matérias-primas e insumos derivados de materiais recicláveis e reciclados; IV – menor impacto sobre recursos naturais como flora, fauna, ar, solo e água; V – preferência para materiais, tecnologias e matérias-primas de origem local; VI – maior eficiência na utilização de recursos naturais como água e energia; VII – maior geração de emprego e renda, preferencialmente com mão de obra local; VIII – redução de desigualdades sociais, ações de equidade de gênero, raça e etnia, inclusão social e diversidade; IX – boas práticas de governança, ambiental, social e trabalhista; X – maior vida útil e menor custo de manutenção do bem; XI – origem sustentável dos recursos naturais utilizados nos bens e serviços contratados". Resolução CDN nº 493/2024, disponível em: https://sebrae.com.br.

16 Conforme dispõe o art. 11 da Lei nº 14.133/21.

17 Art. 5º Na aplicação desta Lei, serão observados os princípios da legalidade, da impessoalidade, da moralidade, da publicidade, da eficiência, do interesse público, da probidade administrativa, da igualdade, do planejamento, da transparência, da eficácia, da segregação de funções, da motivação, da vinculação ao edital, do julgamento objetivo, da segurança jurídica, da razoabilidade, da competitividade, da proporcionalidade, da celeridade, da economicidade e do *desenvolvimento nacional sustentável*, assim como as disposições do Decreto-Lei nº 4.657, de 4 de setembro de 1942 (Lei de Introdução às Normas do Direito Brasileiro). (...) Art. 11. O processo licitatório tem por objetivos: (...) IV - incentivar a inovação e o *desenvolvimento nacional sustentável*... (grifou-se)

sustentável nas contratações públicas, passando apenas de objetivo atrelado à vantajosidade da proposta e vinculado ao intervencionismo estatal de promoção de políticas públicas para também uma categoria principiológica, que apresenta contornos próprios aplicando-o em suas dimensões econômica, social e ambiental e criando autonomia normativa aplicável de forma ampla.

Seja objetivo, seja princípio, a interpretação legal é convergente para o mesmo escopo: uma contratação pública sustentável, promotora de políticas públicas econômicas e socioambientais que se compatibilizam em prol do interesse coletivo e de valores consagrados constitucional e globalmente.

Na sequência das referências, um dos mais importantes comandos legais é o estatuído no artigo 11, em seu parágrafo único, que estabeleceu as bases da governança nas contratações públicas,[18] sendo definida como o "conjunto de mecanismos de liderança, estratégia e controle postos em prática para avaliar, direcionar e monitorar a atuação da gestão das aquisições, com o objetivo de que as aquisições agreguem valor ao negócio da organização, com riscos aceitáveis".[19]

Tem por objetivo alinhar as políticas e estratégias de gestão das contratações às prioridades da Administração, assegurar a utilização eficiente de recursos públicos, mitigar riscos, auxiliar a tomada de decisões, assegurar a transparência, o controle social e o cumprimento dos papéis e responsáveis de todos os atores ao longo do ciclo da contratação. Tais objetivos ainda dão suporte à materialização da eficiência, eficácia e efetividade, com resultados positivos para a coletividade.

Outra referência legal na Lei de Licitações à teoria ESG é a expressão "ciclo de vida do objeto", que no artigo 6º estabelece que o termo de referência deve conter como elemento a descrição da solução como

---

[18] Art. 11. [...] Parágrafo único. A alta administração do órgão ou entidade é responsável pela governança das contratações e deve implementar processos e estruturas, inclusive de gestão de riscos e controles internos, para avaliar, direcionar e monitorar os processos licitatórios e os respectivos contratos, com o intuito de alcançar os objetivos estabelecidos no *caput* deste artigo, promover um ambiente íntegro e confiável, assegurar o alinhamento das contratações ao planejamento estratégico e às leis orçamentárias e promover eficiência, efetividade e eficácia em suas contratações.

[19] Extraído do "Referencial Básico de Governança Aplicada a Órgãos e Entidades da Administração Pública", publicado pelo TCU em sua 3ª edição, 2020, disponível em: https://portal.tcu.gov.br/governanca/governancapublica/organizacional/levantamento-de-governanca/, p. 36.

um todo, considerando o ciclo de vida do objeto.[20] No artigo 11, a Lei estabeleceu que a vantajosidade da contratação, como objetivo do processo licitatório, também deve considerar o ciclo de vida do objeto,[21] para dimensionar em todas as fases e etapas do produto, que contemplam a fabricação, o uso e o descarte, quais os impactos socioambientais que o produto causa em sua cadeia. Também representa um importante instrumento para avaliar o impacto econômico das aquisições, indo além da etapa de entrega do bem à Administração, passando pela utilização, o desfazimento e o descarte.

Seguindo na análise da Lei nº 14.133/21, como forma de estimular, mas de forma cogente, a Administração Pública, a Lei de Licitações estabeleceu no artigo 45 que as licitações de obras e serviços de engenharia deverão respeitar uma série de normas de cunho socioambiental.[22]

O comando legal não se traduz em faculdade. Desse modo, ao promover qualquer licitação para obras e serviços de engenharia, deve a Administração utilizar produtos que reduzam o uso de recursos naturais, garantir acessibilidade a pessoas com mobilidade reduzida, destinar adequadamente os resíduos sólidos gerados, etc. É importante observar, também, que tais imposições decorrem de normas constitucionais e infraconstitucionais, todavia o legislador enfatizou tais políticas e diretrizes como forma de sobrelevar as políticas públicas socioambientais e incorporá-las ao texto da Lei de Licitações, numa ação propositiva e inserida em valores relevantes para a sociedade.

---

[20] "Art. 6º. Para os fins desta Lei, consideram-se: (...) XXIII – termo de referência: documento necessário para a contratação de bens e serviços, que deve conter os seguintes parâmetros e elementos descritivos: (...) c) descrição da solução como um todo, considerado todo o ciclo de vida do objeto;"

[21] "Art. 11. O processo licitatório tem por objetivos: I – assegurar a seleção da proposta apta a gerar o resultado de contratação mais vantajoso para a Administração Pública, inclusive no que se refere ao ciclo de vida do objeto;"

[22] "Art. 45. As licitações de obras e serviços de engenharia devem respeitar, especialmente, as normas relativas a:
I - disposição final ambientalmente adequada dos resíduos sólidos gerados pelas obras contratadas;
II - mitigação por condicionantes e compensação ambiental, que serão definidas no procedimento de licenciamento ambiental;
III - utilização de produtos, de equipamentos e de serviços que, comprovadamente, favoreçam a redução do consumo de energia e de recursos naturais;
IV - avaliação de impacto de vizinhança, na forma da legislação urbanística;
V - proteção do patrimônio histórico, cultural, arqueológico e imaterial, inclusive por meio da avaliação do impacto direto ou indireto causado pelas obras contratadas;
VI - acessibilidade para pessoas com deficiência ou com mobilidade reduzida".

A sustentabilidade ambiental também é objeto dos elementos da remuneração variável para contratação de obras, fornecimentos e serviços, inclusive de engenharia.[23]

Quanto ao tema social, a lei dispôs que para a contratação de serviços o edital poderá exigir que percentual mínimo da mão de obra responsável pela execução do objeto da contratação seja constituído por mulheres vítimas de violência doméstica ou egressos do sistema prisional. Além disso, como critério de desempate de propostas, previu a lei a avaliação do desenvolvimento pelo licitante de ações de equidade entre homens e mulheres no ambiente de trabalho, e de programa de integridade.

Por fim, o último aspecto que merece apontamentos na lei de licitações quanto à sustentabilidade diz respeito ao procedimento adequado após a constatação de irregularidade no procedimento licitatório ou na execução contratual.

Segundo disposto no artigo 147,[24] se não for possível o saneamento, a decisão sobre a suspensão da execução ou a declaração de nulidade do contrato apenas será adotada após a avaliação de determinados aspectos, dentre os quais encontram-se os riscos sociais, ambientais

---

[23] "Art. 144. Na contratação de obras, fornecimentos e serviços, inclusive de engenharia, poderá ser estabelecida remuneração variável vinculada ao desempenho do contratado, com base em metas, padrões de qualidade, critérios de sustentabilidade ambiental e prazos de entrega definidos no edital de licitação e no contrato".

[24] "Art. 147. Constatada irregularidade no procedimento licitatório ou na execução contratual, caso não seja possível o saneamento, a decisão sobre a suspensão da execução ou sobre a declaração de nulidade do contrato somente será adotada na hipótese em que se revelar medida de interesse público, com avaliação, entre outros, dos seguintes aspectos:
I - impactos econômicos e financeiros decorrentes do atraso na fruição dos benefícios do objeto do contrato;
II - riscos sociais, ambientais e à segurança da população local decorrentes do atraso na fruição dos benefícios do objeto do contrato;
III - motivação social e ambiental do contrato;
IV - custo da deterioração ou da perda das parcelas executadas;
V - despesa necessária à preservação das instalações e dos serviços já executados;
VI - despesa inerente à desmobilização e ao posterior retorno às atividades;
VII - medidas efetivamente adotadas pelo titular do órgão ou entidade para o saneamento dos indícios de irregularidades apontados;
VIII - custo total e estágio de execução física e financeira dos contratos, dos convênios, das obras ou das parcelas envolvidas;
IX - fechamento de postos de trabalho diretos e indiretos em razão da paralisação;
X - custo para realização de nova licitação ou celebração de novo contrato;
XI - custo de oportunidade do capital durante o período de paralisação.
Parágrafo único. Caso a paralisação ou anulação não se revele medida de interesse público, o poder público deverá optar pela continuidade do contrato e pela solução da irregularidade por meio de indenização por perdas e danos, sem prejuízo da apuração de responsabilidade e da aplicação de penalidades cabíveis".

e à segurança da população local em vista de atraso na fruição dos benefícios que decorreriam do contrato; motivação social e ambiental do contrato; fechamento de postos de trabalho e razão da paralisação, dentre outros, como se observa da letra da lei.

Quanto à governança, a Lei nº 14.133/21 a erigiu como vela propulsora da eficiência, eficácia e efetividade nas contratações, estabelecendo que cabe à alta administração do órgão ou entidade implementar processos e estruturas tais como a gestão de riscos e controles internos para avaliar, direcionar e monitorar os processos licitatórios e os contratos, com o intuito de alcançar os objetivos legais das contratações públicas, promover um ambiente íntegro e assegurar o alinhamento com as leis orçamentárias e o planejamento estratégico.[25]

Em várias passagens a Lei de Licitações dispõe sobre a gestão de riscos nas contratações, estabelecendo-a como instrumento de controle das contratações, em todas as fases, e definindo a matriz de alocação de riscos entre contratante e contratado.

Como ferramentas de governança a lei ainda estabelece a promoção de gestão por competência e fixa requisitos para os agentes que desempenham as funções afetas à licitação, além de propor linhas de defesa para o controle preventivo das contratações.

Outra relevante legislação sobre licitações, como apontado, é a Lei das Estatais (Lei nº 13.303/16), que igualmente apresenta uma linha de profunda harmonia com o ESG.

Efetuando uma leitura expressa da Lei nº 13.303/2016, logo no início identifica-se a imposição de que as estatais devem observar regras de governança.[26]

De forma mais aprofundada, a lei estabeleceu os requisitos de transparência que devem ser atendidos pelas estatais, em seu art. 8º, prevendo a elaboração de carta anual; divulgação de informações relevantes, inclusive relativas à governança; elaboração e divulgação da política de divulgação de informações; de distribuição de dividendos; da carta anual de governança corporativa; e da divulgação anual de relatório integrado ou de sustentabilidade; entre outros.

---

[25] Conforme dispõe o art. 11, parágrafo único, da Lei nº 14.133/21.

[26] Conforme disposto no art. 6º: "O estatuto da empresa pública, da sociedade de economia mista e de suas subsidiárias deverá observar regras de governança corporativa, de transparência e de estruturas, práticas de gestão de riscos e de controle interno, composição da administração e, havendo acionistas, mecanismos para sua proteção, todos constantes desta Lei".

Outro tema relacionado ao ESG na Lei das Estatais é o da função social de realização de interesse coletivo ou atendimento a imperativo da segurança nacional, disposto no art. 27, analisado anteriormente.

Na parte relacionada às contratações, a Lei das Estatais estabelece no art. 31 que as licitações realizadas e contratos celebrados por empresas públicas e sociedades de economia mista destinam-se a assegurar a seleção da proposta mais vantajosa sob o ponto de vista, inclusive, do ciclo de vida do objeto. Ou seja, a análise dos aspectos de vantajosidade deve passar pelos impactos sociais, econômicos e ambientais do objeto ao longo de todo o seu ciclo de vida, desde a concepção, a fabricação, a logística, o uso e o descarte.

No mesmo artigo a lei definiu os princípios aplicáveis às contratações com destaque para publicidade, eficiência, probidade administrativa e desenvolvimento nacional sustentável, encaixando tais princípios aos eixos de meio ambiente (E), social (S) e de governança (G).

No artigo subsequente, o 32, há diretrizes a serem observadas pelas estatais, tais como a busca da maior vantagem competitiva, considerando custos e benefícios, de natureza econômica, social ou ambiental, inclusive quanto ao desfazimento de bens e resíduos.

O parágrafo primeiro deste artigo ainda dispõe sobre as normas socioambientais que devem ser respeitadas nas licitações e contratações, como, por exemplo, a disposição final ambientalmente adequada dos resíduos sólidos gerados pelas obras; a mitigação de danos ambientais; a utilização de produtos, equipamentos e serviços que, comprovadamente, reduzam o consumo de energia e de recursos naturais; a avaliação de impacto de vizinhança; a proteção ao patrimônio cultural, histórico, arqueológico e imaterial; e a acessibilidade para pessoas com deficiência ou com mobilidade reduzida.

Novamente se vislumbra a preocupação do legislador com a temática ambiental (E) e social (S).

Por fim, nessa leitura dos artigos ESG da Lei nº 13.303/16, citamos o art. 45, que estabelece a remuneração variável vinculada ao desempenho do contratado, com base em critérios de sustentabilidade ambiental, entre outros.

Ainda recentemente foi publicado o Decreto nº 12.082, de 27 de junho de 2024, que institui a Estratégia Nacional de Economia Circular, com a finalidade de promover a transição do modelo de produção linear para uma economia circular, de modo a incentivar o uso eficiente dos recursos naturais e das práticas sustentáveis ao longo da cadeia produtiva. Um dos objetivos da ENEC é o de estimular compras públicas de bens e serviços circulares. Ou seja, haverá a intersecção dessa estratégia com a legislação que regula as contratações públicas em todas as esferas.

Como conclusão desse tópico, é nítido que a legislação que dispõe sobre licitações aplicáveis à Administração Pública Direta, Indireta e Sistema S, ou seja, todos os órgãos e entidades vinculados a um processo licitatório para suas aquisições e contratações de bens, serviços e obras apresenta a diretriz da governança socioambiental como instrumento de consecução de eficiência, eficácia e efetividade dos procedimentos, alinhada ao impacto positivo que deve decorrer na coletividade.

No Brasil, portanto, a necessidade de implementar a agenda na Administração Pública e entidades do Sistema S materializa-se em grande parte por meio da legislação relacionada às licitações, demonstrando o perfil ESG das contratações públicas.

Motivo 3 – Órgãos de controle

Tratar de ESG na Administração Pública demanda uma análise integral não apenas da legislação mas também do controle dos atos. E aqui o destaque vai para as ações dos órgãos de controle externo como propulsores de novos comportamentos e diretrizes para o poder público, não apenas de forma interna, a exemplo do Tribunal de Contas de Santa Catarina, que instituiu a Comissão ESG/ASG e já partiu para o fomento de ações de estruturação do programa,[27] e de outros tribunais, que divulgam artigos e seminários sobre o tema, demonstrando adesão à agenda ESG, como também nas suas missões institucionais de análise, julgamento e controle de contas dos seus jurisdicionados. Afinal, os Tribunais de Contas constituem *stakeholders*[28] (partes interessadas) dos órgãos e entidades da Administração Pública, e suas ações, orientações e determinações são temas materiais importantes em uma matriz de materialidade da Administração Pública.

---

[27] Disponível em: https://www.tcesc.tc.br/index.php/boas-praticas-socioambientais-de-governanca-publica-sao-compartilhadas-em-evento-no-tcesc, acesso em: 26/06/2024.

[28] *Stakeholders* na acepção da PR ABNT 2030:2022 é "pessoa, organização ou comunidade que pode afetar, ser afetada ou se perceber afetada por uma decisão ou atividade" (ASSOCIAÇÃO BRASILEIRA DE NORMAS TÉCNICAS. Prática Recomendada: ABNT PR 2030: *Ambiental, social e governança (ESG)* – Conceitos, diretrizes e modelo de avaliação e direcionamento para organizações / Associação Brasileira de Normas Técnicas. Rio de Janeiro: ABNT, 2022).

O destaque se dá para o Tribunal de Contras da União, que inovou na abordagem de análise de governança na Administração Pública ao estabelecer o índice ESG (iESGo 2024), para avaliar o nível de adesão das organizações públicas federais e de outros entes jurisdicionados.

Segundo notícia veiculada no Portal do TCU:

> O levantamento foi autorizado conforme o item 9.1 do Acórdão 1205/2023-TCU-Plenário, sob a Fiscalização 156/2023.
>
> A coleta de dados para o levantamento foi realizada por meio de questionário eletrônico de autoavaliação. Esse novo instrumento de pesquisa, chamado iESGo, foi gerado a partir da reformulação do questionário do iGG, que passou a integrar a avaliação dos processos de governança e gestão com os de sustentabilidade ambiental e social.
>
> O questionário iESGo abordou os seguintes temas:
>
> 1. governança organizacional pública;
> 2. gestão de pessoas;
> 3. gestão de tecnologia da informação e da segurança da informação;
> 4. gestão de contratações;
> 5. gestão orçamentária e financeira;
> 6. sustentabilidade ambiental; e
> 7. sustentabilidade social.

O Acórdão nº 1.205/2023 – Plenário, mencionado na notícia, merece destaque. Nele o TCU estabeleceu como risco a ausência de práticas de ESG nas instituições públicas, o que "pode levar à ineficiência na execução de políticas e orçamentos públicos, além de propiciar ambiente para que agentes públicos adotem condutas não aderentes à função institucional ou sem preocupações sociais e ambientais". Estabeleceu como oportunidade:

> O TCU vem realizando levantamentos de governança organizacional pública desde 2014. Foram quatro edições do levantamento que contaram com grande adesão das organizações respondentes. Tais levantamentos tiveram influência na grade curricular de cursos de nível superior, e suas informações, publicadas em formato aberto, contribuíram para a formação de inúmeros mestres e doutores. No entanto, a dimensão Governança, que corresponde à letra G da sigla ESG, tornou-se insuficiente diante do amadurecimento da sociedade brasileira. Há tempo, fala-se da relevância da governança, mas dentro do contexto ESG, que inclui as dimensões SOCIAL e AMBIENTAL. O presente trabalho busca, então, remodelar o questionário do iGG, para integrar as novas dimensões e revisitar as práticas de governança e gestão para prover maior equilíbrio ao instrumento e mantê-lo moderno e atualizado.

De grande contribuição para o tema, o TCU no acórdão de 2023 definiu que a materialidade do ESG está dispersa na atuação de todo o poder público, sendo que as boas práticas podem contribuir para a adequada atuação dos agentes públicos e das organizações públicas, sendo essencial para o atingimento dos objetivos finalísticos e na eficiência na execução do orçamento.

Por fim, ainda se extrai do acórdão de 2023 da corte federal de contas importantíssimas conclusões a respeito do ESG na Administração Pública, como se observa:

> 7. Entendo oportuno destacar que as práticas de governança ESG (Ambiental, Social e Governança) têm se tornado cada vez mais importantes para as organizações públicas. No contexto das organizações públicas, a adoção de práticas de governança ESG é fundamental por várias razões, entre elas: *i) assegurar a responsabilidade ambiental na atuação de forma sustentável; ii) aumento da eficiência operacional, com a otimização da utilização dos recursos e a diminuição de desperdícios; iii) melhoria da reputação das organizações públicas frente à sociedade e acesso a recursos e investimentos externos.*
>
> ...
>
> VOTO
>
> 7. Como observado nas manifestações precedentes, o Tribunal dedica-se há anos a promover a temática da governança no setor público, tendo atuado de forma pedagógica por meio de seminários, treinamentos e publicações sobre o assunto, assim como por meio de suas ações fiscalizatórias. De forma semelhante, a promoção do bem-estar e da justiça social, a proteção do meio ambiente e de redução das desigualdades sempre se constituíram em diretrizes para atuação desta Corte.
>
> 8. Ao pesquisar sobre o assunto, observo que, já no ano 2000, fora lançada iniciativa pela Organização das Nações Unidas (ONU), denominada de pacto global (*Global Compact*), para que as empresas pudessem alinhar estratégias e ações a princípios universais nas áreas de direitos humanos, trabalho, meio ambiente e no combate a corrupção. Quem integra o pacto, segundo a iniciativa, também assume comprometimento de contribuir para com o alcance dos objetivos de desenvolvimento sustentáveis (ODS) promovidos pela ONU e constantes da Agenda 2030, temática também acompanhada por este Tribunal.
>
> 9. Nessa mesma linha, mais recentemente, uma iniciativa de uma rede internacional de investidores institucionais em parceria com o Programa da ONU para o Meio Ambiente, lançou a publicação "Princípios para o Investimento Responsável", visando trazer maior clareza para a relevância financeira dos temas ambientais, sociais e de governança (ESG). Segundo o então Secretário Geral da ONU, Ban Ki-moon, um

número cada vez maior de instituições de investimento de todas as regiões do mundo está incorporando fatores ESG em suas tomadas de decisão a fim de reduzir riscos, ampliar retorno financeiro e atender às expectativas de beneficiários e clientes. Nesse sentido, a atualização do instrumento de avaliação de governança de entes públicos para abranger parâmetros ambientais e sociais caminha ao lado da evolução que vem ocorrendo no setor privado no sentido de se demandar maior atenção das organizações às preocupações com o meio ambiente e com a sociedade como um todo.[29]

Voltando ao questionário de autoavaliação iESGo_2024 do Tribunal de Contas da União, as questões inseridas apresentam a perspectiva temática da agenda ESG na Administração Pública. Inicia com os temas de governança, com perguntas sobre liderança, estratégia, controle e operação e segue para a sustentabilidade ambiental e a social. Nestes últimos temas a Corte de Contas federal indaga se há programa de sustentabilidade ambiental, se é promovida internamente e no eixo externo, se há programa de diversidade e inclusão, sistema de prevenção e combate ao assédio e à discriminação, promoção da acessibilidade para pessoa com deficiência ou mobilidade reduzida e se a cultura de diversidade e inclusão é promovida no ambiente interno e externo da organização. Harmoniza-se, portanto, o TCU com os temas materiais em geral mais relevantes sobre ESG, com visão para a esfera interna e externa da instituição pública participante do questionário.

Essa análise do TCU, inclusive, pode inspirar as organizações componentes da Administração Pública a trabalharem com os temas tratados no questionário.

E, considerando o já exposto, de que os Tribunais de Contas constituem *stakeholders* da Administração Pública, é fácil constatar a vocação de impulsionadores de novos comportamentos para os órgãos e entidades que compõem o corpo de jurisdicionados dos tribunais.

Justamente por isso, também, urge a necessidade de se implementar o ESG no Poder Público.

[29] BRASIL. *Tribunal de Contas da União*. Acórdão nº 1.205/2023 – Plenário, Ministro Relator Vital do Rêgo, Sessão 14.06.2023.

Motivo 4 – Legislação socioambiental e de governança

Há outro grande motivo para implementar o ESG na Administração Pública: o necessário cumprimento de legislação socioambiental e de governança específicas.

Começamos com alguns exemplos de legislação socioambiental.

O Brasil é signatário de várias convenções, acordos e tratados em matéria ambiental, dentre os quais o Protocolo de Quito (celebrado na Convenção-Quadro das Nações Unidas sobre Mudança do Clima, no ano de 1997), que deu origem à Política Nacional sobre Mudanças do Clima – PNMC (Lei nº 12.187/2009).

Sem maior aprofundamento, sinaliza-se que a PNMC estabeleceu a responsabilidade pelas ações dela decorrentes aos entes públicos e órgãos da Administração Pública,[30] que devem adotar ações em âmbito nacional para o enfrentamento das alterações climáticas e considerar e integrar ações promovidas no âmbito estadual e municipal por entidades públicas e privadas.[31]

Outra importante política que reverbera nas ações do poder público é a Política Nacional de Resíduos Sólidos, estabelecido pela Lei nº 12.305/2010. Essa lei define como princípio a cooperação entre as diferentes esferas do poder público, o setor empresarial e demais segmentos da sociedade; a responsabilidade desses mesmos autores pela efetividade das ações voltadas para assegurar a observância da PNRS; e, dentre outras questões, estabelecer a prioridade nas contratações públicas para produtos reciclados e recicláveis, bens, serviços e obras que considerem critérios compatíveis com padrões de consumo social e ambientalmente sustentáveis.

Na mesma esteira podemos citar também a Política Nacional de Recursos Hídricos (Lei nº 9.433/1997), a Política Nacional do Meio Ambiente (Lei nº 6.938/1981) e a Política de Educação para o Consumo Sustentável (Lei nº 13.186/2015). Todas atribuem protagonismo ao Poder Público nas medidas disciplinadas nos respectivos instrumentos.

De forma recente à publicação desta obra, como já sinalizado, foi publicado o Decreto nº 12.082, de 27 de junho de 2024, que instituiu a Estratégia Nacional de Economia Circular, estabelecendo o conceito

---

30 Conforme dispõe o art. 3° da PNMC (Lei nº 12.187, de 29 de dezembro de 2009).

31 Conforme estabelece o art. 3º, inciso V, da PNMC (Lei nº 12.187, de 29 de dezembro de 2009).

de economia circular, as diretrizes da ENEC e seus objetivos, e que certamente influenciará as ações do poder público, tais como suas contratações.

No recorte social, o principal foco são os *stakeholders* da Administração Pública. Citamos o Estatuto do Povo Indígena (Lei nº 6.001/1973), o Estatuto da Pessoa Idosa (Lei nº 10.741/2022), o Estatuto da Pessoa com Deficiência (Lei nº 13.146/2015), a CLT (Decreto-Lei nº 5.452/1943) ou o respectivo Estatuto do Servidor Público.

Motivo 5 – Clamor da coletividade

Caso não se considere suficiente a listagem dos maiores riscos para a humanidade na próxima década, que podem repercutir nas ações do Poder Público; ou o que prescreve a legislação sobre contratações públicas, ou outras correlatas aos temas objeto deste artigo; ou ainda os avanços das Cortes de Contas, que enveredam para uma mudança de paradigma na abordagem das ações promovidas pela Administração Pública sobre ESG, ainda há outro grande motivo para começar a implementar ou aperfeiçoar a agenda de governança pública socioambiental: a demanda da coletividade.

Segundo a Pesquisa Panorama ESG 2024,[32] da Câmara Americana de Comércio para o Brasil (AMCHAM), realizada com 687 líderes empresariais, 78% das organizações que aderem à agenda ESG buscam ter um impacto mais positivo em questões ambientais e sociais; 77% afirmam buscar fortalecer a reputação no mercado; 63% visam fortalecer a relação com os *stakeholders*; e 63% buscam fortalecer o engajamento com os colaboradores.

Entre os principais desafios apontados na pesquisa, encontra-se a dificuldade de mensurar indicadores (40%), a ausência de uma cultura forte ESG (32%), a falta de metodologia adequada (30%) e a ausência de uma visão estratégica.

Quanto à temática a ser desenvolvida, o pilar social é prioridade para 72% das organizações, sendo a governança o foco de 68% e o meio ambiente representa 66%. No pilar social mais da metade das empresas busca promover a formação e capacitação de funcionários, estabelecer

---

[32] Disponível em: https://conteudo.amcham.com.br/obrigado-pesquisa-panorama-esg-2024. Acesso em: 10 jun. 2024.

a cultura da diversidade, equidade e inclusão e gerar emprego, renda e fomento da economia local.

No pilar de governança, as práticas implantadas consistem em grande parte das empresas na edição de um código de ética e política anticorrupção e em políticas de transparência e governança; 43% dos entrevistados afirmam possuir comitê ou equipe focada em ESG e sustentabilidade; e, 37% divulgam internamente indicadores, metas e objetivos ESG.

O surpreendente no resultado da pesquisa é que o governo é um dos grandes condutores da agenda ESG, com 67% das opiniões, ficando atrás apenas dos CEO/Presidentes/VPs das organizações, com 77%. Cabe ao governo a criação de incentivos para pesquisa e desenvolvimento sustentável, para energias eólicas, solar e hidrogênio limpo, desenvolvimento de políticas ambientais, dentre outras prioridades apontadas.

Em suma, além de pauta extremamente relevante para o mercado, o Poder Público ainda é apontado como o orientador da agenda. Não é por menos, pois os temas se harmonizam aos princípios do desenvolvimento nacional sustentável e da prevenção, estampados no artigo 225 da Constituição Federal. Sobre o primeiro desses princípios, Daniel Ferreira assim sinalizou:

> tanto o governo como a Administração Pública - sejam eles em âmbito federal, estadual ou municipal - hão de pautar seus comportamentos (políticos, jurídicos e administrativos) com vistas à realização desse desiderato, porque só assim se realiza a República Federativa do Brasil como Estado Constitucional e Democrático de Direito, e o brasileiro como pessoa humana provida de dignidade.[33]

Enfim, tratando-se a coletividade da mais relevante parte interessada (*stakeholder*) da Administração Pública, é extremamente importante pautar as ações internas e externas do Poder Público ao propósito do ESG.

Motivo 6 – Para empresas estatais – regime jurídico e atividades

As empresas estatais, representadas por empresas públicas e pelas sociedades de economia mista, surgiram no Brasil com a necessidade

[33] FERREIRA, Daniel. *A licitação pública no Brasil e sua nova finalidade legal:* a promoção do desenvolvimento nacional sustentável. Belo Horizonte: Fórum, 2012, p. 60.

de atendimento pelo Estado a objetivos políticos, econômicos e sociais, intervindo na atividade econômica para alavancar um projeto de industrialização e de produção privada de bens e serviços.[34] Constituíam uma tentativa de instrumentalização ágil de ação do Estado, em razão da presunção de que os controles e amarras das pessoas jurídicas de direito público inviabilizariam a eficiência estatal, em especial na seara econômica, cujo mercado exige, de fato, celeridade, inovação e dinamismo de ações.

As empresas estatais pertencem à Administração Pública indireta, possuem natureza de direito privado, são constituídas pelo Estado após prévia e específica autorização legal para desenvolverem atividades de conteúdo econômico e estão sujeitas ao controle estatal.

O regime de Direito Privado aplicável é derrogado parcialmente por normas de Direito Público. Mas o que é digno de ser salientado é que todas as estatais são criadas para o cumprimento de uma função social, além da vinculação a um interesse público ou mesmo por motivo de segurança nacional, conforme previsto no texto constitucional em seu art. 173, §1º, inciso I.[35] O destaque é para o interesse coletivo, cuja realização deve ser orientada ao alcance do bem-estar econômico e para a alocação socialmente eficiente dos recursos geridos, além da ampliação sustentada dos seus consumidores de produtos e serviços, e o desenvolvimento ou emprego de tecnologia brasileira para seus produtos e serviços.

Além disso, vinculada à função social encontra-se a determinação no §2º do mesmo art. 27, para a adoção de práticas de sustentabilidade ambiental e de responsabilidade social compatíveis com o mercado em que a estatal atua.

Ou seja, o legislador incorporou à função social das empresas públicas e sociedades de economia mista a realização do interesse

---

[34] BEDONE, Igor Volpato. *Empresas estatais e seu regime jurídico*, Salvador: Juspodivm, 2018, p. 31, 32.

[35] "Art. 173. Ressalvados os casos previstos nesta Constituição, a exploração direta de atividade econômica pelo Estado só será permitida quando necessária aos imperativos da segurança nacional ou a relevante interesse coletivo, conforme definidos em lei.
§1º A lei estabelecerá o estatuto jurídico da empresa pública, da sociedade de economia mista e de suas subsidiárias que explorem atividade econômica de produção ou comercialização de bens ou de prestação de serviços, dispondo sobre: (Redação dada pela Emenda Constitucional nº 19, de 1998).
I - sua função social e formas de fiscalização pelo Estado e pela sociedade; (Incluído pela Emenda Constitucional nº 19, de 1998)". BRASIL. [Constituição (1988)]. *Constituição da República Federativa do Brasil*. Brasília, DF: Senado Federal, 2016.

coletivo e atrelou referido interesse à sustentabilidade em seus três pilares clássicos: ambiental, social e econômico.[36]

Outrossim, para além da função social, no ano de 2016 foi promulgada a Lei nº 13.303, de 30 de junho, para atendimento à disposição Constitucional do §1º do art. 173, com o objetivo de uniformizar o regime jurídico de todas as estatais, prestadoras de serviço público ou exploradoras de atividades econômicas. A referida lei apresenta o DNA do ESG para as empresas públicas e sociedades de economia mista. Ao longo de todo o texto legal é possível extrair claramente a preocupação do legislador com a responsabilidade ambiental (E) e social (S), além da governança (G) em tais corporações.

Inobstante à legislação, empresas estatais atuam nos mais diversos setores, podendo prestar ou não serviços públicos, subsidiárias de outras estatais ou não, dependentes de recursos financeiros da União, Estado ou Município ou não dependentes, com uma atuação multifacetada e por vezes complexa, diante dos grandes interesses sociais e desafios econômicos envolvidos. Nessa miríade de atividades das estatais brasileiras é possível observar os destaques de oportunidades e riscos dentro do acrônimo ESG com a prevalência do E, do S, do G, das suas combinações ou de todos reunidos.

Está mais do que cristalino que tais companhias devem se moldar ao tema, pois suas características, como a responsabilidade de atender ao interesse público e o compromisso com o desenvolvimento sustentável, demandam uma gestão que vá além dos resultados financeiros.

Ainda sobre o tema, a Câmara de Valores Mobiliários editou a Resolução CVM nº 193, de 20 de outubro de 2023, estabelecendo que as companhias abertas (incluindo-se as sociedades de economia mista que apresentem capital aberto) deverão, a partir dos exercícios sociais iniciados em, ou após, 1º de janeiro de 2026, elaborar e divulgar relatório de informações financeiras relacionadas à sustentabilidade adotando-se o padrão internacional emitido pelo *International Sustainability Standards Board* – ISSB.

Por fim, vale acrescentar que tramita na Câmara dos Deputados, desde outubro de 2019, o Projeto de Lei nº 5.442/19, que pretende

---

[36] Criado por John Elkington em 1994, o tripé da sustentabilidade, ou "*triplo bottom line*", é o método que incorpora a sustentabilidade nas empresas com base no social (pessoas), no planeta (meio ambiente) e no lucro (econômico). A sustentabilidade está assegurada se houver equilíbrio entre os três pilares. Fonte: https://johnelkington.com/archive/TBL-elkington-chapter.pdf, acesso em: 30 maio 2024.

regulamentar os programas de conformidade ambiental para pessoas jurídicas que desenvolvam atividades com potencial de degradação do meio ambiente. Em especial para as empresas públicas e sociedades de economia mista, conforme dispõe o PL, será obrigatória a implementação desses programas, na hipótese de a estatal explorar atividade potencialmente lesiva ao meio ambiente.

A incorporação de práticas ESG permite que as estatais operem de maneira mais transparente, ética e sustentável, promovendo um impacto positivo na sociedade e no meio ambiente.

Além disso, a adoção de tais práticas pode melhorar a eficiência operacional, atrair investimentos e fortalecer a confiança dos cidadãos e *stakeholders*. Portanto, alinhar-se aos princípios ESG não é apenas uma necessidade regulatória, mas também uma estratégia essencial para o crescimento e a longevidade dessas organizações no cenário contemporâneo.

Motivo 7 – Multibenefícios

Há um motivo adicional para interiorização da agenda ESG na Administração Pública e que reverbera em dezenas de outros motivos: são os multibenefícios da sua adoção. Apontamos alguns deles:

1 – inclusão de *stakeholders* (partes interessadas) – a identificação dos *stakeholders* e análise das suas pretensões e necessidades repercutem de forma muito positiva na Administração Pública, direcionando de modo efetivo as políticas, planos, procedimentos em ESG;

2 – otimização de custos, com o melhor gerenciamento de recursos naturais, de logística, análise do ciclo de vida do objeto, incorporação de economia circular, etc.

3 – aumento de credibilidade e melhoria da imagem – instituições com maior credibilidade perante as partes interessadas;

4 – melhoria da capacidade ética e de inclusão social;

5 – materialização de políticas públicas sociais e ambientais locais, regionais e/ou nacionais;

6 – cumprimento de metas ambientais, sociais e de governança;

7 – maior transparência nas ações, com ferramentas adequadas de governança, que preconizam a publicidade das ações e a conformidade com a Lei de Acesso à Informação (Lei nº 12.527/2011);

8 – efetividade na governança e na gestão de riscos;

9 – acesso facilitado a financiamentos, em especial aqueles que exigem para efetivação de emissão de relatórios de sustentabilidade ou de ações afirmativas;

10 – conformidade legal e regulatória, em vista da variedade de temas que a legislação impõe ao cumprimento da Administração Pública e a necessidade de governança adequada para possibilitar a aplicação de ferramentas de conformidade;

11 – melhoria de performance em auditorias;

12 – retenção de talentos, em vista da valorização dos colaboradores, dos programas de diversidade e inclusão que podem ser registrados como temas materiais da agenda ESG;

13 – melhorias de indicadores ambientais, sociais e de governança.

Esses são apenas alguns dos multibenefícios dos quais a Administração Pública poderá usufruir com a implementação de uma agenda ESG efetiva, garantindo incentivos apropriados para a transformação interna e externa e que dê guarida à pauta.

Conclusão

A agenda ESG é uma realidade no mundo corporativo. Embora tenha sua gênese nas instituições financeiras, visando orientar investimentos sustentáveis, seus benefícios e importância dispersaram em outros mercados, de grandes corporações e multinacionais a pequenas e médias empresas, de qualquer ramo.

Seguindo a transformação de uma Administração burocrática para a gerencial, não seria difícil concluir que o ESG também pousaria seus tentáculos no poder público, pois a governança, que é a bússola desse modelo, analisa os riscos e oportunidades, incluindo na pauta os *stakeholders* e os temas de maior materialidade para essas partes interessadas, que podemos exemplificar como a coletividade, os servidores, os fornecedores, os órgãos de controle, dentre outros. Assim, ao repercutir no planejamento estratégico os temas relevantes para tais partes, o Poder Público estará alinhado com essa agenda global de transformação da sociedade.

Inclusive ousamos defender que essa agenda pública deve capitanear todas as políticas ambientais, sociais, de governança e interdisciplinares para o atendimento aos anseios coletivos e aos valores constitucionais relevantes.

ESG não é modismo, pois repercute em toda a teia social, nas relações pessoais e institucionais. É pauta apta a expandir as liberdades substantivas das pessoas, parafraseando o conceito de desenvolvimento de Amartya Sem.[37] É uma evolução exponencial que começou com as provocações de Rachel Carson sobre o uso de DDT nas plantações, expandiu para a qualidade do meio ambiente e o desenvolvimento sustentável, incluiu as demandas sociais, de raça, de gênero de expansão das potencialidades humanas, fez frente com temas de governança, transparência, controle e efetividade. Não é mais tema do futuro, mas sim do presente, para garantir um futuro sustentável. Deve representar o "despertar de uma nova reverência face à vida, por um compromisso firme de alcançar a sustentabilidade, pela rápida luta pela justiça, pela paz e pela alegre celebração da vida".[38]

Não pode estar restrito às corporações financeiras, privadas, academia, organizações não governamentais, vizinhança. Tem que ir além. Deve virar tema constante do planejamento estratégico na Administração Pública e quaisquer instituições que administrem recursos públicos.

Cremos não haver mais qualquer dúvida sobre a importância, a necessidade da pauta, a validade da incursão e a imposição multifacetada da agenda ESG na Administração Pública.

A jornada, no entanto, não é isenta de obstáculos. Há desafios variados a serem enfrentados e superados, em razão das características, da estrutura, do grau de maturidade, da pretensão, do planejamento, dos recursos disponíveis. Contudo, o início de uma estrutura de ESG na Administração Pública é inevitável, e com as balizas necessárias e uma metodologia adequada, lastreada pelos sete grandes fundamentos trazidos neste texto, não há dúvida de que o sucesso destas medidas beneficiará a todos os cidadãos e suas futuras gerações.

Referências

ASSOCIAÇÃO BRASILEIRA DE NORMAS TÉCNICAS. Prática Recomendada: ABNT PR 2030: *Ambiental, social e governança (ESG)* – Conceitos, diretrizes e modelo de avaliação e direcionamento para organizações / Associação Brasileira de Normas Técnicas. Rio de Janeiro: ABNT, 2022.

---

37 SEN, Amartya. *Desenvolvimento como liberdade*. SP: Companhia das Letras, 2001. p. 336.

38 BOFF, Leonardo. *Sustentabilidade* – o que é – o que não é. 3. ed. Petrópolis: Vozes, 2014, p. 177.

BEDONE, Igor Volpato. *Empresas estatais e seu regime jurídico*, Salvador: Juspodivm, 2018.

BOFF, Leonardo. *Sustentabilidade* – o que é – o que não é. 3. ed. Petrópolis: Vozes, 2014.

BRASIL, 1942. Decreto-Lei nº 4.657, de 4 de setembro de 1942. Lei de Introdução às Normas do Direito Brasileiro. Rio de Janeiro, RJ. Diário Oficial da União.

BRASIL, 2009. Lei nº 12.187, de 29 de dezembro de 2009. Institui a Política Nacional de Mudanças do Clima. Brasília, DF. Diário Oficial da União.

BRASIL, 2021. Lei nº 14.133, de 1º de abril de 2021. Lei de Licitações e Contratos Administrativos. Brasília, DF. Diário Oficial da União.

BRASIL. *Tribunal de Contas da União*. Acórdão nº 1.205/2023 – Plenário, Ministro Relator Vital do Rêgo, Sessão 14/06/2023.

FERREIRA, Daniel. *A licitação pública no Brasil e sua nova finalidade legal*: a promoção do desenvolvimento nacional sustentável. Belo Horizonte: Fórum, 2012.

FREITAS, Juarez. *Sustentabilidade*: direito ao futuro. Belo Horizonte: Fórum, 2012.

MELO NETO, F. P. de; FROES, C. *Gestão da responsabilidade social*: o caso brasileiro. Rio de Janeiro: Qualitymark, 2001.

SEN, Amartya. *Desenvolvimento como liberdade*. São Paulo: Companhia das Letras, 2001.

Sites consultados:

https://www.weforum.org/publications/

https://www.migalhas.com.br/depeso/336710/historia-da-governanca-corporativa

https://portal.jmlgrupo.com.br/pagina.php?area=coluna-juridica&acao=download&dp_id=178

https://www.ibgc.org.br/conhecimento/governanca-corporativa

https://www.unepfi.org/fileadmin/events/2004/stocks/who_cares_wins_global_compact_2004.pdf

https://sebrae.com.br

https://portal.tcu.gov.br/governanca/governancapublica/organizacional/levantamento-de-governanca/

https://www.tcesc.tc.br/index.php/boas-praticas-socioambientais-de-governanca-publica-sao-compartilhadas-em-evento-no-tcesc

https://conteudo.amcham.com.br/obrigado-pesquisa-panorama-esg-2024

https://johnelkington.com/archive/TBL-elkington-chapter.pdf

Informação bibliográfica deste livro, conforme a NBR 6023:2018 da Associação Brasileira de Normas Técnicas (ABNT):

CASTRO, Rodrigo Pironti Aguirre de; RODRIGUES, Caroline. Os sete grandes motivos para implementar o ESG na Administração Pública. *In*: RODRIGUES, Caroline; PIRONTI, Rodrigo (coord.). *ESG na Administração Pública*: estudos dirigidos. Belo Horizonte: Fórum, 2025. p. 31-57. ISBN 978-85-450-0779-1.

ASPECTOS RELEVANTES PARA O FOMENTO DE PRÁTICAS DE ESG NA ADMINISTRAÇÃO PÚBLICA

FRANCISCO LOPES FERNANDES NETTO

1 Noções gerais

A boa governança da Administração Pública é formada por componentes inter-relacionados de forma coesa e sinérgica que estão aptos a gerar, para a organização, um conjunto de rotinas, fluxos e procedimentos que, uma vez atrelados, conseguem entregar valor ao serviço público e à sociedade. Logo, inexiste no poder público atuação em "forma de ilha" e todas as boas práticas se complementam.

Desta maneira, por exemplo, rotinas de um programa de integridade podem ser relacionadas aos preceitos de eficiência e de satisfação do usuário do serviço público. Assim, não é difícil ou forçoso perceber que a existência de uma boa e regular licitação pode estar atrelada a um programa de integridade que induza a cultura ética (integridade) quando esta gera consciência administrativa de fazer o melhor Estudo Técnico Preliminar por parte do servidor público responsável. Um programa de integridade faz emergir os valores de melhoria e dedicação em elaborar uma excelente aquisição para atender a Administração Pública. Se avançarmos ainda mais nesse esforço interativo, verte-se o comentário de que somente teremos servidores públicos responsáveis quando o poder público instituir mecanismos eficazes de lotação adequada do colaborador mediante gestão de competências aptas a mapear as necessidades da organização. Esses são apenas alguns exemplos de que vários macroprocessos da Administração Pública se relacionam e interagem entre si (no exemplo citado foi a licitação, integridade e gestão de pessoas).

Entre essas interações de paradigmas, algumas aparentemente são difíceis de identificar, mas com um mundo mais globalizado, já é mais perceptível. Como exemplo, rememora-se que por muito tempo pareceu distante correlacionar a busca de lucros por parte de uma empresa privada com a ação social filantrópica ou aquela à proteção ao meio ambiente. Historicamente não houve pensamento incentivado dessa forma. Por exemplo, a "mão invisível" do economista clássico Adam Smith (1723-1790) preconizava que o capitalismo por si só conduziria a um mundo mais justo de distribuição de recursos e levaria ao bem-estar social. De mesmo modo, dois séculos depois, o prestigiado economista Milton Friedman afirmou que a "responsabilidade social da empresa é aumentar os seus lucros", conforme artigo publicado na The New York Times Magazine em 1970.[1]

Ocorre que, com o passar do tempo, o mundo corporativo conseguiu trazer conceitos que tenham uma visão mais integrativa entre a organização e seu "entorno de existência". Entre esses conceitos, o que tem tido maior destaque são os que conseguem prover o alinhamento das perspectivas de cunho ambiental, social e de governança no âmbito das organizações. Tal interação, em específico, tem se consolidado como o conceito de ESG nas organizações: *environmental, social and governance* (ambiental, social e governança).

Essa lógica interativa (social, ambiental e governança) foi alardeada em 2004 em publicação pioneira do Banco Mundial em parceria com o Pacto Global da Organização das Nações Unidas (ONU) e instituições financeiras de 9 países, chamada *Who Cares Wins* (Ganha quem se importa). Neste sentido, reiterados estudos revelam que empresas que se preocupam com direitos humanos, diversidade e inclusão, bem como a proteção ambiental, têm colhido maior probabilidade de lucros financeiros a longo prazo e outras vantagens. Logo, uma organização, ao primar pelas práticas de ESG pode, por exemplo:

(i) diminuir custos (economia de água e energia, proteção contra multas ambientais ou diminuição de processos de recrutamento devido a eventual queda de rotatividade de pessoal ao prestigiar o bem-estar no ambiente de trabalho);

(ii) melhorar sua própria reputação (pois agregam valor ao mercado com imagem positiva da organização);

(iii) oferecer mais segurança a investidores (práticas de ESG diminuem a chance de prejuízo reputacional).

---

1 FIEDMAN, M. The Social Responsibility of Business Is to Increase Its Profits. *The New York Times Magazine*, 1970.

Portanto, afirma-se que as ações em ESG dão uma visão múltipla para uma gestão integrativa. Nesse sentido, ao considerar a equidade e inclusão como prática de ESG, por exemplo, certamente também há de considerá-las como pressupostos e aliadas a boas práticas de *compliance*.

Como prova de que atividades de ESG oferecem oportunidades, imagine que uma organização adote política de equidade e paridade de gênero nas funções de chefia em busca de ocupação paritária entre homens e mulheres. Nesse contexto, tal medida será percebida pelo mundo corporativo e pela sociedade como boa prática sob o espectro ESG. É o que revela o relatório *Women in Business and Management*. O *The business case for change* (ILO, 2019), que pesquisou quase 13 mil empresas em 70 países, identificou que 54,3% de respondentes de pequenas empresas, 64,1% de médias empresas e 58,8% de grandes empresas afirmaram que iniciativas de diversidade de gênero contribuíram para aumentar os resultados de negócio, incluindo produtividade, lucratividade, inovação, atração e retenção de talentos, atendimento ao cliente e reputação da empresa. Quase 75% das empresas que aplicaram política de diversidade de gênero em sua gestão perceberam aumentos de lucro entre 5 e 20%.

Nesse mesmo propósito, a mesma política de diversidade e inclusão tem condão de ser estratégica para um programa de integridade, citado anteriormente, pois consegue – através de composição paritária nas funções de chefia – ter diminuição de chance de assédio moral e sexual, bem como o desenvolvimento de competências de lideranças e de *soft skills* mais multifacetadas para a gestão de conflitos e delegação de tarefas, por exemplo.

Portanto, a equidade é algo que deve ser harmonizado com o sistema de incentivo ao ESG.

Nesta esteira, o poder público cada vez mais será cobrado pela pauta ESG, muito empoderado por, inclusive, ações de fiscalização. Nesta baila cita-se o Tribunal de Contas da União (TCU) quando exarou recente acordão que revela a confirmação dessa importância. Logo, o Acórdão nº 1205/2023 - TCU-Plenário autorizou a proposta de fiscalização acerca de levantamento sobre a situação dos órgãos e entidades da Administração Pública Federal quanto à adoção de práticas de governança integradas a práticas de responsabilidade socioambiental acompanhando essa tendência global.[2]

2 É possível o poder público fomentar a pauta ESG?

Conforme visto no tópico anterior, a absorção do conceito ESG tem ganhado espaço no debate corporativo público e privado como pressuposto de vantagem competitiva. Portanto, atualmente de forma alardeada, já são conhecidos os possíveis prejuízos financeiros e de imagem que eventuais disfunções éticas, ambientais e sociais por parte dos colaboradores e gestores têm causado na gestão das entidades. Por sua vez, também conhecido é o entendimento de que ações de ESG podem repercutir positivamente tanto na vantagem competitiva em mercados (locais e globalizados) para sociedades empresárias quanto para a melhoria do nível de confiança institucional por parte dos cidadãos em relação às entidades governamentais.

Logo o poder público tem possibilidade e legitimidade de fomentar ações em ESG com alguns motivos para tanto.

Um dos motivos de o poder público fomentar ações de ESG é o fato de que, em alguns países, há uma participação significativa nos mercados nacionais. Por exemplo, na federação brasileira formada por inúmeros entes, tem-se que para um número representativo deles (principalmente nos 5.570 municípios) o componente de consumo governamental tem grande relevância no seu PIB e na sua demanda agregada. Essa participação pode ser aproveitada e de alguma forma já está sendo exigida nas compras e licitações públicas efetuadas, quando da descrição de objetos mais sustentáveis através de regulamentação local.

Outra razão do poder público fomentar ações em ESG é ele reconhecer, como instituição, sua própria capilaridade territorial. Dessa maneira, em um país continental como o Brasil tem-se que o governo, além de ser o maior comprador, é também a organização mais presente no cotidiano do cidadão. Assim, em algumas localidades, é o governo o maior provedor de serviço e *benchmarking* de gestão. Logo, políticas

[2] A Comissão de Serviço Público Australiano desenvolveu material de orientação destinado a aumentar a diversidade e inclusão na força de trabalho do serviço público australiano, incluindo, por exemplo, orientações sobre a concepção de medidas afirmativas para o recrutamento de povos indígenas ou pessoas com deficiência. Australian Public Service Commission, 2018. Recruitment: Guidelines, Disponível em: https://www.apsc.gov.au/recruitment-guidelines.

de ESG governamental podem impactar inúmeras pessoas e servem de guia de referência para outros arranjos que venham a surgir em torno ou em razão da máquina governamental. Por exemplo: as políticas de diversidade e inclusão nos cargos de chefia em algumas regiões do país somente se farão presentes, ao menos em um primeiro momento, por meio da máquina governamental enquanto instituição de maior capilaridade.

De outro giro, uma forma de fomentar a pauta ESG pelos entes públicos é inserir o tema em avaliações periódicas nacionais ou como quesito para participação em determinados programas, haja vista que a colocação de elementos de ESG como quesitos obrigatórios para evidenciar determinados programas revela requisitos importantes que passam a ser absorvidos pelas instituições.

> *(i) Proética:* consiste em uma iniciativa de fomento à integridade empresarial, promovida pela Secretaria de Transparência e Prevenção da Corrupção – STPC, da Controladoria-Geral da União – CGU. Com efeito, para a Organização dos Estados Americanos (OEA), trata-se de uma "boa prática" adotada pelo Brasil. A Organização para a Cooperação e Desenvolvimento Econômico (OCDE) considera o projeto como "um esforço positivo do governo brasileiro". Segundo o Escritório das Nações Unidas sobre Drogas e Crime (UNODC), "é um dos melhores exemplos de incentivos para que as empresas invistam voluntariamente em programas anticorrupção e outras medidas que fortaleçam a integridade corporativa".[3]
>
> *(ii) Programa Nacional de Prevenção à Corrupção*: é uma proposta inovadora adotada pela Estratégia Nacional de Combate à Corrupção e à Lavagem de Dinheiro (ENCCLA), por intermédio da Ação 09/2021, com coordenação e execução pelas Redes de Controle nos Estados, patrocinadas pelo Tribunal de Contas da União (TCU) e pela Controladoria-Geral da União (CGU), e conta com o apoio da Associação dos Membros dos Tribunais de Contas do Brasil (ATRICON), do Conselho Nacional dos Presidentes dos Tribunais de Contas (CNPTC), da Associação Brasileira dos Tribunais de Contas dos Municípios (ABRACOM), do Conselho Nacional de Controle Interno (CONACI) e da Confederação Nacional dos Municípios (CNM). O Programa é voltado a todos os gestores das organizações públicas e tem o objetivo de reduzir os níveis de fraude e

[3] Disponível em: https://www.gov.br/cgu/pt-br/assuntos/integridade-privada/avaliacao-e-promocao-da-integridade privada/empresa-pro-etica/historico.

corrupção, sendo ainda um relevante instrumento para o aperfeiçoamento da governança institucional.[4]

(iii) Programas visando alunos em formação escolar: o Programa UM POR TODOS E TODOS POR UM! PELA ÉTICA E CIDADANIA (UPT) criado em 2008 é uma iniciativa da Controladoria-Geral da União (CGU), em parceria com o Instituto Maurício de Sousa, cujo objetivo é despertar nos estudantes o senso de cidadania, de ética, de participação e de responsabilidade, tendo a escola como núcleo principal de desenvolvimento das ações. As experiências proporcionadas pelo processo de ensino-aprendizagem colaborativo são desenvolvidas em sala de aula ou ambiente virtual de aprendizagem com a participação de um educador, que pode contar com uma capacitação no programa, em formato EAD (plataforma AVAMEC). O UPT é voltado para estudantes do ensino fundamental e dispõe de material indicado para os anos iniciais do ensino fundamental (1º ao 5º), além de material complementar, como vídeos, tirinhas, histórias, que pode ser usado livremente pelo educador em qualquer fase escolar. Outro programa que pode ser mencionado seria o PRÊMIO HONESTIDADE NAS ESCOLAS, um concurso cultural vigente desde 2019 promovido pela CGE em parceria com a Secretaria de Estado da Educação. O público-alvo são crianças do 1º ao 5º ano do ensino fundamental da rede estadual de ensino.

3 A estratégia governamental como elemento principal de fomento à integridade no Brasil

Não obstante as iniciativas públicas já elencadas no tópico anterior, algumas percepções devem ser compartilhadas para a compreensão de como o poder público pode desenvolver, com maior resultado, o fomento a ações de ESG no Brasil.

Antes de se vislumbrar qualquer ação específica atinente ao ESG, o poder público necessita fazer a reflexão de como o tema pode ser mais bem tratado e discutido no Brasil. Portanto, independentemente de a Administração Pública ter o poder de império na regulação, bem como ter dimensão e/ou capilaridade de atuação, é sempre oportuno resgatar que qualquer atividade de sucesso de eventual fomento ao ESG, ainda assim, depende da vontade do gestor público ou privado em aderir às iniciativas e, logicamente, ser este o principal patrocinador da implementação de um pacote de medidas de ESG em sua estrutura organizacional. Tal assertiva nos leva a crer que nenhuma organização

[4] Disponível em: https://sites.tcu.gov.br/verifique-adesao-pnpc/.

terá ações de ESG efetivas caso elas tenham sido fomentadas apenas com base na "coerção punitiva estatal", é preciso que haja o convencimento genuíno.

Por essa primeira reflexão é que devemos entender que em nenhuma hipótese um processo de formulação de uma política pública de fomento às práticas de ESG, por parte do governo, deve ser feito sem um amplo debate com todos os envolvidos.

É sabido que a nova Administração Pública representa um conjunto de premissas e valores sobre como organizações públicas devem ser constituídas, organizadas, gerenciadas e, semelhante aos negócios privados, funcionar (DIEFENBACH, 2009).[5] Entretanto, criar iniciativas focando apenas na eficiência, no controle e na gestão por resultados pode gerar um descolamento entre a iniciativa proposta (ideia) e o sentimento de pertencimento por parte dos atores destinatários da suposta política para o fomento de pautas como a integridade e o ESG.

Por isso, o que se sugere é que qualquer esforço público de fomento ao ESG deve ser pautado por um modelo que se adéque à *New Public Governance* (NPG) ou Nova Governança Pública, em razão de que essa perspectiva busca que o Estado trabalhe em prol da conciliação de interesses dispersos voltados a uma Administração Pública mais eficiente, responsiva e democrática.[6] Assim, os preceitos da gestão pública voltados para resultados de maneira pura são revistos pela NPG.

Para Osborne (2006), a gestão pública contempla cada vez mais uma articulação interorganizacional, envolvendo um conjunto de atores que participam da execução das políticas públicas e da identificação e concepção. Em suma, os parâmetros modernos decorrentes da nova governança pública afirmam que o sucesso de uma política ou ação governamental, como a de fomento ao ESG, por exemplo, depende um debate prévio com escuta ativa envolvendo a sociedade e os atores privados interessados. Isso é essencial para que possam ter sentimento de pertencimento na criação de políticas ou programas na respectiva área.

Portanto, a nova governança pública é um modelo de Administração Pública capaz de conciliar interesses de uma gestão eficiente e eficaz, com maior inserção das bases democráticas para formulação, implementação e execução das políticas públicas.

---

5 DIEFENBACH, T. New public management in public sector organizations: the dark side of managerialistic "en lightenment". *Public Administration*, 87(4), p. 892-909, 2009.

6 OSBORNE, S. P. The New Public Governance. *Public Management Review*, 3, p. 377-387, 2006.

De tal maneira, a formulação de agenda pública de fomento às práticas de ESG deve necessariamente levar em consideração as percepções de entidades representativas de classe, setor produtivo, associação de gestores públicos (como de prefeitos e consórcios interfederativos), comunidade acadêmica e científica, pois gera maior cidadania, participação nas decisões e ideia de construção coletiva.

Assim, um modo de abordagem da NPG demanda a análise dos seguintes construtos: *democracia deliberativa, valor público das decisões e coprodução das decisões*. Logo sob a perspectiva da nova governança pública esses três condicionantes são importantes para a formulação de políticas públicas de fomento ao ESG:

> 1. A *democracia deliberativa:* uma política de fomento às práticas de ESG deve ser discutida com a sociedade, pois permite os atores interessados (empresas e entidades representativas, bem como cidadãos) saberem as intenções e propósito do Estado com a política de incentivo. A democracia deliberativa, de acordo com Habermas (1995), pode ser entendida como o modo pelo qual os cidadãos fundamentam racionalmente as regras do jogo democrático;[7]
> 2. O *valor público das decisões* pode ser produzido por organizações governamentais, empresas privadas, organizações sem fins lucrativos ou voluntárias, usuários de serviços. Os valores públicos de uma sociedade são aqueles que fornecem consenso normativo sobre (i) os direitos, benefícios e prerrogativas que os cidadãos devem (e não devem) ter; (ii) as obrigações dos cidadãos para com a sociedade, o Estado e entre si; e (iii) os princípios nos quais os governos e as políticas devem se basear.[8] Esse ponto pode ser explorado pelo poder público ao chamar atores para uma espécie de alinhamento de expectativa, aonde o poder público espera chegar com a política de fomento às ações de ESG e quais serão os ganhos diretos e indiretos para as respectivas organizações que aderirem a essa política;
> 3. A *coprodução das decisões* envolve a percepção da certeza entre Estado e agente privado de que se trata de uma construção conjunta e republicana. Isso é importante para tirar o "ar de imposição", o que se mostra relevante para a convicção de que os gestores estão realizando uma ação de protagonismo mútuo. Tão importante quanto o técnico-administrativo (burocrata) que idealizou a chamada pública de consulta de participação dos interessados ou o governante que teve a ideia ou assinou o decreto

---

7 Disponível em: https://doi.org/10.1590/1679-395120200104.

8 BOZEMAN, B. *Public Values and Public Interest*: Counterbalancing Economic Individualism. Washington, DC: Georgetown University Press, 2007.

para um eventual programa de lançamento da iniciativa em ESG, é o empresário ou o gestor público que aderiu à iniciativa. Afinal, é ele quem decidiu aderir à iniciativa, ele que vai implantar e assumir custos. Logo, ele também deve ter o protagonismo.

Portanto, seguir os preceitos da Nova Governança Pública (NPG) permite a abertura de espaço para que diversos atores interessados contribuam na formulação de políticas que visem fomentar ações em ESG na medida em que são convidados ou é dada abertura para o processo de criação conjunta com uma escuta ativa.

4 Outros fatores de impulsionamento da pauta ESG

A participação social é um importante fator de impulsionamento das políticas de fomento a ações em ESG. Deste modo, a participação da sociedade civil organizada é um importante ator no processo de incentivo a uma melhor governança de integridade para as organizações públicas (principalmente) em 2 momentos:

A. na formulação de política pública mediante participação em debates e audiências públicas e conscientização de tais atores;
B. no acompanhamento e fiscalização de políticas públicas fazendo-o de maneira livre e independente.

Outro fator de impulsionamento é o *mercado autorregulado*, a exemplo do setor bancário. A Febraban, como respostas a fraudes no sistema financeiro, tem exigido cada vez mais políticas de *compliance* e ESG.

De outro giro, tão importante quanto implementar e pôr em prática uma política de ESG bem definida é que os gestores estejam aptos a executá-la com presteza. Não é somente querer ser íntegro em aderir ou instituir práticas de ESG, é necessário também ter competências e habilidades gerenciais de operacionalizá-las. Nesta perspectiva é um desafio selecionar líderes, especialmente na esfera pública, que sejam aptos a implementar e executar ações de ESG com sucesso.

Nesse sentido, adotar a estratégia certa para selecionar e/ou capacitar líderes se faz importante. O relatório da OCDE (2022) elencou alguns casos interessantes de introdução de conhecimentos e habilidades para a alta administração:

(i) a possível adoção de programa de formação conjunta com a Administração Pública dos Países Baixos, através do qual os gestores da alta administração seriam capacitados para multiplicar o conhecimento. Isso permite o *mentoring* transfronteiriço entre pares, que tem várias vantagens, como permitir que os pares se beneficiem da vasta experiência de gestores da alta administração de organizações públicas. Às vezes, é necessária uma perspectiva externa para desafiar percepções e garantir um maior senso de confidencialidade e honestidade na troca; o *mentoring* transfronteiriço pode atender a ambas as expectativas. Por meio de *mentoring* e treinamento conjunto, os colaboradores também se familiarizam com os costumes e estilos de governança do outro país.

(ii) Na Alemanha, a Academia Federal de Administração Pública estabeleceu um centro de *coaching* que gerencia um grupo de especialistas externos composto por acadêmicos e *coaches* particulares, que conecta líderes públicos com especialistas apropriados, dependendo de suas necessidades específicas. Em 2018, o centro facilitou aproximadamente 380 sessões de *coaching* (individual e em equipe). Alguns ministérios (por exemplo, relações exteriores) administram seu próprio grupo de especialistas em liderança, e também existem muitos em nível subnacional/municipal.

(iii) Na Bélgica, o TIFA (Instituto de Formação da Administração Federal) oferece aos gestores um programa de gestão enxuta que combina três importantes modos de aprendizagem: on-line, presencial e *coaching* mais intensivo para projetos específicos.

5 Conclusões

A pauta ESG é relevante para o poder público e estratégica para toda a sociedade, por meio dela é que se torna possível empreender e discutir temas com enorme potencial de diminuir o impacto da ação do homem na natureza e as desigualdades.

Entender como a pauta ESG é vista pelas organizações é um passo imperioso para melhor introdução de tais iniciativas. O quanto impacta na gestão, na lucratividade e no bem-estar organizacional são elementos que facilitam a absorção de tais preceitos.

Para que possa ter sucesso na introdução de tais iniciativas, o serviço público precisa ser um grande fomentador e agregador nesse processo de construção coletiva. Assim, a Administração Pública tem papel crucial na sua capilaridade quando ela mesma aplica a pauta ESG, o que gera sinergia para outros setores fazerem o mesmo (como a iniciativa privada).

Iniciativas de construção coletivas são importantes, portanto, fóruns, debates e redes de conhecimento geram sentimento de pertencimento dos seus partícipes e melhor aplicação de seus produtos por partes do público interessado.

Um ponto crucial a ser levado em consideração é a capacidade de gestores públicos desenvolverem preceitos de liderança nesse processo. Habilidades de implantação e capacidade de mobilização são competências que devem ser adquiridas.

Por fim é inegável que os desafios são imensos e serão observados somente ao longo do tempo por meio de pesquisas e resultados. O poder público deve implementar políticas de fomento ao ESG, mas ter um monitoramento fidedigno e atuante.

Referências

BOZEMAN, B. *Public Values and Public Interest*: Counterbalancing Economic Individualism. Washington, DC: Georgetown University Press, 2007.

DIEFENBACH, T. New public management in public sector organizations: the dark side of managerialistic "en lightenment". *Public Administration*, 87(4), p. 892-909, 2009.

FRIEDMAN, M. The Social Responsibility of Business Is to Increase Its Profits. *The New York Times Magazine*, 1970.

OCDE. Manual de Integridade Pública da OCDE. 2022. Paris. Disponível em: https://doi.org/10.1787/db62f5a7-pt. Acesso em: 10 ago. 2024.

OSBORNE, S. P. The New Public Governance. *Public Management Review*, 3, p. 377-387, 2006.

BRASIL. Portaria-TCU nº 75, de 29 de março de 2023. Atualiza e divulga a relação das Unidades Prestadoras de Contas (UPC) do exercício de 2023.

Informação bibliográfica deste livro, conforme a NBR 6023:2018 da Associação Brasileira de Normas Técnicas (ABNT):

FERNANDES NETTO, Francisco Lopes. Aspectos relevantes para o fomento de práticas de ESG na Administração Pública. *In*: RODRIGUES, Caroline; PIRONTI, Rodrigo (coord.). *ESG na Administração Pública*: estudos dirigidos. Belo Horizonte: Fórum, 2025. p. 59-69. ISBN 978-85-450-0779-1.

O PODER DE COMPRA DO ESTADO COMO INSTRUMENTO PARA A CONCRETIZAÇÃO DO DESENVOLVIMENTO NACIONAL SUSTENTÁVEL

JULIETA MENDES LOPES

Em preliminar, não se deve confundir a finalidade *material* da licitação, que consiste no atendimento de uma demanda (por meio da realização de uma obra, execução de um serviço ou fornecimento de um bem), com as suas finalidades *legais*, previstas no art. 11 da Lei nº 14.133, de 2021.[1]

Em sua concepção clássica, a licitação tinha como finalidades legais a seleção da proposta mais vantajosa e a realização do princípio da isonomia. Considerando o poder de compra do Estado, não se pode olvidar que a licitação é um importante instrumento de concretização de políticas públicas, na medida em que fomenta o desenvolvimento de microempresas e empresas de pequeno porte, contribui para a geração de empregos, propicia o surgimento de novos negócios e a formalização daqueles que viviam na clandestinidade, além de privilegiar a aquisição de produtos nacionais e fomentar o mercado interno, dentre outros.[2]

Por reconhecer este poder de compra do Estado, é que a Lei de Licitações (Lei nº 14.133/2021) traz como finalidade legal da licitação a promoção do desenvolvimento nacional sustentável,[3] em perfeita consonância à Constituição Federal, que, em seu art. 3º, alçou

---

1 "Art. 11. O processo licitatório tem por objetivos:
I - assegurar a seleção da proposta apta a gerar o resultado de contratação mais vantajoso para a Administração Pública, inclusive no que se refere ao ciclo de vida do objeto;
II - assegurar tratamento isonômico entre os licitantes, bem como a justa competição;
III - evitar contratações com sobrepreço ou com preços manifestamente inexequíveis e superfaturamento na execução dos contratos;
IV - incentivar a inovação e o desenvolvimento nacional sustentável".

2 SANTANA, Jair Eduardo; ANDRADE, Fernanda Alves. As alterações da lei geral de licitações pela Lei nº 12.349, de 2010: novos paradigmas, princípios e desafios. *Revista JML de Licitações e Contratos*, n. 18, p. 33, mar. 2011.

3 Que também já havia sido incorporado à Lei nº 8.666/93.

o desenvolvimento nacional a objetivo fundamental da República Federativa do Brasil, ao lado da construção de uma sociedade livre, justa e solidária; da erradicação da pobreza e da marginalização, assim como da redução das desigualdades sociais e regionais; da promoção do bem de todos, sem preconceitos de origem, raça, sexo, cor, idade e quaisquer outras formas de discriminação.

Assim, o Estado assume a função de garantir uma justiça social generalizada, propiciando as condições mínimas para a existência digna dos cidadãos. Infere-se, portanto, que há uma vinculação direta entre a concepção de Estado Democrático de Direito e o dever de concretizar políticas públicas, situação que repercute consideravelmente na esfera do Direito Administrativo, porquanto órgãos e entidades que desempenham atividade de relevante interesse coletivo devem pautar seus atos no sentido de viabilizar a consecução de tais direitos. E a licitação, por representar um instrumento por meio do qual o Estado adquire seus produtos e contrata seus serviços, deve ser manejada de forma a concretizar as políticas públicas esculpidas na Constituição Federal.[4]

O poder de compra do Estado, portanto, ajuda a delinear a estrutura e o funcionamento da iniciativa privada, contribuindo de forma salutar para o desenvolvimento econômico e social do País. Não à toa, em tempos de crise na economia, há um aumento considerável dos gastos públicos, com o escopo de reaquecer o mercado.[5]

Não obstante, é salutar destacar que o crescimento econômico, por si só, não é capaz de propiciar o desenvolvimento. Isso porque nem sempre o crescimento da economia gera igualitária distribuição de riqueza e melhoria na qualidade de vida da população em geral e, com maior razão, dos mais vulneráveis. Para que o crescimento econômico acarrete desenvolvimento, é indispensável que ele venha acompanhado de maior oferta de empregos e redução da desigualdade social, com a consequente erradicação da pobreza e da marginalização.[6]

---

4 JUSTEN FILHO, Marçal. Desenvolvimento Nacional Sustentado: contratações administrativas e o regime introduzido pela Lei 12.349/10. *Informativo Justen, Pereira, Oliveira e Talamini*, Curitiba, n. 50, abr. 2011, disponível em: http://www.justen.com.br//informativo.php?&informativo=50&artigo=1077&l=pt.

5 JUSTEN FILHO, Marçal. Desenvolvimento Nacional Sustentado: contratações administrativas e o regime introduzido pela Lei 12.349/10. *Informativo Justen, Pereira, Oliveira e Talamini*, Curitiba, n. 50, abr. 2011, disponível em: http://www.justen.com.br//informativo.php?&informativo=50&artigo=1077&l=pt.

6 SACHS, Ignacy. *Desenvolvimento includente, sustentável e sustentado*. Rio de Janeiro: Garamond, 2006, p. 14.

Resta claro, portanto, que o desenvolvimento nacional não pode ser vislumbrado apenas no viés econômico, ao contrário, a este conceito deve-se acrescentar o cunho social.

Por conta disso, interpretando-se o art. 11 da Lei nº 14.133, de 2021, à luz da Constituição Federal, é possível concluir que o desenvolvimento nacional sustentável comporta vários vetores, a exemplo do social, econômico, ambiental, cultural, etc. Portanto, a sustentabilidade não pode ser analisada apenas no viés ambiental, embora este seja um fator de extrema relevância no mercado atual.

E, a partir do momento que o poder de compra do Estado modela a atuação das empresas privadas, que devem adequar seus procedimentos, produtos e serviços para atenderem as demandas públicas, consequentemente, exigir sustentabilidade nas licitações é uma forma de exigir das empresas o cumprimento desses vetores, até para permanência no mercado.

Nessa linha, a área demandante, quando da elaboração do termo de referência, deve definir o objeto da contratação com o intuito de atender a necessidade material, direta e imediata da entidade contratante, mas, além disso, deve identificar critérios socioeconômicos ambientais aptos a viabilizar as políticas públicas definidas na Constituição Federal.[7] Nessa toada, a economicidade e vantajosidade da contratação passam por uma releitura em face dos objetivos fundamentais da República e do dever do Estado de promover o desenvolvimento nacional sustentável,[8] justificando-se a inserção de características no objeto que assegurem a sustentabilidade ambiental, além dos demais objetivos previstos no art. 11 da Lei nº 14.133, de 2021.

Com efeito, o art. 11 da Lei nº 14.133, de 2021, ao estabelecer como um dos objetivos da licitação a seleção da proposta mais vantajosa, deixa assente a necessidade de levar em conta o ciclo de vida do objeto, considerando-se para esse fim os custos diretos, indiretos e eventuais benefícios que a longo prazo a contratação possa trazer.

É preciso romper o paradigma de que o certame visa a solução mais barata. Isso porque o aspecto econômico não é absoluto para a

---

[7] SANTANA, Jair Eduardo; ANDRADE, Fernanda Alves. As alterações da lei geral de licitações pela Lei nº 12.349, de 2010: novos paradigmas, princípios e desafios. *Revista JML de Licitações e Contratos*, n. 18, Seção Doutrina, p. 33, mar. 2011.

[8] BICALHO, Alécia Paolucci Nogueira. A ressignificação do princípio da finalidade da licitação à luz do desenvolvimento nacional sustentável. Palestra proferida no VIII Congresso Mineiro de Direito Administrativo, nos dias 6 a 8 de maio de 2013.

definição de vantajosidade, devendo ser atendidos pelo particular os requisitos mínimos de qualidade, definidos pela área demandante, além da necessária compatibilidade com as diretrizes de sustentabilidade, em suas diversas facetas.

O conceito de proposta mais vantajosa deve ser estabelecido em face de cada caso, com a definição de forma clara, adequada e justificada do objeto pretendido, com as especificações e características necessárias ao atendimento da finalidade visada.

Para garantir a seleção da proposta mais vantajosa, é imprescindível a adequada descrição do objeto no termo de referência, ou seja, é a especificação que vai delimitar a relação custo x benefício. Essa análise não cabe ao pregoeiro ou ao agente de contratação, pois, embora tais agentes atuem na etapa de seleção do fornecedor, eles apenas podem exigir o que foi especificado pela área demandante.

É imprescindível o planejamento da contratação, para que a área demandante tenha tempo hábil de consultar o mercado, cotejar as soluções existentes e justificar aquela que representa a maior vantajosidade, a partir desta relação custo x benefício. Justamente para garantir a consecução dessa finalidade é que o art. 18, §1º, da Lei nº 14.133, de 2021, estabelece o estudo técnico preliminar como primeiro documento da fase preparatória do certame, que visa definir a necessidade a ser atendida e cotejar eventuais soluções apresentadas pelo mercado.

É no momento da elaboração do estudo técnico preliminar, portanto previamente à confecção do termo de referência, que a área demandante deve buscar soluções no mercado aptas a atenderem a necessidade, cotejando, na relação custo x benefício, critérios ambientais, sociais, econômicos que possam agregar valor à contratação, sem restringir indevidamente a competitividade ou onerar em demasiado o custo da solução.

Assim, é possível justificar no estudo técnico preliminar que dada solução, em que pese não seja a mais barata num primeiro momento, a longo prazo acarretará a diminuição de despesas fixas do poder público, a exemplo do consumo de energia elétrica, água, e ao mesmo tempo contribuirá para a sustentabilidade ambiental, representando no caso concreto a solução mais vantajosa.

A doutrina alude, a exemplo de Jair Eduardo Santana, a melhor preço e não menor, deixando claro que o aspecto econômico é apenas uma das facetas a serem consideradas no julgamento:

> Mas como guiar o certame para o menor *melhor preço*?
> Certamente, a partir da *boa especificação/definição do objeto*.
> Não se pode olvidar, entretanto, da obrigação legal de ter sempre delimitado o objeto em características e processos (de teste, por exemplo) de fácil identificação, de aferição, por meio de técnicas de domínio comum, enfim, dos inafastáveis critérios objetivos de julgamento.
> Ou seja, lembremo-nos sempre de que o *julgamento das propostas*, dirigidas pelo *menor melhor preço*, é tarefa que demanda a *qualificação prévia do objeto*. Tal qualificação do objeto é chamada de *classificação*. É dizer somente se permite que sejam admitidas à disputa aquelas ofertas (propostas) cujos elementos se mostram *conforme* às exigências (objetivas) do edital.
> Noutras palavras, pode-se dizer que – na dinâmica do processamento de um pregão – a verificação de conformidade do objeto antecede à disputa. E, sendo assim, a *qualidade*, a *eficiência*, os *caracteres intrínsecos* e *extrínsecos* do objeto são alvo de avaliação preliminar. O preço (o menor) é postergado para a disputa.[9] (grifou-se)

Sabe-se que um dos princípios aplicáveis às licitações é o da competitividade, por isso, na descrição do objeto, deve a área demandante indicar características comuns, que sejam usuais no mercado e que possam ser atendidas pela maioria das empresas do segmento. Porém, não se deve esquecer que a licitação visa a seleção da proposta mais vantajosa, a promoção do desenvolvimento sustentável e a inovação e, para alcançar tal objetivo, muitas vezes é preciso exigir certas características que poucas empresas atendam.

Portanto, a própria Lei possibilita a inclusão no termo de referência de condições restritivas desde que estas guardem pertinência com a necessidade a ser atendida. O que se proíbe são condições que frustrem a competitividade e não guardem pertinência com a finalidade que se almeja alcançar com a contratação, conforme orienta o TCU:

> 24. Neste ponto, é importante observar que *toda licitação contém*, em maior ou menor grau, *restrição à ampla participação*, eis que a escolha do próprio objeto a ser licitado já delimita o campo dos possíveis participantes do certame.[10]

É preciso ter em mente que na descrição do objeto a área deve atender, na medida do possível, os princípios da competitividade,

---

[9] SANTANA, Jair Eduardo. *Termo de referência: valor estimado na licitação*. 2. ed. Curitiba: Negócios Públicos, 2010. p. 40.

[10] TCU. Acórdão nº 679/2015. Plenário.

economicidade e sustentabilidade, ou seja, ao inserir característica sustentável, deve aferir se tal não terá o condão de direcionar o certame ou restringir indevidamente a competitividade, para um objeto cujo impacto ao meio ambiente não é considerável. Da mesma forma, é imprescindível constatar eventual majoração nos custos, pois é notório que a sustentabilidade tem um custo. Não significa dizer que a solução deve ser, sempre, a mais barata. Mas é importante comprovar no processo que eventual custo a mais será revertido, a longo prazo, em benefício do poder público e/ou de toda a coletividade.

Sobre o tema já se manifestou o TCU:

> Boletim de Jurisprudência 85/2015
> ACÓRDÃO
> Acórdão 1375/2015-TCU-Plenário (Representação, Relator Ministro Bruno Dantas)
> INDEXAÇÃO
> Licitação. Classificação. Certificação ambiental.
> ENUNCIADO
> É legítimo que as contratações da Administração Pública se adequem a novos parâmetros de sustentabilidade ambiental, ainda que com possíveis reflexos na economicidade da contratação. Deve constar expressamente dos processos de licitação motivação fundamentada que justifique a definição das exigências de caráter ambiental, as quais devem incidir sobre o objeto a ser contratado e não como critério de habilitação da empresa licitante.

Em suma, cabe à área demandante ponderar os impactos que a contratação pode trazer ao meio ambiente e buscar soluções no mercado que possam minimizar tal impacto, sempre atenta, porém, à economicidade da contratação e à competitividade da disputa. É importante, ainda, consultar a legislação aplicável ao objeto e ao ramo de atividade das empresas, a fim de identificar eventuais obrigações ambientais impostas ou mesmo se há no mercado um número razoável de empresas aptas a atenderem as exigências feitas no edital.

Além da promoção do desenvolvimento nacional sustentável, a Lei nº 14.133, de 2021, traz como objetivo da licitação o estímulo, sempre que possível, à inovação.

Com efeito, a Lei nº 10.973/2004 – alterada pela Lei nº 13.243/2016 e regulamentada pelo Decreto nº 9.283/2018 – é conhecida como "Lei da Inovação" ou "Lei de Inovação Tecnológica" e tem por objetivo o "incentivo à inovação e à pesquisa científica e tecnológica no ambiente produtivo, com vistas à capacitação tecnológica, ao alcance da autonomia tecnológica e ao desenvolvimento do sistema produtivo nacional e regional do País, nos termos dos arts. 23, 24, 167, 200, 213, 218, 219 e 219-A da Constituição Federal" (art. 1º, com redação dada pela Lei nº 13.243, de 2016).

Nesta lei foram delineadas "diretrizes gerais para o fomento das pesquisas científicas e tecnológicas, bem como as bases legais para a interação entre as universidades e as empresas para o desenvolvimento científico e tecnológico, além disso, disciplinou as regras para proteção da produção intelectual brasileira no âmbito das Instituições Científicas e Tecnológicas (ICTs)".[11]

Dentre os princípios que devem observar as medidas de incentivo a que se refere a lei, destacam-se: *i*) a promoção da cooperação e interação entre os entes públicos, entre os setores público e privado e entre empresas; *ii*) o estímulo à atividade de inovação nas Instituições Científica, Tecnológica e de Inovação (ICTs) e nas empresas, inclusive para a atração, constituição e instalação de centros de pesquisa, desenvolvimento e inovação e de parques e polos tecnológicos no País; *iii*) a promoção da competitividade empresarial nos mercados nacional e internacional; *iv*) o incentivo à constituição de ambientes favoráveis à inovação e às atividades de transferência de tecnologia e *v*) a utilização do poder de compra do Estado para fomento à inovação. (princípios arrolados no parágrafo único do art. 1º da Lei).

Inclusive, a Lei de Inovação prevê uma série de situações em que órgãos e entidades públicas podem celebrar convênios e contratos, de modo direto, dispensada a licitação, como forma de dar concretude a este último princípio mencionado (a utilização do poder de compra do Estado para fomento à inovação) e apoiar atividades de pesquisa, desenvolvimento e inovação, para atender às prioridades das políticas industrial e tecnológica nacional.

Como esclarece o Professor Francelino Grando, "o campo de aplicação da nova lei é o das instituições públicas federais, sendo os pesquisadores visados os servidores públicos federais nas universidades e nos institutos de pesquisa. Outros dispositivos valerão em cada

---

11 VETTORATO, Jardel Luís. Lei de Inovação Tecnológica: Os aspectos legais da inovação no Brasil. *Revista Eletrônica do Curso de Direito da UFSM*, vol. 3 n. 3, p. 60-76, set. 2008.

Estado que lançar a sua Lei de Inovação, que regulará a relação entre os servidores públicos de cada Estado com o tema".[12]

A inovação pode ser utilizada como forma de concretizar o próprio desenvolvimento nacional sustentável, a partir de pesquisas e projetos que foquem na descoberta ou melhoria de soluções que acarretem menor impacto ao meio ambiente. Para empresas privadas, por seu turno, investir em inovação e sustentabilidade, certamente, será imprescindível para assegurar melhor visibilidade no mercado ou mesmo participar de processos licitatórios.

Conforme reconhece Marçal Justen Filho, o contrato administrativo é um instrumento utilizado pela Administração para satisfazer suas necessidades imediatas, a exemplo da aquisição de bens móveis ou imóveis, a obtenção de serviços, entre outros. Mas, além disso, o contrato administrativo também deve assegurar a consecução de fins mediatos, de sorte que a avença é um instrumento da realização de políticas públicas mais amplas.[13]

Essa alteração é paradigmática, porquanto o conceito de proposta mais vantajosa ganha novos contornos, não podendo mais ser vislumbrada apenas como aquela que propicia maiores benefícios econômicos ao contratante. Ao revés, a proposta mais vantajosa é aquela que, além de atender às necessidades do contratante, a partir de valores condizentes com o mercado, seja capaz de propiciar o desenvolvimento nacional sustentável e a inovação, além de evitar o sobrepreço e/ou superfaturamento, consoante previsto no art. 11 da Lei nº 14.133, de 2021.

Informação bibliográfica deste livro, conforme a NBR 6023:2018 da Associação Brasileira de Normas Técnicas (ABNT):

LOPES, Julieta Mendes. O poder de compra do Estado como instrumento para a concretização do desenvolvimento nacional sustentável. *In*: RODRIGUES, Caroline; PIRONTI, Rodrigo (coord.). *ESG na Administração Pública*: estudos dirigidos. Belo Horizonte: Fórum, 2025. p. 71-78. ISBN 978-85-450-0779-1.

[12] Palestra "Invenções de Empregados e Lei de Inovação", *in*: Anais do XXIV Seminário Nacional da Propriedade Intelectual da ABPI, 2004, Painel 4, p. 54. Disponível em: https://www.oabsp.org.br/comissoes2010/gestoes2/2016-2018/direito-propriedade-imaterial/artigos/a-lei-da-inovacao-lei-no-10.973-de-02.12.2004. Acesso em: 20 set. 2022.

[13] JUSTEN FILHO, Marçal. Desenvolvimento Nacional Sustentado: contratações administrativas e o regime introduzido pela Lei 12.349/10. *Informativo Justen, Pereira, Oliveira e Talamini*, Curitiba, n. 50, abr. 2011. Disponível em: http://www.justen.com.br//informativo.php?&informativo=50&artigo=1077&l=pt.

AS (NOVAS E GRANDES) OPORTUNIDADES PARA OS FORNECEDORES DA ADMINISTRAÇÃO PÚBLICA

MIRELA MIRÓ ZILIOTTO
CARMEN IÊDA CARNEIRO BOAVENTURA

Considerações preliminares

A nova lei de licitações e contratos, a Lei nº 14.133/21, trouxe diversos aspectos relevantes no cenário de contratações públicas, permitindo que o Poder Público possa inovar em suas contratações, criando modelagens mais flexíveis e disruptivas. O tema da sustentabilidade é um pilar importante no que se refere à inovação e vem à tona nesse novo diploma legal, sendo perceptível em diversos dispositivos.

Nesse sentido, faz-se necessário abordar e compreender esse contexto, tanto por parte do Poder Público, responsável pela operacionalização da Lei nº 14.133/2021, como também por parte dos fornecedores, partes interessadas nas contratações públicas, seja vendendo produtos, prestando serviços, comprando bens ou executando obras para a Administração Pública.

O presente artigo possui como objetivo tratar sobre o tema da sustentabilidade, considerando as previsões trazidas pela Lei nº 14.133/2021, a partir de uma perspectiva multidimensional do tema, isto é, sob o viés econômico, social, político-jurídico, ético e ambiental. Especialmente, o texto busca avaliar os impactos da implementação da sustentabilidade nas contratações públicas, sobretudo em relação aos fornecedores. Para tanto, serão apresentadas algumas (novas) oportunidades para as empresas relativamente ao desenvolvimento e aprimoramento de práticas sustentáveis, como motor para modificação de cultura e, também, como diferencial competitivo no mercado.

No primeiro tópico, será abordado o tema da sustentabilidade em sua visão geral, considerando seu conceito e perspectiva multidimensional. Neste mesmo tópico também será abordada a perspectiva da sustentabilidade no âmbito das contratações públicas. Assim, serão abordadas as dimensões da sustentabilidade identificadas no contexto da nova lei de licitações, de modo a destacar as previsões da norma e desmitificar a ideia de sustentabilidade estritamente ambiental, demonstrando a importância de cada espectro dentro de um panorama sustentável.

No segundo tópico, o(a) leitor(a) será convidado(a) a refletir sobre novas oportunidades às empresas fornecedoras diante das contratações públicas, especificamente no tocante ao desenvolvimento, aprimoramento e implantação de práticas sustentáveis como diferencial em sua atuação.

Após, serão apresentadas as considerações finais, destacando a importância de utilizar as oportunidades identificadas em prol do desenvolvimento nacional sustentável, de modo que os fornecedores deixem de ser meros coadjuvantes, tornando-se verdadeiros atores na promoção de sustentabilidade, considerada nas suas diversas dimensões.

1 Sustentabilidade no âmbito das contratações públicas

Desde logo, cumpre destacar que o tema da sustentabilidade possui pano de fundo constitucional, podendo ser identificado logo no preâmbulo da Constituição da República de 1988, quando se afirma o desenvolvimento como valor supremo da sociedade brasileira.[1]

Ademais, o artigo 3º, inciso II, da Constituição da República de 1988[2] dispõe expressamente como objetivos fundamentais da República: (i) construir uma sociedade livre, justa e solidária e (ii) garantir o desenvolvimento nacional. Da mesma forma, o seu artigo 225 estabelece que

---

[1] PREÂMBULO: Nós, representantes do povo brasileiro, reunidos em Assembleia Nacional Constituinte para instituir um Estado Democrático, destinado a assegurar o exercício dos direitos sociais e individuais, a liberdade, a segurança, o bem-estar, o desenvolvimento, a igualdade e a justiça como valores supremos de uma sociedade fraterna, pluralista e sem preconceitos, fundada na harmonia social e comprometida, na ordem interna e internacional, com a solução pacífica das controvérsias, promulgamos, sob a proteção de Deus, a seguinte CONSTITUIÇÃO DA REPÚBLICA FEDERATIVA DO BRASIL. BRASIL. Constituição da República Federativa do Brasil de 1988. Disponível em: Constituição (planalto.gov.br). Acesso em: 19 maio 2024.

[2] BRASIL. Constituição da República Federativa do Brasil de 1988. Disponível em: Constituição (planalto.gov.br). Acesso em: 19 maio 2024.

constituem dever do Poder Público e da própria coletividade a defesa e a preservação do meio ambiente para as futuras gerações.[3]

Extrai-se a sustentabilidade de tais fundamentos constitucionais, eis que o desenvolvimento previsto como valor supremo, como objetivo fundamental e como dever do Estado e da coletividade deve ser duradouro. Para tanto, o ideal de sustentabilidade serve a estabilizar os pressupostos sociais, econômicos, ambientais, jurídicos-políticos e éticos para conformação apropriada do desenvolvimento.[4] Assim, como bem destaca Luiz Alberto Blanchet, "o termo desenvolvimento traz necessariamente implícitos os aspectos de continuidade, sustentabilidade e empreendedorismo".[5]

Como se pode notar, o desenvolvimento nacional sustentável não se trata de um dever exclusivo do Estado, mas, da coletividade. Nesse sentido, é um tema relevante que precisa ser refletido com cautela.

Importa registrar que o princípio do desenvolvimento, extraído da Constituição de 1988, decorre de movimentos internacionais tais como a Declaração Universal dos Direitos do Homem, de 1948 e, após, da Declaração sobre o Direito ao Desenvolvimento, de 1986. Tais instrumentos são direcionados aos Estados enquanto signatários.

Ainda no contexto internacional, 25 anos após a Declaração sobre o Direito ao Desenvolvimento, reconhecendo-se o papel das empresas e da sociedade na promoção da sustentabilidade pluridimensional, em junho de 2011, o Conselho de Direitos Humanos da Organização das Nações Unidas (ONU) aprovou, por consenso, os Princípios Orientadores sobre Empresas e Direitos Humanos, expressando, em seu segundo pilar, o dever das empresas em respeitar os direitos humanos.[6]

---

[3] Art. 225. Todos têm direito ao meio ambiente ecologicamente equilibrado, bem de uso comum do povo e essencial à sadia qualidade de vida, impondo-se ao Poder Público e à coletividade o dever de defendê-lo e preservá-lo para as presentes e futuras gerações. BRASIL. Constituição da República Federativa do Brasil de 1988. Disponível em: Constituição (planalto.gov.br). Acesso em: 19 maio 2024.

[4] FREITAS, Juarez. *Sustentabilidade*. Direito ao futuro. 4. ed. Belo Horizonte: Fórum, 2019. p. 122.

[5] *Apud* SCHIER, Adriana. *Fomento. Administração Pública, Direitos Fundamentais e Desenvolvimento*. Curitiba: Íthala, 2019. p. 72.

[6] Sobre o tema, cf. SILVA, Ana Rachel; PAMPLONA, Danielle. Os Princípios Orientadores das Nações Unidas sobre Empresas e Direitos Humanos: houve avanços? *In*: Diogo Basílio Vailatti; Eliete Doretto Dominiquini (org.). A *sustentabilidade da relação entre empresas transnacionais e Direitos Humanos*. 1. ed. Curitiba: CRV, 2016, v. 1, p. 147-168; RUGGIE, John. Just Business. *Multinational Corporations and Human Rights*, Norton Global Ethics Series, 2013. p. 83-90.

Mais adiante, a pluridimensionalidade da sustentabilidade foi reconhecida internacionalmente na Agenda 2030 da ONU, da qual o Brasil é signatário.[7] Com efeito, os países que integram a ONU, ao delimitarem os objetivos que deverão ser efetivados para o alcance do desenvolvimento, trouxeram, na referida Agenda, objetivos que impactam diretamente as contratações públicas, como os ODS nºs 7 e 9, que tratam, respectivamente, de "Energia limpa e acessível" e de "Indústria, inovação e infraestrutura".

Assim, prevê-se como diretriz do ODS nº 7 que seja assegurado o acesso à energia para todos, de maneira confiável, sustentável, moderna e a preço acessível[8] extraindo-se como dever "promover práticas de compras públicas sustentáveis, de acordo com as políticas e prioridades nacionais". Além disso, a partir do ODS nº 9, que prevê como diretriz o fomento à inovação, reconhece-se que o progresso tecnológico é uma das chaves para as soluções dos desafios econômicos, sociais e ambientais.[9]

Nesse contexto, o Guia Nacional de Contratações Sustentáveis[10] foi um importante avanço criado pela CGU/AGU, com ferramentas muito interessantes para a implementação dos critérios de sustentabilidade nas contratações públicas, trazendo maior segurança jurídica aos gestores na adoção dessa prática. Inclusive, diversos são os acórdãos do Tribunal de Contas da União no sentido de enaltecer as disposições contidas nesse Guia, no tocante à criação de regras editalícias relativas à habilitação e à certificação dos licitantes.[11]

Nas palavras de Joel de Menezes Niebuhr, a expressão desenvolvimento nacional sustentável é bastante ampla, abarcando não somente a perspectiva ambiental, como também a econômica e a social:

> A expressão "desenvolvimento nacional sustentável" é amplíssima, especialmente diante do entendimento de que a sustentabilidade

---

[7] BRASIL. Organização das Nações Unidas. Objetivos de Desenvolvimento Sustentável. Disponível em: https://brasil.un.org/pt-br/sdgs. Acesso em: 19 maio 2024.

[8] BRASIL. Organização das Nações Unidas. Objetivos de Desenvolvimento Sustentável. ODS 7. Disponível em: https://brasil.un.org/pt-br/sdgs/7. Acesso em: 11 maio 2024.

[9] BRASIL. Organização das Nações Unidas. Objetivos de Desenvolvimento Sustentável. ODS 9. Disponível em: https://brasil.un.org/pt-br/sdgs/9. Acesso em: 11 maio 2024.

[10] BRASIL. Advocacia-Geral da União (AGU). Consultoria-Geral da União. Guia Nacional de Contratações Sustentáveis. 4. ed. Brasília: AGU, agosto, 2021. Disponível em: https://www.gov.br/agu/pt-br/comunicacao/noticias/AGUGuiaNacionaldeContrataesSusten-tveis4edio.pdf. Acesso em: 21 abr. 24.

[11] CADER, Renato; VILLAC, Teresa. *Governança e sustentabilidade*: um elo necessário no Brasil. Belo Horizonte: Fórum, 2023. p. 58.

comporta aspectos ecológicos, econômicos, sociais, culturais e espaciais. A sustentabilidade, sob essa dimensão tão ampla, confunde-se com o próprio conceito de interesse público.[12]

Caroline Rodrigues da Silva esclarece sobre essas dimensões trazendo características de cada uma delas:

> Para a compreensão da *sustentabilidade em sua dimensão ambiental* deve ser incluída a manutenção das funções e componentes dos ecossistemas, a qualidade e equilíbrio dos recursos ambientais, o respeito à biodiversidade e a manutenção aos ciclos naturais. *A sustentabilidade econômica* abrange as práticas econômicas, financeiras e administrativas que orientam o desenvolvimento econômico, como a capacidade de produção, distribuição e utilização equitativa das riquezas produzidas pelo homem, avaliação de custos e benefícios e economicidade com planejamento a longo prazo, subordinando a eficiência à eficácia. Por fim, quanto à *sustentabilidade social*, essa dimensão eleva o equilíbrio social, com redução do nível de pobreza, promovendo o bem-estar social, os direitos fundamentais sociais, a inclusão e responsabilidade social, o empoderamento e inclusão de minorias, o incremento da equidade intra e intergeracional e a aptidão para desenvolvimento das potencialidades humanas. (grifou-se)[13]

Indo além, nas lições de Juarez Freitas, a sustentabilidade requer a análise dos pressupostos econômico, social, ambiental e, além desses, do jurídico-político e do ético, superando-se a noção de desenvolvimento sustentável relacionada ao "suprimento das necessidades materiais das presentes e futuras gerações".[14]

Importante frisar que cada uma das dimensões da sustentabilidade não pode ser desenvolvida em prejuízo das outras, sob pena de, como destaca Mariana Lübke, "o desenvolvimento não alcançar a sua meta de configurar-se como valor supremo da sociedade".[15] Considerando a

---

[12] NIEBUHR, Joel de Menezes. *Licitação pública e contrato administrativo*. 6. ed. Belo Horizonte: Fórum, 2023. p. 117.

[13] SILVA. Caroline Rodrigues da. A sustentabilidade na nova lei de licitações. Teoria e prática. Diálogos sobre a nova lei de licitações e contratações Lei 14.133/2021. Disponível em: https://www.novaleilicitacao.com.br/2020/08/05/a-sustentabilidade-na-nova-lei-de-licitacoes-como-principio-e-objetivo-um-breve-estudo-a-partir-de-sua-base-historica/. Acesso em: 20 abr. 2024.

[14] FREITAS, Juarez. *Sustentabilidade*. Direito ao futuro. 4. ed. Belo Horizonte: Fórum, 2019. p. 51.

[15] LÜBKE, Mariana. *Planejamento multidimensional e desenvolvimento sustentável*. Curitiba: Íthala, 2022. p. 111.

ideia de que não há hierarquia entre as dimensões, esclarece o Manual Implementando Licitações Sustentáveis na Administração Pública Federal, elaborado pela Advocacia-Geral da União (AGU): "Conclui-se que o desenvolvimento sustentável não se restringe à preservação dos recursos naturais, mas também deve considerar a formulação de políticas públicas que considerem o desenvolvimento humano, econômico e social".[16]

Nesses termos, as licitações sustentáveis serão aquelas que asseguram, no bojo do certame isonômico e probo, a contratação da proposta que apresente o resultado mais vantajoso, ponderando-se objetivamente os custos e benefícios sociais, econômicos e ambientais.[17] Daí por que se afirmar que a sustentabilidade nas licitações: (i) proíbe, em um só tempo, a ineficiência e ineficácia das compras públicas, conferindo prioridade para produção e consumo saudáveis; (ii) impõe a prevenção como regra, mediante obrigação de planejamento e antevisão de resultados e externalidades; e (iii) estimula escolhas mais responsáveis, em homenagem a ganhos futuros; reconfigurando as contratações públicas, afastando-as das falhas de mercado, dos desvios de finalidade e das fraudes, sendo assim um instrumento de transformação cultural e prevenção e combate à corrupção.[18]

Nesse sentido, é possível sintetizar 4 fases[19] para que uma contratação seja sustentável: a) planejamento e gerenciamento de riscos considerando questões ambientais; b) editais e documentos anexos incluindo disposições relativas às dimensões da sustentabilidade; c) execução contratual com efetivação prática das contratações sustentáveis envolvendo fiscalização e sanção pelo descumprimento; e d) gestão de resíduos originalmente examinada na fase de planejamento.

No tópico a seguir serão tratados os impactos de cada uma dessas dimensões aos fornecedores, a partir de uma análise sistêmica da Lei

---

16 BRASIL. Advocacia-Geral da União (AGU). Consultoria-Geral da União. Implementando licitações sustentáveis na Administração Pública Federal. Brasília: AGU, 2013. p. 11. Disponível em: https://www.gov.br/agu/pt-br/composicao/consultoria-geral-da-uniao-1/arquivos/ManualImplementandoLicitacoesSustentaveisnaAdministracaoPublicaFederal.pdf. Acesso em: 21 abr. 2024.

17 FREITAS, Juarez. *O controle dos atos administrativos e os princípios fundamentais*. 5. ed. rev. e ampl. São Paulo: Malheiros, 2013. p. 238-239.

18 FREITAS, Juarez. *O controle dos atos administrativos e os princípios fundamentais*. 5. ed. rev. e ampl. São Paulo: Malheiros, 2013. p. 242-243.

19 CADER, Renato; VILLAC, Teresa. *Governança e sustentabilidade*: um elo necessário no Brasil. Belo Horizonte: Fórum, 2023. p. 94-95.

nº 14.133/2021, partindo-se da premissa de que licitação sustentável é a contratação pública de serviço, obra ou aquisição de bem que inclui critérios de sustentabilidade.[20]

2 Dimensões da sustentabilidade na Lei nº 14.133/2021

A nova lei de licitações e contratos denota em seu bojo diversas disposições no sentido de preocupar-se com o atendimento do interesse público, com base em práticas sustentáveis.

O art. 5º da Lei nº 14.133/21[21] elenca uma série de princípios que devem ser observados na aplicação da lei, dentre eles, o princípio do desenvolvimento nacional sustentável. Tem-se, portanto, a orientação legal no sentido de que as licitações sejam instrumentos de fomento ao desenvolvimento sustentável do país, como princípio. Trata-se de uma disposição pautada em um processo histórico de valorização do meio ambiente,[22] cujo marco central foi a previsão constitucional do artigo 170, inciso VI:

> Art. 170. A ordem econômica, fundada na valorização do trabalho humano e na livre iniciativa, tem por fim assegurar a todos existência digna, conforme os ditames da justiça social, observados os seguintes princípios:
> (...)
> VI - defesa do meio ambiente, inclusive mediante tratamento diferenciado conforme o impacto ambiental dos produtos e serviços e de seus processos de elaboração e prestação; (...)

---

[20] BRASIL. Advocacia-Geral da União (AGU). Consultoria-Geral da União. Implementando licitações sustentáveis na Administração Pública Federal. Brasília: AGU, 2013. Disponível em: https://www.gov.br/agu/pt-br/composicao/consultoria-geral-da-uniao-1/arquivos/ManualImplementandoLicitacoesSustentaveisnaAdministracaoPublicaFederal.pdf. Acesso em: 21 abr. 2024, p. 35.

[21] Art. 5º. Na aplicação desta Lei, serão observados os princípios da legalidade, da impessoalidade, da moralidade, da publicidade, da eficiência, do interesse público, da probidade administrativa, da igualdade, do planejamento, da transparência, da eficácia, da segregação de funções, da motivação, da vinculação ao edital, do julgamento objetivo, da segurança jurídica, da razoabilidade, da competitividade, da proporcionalidade, da celeridade, da economicidade e do desenvolvimento nacional sustentável, assim como as disposições do Decreto-Lei nº 4.657, de 4 de setembro de 1942 (Lei de Introdução às Normas do Direito Brasileiro). BRASIL. Lei nº 14.133 de 1º abr. 2021. Disponível em: https://www.planalto.gov.br/ccivil_03/_ato2019-2022/2021/lei/l14133.htm. Acesso em: 19 maio 2024.

[22] SARAI, Leandro. *Tratado da Nova Lei de Licitações e Contratos Administrativos* – Lei nº 14.133/21 comentada por advogados públicos. 4. ed. São Paulo: Juspodivm, 2024. p. 142.

É preciso também ponderar que essa é uma diretriz a ser seguida, entretanto, não se pode criar privilégios prejudiciais a outros princípios, como competitividade, economicidade e eficiência.[23]

Ademais, o conceito de desenvolvimento sustentável é ampliado no sentido de ser um dos objetivos do processo licitatório.[24] Assim, não sendo somente princípio, torna-se uma matéria elevada enquanto dever, enquanto finalidade que se pretende buscar, mediante a licitação pública.

E, para tanto, compete ao Poder Público, notadamente a alta administração do órgão ou entidade, a responsabilidade para o atendimento desse objetivo, a partir do seu comprometimento com a governança das contratações.[25] Assim, deve o Poder Público implementar processos e estruturas, inclusive de gestão de riscos e controles internos, para avaliar, direcionar e monitorar os processos licitatórios e os respectivos contratos, com o intuito de: (i) alcançar os objetivos estabelecidos no *caput* do artigo 11, (ii) promover um ambiente íntegro e confiável, (iii) assegurar o alinhamento das contratações ao planejamento estratégico e às leis orçamentárias e (iv) promover eficiência, efetividade e eficácia em suas contratações. Diante desses pontos, percebe-se o significado, o grau de zelo e a ponderação da sustentabilidade nas contratações públicas, como dever e como princípio.

Um interessante dispositivo da Lei nº 14.133/2021 relacionado às práticas sustentáveis, especificamente desenvolvido na fase preparatória, é o que trata do Estudo Técnico Preliminar – ETP. O ETP tem por objetivo, justamente, estudar as soluções de mercado disponíveis para atendimento da necessidade administrativa, e, dentre os elementos que devem fazer parte desse estudo, está a descrição de possíveis impactos ambientais e a logística reversa para desfazimento e reciclagem de bens e refugos, consoante §1º, inciso XII, artigo 18:

> Art. 18. A fase preparatória do processo licitatório é caracterizada pelo planejamento e deve compatibilizar-se com o plano de contratações

---

[23] TORRES, Ronny Charles Lopes de. *Leis de licitações públicas comentadas*. 14. ed. Salvador: Juspodivm, 2023. p. 97.

[24] Art. 11 da Lei nº 14.133/21. O processo licitatório tem por objetivos: (...) IV - incentivar a inovação e o desenvolvimento nacional sustentável. BRASIL. Lei nº 14.133 de 1º abr. 2021. Disponível em: https://www.planalto.gov.br/ccivil_03/_ato2019-2022/2021/lei/l14133.htm. Acesso em: 19 maio 2024.

[25] ZILIOTTO, Mirela. Public Procurement Governance and Innovative Solutions, *IMODEV, International Journal of Open Governments*, vol. 12, p. 68-72, 2023. Disponível em: http://ojs.imodev.org/index.php/RIGO. Acesso em: 19 maio 2024.

> anual de que trata o inciso VII do caput do art. 12 desta Lei, sempre que elaborado, e com as leis orçamentárias, bem como abordar todas as considerações técnicas, mercadológicas e de gestão que podem interferir na contratação, compreendidos:
> (...) §1º O estudo técnico preliminar a que se refere o inciso I do caput deste artigo deverá evidenciar o problema a ser resolvido e a sua melhor solução, de modo a permitir a avaliação da viabilidade técnica e econômica da contratação, e conterá os seguintes elementos:
> (...) XII - *descrição de possíveis impactos ambientais* e respectivas medidas mitigadoras, incluídos requisitos de baixo consumo de energia e de outros recursos, bem como *logística reversa para desfazimento e reciclagem de bens e refugos*, quando aplicável; (grifou-se)[26]

Quando se fala da relação entre a sustentabilidade e as contratações públicas é preciso esclarecer que o aprimoramento e a implementação dessas práticas sustentáveis, por exemplo, nas especificações de um objeto que se pretende contratar, visam a redução dos custos e o alcance do interesse público.

Joel Niebuhr nessa mesma linha de raciocínio pondera: "O poder de compra do Estado deve ser o indutor de boas práticas, estimulando o desenvolvimento de novas tecnologias, a produção e a redução de custos, que são posteriormente aproveitados por toda a sociedade".[27] Assim, por exemplo, continua o autor, trazendo algumas formas de utilização de critérios sustentáveis, quando da especificação de bens e produtos:

> Por exemplo, a Administração pretende comprar veículos automotores. Que ela exija dos licitantes veículos com características adequadas ao meio ambiente, que, entre outras coisas, consumam menos combustível. A Administração pretende contratar a construção de um prédio público. Que ela especifique o prédio de modo a garantir acessibilidade aos deficientes físicos, economize energia e empregue materiais ambientalmente adequados.[28]

Dessa maneira, é possível construir editais ponderando exigências e critérios que atendam ao interesse público e disponham de

---

[26] BRASIL. Lei nº 14.133, de 1º abr. 2021. Disponível em: https://www.planalto.gov.br/ccivil_03/_ato2019-2022/2021/lei/l14133.htm. Acesso em: 19 maio 2024.

[27] NIEBUHR, Joel de Menezes. *Licitação pública e contrato administrativo*. 6. ed. Belo Horizonte: Fórum, 2023. p. 117.

[28] NIEBUHR, Joel de Menezes. *Licitação pública e contrato administrativo*. 6. ed. Belo Horizonte: Fórum, 2023. p. 329.

características importantes e ambientalmente adequadas. Para esse aprimoramento, não somente deve existir um plano de ação por parte dos agentes públicos na etapa preparatória, mas também dos fornecedores, que precisam vislumbrar a criação e o desenvolvimento de novas tecnologias capazes de atender aos critérios pretendidos pela Administração, com base nessa realidade sustentável, prevista em norma legal.

O artigo 26, por sua vez, estabelece a possibilidade de margem de preferência para bens reciclados, recicláveis ou biodegradáveis, conforme regulamento, no percentual de até 10% (dez por cento) sobre o preço dos bens e serviços que não se disponham dessas características.

O art. 60, que trata dos critérios de desempate, prevê no inciso IV, parágrafo 1º que, em igualdade de condições, se não houver desempate, será assegurada preferência aos bens e serviços produzidos ou prestados por empresas que comprovem a prática de mitigação, nos termos da Lei nº 12.187, de 29 de dezembro de 2009, que institui a Política Nacional sobre Mudança do Clima – PNMC. Trata-se de critério vinculado à sustentabilidade trazendo inclusive um incentivo maior às empresas licitantes, que, ao possuírem tal prática, terão o benefício do desempate nas licitações em que forem participar, possibilitando maior vantagem competitiva.

Outro ponto significativo na Lei nº 14.133/21 diz respeito ao ciclo de vida do objeto – uma expressão utilizada em lei em quatro oportunidades: a) como *elemento do termo de referência:* descrição da solução como um todo, considerado todo o ciclo de vida do objeto; b) enquanto *objetivo da licitação*: a seleção da proposta apta a gerar o resultado de contratação mais vantajoso para a Administração Pública, inclusive no que se refere ao ciclo de vida do objeto; c) durante a *fase preparatória*: a modalidade de licitação, o critério de julgamento, o modo de disputa e a adequação e eficiência da forma de combinação desses parâmetros, para os fins de seleção da proposta apta a gerar o resultado de contratação mais vantajoso para a Administração Pública, considerado todo o ciclo de vida do objeto; e d) enquanto definição de *menor dispêndio*: os custos indiretos, relacionados com as despesas de manutenção, utilização, reposição, depreciação e impacto ambiental do objeto licitado, entre outros fatores vinculados ao seu ciclo de vida, poderão ser considerados para a definição do menor dispêndio, sempre que objetivamente mensuráveis, conforme disposto em regulamento.

É inegável a necessidade de observância do ciclo de vida do objeto licitado, ponderando-se que em algumas situações nem sempre o menor preço será o mais vantajoso, posto que, com o passar do tempo, torna-se depreciado, ineficaz e não durável. Em alguns momentos, o produto pode até ser mais caro, porém, menos poluente, trazendo menor impacto ambiental. A nova lei destaca, nesse sentido, a importância de verificação por parte dos agentes públicos no que se refere ao ciclo de vida dos objetos que se pretende contratar, de modo a mensurar a vantajosidade em cada caso concreto.

O artigo 42 dispõe que, para a prova de qualidade de produto apresentado pelos proponentes como similar ao das marcas eventualmente indicadas no edital, será admitida certificação, certificado, laudo laboratorial ou documento similar que possibilite a aferição da qualidade e da conformidade do produto ou do processo de fabricação, inclusive sob o aspecto ambiental, emitido por instituição oficial competente ou por entidade credenciada.

No tema afeto à contratação direta, há dispositivos relacionados à sustentabilidade tanto na inexigibilidade como também na dispensa de licitação. O artigo 74, inciso III, estabelece, especificamente sobre a inexigibilidade, que é inexigível a licitação quando inviável a competição, em especial nos casos de contratação de serviços técnicos especializados de natureza predominantemente intelectual com profissionais ou empresas de notória especialização, controles de qualidade e tecnológico, análises, testes e ensaios de campo e laboratoriais, instrumentação e monitoramento de parâmetros específicos de obras e do meio ambiente e demais serviços de engenharia.

Já no artigo 75, no que se refere à dispensa de licitação, a nova lei destaca que é dispensável a licitação na hipóteses de coleta, processamento e comercialização de resíduos sólidos urbanos recicláveis ou reutilizáveis, em áreas com sistema de coleta seletiva de lixo, realizados por associações ou cooperativas formadas exclusivamente de pessoas físicas de baixa renda reconhecidas pelo poder público como catadores de materiais recicláveis, com o uso de equipamentos compatíveis com as normas técnicas, ambientais e de saúde pública.

No capítulo relativo aos pagamentos, a nova lei de licitações dispõe no art. 144,[29] a respeito da remuneração variável, que tem como objetivo estimular uma melhor performance do contratado. Este instituto

---

[29] Art. 144 da Lei nº 14.133/21. Na contratação de obras, fornecimentos e serviços, inclusive de engenharia, poderá ser estabelecida remuneração variável vinculada ao desempenho do contratado, com base em metas, padrões de qualidade, critérios de sustentabilidade ambiental e prazos de entrega definidos no edital de licitação e no contrato. BRASIL. Lei nº 14.133 de

tem como finalidade vincular a remuneração do contratado às metas alcançadas, aos critérios de sustentabilidade e prazos de entregas definidos em edital e no contrato.[30] Oportuno sinalizar que a remuneração variável já existia no ordenamento jurídico brasileiro, tanto na Lei das Estatais[31] como também na Lei do Regime Diferenciado de Contratação, atualmente revogado.[32]

Marçal Justen Filho identifica a possibilidade de utilização de remuneração variável quando o contratado recebe o seu pagamento de acordo com a vantajosidade demonstrada na execução e explica que:

> A contratação com remuneração variável consiste numa avença em que o particular assume a obrigação de executar prestação definida segundo parâmetros mínimos de qualidade, com a possibilidade de variação da remuneração em vista da execução de objeto dotado de atributos mais vantajosos do que os previstos originalmente.[33]

Importa destacar que para utilização da remuneração variável esta condição deve estar expressamente definida no instrumento convocatório de maneira que o licitante tenha conhecimento dessa regra antes de participar do certame.

Também é perceptível a ponderação de critérios de sustentabilidade no artigo 147,[34] quando prevê a respeito da declaração de nuli-

---

1º abr. 2021. Disponível em: https://www.planalto.gov.br/ccivil_03/_ato2019-2022/2021/lei/l14133.htm. Acesso em: 19 maio 2024.

30 TORRES, Ronny Charles Lopes de. *Leis de licitações públicas comentadas*. 14. ed. Salvador: Juspodivm, 2023. p. 797.

31 Art. 45 da Lei nº 13.303/2016. Na contratação de obras e serviços, inclusive de engenharia, poderá ser estabelecida remuneração variável vinculada ao desempenho do contratado, com base em metas, padrões de qualidade, critérios de sustentabilidade ambiental e prazos de entrega definidos no instrumento convocatório e no contrato.

32 Art. 10 da Lei nº 12.462/2011 (revogado). Na contratação das obras e serviços, inclusive de engenharia, poderá ser estabelecida remuneração variável vinculada ao desempenho da contratada, com base em metas, padrões de qualidade, critérios de sustentabilidade ambiental e prazo de entrega definidos no instrumento convocatório e no contrato.

33 JUSTEN FILHO, Marçal. *Comentários à lei de licitações e contratos administrativos*. 2. ed. São Paulo: Thomson Reuters Brasil, 2023. p. 1568.

34 Art. 147. Constatada irregularidade no procedimento licitatório ou na execução contratual, caso não seja possível o saneamento, a decisão sobre a suspensão da execução ou sobre a declaração de nulidade do contrato somente será adotada na hipótese em que se revelar medida de interesse público, com avaliação, entre outros, dos seguintes aspectos:
I - impactos econômicos e financeiros decorrentes do atraso na fruição dos benefícios do objeto do contrato;
II - riscos sociais, ambientais e à segurança da população local decorrentes do atraso na fruição dos benefícios do objeto do contrato;
III - motivação social e ambiental do contrato; (...)

dade, que devem ser observados aspectos, dentre outros, atinentes a riscos sociais e ambientais.

Como se pode notar, são inúmeros os aspectos identificados na Lei nº 14.133/2021 sobre a inclusão de critérios de sustentabilidade nas contratações públicas. É claro que há inúmeros desafios para sua implementação, mas, também, podem ser identificadas várias oportunidades quando da sua adoção, não só ao Poder Público, mas, notadamente, às empresas que se relacionam com a Administração Pública, aqui consideradas como "fornecedores".

Na sequência, portanto, passaremos a identificar, a partir dos pressupostos multidimensionais da sustentabilidade, as oportunidades para os fornecedores da Administração Pública.

2.1 A dimensão econômica da sustentabilidade

Naquilo que diz respeito à sustentabilidade sob o viés econômico, pode-se afirmar que a Lei nº 14.133/2021 trouxe ao menos três oportunidades aos fornecedores, sobretudo em relação à economia local e à inovação.

Nesse sentido, chama-se atenção ao artigo 60, §1º, mencionado anteriormente, e que, em seu inciso I, propõe o fortalecimento da economia local, com a aquisição de produtos de fornecedores locais ou regionais, como um critério de preferência em situação de empate entre licitantes.

Ainda em relação à preferência e em busca do desenvolvimento da economia local, o artigo 25, que disciplina o conteúdo do edital, destaca em seu §2º que o edital poderá prever a utilização de mão de obra, materiais, tecnologias e matérias-primas existentes no local.

Além disso, ao propor a análise de todo ciclo de vida do objeto para determinação da vantajosidade econômica da contratação, inclusive com menor custo de manutenção, no artigo 11, inciso I, a Lei nº 14.133/2021 apresenta oportunidade a fornecedores com produtos inovadores e diferenciais no mercado, que poderão apresentar soluções mais vantajosas à Administração Pública, sobretudo, porque, conforme visto, a nova lei é bastante dialógica[35] e abre oportunidade aos fornece-

[35] Aqui, chama-se atenção para a disciplina do artigo 11, inciso IV, artigo 18, §1º, inciso V, artigo 21 e artigo 74, incisos I e III, todos da Lei nº 14.133/2021.

dores a apresentarem, de fato, quais são as soluções de mercado aptas a gerar o resultado de contratação mais vantajoso.

Nota-se que a Lei nº 14.133/2021 trata a inovação como objetivo das contratações (artigo 11, inciso IV); cria uma modalidade de licitação específica para contratação de inovação – o diálogo competitivo (artigo 32); disciplina procedimentos de diálogo com a inciativa privada para colher informações sobre soluções inovadoras que contribuam com questões de relevância pública – Procedimento de Manifestação de Interesse – PMI (artigo 78, inciso III); tudo isso em prol da promoção de um ambiente íntegro e confiável promovendo eficiência, efetividade e eficácia em suas contratações.

Sendo assim, evidente a oportunidade de os fornecedores tornarem-se grandes atores e não apenas participantes da implementação de inovação no âmbito das contratações públicas.

2.2 A dimensão ambiental da sustentabilidade

Em relação à sustentabilidade sob o viés ambiental, a Lei nº 14.133/2021 também traz oportunidades aos fornecedores, sobretudo em relação à preferência e ao diferencial competitivo, demonstrando seu comprometimento com a defesa do "meio ambiente ecologicamente equilibrado, bem de uso comum do povo e essencial à sadia qualidade de vida", estabelecido no artigo 225 da Constituição da República de 1988.

Inicialmente, em relação à preferência, destaca-se a previsão no artigo 26 da Lei nº 14.133/2021 dispondo que, no processo de licitação, poderá ser estabelecida margem de preferência para "bens reciclados, recicláveis ou biodegradáveis, conforme regulamento". Sobre o tema, chama-se atenção ao Decreto Federal nº 11.890, de 22 de janeiro de 2024, que regulamenta o artigo em comento e, também, institui a Comissão Interministerial de Contratações Públicas para o Desenvolvimento Sustentável – CICS.

Sobre a CICS, cumpre destacar que se trata de uma unidade de governança no âmbito das contratações para, entre outros, a discussão e a definição de margens de preferência normais e adicionais e a avaliação de critérios de desempate, de sustentabilidade e de inclusão em contratações públicas (artigo 3º, incisos I e V, do Decreto nº 11.890/2024).

Referida Comissão, em âmbito federal, também ficará responsável pela avaliação dos critérios do artigo 60, §1º, da Lei nº 14.133/2021, que aborda as situações de preferência em razão de empate. Nesse ponto, o inciso IV do referido dispositivo disciplina que, em igualdade de condições, se não houver desempate, será assegurada preferência, sucessivamente, aos bens e serviços produzidos ou prestados por: empresas que comprovem a prática de mitigação,[36] nos termos da Lei nº 12.187, de 29 de dezembro de 2009.

Além desses, conforme destacado anteriormente, o artigo 18, §1º, inciso XII impõe a obrigatoriedade ao Poder Público de, no âmbito da realização do ETP, elaborar descrição de possíveis impactos ambientais e respectivas medidas mitigadoras, incluídos requisitos de baixo consumo de energia e de outros recursos, bem como logística reversa para desfazimento e reciclagem de bens e refugos, quando aplicável. Nesses termos, tais medidas mitigadoras podem impor às contratadas, por exemplo, a adoção de política de logística reversa, a substituição de materiais tóxicos e a utilização de materiais que reduzam a necessidade de manutenção e que sejam reciclados, reutilizados e biodegradáveis.

Ainda, o artigo 45, incisos I, II e III, da Lei nº 14.133/2021 determina expressamente que as licitações de obras e serviços de engenharia devem respeitar, especialmente, as normas relativas a: I - disposição final ambientalmente adequada dos resíduos sólidos gerados pelas obras contratadas; II - mitigação por condicionantes e compensação ambiental, que serão definidas no procedimento de licenciamento ambiental; III - utilização de produtos, de equipamentos e de serviços que, comprovadamente, favoreçam a redução do consumo de energia e de recursos naturais.

Como se pode notar, ao se impor tais disciplinas nos editais de licitação, haverá, por conseguinte, a obrigação contratual no mesmo sentido aos contratados. Sendo assim, estabelecer políticas de comprometimento com o meio ambiente na empresa, certamente, possibilitará uma execução contratual mais eficiente, afastando-se eventuais sanções pelo não atendimento de obrigações contratuais; e, em casos de contratos com pagamento variável, conforme destacado anteriormente, sendo o

[36] "(...) mudanças e substituições tecnológicas que reduzam o uso de recursos e as emissões por unidade de produção, bem como a implementação de medidas que reduzam as emissões de gases de efeito estufa e aumentem os sumidouros". Art. 2º, inciso VII, da Lei nº 12.187, de 29 de dezembro de 2009, que Institui a Política Nacional sobre Mudança do Clima – PNMC e dá outras providências.

critério de sustentabilidade ambiental uma disciplina avaliada,[37] também nesse contexto, apresenta-se uma oportunidade aos fornecedores.

2.3 A dimensão social da sustentabilidade

Naquilo que diz respeito à dimensão social da sustentabilidade, pode-se afirmar que se trata de grande avanço da Lei nº 14.133/2021, notadamente em relação às parcelas mais vulneráveis da sociedade.

Nesse sentido, diversos são os dispositivos legais que apresentam oportunidades aos fornecedores nesse campo, especialmente em relação à sua responsabilidade social corporativa, que se pauta necessariamente pelo voluntarismo das corporações, na qualidade de agentes sociais, para que sejam encorajadas e de fato participem de um grande grupo de atividades guiadas a partir do seu papel social.[38]

Por exemplo, podem-se elencar as seguintes oportunidades: a primeira delas diz respeito à busca por maior geração de empregos, preferencialmente com mão de obra local, conforme possibilidade indicada no artigo 25, §2º. A segunda trata da exigência dos contratados de cumprimento da reserva de cargos prevista para pessoa com deficiência, para reabilitado da Previdência Social e para Aprendiz, conforme artigos 63, inciso VI; 92, inciso XVII; 116 e 137, inciso IX. A terceira aborda a exigência em editais de obras e serviços de engenharia de normas relativas à acessibilidade para pessoas com mobilidade reduzida, conforme artigo 45, inciso VI. A quarta diz respeito à política de inclusão de mulheres vítimas de violência doméstica e de oriundos ou egressos do sistema prisional, mediante exigência de percentual de mão de obra relativo a essas parcelas da sociedade, nos termos do artigo 25, §9º, incisos I e II. A quinta diz respeito ao reconhecimento da

---

[37] Art. 144. Na contratação de obras, fornecimentos e serviços, inclusive de engenharia, poderá ser estabelecida remuneração variável vinculada ao desempenho do contratado, com base em metas, padrões de qualidade, critérios de sustentabilidade ambiental e prazos de entrega definidos no edital de licitação e no contrato.

[38] "A CSR está voltada à discussão e afirmação do dever de boa conduta das empresas, o que decorre de uma espécie de contrato que elas têm com a sociedade. Este dever é enxergado como o mínimo que se pode esperar de atividades empresarias. Mesmo no campo da CSR há algumas distinções, especialmente em termos de sua fundamentação, mas também em relação às aproximações com a ética empresarial, a teoria dos stakeholders, empresas e sociedade, governança corporativa, conduta empresarial responsável, para mencionar alguns termos." FACHIN, Melina; PAMPLONA, Danielle Anne. Empresas e direitos humanos (BHR) e responsabilidade social corporativa (CSR): aproximações e distinções. *In*: NALIN, Paulo; COPI, Lygia (org.). *As Novas Fronteiras do Direito Contratual*. Belo Horizonte: Fórum, 2021. p. 2 e 3.

equidade entre homens e mulheres, valorizando-se as empresas que possuem ações de equidade entre homens e mulheres no ambiente de trabalho, nos termos do artigo 60, inciso III.

Em relação a essas duas últimas oportunidades, registre-se que, em âmbito federal, o tema já foi regulamentado mediante o Decreto nº 11.430/2023,[39] que dispõe sobre a exigência, em contratações públicas, de percentual mínimo de 8% de mão de obra constituída por mulheres vítimas de violência doméstica e sobre a utilização do desenvolvimento, pelo licitante, de ações de equidade entre mulheres e homens no ambiente de trabalho como critério de desempate em licitações.

Nesses termos, interpretam-se tais disciplinas como oportunidades, dados os impactos que a adoção de tais práticas pelos fornecedores pode trazer no âmbito interno da organização e também no âmbito externo.

No âmbito interno, pode-se afirmar que os impactos estão diretamente relacionados à execução mais eficiente dos contratos, notadamente em relação ao cumprimento de obrigações contratuais, especialmente se considerarmos que o descumprimento da obrigação de atendimento de reserva de cargos, por exemplo, pode implicar aplicação de sanção e/ou extinção do contrato. Mas, também, os impactos estão relacionados a proporcionar diferencial competitivo ao fornecedor, que poderá ser mais bem avaliado em razão das práticas citadas e, por conseguinte, ser beneficiado em um eventual critério de desempate, como a avaliação do desempenho contratual prévio (artigo 60, inciso II) ou em razão do próprio fato de implementar política de equidade (artigo 60, inciso III).

Sobre a disciplina da avaliação de desempenho de fornecedores, prevista em diversos artigos da Lei nº 14.133/2021,[40] toma-se como exemplo a *Due Diligence* de Integridade – DDI, promovida pela Petrobras. A DDI é um instrumento que integra o Programa de *Compliance* da Petrobras, que visa a aumentar a segurança nas contratações de bens e serviços e a mitigar eventuais riscos no relacionamento com seus fornecedores, subsidiando a avaliação do critério integridade.

---

[39] BRASIL. Decreto Federal nº 11.430, de 8 de março de 2023. Disponível em: https://www.planalto.gov.br/ccivil_03/_ato2023-2026/2023/decreto/D11430.htm. Acesso em: 19 maio 2023.

[40] Chama-se atenção para o §3º do artigo 36 e o inciso III do artigo 37, que disciplinam que o desempenho pretérito na execução de contratos com a Administração Pública deverá ser considerado na pontuação técnica; artigo 60, inciso II, que aborda o desempenho dos fornecedores como critério de desempate; os §§3º e 4º do artigo 87, que abordam a institucionalização de um cadastro de desempenho de fornecedores; e o artigo 144, que disciplina remuneração variável em relação ao desempenho dos fornecedores.

Nesse sentido, a Estatal procura avaliar os fornecedores com quem se relaciona, conferindo-lhes graus de integridade (baixo, médio e alto), a partir da análise de critérios como: (i) perfil do fornecedor; (ii) nível de relacionamento do fornecedor com agentes públicos e políticos; (iii) histórico e sanções; (iv) relacionamento com intermediários; (v) existência e efetividade de mecanismos de integridade; (vi) compromisso com direitos humanos; (vii) privacidade e proteção de dados pessoais. Destaque-se que a inclusão dos temas sobre direitos humanos e privacidade e proteção de dados pessoais ocorreu em outubro de 2023, demonstrando o compromisso da Petrobras com a temática ESG (ou ASG), impulsionando tais condutas para queles com quem se relaciona.

No âmbito externo, torna-se evidente o papel dos fornecedores enquanto agentes de promoção de sustentabilidade social, eis que todas as medidas avaliadas buscam, em última análise, o desenvolvimento como garantia ao bem-estar físico e psíquico de todos, que prioriza a universalização e acesso a bens e serviços essenciais.[41] Em outras palavras, que permita a todos a expansão de capacidades e, consequentemente, a conquista de sua liberdade.[42]

2.4 A dimensão jurídico-política da sustentabilidade

Em relação à dimensão jurídico-política da sustentabilidade, traz-se aqui o ideal de justiça intergeracional, que propõe garantir direitos e deveres das gerações presentes e futuras, nos aspectos ecológico, espacial, social e econômico.[43]

Sob essa dimensão, é possível vislumbrar, ao menos, dois deveres ao Poder Público e, por conseguinte, duas oportunidades aos

---

41 FREITAS, Juarez. *Sustentabilidade*. Direito ao futuro. 4. ed. Belo Horizonte: Fórum, 2019. p. 59.

42 SEN, Amartya. *Desenvolvimento como Liberdade*. Trad. Laura Teixeira Motta. São Paulo: Companhia das Letras, 2010.

43 "... a justiça intergeracional deve ser a diretriz ou o princípio vetor que ilumina os rumos das ações humanas. Deve-se assegurar para as futuras gerações uma quantidade de bens, não apenas suficiente para a mínima subsistência humana, mas o necessário para a garantia da vida plena em todas as suas formas, nos aspectos ecológico, espacial, social e econômico." BODNAR, Zenildo; PASSOS DE FREITAS, Vladimir; SILVA, Kaira Cristina. A epistemologia interdisciplinar da sustentabilidade: por uma ecologia integral para a sustentação da casa comum / *The interdisciplinary epistemology of sustainability: for an integral ecology for the support of the common house*. *Revista Brasileira de Direito*, Passo Fundo, v. 12, n. 2, p. 59-70, dez. 2016. ISSN 2238-0604. Disponível em: https://seer.atitus.edu.br/index.php/revistadedireito/article/view/1558. Acesso em: 11 maio 2024. DOI: https://doi.org/10.18256/2238-0604/revistadedireito.v12n2p59-70.

fornecedores a partir da leitura da Lei nº 14.133/2021. Trata-se da imposição relacionada à avaliação dos resultados da contratação enquanto análise de seus impactos (art. 18, §1º, inciso IX) e a preocupação com contratações que preservem o patrimônio histórico, cultural, artístico, turístico e paisagístico (art. 45, inciso V).

Nesse ponto, há uma excelente oportunidade de diálogo entre o Poder Público e os fornecedores para que estes apresentem as soluções que melhor aproveitem os recursos atuais, sem prejudicar os aspectos ecológico, espacial, social e econômico das gerações futuras.

E, pensando em critérios de inovação nesta dimensão de sustentabilidade, aplicar-se-ia também nessa esfera o papel dos fornecedores enquanto atores ou agentes de implementação de soluções inovadoras nas contratações públicas, conforme destacado no item 2.1.

2.5 A dimensão ética da sustentabilidade

Por fim, em relação à dimensão ética da sustentabilidade,[44] conforme anotado anteriormente, a promoção do desenvolvimento nacional sustentável não se resume apenas a questões ambientais. Também não se restringe a questões sociopolíticas ou econômicas, sendo uma importante vertente da agenda de contratações sustentáveis a integridade como pilar e, por conseguinte, como um dos objetivos das contratações públicas.

A integridade está intrinsecamente ligada ao desenvolvimento sustentável por diversas razões. É que, hoje, para garantir a sustentabilidade da economia, da própria evolução da sociedade, inclusive do meio ambiente, é extremamente necessário que o mercado e o Estado possuam compromisso com mecanismos aptos a combater a corrupção. A corrupção, memore-se, trata-se de um fenômeno que afeta todas as camadas sociais, mas, especialmente, aquelas que mais dependem de serviços públicos essenciais, de um meio ambiente saudável e de uma economia em desenvolvimento.

Assim, ao dispor sobre a dimensão ética da sustentabilidade, Juarez Freitas destaca que a percepção ética convém àqueles que

---

[44] Sobre o tema, cf. PIRONTI, Rodrigo; ZILIOTTO, Mirela. *Compliance* nas contratações públicas: exigência e critérios normativos. 2. ed. Belo Horizonte, 2021. p. 45-49.

assumem a tarefa de "resguardar a integridade e nobreza de caráter".[45] É uma dimensão, portanto, que se preocupa com o bem-estar do outro.

Dessa forma, a importância da consideração dessa dimensão da sustentabilidade nas contratações públicas é vital, eis que o bem-estar social é afetado quando os recursos que deveriam ser destinados a determinado serviço são desviados para benefício de alguns poucos (agentes corruptos). É dizer, o "custo propina" é um atentado à dimensão ética da sustentabilidade, eis que pautado única e exclusivamente pelo comportamento autointeressado de alguns em detrimento do bem-estar de todos.

Não se pode olvidar, portanto, que a integridade é um dos pilares necessários a se buscar nas contratações públicas e, por conseguinte, concretizar contratações sustentáveis. Do contrário, obras ineficientes, serviços nefastos e produtos nocivos persistirão como realidade das compras públicas, violando-se diretamente o ordenamento constitucional, eis que toda e qualquer contratação desse tipo será insustentável ou restará no campo da ilicitude.[46]

Partindo dessa premissa, extrai-se da Lei nº 14.133/2021 uma excelente oportunidade para mudança de cultura das contratações públicas, isto é, partindo de um círculo vicioso da corrupção para um círculo virtuoso da integridade.[47]

Isso porque, aos fornecedores, em determinadas contratações (grande vulto), passou a ser exigida a implementação de programas de integridade como obrigação contratual (art. 25, §4º). Além disso, aos fornecedores também foi dada a oportunidade de adquirir vantagem competitiva em situações de empate; ter suas condutas preventivas avaliadas para dosimetria de sanção ou, até mesmo, para efetivar sua reabilitação.

Assim, a Lei nº 14.133/2021 disciplinou expressamente em seu artigo 60, inciso IV, o desenvolvimento pelo licitante de programa de integridade, como critério de desempate. Da mesma forma, eu seu

---

[45] FREITAS, Juarez. *Sustentabilidade*: direito ao futuro. 4. ed. Belo Horizonte: Fórum, 2019. p. 60-61.

[46] FREITAS, Juarez. *O controle dos atos administrativos e os princípios fundamentais.* 5. ed. rev. e ampl. São Paulo: Malheiros, 2013. p. 230.

[47] "Just as the presence of corrupt behavior encourages other corrupt behavior, the diminution of the hold of corruption can weaken it further. In trying to alter a climate of conduct, it is encouraging to bear in mind the fact that each vicious circle entails a virtuous circle if the direction is reversed." SEN, Amartya Kumar. *Development as freedom*. 4. reimpr. Oxford: Oxford University Press, 2000. p. 278.

artigo 156, §1º, disciplinou a consideração da implantação ou o aperfeiçoamento de programa de integridade na aplicação de sanções. Por fim, disciplinou em seu artigo 163, parágrafo único, como condição de reabilitação do licitante ou contratado sancionado em razão das condutas previstas nos incisos VIII e XII do artigo 155, da Lei nº 14.133/2021, a implantação ou aperfeiçoamento de programa de integridade pelo responsável.

Nesse sentido, pode-se afirmar que o ideal ético de sustentabilidade possui o intento de influenciar a mudança de cultura da corrupção sistêmica nas contratações públicas mediante o incentivo à implementação de mecanismos de *compliance* aos fornecedores. Assim, a partir de incentivos normativos, busca-se o reconhecimento do desenvolvimento dos sistemas de integridade por empresas que participam de certames públicos.

Dessa forma, entende-se tais incentivos como oportunidades aos fornecedores, sobretudo em razão desse viés de modificação cultural, mas também porque os benefícios proporcionados pela implementação de mecanismos de integridade são inúmeros, abarcando resultados positivos tanto para as empresas que os implementam quanto para a Administração Pública, como exemplo, a redução do custo social da corrupção e dos prejuízos reputacionais decorrentes, o aumento da confiança do mercado e a melhora nas oportunidades negociais.[48]

Não se pode esquecer, também, que esses sistemas auxiliam a proteção do Poder Público e das empresas privadas contra a reincidência da prática de atos lesivos que implicam prejuízos financeiros, como desvios de conduta ética e fraudes contratuais. Essa prevenção garantirá, portanto, uma execução contratual conforme e adequada à atividade contratada, reduzindo-se riscos e promovendo maior qualidade à execução, bem como segurança jurídica e transparência para ambas as partes.

Não sem razão, o estudo realizado por Tammy Cowart, Kurt Schulzke e Sherry Jackson aponta que, em longo prazo, empresas seriam beneficiadas se promovessem a sustentabilidade ética em sua atuação,[49]

---

[48] NÓBREGA, Marcos; ARAÚJO, Leonardo Barros C. de. Custos do não *compliance*. *In*: CARVALHO, André Castro; BERTOCCELLI, Rodrigo de Pinho; ALVIM, Tiago Cripa; VENTURINI, Otavio (coord.). Manual de *Compliance*. Rio de Janeiro: Forense, 2019. p. 303-304.

[49] Tradução literal de: "*We have pointed to evidence that companies will be better off in the long run if they foster ethical sustainability and encourage potential whistleblowers to bring their concerns*

o que permite concluir que a lente da sustentabilidade, especialmente sob seu viés da ética, trata-se de via de duas mãos, beneficiando tanto o Poder Público quanto as partes relacionadas.

3 Considerações finais

Nesse contexto de incentivo à inovação e ao desenvolvimento nacional sustentável, conforme descrito ao longo deste artigo, pode-se concluir que empresas que abraçam oportunidades relacionadas às dimensões da sustentabilidade e implementam essas práticas, sejam ambientais, político-jurídicas, éticas, sociais ou econômicas, podem adquirir maior vantagem competitiva frente aos fornecedores que não se preocupam com essa temática.

Importa salientar que não somente essa questão da vantagem competitiva é interessante, como também a valorização da marca empresarial no contexto de confiabilidade do seu produto, levando em consideração a ideia de incentivo ao desenvolvimento sustentável, fator relevante nas compras públicas, notadamente com o advento da Lei nº 14.133/21.

Portanto, para que as contratações públicas, responsáveis pela consecução de inúmeras políticas públicas, e, por conseguinte, pela implementação do ideal de sustentabilidade, possam atingir seus objetivos, melhorando a capacidade de contratação e entregando resultados à sociedade, necessária a atuação conjunta do Estado e das partes interessadas.

Essa atuação conjunta garantirá: a) a defesa e a preservação do meio ambiente para futuras gerações e o desenvolvimento sustentável; b) eficiência e efetividade às contratações públicas; c) maiores práticas de inclusão às camadas sociais mais vulneráveis; d) a redução do custo social da corrupção e dos prejuízos reputacionais decorrentes; e) o aumento da confiança do mercado; e f) a melhora nas oportunidades negociais.

Dessa maneira, considerando o desenvolvimento nacional sustentável como princípio e objetivo na Lei nº 14.133/21, identifica-se um

---

forward early and internally to management. We have also highlighted specific steps that companies can take to promote these sustainability-enhancing objectives". COWART, Tammy; SCHULZKE, Kurt; JACKSON, Sherry. Carrots and sticks of whistleblowing: what classification trees say about false claims act lawsuits. *Accounting, Finance & Business Law Faculty Publications and Presentations,* Paper 6, 2019. Disponível em: http://hdl.handle.net/10950/1869. Acesso em: 5 maio 2024.

ambiente profícuo para ambas as partes, com maior incentivo às práticas de sustentabilidade às empresas fornecedoras, que podem desenvolver mecanismos eficientes relativamente ao diferencial competitivo para atuação no fluxo das contratações públicas.

Referências

BODNAR, Zenildo; PASSOS DE FREITAS, Vladimir; SILVA, Kaira Cristina. A epistemologia interdisciplinar da sustentabilidade: por uma ecologia integral para a sustentação da casa comum / *The interdisciplinary epistemology of sustainability: for an integral ecology for the support of the common house*. *Revista Brasileira de Direito*, Passo Fundo, v. 12, n. 2, p. 59-70, dez. 2016. ISSN 2238-0604. Disponível em: https://seer.atitus.edu.br/index.php/revistadedireito/article/view/1558. Acesso em: 11 maio 2024. DOI: https://doi.org/10.18256/2238-0604/revistadedireito.v12n2p59-70.

BRASIL. Advocacia-Geral da União (AGU). Consultoria-Geral da União. Implementando licitações sustentáveis na Administração Pública Federal. Brasília: AGU, 2013. Disponível em: https://www.gov.br/agu/pt-br/composicao/consultoria-geral-da-uniao-1/arquivos/ManualImplementandoLicitacoesSustentaveisnaAdministracaoPublicaFederal.pdf. Acesso em: 21 abr. 2024.

BRASIL. Advocacia-Geral da União (AGU). Consultoria-Geral da União. Guia Nacional de Contratações Sustentáveis. 4. ed. Brasília: AGU, agosto, 2021. Disponível em:https://www.gov.br/agu/pt-br/comunicacao/noticias/AGUGuiaNacionaldeContrataesSustentveis4edio.pdf. Acesso em: 21 abr. 2024.

CADER, Renato; VILLAC, Teresa. *Governança e sustentabilidade*: um elo necessário no Brasil. Belo Horizonte: Fórum, 2023.

COWART, Tammy; SCHULZKE, Kurt; JACKSON, Sherry. Carrots and sticks of whistleblowing: what classification trees say about false claims act lawsuits. *Accounting, Finance & Business Law Faculty Publications and Presentations*, Paper 6, 2019. Disponível em: http://hdl.handle.net/10950/1869. Acesso em: 5 maio 2024.

FACHIN, Melina; PAMPLONA, Danielle Anne. Empresas e direitos humanos (BHR) e responsabilidade social corporativa (CSR): aproximações e distinções. *In*: NALIN, Paulo; COPI, Lygia (org.). *As Novas Fronteiras do Direito Contratual*. Belo Horizonte: Fórum, 2021.

FREITAS, Juarez. *O controle dos atos administrativos e os princípios fundamentais*. 5. ed. rev. e ampl. São Paulo: Malheiros, 2013.

FREITAS, Juarez. *Sustentabilidade*. Direito ao futuro. 4. ed. Belo Horizonte: Fórum, 2019.

JUSTEN FILHO, Marçal. *Comentários à lei de licitações e contratos administrativos*. 2. ed. São Paulo: Thomson Reuters Brasil, 2023.

LÜBKE, Mariana. *Planejamento multidimensional e desenvolvimento sustentável*. Curitiba: Íthala, 2022.

NIEBUHR, Joel de Menezes. *Licitação pública e contrato administrativo*. 6. ed. Belo Horizonte: Fórum, 2023.

NÓBREGA, Marcos; ARAÚJO, Leonardo Barros C. de. Custos do não *compliance*. *In*: CARVALHO, André Castro; BERTOCCELLI, Rodrigo de Pinho; ALVIM, Tiago Cripa; VENTURINI, Otavio (coord.). *Manual de compliance*. Rio de Janeiro: Forense, 2019.

PIRONTI, Rodrigo; ZILIOTTO, Mirela. *Compliance* nas contratações públicas: exigência e critérios normativos. 2. ed. Belo Horizonte, 2021.

RUGGIE, John. *Just Business*. Multinational Corporations and Human Rights, Norton Global Ethics Series, 2013.

SARAI. Leandro. *Tratado da Nova Lei de Licitações e Contratos Administrativos* – Lei nº 14.133/21 comentada por advogados públicos. 4. ed. São Paulo: Juspodivm, 2024.

SCHIER, Adriana. *Fomento, Administração Pública, Direitos Fundamentais e Desenvolvimento*. Curitiba: Íthala, 2019.

SEN, Amartya. *Desenvolvimento como Liberdade*. Trad. Laura Teixeira Motta. São Paulo: Companhia das Letras, 2010.

SILVA, Ana Rachel; PAMPLONA, Danielle. Os Princípios Orientadores das Nações Unidas sobre Empresas e Direitos Humanos: houve avanços? *In*: VAILATTI, Diogo Basílio; DOMINIQUINI, Eliete Doretto (org.). *A sustentabilidade da relação entre empresas transnacionais e direitos humanos*. 1. ed. Curitiba: CRV, 2016, v. 1.

SILVA, Caroline Rodrigues da. *A sustentabilidade na nova lei de licitações*. Teoria e prática. Diálogos sobre a nova lei de licitações e contratações Lei 14.133/2021. Disponível em: https://www.novaleilicitacao.com.br/2020/08/05/a-sustentabilidade-na-nova-lei-de-licitacoes-como-principio-e-objetivo-um-breve-estudo-a-partir-de-sua-base-historica/. Acesso em: 20 abr. 2024.

TORRES, Ronny Charles Lopes de. *Leis de licitações públicas comentadas*. 14. ed. Salvador: Juspodivm, 2023.

ZILIOTTO, Mirela. Public Procurement Governance and Innovative Solutions. *IMODEV, International Journal of Open Governments*, vol. 12, p. 68-72, 2023. Disponível em: http://ojs.imodev.org/index.php/RIGO. Acesso em: 19 maio 2024.

Informação bibliográfica deste livro, conforme a NBR 6023:2018 da Associação Brasileira de Normas Técnicas (ABNT):

ZILIOTTO, Mirela Miró; BOAVENTURA, Carmen Iêda Carneiro. As (novas e grandes) oportunidades para os fornecedores da Administração Pública. *In*: RODRIGUES, Caroline; PIRONTI, Rodrigo (coord.). *ESG na Administração Pública*: estudos dirigidos. Belo Horizonte: Fórum, 2025. p. 79-102. ISBN 978-85-450-0779-1.

PLANO DE LOGÍSTICA SUSTENTÁVEL NA ADMINISTRAÇÃO PÚBLICA

JANDER LEAL

1 Contexto do PLS ante o princípio do desenvolvimento nacional sustentável

A Administração Pública recebeu da Constituição Brasileira de 1988, dentre várias outras missões, a de ser um agente normativo e regulador da atividade econômica, sendo fiscal, incentivador e planejador para a construção de uma sociedade em flagrante desenvolvimento. Esse é o contexto do art. 174 da nossa Carta Magna e cabe neste comando uma infinidade de ações que deverão fomentar e, por que não, dar novo rumo ao desenvolvimento nacional de forma sustentável. Além deste, a Carta Maior impõe ao poder público o dever de defender e preservar o meio ambiente para as presentes e futuras gerações.[1]

A geração atual e as próximas têm um grande desafio, o de reescrever uma história que tem a pretensão de desconstruir um paradigma – neste caso, o mito da sociedade de produção e consumo que conhecemos até então e que foi construído pós-revolução industrial e intensificado no pós-guerra pela publicidade. Que nos fez ser uma sociedade voltada para o consumo muito mais do que pela utilidade. E a razão dessa necessidade é que a cada ano estamos mais vulneráveis à escassez de recursos naturais suficientes para atender nossos anseios. De um lado temos uma natureza limitada e do outro temos demandas ilimitadas. Paula Cristina enfatiza que a sociedade capitalista define todos os padrões de comportamento, de beleza, de lazer, de costura,

---

[1] BRASIL. [Constituição (1988)]. Artigo 225 - Todos têm direito ao meio ambiente ecologicamente equilibrado, bem de uso comum do povo e essencial à sadia qualidade de vida, impondo-se ao Poder Público e à coletividade o dever de defendê-lo e preservá-lo para as presentes e futuras gerações.

enfim, de consumo. Um sistema que é preocupado com a ordem material, nós somos impulsionados ao consumo compulsivo.[2]

Um enorme desafio que já é urgente à medida que entendemos que a manutenção dos recursos naturais, ainda existentes, e via de regra a nossa sobrevivência, muito depende da forma como seguiremos daqui pra frente nesta relação de extração, produção e consumo.

Dentro da perspectiva de demandas por bens e serviços, é que, em sede das Organizações das Nações Unidas, se teve a grande ideia de usar o poder de compra das soberanias nacionais, do mundo inteiro, para reorientar e disciplinar a sociedade de consumo, buscando qualidade do ambiente, equacionando aquilo que se precisa com aquilo que realmente necessita. Os governos começaram a fazer a conta e perceberam que o alarme "amarelo avermelhado" foi acionado e já podemos ver os seus efeitos através do aquecimento global e os seus respectivos eventos extremos, podendo comprometer sobremaneira o acesso aos recursos naturais ainda disponíveis. E com isso o questionamento – até onde o homem tem o poder de interferir negativamente em seu entorno e o que podemos fazer para reverter ou mitigar esse quadro?

O Brasil, como protagonista em ações globais para a proteção do meio ambiente, tem propostas e ações que vão ao encontro das metas esperadas para a sustentabilidade dos recursos naturais, dentre outras. Que retroalimentam um sistema de normas, estratégias e ações que lutam para não deixar "a chave do início do fim" virar.

Pelo menos, desde a década passada, o Brasil, amadurecido por há tempos fazer parte da cúpula mundial de combate à degradação ambiental, vem criando ferramental para, pela via do poder público, fomentar novos paradigmas, que vão desde a gestão do gasto público até políticas públicas relevantes para garantir o direito de acesso ao meio ambiente ecologicamente equilibrado e justo.

Para fazer face à inovação e ao conceito de ambientalmente consciente, é que a política de compras governamental despertou em 2010 para um novo objetivo a ser alcançado com as suas contratações[3]

---

2 FERNANDES, Paula Cristina de Moura. A sociedade de consumo. *Revista Brasileira de Estudos Organizacionais*, 2019. Disponível em: https://rbeo.emnuvens.com.br/rbeo/article/view/285. Acesso em: 21 maio 2024.

3 BRASIL. Lei nº 12.349, de 15 de dezembro de 2010. Incluiu no artigo 3º como uma finalidade das licitações, o a promoção ao desenvolvimento nacional sustentável. Disponível em https://www.planalto.gov.br/ccivil_03/_ato2007-2010/2010/lei/l12349.htm. Acesso em: 16 maio 2024.

– qual seja, o desenvolvimento nacional sustentável. Essa nova ordem das coisas indicou que a forma como se compravam e se usavam os bens e serviços demandados pela Administração Pública precisava ser repensada em suas práticas de utilização e disposição.

Segundo menção no sítio de compras federal, ao tratar de sustentabilidade nas compras públicas, "o desenvolvimento nacional sustentável ocorre quando há crescimento e progresso econômico, político, cultural, institucional, social e ambiental de forma sustentável e perene, resultando na melhora da qualidade de vida da população a longo prazo (Poder Executivo Federal, 2021).

O desejável é que toda ação do Estado deva ter por base o princípio do desenvolvimento nacional sustentável, o que implica o melhor aproveitamento de recursos, o desenvolvimento de logísticas eficientes e o planejamento de ações que agreguem benefícios sistêmicos à população e ao meio ambiente, inter-relacionando as esferas econômicas, sociais, culturais e ambientais, independentemente do nível de abrangência ou da complexidade da ação.

Desde 2010, com a inclusão na então vigente Lei Geral de Licitações e Contratos (Lei nº 8.666/93), figurava no seu artigo 3º, juntamente com a seleção da proposta mais vantajosa e com a isonomia, o desenvolvimento nacional sustentável como objetivo da licitação.

No mesmo ano, no âmbito do Poder Executivo Federal, foi editada uma normativa, a de nº 1, de 19 de janeiro de 2010, que tratava sobre os critérios de sustentabilidade ambiental na aquisição de bens, contratação de serviços ou obras pela Administração Pública Federal direta, autárquica e fundacional e que à época foi considerada o marco zero das contratações sustentáveis, dando norte para que fosse possível colocar em prática tantos reverbérios teóricos sobre a matéria até então.

A referida norma propôs a adoção pelos entes federativos e todos os demais entes que aderiram a ela, inclusive a administração do Judiciário e do Legislativo, o seguinte, dentre outros (Poder Executivo Federal, 2010):

- O dever de incluir critérios de sustentabilidade ambiental em seus processos de compras, considerando a extração ou fabricação, a utilização e o seu descarte. **Comentando**: a menção ao "deverá" muda muito em relação ao "poderá". Não é mais uma discricionariedade, tampouco uma boa vontade. Existe uma obrigação de considerar os critérios sustentáveis no planejamento da contratação – avancemos;

- No que se refere às obras públicas, considerou que as especificações e demais exigências do projeto básico ou executivo devem ser elaboradas visando à economia da manutenção e operacionalização da edificação, a redução do consumo de energia e água, bem como a utilização de tecnologias e materiais que reduzam o impacto ambiental. **Comentando**: além disso, os projetos deverão estar coadunados com outras políticas nacionais vigentes, tais como: acessibilidade e inclusão (Lei nº 13.146/2015), mudanças climáticas (Lei nº 12.187/2009), resíduos sólidos (Lei nº 12.305/2010), de geração de emprego e renda, quando inclui a prioridade para o emprego de mão de obra, materiais, tecnologias e matérias-primas de origem local para execução, conservação e operação das obras públicas;

- Ainda no que tange às obras públicas, a normativa em comento exige que a contratada apresente um projeto de gerenciamento do resíduo gerado na construção civil, de acordo com as diretivas do Conselho Nacional do Meio Ambiente (Resolução CONAMA nº 307/2002) e que os instrumentos convocatórios e contratos de obras e serviços de engenharia deverão exigir o uso obrigatório de agregados reciclados nas obras contratadas sempre que existir a oferta de agregados reciclados, capacidade de suprimento e custo inferior em relação aos agregados naturais;

- No que se refere à aquisição de bens, a norma dá possibilidade para a exigência, caso seja possível, de que estes sejam constituídos, no todo ou em parte, por material reciclado, atóxico, biodegradável. **Comentando**: já existem hoje no mercado de produtos várias ofertas com esses elementos. À medida que passamos a demandar bens com essas características, contribuímos sobremaneira para a inovação e/ou sua evolução. O planejamento da contratação deve se debruçar em ampla pesquisa de mercado para verificar se há oferta e, obrigatoriamente, internalizar no estudo técnico preliminar e seu respectivo termo de referência;

- Grande passo foi dado na seara das certificações e rotulagens ambientais por conta da exigência da norma aduzindo que sejam observados os requisitos ambientais para a obtenção de certificação do Instituto Nacional de Metrologia, Normalização e Qualidade Industrial (Inmetro) para produtos sustentáveis ou de menor impacto ambiental em relação aos seus similares. **Comentando**: essa iniciativa foi tão importante que a atual Lei Geral de Contratações Públicas (Lei nº 14.133/21) admitiu no seu §6º, art. 17, que a Administração poderá exigir certificação por organização independente acreditada pelo Inmetro como condição para sua aceitação e, no §1º do art. 42, que o edital poderá exigir, como condição de aceitabilidade da proposta, certificação de qualidade do produto por instituição credenciada pelo Conselho Nacional de Metrologia, Normalização e Qualidade Industrial (Conmetro). Significa dizer que o planejamento poderá oportunizar a comprovação de um produto com lastro na sua certificação e/ou rotulagem;

- Para a contratação que envolva serviços, a instrução normativa impõe, dentre outros: que a empresa contratada use produtos de limpeza e conservação de superfícies que atendam a classificações e especificações determinadas pela Agência Nacional de Vigilância Sanitária (Anvisa); que o uso dos equipamentos de limpeza observe os limites de ruídos dados pela Resolução Conama nº 20/1994; que a contratada realize, por sua responsabilidade, programa de treinamento para educação ambiental dos seus empregados. **Comentando**: uma vez internalizado, ficará por conta da fiscalização contratual o ônus de verificar se os materiais e equipamentos recebidos para utilização na execução realmente atendem aos requisitos, sob pena de descumprimento de cláusula contratual.

Além dos dispositivos em destaque, a norma também menciona que a Administração não está impedida de estabelecer, nos editais e contratos, a exigência de observância de outras práticas de sustentabilidade ambiental, desde que justificadamente. Concluímos que a norma considerada "marco zero da internalização objetiva de práticas sustentáveis nas contratações públicas" é composta de um rol exemplificativo, admitindo a expansão de novos critérios.

Além das normativas supramencionadas, alguns programas governamentais corroboraram para sedimentar o caminho em busca da sustentabilidade prática nas contratações públicas. Um com maior repercussão é a Agenda Ambiental da Administração Pública (A3P), que merece grande destaque, tanto pela relevância que ocupa quanto pela dimensão que teve no contexto nacional, estadual, municipal, dos Poderes Executivo, Legislativo e Judiciário.

A A3P[4] é um programa que visa implantar a responsabilidade socioambiental nas atividades administrativas e operacionais da

---

4 A A3P foi concebida em 1999. Somente dois anos depois foi oficialmente criado o Programa Agenda Ambiental na Administração Pública. Em 2002, a A3P foi premiada pela Organização das Nações Unidas para a Educação, a Ciência e a Cultura (Unesco), como "O melhor dos exemplos" na categoria Meio Ambiente. O órgão da ONU reconheceu a relevância do

Administração Pública. A A3P tem como princípios a inserção dos critérios socioambientais nas atividades regimentais, que vão desde uma mudança nos investimentos, compras e contratação de serviços pelo governo até uma gestão adequada dos resíduos gerados e dos recursos naturais utilizados, além da promoção da melhoria na qualidade de vida no ambiente de trabalho. Esse programa tem como fundamento as recomendações da Agenda 21,[5] que foi considerada um marco que estabeleceu de forma pragmática programas voltados para a sustentabilidade no setor público.

A A3P deu azo a outros programas, inclusive em outras esferas de poder, tendo no Judiciário e no Legislativo efetiva adesão e desdobramentos. Dentre esses programas, vale o destaque para: a Coleta Seletiva Solidária, instituída pelo Decreto nº 5.940/2006,[6] que se justifica pelo fato de serem os catadores de materiais recicláveis importantes agentes de transformação ambiental, uma vez que minimizam a quantidade de lixo a ser coletado e destinado pelas municipalidades, ampliando a vida útil dos aterros sanitários; o Projeto Esplanada Sustentável, que incentivou vários ministérios no Distrito Federal a adotarem um modelo de gestão organizacional e de processos primando pela sustentabilidade ambiental e socioeconômica, e o Plano de Gestão de Logística Sustentável (PLS), instituído pelo Decreto nº 7.746/2012, que está tacitamente revogado, uma vez que regulamentava o art. 3º da antiga lei de licitações e contratos, e que era disciplinado em âmbito federal pela Instrução Normativa nº 10 do mesmo ano.

Sob a nova égide jurídica das contratações públicas, vigora em âmbito federal a Portaria Seges/ME nº 8.678, de 19 de julho de 2021,[7] que dispõe sobre a governança das contratações públicas, consagrando

---

trabalho da A3P e os resultados positivos com a sua implantação. Disponível em: http://a3p.mma.gov.br/historia/. Acesso em: 10 maio 2024.

5 Conexão Ambiental é um documento assinado em 14 de junho de 1992, no Rio de Janeiro, por 179 países, resultado da "Conferência das Nações Unidas sobre Meio Ambiente e Desenvolvimento" – Rio 92, podendo ser definida como um "instrumento de planejamento participativo visando o desenvolvimento sustentável". Disponível em https://www.conexaoambiental.pr.gov.br/Pagina/Agenda-21. Acesso em: 10 abr. 2024.

6 O Decreto nº 5.940/2006 encontra-se revogado, mas instituiu à época a Coleta Seletiva Solidária, tratando da separação dos resíduos recicláveis descartados pelas instituições da Administração Pública federal e a sua destinação às associações e cooperativas dos catadores de materiais recicláveis.

7 A Portaria Seges/ME nº 8.678, de 19 de julho de 2021, tem a função de assegurar os objetivos das contratações públicas, além de estabelecer a estratégia das contratações e da logística no âmbito do órgão e entidade, considerando as dimensões econômica, social, ambiental e cultural, sendo um novo marco para o PLS.

o PLS como o instrumento de governança responsável pelo estabelecimento da estratégia de contratação e logística, que considera objetivos e ações referentes a critérios e práticas de sustentabilidade nas compras públicas a serem implementados durante todo o ciclo da contratação, desde o planejamento, a seleção do fornecedor, a execução e fiscalização do contrato até a destinação final dos rejeitos e resíduos. Uma aposta é que nos demais entes federativos e no âmbito judiciário e legislativo, o PLS ganhe contornos mais específicos com um olhar mais pontual para cada realidade retratada. Por questões didáticas proponho voltarmos a tratar desta normativa mais à frente.

Outra questão que vale ser pontuada para bem avançarmos na temática proposta diz respeito à experiência do setor privado com ferramentas similares ao PLS e os respectivos resultados obtidos com a sua adoção pelas empresas, sobretudo as brasileiras.

O Sistema de Gestão Ambiental (SGA) ganhou, nas últimas décadas, força e notoriedade nas empresas no mundo todo e, no Brasil, não foi diferente. Por diversas razões, os setores de extração, de produção e de comercialização passaram a ser cobrados, seja por organismos ambientais, por normas técnicas ou pelo próprio consumidor para que tivessem posturas e processos menos degradantes e mais comprometidos com o meio ambiente natural e social. Esses fatores foram relevantes para ganhar competitividade na década de 90 e perduram até os dias atuais, o que significa cumprir normas, atender exigências e agradar o destinatário final. Assim, a extração, a produção e o consumo, que até então não entendiam os seus processos como potenciais poluidores ou mesmo degradantes, passaram a pensar a competitividade sob o prisma da estratégia a fim de ganhar boa reputação por parte de clientes, investidores e concessão nas linhas de crédito. Sendo assim, internalizar as externalidades ambientais[8] é a tônica que levou e leva as empresas ao sucesso ou ao fracasso, sobretudo em relação as suas políticas econômica e ambiental, medindo a sua aptidão para um negócio mais sustentável, competitivo e, ainda, gozar de boa reputação no mercado onde atua.

---

[8] As externalidades indicam que o agente produtor não considerou ao produzir o custo de poluir o meio ambiente, o que faz com que o agente polua inadvertidamente e transfira para o meio ambiente e a sociedade o custo ambiental de sua produção. Portanto, a internalização das externalidades ambientais envolve a alteração de incentivos para que as pessoas levem em conta os efeitos de suas ações. Disponível em: https://www1.folha.uol.com.br/opiniao/2021/04/internalizar-as-externalidades.shtml. Acesso em: 10 maio 2024.

Essa experiência do setor privado inspirou o setor público a igualmente dispor de um Sistema de Gestão Ambiental adaptado à sua realidade. Materializado no Plano de Logística Sustentável que reverberou a realidade privada em seara pública. O setor público coloca a eficiência, a eficácia e a efetividade à frente quando pensa em resultados, quando se antecipa aos riscos, quando tem metas, quando planeja, enfim, quando é estratégico.

O Plano de Gestão de Logística Sustentável, ou simplesmente PLS, é recomendado pela egrégia jurisprudência, que entendeu ser uma ferramenta voltada para expressar de maneira estrutural as ações, iniciativas e indicadores de logística sustentável adotados pelas unidades (Resolução-TCU nº 268/2015).[9]

A partir dos idos de 2012, quando o PLS foi previsto como obrigatório para os órgãos e entidades federais,[10] uma grande demanda se estabeleceu para a sua elaboração. Em todas as esferas do Poder Executivo, encontramos iniciativas de planos estratégicos muito bem elaborados. No âmbito do Judiciário a Resolução CNJ nº 201/2014, alinhada com a Resolução CNJ nº 198, tratou do planejamento e gestão estratégica no Judiciário e instituiu a implantação do PLS. No Poder Legislativo o PGLS, desde 2015, vem sendo reeditado e atualizado; sua última versão é prevista para até 2025.

A atual Lei Geral de Contratações Públicas (Lei nº 14.133/21) orienta a alta gestão para que faça suas contratações alinhadas com o seu planejamento estratégico.[11] A Instrução Normativa da Secretaria Especial de Desburocratização, Gestão e Governo Digital do Ministério

---

[9] Resolução nº 268/2015 - Dispõe sobre a Política Institucional de Sustentabilidade do Tribunal de Contas da União e altera as Resoluções-TCU nº 187, de 5 de abril de 2006, que dispõe sobre a política de gestão de pessoas no Tribunal de Contas da União, nº 257, de 6 de novembro de 2013, que dispõe sobre o Sistema de Planejamento e Gestão da Estratégia do Tribunal de Contas da União, e nº 266, de 30 de dezembro de 2014, que define a estrutura, as competências e a distribuição de funções de confiança das unidades da Secretaria do Tribunal de Contas da União.

[10] O art. 16 do Decreto nº 7.746/2012 aduz que a Administração Pública federal direta, autárquica e fundacional e as empresas estatais dependentes deverão elaborar e implementar Planos de Gestão de Logística Sustentável.

[11] Lei nº 14.133/21, art. 11, parágrafo único. A alta administração do órgão ou entidade é responsável pela governança das contratações e deve implementar processos e estruturas, inclusive de gestão de riscos e controles internos, para avaliar, direcionar e monitorar os processos licitatórios e os respectivos contratos, com o intuito de alcançar os objetivos estabelecidos no *caput* deste artigo, promover um ambiente íntegro e confiável, *assegurar o alinhamento das contratações ao planejamento estratégico* e às leis orçamentárias e promover eficiência, efetividade e eficácia em suas contratações.

da Economia nº 58/2022 é explícita quando se refere à elaboração do Estudo Técnico Preliminar,[12] que deverá estar alinhado com o Plano Diretor de Logística Sustentável (novo PLS).

Resgatando a resumida abordagem apresentada, ainda sobre o novo marco do PLS, insta ressaltar que este foi instituído através da Portaria nº 8.678, de 19 de julho de 2021, da Secretaria de Gestão do Ministério da Economia. Trata-se de uma remarcação material para a sustentabilidade nas contratações públicas sob o termo Plano Diretor de Logística Sustentável.[13]

O Plano Diretor de Logística Sustentável é mesmo uma ferramenta estratégica para alcançar eficiência com a redução de impactos ambientais, sociais, econômicos e financeiros nas atividades administrativas. Os resultados alcançados a partir da implantação das ações definidas no PLS deverão ser publicados com a apresentação das metas alcançadas e resultados medidos pelos indicadores. Isso reflete a natureza transparente que o legislador quis dar a esse instrumento.

Da Instrução Normativa MPOG nº 10/2012 até a Portaria SEGES/ME nº 8.678/21, muito pouco se avançou em termos de conteúdo. De todo modo, a atual ferramenta dá melhores condições para os gestores quanto da sua elaboração, inclusive orientando em questões como o que deve conter o documento, no rol do seu art. 8º, desde a eleição de diretrizes pela própria Administração elaboradora até às ações, tais como: promoção da racionalização e do consumo consciente de bens e serviços, racionalização da ocupação dos espaços físicos, identificação dos objetos de menor impacto ambiental, fomento à inovação no mercado, inclusão dos negócios de impacto nas contratações públicas e a divulgação, conscientização e capacitação acerca da logística sustentável.

Em meio a tantas teorias, às vezes até falaciosas, o PLS e sua nova versão supramencionada vêm coroar com um viés pragmático o princípio da eficiência, inaugurando uma cultura voltada para uma Administração Pública comprometida com o desenvolvimento nacional sustentável, de fato e de direito.

---

[12] Lei nº 14.133/21, inc. XX - *estudo técnico preliminar*: documento constitutivo da primeira etapa do planejamento de uma contratação que caracteriza o interesse público envolvido e a sua melhor solução e dá base ao anteprojeto, ao termo de referência ou ao projeto básico a serem elaborados caso se conclua pela viabilidade da contratação;

[13] Conceito trazido no inciso VII do art. 2º e elencado como diretriz da governança nas contratações sustentáveis no inciso I, art. 6º, ambos da Portaria SEGES/ME nº 8.678/21.

O PLS repercute por toda Administração Pública e por todos os ambientes públicos administrativos. Na visão da Justiça do Trabalho, (Justiça do Trabalho - TRT 4ª Região (RS), 2024) o PLS "é um dos mecanismos de implementação da política de sustentabilidade". No âmbito do Poder Judiciário, a Resolução CNJ nº 400/2021[14] relacionou como foco de sua estratégia, 17 temas principais, tais como: papel, copos descartáveis, água envasada em embalagem plástica, impressão, energia elétrica, água e esgoto, gestão de resíduos, reformas e construções, limpeza, vigilância, telefonia, veículos, combustível, apoio ao serviço administrativo, aquisições e contratações, qualidade de vida e capacitação em sustentabilidade. Esta normativa foi alterada pela Resolução nº 550/2024.

O Senado Federal priorizou 15 eixos de atuação no seu PLS nº 2021/2023 e, de forma inovadora, determinou que cada eixo temático do PGLS passará a incorporar duas alterações essenciais para o adequado monitoramento dos seus processos de trabalho: a metodologia de gestão das iniciativas mediante o estabelecimento de objetivos gerais e os resultados-chave específicos, que passam a prever metas e indicadores individualizados, promovendo a conexão entre cada ação proposta e seu respectivo objetivo (Senado Federal, 2024).

Em setembro de 2023, o Ministério da Gestão e da Inovação em Serviços Públicos editou um caderno de logística sobre o Plano Diretor de Logística Sustentável, onde de forma pedagógica reproduz o conteúdo da Portaria nº 8.678/SEGES/ME. Este caderno acreditamos ser de grande utilidade para nortear todos os órgãos da Administração Pública direta, indireta, autárquica e fundacional e, também, a Administração do Judiciário e do Legislativo, muito embora, como vimos, estas já estejam bem avançadas no tema em questão. E para além, das esferas já citadas, a cartilha pode ser referência para as autarquias e o Sistema S, dentre outros.

---

[14] A Resolução nº 400, de 16 de junho de 2021, dispõe sobre a política de sustentabilidade no âmbito do Poder Judiciário. Disponível em: https://atos.cnj.jus.br/atos/detalhar/3986. Acesso em: 20 maio 2024.

2 O PLS e os Objetivos do Desenvolvimento Sustentável (ODS)

Já se passaram alguns anos desde que os ODS[15] foram instituídos. O ano era 2015, quando o projeto de uma nova e ambiciosa agenda substituísse a que até então vigia. Dessa forma, os Objetivos de Desenvolvimento do Milênio[16] deram lugar à Agenda 2030. Não há como falar de PLS sem mencionar os ODS, sendo estes, segundo a própria Organização das Nações Unidas (ONU),[17] um apelo global à ação para acabar com a pobreza, proteger o meio ambiente e o clima e garantir que as pessoas, em todos os lugares, possam desfrutar de paz e de prosperidade.

O PLS vem dar braços e pernas a esses objetivos, pelo menos no âmbito do setor público, pois de forma pontual e local estabelece para cada um uma realidade administrativa, as suas metas e propósitos.

E por falar nisso é importante relacionar esses ODS para que tenhamos exata dimensão daquilo que será exigido enquanto planejamento estratégico, para fazer face às pretensões de cada gestão. A fim de colaborar com o alcance dos objetivos nele propostos e não apenas ter um planejamento esvaziado sem efetividade alguma. Então vejamos, na tabela a seguir, elaborada por esse autor, quais são eles e o que poderia, a título de exemplificação, ser internalizado no PLS de cada unidade administrativa:

---

15 Os Objetivos de Desenvolvimento Sustentável são um apelo global à ação para acabar com a pobreza, proteger o meio ambiente e o clima e garantir que as pessoas, em todos os lugares, possam desfrutar de paz e de prosperidade. Estes são os objetivos para os quais as Nações Unidas estão contribuindo a fim de que possamos atingir a Agenda 2030 no Brasil. Disponível em: https://brasil.un.org/pt-br/sdgs. Acesso em: 20 maio 2024.

16 As metas do milênio foram estabelecidas pela Organização das Nações Unidas (ONU) em 2000, com o apoio de 191 nações, e ficaram conhecidas como Objetivos de Desenvolvimento do Milênio (ODM). Disponível em: http://www.odmbrasil.gov.br/os-objetivos-de-desenvolvimento-do-milenio. Acesso em: 14 maio 2024.

17 A ONU é uma organização intergovernamental criada para promover a cooperação internacional. Uma substituição à Liga das Nações, a organização foi estabelecida em 24 de outubro de 1945, após o término da Segunda Guerra Mundial, com a intenção de impedir outro conflito como aquele. Na altura de sua fundação, a ONU tinha 51 Estados-membros; desde 2011, são 193. Disponível em: https://pt.wikipedia.org/wiki/Organização_das_Nações_Unidas. Acesso em: 14 maio 2024.

(continua)

ODS	TEMÁTICA	CORRESPONDÊNCIA NO PLS
1	Erradicação da pobreza	Contratação de mão de obra direcionada a mulheres vítimas de violência doméstica ou oriundos ou egressos do sistema prisional.
2	Fome zero e agricultura sustentável	Contratação obrigatória de agricultura familiar para merenda escolar com 30% dos recursos, de acordo com a Lei nº 11.947/09.
3	Saúde e bem-estar	Assegurar qualidade de vida no ambiente laboral ou das instituições escolares, hospitalares, presidiárias, assistenciais, dentre outras.
4	Educação de qualidade	Para as instituições públicas de ensino o PLS poderá servir de orientação para programas educacionais a fim de otimizar a prestação de serviços na educação e infraestrutura.
5	Igualdade de gênero	Garantir a participação plena e efetiva das mulheres e a igualdade de oportunidades para a liderança em todos os níveis de tomada de decisão na vida política, econômica e pública.
6	Água potável e saneamento	Programas internos para se evitar desperdício e água, exigência contratual para que se economize água durante a sua execução e aquisição de produtos que não demandam grande quantidade de água no seu ciclo de vida.
7	Energia limpa e acessível	Programas internos para economia de energia elétrica; demandas por produtos que tenham eficiência energética; exigência contratual para a gestão do uso de energia elétrica durante a execução.
8	Trabalho decente e crescimento econômico	Contratações sustentáveis com preferência para mão de obra e materiais locais e regionais; contratação de pessoas com deficiência física; previsão de contratação com alocação de postos de trabalho para pessoas com deficiência física; combate ao trabalho análogo ao escravo.
9	Indústria, inovação e infraestrutura	Informatização dos processos administrativos (gestão de informações, pessoas e compras); construções usando tecnologia limpa e metodologia BIM[18] de acordo com o §3º do art. 19 da Lei nº 14.133/21; contratações sustentáveis primando por escolhas que favoreçam a inovação de bens e serviços.

[18] O método BIM ou Modelagem da Informação da Construção, em português, pode ser definido como um processo colaborativo baseado em modelos tridimensionais inteligentes que abrangem a criação, o gerenciamento e o compartilhamento de informações sobre um projeto de construção. O BIM permite que arquitetos, engenheiros, construtores, proprietários e outras partes envolvidas no processo trabalhem de forma integrada, compartilhando dados e informações em um modelo centralizado durante todo o ciclo de vida do ativo construído.

(continua)

ODS	TEMÁTICA	CORRESPONDÊNCIA NO PLS
10	Redução das desigualdades	Exigência do licitante de declaração de que cumpre as exigências de reserva de cargos para pessoa com deficiência e para reabilitado da Previdência Social, previstas em lei e em outras normas específicas à luz do inciso IV do artigo 63 da Lei nº 14.133/21.
11	Cidades e comunidades sustentáveis	Através dos critérios e práticas sustentáveis nos processos de contratação, reduzir o impacto ambiental negativo *per capita* das cidades, inclusive prestando especial atenção à qualidade do ar, gestão de resíduos municipais e outros.
12	Consumo e produção responsáveis	Promover práticas de compras públicas sustentáveis, de acordo com as políticas e prioridades nacionais; campanhas internas para a racionalização dos gastos a fim de se evitar desperdícios de materiais. O Plano Diretor de Logística Sustentável tem neste ODS uma das ferramentas mais eficientes para materializar uma governança sustentável.
13	Ação contra a mudança global do clima	O consumo está intimamente ligado às questões climáticas, pois tem na cadeia produtiva todo o impacto negativo sobre o clima. Da extração ao descarte, existem impactos significativos. Por essa razão que a Lei Geral de Contratações recomenda considerar o ciclo de vida do objeto para avaliar a vantajosidade da contratação.
14	Vida na água	Grande parte dos descartes provenientes do consumo é realizada irregularmente. Muitas embalagens e bens móveis (permanentes ou de consumo) são depositados nos rios e oceanos causando a poluição da água e da vida marinha. Ter uma política comprometida com a destinação final dos resíduos é fundamental para mitigar os efeitos negativos do descarte de produtos. A logística reversa,[19] quando couber, deve ser exigida como regra editalícia.

Disponível em: https://www.gov.br/fnde/pt-br/acesso-a-informacao/acoes-e-programas/programas/par/bim-modelagem-de-informacao-na-construcao. Acesso em: 17 maio 2021.

19 Segundo o inciso XII, art. 3º da Lei nº 12.305/2010, a logística reversa é um instrumento de desenvolvimento econômico e social caracterizado por um conjunto de ações, procedimentos e meios destinados a viabilizar a coleta e a restituição dos resíduos sólidos ao setor empresarial, para reaproveitamento, em seu ciclo ou em outros ciclos produtivos, ou outra destinação final ambientalmente adequada;

(conclusão)

ODS	TEMÁTICA	CORRESPONDÊNCIA NO PLS
15	Vida terrestre	Assim como a vida na água, os ecossistemas terrestres sofrem além do descarte irregular de bens móveis, são sobrecarregados pela extração irregular de matéria-prima durante o processo de industrialização. Neste ponto, a certificação e a rotulagem ambiental dos produtos e serviços, quando cabíveis, podem ser um grande aliado na demanda por qualidade e garantia de rasteio desses bens e serviços. Durante a elaboração dos Estudos Técnicos Preliminares (ETP) é recomendado pesquisar se o objeto a ser contratado tem certificação obrigatória. Poderá ser prevista no edital a previsão para sua apresentação por parte da licitante.
16	Paz, justiça e instituições eficazes	As políticas públicas voltadas para as questões sociais, principalmente as da Lei Geral de Contratações, devem ser observadas pelos gestores. Todas elas visam a mitigar impactos sociais negativos sobre pessoas e ambientes. O tratamento preferencial para micro e pequenas empresas já inaugura esse pacote de políticas dentro do contexto das contratações. Outras medidas socioambientais se somam e devem ser contempladas nos editais com fins à contratação.
17	Parcerias e meios de implementação	Reforçar a parceria global para o desenvolvimento sustentável, complementada por parcerias multissetoriais que mobilizem e compartilhem conhecimento, expertise, tecnologia e recursos financeiros, para apoiar a realização dos objetivos do desenvolvimento sustentável em todos os países, particularmente nos países em desenvolvimento; e incentivar e promover parcerias públicas, público-privadas e com a sociedade civil eficazes, a partir da experiência das estratégias de mobilização de recursos dessas parcerias.

Fonte: Tabela elaborada pelo autor

Pelo observado na tabela, o Plano Diretor de Logística Sustentável (PLS) pode corroborar em muito para o alcance das metas estabelecidas nos Objetivos do Desenvolvimento Sustentável (ODS). O PLS pode vir a dar materialidade às questões ambientais em todas as suas dimensões, já não é mais uma discricionariedade da gestão, muito pelo contrário, um dever a ser observado. Os órgãos de controle, interno e externo, recomendam a internalização de práticas sustentáveis na Administração Pública. Como o que demonstra a jurisprudência dos Tribunais Estaduais e o da União, que ao longo dos últimos anos têm aprimorado suas decisões e recomendações no sentido de que sejam adotados critérios e práticas sustentáveis nos órgãos/entidades públicas, com base em um plano estratégico. Um exemplo está no Acórdão nº 588/2018 - Plenário,[20] da relatoria do Ministro Bruno Dantas, que, ao tratar de um levantamento feito em 581 órgãos/entidades da Administração Pública Federal, apontou para a governança estratégica como uma necessidade de implementação e criou o Índice de Governança e Gestão (IGG) para avaliar os envolvidos na referida auditoria à época. E no mesmo relatório concluiu que as estruturas e práticas de gestão estratégica não são difundidas pela alta administração em toda a organização, o que faz com que o planejamento estratégico, por exemplo, seja conhecido apenas pelas unidades de planejamento e que, por isso, as demais áreas da organização não costumam basear suas atividades na estratégia da organização, o que torna o processo ineficaz.

A execução das contratações públicas deve estar alinhada com o seu planejamento estratégico, e isso é o que bem prevê o inciso VII do art. 12 da Lei nº 14.133/21, quando trata do processo licitatório. O referido dispositivo aduz que a partir de documentos de formalização de demandas, os órgãos responsáveis pelo planejamento de cada ente federativo poderão, na forma de regulamento, dentre outros, garantir o alinhamento com o seu planejamento estratégico e subsidiar a elaboração das respectivas leis orçamentárias.

Quando refletimos sobre as contratações públicas sob a égide do novel regulamento, percebemos que uma nova cultura organizacional está sendo disseminada, qual seja, a de pensar e agir estrategicamente com base em metas e objetivos, realmente, voltados para o resultado. O PLS pode proporcionar, além da redução de despesas internas e correntes, o alcance das finalidades relacionadas com a atividade-fim de cada instituição pública. Esse é o grande desiderato estratégico esperado para as contratações públicas do presente e do futuro.

[20] O Acórdão nº 588/2018 - Plenário/TCU foi uma das mais destacadas iniciativas do TCU sobre o tema governança e gestão sustentável. Consta de 488 itens com apontamentos vanguardistas e inspiradores. Disponível em: https://pesquisa.apps.tcu.gov.br/documento/acordao-Completo/*/NUMACORDAO%253A588%2520ANOACORDAO%253A2018%2520COLEGIADO%253A%2522Plen%25C3%25A1rio%2522DTRELEVANCIA%2520desc%252C%2520NUMACORDAOINT%2520desc/0. Acesso em: 18 maio 2024.

3 O PLS e as políticas ESG

À medida que o mundo institucional, público ou privado, se torna mais consciente da necessidade de incorporar critérios ESG[21] ao planejamento de negócios, é importante diferenciar entre metas de sustentabilidade e práticas ESG. A sustentabilidade é uma parte central da política ESG; um negócio sustentável terá uma política ESG; mas o mandato do ESG se estende muito além dos limites da sustentabilidade.

Embora a política ESG tenha nascido no ambiente corporativo privado,[22] o setor público já dá sinais da sua internalização. Em artigo escrito em maio de 2022, juntamente com a Professora Caroline Rodrigues, abordamos o tema, tratando sobre a admissão do conceito ESG no âmbito do setor público.[23] Na ocasião concluímos que a teoria ESG pode vir a se tornar uma "grande virada de chave" na condução da gestão do interesse público. Como um resgate ela vem para revigorar e dotar de novas estratégias acompanhadas de novos interesses e interessados. Com o potencial para fomentar e direcionar políticas públicas de transformação de paradigma social estamos mais uma vez diante de uma vocação nata da Administração Pública – qual seja, de criar paradigmas ante o paradoxo. As consequências de natureza pragmática, se fiéis e comprometidas com seus propósitos, podem elevar a qualidade de vida em sociedade a um outro patamar, que respeita e entende os impactos de seu consumo, que promove e protege a vida social e busca o desenvolvimento econômico sem causar tantos estragos. Eis que a Administração Pública tem uma nova oportunidade para fazer melhor e de novo.

Sobre a aplicação das políticas ESG no setor público, entendemos que são perfeitamente aplicáveis, pois o imenso clamor em torno do tema e do sucesso de sua aplicação no setor privado tem nutrido iniciativas que viabilizam a mensuração dos temas relacionados ao ESG

---

[21] Quando falamos em ESG nos referimos à melhores práticas relacionadas ao meio ambiente, governança e sociedade dentro das instituições. A sigla para *"Environmental, Social and Governance"* (ambiental, social e governança, em português) é um indicador para as práticas ambientais, sociais e de governança de uma empresa.

[22] Segundo a Organização Pacto Global, o termo ESG surgiu em 2004, quando o ex-secretário-geral das Organização das Nações Unidas (ONU), Kofi Annan, fez um desafio a 50 presidentes das maiores instituições financeiras do mundo. Annan pedia soluções para integrar fatores sociais, ambientais e de governança no mercado de capitais até 2030. Disponível em https://www.pactoglobal.org.br/esg/. Acesso em: 20 maio 2024.

[23] Artigo disponível em: https://www.novaleilicitacao.com.br/2022/02/22/a-teoria-esg-nas-contratacoes-publicas/. Acesso em: 10 maio 2024.

também no setor público, oportunizando uma melhor performance no tratamento dado ao assunto, de forma individual e particularizada, pelos entes federativos, permitindo que o controle e a pressão social, como um dos principais vetores do serviço público, façam com que a governança ambiental e sustentável se tornem agendas fortes e motivem a criação de políticas públicas para seu aprimoramento.

No contexto do PLS, as políticas ESG podem ser disseminadas pontualmente, ampliando os eixos temáticos compreendidos até então. Como já mencionado, a pretensão ESG é ampliar ainda mais as medidas relacionadas com a sustentabilidade. Se antes os PLS continham normalmente 6 a 7 eixos temáticos, com a internalização dos conceitos ESG, poderão ter triplicado esses eixos, conforme demonstrado adiante, onde as ações propostas para o PLS poderão contemplar várias temáticas:

	TEMA	AÇÕES PROPOSTAS
E – Meio ambiente	Mudanças climáticas, restrição de recursos hídricos, gerenciamento de resíduos sólidos, aumento da poluição, perda da biodiversidade, dentre outros.	Ações que auxiliem no combate às ameaças, ou que as minimize, como equipamentos que diminuam a emissão de gases, investimento em projetos de sequestro de carbono, uso eficiente da água e energia, gestão adequada de resíduos, escolha de produtos sustentáveis, análise do ciclo de vida de produtos, etc.
S – Social	Direitos do trabalhador, diversidade, inclusão, comunidade ao redor, etc.	Ações sociais, de saúde, segurança e bem-estar dos colaboradores, da comunidade, responsabilidade com os clientes e relacionamento com os *stakeholders*.
G – Governança	Direitos dos acionistas, gestão de riscos, transparência fiscal.	Ações anticorrupção, políticas de integridade, canais de denúncia, planejamento estratégico, transparência das ações, etc.

Fonte: elaborada pelo autor

Os eixos temáticos internalizados nos PLS, considerando os propostos pela política ESG, têm todo o potencial para garantir que os comandos legais relacionados não só com as contratações públicas, mas também com a política nacional de mudanças climáticas, a política nacional de resíduos sólidos e a política nacional de recursos hídricos possam vir a ser incrementados, em termos de resultados, com impacto positivo nas suas pretensões.

A Agência Nacional de Saúde foi a pioneira ao adotar, por meio de uma resolução administrativa,[24] uma política ESG voltada para o planejamento estratégico. Com a nova política anunciada, a ANS agrega valores sociais, ambientais e de governança à sua missão institucional. A adoção do ESG contribui com um ambiente socialmente justo, com ações mais inclusivas em diversos segmentos. Dessa forma, pretendemos garantir a implementação de ações socioambientais conjugadas com medidas de integridade, *compliance* e transparência", declara Paulo Rebello,[25] diretor-presidente da ANS, destacando que as iniciativas da Agência deverão efetivar a inclusão social com foco na diversidade, sempre que possível, contemplando as minorias relacionadas a gênero, raça, comunidade LGBTQIAP+, mulheres vítimas de violência doméstica, pessoas com deficiência, entre outras. "Este processo será muito natural para a ANS, uma vez que grande parte desses valores já faz parte da estratégia e da gestão da Agência", complementa.

A exemplo da ANS, a tendência para os novos tempos é que os órgãos/entidades da Administração Pública comecem a ampliar de fato suas medidas, em relação ao que se tinha nos PLS anteriormente editados. Aqueles que não tinham o PLS editado, o farão, considerando as exigências legais cada vez mais difundidas e o amadurecimento institucional e do controle cada vez mais alinhados com a nova disciplina em sede administrativa.

Ainda, dentro da abordagem ESG, considerando a perspectiva proposta, insta mencionar a política de *compliance*,[26] que já em algum

---

[24] Resolução Administrativa ANS nº 82, de 21 de março de 2023, dispôs sobre a Política Integrada de Governança e Responsabilidade Socioambiental – ESG, na sigla em inglês - na Agência Nacional de Saúde Suplementar – ANS. Disponível em https://www.ans.gov.br/component/legislacao/?view=legislacao&task=textoLei&format=raw&id=NDM3MA==. Acesso em: 20 maio 2024.

[25] Declaração disponível em: https://www.gov.br/ans/pt-br/assuntos/noticias/sobre-ans/ans-adota-politica-integrada-de-governanca-e-responsabilidade-socioambiental-esg. Acesso em: 20 maio 2024.

[26] Em um sentido geral, *compliance* é seguir um conjunto de regras. Em outras palavras, para que a atividade opere legalmente, ela precisa estar em conformidade com os padrões, leis, regulamentos e conduta ética específicos do setor que se aplicam ao seu negócio. Desse modo, o significado de *compliance*, tanto interna como externa, inclui políticas e procedimentos, bem como leis federais, estaduais, municipais, ajudando a instituição a prevenir e detectar violações de regras, protegendo sua organização de multas e ações judiciais. Disponível em: https://exame.com/invest/guia/o-que-e-compliance-e-como-funciona/. Acesso em: 20 maio 2024.

tempo pode perfeitamente se alinhar com o PLS. De outro modo, os valores éticos assumidos, ao mesmo tempo em que materializam a equidade e o respeito à diversidade e inclusão de pessoas, transmitem aos beneficiários dos serviços públicos, colaboradores, servidores e fornecedores o ideal de que a aquisição de bens e a contratação de serviços atenderão os resultados esperados dentro da ordem legal e dos seus princípios específicos,[27] o que inclui, além do planejamento, a flagrante colaboração para o desenvolvimento nacional sustentável.

É importante ter em mente, porém, que *compliance*, ESG e ODS não são sinônimos de um único objetivo, mas de práticas, caminhos e alternativas conectadas que fomentam a função social da instituição na sua mais ampla concepção.[28]

4 Conclusão

O Plano Diretor de Logística Sustentável se traduz em um grande esforço para dar concretude aos Objetivos do Desenvolvimento Sustentável, ele é de fato uma ferramenta de gestão que, uma vez elaborada e executada, poderá vir a impulsionar tremendamente uma mudança do paradigma cultural das organizações públicas. A estratégia para demandar contratações e buscar resultados, valorizando a eficiência como um princípio, deve considerar de fato a utilização de um padrão estratégico para buscar efetividade às suas demandas. Não há tempo para se admitir *greenwashing*, termo utilizado para camuflar, mentir ou omitir a informação ou a atividade que está sendo desempenhada sob o argumento de ser sustentável ou estar cumprindo planejamento estratégico para alcançar resultados. O PLS precisa ser uma realidade nos órgãos e entidades da Administração Pública. A estratégia para driblar orçamentos cada vez mais reduzidos a fim de alcançar os

---

[27] A Lei nº 14.133/21 elenca os princípios específicos da contratação no rol do seu art. 5º, onde aduz que: "Na aplicação desta Lei, serão observados os princípios da legalidade, da impessoalidade, da moralidade, da publicidade, da eficiência, do interesse público, da probidade administrativa, da igualdade, do planejamento, da transparência, da eficácia, da segregação de funções, da motivação, da vinculação ao edital, do julgamento objetivo, da segurança jurídica, da razoabilidade, da competitividade, da proporcionalidade, da celeridade, da economicidade e do desenvolvimento nacional sustentável, assim como as disposições do Decreto-Lei nº 4.657, de 4 de setembro de 1942 (Lei de Introdução às Normas do Direito Brasileiro)". Disponível em: https://www.planalto.gov.br/ccivil_03/_ato2019-2022/2021/lei/l14133.htm. Acesso em: 20 maio 2024.

[28] Disponível em: https://www.migalhas.com.br/depeso/402257/o-compliance-e-as-politicas-empresariais-esg. Acesso em: 20 maio 2024.

objetivos relacionados à atividade-fim das instituições pode ter no PLS um poderoso instrumento-diretriz. O Plano de Logística Sustentável é instrumento vinculado ao planejamento estratégico institucional, com objetivos e responsabilidades definidas, ações, metas e prazos de execução. Mecanismos de monitoramento e avaliação periódicos fazem parte do PLS e permitem readequar as ações para a obtenção dos resultados pretendidos. O PLS obedece ao ciclo PDCA,[29] tão utilizado nas empresas privadas, e deste se aproxima muito em termos de metodologia. Desta forma, o PLS é mutante, dinâmico, pragmático, flexível e, sobretudo, uma referência para ações de gestão e tomadas de decisão.

Muito se fala no futuro das contratações e o quanto o seu novo regulamento veio a ser inovador. Porém, a tão falada "virada de chave" só acontecerá mesmo quando houver um amadurecimento dos instrumentos de gestão, pois esses sim são capazes de transpor os bem-intencionados gestores, mas que no fundo não apresentam pretensões reais de buscar a prestação de um serviço público com excelência profissional.

Que se possa vislumbrar o alcance dos melhores resultados nas contratações, tendo ainda como lastro o atendimento aos princípios da eficiência, da finalidade pública e do desenvolvimento nacional sustentável, dentre outros.

Referências

BRASIL. [Constituição (1988)]. Constituição da República Federativa do Brasil de 1988. Brasília, DF: Presidência da República, [2020]. Disponível em: https://www.planalto.gov.br/ccivil_03/constituicao/constituicaocompilado.htm. Acesso em: 20 maio 2024.

BRASIL. Lei nº 12.349, de 15 de dezembro de 2010. Disponível em https://www.planalto.gov.br/ccivil_03/_ato2007-2010/2010/lei/l12349.htm. Acesso em: 16 maio 2024.

BRASIL. Portal de Compras do governo Federal. Disponível em: https://www.gov.br/compras/pt-br. Acesso em: 11 maio 2024.

[29] O ciclo PDCA é um acrônimo de palavras em inglês: Plan, Do, Check e Action. Metodologia de gerenciamento utilizada para planejar, implementar/executar, verificar e agir. Trata-se de uma técnica de gestão interativa que consiste justamente nestes quatro passos e que tem como objetivo melhorar os processos e os produtos de forma contínua. Disponível em: https://sebrae.com.br/sites/PortalSebrae/artigos/4-etapas-do-pdca-melhoram-gestao-dos-processos-e-qualidade-do-produto,9083438af1c92410VgnVCM100000b272010aRCRD. Acesso em: 23 maio 2024.

BRASIL. Instrução Normativa nº 1, de 19 de janeiro de 2010. Secretaria de Logística e Tecnologia da Informação do Ministério do Planejamento, Orçamento e Gestão. Disponível em: https://www.gov.br/compras/pt-br/acesso-a-informacao/legislacao/instrucoes-normativas/instrucao-normativa-no-01-de-19-de-janeiro-de-2010. Acesso em: 4 maio 2024.

BRASIL. Lei nº 14.133, de 1º de abril de 2021. Lei de Licitações e Contratos. Disponível em: http://www.planalto.gov.br/ccivil_03/_ato2019-2022/2021/lei/L14133.htm. Acesso em: 4 abr. 2024.

BRASIL. Resolução CONAMA nº 20, de 7 de setembro de1994. Disponível em: http://conama.mma.gov.br/?option=com_sisconama&task=arquivo.download&id=161. Acesso em: 3 abr. 2024.

BRASIL. Ministério do Meio Ambiente. Agenda Ambiental da Administração Pública. Disponível em: http://a3p.mma.gov.br/. Acesso em: 4 abr. 2024.

BRASIL. Portaria nº 8.678, de 19 de julho de 2021. Secretaria de Gestão da Secretaria Especial de Desburocratização, Gestão e governo Digital do Ministério da Economia. Disponível em: https://www.gov.br/compras/pt-br/acesso-a-informacao/legislacao/portarias/portaria-seges-me-no-8-678-de-19-de-julho-de-2021. Acesso em: 11 maio 2024.

BRASIL. Resolução TCU nº 268, de 4 de março de 2015. Disponível em: https://pesquisa.apps.tcu.gov.br/documento/norma/*/COPIATIPONORMA:%28Resolu%C3%A7%C3%A3o%29%20COPIAORIGEM:%28TCU%29%20NUMNORMA:268%20ANONORMA:2015/DATANORMAORDENACAO%20desc/0. Acesso em: 19 maio 2024.

BRASIL. Lei nº 12.305, de 2 de agosto de 2010 - Institui a Política Nacional de Resíduos Sólidos. Disponível em: https://www.planalto.gov.br/ccivil_03/_ato2007-2010/2010/lei/l12305.htm. Acesso em: 21 maio 2024.

BRASIL. Resolução Administrativa ANS nº 82, de 21 de março de 2023. Disponível em: https://www.ans.gov.br/component/legislacao/?view=legislacao&task=textoLei&format=raw&id=NDM3MA==. Acesso em: 20 maio 2024.

FERNANDES, Paula Cristina de Moura. A sociedade de consumo. *Revista Brasileia de Estudos Organizacionais*, 2019. Disponível em: https://rbeo.emnuvens.com.br/rbeo/article/view/285. Acesso em: 21 maio 2024.

Informação bibliográfica deste livro, conforme a NBR 6023:2018 da Associação Brasileira de Normas Técnicas (ABNT):

LEAL, Jander. Plano de Logística Sustentável (PLS) como fomento ao desenvolvimento nacional sustentável. *In*: RODRIGUES, Caroline; PIRONTI, Rodrigo (coord.). *ESG na Administração Pública*: estudos dirigidos. Belo Horizonte: Fórum, 2025. p. 103-123. ISBN 978-85-450-0779-1.

QUEM SÃO OS *STAKEHOLDERS* DA ADMINISTRAÇÃO PÚBLICA E POR QUE ENVOLVÊ-LOS NO ESG

DANIEL FERREIRA

Introdução

A Agenda *Environmental, Social and Governance* (ESG – em inglês) ou Ambiental, Social e de Governança (ASG – em português), também referida como Governança Socioambiental (GSA) por Caroline Rodrigues da Silva e Jander Leal dos Santos,[1] tem sido alardeada nos ambientes corporativos desde 2004[2] e paulatinamente vem sendo incorporada como diferencial competitivo no mercado, mediante distinguida geração de valor.

As empresas ESG *voluntariamente* assumem um compromisso perante seus acionistas (quando existentes), diretores, gestores e colaboradores, parceiros comerciais e clientes, dentre outros, no sentido de desenvolver suas atividades de forma ética e responsável, mediante a

---

1 DA SILVA, Caroline Rodrigues; DOS SANTOS, Jander Leal. *A Teoria ESG nas Contratações Públicas.* Disponível em: https://www.novaleilicitacao.com.br/2022/02/22/a-teoria-esg-nas-contratacoes-publicas/. Acesso em: 8 jun. 2024.

2 Ou seja, desde a publicação do relatório *Who Cares Wins* ("Ganha quem se importa") produzido pela Organização das Nações Unidas (ONU) e voltado ao mercado financeiro com vistas à incorporação de boas práticas ambientais, sociais e de governança nesse segmento. Disponível em: https://www.unepfi.org/fileadmin/events/2004/stocks/who_cares_wins_global_compact_2004.pdf. Acesso em: 8 jun. 2024.
"Mas o que justifica a emergência e importância do ESG agora? Existem paralelos contínuos sendo traçados entre os riscos imprevistos de uma pandemia e a crise climática, ambos impactando substancialmente a economia global. *Isso fez muitos investidores e formuladores de políticas perceberem uma necessidade maior de acelerar os investimentos e o progresso em negócios que priorizam ESG e, por consequência, o cumprimento das ODS. Afinal, nossa sociedade não depende mais apenas do governo, mas também de negócios que funcionem bem e que atendam às suas necessidades, que vão desde a geração de empregos, crescimento equitativo, proteção dos recursos naturais,* defesa dos interesses dos consumidores, entre outros." IRIGARAY, Hélio Arthur Reis; STOCKER, Fabricio. ESG: novo conceito para velhos problemas. *Cadernos EBAPE.BR [FGV]*, v. 20, p. 6, 2022 (destacou-se).

incorporação de estratégias, objetivos e metas voltadas à obtenção de lucro *pari passu* com a proteção do meio ambiente e com a melhora da condição de vida das pessoas, tanto no âmbito interno como externo.

Ademais, a isso se soma o firme e institucional propósito de garantir que a sustentabilidade socioambiental seja efetivamente incorporada ao negócio, para o que a governança é inserida na estrutura organizacional de modo a repercutir sobre a gestão de forma que seja possível maximizar ditas ações, sem prejuízo de monitorá-las e controlá-las, com transparência, buscando, repita-se, o equilíbrio entre a lucratividade e a transformação da realidade.[3]

Mas para que isso aconteça – e a mínimo contento – é preciso internalizar os valores socioambientais *nas pessoas interessadas ou afetadas, direta ou indiretamente, pela atividade empresarial* (os *stakeholders*), o que reclama, acima de tudo, mudança de cultura.

Mutatis mutandis – este artigo trata de examinar essa temática tendo por objeto de investigação a Administração Pública. Portanto, seu objetivo é investigar se a incorporação da Agenda ESG/ASG/GSA nas atividades administrativas traz alguma novidade e se, de fato, esse discurso pode concorrer, de algum modo, para fazer irromper uma Administração Pública (integralmente) Sustentável (APS). A isso se soma o intento de identificar quem são os principais *stakeholders* da APS e como eles podem ser melhor envolvidos para fins de colaboração, passiva ou ativa, com vistas à colocação do Brasil nos trilhos rumo à ecossocioeconomia.

Governança no setor público e "sustentabilidade"

A Governança Pública federal, isto é, da administração pública federal direta, autárquica e fundacional, nos termos do inc. I do art. 2º do Decreto nº 9.203/2017, deve ser compreendida como o "conjunto de mecanismos de liderança, estratégia e controle postos em prática para

[3] No Brasil, o Índice de Sustentabilidade Empresarial (ISE B3) é o responsável por apontar o nível de sustentabilidade alcançado pelas empresas listadas na B3 (Bolsa de Valores Brasileira). Para quem é investidor esse dado é importante, seja por conta de permitir o investimento pessoal como responsável (isto é, em empresas que comunguem dos mesmos valores e anseios e provadamente apliquem boas práticas em seus negócios), seja para fins de viabilizar um retorno eticamente aceitável.

avaliar, direcionar e monitorar a gestão, *com vistas à condução de políticas públicas e à prestação de serviços de interesse da sociedade*".[4]

Com efeito, as governanças públicas das esferas distrital, estadual e municipal, bem como as equivalentes dos poderes Legislativo[5] e Judiciário,[6] do Ministério Público[7] e das Cortes de Contas,[8] apresentam similares caracteres, o que não significa dizer que a simples previsão normativa garanta uma efetiva e boa atuação, menos ainda o cumprimento dos fins.

Afinal de contas,

> A boa governança pública orienta as decisões dos agentes públicos por um ethos constituído por três pilares: o estratégico, o ético e o legal. O primeiro implica no compromisso do agente *com a resolução dos problemas públicos, com a geração de valor para as partes interessadas (stakeholders), alcançada por meio da excelência técnica e política*. O segundo descreve o dever do agente com a tomada de decisão correta que observa os princípios éticos (deontológicos e teleológicos) que devem pautar sua conduta. O terceiro representa *o dever do agente em dar cumprimento à lei, às decisões políticas fundamentais da comunidade, formalmente dispostas na constituição e nas demais normas da legislação*. A boa governança pública alia o desempenho e a conformidade ao tomar e implementar decisões sustentáveis – estratégica, ética e legalmente adequadas. Isso significa que os agentes públicos promovem ações que geram valor para solucionar os problemas públicos, agindo em conformidade com os princípios

---

4 Destacou-se.

5 Para mais informações sobre a governança na Câmara dos Deputados e no Senado Federal, respectivamente, consultar: https://www2.camara.leg.br/a-camara/estruturaadm/gestao-na-camara-dos-deputados/governanca e https://www12.senado.leg.br/transparencia/gestgov.

6 No âmbito do Poder Judiciário, a Portaria CNJ nº 59/2019 regulamenta a Rede de Governança Colaborativa do Poder Judiciário, que tem o objetivo de propor diretrizes relacionadas com a Estratégia Nacional do Poder Judiciário, impulsionar sua implementação, monitorar e divulgar os resultados, bem como atuar em temas voltados à governança judiciária buscando a melhoria dos serviços jurisdicionais (art. 2º, disponível em: https://atos.cnj.jus.br/atos/detalhar/2887).

7 A Política de Governança do Conselho Nacional do Ministério Público consiste no conjunto de princípios e de diretrizes para realizar os mecanismos de governança na instituição (art. 3º) e está regulamentada pela Portaria CNMP-PRESID nº 203/2023 (disponível em: https://www.cnmp.mp.br/portal/images/Portarias_Presidencia_nova_versao/2023/2023.Portaria-CNMP-PRESI.203.pdf).

8 No âmbito do TCU, a governança institucional encontra-se disposta na Resolução TCU nº 320/2020 (disponível em: https://portal.tcu.gov.br/lumis/portal/file/fileDownload.jsp?fileId=8A81881E8A58908F018B8C3BCD6F673C).

éticos que fundamentam a sociedade e a autorização legal proveniente do Estado.[9]

De sua parte, o Tribunal de Contas da União (TCU), por meio de seu "Referencial Básico de Governança aplicável a órgãos e entidades da administração pública" (RBG), aponta que governança e gestão públicas não se confundem:

> Enquanto a gestão é inerente e integrada aos processos organizacionais, sendo responsável pelo planejamento, execução, controle, ação, enfim, pelo manejo dos recursos e poderes colocados à disposição de órgãos e entidades para a consecução de seus objetivos, a governança provê direcionamento, monitora, supervisiona e avalia a atuação da gestão, *com vistas ao atendimento das necessidades e expectativas dos cidadãos e demais partes interessadas*.[10]

Ainda assim, contudo, não se olvida que essas duas instâncias (governança e gestão) são corresponsáveis para a concretização da "sustentabilidade integral" da Administração Pública, ou seja, em suas mais diversas facetas, dentre as quais, por evidente, a ambiental e a social, mas não se limitando a elas.[11]

---

9 VIEIRA, James Batista; BARRETO, Rodrigo Tavares de Souza. *Governança, gestão de riscos e integridade*. Brasília: ENAP, 2019. p. 13 (destacou-se).

10 BRASIL. Tribunal de Contas da União – TCU. *Referencial básico de governança aplicável a órgãos e entidades da administração pública*. Brasília: TCU, Secretaria de Planejamento, Governança e Gestão, 2014. p. 32 (destacou-se). Antes disso, João Augusto Ribeiro Nardes afirmou que se pode "entender governança pública como a capacidade que os governos, utilizando-se de um conjunto de instrumentos e ferramentas adequadas, têm de: assegurar que a vontade dos cidadãos seja capturada nos planejamentos estratégicos, táticos e operacionais; selecionar pessoas e instituir normas e processos adequados para executar as ações planejadas; alcançar e controlar os resultados previstos; estabelecer indicadores de desempenho para verificar o quanto foi ou não foi alcançado; divulgar todas essas etapas à sociedade" (NARDES, João Augusto Ribeiro. Controle externo e melhoria da governança pública: desafios e ações. Revista de Direito UPIS, Brasília, DF, v. 11, p. 21-35, 2013. p. 23. Disponível em: https://institucional.upis.br/biblioteca/pdf/revistas/revista_direito/rev_dir_vol11.pdf. Acesso em: 14 jun. 2024).

11 Embora conceituando o princípio da sustentabilidade, Juarez Freitas bem aponta outras dimensões da sustentabilidade: "trata-se de princípio constitucional que determina, independentemente de regulamentação legal, com eficácia direta e imediata, a responsabilidade do Estado e da sociedade pela concretização solidária do desenvolvimento material e imaterial, socialmente inclusivo, durável e equânime, ambientalmente limpo, inovador, ético e eficiente, no intuito de assegurar, preferencialmente de modo preventivo e precavido, no presente e no futuro, o direito ao bem-estar físico, psíquico e espiritual, em composição homeostática com o bem de todos (FREITAS, Juarez. *Sustentabilidade*: direito ao futuro. Belo Horizonte: Fórum, 2011. p. 40-41). Além dele, Ignacy Sachs alude a diferentes "sustentabilidades": "social, cultural, ecológica, ambiental, territorial, econômica e política" (*In*: *Desenvolvimento includente, sustentável, sustentado*. Rio de Janeiro: Garamond, 2008. p. 11).

E isso precisa ocorrer, indiferentemente, no dia a dia de todos os órgãos, entidades, estruturas e instâncias de poder estatal, ainda que com maior evidência no Poder Executivo, porque responsável pelo exercício do poder de polícia, pela prestação de serviços públicos e pela intervenção (normativa ou material) direta do Estado no domínio econômico e social – e indireta e mediata, fazendo deliberado uso de seu "poder de compra"[12] –, dentre outras atividades.

Tal exigência é positivada na Constituição da República e, mesmo antes, alardeada em seu preâmbulo pela própria Assembleia Nacional Constituinte, que reconheceu, de público, estar reunida para instituir "um Estado Democrático, *destinado a assegurar o exercício dos direitos sociais e individuais*, a liberdade, a segurança, *o bem-estar, o desenvolvimento, a igualdade e a justiça* como valores supremos de uma sociedade fraterna, pluralista e sem preconceitos".[13]

Não por acaso isso restou estatuído no Título I – Dos Direitos Fundamentais e, mais precisamente, no art. 3º, que definiu como objetivos fundamentais da República Federativa do Brasil: "I - construir uma sociedade livre, justa e solidária; II - garantir o desenvolvimento nacional; III - erradicar a pobreza e a marginalização e reduzir as desigualdades sociais e regionais; IV - promover o bem de todos, sem preconceitos de origem, raça, sexo, cor, idade e quaisquer outras formas de discriminação".[14]

---

[12] Viviane Vieira da Silva Fernandes traz a lume importante observação, no sentido de que tão ou mais importante que contratar sustentavelmente está o dever de fiscalizar a execução: "A definição de licitação sustentável como política pública traz intrínseca a necessidade de submissão das ações a permanentes controles e avaliações (fiscalização). A real fiscalização viabiliza à Administração o tratamento correto dispensado tanto a quem cumpre quanto a quem descumpre a avença. A fiscalização permite, outrossim, a aferição do alcance dos resultados pretendidos e impede o enriquecimento sem causa em desfavor da Administração" (O papel da fiscalização contratual no desenvolvimento nacional sustentável. *In*: VILLAC, Teresa; BLIACHERIS, Marcos Weiss; DE SOUZA, Lilian Castro (coord.). *Panorama de licitações sustentáveis*: direito e gestão pública. Belo Horizonte; Fórum, 2014. p. 214-215.

[13] Destacou-se.

[14] Advirta-se, pela importância, que "o desenvolvimento não é uma benesse. Ao revés, constitui um direito fundamental reconhecido na 'Declaração sobre o Direito ao Desenvolvimento' – adotada pela Revolução nº 41/128 da Assembleia Geral das Nações Unidas, de 1986. Isso não significa dizer, entretanto, que todos tenham direito a ele indiferentemente, ou seja, mesmo aqueles em injustificada inércia. É preciso fazer-se merecedor dele e, ao mesmo tempo, permitir-se que as pessoas possam almejar alcançá-lo, não de forma a perpetuar as desigualdades materiais, mas de modo a propiciar meios de igualização formal, por intermédio de ações afirmativas, expressivas de políticas públicas e/ou de determinações normativas constitucionais, legais e mesmo regulamentares" (FERREIRA, Daniel; CHALUSNHAK, Ana Luiza. Algumas considerações acerca do dever-poder regulamentar no âmbito da

Portanto, somente com base no art. 3º da CR é possível inferir as nuanças econômica e social de sustentabilidade[15] requeridas do Estado brasileiro desde a sua instituição, ao que se somam inúmeros outros, tratando, às escâncaras de: desenvolvimento local, regional e nacional (inc. II do art. 43, inc. IV do art. 48, art. 159, art. 159-A e art. 163); desenvolvimento econômico (art. 239); desenvolvimento tecnológico e econômico (inc. XXIX do art. 5º); desenvolvimento econômico e social (inc. IX do art. 21; art. 43; inc. I do art. 151 e art. 180); desenvolvimento urbano (inc. XX do art. 21 e art. 182); equilíbrio do desenvolvimento (e do bem-estar) em âmbito nacional (parágrafo único do art. 23, §1º do art. 174 e art. 192); desenvolvimento científico e tecnológico (art. 159-A, inc. V do art. 200, art. 218, art. 219-A e art. 219-B); pleno desenvolvimento da pessoa (art. 205 – imbricado com o direito à educação); desenvolvimento cultural (§3º do art. 215); desenvolvimento humano (cultural), social e econômico (art. 216-A e art. 219); e de desenvolvimento do sistema produtivo nacional e regional (§2º do art. 218).

Indo além, a CR trata, com pleonástico reforço, do desenvolvimento "sustentável"[16] dos Estados da Amazônia Ocidental e do Amapá (§6º do art. 92 – ADCT) e exige, no art. 215, que o Poder Público e a coletividade defendam e preservem o meio ambiente ecologicamente equilibrado para as presentes e futuras gerações.

Paralelamente a isso, a mesma Carta da República impõe um controle externo às atividades *governamental* (acerca das contas e da

---

compulsória promoção do desenvolvimento nacional ambientalmente sustentável pela via das licitações públicas. *Fórum de Contratação e Gestão Pública – FCGP*, v. 147, p. 22-28, 2014).

15 Ou de desenvolvimento, se se preferir, dado que a noção de desenvolvimento pressupõe a de sustentabilidade e vice-versa (FERREIRA, Daniel. *A licitação pública no Brasil e sua nova finalidade legal*: a promoção do desenvolvimento nacional sustentável. Belo Horizonte: Fórum, 2012. p. 46). Em similar compreensão: "Convém destacar: o *desenvolvimento e a sustentabilidade não apenas são compatíveis, mas se constituem mutuamente*" (FREITAS, Juarez. *Sustentabilidade*: direito ao futuro. Belo Horizonte: Fórum, 2011. p. 110 – destaques no original).

16 "*Enfim, o desenvolvimento (sustentável).* Talvez por isso tudo se tenha e continue predicando o desenvolvimento de sustentável, como forma de reforço argumentativo, a despeito de pleonástico. O que não se pode olvidar é que o patrimônio ambiental deve ser repassado às futuras gerações assegurando-lhes a possibilidade de escolhas (no plural mesmo) para satisfação de suas necessidades. Ou seja, o crescimento econômico contemporâneo seguido da minimização das desigualdades sociais (pela geração de empregos e melhor distribuição de riqueza e renda) não pode se mostrar empecilho para as *escolhas futuras das futuras gerações*, inclusive da própria sorte. De conseguinte, a sustentabilidade ambiental deve ser assumida como um freio, não no sentido de atrasar o avanço na direção do desenvolvimento, mas de dar a temperança necessária à escolha da velocidade e dos caminhos eleitos no rumo à ecossocioeconomia do amanhã" (FERREIRA, Daniel. *A licitação pública no Brasil e sua nova finalidade legal*: a promoção do desenvolvimento nacional sustentável. Belo Horizonte: Fórum, 2012. p. 55).

execução dos planos de governo, o que impõe monitoramento) e *administrativa* (em relação às contas dos administradores e demais responsáveis por dinheiros, bens e valores públicos e acerca da legalidade dos atos de admissão de pessoal e das concessões de aposentadorias, reformas e pensões), mediante fiscalização contábil, financeira, orçamentária, operacional e patrimonial da União (art. 70), dos Estados, do Distrito Federal e dos Municípios (art. 31 e art. 75), bem como das entidades da administração direta e indireta, quanto à legalidade, legitimidade, economicidade, aplicação das subvenções e renúncia de receitas, a ser exercida pelo Poder Legislativo e pelo sistema de controle interno de cada Poder (art. 74).

Em suma, a CR *per se* estabelece, por igual, o dever de governança, pois, para além da fiscalização que se opera pelo sistema de controle interno,[17] ela impõe o monitoramento da execução dos planos de governo, o que demanda a elaboração de relatórios técnicos pelas Cortes de Contas, os quais, ao fim e ao cabo, devem servir para orientar o legislativo com vistas à (des)aprovação das contas de governo e permitir o controle social após a devida publicação.

De conseguinte, *não se pode olvidar que o Estado Brasileiro e, pois, os governos federal, distrital, estaduais e municipais e a Administração Pública brasileira estão inevitável e umbilicalmente envolvidos com obrigações e deveres em relação ao desenvolvimento do Brasil e de todos os brasileiros*[18] nos

[17] "É, pois, o controle interno responsável por orientar e monitorar as ações dos administradores, acompanhando a utilização dos bens, a arrecadação e contabilização das receitas e o emprego regular dos recursos públicos, atuando, desse modo como relevante instrumento de governança pública. Assim, em busca de uma administração pública pautada no compromisso em atender às demandas da sociedade, faz-se necessário o estabelecimento de um sistema de controle interno, com a previsão de monitoramento e autoavaliação, comprometido com o aperfeiçoamento dos processos internos de gestão e com a melhoria da governança das organizações públicas." (TRAVAGLIA, Karina Ramos; CÉSAR, Claudia Stancioli. A importância do controle interno como instrumento de governança pública. Revista Técnica dos Tribunais de Contas – RTTC, Belo Horizonte, ano 3, n. 1, p. 141-151, dez. 2016. p. 148).

[18] Como já consignamos, "o desenvolvimento exprime um *plus* sobre o crescimento econômico, expressivo de uma concomitante mais valia qualitativa, de índole ambiental e social, pelo menos. Mas será induvidosamente a liberdade humana o principal fim, bem como o principal meio, para atingimento desse desiderato, porque somente as liberdades reais experimentadas por cada sujeito poderão servir de parâmetro para conformação do seu pessoal e particularizado destino. Destino esse que não há de se confundir com um degrau mais elevado na escada da vida por conta de uma opção política efêmera ou de uma benesse privada assemelhada a esmola" (FERREIRA, Daniel; GIUSTI, Anna Flávia Camilli Oliveira. A licitação pública como instrumento de concretização do direito fundamental ao desenvolvimento nacional sustentável. *A&C – Revista de Direito Administrativo & Constitucional*, Belo Horizonte, ano 12, n. 48, p. 177-193, abr./jun. 2012. p. 179). É dizer, o desenvolvimento

moldes já referidos – estando o ESG abarcado nesse conteúdo –, e que, de sua parte, todos os brasileiros têm direito a ele, sem exceção.[19]/[20]

Igualmente consciente dessa dupla necessidade, de desenvolvimento e de governança, em 2015 a Organização das Nações Unidas (ONU) trouxe a lume a "Agenda 2030 para o Desenvolvimento Sustentável", assim pontificando:

> 9. Prevemos um mundo em que cada país desfrute de um crescimento econômico sustentado, inclusivo e sustentável e de trabalho decente para todos. Um mundo em que os padrões de consumo e produção e o uso de todos os recursos naturais – do ar à terra; dos rios, lagos e aquíferos aos oceanos e mares – são sustentáveis. Um mundo em que a democracia, *a boa governança* e o Estado de Direito, bem como um ambiente propício em níveis nacional e internacional, são essenciais para o desenvolvimento sustentável, incluindo crescimento econômico inclusivo e sustentado, desenvolvimento social, proteção ambiental e erradicação da pobreza e da fome. (...)
> 35. O desenvolvimento sustentável não pode ser realizado sem paz e segurança; e paz e segurança estarão em risco sem o desenvolvimento sustentável. A nova Agenda reconhece a necessidade de construir sociedades pacíficas, justas e inclusivas que ofereçam igualdade de acesso à justiça e que são baseadas no respeito aos direitos humanos (incluindo o direito ao desenvolvimento), em um efetivo Estado de Direito

humano há de ser vislumbrado a partir das liberdades reais de que desfruta cada pessoa para decidir os rumos da própria vida e dos seus, o que requer (igualdade de) condições e oportunidades de paulatino empoderamento em todos os espaços da vida até o ponto em que a preocupação se volte para os demais que iniciam a mesma caminhada (SEN, Amartya. *Desenvolvimento como liberdade*. São Paulo: Companhia das Letras, 2010).

19 Nesse sentido, Melina Girardi Fachin adverte que "as obrigações que nascem ao Estado, a partir da assunção desse direito como fundamental, são de ordem positiva e negativa. Não se circunscreve apenas à abscisão de empecilhos ao desenvolvimento, mas também ações concretas de promoção progressiva e crescente do desenvolvimento com o máximo de recursos disponíveis. Existem, destarte, face ao direito ao desenvolvimento, deveres positivos e negativos do estado e da comunidade na qual este direito está inserido, com fundamento na solidariedade constitucional" (Direito fundamental ao desenvolvimento: uma possível ressignificação entre a Constituição brasileira e o sistema internacional de proteção dos direitos humanos. In: PIOVESAN, Flávia; SOARES, Inês Virgínia Prado (coord.). Direito ao desenvolvimento. Belo Horizonte: Fórum, 2010. p.179-198).

20 "Contudo, o problema para o desenvolvimento está na falta de efetividade das normas, quer por falta de interesse político e da insuficiente iniciativa da sociedade civil no controle dos atos públicos. No entanto, existem instrumentos jurídicos que podem direcionar a atuação estatal rumo ao desenvolvimento, a exemplo da adoção de políticas públicas aliadas à transparência na gestão pública e ao controle do Judiciário que podem ser o elo entre a positivação constitucional e a efetivação do direito ao desenvolvimento" (PEIXINHO, Manoel Messias; FERRARO, Suzani Andrade. Direito ao desenvolvimento como direito fundamental. *Anais do XVI Congresso Nacional do CONPEDI*. Florianópolis: Fundação Boiteux, 2008. p. 6952-6973).

> e boa governança em todos os níveis e em instituições transparentes, eficazes e responsáveis. Fatores que dão origem à violência, insegurança e injustiça, como a desigualdade, a corrupção, a má governança e os fluxos financeiros e de armas ilegais, são abordados na Agenda. Devemos redobrar os nossos esforços para resolver ou prevenir conflitos e para apoiar os países em situação de pós-conflito, incluindo por meio da garantia de que as mulheres tenham um papel na construção da paz e do Estado. Fazemos um apelo para novas medidas e ações efetivas a serem tomadas, em conformidade com o direito internacional, para remover os obstáculos para a plena realização do direito de autodeterminação dos povos que vivem sob ocupação colonial e estrangeira, que continua a afetar negativamente o seu desenvolvimento econômico e desenvolvimento social, bem como o seu ambiente.[21]

Portanto, a Agenda 2030 da ONU e, em especial, os 17 Objetivos do Desenvolvimento Sustentável (ODS) reforçam

> a necessidade da boa governança, em todos os níveis e em instituições transparentes, eficazes e responsáveis, aliada ao estado de direito como essenciais para a concretização do desenvolvimento sustentável. Além disso, os órgãos responsáveis ou relevantes para a governança devem ter condições de realizar um sistema estratégico de planejamento que inclua não só o processo de implementação como também de avaliação.[22]

De sua parte, o Estado brasileiro encampou essa empreitada e estatuiu as próprias metas que são apresentadas como "Indicadores Brasileiros para os Objetivos do Desenvolvimento Sustentável", disponibilizados pelo Instituto Brasileiro de Geografia e Estatística,[23] e que podem ser acompanhados mediante análise qualiquantitativa de dados.

Por conta de tudo isso, e sem qualquer menoscabo, a Agenda ESG/ASG/GSA aparentemente não traz, em si e por si, grandes novidades, porque, como visto, os governos e a Administração Pública estão atrelados ao desenvolvimento do Brasil e de todos os brasileiros, sem distinção, por determinação constitucional e infralegal variada.[24]

---

[21] Disponível em: https://brasil.un.org/sites/default/files/2020-09/agenda2030-pt-br.pdf.

[22] THORSTENSEN, Vera; MOTA, Catherine Rebouças. Governança pública e sustentabilidade. *Working Paper*, São Paulo: Fundação Getúlio Vargas, 537, CCGI n. 32, 2020.

[23] Disponível em: https://odsbrasil.gov.br/.

[24] Dentre outras: Lei de Conservação e Uso Racional de Energia (Lei nº 10.295/2001); Lei do Saneamento Básico (Lei nº 11.445/2007); Lei de Mudanças Climáticas (Lei nº 12.189/2009); Lei de Resíduos Sólidos (Lei nº 12.305/2010); Lei dos Estímulos ao Desenvolvimento Científico, à Pesquisa, à Capacitação Científica e Tecnológica e à Inovação (Lei nº 13.243/2016); e Lei

Mas apenas aparentemente... No que diz com a relevante e, por isso mesmo, imprescindível compreensão de que, na contemporaneidade, todos os *stakeholders* desempenham papel mais do que relevante para o sucesso institucional,[25] ainda há muito o que aprender na seara pública.

A importância dos *stakeholders* para o sucesso das instituições

O que são, afinal, *stakeholders* e qual é a sua importância para o sucesso das instituições, aqui compreendidas da forma mais ampla possível, ou seja, assim englobando quaisquer tipos de organizações?

Tratando das empresas, em meados da década de 80 do século passado o filósofo americano Robert Edward Freeman formulou a mundialmente conhecida "Teoria das Partes Interessadas",[26] por meio da qual tenta demonstrar que o resultado da atividade empresarial importa a sujeitos outros que não apenas os acionistas (em princípio visceralmente movidos pelo lucro), os quais podem ser apresentados, de um modo bastante simplório, como aqueles que têm "interesse" na instituição e "são afetados" por ela (direta ou indiretamente).

É fácil perceber, pois, que o resultado econômico-financeiro da atividade empresarial pode ser menos benéfico para uma dada categoria de *stakeholders* (a dos consumidores, por exemplo) e altamente valorado por outra (a de acionistas), mormente quando considerado e quantificado o sucesso mediante a (maior ou menor) distribuição de dividendos a partir de uma certa política de preços. A Petrobras faz eloquente prova disso com idas e vindas, num ou noutro sentido, ao longo dos anos (e dos governos, *rectius*, dos governantes).

Geral de Licitações e Contratos Administrativos (Lei nº 14.133/2021 e, antes mesmo, pela Lei nº 8.666/93 – com a redação dada pela Lei nº 12.349/2010).

25 Esse sucesso ainda é ordinariamente orientado e mensurado pelo lucro relativamente às empresas. Todavia, há elogiosas exceções. Dentre tantas, o Grupo O BOTICÁRIO merece destaque, seja por ter começado, em 1977, como uma pequena farmácia de manipulação no Centro de Curitiba-PR, seja pelo fato de que a atividade empresarial desse grupo bilionário é ESG desde os anos 1990, quando da Fundação Grupo Boticário de Conservação da Natureza. Para mais informações, consulte: https://www.grupoboticario.com.br/esg/.

26 FREEMAN, R. Edward. *Strategic Management: a stakeholder approach*. Cambridge: Cambridge University Press, 2010.

Em artigo interessantíssimo[27] e que, por isso mesmo, merece consulta, Antonia Danniele Jeska Torres de Oliveira, Carlos Mendes Tavares e Hugo Consciência Silvestre, tratando de *stakeholders*, de interações e de estratégia *stakeholders* e dos diferentes interesses envolvidos numa Parceria Público-Privada (PPP), deixam assim pontificado:

> Os stakeholders configuram-se como atores relevantes das relações organizacionais em meio ao processo de globalização, aumento de poder e interferência das grandes organizações na esfera social. Inserem-se em um contexto em que estratégias de responsabilidade social e ambiental são provocadas para criar atividades além dos interesses mercadistas, fazendo com que as corporações busquem prover suas atividades ligadas a questões mais amplas, políticas e sociais (...). São nomeadas stakeholders as interações entre Estado, empresa e sociedade civil (...) ou qualquer público que afeta uma empresa e por ela é afetado (...) e "indivíduos ou grupos que têm interesse na empresa e são afetados por suas ações" (...). Em resumo, cada stakeholder possui com a organização algum nível de colaboração e espera resultados, que podem ser obtidos com recursos, ideário, trabalho, consumo etc.[28]

E, numa abordagem ainda mais percuciente, concluem que

> Ao utilizar a estratégia stakeholders, a empresa busca seu equilíbrio através da cooperação de interesses opostos e conflituosos, sob diferentes óticas e necessidades, tendo como resultado, uma organização com

---

[27] No resumo do artigo, o trio de investigadores explica como chegou à conclusão de quais seriam os principais interesses envolvidos no arranjo de uma PPP: "Os dados foram obtidos a partir de entrevistas a profissionais como políticos, administradores, advogados, controladores, engenheiros, secretários de estado, usuários dos serviços e locatários, que atuaram em diversas áreas. Pela inferência *congruence analysis*, foram obtidas matrizes para contar a frequência de falas e aplicá-las ao Diagrama de Venn de Mitchell, Agle e Wood, para assim, através dos *stakeholders*, classificar os interesses envolvidos durante o empreendimento de uma PPP. Conclui-se que o interesse voltado ao planejamento da questão financeira de uma PPP é definitivo para seu arranjo e consolidação como organização sustentável, de acordo com os *stakeholders* envolvidos neste estudo" (OLIVEIRA, Antonia Danniele Jeska Torres de; TAVARES, Carlos Mendes; SILVESTRE, Hugo Consciência. A classificação dos interesses envolvidos em uma parceria público-privada através dos stakeholders: poder, legitimação e urgência. *Rev. Controle*, Fortaleza, v. 16, n.1, p. 22-52, jan./jun., 2018. p. 27-28.). A partir disso, fica claro que sempre há mais de um interesse envolvido, mas, dentre todos, haverá um sobressalente para reconhecimento da instituição como "sustentável".

[28] OLIVEIRA, Antonia Danniele Jeska Torres de; TAVARES, Carlos Mendes; SILVESTRE, Hugo Consciência. A classificação dos interesses envolvidos em uma parceria público-privada através dos stakeholders: poder, legitimação e urgência. *Rev. Controle*, Fortaleza, v. 16, n.1, p. 22-52, jan./jun. 2018. p. 27-28.

estratégias mais eficazes, posicionamento e relacionamento mais éticos e com grandes possibilidades de obter sucesso em seu campo de negócios.[29]

Tomando essas considerações como pano de fundo e tentando adaptar dita teoria (das partes interessadas) à peculiar temática deste artigo, é possível referir-se à Administração Pública como "mais uma" instituição que se apresenta como uma organização formal e material imbuída de atividades a cumprir e fins a perseguir, a partir dos quais se infere quais sejam (ou devam ser) seus interesses (e valores), explícitos ou implícitos. Logo, sem grandes distinções de tantas mais.

Ditos interesses, é bom frisar, podem flutuar no tempo e no espaço, o que faz com que os *stakeholders* (de hoje) possam se afigurar como mais ou menos importantes num ou noutro contexto, chegando ao ponto de sua eventual desconsideração, sem prejuízo da ascensão de novos atores a esse patamar.

Aprofundando o exame acerca das particularidades dos interesses, dos diferentes *stakeholders* envolvidos e das diversificadas e inarredáveis tarefas acometidas à Administração Pública, percebe-se uma maior dificuldade no alinhamento das perspectivas interpartes e na satisfação dos interesses de cada categoria de sujeitos com ela envolvido, direta ou indiretamente, de forma voluntária ou compulsória, em cada nicho específico de atuação (exercício do poder de polícia, prestação de serviço público, regulação etc.).

Quem são os *stakeholders* da AP e por que envolvê-los no ESG?

Nada obstante as referidas dificuldades, quando se pretende perscrutar a Administração Pública *Sustentável* (APS) – isto é, aquela que se manifesta como desenvolvimentista em sua plenitude, internalizando e concretizando, dentre outras, boas práticas ambientais, sociais e de governança (ESG) –, mostra-se útil lançar mão de antolhos,[30] para que o olhar seja fixado ao ponto de não mais ser possível perder o foco, uma vez mantido o curso.

---

[29] OLIVEIRA, Antonia Danniele Jeska Torres de; TAVARES, Carlos Mendes; SILVESTRE, Hugo Consciência. A classificação dos interesses envolvidos em uma parceria público-privada através dos stakeholders: poder, legitimação e urgência. *Rev. Controle*, Fortaleza, v. 16, n.1, p. 22-52, jan./jun. 2018. p. 28.

[30] Antolho é o petrecho colocado na cabeça para obrigar o animal a olhar apenas para frente.

É dizer, com esse deliberado intento, de a APS – independentemente da atividade desempenhada – focar e, por isso mesmo, atuar de forma desenvolvimentista, o cenário se inverte e os *stakeholders* saltam aos olhos.

Dessa feita, não pode haver quem *legitimamente* se oponha ao pleno desenvolvimento do Brasil e dos brasileiros, pois o crescimento econômico socialmente justo e benigno do ponto de vista ambiental configura direito fundamental constitucional e objetivo da República (art. 3º c/c art. 215) e tanto o valor social do trabalho como a livre-iniciativa foram erigidos à condição de fundamento da República e da ordem econômica (art. 170), para o que estão igualmente previstos sistemas de controle (e de governança).

E se o desenvolvimento do Brasil e dos brasileiros aproveita a todos (em maior ou menor intensidade), esse há de ser o centro de convergência da investigação para se reconhecer quem são os *stakeholders* da APS.

Dentro dessa moldura, é possível classificá-los da seguinte forma (dentre outras): (i) *externos, genericamente interessados ou engajados*: a sociedade em geral e o mercado; (ii) *externos e diretamente interessados, por força de lei, de contrato ou de estatuto*, respectivamente: as Cortes de Contas, os destinatários das medidas de polícia e os afetados pela regulação; os parceiros privados (contratados a qualquer título, concessionários, permissionários etc.) e usuários de serviço público; sindicatos (de servidores) e associações (de defesa do meio ambiente, de minorias – pessoas LGBTQIAPN+, quilombolas etc.); (iii) *internos, direta e funcionalmente engajados*: a alta administração, os gestores públicos, os procuradores (particularmente os municipais), as pessoas responsáveis por serviços, compras/alienações, obras e concursos públicos e os integrantes do controle interno; (iv) *a comunidade interna*: os demais servidores e os empregados terceirizados que não se enquadrem na categoria anterior.

Com essa classificação, é possível perceber que a atuação dos *stakeholders* da APS no sentido dar ou concorrer para a concreção do projeto desenvolvimentista atribuído ao Estado Brasileiro e, pois, como imperativo legitimador da atuação administrativa em todas as suas facetas, pode ser: (i) *compulsória*; (ii) voluntária na formação do vínculo, *mas obrigatória daí por diante*; e (iii) voluntária, podendo se dar de forma permanente, episódica ou intermitente.

O grande problema, porém, e disso todos sabem, é que mesmo os "obrigados" à adoção de comportamentos sustentáveis em seus afazeres, mormente dirigindo suas atividades (administrativas: normativas ou materiais) no sentido de promover o desenvolvimento nacional, muitas vezes deixam de fazê-lo, inclusive expondo-se a eventual responsabilização, por falta de compreensão e de devida valoração do que signifique assim agir.

É dizer, não basta que esses "obrigados" conheçam a Constituição, as leis e os atos infralegais para fins de seu adequado cumprimento no que diz com a sustentabilidade integral (que abrange a ESG) exigida da Administração Pública. É preciso que eles (re)conheçam os interesses e os diversos interessados, bem como os afetados (direta ou indiretamente) com essa prática e, para além disso e de modo ainda mais importante, internalizem os valores que devem orientar esse agir. Sem isso, a neutralidade no cumprir "as leis desenvolvimentistas" de ofício pode repercutir em absolutamente nada ou muito pouco em termos de crescimento econômico socialmente justo de benigno do ponto de vista ambiental.

Enfim, como engajar os *stakeholders* da e para a Administração Pública Sustentável (APS)?

Sensibilizando-os para tanto...

A começar pela compreensão do que sejam "políticas públicas" e pela internalização dos valores a elas atrelados. Para os fins deste artigo, prefere-se a proposta conceitual de Eduardo Appio, para quem

> as políticas públicas podem ser conceituadas, portanto, como instrumentos de execução de programas políticos baseados na intervenção estatal na sociedade com a finalidade de assegurar igualdade de oportunidades aos cidadãos, tendo por escopo assegurar as condições materiais de uma existência digna a todos.[31]

Com base nisso e revisando o exame adrede feito acerca das *variadas feições do desenvolvimento requeridas constitucionalmente*, fica mais fácil compreender que as determinações contidas na CR partem de um

[31] APPIO, Eduardo Fernando. *Controle judicial das políticas públicas no Brasil*. Curitiba: Juruá, 2005. p. 217.

programa político a partir do qual foi erigida a República Federativa do Brasil.

Portanto, *o Brasil é desenvolvimentista e deve ser assim reconhecido e assumido por todos*, em especial pelos obrigados a garantirem que assim se dê. Está-se a falar, portanto, e em particular, daqueles *stakeholders* obrigatoriamente engajados com a Administração Pública *sustentável* (porque nenhuma outra há de ser admitida), os quais, mais do que nunca, precisam compreender *a quem servem* e *qual a serventia por estes requerida* no cumprimento de seus mais variados afazeres.

A título de ilustração, o Auditor Fiscal *precisa ser sensibilizado* para o fato de que a eventual lavratura de auto de infração e a consequente imposição de multa por falta de pagamento de tributo são ações que visam o desenvolvimento do Brasil e dos brasileiros. Sem arrecadação, o Estado não pode prestar serviços públicos (saúde, educação etc.). E sem a fiscalização estatal a concorrência não se sustenta, pois quem não recolhe tributos pratica *dumping* em sua atividade empresarial e afeta negativamente a concorrência e o mercado, chegando ao ponto de colocar em risco o próprio consumidor.[32]

Logo, não se trata apenas de arrecadar e menos ainda de punir, mas de *atuação administrativa com vistas ao progresso, individual e coletivo*, para o que se mostra sobranceiro e inestimável o reconhecimento público e pessoal do auditor fiscal *como agente responsável, pelo menos, pela transformação das realidades econômica e social brasileiras*, no que se incluem as próprias, pois não se olvida que o eventual reajustamento de salários (e de subsídios) de servidores públicos reclama superávit fiscal.

Agora, ainda mais importante se faz internalizar isso tudo junto à comunidade administrativa interna e externa *que pode e deve fazer* (e/ou fiscalizar o) *deliberado uso do poder de compra estatal e dos concursos públicos* – como exemplo eloquente – para mudar a realidade brasileira para melhor, a ponto de alcançar as futuras gerações.

Pela indiscutível importância de suas contratações a qualquer título, a Administração Pública sustentável há de erigir seu "poder de compra" como um dos mais importantes pilares para a promoção do desenvolvimento nacional sustentável, pois os gastos públicos passam

---

[32] O motivo, para tanto, é simples: não há como dar garantia legal se o preço cobrado pelo bem ou serviço não é suficiente (financeiramente sustentável) sequer para honrar o tributo devido.

a gerar benefícios outros que não se confundem com a satisfação da necessidade ou utilidade, administrativa ou coletiva.[33]

Nessa esteira, *afirmações afirmativas são imperiosas, ainda mais quando legalmente requeridas*, o que se vê reiterado na Nova Lei de Licitações e Contratações Públicas (Lei nº 14.133/2021) em diversas passagens,[34] a qual igualmente avançou relativamente à governança pública nessa temática.[35]

De todo modo, é preciso difundir os conhecimentos minimamente necessários *e compartilhar as boas práticas por todas e em todas as instâncias*, sem prejuízo da eventualmente necessária adaptação para o contexto local, regional ou nacional! E, ainda, mediante consideração

---

33 "*A concepção tradicional sobre a função da contratação administrativa*
Segundo a concepção tradicional, as contratações públicas seriam destinadas exclusivamente a prover os entes estatais dos bens, serviços e obras necessários ou dar um destino aos bens de que os entes administrativos não necessitassem. Sob esse enfoque, as contratações públicas eram destinadas a promover a satisfação direta e imediata das necessidades estatais.
A dimensão macroeconômica das contratações públicas
Mas é inquestionável que a contratação pública apresenta uma relevância socioeconômica. A atividade contratual do Estado não pode ser concebida como um simples instrumento para atender necessidades administrativas. A afirmação de um estado intervencionista acarretou uma função promocional de satisfação de direitos. O Estado assumiu o dever de satisfazer uma ampla gama de necessidades coletivas e individuais. Isso significa que o Estado necessita realizar contratações freqüentes, que envolvem valores muito elevados. O estado, individualmente considerado, torna-se o maior contratante na economia. Assim se passa em todos os países capitalistas. A afirmativa é verdadeira inclusive em relação aos EUA, considerado o Estado menos intervencionista dentre as grandes potências. A cada ano, o estado brasileiro desembolsa bilhões de reais em contratos com os objetos mais variados. Isso significa que o setor privado acaba sendo modelado para atender às necessidades estatais. Se o Estado cessasse repentinamente de promover contratações, o resultado seria o caos – não apenas pelo colapso dos serviços estatais, mas também pela ociosidade do setor produtivo" (JUSTEN FILHO, Marçal. Desenvolvimento nacional sustentado: contratações administrativas e o regime introduzido pela Lei n. 12.349/2010. *Revista Zênite – ILC Informativo de Licitações e Contratos*, Curitiba, n. 210, p. 745-751. p. 746.)

34 Dentre outras: art. 5º, *caput* (DNS como princípio licitatório); incs. I e IV do art.11; art. 18 e art. 40.

35 Art. 11. O processo licitatório tem por objetivos:
I - assegurar a seleção da proposta apta a gerar o resultado de contratação mais vantajoso para a Administração Pública, inclusive no que se refere ao ciclo de vida do objeto;
II - assegurar tratamento isonômico entre os licitantes, bem como a justa competição;
III - evitar contratações com sobrepreço ou com preços manifestamente inexequíveis e superfaturamento na execução dos contratos;
IV - incentivar a inovação e o desenvolvimento nacional sustentável.
Parágrafo único. A alta administração do órgão ou entidade é responsável pela governança das contratações e deve implementar processos e estruturas, inclusive de gestão de riscos e controles internos, para avaliar, direcionar e monitorar os processos licitatórios e os respectivos contratos, com o intuito de alcançar os objetivos estabelecidos no *caput* deste artigo, promover um ambiente íntegro e confiável, assegurar o alinhamento das contratações ao planejamento estratégico e às leis orçamentárias e promover eficiência, efetividade e eficácia em suas contratações.

de tratar-se de estrutura administrativa do Poder Executivo, do Poder Legislativo ou do Poder Judiciário, que, nessa exata ordem, possuem melhores condições (até mesmo orçamentárias) de implementar políticas públicas afirmativas com particular foco na proteção do meio ambiente, na redução das desigualdades e na inclusão social (facilitada mediante acesso a trabalho decente junto a parceiros contratuais ou por meio de credenciamentos e de concursos públicos) ou de incremento do associativismo/e do cooperativismo.

As aparentes faculdades, no entanto, é que exigem maior atenção, quando do exame da Lei nº 14.133/2021. Embora possa parecer que a utilização do verbo "poder" (por exemplo, nos art. 15; 16; 25, §§2º e 9º; e inc. II do art. 48 da Lei Complementar nº 123/2006) enseje discricionariedade administrativa, mediante juízos de oportunidade ou de conveniência (de liberdade "política" de assim agir ou não agir), isso não se propõe em face das determinações constitucionais que orientam a APS.

Salvo, é claro, quando materialmente desaconselhado, *o que exigirá fundamentação contrária explícita, clara e congruente*, por meio da qual se apontem e expliquem os motivos (de fato, de direito e/ou orçamentários) para o não aproveitamento das oportunidades.

Logo, e por exemplo, para deliberadamente empoderar mulheres vítimas de violência doméstica ou para a (res)socialização do egresso do sistema penitenciário pelo acesso a emprego decente junto aos parceiros contratuais da APS,[36] *assim conferindo-lhes liberdade mínima para proverem a si e aos seus*.[37]

Nesse sentido, ainda, urge que estados e municípios regulamentem, por primeiro, a matéria, tal qual elogiosamente feito por meio do Decreto nº 11.430/2023 no âmbito federal, para o que os procuradores (e os municipais, ainda com mais razão) *devem assumir sua condição de stakeholders por excelência no cumprimento desse desiderato*, pois é nos municípios que o desenvolvimento aparece ou não. Basta andar a pé e com pouca pressa, preferentemente com antolhos, para deliberada enxergar *e ver*, com sensibilidade desenvolvimentista (ou ESG, pelo

---

[36] Art. 25. O edital deverá conter o objeto da licitação e as regras relativas à convocação, ao julgamento, à habilitação, aos recursos e às penalidades da licitação, à fiscalização e à gestão do contrato, à entrega do objeto e às condições de pagamento. (...)
§9º O edital poderá, na forma disposta em regulamento, exigir que percentual mínimo da mão de obra responsável pela execução do objeto da contratação seja constituído por:
I - mulheres vítimas de violência doméstica;
II - oriundos ou egressos do sistema prisional.

[37] SEN, Amartya. *Desenvolvimento como liberdade*. São Paulo: Companhia das Letras, 2010.

menos), a condição das pessoas (inclusive daquelas "em situação de rua") e do comércio, a condição das ruas e das calçadas, bem como o lixo nelas depositado, a existência e a qualidade dos serviços públicos (de saúde e de educação, primordialmente), a regularização fundiária, a (in) existência de praças, parques, bibliotecas e museus e o aparato estatal.

Então, que todas as forças (governamentais, administrativas, econômicas, associativas, do Terceiro Setor, religiosas, acadêmicas etc.) nacionais se voltem para os municípios *visando, de uma forma ou de outra, ajudar a construir uma cultura local, regional e nacional acerca do desenvolvimento do Brasil e de todos os brasileiros*, em todos os seus vieses, como dever e obrigação (do Estado, da Administração Pública, do mercado e da sociedade) e direito (de todos e de cada um, personalissimamente considerado), *a começar pelo engajamento dos próprios cidadãos*, como *stakeholders* natos da APS, que (muitas vezes primeiramente) precisam ser informados de seus direitos para que deles seja possível reclamar os correlatos deveres, dentre os quais aqueles inerentes à cidadania e ao próprio controle social.

Na sequência, e não menos importante, será preciso cooptar os comerciantes, para que eles – também como *stakeholders* da APS – passem a exigir mais e melhores serviços e obras públicas e se insiram nesse processo, objetivando incrementá-los e maximizá-los na busca pela excelência. Com isso, a melhora na condição de vida das pessoas igualmente repercutirá em seus gastos, o que retroalimentará a economia local.

De sua parte e internamente, os integrantes da APS, enquanto partícipes da governança e da gestão públicas, precisam ser fortalecidos, enquanto relevantes *stakeholders*, ao ponto de não mais "apenas" cumprirem as regras e padrões ESG ou de sustentabilidade integral. Mas, isto sim, de fazê-lo de forma engajada, *com consciência, sensibilidade e real intenção de mudar o mundo para melhor*, reforçando (ou, pelo menos, garantindo) a dignidade de todas as pessoas (nascidas e por nascer) por eles afetadas (de modo direto ou indireto) e por todos meios à disposição, independentemente de se estar exercitando esta ou aquela atividade, dentre as que lhes são acometidas.

E que tudo isso seja internalizado pelos variados *stakeholders* da APS – enquanto valor – *nos cidadãos do amanhã*. Ou seja, *incorporando essa cultura revolucionária e vivenciando essa prática* em suas próprias casas, empreendimentos, e buscando garantir que assim também se dê nas escolas e nos demais espaços, privados e públicos.

Considerações finais

Como demonstrado, a Agenda ESG/GSA não traz grandes novidades para a Administração Pública, pois ela está obrigada, pela Constituição da República e por variadas leis, a ser mais do que ambiental e socialmente comprometida em todas as suas manifestações, além de orientada para a condução de políticas públicas e para a prestação de atividades de interesse da sociedade (e do mercado).

É dizer, a Administração Pública deve estar não apenas obrigada (como de direito está!), mas sensibilizada e comprometida em atender, também com eficiência e excelência, os reclamos individuais (atrelados ao livre desenvolvimento da pessoa humana individualmente considerada) e coletivos de índole científica, cultural, econômica, tecnológica e territorial, sem prejuízo de outros.

Ademais, a Administração Pública Sustentável (APS) é a única conforme à Constituição da República e para que ela assim se concretize e mantenha é preciso a assunção, individual e coletiva, interna e externa, do papel de cada pessoa (física ou jurídica) na construção de uma sociedade livre, justa e solidária, visando garantir o desenvolvimento nacional, a erradicação da pobreza e da marginalização e a redução das desigualdades sociais e regionais, bem como para a promoção do bem de todos, sem preconceitos de origem, raça, sexo, cor, idade e quaisquer outras formas de discriminação. Isto é, de forma a se fazer cumprir os objetivos do Estado brasileiro (art. 3º, CR).

Exatamente por isso o discurso ESG, devidamente ambientado à "Teoria das Partes Interessadas", mostrou-se de relevo para a APS quando levados em consideração os seus (principais) *stakeholders*, isto é, aquelas pessoas (humanas ou coletivas) que são atingidas ou que têm interesses na sua atuação, pois assim se passa e exigir a incorporação desses (interesses) às atividades administrativas, independentemente de imposição legal.

Para que isso aconteça, urge uma revolução cultural interna, em particular de alguns dos seus principais *stakeholders*, exatamente aqueles que se encontram profissionalmente obrigados a promover, direta ou indiretamente, o desenvolvimento (nacional).

Para esses – dentre os quais os diretamente responsáveis por licitações e contratações públicas sustentáveis e os procuradores (que devem afiançar a sua lisura) – a internalização dos valores, meios e fins desenvolvimentistas mostra-se, ademais, como *conditio sine qua non* para o "sucesso" da Administração Pública.

Afinal de contas, *assim ficará muito mais difícil errar por omissão* no que diz com o cumprimento dos fins públicos que legitimam a existência da APS. Além disso, apenas com o erro é que se aprende. Portanto, o que importa mesmo é disseminar e aplicar as boas práticas de desenvolvimento (e de governança) na APS, no mercado e na sociedade, e fazer com que elas reflitam a compreensão e a aspiração de cada um e de todos, pois o projeto constitucional visa o desenvolvimento do Brasil e dos brasileiros, sem exceção e em pé de igualdade.

Referências

BRASIL. Tribunal de Contas da União – TCU. Referencial Básico de Governança Aplicável a Órgãos e Entidades da Administração Pública. Versão 2. Brasília: TCU, Secretaria de Planejamento, Governança e Gestão, 2014.

DA SILVA, Caroline Rodrigues; DOS SANTOS, Jander Leal. *A Teoria ESG nas Contratações Públicas*. Disponível em: https://www.novaleilicitacao.com.br/2022/02/22/a-teoria-esg-nas-contratacoes-publicas/.

FERREIRA, Daniel. *A licitação pública no Brasil e sua nova finalidade legal*: a promoção do desenvolvimento nacional sustentável. Belo Horizonte: Fórum, 2012.

FERREIRA, Daniel; CHALUSNHAK, Ana Luiza. Algumas considerações acerca do dever-poder regulamentar no âmbito da compulsória promoção do desenvolvimento nacional ambientalmente sustentável pela via das licitações públicas. *Fórum de Contratação e Gestão Pública – FCGP*, v. 147, p. 22-28.

FERREIRA, Daniel; GIUSTI, Anna Flávia Camilli Oliveira. A licitação pública como instrumento de concretização do direito fundamental ao desenvolvimento nacional sustentável. *A&C – Revista de Direito Administrativo & Constitucional*, Belo Horizonte, ano 12, n. 48, p. 177-193, abr./jun. 2012.

FACHI, Melina Girardi. Direito fundamental ao desenvolvimento: uma possível ressignificação entre a Constituição brasileira e o sistema internacional de proteção dos direitos humanos. In: PIOVESAN, Flávia; SOARES, Inês Virgínia Prado (coord.). Direito ao desenvolvimento. Belo Horizonte: Fórum, 2010.

FERNANDES, Viviane Vieira da Silva. O papel da fiscalização contratual no desenvolvimento nacional sustentável. *In*: VILLAC, Teresa; BLIACHERIS, Marcos Weiss; DE SOUZA, Lilian Castro (coord.). *Panorama de licitações sustentáveis*: direito e gestão pública. Belo Horizonte: Fórum, 2014.

FREEMAN, R. Edward. *Strategic Management*: a stakeholder approach. Cambridge: Cambridge University Press, 2010.

FREITAS, Juarez. *Sustentabilidade*: direito ao futuro. Belo Horizonte: Fórum, 2011.

IRIGARAY, Hélio Arthur Reis; STOCKER, Fabricio. ESG: novo conceito para velhos problemas. *Cadernos EBAPE.BR [FGV]*, v. 20, p. 6, 2022.

JUSTEN FILHO, Marçal. Desenvolvimento nacional sustentado: contratações administrativas e o regime introduzido pela Lei n. 12.349/2010. *Revista Zênite – ILC Informativo de Licitações e Contratos*, Curitiba, n. 210, p. 745-751.

NARDES, João Augusto Ribeiro. Controle externo e melhoria da governança pública: desafios e ações. Revista de Direito UPIS, Brasília, DF, v. 11, p. 21-35, 2013.

OLIVEIRA, Antonia Danniele Jeska Torres de; TAVARES, Carlos Mendes; SILVESTRE, Hugo Consciência. A classificação dos interesses envolvidos em uma parceria público-privada através dos stakeholders: poder, legitimação e urgência. *Rev. Controle*, Fortaleza, v. 16, n.1, p. 22-52, jan./jun. 2018.

PEIXINHO, Manoel Messias; FERRARO, Suzani Andrade. Direito ao desenvolvimento como direito fundamental. *Anais do XVI Congresso Nacional do CONPEDI*. Florianópolis: Fundação Boiteux, 2008. p. 6952-6973.

SACHS, Ignacy. *Desenvolvimento includente, sustentável, sustentado*. Rio de Janeiro: Garamond, 2008.

SACHS, Ignacy; VIERA, Paulo Freire (org.). *Rumo à Ecossocioeconomia*: teoria e prática do desenvolvimento. São Paulo: Editora Cortez, 2007.

SEN, Amartya. *Desenvolvimento como liberdade*. São Paulo: Companhia das Letras, 2010.

THORSTENSEN, Vera; MOTA, Catherine Rebouças. *Governança pública e sustentabilidade*. *Working Paper* 537, CCGI nº 32. São Paulo: Fundação Getúlio Vargas, 2020.

TRAVAGLIA, Karina Ramos; CÉSAR, Claudia Stancioli. A importância do controle interno como instrumento de governança pública. Revista Técnica dos Tribunais de Contas – RTTC, Belo Horizonte, ano 3, n. 1, p. 141-151, dez. 2016.

VIEIRA, James Batista; BARRETO, Rodrigo Tavares de Souza. *Governança, gestão de riscos e integridade*. Brasília: ENAP, 2019.

Informação bibliográfica deste livro, conforme a NBR 6023:2018 da Associação Brasileira de Normas Técnicas (ABNT):

FERREIRA, Daniel. Quem são os *stakeholders* da Administração Pública e por que envolvê-los no ESG. *In*: RODRIGUES, Caroline; PIRONTI, Rodrigo (coord.). *ESG na Administração Pública*: estudos dirigidos. Belo Horizonte: Fórum, 2025. p. 125-145. ISBN 978-85-450-0779-1.

PARTE II

EIXOS AMBIENTAL, SOCIAL E GOVERNANÇA

I

AMBIENTAL

UM OLHAR HOLÍSTICO PARA O MEIO AMBIENTE NAS ORGANIZAÇÕES PÚBLICAS

REGINA MARIA BUENO BACELLAR

Introdução

Diante dos desafios enfrentados atualmente em relação à preservação e sustentabilidade do meio ambiente, a sua proteção tem se tornado um tema cada vez mais relevante no contexto da sociedade e especialmente da gestão pública. A complexidade e as consequências geradas pelos graves problemas ambientais que têm caracterizado uma crise planetária demandam ações integradas e efetivas por parte do Estado e de suas organizações com o intuito de promover um planejamento com políticas públicas efetivas que possibilitem uma gestão holística e engajada.

A Administração Pública possui um papel essencial no planejamento, implantação e execução de políticas que possibilitem medidas protetivas, preventivas e conscientização ambiental através da promoção da educação com vistas a uma sociedade mais sustentável. O gestor público de qualquer esfera governamental tem o poder/dever de tomar decisões que invariavelmente impactam diretamente o meio ambiente e a qualidade de vida das pessoas.

A estrutura estatal desempenha um papel fundamental ao estabelecer políticas, regulamentos e diretrizes que promovam a proteção e a preservação do meio ambiente. Isso envolve a criação e implementação de planos e programas de gestão ambiental, a definição de normas de controle e fiscalização ambiental, e a adoção de medidas para o uso sustentável dos recursos naturais. O gestor público também tem o poder de influenciar a formulação de leis e políticas ambientais em níveis superiores, participando de fóruns e instâncias de tomada de decisão.[1]

Pode-se dizer que a crise ambiental que já há algum tempo assola o planeta é consequência das condutas e atividades humanas, de políticas públicas e descaso governamental que negligenciaram a proteção e conservação dos recursos naturais. Os desastres climáticos, como o que recentemente atingiu algumas cidades do Estado do Rio Grande do Sul, a poluição em seus diversos tipos, as mudanças climáticas, o desmatamento irracional, a escassez de água potável e a constante extinção de espécies da fauna e da flora são apenas alguns dos desafios que exigem uma abordagem mais consciente e sustentável por parte das organizações públicas. É necessário um olhar crítico e holístico sobre as práticas adotadas até então utilizadas a fim de implementar estratégias que visem a prevenção, mitigação e recuperação dos danos ao meio ambiente e, o mais importante, a manutenção da vida no planeta.

Com fundamento no dever imposto pelo artigo 225 da Constituição Federal especialmente ao Poder Público, de defender e preservar o meio ambiente, este texto tem como objetivo central analisar o papel das organizações públicas como agentes de proteção e transformação da sociedade em prol do meio ambiente considerado como direito humano fundamental. Pretende-se, assim, discorrer sobre as ações, iniciativas e ferramentas necessárias para a efetivação de uma gestão pública eficaz, capaz de sensibilizar não apenas a sociedade, mas também os próprios gestores públicos, sobre a urgência da adoção de práticas sustentáveis.

1 O meio ambiente como direito humano fundamental

A Constituição Federal de 1988, ao inserir em seu artigo 225 que "todos têm direito ao meio ambiente ecologicamente equilibrado, bem de uso comum do povo e essencial à sadia qualidade de vida...", reforçou a necessidade da existência da qualidade como elemento essencial para a proteção da vida humana elevando o meio ambiente à categoria de direito fundamental.

---

[1] COSTA, Victor Ramos. ***Política de gestão de pessoas na administração pública municipal e o caso de Niterói.*** 2022. 35f. Trabalho de conclusão de curso (especialização) Universidade Federal do Rio de Janeiro, Instituto de Pesquisa e Planejamento Urbano Regional, Gestão Pública, 2022. Disponível em: https://pantheon.ufrj.br/bitstream/11422/19239/1/VRCosta.pdf. Acesso em: 21 maio 2024.

Diferentemente das demais formas de vida que dependem somente da qualidade do meio natural, o ser humano como integrante dos demais aspectos que compõem o meio ambiente, dependerá também de uma boa qualidade nos meios artificial, cultural e do trabalho. Assim, entende-se que é o conjunto da qualidade dos bens contidos em todos os aspectos que lhe propicia a sadia qualidade de vida e o pleno desenvolvimento.

Estando a pessoa inserida em um contexto diferenciado, pode-se dizer que "a qualidade de vida é um elemento finalista do Poder Público, onde se unem a felicidade do indivíduo e o bem comum, com o fim de superar a estreita visão quantitativa, antes expressa no conceito de nível de vida".[2]

Segundo Leme Machado, esta ótica influenciou a maioria dos países, e em suas Constituições passou a existir a afirmação do direito a um ambiente sadio.[3]

A proteção jurídica desta necessidade vital inicia quando ocorre a constatação de que, apesar de ser uma forma de vida diferenciada, a vida humana para sobreviver possui extrema dependência dos demais recursos naturais e espécies e hoje acrescenta-se ainda a sua dependência com os demais aspectos que formam o conceito de meio ambiente, o urbano, o cultural e o do trabalho.

O meio ambiente artificial ou urbano são as suas construções físicas e intelectuais, é o lugar que acolhe as suas diferenças, onde suas necessidades são extravasadas, buscadas e saciadas, é onde a pessoa se desenvolve formando núcleos de interesse e afinidade.

Com o meio ambiente cultural ela se identifica, resgata a sua origem, colhe as experiências do passado e deixa frutos para o futuro, é todo o patrimônio construído que fez história resguardando os fatos importantes da evolução de uma sociedade em determinada época e lugar.

Por fim, no meio ambiente do trabalho o ser humano busca a sua realização como ser construtor e intelectual, produz para propiciar o desenvolvimento social e econômico do meio em que vive e para receber os recursos necessários para sua existência em sociedade.

---

2 BENJAMIN, Antônio Herman V. Constitucionalização do ambiente e ecologização da Constituição brasileira. *In*: CANOTILHO, José Gomes; LEITE, José Rubens Morato (org.). *Direito Constitucional Ambiental Brasileiro*. SP: Saraiva, 2008.

3 MACHADO, Paulo Affonso Leme. *Direito Ambiental Brasileiro*. SP: Malheiros, 2016.

Sob o enfoque ambiental, o reconhecimento da necessidade de proteção do essencial para a pessoa, surgiu na Declaração de Princípios de Estocolmo, documento que buscou o consenso nos debates e conclusões havidas na Conferência das Nações Unidas sobre o Meio Ambiente em 1972. Com efeito, no Princípio 1, ficou demonstrada a grande preocupação com o tema:

> O homem é ao mesmo tempo criatura e criador do meio ambiente, que lhe dá sustento físico e lhe oferece a oportunidade de desenvolver-se intelectual, moral, social e espiritualmente. A longa e difícil evolução da raça humana no planeta levou-a um estágio em que, com o rápido progresso da Ciência e da Tecnologia, conquistou o poder de transformar de inúmeras maneiras e em escala sem precedentes o meio ambiente. Natural ou criado pelo homem, é o meio ambiente essencial para o bem-estar e para gozo dos direitos humanos fundamentais, até mesmo o direito à própria vida. O homem tem direito fundamental à liberdade, à igualdade e ao desfrute de condições de vida adequadas, em um meio ambiente de qualidade tal que lhe permita levar uma vida digna, gozar de bem-estar e é portador solene da obrigação de proteger e melhorar o meio ambiente para as gerações presentes e futuras.

Milaré entende que

> A par dos direitos e deveres individuais e coletivos elencados no art. 5º, elencou o legislador constituinte, no caput do art. 225, um novo direito fundamental da pessoa humana, direcionado ao desfrute de condições de vida adequada em um ambiente saudável ou, na dicção da lei, ecologicamente equilibrado.

Com enfoque específico no ordenamento jurídico brasileiro, constata-se que o legislador constituinte, ao inserir no texto a preocupação com a proteção ambiental, incluiu também a visão de que o meio ambiente ecologicamente equilibrado que se pretende proteger é um direito difuso, alicerçado na fraternidade e na solidariedade, em que não se busca única e exclusivamente a tutela individual e, sim, uma tutela mais abrangente, onde o principal beneficiário é o gênero humano.

Alçando o meio ambiente ao *status* de direito fundamental do homem, a Lei Magna pretende demonstrar a essencialidade da qualidade ambiental para o cumprimento dos fins constitucionais do direito à vida, cláusula pétrea contida em seu artigo 5º. O homem só terá a sua vida realmente protegida se o meio em que viver for equilibrado e lhe possibilitar o integral desenvolvimento físico, psicológico, social e econômico, dentre outros.

Abreu e Sampaio enfatizam que o "direito à higidez ambiental é um direito humano fundamental e como tal é indispensável à qualidade de vida das presentes e futuras gerações, consubstanciando-se no princípio da dignidade da pessoa humana".[4]

O direito à vida está intimamente ligado a todos os bens e recursos necessários para o desenvolvimento e existência digna da coletividade. Inexistindo o equilíbrio entre todos os fatores que compõem o desenvolvimento do homem, em especial, quanto à proteção ambiental, torna-se inconsistente o direito fundamental contido no artigo 5º da Constituição Federal.

Segundo ensinamentos de Bobbio:

> Ao lado dos direitos, que foram chamados de segunda geração, emergiram hoje os chamados direitos de terceira geração... Sendo o mais importante deles reivindicado pelos movimentos ecológicos: o direito de viver em um ambiente não poluído.[5]

O meio ambiente como direito humano fundamental e vinculado ao direito fundamental à vida deve ser protegido pelo Poder Público e pela coletividade, devendo as organizações públicas através de seus gestores instituir e executar políticas públicas e mecanismos que efetivamente cumpram o seu papel preventivo e protetor.

2 O Estado e o seu dever de proteção ambiental

A preocupação mundial com o meio ambiente é um dos principais temas da atualidade, tendo em vista a percepção das consequências da degradação ambiental sentidas por todos em um contexto de sociedade de risco e da conscientização da impossibilidade de controlar a abrangência de seus efeitos. A partir de 1972 com a Conferência das Nações Unidas sobre Meio Ambiente Humano, comumente chamada de Conferência de Estocolmo, devido às consequências degradadoras em seus territórios os países passaram a dar uma maior atenção aos

---

4 ABREU, Ivy de Souza; SAMPAIO, Flávia Duarte Ferraz. A conservação ambiental sob a ótica dos acadêmicos de Ciências Biológicas e Direito. *Cadernos Camilliani*, Cachoeiro de Itapemirim, v. 8, n. 1, p. 71-81, 2007.

5 BOBBIO, Norberto. A Era dos Direitos. Elsevier, 2004.

problemas ambientais e à necessidade de prevenir danos considerados irrecuperáveis. A quebra de paradigma deu-se com o princípio incluído na Declaração de Princípios de Estocolmo, quando os governantes do mundo todo passam a ter a obrigação de proteger o meio ambiente. O que até então era facultativo passa a ser obrigatório, surgindo assim as primeiras leis e políticas públicas voltadas para a proteção ambiental, como no caso do Brasil, com a Lei nº 6.938/1981, denominada de Política Nacional do Meio Ambiente. Em 1988, a Constituição da República Federativa do Brasil acolheu os fundamentos da lei ambiental vigente e inovando introduz uma proteção ostensiva ao meio ambiente, determinando que solidariamente o poder público e a coletividade têm o dever de defender e preservar o meio ambiente, detalhando ainda alguns deveres para o Estado.

Valery Mirra[6] reforça o entendimento de que não existe mais discricionariedade do Poder Público no que se refere às questões ambientais:

> Se, em um primeiro momento, reconhecia-se a discricionariedade do administrador público, especialmente no tocante ao modo e aos meios pelos quais ele se desincumbe do exercício do poder de polícia e ao momento adequado para a adoção das medidas administrativas de proteção do meio ambiente, e se discutia qual a extensão do controle admitido pela via judicial sobre a discricionariedade administrativa nessa matéria, em segundo momento, notadamente a partir da promulgação da CF/88, o que se passou a considerar é que nessas situações todas não existe, propriamente, poder discricionário do administrador, sendo a atuação do estado vinculada. A consequência disso tudo é que passou a admitir, na jurisprudência, a ampliação do controle pela via judicial não só das ações como também das omissões do poder público em matéria ambiental.

Com o agravamento da crise ambiental e o enfraquecimento do planeta devido às suas consequências danosas, torna-se imperativo um novo modelo de Estado com uma nova ordem constitucional que priorize proteção do meio ambiente, garantindo não somente uma gestão dos riscos, por meio da prevenção e da precaução, mas que também busque efetivar um verdadeiro desenvolvimento sustentável, compatibilizando as necessidades sociais e econômicas com a proteção ambiental.

---

6 VALERY MIRRA, Álvaro Luiz. *O Estado, a proteção do meio ambiente e a jurisprudência. Consultor Jurídico* (conjur.com.br), 2017.

Cançado Trindade entende que o

> meio ambiente e o desenvolvimento hão de ser enfocados conjuntamente, o que se aplica a regiões desenvolvidas assim como em desenvolvimento do mundo, criando obrigações para todos tendo em mente a comunidade internacional como um todo, e as gerações presentes assim como futuras: nesse sentido o desenvolvimento sustentável veio a ser tido não-só como um conceito, mas como um princípio de direito internacional contemporâneo.[7]

No que se refere à implantação de um efetivo Estado de Direito Ambiental, José Rubens Morato Leite alerta sobre a dificuldade da sua construção diante do constante conflito existente entre o capital, o lucro, o consumo desregrado e a manutenção dos recursos naturais. Dessa forma, "(...) o estabelecimento de uma nova relação paradigmática com a natureza constitui o ponto de partida para a edificação do Estado de Direito Ambiental".[8]

O desenvolvimento de um Estado Ambiental possui como pressuposto uma mudança de mentalidade dos governantes e da sociedade. No âmbito da administração pública deve haver a vontade de modificação da realidade existente, a reconstrução a partir da integração Estado e coletividade buscando a manutenção de um bem maior, que é a vida.

A Constituição de 1988 determina ao poder público o binômio poder/dever. O exercício do poder de polícia na aplicação das medidas cabíveis para a proteção do meio ambiente é o dever de dele cuidar e mantê-lo com as suas condutas e atividades, bem como defendê-lo de atos danosos. Não se trata de faculdade, não é discricionariedade e, sim, dever constitucional, parte essencial das funções do Estado.

As Organizações Públicas em todas as esferas de governo possuem um papel relevante na seara ambiental, tema inclusive controverso diante de inúmeras divergências político-ideológicas; assim, o cumprimento dos princípios constitucionais, ambientais e da administração pública, como o da publicidade, imparcialidade, prevenção e não retrocesso da proteção ambiental na elaboração de políticas públicas e realização de

---

[7] CANÇADO TRINDADE, António Augusto. Meio Ambiente e Desenvolvimento: formulação, natureza jurídica e implementação do direito ao desenvolvimento como um direito humano, *Revista da Procuradoria-Geral do Estado do Ceará*, Fortaleza, 9(1 1): 1 1-42, 1992.

[8] FERREIRA, Heline Sivini; LEITE, José Rubens Morato (org.). *Estado de direito ambiental:* tendências, aspectos constitucionais e diagnósticos. Rio de Janeiro: Forense Universitária, 2004.

suas funções, torna-se essencial para uma boa gestão pública ambiental. Diante do atual cenário ambiental do Brasil e do mundo, a preparação das organizações públicas e de seus gestores é fundamental. Além de treinamentos específicos, a implantação de ferramentas como Sistema de Gestão Ambiental (ISO 14.000), ESG e outros possibilita uma gestão mais segura e eficiente social e ambientalmente. Neste diapasão, observa-se ainda a importância da implantação de projetos de educação ambiental voltados à capacitação da sociedade na formação de uma nova consciência, possibilitando, assim, o pleno exercício da cidadania ambiental.

3 Um olhar holístico para o meio ambiente

A Holística busca compreender os fenômenos e sistemas de forma integral, considerando a interconexão entre o todo e as partes. Nesta visão tudo está interligado e não é possível compreender um elemento isoladamente, sem levar em conta o contexto em que está inserido. A visão holística pode ser aplicada em diversas áreas do conhecimento e da vida humana.

Segundo Cardoso o holismo compreende o "universo mais como um sistema de relações interligadas, tendo-se a consciência da totalidade e percebendo o ser na plenitude de sua essência".[9]

Para Milaré, o holismo representa a percepção ou conhecimento que integra partes ou componentes em um todo abrangente e compreensivo, a partir da constatação de que há uma integração entre eles e não apenas uma mera justaposição dos componentes de um todo.[10]

No que se refere à efetividade de um Estado de Direito Ambiental esta percepção é fundamental para o surgimento de uma consciência coletiva, que entenda a importância do meio ambiente para a manutenção da vida no planeta e para o exercício de condutas éticas com responsabilidade e sustentabilidade. Comumente a visão holística tem sido utilizada na educação ambiental objetivando a conscientização da coletividade sobre a importância da proteção do meio ambiente.

> Na fase holística de proteção, o ambiente passa a ser protegido de maneira integral, vale dizer, como sistema ecológico integrado (resguardando-se

---

[9] CARDOSO, Clodoaldo M. *A canção da inteireza*: uma visão holística da educação. São Paulo: Summus, 1995.

[10] MILARÉ, Édis. *Direito do Ambiente*: doutrina, prática, jurisprudência e glossário. São Paulo: Revista dos Tribunais, 2015.

as partes a partir do todo) e com autonomia valorativa (é, em si mesmo, bem jurídico).[11]

Importante observar que o meio ambiente é uno e indivisível, assim, o todo deve ser protegido para que todas as partes sejam saudáveis, inclusive a vida humana. A natureza como um todo, com todas as formas de vida, todos os recursos naturais e tudo o que é necessário para garantir uma vida digna para a coletividade, isso é o que se entende por visão holística ambiental.

O entendimento do todo e das partes que compõem o meio ambiente é essencial para a compreensão de sua importância e para a formulação de políticas ambientais que efetivamente o tutelem.

Aspecto interessante é que já na Constituição de 1988 o legislador trouxe a concepção holística da tutela ambiental. No *caput* do artigo 225 quando utiliza a expressão *meio ambiente ecologicamente equilibrado* garante que todos, sem nenhuma distinção, têm direito a um ambiente saudável, equilibrado em todos os seus aspectos, privilegiando o fator qualitativo do meio, o equilíbrio gerado pelas interações contínuas.

Por equilíbrio ecológico entende-se

> "aquele existente entre os componentes de uma comunidade natural estável", ainda, equilíbrio natural, que é o "estado estável das populações em que as interações e a utilização dos recursos fazem com que haja uma mínima variação nos parâmetros fundamentais da comunidade ou ecossistema".[12]

Portanto, nos dizeres da Constituição, *ecologicamente equilibrado* é um conceito amplo, que engloba muitos fatores e condições, bióticos e abióticos, a qualidade do ambiente, o uso sustentável dos recursos e a compatibilidade entre o desenvolvimento socioeconômico e a integral proteção do meio ambiente.

No que se refere à proteção do meio ambiente de forma a impactos causados pela sua degradação, Vendramini e Alves explicam que "não é possível a proteção de um bem isolado, mas uma proteção integrada

---

[11] BENJAMIN, Antônio Herman de Vasconcellos. Introdução ao Direito Ambiental Brasileiro. *Revista de Direito Ambiental*, São Paulo, n. 14, 1999.

[12] *Glossário de Ecologia*, 1997, p. 93-94.

dos bens que compõem o meio ambiente, uma vez que a destruição de um provoca uma cadeia destrutiva".[13]

O entendimento do meio ambiente de forma holística passou a ser conhecido e tomar força nos anos 80 com o surgimento da ideia de que a sobrevivência da espécie humana dependia diretamente da existência dos recursos naturais e de que o ser humano é cem por cento dependente destes, requerendo, assim, a mudança de uma postura inerte para a de ações efetivas e integradas, de forma a se estabelecer uma nova relação com o meio ambiente.

Atualmente essa nova forma de agir se faz presente em todos os setores da sociedade e esferas governamentais. Poder Público e coletividade devem unir forças para superar os desafios existentes e que ainda virão. Pensar e agir de forma holística não é uma opção, é a única forma viável de salvaguardar o que realmente é importante e necessário para a existência de vida no planeta e para uma sociedade mais saudável.

No âmbito estatal as organizações públicas buscam um melhor planejamento introduzindo novas formas de gestão para um melhor cumprimento de suas funções, as políticas públicas voltadas à proteção e preservação ambiental passam a ter atenção especial, órgãos de fiscalização são reforçados para um efetivo exercício do poder de polícia, as organizações públicas buscam um melhor planejamento introduzindo novas formas de gestão para um melhor cumprimento de suas funções, a costumeira postura procrastinatória começa a mudar diante da emergente necessidade de uma maior conscientização na tomada de decisões e efetivação de medidas em prol do meio ambiente.

4 Uma nova visão na gestão ambiental das organizações públicas

Primeiramente é preciso entender que, para que uma organização, seja pública ou privada, tenha uma gestão utilizando a visão holística, ela precisa ser observada e administrada em todos os seus processos e áreas, em vez de se concentrar apenas em seus componentes ou funções específicas, de forma segregada.

---

[13] VENDRAMINI, Sylvia Maria Machado; ALVES, Oscar Santos. Uma reconstrução da relação homem/meio ambiente visando à sadia qualidade de vida. *Revista de Direito Ambiental*, São Paulo, ano 11, n. 42, p. 162-207, abr./jun. 2006.

Em qualquer setor da sociedade, a aplicação da visão holística está na capacidade do gestor de olhar para a organização/empresa como um todo e tomar decisões sustentáveis baseado nesta visão. Convém lembrar que a sustentabilidade se firma em três aspectos que são interligados, o ambiental, o social e o econômico, que devem ser vistos de forma integrada e harmônica.

Nesta visão, especialmente no setor público, não se pode ter o olhar voltado somente para a função específica, é preciso analisar e avaliar levando em consideração todos os aspectos que envolvem o processo como um todo, é necessário que toda a estrutura organizacional, todas as áreas atuem juntas para o bem comum.

Milaré entende que:

> o holismo refere-se à percepção ou conhecimento que integra partes ou componentes em um todo abrangente e compreensivo, a partir da constatação de que há uma integração entre eles e não apenas uma mera justaposição dos componentes de um todo.[14]

A análise das questões ambientais no âmbito das organizações deve considerar o contexto amplo e global de todas as variáveis intrínsecas e extrínsecas que geram influências diversas e a possível interação entre essas variáveis, para que não haja uma visão distorcida que minimize ou negligencie os eventuais impactos ambientais.

Quanto à interação do ser humano e o meio ambiente, importante observação é feita por Silva:

> Não ficará o Homem privado de explorar os recursos ambientais na medida em que isso também melhora a qualidade de vida humana; mas não pode ele, mediante tal exploração, desqualificar o meio ambiente e seus elementos essenciais, porque isso importaria desequilibrá-lo e, no futuro, implicaria seu esgotamento. A tutela ambiental não tem por escopo impedir qualquer atividade que afete o equilíbrio ecológico, mas sim, visa proteger o meio ambiente de modo a manter a homeostase, permitindo o desenvolvimento de atividades da forma menos impactante possível, evitando a alteração do equilíbrio ambiental e o esgotamento dos recursos naturais e tomando medidas cabíveis para minimizar o impacto gerado por essas atividades antrópicas.[15]

---

[14] MILARÉ, Édis. *Direito do Ambiente*: doutrina, prática, jurisprudência e glossário. São Paulo: Revista dos Tribunais, 2015.

[15] SILVA, José Afonso da. *Direito Ambiental Constitucional*. 4. ed. rev. atual. São Paulo: Malheiros, 2002.

Sobre os deveres e forma de atuação do Poder Público, Quintas adverte que:

> No Brasil, o Poder Público, como principal mediador deste processo, é detentor de poderes estabelecidos na legislação que lhe permitem promover desde o ordenamento e controle do uso dos recursos ambientais, inclusive articulando instrumentos de comando e controle com instrumentos econômicos, até a reparação e mesmo a prisão de indivíduos responsabilizados pela prática de danos ambientais. Neste sentido, o Poder Público estabelece padrões de qualidade ambiental, avalia impactos ambientais, licencia e revisa atividades efetiva e potencialmente poluidoras, disciplina a ocupação do território e o uso de recursos naturais, cria e gerencia áreas protegidas, obriga a recuperação do dano ambiental pelo agente causador, e promove o monitoramento, a fiscalização, a pesquisa, a educação ambiental e outras ações necessárias ao cumprimento de sua função mediadora.

Atualmente, importante ferramenta para o planejamento e funcionamento da gestão pública são as práticas de ESG – *Environmental, Social and Governance,* que consistem em ações efetivas de responsabilidade ambiental, social e de governança que demonstram o quanto uma atividade ou um setor está buscando formas de minimizar os seus impactos no meio ambiente e na sociedade, tendo como meta a construção de um mundo mais justo e responsável, desenvolvendo processos integrados e eficazes de administração.

A conformação do poder público com as boas práticas do ESG se confunde muito com os deveres do Estado refletidos nos princípios fundamentais da República e listados em vários dispositivos da Constituição de 1988, especialmente no artigo 225.

Importante observar que, no contexto das empresas e corporações que visam lucro, os pilares do ESG são parte dos chamados ativos intangíveis, o que significa que, embora não possam ser facilmente quantificáveis, contribuem sobremaneira para o desempenho financeiro e competitivo de mercado. Já no setor público, o entendimento é diferenciado e o que justifica a aplicação das boas práticas é o cumprimento dos deveres constitucionais objetivando o bem comum.

Na prática, a adoção das ações do ESG pelas Organizações Públicas possibilita, no que se refere ao meio ambiente, a promoção do desenvolvimento sustentável com medidas de prevenção e combate à degradação ambiental, uso racional da água, gerenciamento de resíduos, medidas de adaptação às mudanças climáticas, dentre outros.

Como benefício, os governos que demonstrarem um compromisso com as práticas de ESG podem obter mais investimentos e com isso ter um crescimento econômico de longo prazo auxiliando o combate à desigualdade social e o fomento à geração de empregos.

A governança terá ações voltadas ao cumprimento d princípios como o da eficiência, da economicidade, da transparência, da responsabilidade e da participação social, onde a implantação da gestão democrática possibilitará o fortalecimento da parceria entre os governos e a comunidade, além de propiciar qualidade e economia de tempo e dinheiro na prestação do serviço público.

A dimensão social do ESG na esfera pública se confunde com os seus fins, suas ações buscam o desenvolvimento de políticas e programas para a melhoria da qualidade de vida da população salvaguardando os direitos sociais contidos no artigo 6º da Constituição de 1988, como saúde, educação, transporte público, saneamento básico, lazer, moradia e trabalho digno.

Bertoccelli adverte que para que o ESG seja de fato efetivo é necessário um amadurecimento a fim de evitar práticas *greenwashing* e outras condutas nocivas para simular e enganar o mercado e a sociedade.[16]

Interessante observar que os três pilares do ESG devem ser vistos de forma integrada, formando um elo só. Assim, as organizações públicas, ao aplicar as suas práticas, o fazem dentro de uma visão holística, com o planejamento e a gestão do todo, com um único objetivo, em vez de atuar com metas separadas.

Conclusão

Analisando-se o cenário atual onde os impactos ocasionados pela crise ambiental tornam-se cada vez mais abrangentes e transfronteiriços, notória a necessidade de medidas efetivas na prevenção e combate à degradação gerada pelas condutas e atividades dos diversos setores da sociedade, inclusive das organizações públicas, tanto no seu papel fiscalizador quanto no exercício de atividades econômicas ou prestação de serviços públicos. O tema deste estudo, um olhar holístico para o

---

16 BERTOCCELLI, Rodrigo de Pinho. ESG na nova Lei de Licitações e seu impacto no setor de infraestrutura. *In*: NASCIMENTO, Juliana Oliveira (coord.) *ESG* – O Cisne Verde e o Capitalismo de Stakeholder: a tríade regenerativa do futuro global. Thomson Reuters Revista dos Tribunais, 2021.

meio ambiente nas organizações públicas, significa uma nova forma de gestão, proativa, onde se deve considerar todas as interações e impactos que esses órgãos ou setores têm sobre o meio ambiente, bem como os efeitos que o meio ambiente pode ter sobre elas integrando-se também os aspectos sociais e econômicos.

Neste sentido, entendemos que algumas práticas devem ser adotadas pelas Organizações Públicas objetivando uma melhor gestão integrada:

1. Gestão Sustentável de Recursos com o ciclo de planejamento, controle e fiscalização, incluindo o uso eficiente de recursos naturais, energia limpa e água, bem como a redução de resíduos e emissões.

2. Política Ambiental Integrada considerando que a análise das questões ambientais deve ser realizada na organização como um todo, avaliando-se a somatória dos impactos gerados e as características de cada área.

3. Capacitação interna e externa que busque promover a conscientização ambiental aos servidores públicos, partes interessadas e sociedade em geral de forma a capacitar ao exercício da cidadania voltada para a proteção ambiental e sustentabilidade.

4. Gestão Democrática com o envolvimento ativo da população nos processos de tomada de decisão, reconhecendo assim a sua importância como partes interessadas e detentoras de conhecimento tradicional.

5. Monitoramento constante com vistas a implementar sistemas robustos de acompanhamento e avaliação do desempenho ambiental ao longo do tempo identificando pontos de fragilidade e necessidades de melhoria.

6. Cooperação e parcerias com todas as áreas da organização e com outras entidades públicas, setor privado, organizações não governamentais e comunidade em geral para juntos buscar soluções mais eficazes para o enfrentamento dos desafios ambientais.

7. Soluções inovadoras e tecnologias verdes que possam ajudar a melhorar o desempenho ambiental e reduzir o impacto das obras, atividades e serviços públicos.

8. Transparência e responsabilidade, seriedade no trato das questões ambientais com informações transparentes quanto às suas práticas, cumprindo e fazendo cumprir leis e regulamentos ambientais, bem como responsabilizando-se por danos causados ao meio ambiente e a terceiros.

Conclui-se, portanto, que aplicar uma visão holística para o meio ambiente nas organizações públicas não significa somente a criação de políticas e regulamentações, é muito mais complexo e abrangente, envolve uma mudança de mentalidade e cultura organizacional e comunitária em direção à sustentabilidade ecológica e social.

Um ponto de alerta é que, apesar da crescente preocupação com as questões ambientais, ainda é muito comum encontrar gestores públicos que não possuem conhecimento adequado e a conscientização necessária sobre os impactos das suas ações e atividades no meio ambiente e portanto não incorporam práticas sustentáveis em suas decisões.

Para uma gestão pública eficaz ambientalmente é primordial a capacitação dos gestores. A falta de conscientização pode resultar em políticas públicas inadequadas, que não consideram os princípios da sustentabilidade, e em ações que podem causar danos significativos ao meio ambiente, como o desperdício de água potável, o desmatamento descontrolado, a contaminação de recursos hídricos, emissões excessivas de poluentes. As consequências das mudanças climáticas denotam novas preocupações e a necessidade de análise de áreas de riscos com planejamento preventivo e corretivo para eventuais desastres ecológicos especialmente no âmbito da infraestrutura das cidades.

Portanto, é notório que as organizações públicas desempenham um papel essencial na proteção e gestão do meio ambiente e o Estado, através de seus órgãos nas mais diversas atividades, tem a responsabilidade de liderar pelo exemplo, implementando políticas e práticas que efetivamente promovam a proteção e a conservação dos recursos naturais integrando-as de forma compatível com o atendimento das necessidades humanas e com desenvolvimento socioeconômico.

Referências

ABREU, Ivy de Souza; SAMPAIO, Flávia Duarte Ferraz. A Conservação Ambiental sob a Ótica dos Acadêmicos de Ciências Biológicas e Direito. *Cadernos Camilliani*, Cachoeiro de Itapemirim, v. 8, n. 1, p. 71-81, 2007.

ANTONIK, Luís Roberto. *Compliance, ética, responsabilidade social e empresarial*: uma visão prática. Rio de Janeiro: Alta Books, 2016.

BENJAMIN, Antônio Herman V. Constitucionalização do ambiente e ecologização da Constituição brasileira. *In*: CANOTILHO, José Gomes; LEITE, José Rubens Morato (org.). *Direito Constitucional Ambiental Brasileiro*. SP: Saraiva, 2008.

BENJAMIN, Antônio Herman V. Introdução ao Direito Ambiental Brasileiro. *Revista de Direito Ambiental*, São Paulo, n. 14, 1999.

BERTOCCELLI, Rodrigo de Pinho. ESG na nova Lei de Licitações e seu impacto no setor de infraestrutura. *In*: NASCIMENTO, Juliana Oliveira (coord.). *ESG* – O Cisne Verde e o Capitalismo de *Stakeholder*: a tríade regenerativa do futuro global. Thomson Reuters Revista dos Tribunais, 2021.

BOBBIO, Norberto. *A Era dos Direitos*. Elsevier, 2004.

CANÇADO TRINDADE, António Augusto. Meio Ambiente e Desenvolvimento: formulação, natureza jurídica e implementação do direito ao desenvolvimento como um direito humano. *Revista da Procuradoria-Geral do Estado do Ceará*, Fortaleza - 9(1 1): 1 1-42, 1992.

CARDOSO, *Clodoaldo* M. *A canção da inteireza*: uma visão holística da educação. São Paulo: Summus, 1995.

COSTA, Victor Ramos. ***Política de gestão de pessoas na administração pública municipal e o caso de Niterói.*** 2022. 35f. Trabalho de conclusão de curso (especialização) Universidade Federal do Rio de Janeiro, Instituto de Pesquisa e Planejamento Urbano Regional, Gestão Pública, 2022. Disponível em: https://pantheon.ufrj.br/bitstream/11422/19239/1/VRCosta.pdf. Acesso em: 21 maio 2024.

DIAS, Reinaldo. *Gestão Ambiental, Responsabilidade Social e Sustentabilidade.* São Paulo: Atlas, 2006.

FERREIRA, Heline Sivini; LEITE, José Rubens Morato (org.). *Estado de direito ambiental*: tendências: aspectos constitucionais e diagnósticos. Rio de Janeiro: Forense Universitária, 2004.

Glossário de Ecologia. Academia de Ciências do Estado de São Paulo, 2. ed., rev. e ampl. 1997.

MACHADO, Paulo Affonso Leme. *Direito Ambiental Brasileiro.* SP: Malheiros, 2016.

MILARÉ, Édis. *Direito do Ambiente*: doutrina, prática, jurisprudência e glossário. São Paulo: Revista dos Tribunais, 2015.

QUINTAS, J. S. *Educação no Processo de Gestão Ambiental:* uma proposta de educação ambiental transformadora e emancipatória. Identidades da educação ambiental brasileira / Ministério do Meio Ambiente. Diretoria de Educação Ambiental; Philippe Pomier Layrargues (coord.). Brasília: Ministério do Meio Ambiente, 2004. 156 p. Disponível em: http://www.usp.br/pure/scc/upload/identidades%20da%20educa%E7%E3o%20ambiental%20 br.pdf. Acesso em: 24 maio 2024.

SILVA, José Afonso da. *Direito Ambiental Constitucional.* 4. ed. rev. atual. São Paulo: Malheiros, 2002.

VALERY MIRRA, Álvaro Luiz. O Estado, a proteção do meio ambiente e a jurisprudência. *Consultor Jurídico* (conjur.com.br), 2017.

VENDRAMINI, Sylvia Maria Machado; ALVES, Oscar Santos. Uma reconstrução da relação homem/meio ambiente visando à sadia qualidade de vida. *Revista de Direito Ambiental*, São Paulo, ano 11, n. 42, p. 162-207, abr./jun. 2006.

Informação bibliográfica deste livro, conforme a NBR 6023:2018 da Associação Brasileira de Normas Técnicas (ABNT):

BACELLAR, Regina Maria Bueno. Um olhar holístico para o meio ambiente nas organizações públicas. *In*: RODRIGUES, Caroline; PIRONTI, Rodrigo (coord.). *ESG na Administração Pública*: estudos dirigidos. Belo Horizonte: Fórum, 2025. p. 151-167. ISBN 978-85-450-0779-1.

II

SOCIAL

AS LICITAÇÕES COMO INSTRUMENTO DE MATERIALIZAÇÃO DE POLÍTICAS SOCIAIS

LAURA FRANÇA BUBNIAK

I Introdução

Inicialmente, é preciso relembrar que ESG (*Environment, Social & Governance*) pode ser compreendido como um conjunto de práticas empresariais que priorizam a sustentabilidade, a responsabilidade social e a transparência, que vem sendo adotado por empresas privadas que buscam a geração de valor e manutenção de seus negócios através de desenvolvimento sustentável sob diversos aspectos.

Progressista e ética, portanto, a abordagem empresarial do ESG está ancorada em três pilares: ambiental, social e governança, com vistas não só a plurais benefícios socioambientais, mas também à redução de impactos adversos.

Além disso, cumpre mencionar que a discussão sobre ESG contribui de sobremaneira para o avanço na pauta dos Objetivos de Desenvolvimento Sustentável estabelecidos pela ONU, promovendo inovação, melhorando a qualidade de vida das pessoas e impulsionando mudanças significativas nas práticas empresariais em direção a um mundo melhor.

Neste contexto, dada a profundidade, relevância e impacto social do assunto, é de se presumir que as práticas de ESG não se limitem exclusivamente apenas ao mundo das corporações privadas; ao contrário, justamente porque revelam conexões diretas com os princípios constitucionais e administrativos que informam a Administração Pública, é de se concluir que cabe também à Administração, direta ou indireta, dotar seus processos, relações e procedimentos de boas práticas sob estes aspectos.

E isto, mais do que mera suposição, já pode ser observado nos diversos avanços legislativos que indicam o caminho a ser trilhado pela Administração.

Isto posto, para ingressar na temática das licitações como instrumento de políticas sociais, é preciso primeiro, necessariamente, correlacionar o instituto do procedimento licitatório com o pilar social do ESG.

Para tanto, precisamos entender que o *social* se refere, principalmente, às ações das empresas em relação às pessoas e à sociedade em geral. Este "pilar" envolve aspectos como direitos humanos, inclusão, diversidade, envolvimento comunitário, promoção de programas de voluntariado, cumprimento dos ODS, saúde e segurança – com destaque especial para as relações de trabalho – importando diretamente na produção de impacto social positivo.

O procedimento licitatório, de outro lado, é o principal meio pelo qual o administrador de recursos públicos realiza a aquisição de bens ou serviços, submetendo-se uma série de regras específicas para este fim, sejam elas as dispostas na Lei Geral de Licitações, sejam elas as estabelecidas por meio das regulamentações específicas.

E é justamente no bojo destas regras que podemos encontrar diversos mecanismos que contribuem diretamente para a efetivação das práticas que pretendem ser cada vez mais difundidas pelo ESG, de modo a nos possibilitar, de plano, por concluir que se tratam elas próprias – *as regras* – de boas práticas neste sentido.

Portanto, de início, para dar clareza à temática, é preciso mencionar, desde logo, as importantes alterações promovidas na antiga Lei nº 8.666, de 1993, que convergem, sobremaneira, com a finalidade desta obra, isto é: trata-se de exemplos concretos de EGS na prática, no âmbito da Administração Pública, em especial sob o enfoque social, revelando que a evolução legislativa cada vez mais dá mais contornos às políticas sociais.

II Dos princípios e da efetividade por meio das políticas públicas

Todos os âmbitos do Direito são pautados por princípios peculiares, sejam eles previstos em lei ou implícitos no ordenamento jurídico vigente. Aliás, essa base principiológica sistematizada decorre da própria Constituição da República, que, progressivamente, introduziu princípios na consciência coletiva da sociedade.

A própria palavra 'princípio' revela-se como interessante ponto de partida nesta reflexão.

Vinda do latim *principium,* a palavra possui conotação variada, podendo dar a ideia de origem, começo, início ou, ainda, a ideia de fundamento, de verdade fundamental sobre a qual se apoia um raciocínio.[1]

Neste sentido, é preciso ter em foco que os princípios – sejam eles os princípios constitucionais ou os princípios gerais do direito – são premissas que dão luz à interpretação das normas, o que acaba por lhes conferir – também – força normativa.

Essa normatividade como traço característico dos princípios é destacada no conceito proferido por Paulo Bonavides:

> Princípio é, com efeito, toda norma jurídica, enquanto considerada como determinante de uma ou de muitas outras subordinadas, que a pressupõem, desenvolvendo e especificando ulteriormente o preceito em direções mais particulares (menos gerais), das quais determinam, e, portanto, resumem, potencialmente, o conteúdo: sejam, pois, estas efetivamente postas, sejam, ao contrário, apenas dedutíveis do respectivo princípio geral que as contém.[2]

Na mesma linha, ainda para Bonavides, uma sentença proferida pelo Tribunal Constitucional da Itália no ano de 1956 merece especial destaque neste particular:

> Faz-se mister assinalar que se devem considerar como princípios do ordenamento jurídico aquelas orientações e aquelas diretrizes de caráter geral e fundamental que se possam deduzir da conexão sistemática, da coordenação e da íntima racionalidade das normas, que concorrem para formar assim, num dado momento histórico, o tecido do ordenamento jurídico.[3]

E embora esta questão por si só enseje diversos e complexos debates, em dias atuais, a força normativa dos princípios parece ser constatada com bastante facilidade, importando, inclusive, em legislações esparsas amplamente principiológicas, como adiante se verá.

---

1 Disponível em: https://michaelis.uol.com.br/modernoportugues/busca/portugues-brasileiro/principio/. Acesso em: 16 jun. 2024.

2 BONAVIDES, Paulo. *Curso de Direito Constitucional*. 21. ed. São Paulo: Malheiros Editores, 2007.

3 *Apud* BONAVIDES, Paulo. *Curso de Direito Constitucional*. 21. ed. São Paulo: Malheiros Editores, 2007, p. 257.

Isto equivale a dizer que os princípios são normas de hierarquia superior que norteiam não só o processo de elaboração legislativa, mas também a análise do intérprete para melhor aplicação ao caso concreto.

Não há dúvidas, portanto, da importância de se reconhecer estar-se diante de um princípio basilar do ordenamento, pois de certo modo são estes mesmos princípios que ditam a lógica que precisa ser constatada – e buscada – no mundo dos fatos.

Neste sentido, imperioso destacar as lições proferidas pelo Professor Celso Antonio Bandeira de Mello:

> Princípio é, por definição, mandamento nuclear de um sistema, verdadeiro alicerce dele, dispositivo fundamental que se irradia sobre diferentes normas compondo-lhes o espírito e servindo de critério para sua exata compreensão e inteligência exatamente por definir a lógica e a racionalidade do sistema normativo, no que lhe confere a tônica e lhe dá sentido harmônico. (...) Violar um princípio é muito mais grave que transgredir uma norma qualquer. A desatenção ao princípio implica ofensa não apenas a um específico mandamento obrigatório, mas a todo o sistema de comandos. É a mais grave forma de ilegalidade ou inconstitucionalidade, conforme o escalão do princípio atingido, porque representa insurgência contra todo o sistema, subversão de seus valores fundamentais, contumélia irremissível a seu arcabouço lógico e corrosão de sua estrutura mestra.[4]

E, se a ideia que se funda a partir da lógica de violação mencionada por Celso Antonio Bandeira de Mello – de que violar um princípio é mais grave do transgredir uma norma –, também é preciso considerar o inverso: ao se eleger um princípio – constitucional ou geral – estamos diante da maior eleição de valores ou interesses possíveis dentro de um ordenamento em determinado momento, dos quais não se pode abrir mão.

Assim, em âmbito de Direito Administrativo, os princípios podem ser compreendidos como as diretrizes que norteiam a atuação da Administração Pública, com ênfase para legalidade, impessoalidade, moralidade, publicidade e eficiência, sempre com vistas ao também princípio – embora não expresso – da supremacia do interesse público.

Aliás, neste sentido, embora não haja um conceito unânime sobre o que este princípio *venha a ser*, a essência da 'supremacia do interesse

---

4 MELLO, Celso Antonio Bandeira de. *Curso de Direito Administrativo*. 26. ed. São Paulo: Malheiros, 2009

público' acaba sendo a própria razão de existir da Administração Pública, pois sua atuação é (deve ser) voltada aos interesses da coletividade.

E é neste particular que o tema converge com o que denominamos por 'políticas públicas', (aqui sem adentrar no mérito se tais políticas são criadas e implementadas por apenas um ou pelos três poderes em conjunto), já que, juridicamente, a figura das políticas públicas pode ser compreendida como uma forma de concretização dos chamados direitos sociais, que em outras palavras implica, em certa medida, reconhecer que as políticas públicas conferem efetividade prática aos valores eleitos pelo interesse público.

Outrossim, em outras palavras, tem-se que a noção de interesse público está relacionada com a satisfação de necessidades dos destinatários do referido interesse, onde o interesse público pode ser compreendido como um interesse geral que se concretiza na prática quando há a satisfação das necessidades dos indivíduos individualmente considerados, sem que seja propriamente um direito individual – o que acaba por se revelar um excelente contexto para a criação de políticas públicas.

De maneira mais simples, podemos dizer que uma política pública é um processo – com etapas e regras – com vistas à resolução de um problema público; a satisfação de um direito difuso; ou ainda o fomento de um determinado interesse coletivo. Aliás, para dizer de outro modo, poderíamos suscitar que uma política pública tem por função a promoção do bem-estar social, que, por sua vez, é outro princípio basilar do Estado.

Note-se que criar uma política pública não se resume ao simples ato de implementar. O *fazer* compreende uma série de estágios, dentre os quais se podem destacar: a) reconhecer o problema e identificar outras temáticas naquela mesma área de atuação; b) inserir o tema na agenda de prioridades de ação do poder público; c) formular a política pública em si, buscando dar concretude às ações; d) adotar a política pública e todas as medidas necessárias; e) implementar através de ações concretas; f) analisar a efetividade e reavaliar a necessidade de sua manutenção, independentemente se quem o faz é ora o Poder Executivo, ora o Legislativo, ou ambos.

O fato é que a implementação de uma política pública afeta diretamente não só a vida das pessoas, mas também a rotina das organizações, pois estas acabam por determinar certas diretrizes sociais, inclusive com a definição de quais e quantos recursos serão investidos neste objetivo.

Políticas públicas são, portanto, parte fundamental do desenvolvimento da sociedade, indicando o conjunto de valores morais eleitos e aceitos no tempo em que acontecem, razão pela qual, a seguir, analisaremos como a evolução do tema é percebida inclusive em sede de legislação.

III Da evolução legislativa em políticas públicas

Ainda era o ano de 2017 quando a Lei nº 13.500 introduziu o §5ª no art. 40 da antiga Lei de Licitações, o qual dispôs sobre a possibilidade de a Administração Pública exigir, nos editais de licitação para a contratação de serviços, que a licitante a ser contratada pelo Poder Público tivesse um mínimo de trabalhadores oriundos ou egressos do sistema prisional,[5] na forma de decreto regulamentador, evidenciando a finalidade pretendida, qual seja, de ressocialização do reeducando.

De igual forma, em 1º de abril de 2021 foi publicada a Lei nº 14.133, que estabeleceu no art. 25, §9º, que o edital poderá, na forma disposta em regulamento, exigir que percentual mínimo da mão de obra responsável pela execução do objeto da contratação seja constituído por: I - mulheres vítimas de violência doméstica; II - oriundos ou egressos do sistema prisional.[6]

Além desta disposição transcrita, também o art. 60, *caput*, inciso III, da mesma Lei determina que, em caso de empate entre duas ou mais propostas, serão utilizados, nesta ordem, os seguintes critérios de desempate:

> I - disputa final, hipótese em que os licitantes empatados poderão apresentar nova proposta em ato contínuo à classificação;
> II - avaliação do desempenho contratual prévio dos licitantes, para a qual deverão preferencialmente ser utilizados registros cadastrais para efeito de atesto de cumprimento de obrigações previstos nesta Lei;
> *III - desenvolvimento pelo licitante de ações de equidade entre homens e mulheres no ambiente de trabalho, conforme regulamento;*

---

5 Disponível em: https://www.planalto.gov.br/ccivil_03/_ato2015-2018/2017/Lei/L13500.htm. Acesso em: 9 jun. 2024.

6 Disponível em: https://www.planalto.gov.br/ccivil_03/_ato2019-2022/2021/lei/l14133.htm. Acesso em: 9 jun. 2024.

> IV - desenvolvimento pelo licitante de programa de integridade, conforme orientações dos órgãos de controle.[7]

Portanto, uma primeira conclusão é que a intenção da norma supramencionada foi clara em continuar fomentando esse tipo de política pública afirmativa por parte do Estado, ao mesmo tempo em que reafirmou a necessidade de atenção por parte do Estado para estes tipos de políticas sociais, em perfeita consonância com os preceitos empregados em ESG.

Imperioso destacar, ainda, que tal previsão deu causa à edição do Decreto nº 11.430/2023, que já determina, em síntese, que os editais de licitação e avisos de contratação direta para serviços contínuos em regime de dedicação exclusiva de mão de obra, com no mínimo 25 colaboradores, devem prever o emprego de mão de obra constituída por mulheres vítimas de violência doméstica, em percentual não inferior a 8% das vagas, o que deve inclusive ser mantido durante toda a execução do contrato.[8]

Aliás, o mencionado decreto dispõe não só sobre políticas públicas de igualdade de gênero, mas também sobre políticas públicas de igualdade racial, na medida em que assim prevê:

> Art. 3º. Os editais de licitação e os avisos de contratação direta para a contratação de serviços contínuos com regime de dedicação exclusiva de mão de obra, nos termos do disposto no inciso XVI do caput do art. 6º da Lei nº 14.133, de 2021, *preverão o emprego de mão de obra constituída por mulheres vítimas de violência doméstica, em percentual mínimo de oito por cento das vagas*.
> §1º. O disposto no caput aplica-se a contratos com quantitativos mínimos de vinte e cinco colaboradores.
> §2º. O percentual mínimo de mão de obra estabelecido no caput deverá ser mantido durante toda a execução contratual.
> §3º. As vagas de que trata o caput:
> I - *incluem mulheres trans, travestis e outras possibilidades do gênero feminino*, nos termos do disposto no art. 5º da Lei nº 11.340, de 2006; e
> II - *serão destinadas prioritariamente a mulheres pretas e pardas*, observada a proporção de pessoas pretas e pardas na unidade da federação onde ocorrer a prestação do serviço, de acordo com o último censo demográfico do Instituto Brasileiro de Geografia e Estatística - IBGE.

---

7 *Ibid*.

8 Disponível em: https://www.planalto.gov.br/ccivil_03/_ato2023-2026/2023/decreto/D11430.htm. Acesso em: 9 jun. 2024.

Ainda, no tocante às políticas de igualdade de gênero e de combate à violência doméstica, segundo a 10ª edição da pesquisa *Violência Doméstica e Familiar contra a Mulher*, realizada pelo DataSenado em 2023,[9] *30% das mulheres do país já sofreram algum tipo de violência doméstica ou familiar provocada por um homem*, ainda sendo possível identificar com a pesquisa que:

> Dentre elas, 76% sofreram violência física, *sendo que esse índice que varia de acordo com a renda*. Enquanto 64% das mulheres que sofreram violência doméstica ou familiar e que recebem mais de seis salários-mínimos declaram ter sofrido violência física, esse índice chega a 79% entre as vítimas com renda de até dois salários-mínimos.[10]

E, portanto, de posse desses dados, é possível uma conclusão que importe no reconhecimento por parte do legislador de que a independência financeira da mulher agredida pode vir a possibilitar o rompimento do ciclo de violência.

Igualmente relevante é destacar, no que toca à temática, que a Constituição Federal, ao tratar dos objetivos fundamentais da República Federativa do Brasil, consagrou o chamado *princípio da igualdade* logo em seu art. 3º:

> Art. 3º Constituem objetivos fundamentais da República Federativa do Brasil:
> I - construir uma sociedade livre, justa e solidária;
> II - garantir o desenvolvimento nacional;
> III - erradicar a pobreza e a marginalização e reduzir as desigualdades sociais e regionais;
> IV - promover o bem de todos, sem preconceitos de origem, raça, sexo, cor, idade e quaisquer outras formas de discriminação.[11]

Que foi logo depois ratificado em seu famoso art. 5º:

> Art. 5º Todos são iguais perante a lei, *sem distinção de qualquer natureza*, garantindo-se aos brasileiros e aos estrangeiros residentes no País a

---

9 Disponível em: https://www12.senado.leg.br/institucional/datasenado/arquivos/pesquisa-nacional-de-violencia-contra-a-mulher-datasenado-2023. Acesso em: 9 jun. 2024.

10 Disponível em: https://www12.senado.leg.br/institucional/datasenado/publicacaodatasenado?id=pesquisa-nacional-de-violencia-contra-a-mulher-datasenado-2023. Acesso em: 9 jun. 2024

11 Disponível em: https://www.planalto.gov.br/ccivil_03/constituicao/constituicao.htm. Acesso em: 9 jun. 2024.

> inviolabilidade do direito à vida, à liberdade, à igualdade, à segurança e à propriedade, nos termos seguintes:
> I - homens e mulheres são iguais em direitos e obrigações, nos termos desta Constituição;[12]

Nesse contexto, e considerando o princípio mencionado, é razoável concluir que cabe ao Estado promover a pretendida igualdade por meio de ações que permitam a plena satisfação destes direitos, o que é levado a efeito, portanto, por meio de ações afirmativas, sempre que constatado qualquer tipo de discrepância ou violação. Outrossim, é dever do Estado realizar ações protetivas com o estabelecimento de políticas públicas voltadas para os grupos considerados mais vulneráveis, com vistas a cumprir o seu próprio dever constitucional, em plena atenção ao interesse público.[13]

Cumpre mencionar, ainda, que a Nova Lei de Licitações também se preocupou em prever a reserva de vagas para pessoas com deficiência e reabilitados da Previdência Social. Esta política, diga-se de passagem, é existente desde a edição da Lei nº 8.213/91, que em seu artigo 93 versou sobre a obrigatoriedade de as empresas com mais de cem empregados reservarem um percentual de suas vagas a estes empregados.[14]

Posteriormente, na Lei Federal nº 8.666/93, previsão semelhante foi inserida quando se editou a possibilidade de a Administração Pública dar preferência, como regra de desempate, à contratação de empresas que "comprovem cumprimento de reserva de vagas prevista em lei para pessoa com deficiência ou para reabilitado da Previdência Social e que atendam às regras de acessibilidade previstas na legislação" (artigo 3º, §2º, V, da Lei nº 8.666/93), o que também evoluiu agora, sob o enfoque de políticas sociais, para o entendimento consolidado na Lei nº 14/133.

Diferentemente da Lei nº 8.666/93, que se utilizava do cumprimento de reserva de vagas como critério de desempate, a Nova Lei determina que, na fase de habilitação, a licitante deverá apresentar

---

12 *Ibid.*

13 Neste contexto emprega-se a noção de interesse público trazida pelo Prof. Celso Antônio Bandeira de Mello, para quem "o interesse público deve ser conceituado como o interesse resultante do conjunto de interesses que os indivíduos pessoalmente têm quando considerados em sua qualidade de membros da Sociedade e pelo simples fato de o serem" (*Curso de direito administrativo*. 30. ed. São Paulo: Malheiros Editores, 2013, p. 62).

14 Disponível em: https://www.planalto.gov.br/ccivil_03/leis/l8213cons.htm. Acesso em: 9 jun. 2024.

declaração de que cumpre as exigências de reserva de cargos para pessoa com deficiência e para reabilitado da Previdência Social:

> Art. 62. A habilitação é a fase da licitação em que se verifica o conjunto de informações e documentos necessários e suficientes para demonstrar a capacidade do licitante de realizar o objeto da licitação, dividindo-se em:
> I - jurídica;
> II - técnica;
> III - fiscal, social e trabalhista;
> IV - econômico-financeira.
> Art. 63. *Na fase de habilitação das licitações serão observadas as seguintes disposições*:
> I - poderá ser exigida dos licitantes a declaração de que atendem aos requisitos de habilitação, e o declarante responderá pela veracidade das informações prestadas, na forma da lei;
> II - será exigida a apresentação dos documentos de habilitação apenas pelo licitante vencedor, exceto quando a fase de habilitação anteceder a de julgamento;
> III - serão exigidos os documentos relativos à regularidade fiscal, em qualquer caso, somente em momento posterior ao julgamento das propostas, e apenas do licitante mais bem classificado;
> IV - *será exigida do licitante declaração de que cumpre as exigências de reserva de cargos para pessoa com deficiência e para reabilitado da Previdência Social, previstas em lei e em outras normas específicas*.[15]

Logo, se na Lei Federal nº 8.666/1993 a questão era tratada de forma complementar ou mesmo "secundária", na Lei Federal nº 14.133/2021, o tema passa a ser requisito formal de habilitação no procedimento licitatório.

Note-se que a presente análise cuida de comparar a evolução legislativa na temática, sem a pretensão de avançar para as questões relativas a eventuais dificuldades de implantação, procedimentos auxiliares na condução dos certames ou, ainda, necessidade de maior regulamentação das novas disposições.

Uma vez dito isto, podemos concluir que políticas públicas ou políticas sociais são, em uma primeira análise, o meio pelo qual o Estado pode agir em busca de dar plena satisfação a direitos sociais, partindo-se de um planejamento anterior e definindo quais serão os

---

[15] Disponível em: https://www.planalto.gov.br/ccivil_03/_ato2019-2022/2021/lei/l14133.htm. Acesso em: 9 jun. 2024.

segmentos de atuação, tais como segurança, analfabetismo, desemprego, meio ambiente, igualdade de gênero, etc.

Ainda sobre o conceito de política pública, Maria Paula Dallari Bucci confere-lhe natureza de conjunto ordenado de atos e processos, expressando-se da seguinte maneira:

> Política pública é o programa de ação governamental que resulta de um processo ou conjunto de processos juridicamente regulados – processo eleitoral, processo de planejamento, processo de governo, processo orçamentário, processo legislativo, processo administrativo, processo judicial – visando coordenar os meios à disposição do Estado e as atividades privadas, para a realização de objetivos socialmente relevantes e politicamente determinados.
> Como tipo ideal, a política pública deve visar a realização de objetivos definidos, expressando a seleção de prioridades, a reserva de meios necessários à sua consecução e o intervalo de tempo em que se espera o atingimento dos resultados.[16]

Portanto, uma política pública ideal deve ter objetivos bem definidos, que passam pela definição de prioridades, reserva – inclusive orçamentária – de meios necessários à sua efetivação e definição do intervalo de tempo para que se verifiquem resultados concretos. Assim, diante destes contexto e conceito, conclui-se que política pública requer planejamento direcionado ao interesse coletivo.

Na mesma linha, ao compreendermos que uma política social pode ser entendida como uma decisão estatal que visa dar efetividade ao interesse público e a satisfazer direitos fundamentais de forma concreta, a forma pela qual uma política pública é implementada e se instaura passa a ser de fundamental relevância, haja vista que os recursos e os meios à disposição do Estado são, muitas das vezes, escassos e, justamente por isso, devem ser bem aplicados.

Por conseguinte, quando analisamos a Lei de Licitações como instrumento de materialização de políticas sociais, alinhamo-nos perfeitamente ao que foi exposto por Christiane Stroppa[17] em sua disser-

---

16 BUCCI, Maria Paula Dallari. O conceito de política pública em direito. *In*: BUCCI, Maria Paula Dallari (org.). *Políticas Públicas*: reflexões sobre o conceito jurídico. Belo Horizonte: Fórum, 2006. p. 39.

17 Disponível em: https://repositorio.pucsp.br/jspui/handle/handle/6254. Acesso em: 9 jun. 2024.

tação, que perpassa pelo que compreendemos como sendo a função social da licitação, pois:

> [...] *atende plenamente a ideia de supremacia do interesse público a transformação do instituto da licitação em uma das atividades estatais mais relevantes*, haja vista a possibilidade real de transformação econômica e social de um país.
> [...]
> Diante disso, parece possível o cotejo de outras formas de se buscar a vantagem nas licitações. Dito de outo modo: *seria juridicamente possível incluir, como um dos objetivos dos procedimentos licitatórios, o fomento de valores e metas desejadas de maneira explícita na Constituição.*

Que de certa maneira é o que o legislador vem – de forma muito sútil – sugerindo, quando indica no texto normativo pequenas possibilidades à Administração Pública e pequenas vantagens aos licitantes que empreguem em seus quadros egressos do sistema prisional ou mulheres vítimas de violência doméstica, e exige que seus licitantes cumpram os percentuais legais de empregados com deficiência ou reabilitados, por exemplo.

Inegável, portanto, que a nova Lei de Licitações, sob esta ótica, apresenta mecanismos de governança e de efetivação da responsabilidade social, com vistas ao alcance do desenvolvimento sustentável.

Aliás, a evolução do Direito Administrativo é claramente percebida neste posicionamento de incorporar aos mecanismos jurídicos maior gestão democrática, participativa e inclusiva. Nota-se, por exemplo, que aquela noção de que a finalidade principal dos procedimentos licitatórios é a obtenção de propostas de serviços e fornecimentos de bens e materiais apenas sob o critério de "menor preço" já foi, em muito, ultrapassada. Hoje já podemos vislumbrar que uma contratação "vantajosa", ou "apta" a sê-la, é aquela que, ao mesmo tempo em que atinge uma finalidade específica, de alguma forma também viabiliza a implementação de uma política social.

Neste processo evolutivo do Direito Administrativo, cabe bem replicar as lições proferidas pelo Professor Edgar Guimarães, que antes mesmo da edição da Lei nº 14.133 já corroborava este entendimento:

> As finalidades do processo licitatório são expressas pelo art. 3º da Lei nº 8.666/938, conhecida como Lei Geral das Licitações e Contratos Administrativos (LGL). Este dispositivo recebeu alteração pela Lei nº 12.349, de 15 de dezembro de 2010, fruto da conversão da Medida Provisória nº 495/2010, *inserindo-se como um dos objetivos da licitação a*

> *garantia do desenvolvimento nacional sustentável.* Anteriormente a esta modificação, da inteligência do artigo 3º da Lei nº 8.666/93, concluía-se que a licitação deveria cumprir dois fins básicos: garantir a isonomia na atuação administrativa e obter a proposta mais vantajosa para o cumprimento do interesse público.
>
> Considerando-se a norma atualizada, constata-se a manutenção destas duas finalidades, *acrescendo-se a promoção do desenvolvimento nacional sustentável* como fim a ser perquirido de igual forma. Evidencia-se um incremento na concepção de licitação. Antes o elemento essencial do processo licitatório era o de satisfazer os interesses da Administração como compradora, ressalvando aos licitantes a igualdade na disputa. Contudo, dado o avanço teórico relativo à matéria e ao atual entendimento do legislador, esposado pela mudança da LGL, não cabe mais colocar a questão apenas nestes termos. *Vislumbrando-se o Estado como garantidor de direitos fundamentais, é de se defender que a estrutura organizacional articulada para o atendimento das necessidades internas da Administração deve ser realinhada a também compreender o atendimento de políticas públicas.* Com isso a Administração Pública, especialmente por seu poder de compra, pode se colocar como interventora no mercado por meio de práticas diferenciadas de consumo, estimulando e criando meios que fortaleçam um modelo menos pautado no acúmulo despropositado e que seja mais racional. Não só o contrato apreende este objetivo, mas o processo prévio de escolha do contratante, *incluindo-se habilitação*, propostas, elaboração da especificação técnica do produto/serviço, revela, de igual forma, esta função. (...)
>
> Portanto, assinala-se a importância do instituto da licitação e o seu escopo de permitir o melhor negócio para a Administração em consonância ao interesse público, notadamente a partir de condições isonômicas e competitivas, da garantia de uma atuação administrativa proba, moral, eficiente e legal, e da racionalização do processo *em prol do desenvolvimento nacional sustentável.*[18]

No contexto de aplicação de políticas públicas decorrentes de licitações é imprescindível, portanto, destacar o poder dever da Administração Pública em fomentar que as licitantes exerçam o seu direito sim, de livre-iniciativa, concorrência e competitividade, mas que também exerçam o seu dever perante a responsabilidade social, configurando aqui outra prática difundida em termos de ESG.

---

[18] GUIMARÃES, Edgar. Controle das políticas públicas por meio das licitações. O conceito de política pública em direito Disponível em: https://portal.jmlgrupo.com.br/arquivos/news/newsletter_adm_publica/arquivos/ANEXO_2_15_02.pdf. Acesso em: 9 jun. 2024.

Para tanto, as empresas licitantes que cumprirem eventuais requisitos previstos em edital podem incorrer em algumas vantagens. Mas não só.

A Lei de Execução Penal (Lei nº 7.210/84), por exemplo, oferece benefícios a quem contrata mão de obra prisional, como a isenção de encargos trabalhistas, a saber: férias, 13º salário, recolhimentos ao FGTS, dentre outros.

Neste todo, os esforços, que podem ser compreendidos como esforços conjuntos, são destinados para a busca do equilíbrio e da promoção do bem-estar social, sendo possível afirmar

> [...] que o processo licitatório funciona, além de instrumento para implementação da política pública, como forma de controle de metas e de objetivos das políticas aplicadas. Isso porque os processos de contratações costumam ser controlados estatisticamente, vislumbrando-se a economia de recursos públicos alcançada com a realização dos certames. É possível, por exemplo, que daqui algum tempo se constate o barateamento dos produtos ecologicamente amigáveis a partir da análise dos processos licitatórios instaurados. Ou ainda, observar o incremento de fornecedores nacionais em determinadas áreas, possibilitando-se averiguar se a finalidade de fomento pretendida (...) foi atendida, ou não.
> Essa análise pode ser feita tanto pela Administração compradora quanto pelas Cortes de Contas, que possuem um corpo técnico altamente profissionalizado e eclético. Esse controle não estabeleceria novas metas à Administração, e sim averiguaria se as diretrizes traçadas por ela quando da instituição da política pública foram cumpridas com as licitações processadas, sob pena de responsabilização, caso ocorra de modo diverso, sem a devida justificativa.[19]

Não pairam dúvidas, portanto, de que as contratações da Administração Pública estão cada vez mais inseridas em um quadro mais amplo, que contempla reflexos sociais cada vez mais relevantes, guardando total convergência com o objeto central desta obra, haja vista tratar de questões estruturantes sob o ponto de vista do pilar social quando se fala em ESG.

Importante consignar, entretanto, que muitos dos dispositivos consagrados na Lei nº 14.133 dependem de regulamentação para sua aplicação. De igual forma, também é digno de nota que alguns estados, municípios e até mesmo a União, a exemplo do decreto anteriormente

---

[19] *Ibid.*

mencionado, já estabeleceram em regulamentos próprios como prever tais ações nas contratações públicas, a fim de conferir-lhes efetividade.

Exemplo concreto de regulamentação específica no Estado do Paraná, o Decreto nº 29.210/2023, do município de Telêmaco Borba, regulamenta as políticas públicas sociais a que se refere a Lei nº 14.133, explicitando o que se considera para efeitos da Lei, e em que momentos do procedimento licitatório as condições e requisitos serão analisados e avaliados. O decreto, datado de 13 de março de 202, prevê:

> Art. 5º O cumprimento das disposições deste Decreto deve ser previsto:
> I - como requisito de habilitação, no edital, consistente na apresentação de declaração do licitante de que, caso seja vencedor, contratará mulheres vítimas de violência doméstica e/ou pessoas oriundas ou egressas do sistema prisional; e
> II - como obrigações do contratado no edital e na minuta de contrato.[20]

Adicionalmente, embora em nada se assemelhe com o que fora mencionado até aqui, outro exemplo que pode ser compreendido como política pública sendo instituída por meio do procedimento licitatório é o Programa de Desenvolvimento de Fornecedores, vigente no âmbito do Sebrae/PR.

O Sebrae, mesmo não compondo a Administração Pública, nem com ela se confundindo, por operar com recursos públicos faz a previsão em regulamento específico de que adotará o procedimento licitatório como uma de suas formas de contratação.

Isto posto, em seus editais, no Estado no Paraná, a depender do objeto que se pretende contratar, notadamente aqueles que se destinam à contratação específica de micro e pequenas empresas, além das disposições legais atinentes a matéria, podemos encontrar a seguinte disposição:

> 14.7 PROGRAMA DE DESENVOLVIMENTO DE FORNECEDORES – PDF
> 14.7.1 O fornecedor assim que contratado terá o benefício de integrar o Programa de Desenvolvimento de Fornecedores.

---

[20] Disponível em: https://leismunicipais.com.br/a/pr/t/telemaco-borba/decreto/2023/2921/29210/decreto-n-29210-2023-regulamenta-no-ambito-da-administracao-publica-direta-do-municipio-de-telemaco-borba-estado-do-parana-politicas-publicas-sociais-a-que-se-refere-a-lei-n-14133-de-1-de-abril-de-2021#:~:text=Art.,prisional%20no%20mercado%20de%20trabalho. Acesso em: 30 jun. 2023.

> 14.7.2 O programa tem o objetivo de promover oportunidades de ganhos de produtividade, aumentando do nível de qualidade e possibilitando acesso a novos mercados. O PDF também tem como objetivo a melhoria contínua na relação contratual.
> 14.7.3 Para isso o licitante vencedor deverá estar integralmente envolvido nas ações que preveem vários benefícios ao fornecedor e ao SEBRAE/PR, como:
> (...)
> 14.7.3.2 recebimento do diagnóstico empresarial para identificação de possíveis melhorias na gestão do negócio;
> 14.7.3.3 recebimento das soluções Sebrae através do voucher PDF.[21]

Trata-se de programa criado com vistas ao desenvolvimento do licitante que é vencedor de um processo licitatório. Ao ser contratado, o fornecedor passa a consultar o PDF de maneira gratuita, onde tem acesso a diversas ferramentas e consultorias nos mais variados âmbitos da gestão empresarial, o que contribui para sua maturidade e para o seu desenvolvimento enquanto empresa e empresário, sempre com vistas ao seu crescimento.

Importa relembrar que o objetivo do Sebrae é promover a competitividade e o desenvolvimento sustentável dos pequenos negócios e fomentar o empreendedorismo, a fim de fortalecer a economia nacional. Portanto, ao criar programa interno voltado para os seus próprios fornecedores, que em alguma medida compõe, também, seu próprio público-alvo, estamos diante de política pública instituída por meio do procedimento licitatório no âmbito da instituição.

Trata-se de um exemplo concreto de sua finalidade institucional sendo atingida em mais alto grau e revela-se como prática de ESG na esfera privada, atenta e preocupada com o desenvolvimento social e sustentável.

Tal boa prática serve tanto para ser inspiração em sede de regulamentação quanto para demonstrar que a legislação como um todo tem deixado espaço para o administrator da coisa pública propor alternativas e inovar nesta busca por promoção do bem social.

---

21 Disponível em: https://www.scf3.sebrae.com.br/portalcf/Licitacoes/Detalhe?Id=12107. Acesso em: 30 jun. 2024.

IV Conclusão

Diante de tais explanações, há de se concluir pela existência de um interesse público que permeia não apenas o Estado e o Governo (primeiro setor), mas também a iniciativa privada (segundo setor) e as diversas organizações da sociedade civil (terceiro setor), sendo possível identificar que este interesse, inclusive, se ainda não dá conta de traduzir, já é pelo menos bem claro em indicar quais são os valores que atualmente elegemos enquanto em sociedade.

Aliás, dos avanços legislativos, diga-se de passagem, não restam dúvidas, de que o bem-estar social está intimamente relacionado com a efetivação de políticas públicas em sede de inclusão, diversidade, meio ambiente, sustentabilidade, equidade, fomento ao empreendedorismo, etc. – âmbitos nos quais, hoje, a própria lei acaba ocupando o papel central de ser, ela mesma, uma política social.

Trata-se, portanto, de ESG na Administração Pública já acontecendo na prática, onde – ainda que não se tivesse a intenção de ser – já o é.

Informação bibliográfica deste livro, conforme a NBR 6023:2018 da Associação Brasileira de Normas Técnicas (ABNT):

BUBNIAK, Laura França. As licitações como instrumento de materialização de políticas sociais. *In*: RODRIGUES, Caroline; PIRONTI, Rodrigo (coord.). *ESG na Administração Pública*: estudos dirigidos. Belo Horizonte: Fórum, 2025. p. 171-187. ISBN 978-85-450-0779-1.

SUSTENTABILIDADE SOCIAL NAS RELAÇÕES DE TRABALHO: IDENTIFICAÇÃO, PREVENÇÃO E ENFRENTAMENTO DO ASSÉDIO MORAL E SEXUAL NAS ORGANIZAÇÕES

ANA PAULA NUNES MENDONÇA SEXTOS,
ANA CAROLINA CORRÊA PETENATI DE OLIVEIRA

Introdução

A centralidade do trabalho para o ser humano, seja para sua subsistência ou para a construção de sua identificação pessoal, é um tema tradicionalmente reconhecido e debatido pela nossa sociedade. Nos últimos anos, entretanto, o tema da saúde mental dos trabalhadores ganhou maior enfoque social. Não sem um porquê. Os dados estatísticos demonstram que o fenômeno do adoecimento dos trabalhadores ascendeu vertiginosamente e as previsões futuras também nos demonstram um quadro alarmante de futuras pessoas adoecidas em virtude de relações laborais violentas.

O Conselho Nacional de Saúde (CNS) do Brasil alerta que há uma situação epidêmica na saúde mental no Brasil em relação ao sofrimento psíquico no ambiente de trabalho. Segundo os dados do CNS, os Transtornos Mentais Relacionados ao Trabalho (TMRT) são a terceira maior causa de afastamento do trabalho e os dados apontam, ainda, para uma tendência de crescimento.[1]

Assim, se desejamos, verdadeiramente, construir relações saudáveis e sustentáveis de trabalho, precisamos lançar nosso olhar e dispor

[1] Conselho Nacional de Saúde. Sofrimento psíquico no ambiente de trabalho. Disponível em: https://conselho.saude.gov.br/ultimas-noticias-cns/3001-sofrimento-psiquico-no-ambiente-de-trabalho-pesquisadoras-apontam-situacao-epidemica-na-saude-mental-no-brasil. Acesso em: 6 jun. 2024.

de nosso tempo para entender como viemos e chegamos até esse ponto e como podemos reconstruir relações jurídicas e sociais, para que possamos vislumbrar um futuro laboral mais ético e positivo.

Nesse contexto, insta destacar inicialmente que o Brasil, como um dos países-membros da ONU – Organizações das Nações Unidas, deliberou em 2015, junto com os demais, por construir um programa com metas mundiais de desenvolvimento, com dimensões ambiental, econômica e social de desenvolvimento sustentável, tendo sido definidos 17 objetivos e 169 metas globais interconectadas para a construção de sociedades mais justas. Essa declaração propositiva ficou conhecida como "Agenda 2030".

O Objetivo nº 8 contido nessa Agenda é o de promover o crescimento econômico sustentado, inclusivo e sustentável, emprego pleno e produtivo, e trabalho decente para todos. Para alcançá-lo, os Estados também se comprometeram a adotar diversas ações e planos, tais como "proteger os direitos trabalhistas e promover ambientes de trabalho seguros e protegidos para todos os trabalhadores, incluindo os trabalhadores migrantes, em particular as mulheres migrantes, e pessoas em empregos precários".

Desse modo, temos que partir da premissa de que o Brasil aderiu ao Pacto pela implementação dos Objetivos de Desenvolvimento Sustentável da Agenda 2030 da ONU e, portanto, todos nós estamos compromissados socialmente e devemos colaborar e adotar medidas de respeito e proteção dos direitos humanos, incluindo, os direitos sociais do trabalho.

Convergindo com essas proposições da ONU, destaque-se que os países-membros da OIT – Organização Internacional do Trabalho aprovaram em 2019 a Convenção Internacional do Trabalho nº 190 sobre a eliminação da violência e do assédio no mundo do trabalho. Essa Convenção nº 190 da OIT, que é um tratado internacional, já está em trâmite para incorporação no ordenamento jurídico do Brasil, tendo sido encaminhada mensagem presidencial para o Congresso Nacional em 8 de março de 2023, onde tramita, desde então.

Com a perspectiva de incorporação da Convenção nº 190 da OIT ao nosso ordenamento jurídico pátrio, teremos mais instrumentos normativos para que as organizações e as pessoas adotem mais ações concretas para garantir o acesso de todos a um ambiente de trabalho livre de assédio, bem como para a proteção dos direitos humanos dos trabalhadores.

Não obstante a relevância desses movimentos dos organismos internacionais reconhecendo a necessidade de debater, prevenir e combater o assédio moral e sexual, precisamos reconhecer que já possuímos princípios, regras e normas no nosso ordenamento jurídico pátrio que impõem o afastamento dessas formas de violência das relações laborais.

Os princípios e objetivos fundamentais da República Federativa do Brasil contidos no art. 1º e no art. 3º da Constituição Federal dispõem sobre o princípio da dignidade da pessoa humana, os valores sociais do trabalho e a proibição de todas as formas de discriminação. Os direitos sociais fundamentais contidos nos artigos 6º e 7º, XII, da CF dispõem sobre o direito à saúde e à segurança no trabalho, o que também está previsto para os servidores públicos nos artigos 37 e 39, parágrafo terceiro, da CF.

Isso, por si só, nos impõe compreender que o tema do meio ambiente de trabalho saudável e seguro, livre das formas de violência do assédio moral e sexual, possui *status* constitucional, devendo, pois, ser tratado de acordo com a relevância jurídica e social que possui.

O fato é que precisamos enfrentar o tema da violência, do assédio moral e sexual nas organizações. Um tema tão denso e árduo de se tratar, quanto caro e urgente. Um tema que, por vezes, banalizado por uns, acaba perdendo a importância para outros. Mas repetimos que precisamos dar a esses assuntos a atenção que eles requerem.

Além da relevância jurídico-constitucional, ressalvamos o caráter interdisciplinar que o tema do assédio moral e sexual nas organizações possui, já que a complexidade dos fatos transcende a ciência jurídica. Tem-se a plena convicção de que o debate mais amplo sobre o assunto necessita de todo o suporte técnico e científico da Medicina, da Psicologia, da Antropologia, da Filosofia, dentre outros.

Mas, no presente artigo, cingiremos à análise das normas jurídicas tutelares existentes no ordenamento jurídico pátrio sobre o assédio moral e sexual, para demonstrar os conceitos e definições jurídicas, as classificações e as obrigações legais, as consequências jurídicas em caso de descumprimento e os meios preventivos de tais condutas abusivas.

Ressalva-se também que, neste artigo, buscaremos adotar uma linguagem simples, sem renunciar à técnica jurídica, mas faremos sem o formalismo acadêmico exacerbado, porque desejamos que o texto seja o mais aprazível e a comunicação a mais efetiva possível. É assim que também agimos nas nossas palestras. Primamos por transmitir, com clareza e objetividade, os assuntos do assédio, mas sem superficialidade.

Assim, no primeiro capítulo, trataremos do assédio moral nas relações laborais, trazendo à luz a definição e a distinção de assédio moral e dano moral. Discorremos sobre as classificações adotadas pela doutrina e jurisprudência atuais, para dispor sobre o assédio moral em suas diferentes vertentes. Apresentaremos as principais consequências das condutas para o assediador, o assediado, a empresa e para toda a sociedade. Exemplificaremos condutas tidas como ilícitas e abusivas pela doutrina e pela jurisprudência.

No segundo capítulo, trataremos do assédio sexual nas relações laborais, expondo conceitos, definições do assédio sexual, bem como a distinção de assédio sexual e de importunação sexual. Na sequência, falaremos sobre as espécies de assédio sexual no ambiente de trabalho, bem como sobre as consequências do assédio sexual para os envolvidos, para o Estado e para toda a sociedade. Traremos exemplos de condutas humanas naturais e lícitas.

No terceiro capítulo, falaremos sobre a importância e aplicabilidade do disposto na Lei Federal nº 14.457/2022 no excerto em que determinou às empresas que devem capacitar, orientar e sensibilizar seus empregados e dirigentes sobre as formas de assédio moral, sexual e, também, sobre igualdade e discriminação. Ainda, concluiremos o tópico dispondo sobre os meios de prevenção e de controle interno do ambiente laboral, elencando ações efetivas que podem integrar um bom programa de detecção e prevenção do assédio.

Em termos de conclusão, reforçaremos a ideia inicial sobre a necessidade de todos nós, juristas, empregadores, empregados, integrantes da iniciativa privada ou do Poder Público, dialogarmos francamente sobre o assunto do assédio moral e sexual nas organizações, para que possamos focar na educaçąo corporativa e adotar medidas de prevenção e de precaução, privilegiando-se a tutela preventiva à repressiva, para a construção de ambientes laborais livres de violência e de assédio.

1 Assédio moral

As diversas práticas de assédio moral no ambiente de trabalho são formas de violência contra o trabalhador que podem provocar danos à saúde física e mental da pessoa, além de afetar a vida da vítima, ferindo sua autoconfiança e sua percepção de identidade, afetando suas relações sociais e afetivas em diversos níveis e podendo chegar ao cume de levar à morte.

O ordenamento jurídico pátrio não possui uma definição legal que tipifique os possíveis atos ensejadores do assédio moral. A doutrina e a jurisprudência constroem o conceito de assédio moral aplicável ao Direito a partir das constantes evoluções dos estudos que correlacionam os problemas psicológicos decorrentes das relações pessoais hostis no ambiente de trabalho.

Sônia Mascaro Nascimento, baseando-se na doutrina nacional, conceitua o assédio como:

> conduta abusiva, de natureza psicológica, que atenta contra a dignidade psíquica, de forma repetitiva e prolongada, e que expõe o trabalhador a situações humilhantes e constrangedoras, capazes de causar ofensa à personalidade, à dignidade ou à integridade psíquica, e que tem por efeito excluir o empregado de sua função ou deteriorar o ambiente de trabalho.[2]

Maurício Godinho Delgado, eminente jurista brasileiro e Ministro do TST, em recente julgado pela Corte, conceituou o assédio moral como:

> conduta comumente reiterada do sujeito ativo no sentido de desgastar o equilíbrio emocional do sujeito passivo, por meio de atos, palavras, gestos e silêncios significativos que visem ao enfraquecimento e à diminuição da autoestima da vítima ou a outra forma de tensão ou desequilíbrio emocionais graves.[3]

A supracitada Convenção nº 190 da OIT, que está em processo de incorporação ao ordenamento jurídico pátrio, dispõe em seu artigo 1º que o assédio moral é:

> um conjunto de comportamentos e práticas inaceitáveis, ou de ameaças de tais comportamentos e práticas, que se manifestam apenas uma vez ou repetidamente, que objetivam causar, causam ou são suscetíveis de causar danos físicos, psicológicos, sexuais ou econômicos, incluída a violência e o assédio em razão de gênero.[4]

---

2 NASCIMENTO, S. A. C. M. O assédio moral no ambiente de trabalho. *Revista LTr, Legislação de Trabalho e Previdência*, São Paulo, v. 68, n. 8, p. 922, 2004.

3 BRASIL. Tribunal Superior do Trabalho. RRAg-11608-79.2016.5.15.0102, 3ª Turma, Relator Ministro Mauricio Godinho Delgado, DEJT 06/06/2024. Disponível em: https://www.tst.jus.br/. Acesso em: 6 jun. 2024.

4 Convenção sobre a eliminação da violência e do assedio no mundo do trabalho. Disponível em: https://webapps.ilo.org/wcmsp5/groups/public/---europe/---ro-geneva/---ilo-lisbon/documents/genericdocument/wcm•s_729459.pdf. Acesso em: 30 maio 2024.

Da leitura acurada de todas essas definições, podemos identificar alguns requisitos caracterizadores do assédio moral, quais sejam: a) exposição de pessoas a situações humilhantes, constrangedoras e intimidadoras; b) atos repetitivos e continuados; c) existência de danos físicos, psicológicos graves ao ser humano; d) nexo de causalidade.

Tem-se que a exposição dos trabalhadores ao assédio moral pode se dar das mais variadas formas, caracterizando-se por qualquer tipo de conduta abusiva, a exemplo de gestos, comportamentos, palavras, atos e atitudes. Tais condutas podem ocorrer de forma direta ou indireta, individualmente ou em grupo, sendo que geralmente ocorrem em atos e ameaças veladas e raramente ocorrem mediante agressão física.

Esse conceito aberto do assédio moral, com as amplas possibilidades de caracterização e geralmente com o emprego de meios sutis e ardis, faz com que o assédio moral seja também uma das condutas mais difíceis de serem prontamente identificadas pelas vítimas e pelos trabalhadores no ambiente de trabalho. Por vezes, de tão velado que é, o assédio moral chega a ser confundido com fatos isolados, brincadeiras, irrelevantes e dissabores corriqueiros. Chegam, às vezes, a serem "normalizados" naquele ambiente laboral. Mas não deve ser assim.

Os exemplos de assédio moral são dos mais variados, configurando-se nas seguintes situações:

- Retirar a autonomia do colaborador ou contestar, a todo o momento, suas decisões;
- Sobrecarregar o colaborador com novas tarefas ou retirar o trabalho que habitualmente competia a ele executar, provocando a sensação de inutilidade e de incompetência;
- Ignorar a presença do assediado, dirigindo-se apenas aos demais colaboradores;
- Passar tarefas humilhantes;
- Gritar ou falar de forma desrespeitosa;
- Espalhar rumores ou divulgar boatos ofensivos a respeito do colaborador;
- Não levar em conta seus problemas de saúde;
- Criticar a vida particular da vítima;
- Atribuir apelidos pejorativos;
- Impor punições vexatórias (dancinhas, prendas);
- Postar mensagens depreciativas em grupos nas redes sociais;

- Evitar a comunicação direta, dirigindo-se à vítima apenas por e-mail, bilhetes ou terceiros e outras formas de comunicação indireta;
- Isolar fisicamente o colaborador para que não haja comunicação com os demais colegas;
- Desconsiderar ou ironizar, injustificadamente, as opiniões da vítima;
- Retirar cargos e funções sem motivo justo;
- Impor condições e regras de trabalho personalizadas, diferentes das que são cobradas dos outros profissionais;
- Delegar tarefas impossíveis de serem cumpridas ou determinar prazos incompatíveis para finalização de um trabalho;
- Manipular informações, deixando de repassá-las com a devida antecedência necessária para que o colaborador realize suas atividades;
- Vigilância excessiva;
- Limitar o número de vezes que o colaborador vai ao banheiro e monitorar o tempo que lá ele permanece;
- Advertir arbitrariamente; e
- Instigar o controle de um colaborador por outro, criando um controle fora do contexto da estrutura hierárquica, para gerar desconfiança e evitar a solidariedade entre colegas.[5]

Sônia Mascaro Nascimento também acresce no rol de condutas exemplificativas de assédio moral:

- Alegação pelo agressor, quando e se confrontados, de que a vítima está paranoica, com mania de perseguição ou não tem maturidade emocional suficiente para desempenhar as suas funções.
- Identificação da vítima como "criadora de caso" ou indisciplinada.[6]

---

[5] Cartilha de Prevenção ao Assédio Moral e Sexual Pare e Repare – Por um Ambiente de Trabalho mais Positivo-2022. Disponível em: https://www.tst.jus.br/documents/10157/26144164/Campanha+ass%C3%A9dio+moral+e+sexual+-+a5+-+12092022.pdf/f10d0579-f70f-2a1e-42ae-c9dcfcc1fd47?t=1665432735176. Acesso em: 6 jun. 2024.

[6] NASCIMENTO. S. M. *Assédio moral e dano moral no trabalho.* 3. ed. São Paulo: LTr, 2015. p. 30.

No Brasil, devido à inegável desigualdade estrutural de gênero, a diferença de tratamento das mulheres ainda se faz muito presente, fazendo com que os casos de assédio moral ocorram mais frequentemente com elas. Assim, além dos casos citados, há outras condutas abusivas e assediadoras moralmente que relevam, sobretudo, as peculiaridades femininas. Usa-se a condição de gênero feminino para potencializar as ofensas e violências.

A exemplo disso, o Guia Lilás da Controladoria-Geral da União (CGU), que contém orientações para prevenção e tratamento ao assédio moral e sexual e à discriminação no Governo Federal, exemplifica os seguintes atos de assédio moral contra as mulheres:

- Fazer insinuações ou afirmações de incompetência ou incapacidade da pessoa pelo fato de ser mulher;
- Questionar a sanidade mental da pessoa pelo fato de ser mulher;
- Apropriar-se das ideias de mulheres, sem dar-lhes os devidos créditos e reconhecimento;
- Interromper constantemente mulheres no ambiente de trabalho e/ou em atividades relacionadas ao trabalho;
- Tratar mulheres de forma infantilizada e/ou condescendente, com apresentação de explicações e/ou opiniões não solicitadas;
- Dificultar ou impedir que as gestantes compareçam a consultas médicas fora do ambiente de trabalho;
- Interferir no planejamento familiar das mulheres, sugerindo que não engravidem;
- Emitir críticas ao fato de a mulher ter engravidado;
- Desconsiderar recomendações médicas às gestantes na distribuição de tarefas;
- Desconsiderar sumária e repetitivamente a opinião técnica da mulher em sua área de conhecimento; e
- Proferir piadas de cunha sexista.[7]

Há também o assédio moral por orientação sexual, por expressão ou por identidade de gênero, que pode ocorrer nos seguintes casos:

---

[7] Guia Lilás: Orientações para prevenção e tratamento ao assédio moral e sexual e à discriminação no Governo Federal. Disponível em: https://repositorio.cgu.gov.br/bitstream/1/16385/4/Guia_para_prevencao_assedio.pdf. Acesso em: 6 jun. 2024.

- Condutas contra uma pessoa, por causa de sua orientação sexual, que possam ser consideradas ofensivas, humilhantes, violentas ou intimidadoras e que tenham por objetivo ameaçar sua dignidade e criar um ambiente degradante;
- Tratamento desigual com base na orientação sexual, identidade de gênero ou a percepção delas;
- Piadas de caráter homofóbico (contra homossexuais), lesbofóbico (contra lésbicas) ou bifóbico (contra bissexuais) no ambiente de trabalho;
- Desacreditar o trabalho por causa da orientação sexual da pessoa;
- Recusar-se a chamar uma pessoa trans pelo nome que ela escolheu ou deliberadamente usar artigos ou pronomes que não correspondam ao gênero com o qual ela se identifica;
- Expulsar ou questionar pessoas que não se encaixam nas expectativas tradicionais de gênero por estarem usando um determinado banheiro;
- Impedir o uso de uniforme ou outros trajes compatíveis com a identidade de gênero da pessoa ou impor um código de vestimenta que desrespeite a sua individualidade.[8]

Essas condutas integram, por certo, um rol exemplificativo de condutas aptas a caracterizar o assédio moral, sendo que não há limites para a perversidade humana.

Os atos de assédio moral são continuados e repetidos. Não que um ato isolado não dê ensejo ao dano moral, mas a caracterização do assédio moral requer a continuidade da conduta social reprovável. O jurista Juan Carlos Zurita Pohlmann nos explica que "a violência pontual não pode ser considerada como esse tipo de assédio, pois é a perversidade do desejo de destruir psiquicamente o outro, pela repetição de atos, o que o caracteriza. O efeito destruidor se dá pela repetição de agressões indefinidamente".[9]

---

8 Guia Prático por um Ambiente de Trabalho mais Positivo: Prevenção e Enfrentamento das Violências, dos Assédios e das Discriminações. Justiça do Trabalho. Disponível em: https://www.tst.jus.br/documents/32953863/0/Guia+Pr%C3%A1tico+por+Um+Ambiente+de+Trabalho+Mais+Positivo.pdf/20a4a3e5-8d95-2a32-fdba-b39c0eb08bb7?t=1715118827259. Acesso em: 7 jun. 2024.

9 POHLMANN, J. C. Z. *Assédio moral organizacional*: identificação e tutela preventiva. São Paulo: LTr, 2014. p. 39.

Justamente por essa continuidade dos atos do assédio moral, aliada à supracitada sutileza das ações, dificilmente consegue-se precisar o momento exato em que a vítima começou a ser violada nos seus direitos fundamentais no ambiente de trabalho, o que pode dificultar a fiscalização, a repressão e a condenação do assediador.

Os danos e as consequências do assédio moral decorrem, sobretudo, para a vítima, que pode sofrer das mais variadas formas, considerando-se que a dor, tanto física quanto psíquica, é subjetiva e particular dos seres humanos. Não sofremos do mesmo modo. Mas, em geral, observa-se que as vítimas de assédio moral padecem de dores generalizadas; distúrbios digestivos; dores de cabeça; hipertensão arterial (pressão alta); alteração do sono; irritabilidade; crises de choro; abandono de relações pessoais; problemas familiares; isolamento; depressão; síndrome do pânico; estresse; esgotamento físico e emocional, chegando aos casos de perda do significado do trabalho e de suicídio.[10]

Mas as consequências do assédio moral também são perceptíveis às organizações e ao Estado.

Para as organizações que toleram ou instigam atos de assédio moral, observa-se que há uma redução da produtividade; aumento da rotatividade de pessoal; aumento de erros e acidentes; aumento de faltas (absenteísmo) e de licenças médicas; podendo gerar a exposição negativa da marca e imagem institucional, a condenação ao pagamento de indenizações trabalhistas e de multas administrativas.[11]

Já para toda a sociedade e para o Estado, também há consequências a se arcar com a desestruturação da saúde mental e psíquica dos trabalhadores. Incumbirá ao Estado arcar com os custos de tratamentos médicos; o pagamento de despesas com benefícios sociais e previdenciários; além do custo com a manutenção das instituições judiciais, fiscalizadoras e os custos com processos administrativos e judiciais.

A respeito das consequências para as organizações, mormente sobre os efeitos indenizatórios cabíveis nos casos de assédio moral,

---

10 Cartilha de Prevenção ao Assédio Moral e Sexual Pare e Repare – Por um Ambiente de Trabalho mais Positivo-2022. Disponível em: https://www.tst.jus.br/documents/10157/26144164/Campanha+ass%C3%A9dio+moral+e+sexual+-+a5+-+12092022.pdf/f10d0579-f70f-2a1e-42ae-c9dcfcc1fd47?t=1665432735176. Acesso em: 6 jun. 2024.

11 Guia Prático por um Ambiente de Trabalho mais Positivo: Prevenção e Enfrentamento das Violências, dos Assédios e das Discriminações. Justiça do Trabalho. Disponível em: https://www.tst.jus.br/documents/32953863/0/Guia+Pr%C3%A1tico+por+Um+Ambiente+de+Trabalho+Mais+Positivo.pdf/20a4a3e5-8d95-2a32-fdba-b39c0eb08bb7?t=1715118827259. Acesso em: 7 jun. 2024.

insta citar que tal fundamenta-se nos princípios constitucionais citados na introdução deste artigo, além de fundamentar-se na regra geral do Direito Civil prevista no art. 186, que dispõe que "aquele que, por ação ou omissão voluntária, negligência ou imprudência, violar direito e causar dano a outrem, ainda que exclusivamente moral, comete ato ilícito".[12]

Ainda, fundamenta-se também nos artigos da Consolidação das Leis do Trabalho – CLT, já que em seu artigo 223-C prevê que "a honra, a imagem, a intimidade, a liberdade de ação, a autoestima, a sexualidade, a saúde, o lazer e a integridade física são os bens juridicamente tutelados inerentes à pessoa física"; o artigo 223-B prevê que "causa dano de natureza extrapatrimonial a ação ou omissão que ofenda a esfera moral ou existencial da pessoa física ou jurídica, as quais são as titulares exclusivas do direito à reparação". E, ainda, dispõe no art. 223-E que "são responsáveis pelo dano extrapatrimonial todos os que tenham colaborado para a ofensa ao bem jurídico tutelado, na proporção da ação ou da omissão".[13]

Para demonstrar que, de fato, há incidência de condenação na jurisprudência brasileira pela existência de assédio moral, transcrevemos mais um excerto da ementa do julgado relatado pelo Min. Maurício Godinho Delgado do TST, cuja decisão majorou o *quantum* indenizatório imposto pelo Tribunal Regional de origem.

> Porém, observa-se que o Tribunal Regional, ainda que tenha reconhecido a culpa da empresa, entendeu por bem manter o quantitativo da reparação fixado na sentença, no importe de R$ 5.000,00 a título de indenização por assédio moral. (...) Extrai-se dos dados consignados no caso que: a) o assédio era praticado pela chefia da Reclamante; b) as humilhações ocorriam no ambiente público, na presença de outros empregados; c) entre as diversas humilhações perpetradas, havia ameaça de dispensa sem justo motivo e a determinação de execução de atividades estranhas à função para a qual a obreira fora contratada, com a finalidade de infligir medo na vítima; d) havia comentários pejorativos públicos à sua condição de mulher, inclusive relacionados ao período menstrual e às necessidades biológicas dele decorrentes; e) a Reclamante informou à empresa do assédio moral sofrido sem que tenha sido tomada medida suficiente para modificação da situação fática experimentada. Assim,

---

12 BRASIL. Lei nº 10.406/2002. Disponível em: https://www.planalto.gov.br/ccivil_03/LEIS/2002/L10406compilada.htm. Acesso em: 6 jun. 2024.

13 BRASIL. Decreto-Lei nº 5.452/1943. Disponível em: https://www.planalto.gov.br/ccivil_03/decreto-lei/del5452.htm. Acesso em: 6 jun. 2024.

> *considerando os elementos que compõem o assédio moral experimentado pela Reclamante,* entre eles, a *discriminação específica potencializada em razão da condição de mulher da vítima , a pessoa do ofensor exercer cargo de chefia na relação contratual, a inércia da empresa quanto aos fatos, mesmo informada do que se passava no ambiente laboral, o notório desnível entre o poder econômico da empregadora e da empregada, a condição pública e reiterada no tempo das humilhações,* compreende-se que a decisão comporta ajuste quanto ao valor indenizatório fixado. No caso em exame, entende-se que *o montante arbitrado pelo Tribunal Regional se mostra em desconformidade com o padrão médio estabelecido por esta Corte em casos análogos, razão pela qual se impõe a sua modificação para que seja majorado, fixando a indenização por assédio moral no importe de R$30.000,00.* Agregue-se ainda que a minoração ou manutenção de montantes indenizatórios para valores ínfimos, especialmente quando se trata de uma conduta que reitera, afirma e reproduz violência moral e preconceito vigorantes há séculos no País, contribui para a "naturalização" da conduta ilícita, com o esvaziamento dos comandos e princípios constitucionais e internacionais ratificados sobre tal assunto na ordem jurídica do Brasil.[14]

Às organizações somam-se as condenações de indenizações, o incalculável dano reputacional à marca e à imagem, que ficam maculadas quando há exposição de casos de assédio moral nos meios midiáticos.

A classificação doutrinária sobre os possíveis casos de assédio moral pauta-se na relação laboral entre assediado e assediador. Conforme o sujeito ativo (o assediador), o assédio classifica-se em: a) assédio vertical, que se subdivide em descendente ou ascendente; b) assédio horizontal; e c) assédio moral misto.

O assédio moral vertical ocorre entre pessoas com nível hierárquico diferente e subdivide-se em descendente ou ascendente. Configura-se o assédio moral vertical descendente quando a vítima está subordinada ao assediador, que é seu superior hierárquico, sendo esta a forma mais comum do assédio pelo abuso do poder diretivo. Já o assédio moral vertical ascendente ocorre quando a vítima é o superior hierárquico e a violência é praticada pelo subordinado, sendo esta uma das formas comuns na Administração Pública ou praticadas geralmente como "boicotes" a líderes novatos.

O assédio moral horizontal ocorre entre pessoas que possuem o mesmo nível hierárquico na organização. E, por fim, o assédio moral

---

[14] BRASIL. Tribunal Superior do Trabalho. RRAg-11608-79.2016.5.15.0102, 3ª Turma, Relator Ministro Mauricio Godinho Delgado, DEJT 06/06/2024. Disponível em: https://www.tst.jus.br/. Acesso em: 6 jun. 2024.

misto ocorre quando os atos são perpetrados tanto por superior hierárquico quanto por pares, caracterizando-se pela forma mais cruel de isolamento do assediado.

Em relação ao assediador, Sônia Mascaro Nascimento, citando Wladimir de Oliveira Durães, discorre que o "assediador costuma possuir um perfil psicológico autoritário e narcisista, motivo pelo qual, em regra, não tem qualquer consideração pelo assediado".[15]

Pondera Juan Carlos Zurita Pohlmann, citando Christophe Dejours, que, "apesar da tendência em imaginá-lo como essencialmente perverso e paranoico, o estudo dos casos concretos mostra que a grande maioria nem sequer apresenta maiores distúrbios do senso moral".[16]

Há quem defenda, sobretudo, a dissociação do assédio moral como conflito interpessoal, como regra. Há quem defenda que o assédio moral tem raízes estruturais, organizacionais, fundado no projeto neoliberal, na lógica econômica e nos modos de gestão por humilhação. Trata-se de uma nova perspectiva, numa dimensão mais ampla, cujo debate demandaria um novo artigo.

Como supramencionado, o assédio moral ocorre quando se está diante de situações de constrangimento e de violência contra o trabalhador. Não se pode banalizar ou confundir, portanto, um instituto tão caro para o Direito e para toda a sociedade. Por isso, como bem colocado na referida Cartilha do TST, o instituto nunca pode ser confundido com atos legítimos da relação de trabalho, decorrentes do poder diretivo reconhecido em lei.

Assim, faz-se muito relevante destacar que não são considerados atos de assédio moral, por si só: a) as exigências profissionais de conformação da prestação de serviços, de acordo com os padrões de qualidade e conforme metas factíveis fixadas pela organização; b) conflitos de trabalho; c) o aumento de volume de trabalho que implique a realização de horas extras, justificável em razão de sazonalidade de demanda; d) uso de meios tecnológicos razoáveis de controle de assiduidade; e) avaliações de desempenho com critérios objetivos e imparciais para a promoção do desenvolvimento profissional.

Importante trazer a visão de Sônia Mascaro Nascimento ao reconhecer que o meio ambiente de trabalho também é um local onde

---

[15] NASCIMENTO. S. M. *Assédio moral e dano moral no trabalho*. 3. ed. São Paulo: LTr, 2015. p. 30.

[16] POHLMANN, J. C. Z. *Assédio moral organizacional*: identificação e tutela preventiva. São Paulo: LTr, 2014. p. 40.

comumente existem conflitos entre colegas ou entre subordinados e superiores hierárquicos e, que tal fato, de *per si*, não se caracteriza como assédio moral, sendo necessário discernir e distinguir conflitos de situações de assédio moral. Até mesmo porque, segundo a autora, o conflito poder ser útil e necessário para a promoção de tomada de decisões e de mudanças. Diferentemente, o assédio moral não objetiva nenhum aperfeiçoamento da organização e sim o isolamento e o desprezo do trabalhador. Nesse sentido, vide:

> O conflito entre colegas e/ou chefias também não configura, por si só, assédio moral. Mesmo que as situações de conflito sejam desagradáveis e inoportunas para a empresa, o conflito é útil, pois se origina da necessidade de mudança, que permite mobilizar energias, modificar alianças e reunir pessoas. Conflito é guerra, assédio moral é guerrilha. Conflito gera mudança, assédio gera insegurança. Conflito implica tomada de decisões, o assédio visa ao isolamento e ao menosprezo do trabalhador.[17]

De todo o exposto, inegável que o assédio moral é uma das formas de lesão da dignidade da pessoa humana e do trabalhador. O assédio moral viola, sobremaneira, os direitos fundamentais ao trabalho, ao meio ambiente de trabalho equilibrado, ao desenvolvimento humano e à saúde. O assédio moral viola, pois, valores constitucionais caros para a nossa sociedade e definidos como fundamentais na Constituição Federal.

A esse respeito, insta transcrever excertos do referido julgado do TST, por intermédio do qual o jurista Maurício Godinho Delgado faz questão de reforçar que a Constituição Federal de 1988 deflagrou um constante projeto de evolução da sociedade brasileira, dentre os quais se prevê o reconhecimento do universo dos direitos de personalidade dos trabalhadores nas normas constitucionais, conforme se infere:

> A Constituição da República de 1988 deflagrou no Brasil uma notável série de mudanças e aperfeiçoamentos institucionais e jurídicos, permitindo ao País subir de patamar em distintas áreas de sua configuração. No plano trabalhista, uma das mais importantes mudanças e aperfeiçoamentos foi a descoberta do universo da personalidade do trabalhador no contexto

---

[17] NASCIMENTO. S. M. *Assédio moral e dano moral no trabalho*. 3. ed. São Paulo: LTr, 2015. p. 31.

da relação de emprego – o universo dos direitos da personalidade do ser humano que vive do trabalho.[18]

Evitar o assédio moral e afastar o adoecimento mental dos trabalhadores, portanto, é ordem constitucional que se impõe a todos nós brasileiros que almejamos construir uma sociedade mais justa e solidária.

O assédio moral trata-se, pois, de atos de constrangimento perversos aos empregados e um risco psicossocial concreto, tanto para a iniciativa privada quanto para a Administração Pública, o que demanda uma atuação dos diversos atores sociais para promover meios de trabalho dignos, saudáveis e seguros.

Nesse sentido, na tentativa de contribuir com o aperfeiçoamento do assunto, no capítulo 3 do presente artigo, teceremos fundamentos e formas de prevenção do assédio moral nas organizações e na Administração Pública e como construir uma cultura de respeito e livre de assédio no ambiente laboral.

E, por fim, para concluir este capítulo, faz-se necessário retomarmos os conceitos introdutórios e rememorar que a Constituição Federal Brasileira fundamenta-se no princípio da dignidade da pessoa humana, ordenando nosso sistema jurídico de modo que cada um possa fruir de sua singularidade e de seu âmbito existencial próprio. Por isso, precisamos ter em mente o quão importante é valorizar as subjetividades e necessidades humanas, deixando de lado as perspectivas que procuram objetivar os trabalhadores. São as atitudes de respeito mútuo e de integração que são capazes de gerar relações laborais sadias e afastar as nefastas práticas de assédio moral.

2 Assédio sexual

Tema denso, de trato delicado e necessário é o assédio sexual. Tendo em vista a grande incidência de casos em toda sociedade, e, mais especificamente, no ambiente de trabalho, é necessário falar, estudar e, principalmente, conscientizar pessoas sobre a teoria e a prática das ações delituosas, sendo este o objetivo do presente artigo.

---

[18] BRASIL. Tribunal Superior do Trabalho. RRAg-11608-79.2016.5.15.0102, 3ª Turma, Relator Ministro Mauricio Godinho Delgado, DEJT 06/06/2024. Disponível em: https://www.tst.jus.br/. Acesso em: 6 jun. 2024.

O assédio sexual tornou-se crime há mais de 20 anos (Lei nº 10.224/2001) e encontra previsão na legislação penal (Código Penal – Decreto-Lei nº 2.848/1940), no Título destinado aos crimes contra a dignidade, Capítulo dos crimes contra a liberdade sexual, artigo 216-A:

> Art. 216-A. Constranger alguém com o intuito de obter vantagem ou favorecimento sexual, prevalecendo-se o agente da sua condição de superior hierárquico ou ascendência inerentes ao exercício de emprego, cargo ou função. (Incluído pela Lei nº 10.224, de 15 de 2001)
> Pena – detenção, de 1 (um) a 2 (dois) anos.(Incluído pela Lei nº 10.224, de 15 de 2001)
> Parágrafo único. (VETADO)(Incluído pela Lei nº 10.224, de 15 de 2001)
> §2º A pena é aumentada em até um terço se a vítima é menor de 18 (dezoito) anos. (Incluído pela Lei nº 12.015, de 2009).[19]

Não obstante a previsão legal antiga, a prática do crime é tão corriqueira e atual que parece desmerecer a lei penal vigente. As ocorrências do referido crime, em especial contra mulheres, está em assustadora ascendência, principalmente durante e após o período de pandemia (2020-2022), em virtude do aumento significativo do contato interpessoal por meio digital.

Apuração realizada até maio de 2024 indica que houve um incremento de 14,3% nas denúncias de assédio moral, se comparado o mesmo período de meses em relação ao triênio acima mencionado.[20]

Claramente, a falsa impressão de impunidade trazida pelas redes sociais e ambientes virtuais de trabalho ensejou a escalada de casos durante o período pandêmico.

Dos ambientes virtuais frequentados por grande parte da população, pesquisa aponta a propensão de ocorrência de assédio sexual em maior escala nas redes sociais não profissionais, com comentários em postagens, mensagens privadas, via e-mail ou telefone disponível no perfil. Embora em menor escala em comparação aos ambientes não

---

[19] BRASIL. Decreto-Lei nº 2.848/1940. Disponível em: https://www.planalto.gov.br/ccivil_03/decreto-lei/del2848compilado.htm. Acesso em: 30 maio 2024.

[20] BRASIL. Tribunal Superior do Trabalho. Disponível em: https://tst.jus.br/-/em-tr%C3%AAs-anos-justi%C3%A7a-do-trabalho-julgou-mais-de-400-mil-casos-de-ass%C3%A9dio-moral-e-sexual%C2%A0. Acesso em: 30 maio 2024.

profissionais, as ocorrências de assédio sexual nas redes profissionais on-line muito aumentaram também.[21]

Importante destacar que o aumento da quantidade de informação prestada à população contendo esclarecimentos a respeito do assédio sexual, formas de ocorrência, acolhimento do ofendido e responsabilização do ofensor encorajou e incentivou as vítimas a formalizarem denúncias, levando a crer que o aumento do volume de processos que englobam denúncias deste aspecto não tenha relação direta apenas com o aumento da prática delituosa somente, mas também com o crescimento do número de vítimas de assédio sexual que se sentem seguras e amparadas para buscar meios de denúncia, de justiça. Grande evolução está contida na Lei nº 14.457/2022, cujos mecanismos de informação, comunicação e apuração geram resultados extremamente positivos no ambiente de trabalho, conforme será abordado em tópico específico adiante.

Como tipificação penal, o crime de assédio sexual será configurado sempre que houver imposição da vontade do ofensor (constrangimento) contra a liberdade sexual de alguém com quem trabalha. Destacamos que um único ato praticado é suficiente para a configuração do crime. Não existe necessidade de conduta reiterada.

O tipo penal prevê em seu texto, *caput* do artigo 216-A, a prevalência do sujeito ativo (ofensor) como superior hierárquico ou ascendência.

A superioridade hierárquica prevista no tipo penal estabelece, para a configuração do crime, que o sujeito ativo seja, de fato, qualquer pessoa – homem ou mulher – que guarde superioridade hierárquica ou ascendência de cargo com a vítima. A letra da lei penal, nos termos ora estabelecidos, enrijece o critério de tipificação do assédio sexual, restringindo a figura de sujeito passivo (vítima) apenas para pessoas que sejam inferiores na cadeia de trabalho – cargo – daqueles que os agridem.

Destacamos que este é o entendimento estabelecido pela lei penal, eis que a letra da lei restringe o tipo penal da forma descrita. Em virtude disto, existe, em trâmite no Senado Federal, o Projeto de Lei nº 287/2018,[22] que trata da alteração do texto do artigo 216-A. Neste, há

---

[21] Think Eva. O ciclo do assédio sexual no ambiente de trabalho. Disponível em: https://thinkeva.com.br/estudos/o-ciclo-do-assedio-sexual-no-ambiente-de-trabalho/. Acesso em: 30 maio 2024.

[22] BRASIL. Senado Federal. Projeto de Lei do Senado nº 287, de 2018. Disponível em: https://www25.senado.leg.br/web/atividade/materias/-/materia/133617. Acesso em: 30 maio 2024.

sugestão legislativa para que a configuração do crime não mais dependa da condição de superioridade hierárquica do sujeito ativo, bastando que seja tipificado todo constrangimento sexual com o objetivo de obter vantagem ou favorecimento sexual.

A proposta de alteração legislativa é inteligente a ponto de permitir que qualquer relação laboral seja passível de punição criminal pelo cometimento do crime em apreço, como também traz em seu bojo causa de aumento da pena pela condição de autoridade do agressor sobre a vítima, sinalizando que a superioridade hierárquica terá caráter agravante no tipo penal.

Aguardamos que a legislação proposta tenha tramitação agilizada, eis que necessária a adequação para o enquadramento do agressor na lei penal mais eficaz à conduta praticada.

A interpretação legislativa do tipo penal foi estabelecida de forma interessante pelo Superior Tribunal de Justiça, no Resp. nº 1.759.135-SP, de relatoria do Ministro Sebastião Reis Júnior e relatoria do acórdão do Ministro Rogerio Schietti Cruz, ao prever a viabilidade da aplicação do tipo penal previsto no artigo 216-A. A intenção dos juristas foi fazer incidir a figura do assédio sexual às condutas ilícitas praticadas por professores.

O argumento neural do julgado versa sobre a relação de hierarquia estabelecida entre professor e aluno. Evidente a relação de autoridade que o professor exerce sobre o aluno, como também a vulnerabilidade existente no vínculo do aluno com o professor, eis que dependente de notas, aprovação, presenças, podendo ainda mencionar a admiração e o respeito destinados à figura do profissional de ensino.

O extrato das informações de inteiro teor do acórdão em apreço traduz com fidelidade a necessidade de enquadramento da relação abusiva dos profissionais da educação, para fins de proteção à vulnerabilidade inerente do aluno.

> Inicialmente cumpre salientar que a maior parte da doutrina despreza a condição de superior hierárquico ou ascendência inerentes ao exercício de emprego, cargo ou função na relação professor-aluno. Todavia, é irrazoável excluir a (nítida) relação de ascendência – elemento normativo do tipo – por parte do docente no caso de violação de um de seus deveres funcionais e morais, consistente em atribuir notas, reconhecer o mérito e aprovar o aluno não apenas pelo seu desempenho intelectual, mas por eventual barganha sexual. Ademais, é notório o propósito do legislador de punir aquele que se prevalece da condição de professor para

> obter vantagem de natureza sexual. Nenhuma outra profissão suscita tamanha reverência e vulnerabilidade quanto a que envolve a relação aluno-mestre, que alcança, por vezes, autoridade paternal – dentro de uma visão mais tradicional do ensino. O professor está presente na vida de crianças, jovens e também adultos durante considerável quantidade de tempo, torna-se exemplo de conduta e os guia para a formação cidadã e profissional, motivo pelo qual a "ascendência" constante do tipo penal do art. 216-A do Código Penal não pode se limitar à ideia de relação empregatícia entre as partes. Assim, releva-se patente a aludida "ascendência", em virtude da "função" – outro elemento normativo do tipo –, dada a atribuição que tem o cátedra de interferir diretamente no desempenho acadêmico do discente, situação que gera no estudante o receio da reprovação.[23]

Adentrando aos elementos e requisitos para a configuração do tipo penal, verificamos que os bens jurídicos tutelados são a dignidade e liberdade sexual, bem como a liberdade nas relações de trabalho. Alto respaldo jurídico tem a dignidade da pessoa humana, princípio basilar do Direito, insculpido no artigo 1º, III, da Constituição Federal. Com tamanha grandeza – grandeza constitucional – tratamos o tema para que seja conhecido pelo maior número de pessoas, replicado, cada dia mais respeitado e cada dia menos incidente.

O sujeito ativo (autor) do crime se traduz como qualquer pessoa com superioridade hierárquica ou ascendência em relação ao sujeito passivo (vítima). Esclarecemos que tanto homens quanto mulheres podem ser autores de assédio sexual, assim como também podem ser vítimas. Não há limitação de gênero para a configuração do tipo penal para nenhum dos sujeitos (ativo ou passivo).

Ocorre que a maior incidência de assédio sexual é contra mulheres. A motivação desta ocorrência deriva do fato de haver maior número de homens em cargos de diretoria, chefia, liderança no ambiente de trabalho. Somado a isto, o machismo ainda arraigado na cultura social denota a inobservância da figura masculina ao respeito e limites verbais, físicos e psicológicos em relação às mulheres a ele subordinadas.

---

23 BRASIL. Superior Tribunal de Justiça. Informativo de Jurisprudência. Disponível em: https://processo.stj.jus.br/jurisprudencia/externo/informativo/?aplicacao=informativo&acao=pesquisar&livre=@COD=%270658%27+E+@CNOT=%27017243%27. Acesso em: 30 maio 2024.

Dados indicam que 46,7% das mulheres entrevistadas sofreram assédio sexual, sendo mais especificamente 18% no ambiente de trabalho.[24]

A reação das vítimas em relação à ocorrência do crime de assédio sexual em muito preocupa, eis que grande parte nada faz para responsabilizar o agressor. Trata-se de crime, em muito, subnotificado, tendo em vista a vergonha, o medo e a culpabilização da vítima. Pesquisa demonstra que, diante da ocorrência do assédio sexual, muitas vítimas se calam, sofrem danos físicos e mentais, pedem demissão do trabalho (1 em cada 6 vítimas) para colocar fim ao ato criminoso, mas não recorrem à justiça ou outros canais de atendimento e acolhimento existentes – ou que deveriam existir – nos ambientes de trabalho.[25]

Em busca de maior proteção e encorajamento das vítimas deste crime atroz, o Supremo Tribunal Federal firmou posicionamento na ADPF nº 1.107, de relatoria da Min. Cármen Lúcia, em votação unânime, pela inconstitucionalidade da prática de questionar o comportamento e modos de vida da mulher vítima de violência e de crimes sexuais, em instrução e julgamento dos processos judicias.[26]

Mais precisamente, a tese de julgamento da ADPF em comento traz o seguinte texto:

> É inconstitucional a prática de desqualificar a mulher vítima de violência durante a instrução e o julgamento de crimes contra a dignidade sexual e todos os crimes de violência contra a mulher, de modo que é vedada eventual menção, inquirição ou fundamentação sobre a vida sexual pregressa ou ao modo de vida da vítima em audiências e decisões judiciais (CF, arts. 1º, III; 3º, I e IV; 5º, *caput* e I; 226, §5º).[27]

---

[24] Visível e Invisível: a vitimização de mulheres no Brasil. 4. ed. 2023. Disponível em: https://forumseguranca.org.br/wp-content/uploads/2023/03/visiveleinvisivel-2023-relatorio.pdf. Acesso em: 30 maio 2024.

[25] Think Eva. O ciclo do assédio sexual no ambiente de trabalho. Disponível em: https://thinkeva.com.br/estudos/o-ciclo-do-assedio-sexual-no-ambiente-de-trabalho/. Acesso em: 30 maio 2024.

[26] BRASIL. Supremo Tribunal Federal. Informação à Sociedade. ADPF nº 1.107. Estratégias de desqualificação da vítima em processos criminais envolvendo violência contra a mulher. Disponível em: https://www.stf.jus.br/arquivo/cms/noticiaNoticiaStf/anexo/ADPF1107desqualificac807a771odavi769tima_AOLC.pdf. Acesso em: 30 maio 2024.

[27] BRASIL. Supremo Tribunal Federal. Informação à Sociedade. ADPF nº 1.107. Estratégias de desqualificação da vítima em processos criminais envolvendo violência contra a mulher. Disponível em: https://www.stf.jus.br/arquivo/cms/noticiaNoticiaStf/anexo/ADPF1107desqualificac807a771odavi769tima_AOLC.pdf. Acesso em: 30 maio 2024.

A nítida intenção do julgado é trazer segurança jurídica às vítimas de violência e crimes contra a ordem sexual, impossibilitando que haja questionamentos sobre a vida sexual da mulher, sobre a irrelevância/tolerância do crime quando seu comportamento for diverso daquilo que moral e socialmente se entende como esperado. A investigação da vida passada da mulher também é vedada, eis que novamente a faz vítima: de preconceito e desmerecimento de justiça.

A interpretação jurídica do ilícito de assédio sexual emanado pela Justiça do Trabalho tem maior amplitude, no sentido de indicar claramente a desnecessidade de superioridade hierárquica entre agressor e vítima (assédio vertical) para a configuração do assédio sexual – para fins de configuração e imputação de punições na esfera do Direito do Trabalho, ressaltamos –, sendo possível, portanto, haver configuração do assédio sexual também entre pares.

Melhor explanando, para a norma trabalhista existem duas classificações do assédio sexual: vertical e horizontal. O primeiro pressupõe chantagem em razão da posição profissional do sujeito ativo, superioridade hierárquica, exatamente como prevê o tipo penal. O segundo estabelece o enquadramento como assédio sexual das condutas praticadas por pares, em outras palavras, agressor e vítima que estejam no mesmo cargo ou nível hierárquico, também denominado assédio por intimidação.

A ampliação da imputação do assédio sexual entre colegas de trabalho, sem distinção de hierarquia, é extremamente benéfica para o ambiente laboral, eis que deixa de limitar a conduta apenas para superiores hierárquicos, gerando mais segurança para os colaboradores.

Destacamos que o assédio sexual horizontal, nos termos da lei penal, não se enquadra no artigo 216-A, em virtude de estar ausente o requisito essencial para configuração do tipo penal, qual seja, a superioridade hierárquica ou ascendência. Existindo atualmente apenas a possibilidade de alteração legislativa proposta no PL nº 287/2018, ainda não vigente, conforme explanado.

No entanto, o Direito Penal não deixa sem resposta as atitudes de assédio sexual não provenientes de superiores hierárquicos. O enquadramento legal dado ao crime está previsto no artigo 215 do Código Penal, crime de importunação sexual, que da seguinte forma prevê:

> Art. 215-A. Praticar contra alguém e sem a sua anuência ato libidinoso com o objetivo de satisfazer a própria lascívia ou a de terceiro: (Incluído pela Lei nº 13.718, de 2018)
> Pena - reclusão, de 1 (um) a 5 (cinco) anos, se o ato não constitui crime mais grave. (Incluído pela Lei nº 13.718, de 2018).[28]

A diferenciação entre os tipos penais, além da necessidade de superioridade hierárquica para configurar o crime do artigo 216-A, também está na conduta do agente. Assim, para o assédio sexual o enquadramento destinado àqueles sujeitos que incidem no crime, a conduta tipificada – verbo –, é constranger a vítima com o interesse de obter vantagem de cunho sexual.

Como requisitos, há que ser destacado que a imposição da vontade do ofensor em relação à vítima deve ser verificada, contendo também a discordância da vítima com o fato. A doutrina prega a não ocorrência de reciprocidade, eis que o aceite do ato de cunho sexual por parte do ofendido implica tornar o ato lícito, considerado como paquera, relacionamento afetivo-sexual.

Algumas ilustrações de condutas que configuram o crime de assédio sexual são conversas indesejadas sobre sexo – verbal, bilhete, e-mail, whatsapp, redes sociais –, contato físico não desejado – abraços, toques, esfregões –, convites impertinentes, promessa de tratamento diferenciado/chantagens, solicitação de favores sexuais, presentes inadequados, comentários insinuantes, ameaças.

Para configurar o tipo penal do artigo 215-A, a conduta – verbo – exigida é praticar ato libidinoso contra alguém sem a anuência da vítima. Desnecessária, portanto, relação hierárquica, frisamos ainda mais desnecessário qualquer vínculo laboral. Tal crime se conclui com a prática de atos que tenham por finalidade a satisfação do desejo sexual do agressor, sem que haja, por certo, a concordância do agredido.

Exemplos claros da configuração do crime de importunação sexual são tocar, apalpar, esfregar-se, desnudar a vítima, masturbar-se. Notícias dessas ocorrências são, infelizmente, corriqueiras em transporte público, locais de trabalho, ambientes com aglomerações, como shows, festas, dentre outros.

As consequências para a vítima dos crimes de assédio sexual ou importunação sexual são nefastas. Permeiam desde a baixa no

---

28 BRASIL. Decreto-Lei nº 2.848/1940. Disponível em: https://www.planalto.gov.br/ccivil_03/decreto-lei/del2848compilado.htm. Acesso em: 30 maio 2024.

rendimento laboral, sofrimento intenso, depressão e, algumas vezes, suicídio. Sequelas emocionais/psicológicas que impactam a vida profissional e social da vítima estão entre as mais elencadas.

Crises e síndromes de ansiedade e pânico, crises de choro, síndrome de *burnout* – esgotamento profissional, isolamento, insônia, impossibilidade de retornar ao ambiente de trabalho, local da agressão. Também inúmeros prejuízos físicos são relatados, como transtornos alimentares, consumo excessivo de remédios, álcool e drogas, tabagismo, dentre outros.[29]

Para o agressor, imputações em diversas esferas do Direito estão previstas. A legislação penal, já explanada, versa sobre apenamento com detenção de um a dois anos para o crime de assédio sexual e reclusão de um a cinco anos para o crime de importunação sexual.

Na esfera do Direito do Trabalho, a responsabilização do autor de assédio sexual enseja a quebra das obrigações contratuais, previstas no artigo 483, da CLT, como também pode ser enquadrado como ato lesivo à honra e boa fama, inserido no artigo 482 da CLT.[30]

As consequências deste enquadramento geram reflexos de rescisão do contrato – demissão – por justa causa ao sujeito ativo, podendo também o sujeito passivo solicitar sua rescisão indireta, fundamentada na falta grave do empregador por não fornecer condições de trabalho seguro para os colaboradores, pleiteando, inclusive, indenização pelo dano sofrido no ambiente laboral. Em outras palavras, além da responsabilização do agressor, o empregador também pode ser responsabilizado pelos prejuízos decorrentes de assédio sexual aos seus colaboradores enquanto exercendo suas funções laborais.

A responsabilidade civil também está englobada nos desdobramentos legais decorrentes da prática do assédio sexual, havendo previsão legal no artigo 927 do Código Civil, que, em linhas gerais, indica que aquele que, por ato ilícito, causa dano a outrem possui o dever de indenizar.[31]

---

29 Visível e Invisível: a vitimização de mulheres no Brasil. 4. ed. 2023. Disponível em: https://forumseguranca.org.br/wp-content/uploads/2023/03/visiveleinvisivel-2023-relatorio.pdf. Acesso em: 30 maio 2024.

30 BRASIL. Decreto-Lei nº 5.452/1943. Disponível em: https://www.planalto.gov.br/ccivil_03/decreto-lei/del5452.htm. Acesso em: 30 maio 2024.

31 BRASIL. Lei nº 10.406/2002. Disponível em: https://www.planalto.gov.br/ccivil_03/decreto-lei/del5452.htm. Acesso em: 30 maio 2024.

Entendimento jurisprudencial é pacífico no sentido de conferir ao ofendido direito ao recebimento de indenização por dano moral devido tanto pelo empregador, que em virtude de sua responsabilidade legal não impediu a ocorrência do ilícito,[32] quanto ao ofensor, nos termos da legislação civil.[33]

Por fim, cabe destacar que existem condutas de convívio e interação social interpessoal que não são enquadradas nas definições de assédio sexual, seja nos limites da lei penal ou trabalhista. Notório é o grande convívio entre os colegas de trabalho, sendo o ambiente laboral o local, por vezes, de maior permanência das pessoas, tendo em vista as jornadas de trabalho existentes.

Relações afetivas podem começar em decorrência do convívio no ambiente de trabalho – desde que não contrarie regras do local onde se trabalha – e não são raras. Todo início de relacionamento depende da primeira aproximação e, em sendo esta bem recebida e correspondida, o vínculo interpessoal possui legalidade. A forma de aproximação respeitosa marca o limite da tentativa saudável de se relacionar com alguém.

Convites razoáveis para almoço ou jantar, elogios respeitosos, sem conotação sexual são exemplos de contatos possíveis, sem que haja ofensa à dignidade ou liberdade sexual de outrem. Assim, ao haver a tentativa de aproximação, é imperioso o respeito à negativa de reciprocidade. A insistência é compreendida como desrespeito e pode configurar assédio.

---

32 BRASIL Tribunal Regional do Trabalho 12. ASSÉDIO SEXUAL. DANO MORAL. Resta configurado o assédio sexual quando o empregado sofre, no ambiente de trabalho, constrangimentos desrespeitosos, com conotação sexual, praticados por superior hierárquico. O assédio sexual causa ao empregado evidente dano moral diante da lesão à sua imagem, honra e intimidade (art. 5º, inc. X, da CF), impondo-se para a empregadora à reparação do dano. (TRT-12 - ROT: 00005924020215120037, Relator: Quezia de Araujo Duarte Nieves Gonzalez, 3ª Câmara). Disponível em: https://www.jusbrasil.com.br/jurisprudencia/trt-12/1960723113. Acesso em: 30 maio 2024.

33 BRASIL. TRIBUNAL DE JUSTIÇA DO ESTAQDO DO PARANÁ. RECURSO INOMINADO. INSTITUIÇÃO DE ENSINO. RESPONSABILIDADE CIVIL. ASSÉDIO SEXUAL. IMPORTUNAÇÃO COMPROVADA MEDIANTE PRINTS DE CONVERSAS DO WHATSAPP. ENVIO DE FOTO DE GENITÁLIA. USO INDEVIDO DE CONTA COMERCIAL. RESPONSABILIDADE DO EMITENTE DAS MENSAGENS INDISCUTÍVEL. CONDUTA REPUGNANTE QUE OFENDE A LIBERDADE SEXUAL E VULNERA A DIGNIDADE DA PESSOA HUMANA. (...). DANO MORAL DEVIDO APENAS PELO EMITENTE DAS MENSAGENS. QUANTUM INDENIZATÓRIO FIXADO EM R$ 8.000,00 (OITO MIL REAIS). (... TJPR - 3ª Turma Recursal - 0007582-60.2020.8.16.0024 - Almirante Tamandaré - Rel.: JUIZ DE DIREITO DA TURMA RECURSAL DOS JUIZADOS ESPECIAIS JUAN DANIEL PEREIRA SOBREIRO - J. 06.02.2023). Disponível em: https://portal.tjpr.jus.br/jurisprudencia/j/2100000022477811/Ac%C3%B3rd%C3%A3o-0007582-60.2020.8.16.0024#. Acesso em: 30 maio 2024.

Diante de tudo o que foi exposto, cabe reflexão profunda sobre o comportamento social – fonte de Direito também – e a necessidade de mudanças, de conscientização para reduzir os índices de ocorrência do assédio sexual.

3 Programas de prevenção e combate ao assédio: Lei nº 14.457/2022

Considerando todo o exposto sobre a importância da temática da saúde mental das pessoas e da prevenção ao assédio moral e sexual no ambiente de trabalho e, sobretudo, considerando as consequências sociais de tais práticas de violência para os trabalhadores e para todas as pessoas da nossa sociedade, precisamos continuar dialogando em todos os contextos sobre o combate deste tipo de violência.

Reconhecemos que já avançamos em muito no nosso ordenamento jurídico na construção de espaços de debates institucionais sobre o assunto do assédio no ambiente de trabalho. Mas ainda estamos no início da construção de um projeto social que efetivamente afaste essas formas de violência.

Exemplo contundente desse avanço normativo que precisa ser reconhecido foi a promulgação da Lei Federal nº 14.457/2022, que instituiu o Programa Emprega + Mulheres; e alterou a Consolidação das Leis do Trabalho (CLT), além de outras normas legais, e, dentre outros, instituiu medidas de prevenção e de combate ao assédio sexual e outras formas de violência no âmbito do trabalho.

O artigo 23 da Lei Federal nº 14.457/2022 dispôs que, para a promoção de um ambiente laboral sadio, seguro e que favoreça a inserção e a manutenção de mulheres no mercado de trabalho, as empresas com Comissão Interna de Prevenção de Acidentes e de Assédio (Cipa) deverão adotar medidas efetivas de prevenção e combate ao assédio sexual e às demais formas de violência no âmbito do trabalho.

Dentre as medidas exemplificativas legais, citou-se a adoção das seguintes ações pelas organizações no combate ao assédio moral e sexual:

> I. inclusão de regras de conduta a respeito do assédio sexual e de outras formas de violência nas normas internas da empresa, com ampla divulgação do seu conteúdo aos empregados e às empregadas;
> II. fixação de procedimentos para recebimento e acompanhamento de denúncias, para apuração dos fatos e, quando for o caso, para aplicação

de sanções administrativas aos responsáveis diretos e indiretos pelos atos de assédio sexual e de violência, garantido o anonimato da pessoa denunciante, sem prejuízo dos procedimentos jurídicos cabíveis;
III. inclusão de temas referentes à prevenção e ao combate ao assédio sexual e a outras formas de violência nas atividades e nas práticas da Cipa; e
IV. realização, no mínimo a cada 12 (doze) meses, de ações de capacitação, de orientação e de sensibilização dos empregados e das empregadas de todos os níveis hierárquicos da empresa sobre temas relacionados à violência, ao assédio, à igualdade e à diversidade no âmbito do trabalho, em formatos acessíveis, apropriados e que apresentem máxima efetividade de tais ações.

O enfoque e destaque que queremos dar a essa norma é de que o Poder Público envolveu necessariamente as organizações e o mundo do trabalho no debate e na adoção de medidas educativas, de prevenção e de precaução.

Conjecturamos que, por certo, no Brasil, ainda haverá resistência das organizações à adoção de tais medidas, quer seja por negarem a existência dos fatos de assédio internamente, quer seja por suporem que o fornecimento de informação gerará uma consciência operária indesejada, ou, ainda, sob qualquer outra justificativa.

Se, de fato, isso ocorrer, justifica-se a atuação sempre presente dos Auditores Fiscais do Trabalho e do Ministério Público do Trabalho na fiscalização e imposição de novas condutas aos empregadores, bem como a atuação sindical e da advocacia nos limites de suas competências legais.

A realidade social jurídica é que estamos vivendo um momento de travessia, em que medidas urgentes de prevenção e combate ao assédio moral e sexual precisam ser obrigatoriamente adotadas nas organizações, ora por força de imposição legal.

Vemos, contudo, uma variedade de organizações que agem com responsabilidade social e ética, atuando em *compliance*, com programas maduros de comprometimento social com relações laborais sustentáveis. Empresas e vários órgãos da Administração Pública já estão agindo de forma intencional na promoção de ambientes de trabalho mais saudáveis e sustentáveis.

E, para que tenhamos uma boa aplicabilidade da referida lei, precisaremos também ter pessoas letradas tecnicamente e conscientes da responsabilidade para ministrar palestras, capacitações, orientações e sensibilizações dos empregados de todos os níveis hierárquicos, atuando de modo transversal para oportunizar uma reflexão sistêmica e, na sequência, uma mudança de cultura organizacional.

De igual modo, precisaremos elaborar códigos de conduta ética claros e assertivos em relação às normas sociais sadias de relacionamento no ambiente de trabalho, treinando as pessoas para agirem de acordo com a nova cultura de respeito, cooperação e colaboração.

Também de suma importância será a constituição de canais de comunicação e de denúncia que primem pelo sigilo, pelo acolhimento da vítima, pela correta e imparcial investigação dos fatos e para a acerta condução e punição do assediador. A depender do porte da organização, precisarão ser criados comitês específicos, ouvidorias e fluxos de acolhimento e tratamento das denúncias, com pessoas que tenham habilidades de recepção e condução das vítimas desse tipo de violência.

Assim como os legisladores da Lei nº 14.457/2022, que ampliou as competências da CIPAA e impôs a educação preventiva sobre o assédio moral e sexual, nós também acreditamos que todas as iniciativas, públicas ou privadas, de grande ou de diminuto porte, têm potencial de transformação de comportamentos, de realidades sociais e de culturas organizacionais.

A referida Convenção nº 190 da OIT, que está em processo de internalização no nosso ordenamento jurídico, também destaca a urgência e a importância de as organizações adotarem programas de combate ao assédio moral e sexual.

Precisamos, pois, criar e recriar espaços de fala e de escuta ativa nos ambientes acadêmicos, sindicais e organizacionais para combater o assédio moral e sexual, a fim de promovermos a transformação social que queremos.

Acreditamos no potencial do Direito e da educação corporativa e valorizamos a referida iniciativa legislativa neste momento social. Temos consciência de que as medidas educativas não eliminarão, de forma isolada, todas as práticas de assédio moral e sexual, cujas raízes sociais são profundamente complexas, mas temos certeza de que a educação é certamente o principal instrumento para enfrentar essa temática da violência e transformar a realidade.

Portanto, estamos encorajadas e vamos em frente na oferta de capacitação contínua para todos os níveis hierárquicos de trabalhadores sobre as formas de assédio moral e sexual, na realização de campanhas sistemáticas de sensibilização das pessoas e de promoção da cultura do respeito, da integridade para a promoção de ambientes de trabalho livres de assédio.

Conclusão

A ocorrência de assédio moral e sexual nas organizações é tema recorrente e merece ser estudado, analisado e combatido por todos.

A prevalência de comportamentos nocivos no ambiente laboral traz severos prejuízos elencados no presente artigo. A ausência de debate, de capacitação profissional, meios de prevenção e de recebimento e acompanhamento de denúncias trazem aos autores dos ilícitos a sensação de impunidade, de que este tema será sempre velado, silencioso.

As práticas – ainda machistas – que trazem a sensação de insegurança, de culpabilização da vítima que é assediada, de que aquele que sofre o dano fez por merecer e que a denúncia fará a vítima se sentir desaprovada atrapalham, em muito, a aplicação e participação das pessoas no processo de prevenção e apuração de assédio. Não raros são os casos em que colegas presenciam condutas de assédio ocorrendo e nada fazem em favor da vítima.

A humilhação no ambiente de trabalho precisa deixar de ser uma prática normal, decorrente da relação de poder em que se confunde hierarquia com desmandos. Devemos nos conscientizar e propagar que ambiente de trabalho sadio, seguro, livre do assédio vale a saúde de pessoas, mais que isso: vale vidas.

A legislação vigente, com seus avanços, mais especificamente os trazidos no ano de 2022, apresenta caminhos para trazer esclarecimento sobre o tema por meio de capacitação profissional – aprendizagem, implementação de regras de conduta e debates sobre o tema do assédio anualmente, onde todos devem receber conteúdo sobre o conceito de assédio, exemplos de ocorrência e sobre a necessidade de mudanças ambientais e comportamentais.

A oportunidade de falar sobre o tema do assédio moral e sexual esclarece, conscientiza e faz com que o ambiente de trabalho seja mais seguro para todos, uma vez que a atenção está voltada ao respeito interpessoal. Trabalhar em segurança física, moral e psicológica enseja resultados positivos para todos, reduz passivos pessoais (faltas, demissões, tratamentos médicos, afastamentos) e até mesmo financeiros, com regularidade de produção ou prestação do serviço, equipe coesa e, até mesmo, redução dos índices de ajuizamento de ações trabalhistas, de responsabilidade civil e criminal do ofensor.

Oferecer meios de recebimento de denúncias, acompanhamento e apuração dos fatos, chegando a conclusões claras sobre a ocorrência de assédio moral ou sexual organizacional, viabiliza a punição do ofensor, dando clara resposta à vítima de que ela possui amparo, é respeitada. Também, demonstra que a organização não admite tais comportamentos ilícitos, inibindo a prática delituosa.

Informar e conscientizar para evitar, bem como ter meios para apurar casos que ocorrerem, são as mais fortes ferramentas para buscar a redução e, quem sabe um dia, erradicar tais práticas nocivas nas organizações.

Referências

BRASIL. Decreto-Lei nº 2.848/1940. Disponível em: https://www.planalto.gov.br/ccivil_03/decreto-lei/del2848compilado.htm. Acesso em: 30 maio 2024.

BRASIL. Decreto-Lei nº 5.452/1943. Disponível em: https://www.planalto.gov.br/ccivil_03/decreto-lei/del5452.htm. Acesso em: 6 jun. 2024.

BRASIL. Lei nº 10.406/2002. Disponível em: https://www.planalto.gov.br/ccivil_03/LEIS/2002/L10406compilada.htm. Acesso em: 6 jun. 2024.

BRASIL. Senado Federal. Projeto de Lei do Senado nº 287 de 2018. Disponível em: https://www25.senado.leg.br/web/atividade/materias/-/materia/133617. Acesso em: 30 maio 2024.

BRASIL. Superior Tribunal de Justiça. Informativo de Jurisprudência. Disponível em: https://processo.stj.jus.br/jurisprudencia/externo/informativo/?aplicacao=informativo&acao=pesquisar&livre=@COD=%270658%27+E+@CNOT=%27017243%27. Acesso em: 30 maio 2024.

BRASIL. Supremo Tribunal Federal. Informação à Sociedade. ADPF nº 1.107. Estratégias de desqualificação da vítima em processos criminais envolvendo violência contra a mulher. Disponível em: https://www.stf.jus.br/arquivo/cms/noticiaNoticiaStf/anexo/ADPF1107desqualificac807a771odavi769tima_AOLC.pdf. Acesso em: 30 maio 2024.

BRASIL. TRIBUNAL DE JUSTIÇA DO ESTADO DO PARANÁ. TJPR - 3ª Turma Recursal - 0007582-60.2020.8.16.0024 - Almirante Tamandaré - Rel.: JUIZ DE DIREITO DA TURMA RECURSAL DOS JUIZADOS ESPECIAIS JUAN DANIEL PEREIRA SOBREIRO - J. 06.02.2023. Disponível em: https://portal.tjpr.jus.br/jurisprudencia/j/2100000022477811/Ac%C3%B3rd%C3%A3o-0007582-60.2020.8.16.0024#. Acesso em: 30 maio 2024.

BRASIL Tribunal Regional do Trabalho 12. ROT: 00005924020215120037, Relator: QUEZIA DE ARAUJO DUARTE NIEVES GONZALEZ, 3ª Câmara. Disponível em: https://www.jusbrasil.com.br/jurisprudencia/trt-12/1960723113. Acesso em: 30 maio 2024.

BRASIL. Tribunal Superior do Trabalho. RRAg-11608-79.2016.5.15.0102, 3ª Turma, Relator Ministro Mauricio Godinho Delgado, DEJT 06/06/2024. Disponível em: https://www.tst.jus.br/. Acesso em: 6 jun. 2024.

BRASIL. Tribunal Superior do Trabalho. RRAg-11608-79.2016.5.15.0102, 3ª Turma, Relator Ministro Mauricio Godinho Delgado, DEJT 06/06/2024. Disponível em: https://www.tst.jus.br/. Acesso em: 6 jun. 2024.

BRASIL. Tribunal Superior do Trabalho. Disponível em: https://tst.jus.br/-/em-tr%C3%AAs-anos-justi%C3%A7a-do-trabalho-julgou-mais-de-400-mil-casos-de-ass%C3%A9dio-moral-e-sexual%C2%A0. Acesso em: 30 maio 2024.

BRASIL. Tribunal Superior do Trabalho. RRAg-11608-79.2016.5.15.0102, 3ª Turma, Relator Ministro Mauricio Godinho Delgado, DEJT 06/06/2024. Disponível em: https://www.tst.jus.br/. Acesso em:6 jun. 2024.

Cartilha de Prevenção ao Assédio Moral e Sexual Pare e Repare – Por um Ambiente de Trabalho mais Positivo-2022. Disponível em: https://www.tst.jus.br/documents/10157/26144164/Campanha+ass%C3%A9dio+moral+e+sexual+-+a5+-+12092022.pdf/f10d0579-f70f-2a1e-42ae-c9dcfcc1fd47?t=1665432735176. Acesso em: 6 jun. 2024.

Conselho Nacional de Saúde. Sofrimento psíquico no ambiente de trabalho. Disponível em: https://conselho.saude.gov.br/ultimas-noticias-cns/3001-sofrimento-psiquico-no-ambiente-de-trabalho-pesquisadoras-apontam-situacao-epidemica-na-saude-mental-no-brasil. Acesso em: 6 jun. 2024.

Convenção sobre a eliminação da violência e do assedio no mundo do trabalho. Disponível em: https://webapps.ilo.org/wcmsp5/groups/public/---europe/---ro-geneva/---ilo-lisbon/documents/genericdocument/wcms_729459.pdf. Acesso em: 30 maio 2024.

Guia Lilás: Orientações para prevenção e tratamento ao assédio moral e sexual e à discriminação no Governo Federal. Disponível em: https://repositorio.cgu.gov.br/bitstream/1/16385/4/Guia_para_prevencao_assedio.pdf. Acesso em: 6 jun. 2024.

Guia Prático por um Ambiente de Trabalho mais Positivo: Prevenção e Enfrentamento das Violências, dos Assédios e das Discriminações. Justiça do Trabalho. Disponível em: https://www.tst.jus.br/documents/32953863/0/Guia+Pr%C3%A1tico+por+Um+Ambiente+de+Trabalho+Mais+Positivo.pdf/20a4a3e5-8d95-2a32-fdba-b39c0eb08bb7?t=1715118827259. Acesso em: 7 jun. 2024.

NASCIMENTO, S. A. C. M. O assédio moral no ambiente de trabalho. *Revista LTr, Legislação de Trabalho e Previdência*, São Paulo, v. 68, n. 8, 2004.

NASCIMENTO. S. M. *Assédio moral e dano moral no trabalho*. 3. ed. São Paulo: LTr, 2015.

POHLMANN, J. C. Z. *Assédio moral organizacional: identificação e tutela preventiva*. São Paulo: LTr, 2014.

Think Eva. O ciclo do assédio sexual no ambiente de trabalho. Disponível em: https://thinkeva.com.br/estudos/o-ciclo-do-assedio-sexual-no-ambiente-de-trabalho/. Acesso em: 30 maio 2024.

Visível e Invisível: a vitimização de mulheres no Brasil. 4. ed. 2023. Disponível em: https://forumseguranca.org.br/wp-content/uploads/2023/03/visiveleinvisivel-2023-relatorio.pdf. Acesso em: 30 maio 2024.

Informação bibliográfica deste livro, conforme a NBR 6023:2018 da Associação Brasileira de Normas Técnicas (ABNT):

SEXTOS, Ana Paula Nunes Mendonça; OLIVEIRA, Ana Carolina Corrêa Petenati de. Sustentabilidade social nas relações de trabalho: identificação, prevenção e enfrentamento do assédio moral e sexual nas organizações. *In*: RODRIGUES, Caroline; PIRONTI, Rodrigo (coord.). *ESG na Administração Pública*: estudos dirigidos. Belo Horizonte: Fórum, 2025. p. 189-219. ISBN 978-85-450-0779-1.

ESG E AS TRANSFORMAÇÕES NA ADMINISTRAÇÃO PÚBLICA: UMA ANÁLISE A PARTIR DO DIREITO À SAÚDE

FERNANDO MÂNICA
PRISCILA AGUIAR MÂNICA

1 Da Administração Pública liberal à Administração Pública ESG

A Constituição de 1988 instituiu no Brasil um Estado Social Democrático de Direito, mas não estruturou uma Administração Pública Social e Democrática de Direito. A organização administrativa cristalizada em 1988 remonta ao modelo consolidado em 1967, período de restrições democráticas e federativas, violação aos direitos individuais e de insuficiência de direitos sociais. Apenas após 1988 é que se iniciaram transformações constitucionais e legislativas com o objetivo de capacitar a máquina administrativa a concretizar todas as diretrizes e princípios fundamentais vertidos no novo texto constitucional.

No setor social, objeto do presente estudo, tem havido uma série de transformações, com a criação de uma tecnologia jurídica inovadora, que buscou superar a antiga antinomia do público-estatal enquanto detentor da força e da virtude *versus* privado, entendido como detentor do monopólio do egoísmo. Tais transformações não implicam descuidar o objetivo primário e legítimo do mundo empresarial, que é a obtenção do lucro; mas implicam reconhecer pontos de convergência entre público e privado, nos quais a atuação privada – com fins lucrativos ou sem fins lucrativos – é capaz de satisfazer de modo mais preciso, adequado e barato as tarefas impostas à Administração Pública pela Constituição de 1988.

Sob a perspectiva empresarial para a qual foi recentemente criado, o acrônimo ESG incentiva a ação do mundo privado em prol de objetivos que não lhe são necessariamente ínsitos, como o meio ambiente, a questão social e a governança. Já sob a perspectiva pública, de modo absolutamente diverso, a onda ESG reforça o próprio compromisso estatal de origem, voltado à garantia dos direitos fundamentais vertidos nas cartas constitucionais hoje vigentes.

O compromisso público com o meio ambiente, o setor social e a integridade tem sofrido, historicamente, influência do Direito Internacional, em especial da atuação da Organização das Nações Unidas (ONU). Nos últimos lustros, a ONU tem criado diretrizes, parâmetros e objetivos materiais a serem alcançados por todos os Estados no setor social. A mais recente é a *Agenda 2030 para o Desenvolvimento Sustentável*, que traz um plano de ação que contém 17 Objetivos de Desenvolvimento Sustentável (ODS) subdivididos em 169 metas, voltados à erradicação da pobreza e à promoção de vida digna para todos.

Destaque-se, nesse cenário, que o acrônimo ESG surgiu justamente em resposta à provocação do então Secretário-Geral da ONU, Kofi Annan, para que instituições financeiras passassem a avaliar o mundo empresarial não apenas segundo critérios de lucratividade. Daí o surgimento da publicação "*Who cares wins*", tida como certidão de nascimento da tríade *Environmental, Social and Governance – ESG*.

A importância do ESG para o setor público, ao contrário do que possa parecer, reside justamente no inverso do que ocorre com o setor privado. Afinal, como dito, além dos textos constitucionais, os ODSs direcionam o cerne da atuação estatal em prol de objetivos que podem ser reconduzidos às áreas ambiental, social e de governança. Por isso, a relevância ESG no setor público dá-se justamente na adoção de estratégias e metodologias privadas para o aprimoramento da máquina administrativa, com vistas a dar à Administração Pública condições efetivas de cumprir sua principal tarefa: concretizar direitos fundamentais.

Este artigo sustenta que as tarefas impostas ao Estado pela Constituição brasileira são mais arrojadas que grande parte dos ODS e demandam, para sua efetiva concretização, uma *Administração Pública ESG*. Administração Pública essa não apenas comprometida com o ambiental, social e governança, mas estruturada e funcionalizada em sua atuação prestacional conforme parâmetros ínsitos ao mundo empresarial.

Para demonstrar a tese proposta, o presente artigo analisa o direito mais importante para a vida humana e, também, o de maior complexidade para garantia pelo Poder Público: a saúde. Para tanto, no tópico seguinte será analisada a conformação histórica do direito à saúde; a seguir, serão tratados os desafios da universalização do direito à saúde, com ênfase na equação *"o quê"* x *"para quem"* x *"quanto"*; no quarto tópico será demonstrado o reconhecimento jurisdicional e a necessidade empírica de adoção estatal dos modelos administrativos mais eficientes de provisão da saúde, o que envolve a celebração de parcerias com a iniciativa privada. Ao fim, serão tecidas considerações finais.

2 A construção do direito à saúde: da Convenção de Genebra aos Objetivos de Desenvolvimento Sustentável – ODS

A consagração do direito à saúde no plano internacional teve origem ainda no século XIX, com a Convenção de Genebra de 1864. Trata-se de um documento firmado entre vários reis europeus por meio do qual houve comprometimento recíproco de não agressão bélica a hospitais e ambulâncias utilizadas para a prestação de serviços médicos aos soldados feridos em guerras.[1]

Já no século XX, em 24 de outubro de 1945, foi criada a Organização das Nações Unidas – ONU, por meio da ratificação da *Carta de São Francisco*. Como afirmado no preâmbulo da Carta, a ONU surgiu para *preservar a paz, garantir os direitos humanos fundamentais, afastar a utilização da força como meio de resolução de conflitos e buscar o progresso econômico e social dos povos*.

Os propósitos da ONU são expostos no artigo 1º da Carta, dos quais podem se destacar "manter a paz e a segurança internacionais"; "desenvolver relações amistosas entre as nações, baseadas no respeito ao princípio da igualdade de direitos e de autodeterminação dos povos"; "conseguir uma cooperação internacional para resolver os problemas internacionais de caráter econômico, social, cultural ou humanitário e para promover e estimular o respeito aos direitos humanos e as liberdades fundamentais para todos"; e "ser um centro destinado a harmonizar a ação das nações para a consecução desses objetivos".

Com a institucionalização da Organização Mundial da Saúde – OMS-WHO em 1946,[2] definiu-se o conceito de saúde até hoje adotado

---

1 Sobre o tema: COMPARATO, Fábio Konder. *A afirmação histórica dos direitos humanos*. 6. ed. São Paulo: Saraiva, 2008, p.173-176.

2 Proposta pela *Carta de São Francisco*, a Organização Mundial da Saúde (OMS) teve sua criação formalizada em Nova Iorque no dia 22 de julho de 1946. Com sede em Genebra, seu objetivo

ao redor do globo. Segundo tal concepção, adotada como princípio da OMS, a saúde corresponde a um *estado de completa condição de bem-estar físico, mental e social, não apenas da mera ausência de doença ou enfermidade.*[3]

Após a criação da OMS, foi aprovada uma série de documentos que consagram o direito à saúde. O primeiro deles foi a *Declaração Universal dos Direitos Humanos*, editada em 1948 pela ONU. Tal documento internacional ressaltou que a saúde consiste em direito de todas as pessoas.[4] Com o objetivo de desenvolver as ideias previstas na Declaração Universal dos Direitos Humanos, foram firmados em 1966 dois acordos: o *Pacto Internacional sobre Direitos Civis e Políticos* e o *Pacto Internacional sobre Direitos Econômicos, Sociais e Culturais*. Este último, após reafirmar em seu preâmbulo o princípio da dignidade da pessoa humana, estabeleceu em seu artigo 12 *o direito de toda pessoa de desfrutar o mais elevado nível possível de saúde física e mental.*[5]

Em 1978, a *Declaração de Alma-Ata*, elaborada na Conferência Internacional sobre Cuidados Primários de Saúde, estabeleceu diretrizes sobre os cuidados primários com a saúde, bem como previu a meta de alcançar "um nível aceitável de saúde para todos os povos do mundo até o ano de 2000". Já em 1986 foi editada a *Carta de Ottawa* resultado da Primeira Conferência Internacional sobre Promoção da

---

é fazer com que todos os povos alcancem o mais alto grau possível de saúde. Na América, atua em coordenação com a Organização Pan-Americana de Saúde (PAHO-OPAS).

3 Sobre o tema, conferir: http://www.who.int/about/mission/en/. Acesso em: 15 jan. 2018.

4 O direito à saúde permeia uma série de dispositivos da Declaração Universal dos Direitos Humanos de 1948 e é tratado de maneira direta nos artigos XXII e XXV, que assim dispõem: "Art. XXII. Todo o homem, como membro da sociedade, tem direito à seguridade social e à realização, pelo esforço nacional, pela cooperação internacional e de acordo com a organização e recursos de cada Estado, dos direitos econômicos, sociais e culturais indispensáveis à sua dignidade e ao livre desenvolvimento de sua personalidade. (...) Art. XXV. Todo homem tem direito a um padrão de vida capaz de assegurar, a si e à sua família, saúde e bem-estar, inclusive alimentação, e vestuário, habitação, cuidados médicos e os serviços sociais indispensáveis, e direito à segurança em caso de desemprego, doença, invalidez, viuvez, velhice, ou outros casos de perda dos meios de subsistência em circunstâncias fora de seu controle".

5 Eis o que dispõe o inteiro teor do dispositivo referido: "1. Os Estados-Parte do presente Pacto reconhecem o direito de toda pessoa de desfrutar o mais elevado nível possível de saúde física e mental. 2. As medidas que os Estados-Parte do presente Pacto deverão adotar com o fim de assegurar o pleno exercício desse direito incluirão as medidas que se façam necessárias para assegurar: a) a diminuição da mortalidade e da mortalidade infantil, bem como o desenvolvimento são de crianças; b) a melhoria de todos os aspectos de higiene do trabalho e do meio ambiente; c) a prevenção e o tratamento das doenças epidêmicas, endêmicas, profissionais e outras, bem como a luta contra essas doenças; d) a criação de condições que assegurem a todos a assistência médica e serviços médicos em caso de enfermidade".

Saúde. O evento foi baseado no progresso alcançado pela Declaração de Alma-Ata e preocupou-se em dar resposta à necessidade de uma renovação da saúde mundial, com foco na situação da saúde em países industrializados.[6]

Atualmente, a ONU reúne quase a totalidade dos Estados existentes, contando com 193 países-membros e congrega uma série de entidades, as quais compõem o assim denominado *Sistema ONU.* [7] Além da Organização Mundial da Saúde (OMS-WHO), a Organização Internacional do Trabalho (OIT), a Agência das Nações Unidas de Assistência aos Refugiados Palestinos (UNRWA), a Organização das Nações Unidas para Agricultura e Alimentação (FAO), a Agência Internacional de Energia Atômica (AIEA), o Programa das Nações Unidas para o Meio Ambiente (PNUMA), o Escritório das Nações Unidas para Drogas e Crime (UNODC) e o Banco Mundial desempenham um papel fundamental na promoção da saúde global.[8]

Dentre os esforços recentes da ONU que contêm a defesa e promoção da saúde, possui destaque a já referida *Agenda 2030 para o Desenvolvimento Sustentável.* Trata-se de um pacto assinado em setembro de 2015 em Nova Iorque, ocasião em que Chefes de Estado e de Governo se reuniram para propor um conjunto de metas e objetivos a serem atingidos até o ano de 2030, os quais englobam as dimensões econômica, social e ambiental. A Agenda é baseada em frutos de uma tríade de eventos realizados no início do século XXI: (I) a *Cúpula Mundial sobre o Desenvolvimento Sustentável* de 2002; (II) a Cúpula de 2010 sobre os *Objetivos de Desenvolvimento do Milênio – ODM,* do ano 2000 e (III) a *Conferência das Nações sobre o Desenvolvimento Sustentável de 2012 (Rio+20).*

A ideia basilar da *Agenda 2030* consiste em libertar o mundo da pobreza, construindo um caminho sustentável e resiliente. Dentro desse escopo, ganharam forma os *17 Objetivos de Desenvolvimento Sustentável – ODS,* os quais se decompõem em 169 (cento e sessenta e nove) metas. Este feixe é embasado pelas conquistas já auferidas pelos *Objetivos de*

---

6 Sobre o tema: http://bvsms.saude.gov.br/bvs/publicacoes/carta_ottawa.pdf. Acesso em: 25 jul. 2024.

7 Os dados podem ser obtidos em: http://www.un.org/en/sections/member-states/growth-united-nations-membership-1945-present/index.html. Acesso em: 7 jan. 2018.

8 Sobre o tema, conferir: https://nacoesunidas.org/acao/saude/. Acesso em: 12 jan. 2018.

Desenvolvimento do Milênio – ODM, mas busca também cumprir objetivos ainda não alcançados.[9]

Nessa perspectiva, os ODS representam um comprometimento de líderes mundiais perante uma agenda política ampla e universal, que foi colocada em voga a partir de 1º de janeiro de 2016.[10]

De acordo com a apresentação dos ODSs pela ONU, os objetivos devem ser interpretados de modo integrado e indivisível, mesclando, de forma equilibrada, as três dimensões do desenvolvimento sustentável: econômica, social e ambiental. Eles funcionam como uma lista de tarefas a serem cumpridas pelos governos, sociedade civil, setor privado e todos os cidadãos na jornada coletiva para um 2030 sustentável. A ideia é que nos próximos anos de implementação da *Agenda 2030 para o Desenvolvimento Sustentável*, os ODSs estimulem e apoiem ações em áreas de importância crucial para a humanidade: Pessoas, Planeta, Prosperidade, Paz e Parcerias. Nessa medida, os ODSs buscam inaugurar uma nova fase para o desenvolvimento dos países, a fim de integrar por completo todos os componentes do desenvolvimento sustentável e engajar todos os países na construção do futuro.[11]

---

9 Os Objetivos de Desenvolvimento do Milênio – ODMs podem ser assim sintetizados: 1 - Acabar com a fome e a miséria; 2 - Oferecer educação básica de qualidade para todos; 3 - Promover a igualdade entre os sexos e a autonomia das mulheres; 4 - Reduzir a mortalidade infantil; 5 - Melhorar a saúde das gestantes; 6 - Combater a aids, a malária e outras doenças; 7 - Garantir qualidade de vida e respeito ao meio ambiente; 8 - Estabelecer parcerias para o desenvolvimento. Sobre o tema, conferir: http://www.odmbrasil.gov.br/os-objetivos-de-desenvolvimento-do-milenio. Acesso em: 18 jan. 2018. Segundo a ONU, esses oito Objetivos foram o primeiro arcabouço global de políticas para o desenvolvimento e contribuíram para orientar a ação dos governos nos níveis internacional, nacional e local por 15 anos. Os ODMs reconheceram a urgência de combater a pobreza e demais privações generalizadas, tornando o tema uma prioridade na agenda internacional de desenvolvimento. Sobre o tema, conferir: http://www.agenda2030.org.br/sobre/. Acesso em: 11 jan. 2018.

10 Os ODS são assim sintetizados: 1. Erradicação da Pobreza; 2. Fome Zero; 3. Boa saúde e bem-estar; 4. Educação de qualidade; 5. Igualdade de Gênero; 6. Água Limpa e Saneamento; 7. Energia Acessível e Limpa; 8. Emprego Digno e Crescimento Econômico; 9. Indústria, inovação e infraestrutura; 10. Redução das Desigualdades; 11. Cidades e Comunidades Sustentáveis; 12. Consumo e Produção Responsáveis; 13. Combate às alterações climáticas; 14. Vida debaixo d'água; 15. Vida sobre a terra; 16. Paz, Justiça e Instituições Fortes; 17. Parcerias em prol das metas.

11 Sobre o tema, conferir: http://www.agenda2030.org.br. Acesso em: 14 jul. 2024.

3 A universalização da cobertura dos cuidados de saúde: o tema central da Agenda 2030 é o maior desafio da Administração Pública brasileira

A atenção à saúde permeou grande parte dos 8 Objetivos do Milênio – ODM, instituídos no ano 2000, em especial os ODM nº 4 (reduzir a mortalidade infantil); nº 5 (melhorar a saúde das gestantes); nº 6 (combater a aids, a malária e outras doenças); e nº 7 (garantir qualidade de vida e respeito ao meio ambiente). A importância da saúde nos ODM foi mantida nos ODS, sendo que o tema foi agrupado em um único ODS, decomposto, por sua vez, em 13 metas, que abarcam os principais desafios dos Estados-nação até 2030.

A difusão da saúde no âmbito dos ODM e sua centralidade nos ODS são sintomáticas, pois, conforme Amartya Sen, a saúde está entre as mais importantes condições da vida humana, sendo ínsita à própria noção de justiça e configurando instrumento essencial para que todos possam desenvolver suas potencialidades.[12] Trata-se, portanto, de um direito condicionado e condicionante de outros direitos. Ao passo que a saúde é influenciada por questões culturais, ambientais, educacionais etc., a plena fruição de tais direitos depende de adequadas condições de saúde de cada indivíduo.[13] Não restam dúvidas, assim, de que no quadro dos ODS a saúde tanto contribui quanto se beneficia de todos os demais objetivos. Não por outro motivo, segundo Sen, a concretização do direito à saúde contribui para que as pessoas possam atingir um bem-estar mínimo e possam fazer livremente suas escolhas.

Avançando na análise do tema, pode-se perceber que, dentre as 13 metas previstas para o ODS nº 3, é possível destacar uma delas que possui alcance mais amplo, englobando, de certo modo, todas as demais. Trata-se da *universalização da cobertura dos cuidados de saúde* (também conhecida pela sigla em inglês UHC – *Universal Health Coverage*). Tal meta encontra-se assim redigida:

> 3.8 Atingir a cobertura universal de saúde, incluindo a proteção do risco financeiro, o acesso a serviços de saúde essenciais de qualidade e o acesso

---

12 SEN, Amartya; KLIKSBERG, Bernardo. *As pessoas em primeiro lugar:* a ética do desenvolvimento e os problemas do mundo globalizado. Tradução: Bernardo Ajzemberg, Carlos Eduardo Lins da Silva. São Paulo: Companhia das Letras, 2010, p. 76.

13 MÂNICA, Fernando Borges. *O setor privado nos serviços públicos de saúde.* Belo Horizonte: Fórum, 2010, p. 112.

a medicamentos e vacinas essenciais seguros, eficazes, de qualidade e a preços acessíveis para todos.

Não obstante, não há consenso acerca do alcance da expressão *universalização da cobertura dos cuidados de saúde*. Segundo Andrea Frey, a expressão pode ser compreendida de várias maneiras, sendo que geralmente significa a possibilidade de que todas as pessoas possam acessar serviços de saúde de qualidade, com proteção contra os riscos sanitários e segurança em face do eventual empobrecimento pela necessidade de arcar com gastos em saúde.[14]

Nesse sentido, o conceito de cobertura universal adotado pela Organização Mundial da Saúde relaciona às noções de equidade de acesso e de financiamento ao defini-lo como o acesso a serviços e ações de saúde por todos mediante custo acessível, protegendo, assim, o risco financeiro e evitando que as pessoas entrem em situação de catástrofe financeira em virtude de custos inerentes aos cuidados.[15]

Nessa perspectiva, é possível analisar três aspectos da cobertura universal de cuidados de saúde em relação às quais não há consenso e não há identidade na realidade dos países.[16] São eles:

> *(i) acesso* – a preocupação neste aspecto reside em garantir que cada cidadão ou residente, independente de condições geográficas, legais ou financeiras, tenha condições de ter atendimento de saúde (desde que não comprometa sua sobrevivência);
> *(ii) pacote de serviços* – nessa dimensão a preocupação reside na identificação exata de quais serviços devem compor o pacote de cuidados a ser disponibilizado pela cobertura universal;
> *(iii) custo* – aqui a questão a ser respondida refere-se à fonte de recursos para o acesso à saúde, se estatal ou privada (com exigência de garantia, em qualquer caso, contra a impossibilidade de que as pessoas deixem de ter acesso por falta de recursos).

Esse esquema permite visualizar a dependência dos dois primeiros aspectos em relação ao terceiro, já que a *amplitude do acesso* e a

---

[14] FREY, Andrea L. Introduction: positioning universal health coverage in the post-2015 development agenda. *Washington International Law Journal*, vol. 24, n. 3, p. 427, 2015.

[15] Disponível em: http://www.who.int/health_financing/documents/cov-wharesolution5833/en/. Acesso em: 10 jan. 2018.

[16] Sobre o tema, conferir: STUCKLER, David *et al*. *Background Paper for the Global Symposium on Health Systems Research*: The Political Economy of Universal Health Coverage 2, p. 16-19, Nov. 2010. Disponível em: http://healthsystemsresearch.org/hsr2010/images/stories/8political_economy.pdf. Acesso em: 12 jan. 2018, p. 11-13.

extensão do pacote de serviços a ser disponibilizado estão condicionadas à existência de *recursos financeiros*, especialmente em um momento histórico de grande avanço tecnológico que implica aumento exponencial dos *custos* em saúde.

Na descrição da Meta nº 3.8, como se percebe da transcrição, a ONU busca solucionar esta equação pelo alcance de 100% (cem por cento) de acesso da população a um pacote delimitado de serviços, composto por medicamentos e vacinas essenciais, ainda que mediante pagamento pelo usuário (desde que não comprometa sua subsistência).

Por tratar-se de uma diretriz, a própria ONU reconhece que a cobertura universal tem sido alcançada em diversos países sob diferentes formas, de modo que seu alcance depende da atuação de cada governo local. Tal característica explica a abertura da Meta 3.8 dos ODS, a qual traça um objetivo geral, mas não define um único caminho para sua consecução e tampouco um ponto definido de chegada. Nesse sentido, conforme explica Tedros Ghebreyesus, a cobertura universal da saúde é uma escolha política e depende da persecução de cada país e governo, de acordo com suas necessidades e negociações políticas que definirão a aplicação de recursos domésticos na saúde.[17]

Não por outro motivo, David Stuckler constatou que, de 192 países estudados, 75 possuem legislação que determina o acesso de todas as pessoas aos serviços de saúde, independentemente de sua renda, sendo que os modelos de ação estatal voltados a tal garantia são bastante variados.[18] O Brasil é um deles.

O modelo brasileiro de ação estatal na saúde é estruturado detalhadamente pela Constituição Federal de 1988. No texto constitucional pátrio há 41 dispositivos sobre a saúde. Desses preceitos, 21 fazem referência à saúde como um direito a ser protegido pelo Estado, 16 preveem a prestação de serviços de assistência à saúde, 5 estabelecem a organização do *sistema único de saúde – SUS* e 4 tratam de profissionais do setor de saúde.

---

17 GHEBREYESUS, Tedros Adhanom. All roads lead to universal health coverag. *The Lancet Global Health*, Volume 5, Issue 9, e839-e840, 2017. Disponível em: http://www.thelancet.com/journals/langlo/article/PIIS2214-109X(17)30295-4/fulltext. Acesso em: 11 jan. 2018.

18 STUCKLER, David *et al. Background Paper for the Global Symposium on Health Systems Research:* The Political Economy of Universal Health Coverage 2, p. 16-19, Nov. 2010. Disponível em: http://healthsystemsresearch.org/hsr2010/images/stories/8political_economy.pdf. Acesso em: 12 jan. 2018. p. 2.

Mas é na legislação infraconstitucional que se verifica de modo claro o alinhamento do ordenamento jurídico pátrio ao entendimento acolhido pelos documentos da ONU, tanto no que toca ao conceito de saúde quanto em sua relação com os demais direitos fundamentais. Nesse sentido, eis o que prevê o artigo 3º da Lei nº 8.080/90 – Lei Orgânica da Saúde:

> Art. 3º Os níveis de saúde expressam a organização social e econômica do País, tendo a saúde como determinantes e condicionantes, entre outros, a alimentação, a moradia, o saneamento básico, o meio ambiente, o trabalho, a renda, a educação, a atividade física, o transporte, o lazer e o acesso aos bens e serviços essenciais.[19]
> Parágrafo único. Dizem respeito também à saúde as ações que, por força do disposto no artigo anterior, se destinam a garantir às pessoas e à coletividade condições de bem-estar físico, mental e social.

Lado outro, deve-se notar que a denominação *Sistema Único de Saúde – SUS* é adotada pela Constituição brasileira para se referir ao conjunto de ações e serviços de responsabilidade do Poder Público, os quais devem ser prestados pela União, Estados, Distrito Federal e Municípios conforme as diretrizes previstas no próprio texto constitucional. Entretanto, a existência do SUS não deve conduzir ao equívoco de imaginar a inexistência de outro sistema assistencial de saúde no Brasil. Tecnicamente, o sistema único de saúde corresponde, em solo pátrio, ao *sistema público* ou *sistema nacional de saúde*, conforme denominação usada em outros países. Ao lado de tal sistema existe um *sistema privado autônomo* ou meramente *saúde privada*, que abrange prestadores privados de serviços independentes do Poder Público. No sistema privado, a prestação dos serviços pode dar-se por meio do *subsistema de saúde suplementar*, do qual fazem parte os planos privados de saúde, e do *subsistema de desembolso direto*, por vezes denominado de *medicina particular*. Portanto, além da cobertura oferecida pelo SUS, qualquer pessoa é livre para recorrer ao setor privado para obtenção de cuidados de saúde.

Especificamente acerca do papel do Poder Público na provisão de cuidados de saúde, possuem destaque tanto o preceito veiculado no artigo 196 da Constituição Federal, que prevê ser a saúde *direito de todos e dever do Estado*, quanto as diretrizes explícitas e implícitas do

---

[19] Com redação dada pela Lei nº 12.864, de 2013.

SUS, em especial a *universalidade*, a *integralidade* e a *gratuidade*. Tais diretrizes correspondem aos aspectos analisados do acesso, do pacote de serviços e do custo. Além disso, na linha do que já foi dito, há uma interdependência ente eles, de modo que o último (custo) condiciona os demais (amplitude do acesso e extensão do pacote de serviços).

Disso decorre que o atingimento da Meta 3.8 dos ODS pelo Brasil funda-se no ordenamento jurídico-constitucional, mas sua concretização depende do máximo de prestações materiais (com observância do fator custo), já que os demais fatores são previstos de modo amplo no texto constitucional – universalidade (acesso) e integralidade (pacote de serviços).

4 O poder-dever estatal de adotar modelos administrativos adequados à provisão de serviços de saúde

A possibilidade de foco na eficiência das prestações materiais de saúde em solo pátrio passou por uma série de discussões judiciais. Após quase 30 anos de debate, apenas nos últimos anos o Supremo Tribunal Federal reconheceu que as parcerias com a iniciativa privada no setor de saúde consistem em opções constitucionalmente admitidas.

A primeira decisão que consolidou em solo pátrio a constitucionalidade das parcerias no SUS refere-se à ADI nº 1.923, em que se discutia a constitucionalidade do modelo de parceria com organizações sociais por meio de contratos de gestão, uma das modalidades mais utilizadas na área da saúde. No voto vencedor que guiou o acórdão, publicado em 17.12.2015, o Min. Luiz Fux deixou consignada a constitucionalidade das parcerias com o terceiro setor nas áreas sociais, como a saúde e a educação. Na fundamentação do voto, encontram-se excertos que sintetizam o pensamento consagrado pelo Supremo Tribunal Federal:

> [...] cabe aos agentes democraticamente eleitos a definição da proporção entre a atuação direta e a indireta, desde que, por qualquer modo, o resultado constitucionalmente fixado – a prestação dos serviços sociais – seja alcançado. Daí porque não há inconstitucionalidade na opção, manifestada pela Lei das OSs, publicada em março de 1998, e posteriormente reiterada com a edição, em maio de 1999, da Lei nº 9.790/99, que trata das Organizações da Sociedade Civil de Interesse Público, pelo foco no fomento para o atingimento de determinados deveres estatais. [...]

> Com efeito, a intervenção do Estado no domínio econômico e social pode ocorrer de forma direta ou indireta, como ensina Floriano Azevedo Marques Neto: enquanto na primeira hipótese cabe ao aparelho estatal a disponibilização de utilidades materiais aos beneficiários, na segunda hipótese o Estado faz uso de seu instrumental jurídico para estimular a que os próprios particulares executem atividades de interesses públicos, seja através da regulação, com coercitividade, seja através do fomento, fazendo uso de incentivos e estímulos a comportamentos voluntários. [...] Em outros termos, a Constituição não exige que o Poder Público atue, nesses campos, exclusivamente de forma direta. Pelo contrário, o texto constitucional é expresso em afirmar que será válida a atuação indireta, através do fomento, como o faz com setores particularmente sensíveis como saúde (CF, art. 199, §2º, interpretado a contrario sensu – "é vedada a destinação de recursos públicos para auxílios ou subvenções às instituições privadas com fins lucrativos") e educação [...], mas que se estende por identidade de razões a todos os serviços sociais.[20]

Como se pode perceber, o entendimento sufragado pelo Plenário do STF repele a ideia de que os serviços públicos de saúde no Brasil devem ser prestados apenas por estruturas estatais. A decisão do STF afasta o clássico argumento de que as parcerias afrontam a exigência de concurso público, prevista no art. 37, inc. II, da Constituição Federal. Tal tese, como bem ressaltou Luiz Fux, é falsa na medida em que cabe aos poderes constituídos definir o melhor modelo de atuação estatal em cada momento histórico. Nesse passo, é possível a criação de cargos públicos para o exercício de todas as funções envolvidas em um hospital – da portaria à unidade de terapia intensiva – UTI. Mas é possível, também, a celebração de parcerias para que o parceiro privado gerencie todas essas funções, em estrito cumprimento do plano de trabalho da parceria. A exigência de concurso público não veda a celebração de parcerias em áreas como a saúde. Nas palavras do Min. Luiz Fux:

> A atuação da Corte Constitucional não pode traduzir forma de engessamento e de cristalização de um determinado modelo pré-concebido de Estado, impedindo que, nos limites constitucionalmente assegurados, as maiorias políticas prevalecentes no jogo democrático pluralista

---

[20] BRASIL. Supremo Tribunal Federal. Ação Direta de Inconstitucionalidade nº 1.923/DF. Tribunal Pleno, Rel. para o acórdão Min. Luiz Fux. *Diário de Justiça da União*, 17 dez. 2015.

possam pôr em prática seus projetos de governo, moldando o perfil e o instrumental do poder público conforme a vontade coletiva.[21]

Outra decisão paradigmática foi proferida no ano de 2015 e publicada em 8.4.2016, tendo como objeto específico a área da saúde. Trata-se do RE nº 581.488/RS, no qual o relator, Min. Dias Toffoli, seguido pela unanimidade do STF, assim decidiu acerca das parcerias na saúde:

> A ação complementar não implica que o privado se torne público ou que o público se torne privado. Cuida-se de um processo político e administrativo em que o Estado agrega novos parceiros com os particulares, ou seja, com a sociedade civil, buscando ampliar, completar, ou intensificar as ações na área da saúde. Não significa, sob o espectro constitucional, que somente o poder público deva executar diretamente os serviços de saúde – por meio de uma rede própria dos entes federativos –, tampouco que o poder público só possa contratar instituições privadas para prestar atividades meio, como limpeza, vigilância, contabilidade, ou mesmo determinados serviços técnicos especializados, como os inerentes aos hemocentros, como sustentado por parte da doutrina.
> Isso não implica que haja supremacia da Administração sobre o particular, que pode atuar, em parceria com o setor público, obedecendo sempre, como mencionado, os critérios da consensualidade e da aderência às regras públicas. Como se constata pelas exitosas experiências em países como Alemanha, Canadá, Espanha, França, Holanda, Portugal e Reino Unido, dentre outros, na área da saúde, importantes requisitos das parcerias, como contratualização, flexibilidade, possibilidade de negociação, consensualismo, eficiência e colaboração são fundamentais para que os serviços possam ser prestados de forma ao menos satisfatória.

Dessa perspectiva, como já escreveu Mânica:

> "[P]ode-se concluir que a assistência prestada por meio da iniciativa privada deve complementar as atividades de competência do SUS, as quais não podem ser integralmente executadas por terceiro. Tal entendimento veio ao encontro do que dispõe ao artigo 197, que não faz qualquer balizamento à possibilidade de participação privada na prestação de serviços. Assim, quando a Constituição Federal menciona a complementaridade da participação privada no setor de saúde, ela determina que a participação da iniciativa privada deve ser complementar ao SUS, incluídas todas as atividades voltadas à prevenção de doenças

---

21 BRASIL. Supremo Tribunal Federal. Ação Direta de Inconstitucionalidade nº 1.923/DF. Tribunal Pleno, Rel. para o acórdão Min. Luiz Fux. *Diário de Justiça da União*, 17 dez. 2015.

e à promoção, proteção e recuperação da saúde, dentre as quais aquelas de controle e fiscalização" (Fernando Borges Mânica, *op. cit.*, p. 7). Entretanto, essa complementariedade não autoriza que se desconfigure a premissa maior na qual se assenta o serviço de saúde pública fixada pela Carta Maior: o Sistema Único de Saúde orienta-se, sempre, pela equanimidade de acesso e de tratamento; a introdução de medidas diferenciadoras, salvo em casos extremos e justificáveis, é absolutamente inadmissível.[22]

Note-se que nesta segunda decisão o STF deixou claro que a complementaridade da participação privada no SUS, prevista pelo §1º do art. 199 da Constituição, tem como referência todo o sistema de saúde, que é composto por atividades prestacionais e por atividades de polícia e regulação, tal qual previsto no art. 200 da CF/88. Por isso, no que tange à prestação de ações e serviços de assistência à saúde da população, a participação privada é amplamente admitida, desde que respeitados os princípios e diretrizes do SUS.

A interpretação constitucional acolhida pelo Supremo Tribunal Federal reposiciona a lógica adotada durante algum tempo no Brasil por parte da doutrina e da jurisprudência. Tal reposicionamento consiste no reconhecimento da supremacia do direito fundamental à saúde em detrimento de determinado modelo estatal de prestação de serviços. Importante destacar, nessa direção, que, sob a perspectiva internacional, o modelo exclusivamente estatista de provimento de prestações assistenciais à saúde também tem sido abandonado.[23]

Mais recentemente, em 2023, o Supremo Tribunal Federal reafirmou seu entendimento especificamente em relação à prestação de serviços públicos de saúde. No caso, o Ministério Público havia obtido provimento jurisdicional que obrigava o Município do Rio de Janeiro a reduzir o déficit de pessoal na saúde pública por meio da realização de concurso público. Ao prover o recurso extraordinário interposto pelo Município, o STF o delimitou à intervenção do Poder Judiciário no caso, sob entendimento de que a prestação de serviços públicos de saúde pode ocorrer por meio de pessoal contratado via concurso

---

22 BRASIL. Supremo Tribunal Federal. Recurso Extraordinário nº 581.488/RS. Tribunal Pleno, Rel. Min. Dias Toffoli. *Diário de Justiça da União*, 8 abr. 2016.

23 Sobre o tema, conferir: MÂNICA, Fernando Borges. *O setor privado nos serviços públicos de saúde*. Belo Horizonte: Fórum, 2010. p. 47-48.

público e por meio da celebração de parcerias com entidades do terceiro setor, em especial organizações sociais e OSCIPs. Veja-se trecho da ementa do julgado:

> 4. A intervenção casuística do Poder Judiciário, definindo a forma de contratação de pessoal e da gestão dos serviços de saúde, coloca em risco a própria continuidade das políticas públicas de saúde, já que desorganiza a atividade administrativa e compromete a alocação racional dos escassos recursos públicos. Necessidade de se estabelecer parâmetros para que a atuação judicial seja pautada por critérios de razoabilidade e eficiência, respeitado o espaço de discricionariedade do administrador.[24]

Por tratar-se de recurso julgado sob a sistemática da repercussão geral, o STF aprovou a seguinte tese de julgamento, a ser observada em todos os casos sobre o tema:

> 1. A intervenção do Poder Judiciário em políticas públicas voltadas à realização de direitos fundamentais, em caso de ausência ou deficiência grave do serviço, não viola o princípio da separação dos poderes.
> 2. A decisão judicial, como regra, em lugar de determinar medidas pontuais, deve apontar as finalidades a serem alcançadas e determinar à Administração Pública que apresente um plano e/ou os meios adequados para alcançar o resultado;
> 3. No caso de serviços de saúde, o déficit de profissionais pode ser suprido por concurso público ou, por exemplo, pelo remanejamento de recursos humanos e pela contratação de organizações sociais (OS) e organizações da sociedade civil de interesse público (OSCIP).[25]

Nessa perspectiva, deve-se ter em mente que a saúde é dever do Estado; mas não é só isso. É também dever do Estado adotar os modelos administrativos mais eficientes para a prestação de serviços de saúde.[26] Caminha-se, assim, do reconhecimento da constitucionalidade

---

[24] BRASIL. Supremo Tribunal Federal. Recurso Extraordinário nº 684.612/RJ. Tribunal Pleno, Rel. do Acórdão Min. Roberto Barroso. *Diário de Justiça Eletrônico*, 7 ago. 2023.

[25] BRASIL. Supremo Tribunal Federal. Recurso Extraordinário nº 684.612/RJ. Tribunal Pleno, Rel. do Acórdão Min. Roberto Barroso. *Diário de Justiça Eletrônico*, 7 ago. 2023.

[26] Nesse sentido, deve-se ter em mente, conforme Daniel Wunder Hachem, que é dever do Estado, além de atender às demandas individuais ou coletivas, criar estruturas organizativas e procedimentais que viabilizem sua fruição universalizada (HACHEM, Daniel Wunder. Direito fundamental ao serviço público adequado e capacidade econômica do cidadão: repensando a universalidade do acesso à luz da igualdade material. *A&C – Revista de Direito Administrativo & Constitucional*, Belo Horizonte, ano 14, n. 55, p. 123-158, jan./mar. 2014).

das parcerias na saúde para a exigência de sua celebração (e devida execução) como forma de garantir direitos fundamentais tão caros à população nacional.

Não obstante, o reconhecimento pelo mundo jurídico da constitucionalidade das parcerias com a iniciativa privada no SUS não significa autorização para sua adoção de modo indiscriminado e, muito menos, sem observância das normas legais incidentes sobre cada espécie de parceria. Se de um lado as recentes decisões do Supremo Tribunal Federal representam o triunfo das parcerias na saúde no espectro normativo, as próximas gestões públicas precisam comprovar seu triunfo do ponto de vista administrativo. Isso implica redobrada atenção no modo de se decidir, instituir e fiscalizar a prestação privada das ações e serviços públicos de saúde.

A história de problemas, desvios, falta de fiscalização e corrupção nas parcerias com a iniciativa privada no Brasil faz com que sua adoção na área da saúde sofra resistências na teoria jurídica e na atuação de alguns órgãos de controle e fiscalização brasileiros. Por isso, a decisão do gestor público pela celebração de uma parceria no setor de saúde deve ser tomada de modo motivado, seguindo-se, conforme o caso, todos os trâmites para a efetivação da parceria, com consulta aos órgãos públicos competentes, realização de estudos de viabilidade, discussão e aprovação de leis municipais, publicação de editais de chamamentos públicos e processos seletivos, observância de prazos, realização de audiências e consultas públicas. Vale esclarecer que, como se trata de um tema recente, influenciado por opções ideológicas íntimas de cada pessoa e marcado por diversos casos de mau uso dos recursos públicos, todas as cautelas são imprescindíveis ao sucesso de uma parceria, antes mesmo de sua implantação.

Além disso, durante a execução da avença, é absolutamente necessário o acompanhamento constante do parceiro privado, a fim de avaliar e mensurar o alcance dos objetivos e metas pactuadas. Uma das grandes causas de insucesso em parcerias no setor de saúde consiste em contratos celebrados sem a devida adequação entre os valores previstos, o trabalho a ser realizado e as metas a serem alcançadas, bem como a falta de acompanhamento direto de representantes do Poder Público sobre a execução do objeto da parceria. Deve-se ressaltar, nessa medida, que a celebração de uma parceria no setor de saúde apenas é admitida pela Constituição Federal, nos termos do que foi mencionado, como instrumento de fortalecimento do SUS, com redobrado compromisso estatal e aumento da transparência na prestação dos serviços.

A contrariedade que muitos órgãos de controle e fiscalização ainda possuem com as parcerias na saúde decorre, sobretudo, de sua experiência com irregularidades que geraram prejuízo à boa prestação dos serviços de saúde. É necessário, portanto, que eventual opção pelas parcerias seja tomada de acordo com todos os ditames legais incidentes sobre cada uma das modalidades de ajuste, com absoluto cuidado para que não haja malversação de recursos e piora na qualidade dos serviços. Tal resultado pode gerar, como não raro acontece, a condenação do gestor público em processos de tomada de contas, em processos de improbidade administrativa e mesmo em processos criminais. A responsabilidade na área da saúde, como dito no início desta obra, tem aumentado a cada dia no Brasil, assim como a responsabilidade pelas decisões tomadas por cada gestor na execução de seus deveres constitucionais e legais.

As parcerias na saúde, nessa esquadra, desde que respeitadas a Constituição e a lei, são admitidas pelo ordenamento jurídico brasileiro. Seu uso ocorre em todos os países desenvolvidos do mundo como forma de ampliar a transparência, permitir a comparação entre os prestadores e melhorar a eficiência na prestação dos serviços de atendimento à saúde da população. É nessa perspectiva que tal modalidade de prestação indireta dos serviços de saúde pode ser adotada pelos Estados e municípios brasileiros.

5 A Administração Pública ESG na saúde

O tema central dos ODS corresponde, como visto, ao objetivo nº 3 – *Boa saúde e bem-estar: Assegurar uma vida saudável e promover o bem-estar para todos, em todas as idades*. Em relação a ele, a Meta nº 3.8 é tida como a mais ampla e complexa, pois almeja garantir a cobertura universal de cuidados de saúde.

Ante a dificuldade de definição do que seria a *cobertura universal*, o tema é estudado sob várias dimensões, sendo que não há consenso em relação à amplitude dos serviços a serem disponibilizados, além da exigência de que todo o pacote de serviços seja oferecido de modo gratuito a todas as pessoas. Daí a redação da Meta nº 3.8 dos ODS falar em *proteção do risco financeiro*, em *acesso a serviços de saúde essenciais de qualidade* e em *acesso a medicamentos e vacinas essenciais seguros, eficazes, de qualidade e a preços acessíveis para todos*.

No Brasil, o parâmetro para a busca pela cobertura universal reside no próprio texto constitucional, já que a Constituição de 1988 reconhece a saúde como direito de todos e dever do Estado. Ao contrário de grande parte dos Estados-nação, o texto constitucional pátrio dá ao tema da saúde tratamento bastante analítico, consagrando *o acesso de todas as pessoas* e a *gratuidade de todos os cuidados* ofertados no âmbito do SUS, com *vedação a qualquer discriminação* no atendimento e com *proibição de cobrança pelos serviços ofertados*. Trata-se, como se pode perceber, de um compromisso constitucional mais amplo do que aquele previsto pela Meta nº 3.8 dos ODS.

Esse compromisso apenas pode ser buscado em solo pátrio mediante modelos administrativos que levem em conta os fatores da "população a ser atendida" x "pacote de serviços" x "custo". A Administração Pública ESG, mencionada no início deste estudo, corresponde àquela Administração que leva em conta essas variáveis, tipicamente privadas, de gestão. Mas não apenas isso. Tais variáveis apenas possuem confiabilidade e utilidade se implantadas segundo critérios ESG, com observância, especialmente, de regras de governança e integridade no relacionamento público privado.

A ONU estabeleceu os ODS e fixou a saúde como seu tema central. O STF reconheceu a viabilidade das parcerias com a iniciativa privada. Que a gestão empresarial dê conta, à luz das práticas ESG, de trazer o melhor resultado para essa difícil equação de garantir o direito à saúde.

Informação bibliográfica deste livro, conforme a NBR 6023:2018 da Associação Brasileira de Normas Técnicas (ABNT):

MÂNICA, Fernando; MÂNICA, Priscila Aguiar. ESG e as transformações na Administração Pública: uma análise a partir do direito à saúde. *In*: RODRIGUES, Caroline; PIRONTI, Rodrigo (coord.). *ESG na Administração Pública*: estudos dirigidos. Belo Horizonte: Fórum, 2025. p. 221-238. ISBN 978-85-450-0779-1.

PROTAGONISMO SOCIAL E ESTRATÉGIAS EM ESG NO ACESSO À FELICIDADE OBJETIVA COMO "EXISTÊNCIA DIGNA" (ART. 170, CF)

JULIANA OLIVEIRA NASCIMENTO
MARIA DA GLORIA COLUCCI

1 Introdução

O sentido existencial da "felicidade" transcende as meras cogitações filosóficas, jurídicas ou de outra natureza; porque diz respeito ao que de mais valioso pode ter o ser humano: a sua vida no breve tempo que transcorre.

As expectativas frustradas representam, sem dúvida, a grande maioria das situações vividas pela pessoa, de modo que a "felicidade" costuma ser vista como "momento", "utopia", "sentimento passageiro", dentre outros significados que o vocábulo pode oferecer.

Na Lei Maior a "felicidade" se apresenta como "bem de todos" (art. 3º, IV, CF); "existência digna" ou "justiça social" (art. 170, caput); posto que é tratada como felicidade objetiva, coletiva ou social; cujos desdobramentos ampliam seu significado para igualdade, liberdade ou autonomia do querer próprio; ou como bem-estar (art. 193).[1]

Outros sentidos o vocábulo pode alcançar, tais como "ventura", "êxito", "sucesso", "contentamento", "bons resultados", etc., dependendo do enfoque que se queira dar à felicidade. Por exemplo, "sucesso", como êxito profissional, confere ao trabalhador(a) muitas alegrias (contentamentos), sem que signifique bem-estar físico ou emocional duradouro.

---

[1] BRASIL (1988). Constituição da República Federativa do; disponível em: www.planalto.gov.br.

A sociedade contemporânea é marcada pelo apego exagerado aos bens materiais, aos recursos financeiros ou às posições de relevo, de fama ou visibilidade nas redes sociais; descobrindo-se, depois, as máscaras que se escondem sob a aparente felicidade virtual.

Neste sentido, claro, destaca-se que estamos num momento em que o mundo digital é cada vez mais presente e uma realidade que permanece, mas cabem as cautelas nessa exposição, em especial a visão, muitas vezes, diferente da realidade de vida.

Como bem ressalta Zygmunt Bauman em sua obra "Tempos Líquidos", vive-se a "experiência aterrorizante de uma população heterônoma, infeliz e vulnerável, confrontada e possivelmente sobrepujada por forças que não controla".[2]

Destarte, o maior desafio dos governantes, ao redor do Planeta, tornou-se propiciar aos cidadãos o mínimo de segurança em suas diversas faces, a saber, alimentar, habitacional, laboral, sanitária, etc.; vale dizer, felicidade!

Espera-se o urgente enfrentamento da pobreza, fome, discriminação racial, desigualdade interna entre os países, consumo desordenado, igualdade de gênero, trabalho decente para todos, industrialização, dentre outros graves problemas da humanidade no século XXI. Evoluindo neste sentido, a felicidade objetiva foi adquirindo novos contornos nas Declarações de Direito, Agendas, Pactos e Acordos internacionais, como se examinará neste texto.

Em sua dimensão principiológica, a felicidade possui no Texto Constitucional uma fundamentação ética, a partir da "dignidade da pessoa humana" (art. 1º, III, CF); e como valor (axiológica) apresenta-se, desde o Preâmbulo, como "bem-estar". A síntese jurídica da felicidade objetiva na Lei Maior está no art. 6º, *caput*, quando enumera os "direitos sociais".[3]

Quando o cidadão na turbulência dos dias contemporâneos tem diante de si uma crescente crise de segurança, em que sua vida e bens estão frequentemente ameaçados, a única perspectiva que o agrada é no sentido de receber do Estado, por meio das políticas públicas

---

2 BAUMAN, Zygmunt. *Tempos líquidos*. Trad. Carlos Alberto Medeiros. Rio de Janeiro: Zahar, 2007, p. 13.

3 BRASIL (1988). Constituição da República Federativa do; disponível em: www.planalto.gov.br.

adequadas, a efetivação do seu direito à segurança, conforme o previsto na Constituição de 1988, no art. 144.[4]

Observa-se que a "felicidade" foi adquirindo com o passar do tempo novos contornos, sobretudo, quando interpretada sob a perspectiva social ou coletiva. No entanto, nos dias atuais, questões transversais dialogam com a "felicidade", a exemplo da qualidade de vida, desenvolvimento, igualdade, acesso aos bens materiais (consumo), etc.

Sob o prisma supracitado, adotaram-se índices aferidores das condições de felicidade (bem-estar) das pessoas, no aspecto do convívio social, do "acesso e compartilhamento dos bens essenciais à vida; ao que se tem denominado de "mínimo existencial". Assim, a privação destes bens leva ao adoecimento físico e mental das pessoas, sendo a fome e a miséria extrema os seus principais causadores.[5]

Sob este prisma, o IDH – Índice de Desenvolvimento Humano se oferece como um contraponto ao PIB – Produto Interno Bruto, priorizando três pilares, a saber: renda, saúde e educação. Assim, o IDH possui como foco de suas avaliações a expectativa de vida (tempo), o acesso à educação e o padrão de vida (qualidade).[6]

Como já mencionado, Bauman afirma que a população da denominada "sociedade aberta" vive "[...] obcecada com a firmeza de suas fronteiras e com a segurança dos indivíduos que vivem dentro delas [...]".[7]

Diante dos questionamentos múltiplos sobre a natureza da felicidade, sua abrangência e presença no Texto Constitucional, seguem as análises sob o foco jurídico e empresarial do modelo (ESG).

2 Sentido jurídico da felicidade no direito interno e internacional

Considerando-se a evolução da ideia de "felicidade", nota-se lenta evolução, sobretudo, a partir de sua natureza subjetiva, qual seja, de "valor" a ser alcançado mediante uma conquista pessoal.

---

4 BRASIL (1988). Constituição da República Federativa do; disponível em: www.planalto.gov.br.

5 ONU. Transformando Nosso Mundo: A Agenda 2030 para o Desenvolvimento Sustentável; disponível em: www.undp.org. Acesso em: 1 jul. 2023.

6 ONU. Programa das Nações Unidas para o Desenvolvimento (PNUD); disponível em: https://www.undp.org/pt/brazil. Acesso em: 1 jul. 2023.

7 BAUMAN, Zygmunt, *op. cit.*, p.13.

Em Sócrates (469-399 a.C.), a felicidade é obtida mediante a prática reiterada das virtudes, da busca constante do "bem", assim resumido por Félicien Challaye: "Os bens particulares são a saúde e a força do corpo, a força da alma, o bem-estar doméstico, as relações de família e de amizade, a vida em sociedade policiada".[8]

Embora em Sócrates haja a prevalência da felicidade pessoal, subjetiva, individual, obtida no âmbito da vida privada, verifica-se, também, que a felicidade coletiva, objetiva, aparece na "vida em sociedade policiada"; cuja visão atual corresponde à vida em segurança, mediante políticas públicas que a promovam, em ações conjuntas, conforme dispõe o art. 144 da Constituição de 1988:

> A segurança pública, dever do Estado, direito e responsabilidade de todos, é exercida para a preservação da ordem pública e da incolumidade das pessoas e do patrimônio [...].[9]

Permaneceu em sua evolução histórica, como visto, a felicidade associada à ideia de "bem-estar" físico (saúde do corpo); mental ("alma"), familiar e amizades (emocional) e social (sociedade segura), com base em Sócrates, conforme Challaye:

> [...] a amizade, que liga certos homens (como a caridade cristã visará, mais tarde, a uni-los a todos); a justiça, consistente na obediência às leis do país; a piedade, o reconhecimento para a Providência divina, a qual tudo dispôs para o bem dos homens.[10]

No que respeita ao "bem-estar" houve com a teoria do Estado como responsável pelas condições de segurança, saúde e trabalho, além da liberdade de acesso aos direitos sociais em suas diferentes manifestações (*Wellfare State*), a intensificação do dever das políticas públicas promoverem os direitos relativos à previdência e assistência social (art. 194 e ss.) da Constituição vigente.[11]

---

8 CHALLAYE, Félicien. *Pequena História das Grandes Filosofias*. Trad. Luiz Damasco Penna e J.B. Damasco Penna, 2. ed. São Paulo: Ed. Nacional, 1970, p. 36.

9 BRASIL (1988). Constituição da República Federativa do; disponível em: www.planalto.gov.br. Acesso em: 1 jul. 2023.

10 CHALLAYE, Felicien; *op. cit.*, p. 36.

11 FERREIRA FILHO, Manuel Gonçalves. *Princípios Fundamentais do Direito Constitucional*: o estado da questão no início do século XXI, em face do direito comparado e, particularmente, do direito positivo brasileiro; 2. ed. São Paulo: Saraiva, 2010, p. 27-28.

Em razão de sua plena consecução, a "felicidade" se apresenta como uma espécie de "utopia", algo inalcançável, ilusório, semelhante a uma "nuvem de fumaça" que tão logo aparece, some, sem se saber para onde foi; ou como "pluma", que tem uma vida breve.[12]

A PEC nº 19/2010 do Senado visa a inclusão no art. 6º da vigente Constituição de 1988, que a felicidade será propiciada a todos mediante o acesso aos direitos sociais.[13] A positivação deste direito à felicidade se apresenta como mais um instrumento de sua garantia e livre acesso à sociedade brasileira; impondo-se ao Estado o dever de prestar os serviços sociais, de saúde, educação, alimentação, trabalho, moradia, transporte, lazer, segurança, previdência social, proteção à maternidade e à infância e assistência aos desamparados (art. 6º, CF).[14]

Em sua "Justificativa," a PEC nº 19/2010 reconhece que a felicidade é um direito a que todo indivíduo aspira, representado pelo acesso aos direitos sociais que a Constituição consagra, já elencados:

> A busca individual pela felicidade pressupõe a observância da felicidade coletiva. Há felicidade coletiva quando são adequadamente observados os itens que tornam mais feliz a sociedade, ou seja, justamente os direitos sociais – uma sociedade mais feliz é uma sociedade mais bem desenvolvida, em que todos tenham acesso aos básicos serviços públicos de saúde, educação, previdência social, cultura, lazer, dentre outros.[15]

Também em sua "Justificativa", a PEC nº 19/2010 do Senado se reporta ao Direito Comparado para demonstrar que a "felicidade" é um anseio, aspiração, tanto individual, quanto coletiva, citando a Declaração de Direitos da Virgínia (Estados Unidos, 1776) e a Declaração dos Direitos do Homem e do Cidadão (França, 1789).[16]

Percorrendo, historicamente, a inclusão, nos dias próximos, da "felicidade" nos textos constitucionais, a França (1958) a destacou no Preâmbulo; o mesmo acontecendo com a Lei Maior do Reino do Butão,

---

12 *MORAES, Vinicius de; JOBIM, Antonio Carlos. A Felicidade; disponível em: https://www.viniciusdemoraes.com.br/pt-br/musica/cancoes/felicidade. Acesso em: 1 jul. 2023.*

13 BRASIL. Proposta de Emenda à Constituição nº 19/2010 (Senado); disponível em: https://www25.senado.leg.br/web/atividade/materias/-/materia/97622. Acesso em: 1 jul. 2023.

14 BRASIL (1988). Constituição da República Federativa do; disponível em: www.planalto.gov.br. Acesso em: 1 jul. 2023.

15 BRASIL. Proposta de Emenda à Constituição nº 19/2010 (Senado); disponível em: https://www25.senado.leg.br/web/atividade/materias/-/materia/97622.

16 *Idem.*

no art. 9º; igualmente, o Japão a prevê no art. 13 e a Coreia do Sul no art. 10 de sua Constituição.[17]

O fato do direito à felicidade constar de diversos textos legislativos atuais revela seu reconhecimento e importância como direito fundamental; constituindo o núcleo das liberdades negativas (art. 5º, CF), quando ao Estado cabe o dever de "abster-se" de impedir seu exercício individual e coletivo; e também, a felicidade centraliza as liberdades positivas do art. 6º, quando o Estado tem o poder-dever de "provê-las" (direitos sociais).[18]

Correlacionando a "felicidade" com o bem-estar coletivo, como vida saudável, o art. 225 da Constituição vigente dispõe no sentido de que todos têm direito à "sadia qualidade de vida", tanto as presentes quanto as futuras gerações, traduzindo a concepção de bem comum, como felicidade.[19]

Como felicidade objetiva, ou subjetiva, podem ser apontados, segundo "Otto", na coletânea de diálogos sobre a felicidade de Eduardo Giannetti (2002), alguns aspectos distintivos:

> Existe uma dimensão objetiva, possível de ser publicamente apurada, observada e medida de fora, e que se reflete nas condições de vida registradas por indicadores numéricos de nutrição, saúde, moradia, uso do tempo, renda per capita, desigualdade, criminalidade, poluição e assim por diante [...].[20]

Prosseguindo em suas caracterizações, "Otto" afirma que a felicidade resulta da "confluência das duas dimensões", identificando a segunda espécie (tipo formal) de felicidade da seguinte maneira:

> [...] e há uma dimensão subjetiva, que é a experiência interna do indivíduo, ou seja, tudo aquilo que se passa em sua mente de forma espontânea enquanto ele vai vivendo e agindo no decorrer dos dias e que volta e meia ocupa a sua atenção consciente nos momentos em que

---

17 BRASIL. PEC nº 19/2010; *loc. cit.*

18 BRASIL. Proposta de Emenda à Constituição nº 19/2010 (Senado); disponível em: https://www25.senado.leg.br/web/atividade/materias/-/materia/97622. Acesso em: 1 jul. 2023.

19 BRASIL (1988). Constituição da República Federativa do; disponível em: www.planalto.gov.br. Acesso em: 1 jul. 2023.

20 GIANNETTI, Eduardo. *Felicidade*: diálogos sobre o bem-estar na civilização. São Paulo: Companhia das Letras, 2002, p. 61.

> ele se dá conta do que está sentindo e pensando ou reflete sobre a vida que tem levado.[21]

Ao longo dos textos, que se dedicam à temática em exame, há múltiplas diferenciações, na busca de caracterização da felicidade (valor) ou de sua natureza de princípio diretor das políticas públicas (fundamento legal).

Passando-se ao Direito Internacional, podem ser mencionados alguns documentos que consagram ou já "consagravam" a felicidade como direito, expressamente em seus textos, como se examinará.

2.1 O Direito Internacional sob o enfoque da felicidade (valor) e princípio (fundamento jurídico)

A felicidade sob o prisma individual é o motor que move a vida humana, desde o nascimento até à morte. Traduz-se de diversas formas, como manifestações físicas (bem-estar); emocional (sentimentos) ou social (valor), quando confere sentido existencial de um direito a ser exercido por todos.

A Declaração de Direitos da Virgínia, de 12 de junho de 1776, no art. 1º, dispõe, expressamente, antes mesmo da Declaração Francesa de 1789, segundo Jayme de Altavila, que:

> Art. 1º - Todos os homens nascem igualmente livres e independentes, têm direitos certos, essenciais e naturais dos quais não podem, por nenhum contrato, privar nem despojar sua posteridade: tais são o direito de gozar a vida e a liberdade com os meios de adquirir e possuir propriedades, de procurar obter a felicidade e a segurança (grifou-se).[22]

Na "Declaração dos Direitos do Homem e do Cidadão admitidos pela Convenção Nacional em 1793 e afixada no lugar das suas reuniões", e no Preâmbulo, conforme Altavila, está escrito que:

> O Povo Francês convencido de que o esquecimento e o desprezo dos direitos naturais do Homem, são as únicas causas das infelicidades do mundo, resolveu expor numa declaração [...] as bases da sua liberdade e de sua felicidade [...]:

---

[21] *Idem.*

[22] ALTAVILA, Jayme de. *Origem dos Direitos dos Povos*. São Paulo: Melhoramentos, s/data, p. 215.

> I – O fim da sociedade é a felicidade comum. O governo é instituído para garantir ao homem o gôzo destes direitos naturais e imprescritíveis (grifou-se).[23]

Assim, tomou-se a felicidade no sentido objetivo, conferindo-se ao Estado o dever de promovê-la, além de frisar que o desrespeito ("desprezo") aos direitos fundamentais ("naturais") são a causa principal dos males ("infelicidades") nas sociedades humanas ("mundo").

Nos diversos documentos internacionais que vieram a se constituir no arcabouço jurídico das legislações ao redor do mundo, a "felicidade" se apresenta, como já mencionado, como bem comum, bem-estar, bem de todos, dentre outras expressões, ocupando lugar de destaque na Agenda 2030 da Organização das Nações Unidas, tendo como viés predominante as dimensões do desenvolvimento sustentável (a econômica, a social e a ambiental), conforme consta de seu Preâmbulo.[24]

Expressamente no ODS 3, a Agenda 2030 elege como objetivo de todos os países signatários deste documento o dever conjunto de "assegurar uma vida saudável e promover o bem-estar para todos, em todas as idades" (grifou-se).[25]

Embora a ênfase esteja na saúde, o "bem-estar" abrange na Agenda 2030 uma diversidade de circunstâncias que, juntas, dão aos indivíduos o que se convencionou chamar de "felicidade objetiva", como, por exemplo, o apoio à pesquisa ao desenvolvimento de vacinas e medicamentos para as doenças transmissíveis e não transmissíveis; cuja comercialização e escassez causam sérios transtornos à vida dos cidadãos.[26]

O consumo desordenado tem sido uma espécie de escape para a sociedade contemporânea, desencadeando uma onda de endividamento, além da poluição do Planeta pelo descarte inapropriado de embalagens no meio ambiente; conforme já assinalei, anteriormente:

> Na sociedade globalizada do século XXI, a busca do bem-estar tem sido uma constante; conforme se verifica na Res. 65/309, aprovada pela Assembleia Geral da Organização das Nações Unidas, em 19 de junho

---

23 ALTAVILA, Jayme de. *Op. cit.*, p. 219.

24 ONU. Transformando Nosso Mundo: A Agenda 2030 para o Desenvolvimento Sustentável (Preâmbulo); disponível em: www.undp.org. Acesso em: 1 jul. 2023.

25 ONU. Agenda 2030 (ODS 3); disponível em: www.undp.org. Acesso em: 1 jul. 2023.

26 ONU. Transformando Nosso Mundo: A Agenda 2030 para o Desenvolvimento Sustentável (ODS 3); disponível em: www.undp.org. Acesso em: 1 jul. 2023.

de 2011, cujo texto é centrado na "Felicidade: para um Enfoque Holístico do Desenvolvimento", e com a escolha de sua comemoração em todo dia 20 de março de cada ano.[27]

Uma vez insatisfeitas, pela impossibilidade de aquisição de bens e serviços, as classes socioeconômicas mais desprovidas de bens materiais reagem com intensa violência, produzindo instabilidade crescente nos dias em curso. Por outro lado, procurando reagir, "arma-se" cada vez mais, o que se tem tornado desafiante e grave problema para a segurança pública.[28]

Destarte, as políticas públicas devem focar, cada vez mais, na promoção do bem de todos (art. 3º, IV, CF) e no enfrentamento das desigualdades sociais e regionais, erradicando a pobreza e a marginalização (art. 3º, III, CF).

Ao reconhecer a felicidade como um objetivo fundamental a nortear as políticas públicas de cada país, a Resolução da Assembleia das Nações Unidas, precitada, concitou os Estados Membros a "[...] empreenderem a elaboração de novas medidas que reflitam a importância da busca da felicidade e do bem-estar no desenvolvimento, com vista a que guiem suas políticas públicas" (tradução livre).[29]

A felicidade como justiça social aparece na Agenda 2030, no ODS 16, de forma específica, ao apregoar que os países signatários da sua Declaração devem se empenhar, em ações conjuntas, para: "Promover sociedades pacíficas e inclusivas para o desenvolvimento sustentável, proporcionar o acesso à Justiça para todos e construir instituições eficazes, responsáveis e inclusivas em todos os níveis".[30]

Em suas novas interpretações a "felicidade", no sentido jurídico, incorpora todas as dimensões citadas, quais sejam: subjetiva (existencial); objetiva (bem comum, bem de todos, bem-estar, etc.); coletiva (social), individual (bem de cada um), etc.

---

27 COLUCCI, Maria da Glória. Sociedade do Bem-Estar e Consumo Consciente (ODS 12); disponível em: http://rubicandarascolucci.blogspot.com/. Acesso em: 1 jul. 2023.

28 COLUCCI, Maria da Glória. A Justiça como Felicidade Social na Agenda 2030 (ODS 16); disponível em: http://rubicandarascolucci.blogspot.com/. Acesso em: 1 jul. 2023.

29 ONU. Resolução nº 65/309. Disponível em: https://documents-dds-ny.un.org/doc/UNDOC/GEN/N11/420/70/PDF/N1142070.pdf?OpenElement. Acesso em: 1 jul. 2023.

30 ONU. Transformando Nosso Mundo: A Agenda 2030 para o Desenvolvimento Sustentável (ODS3); disponível em: www.undp.org. Acesso em: 1 jul. 2023.

Trata-se de temática ainda em análise e tímida inserção nos textos legais, haja vista a PEC nº 19/2010, no Senado, aguardar, há tempo, sua aprovação.

3 ESG – *Environmental, social and governance*: protagonismo e ênfase na felicidade individual e coletiva: breve análise

A idealização de ações práticas (estratégias) em prol da melhor qualidade de vida das pessoas e em defesa do meio ambiente, natural ou artificialmente criado, a exemplo do laboral ou urbano, tornou-se uma questão atual, urgente e impositiva.

Nessa linha, o Fórum Econômico Mundial enfatiza a importância do pilar "Pessoas" dentro do ESG, destacando que a sociedade está cada vez mais comprometida com valores de negócios responsáveis, economia sustentável e a criação de valor a longo prazo. A força de trabalho é vista como essencial para as organizações, gerando valor financeiro e não financeiro. Quando bem qualificada e com seus direitos respeitados, ela proporciona uma vantagem competitiva, mitiga riscos e fortalece relações com *stakeholders*.

O Fórum sublinha a necessidade de ambientes de trabalho inclusivos e diversos, com remuneração justa e oportunidades equitativas para todos prosperarem. Este foco se alinha a três Objetivos de Desenvolvimento Sustentável (ODS): dignidade e igualdade, saúde e bem-estar, e habilidades para o futuro.

> 1. *Dignidade e igualdade:* Segundo a Declaração Universal dos Direitos Humanos da ONU, todos têm o direito a trabalho sem discriminação e com igualdade de oportunidades em recrutamento, treinamento, desenvolvimento e promoção.
> 2. *Saúde e bem-estar:* As organizações devem assegurar o bem-estar físico e mental dos funcionários. A pandemia e o aumento do trabalho remoto intensificaram a necessidade de abordar a saúde mental e prevenir o *burnout*.
> 3. *Habilidades para o futuro:* As empresas devem capacitar seus trabalhadores para os desafios futuros, investindo em treinamentos que preparem a força de trabalho para novas tendências e demandas do mercado. Isso é crucial para criar emprego e renda, valorizando o capital humano.

O Fórum Econômico Mundial também destaca a necessidade de novas qualificações para os trabalhadores e apresenta métricas específicas para o pilar "Pessoas", abordando tanto métricas principais quanto expandidas para a avaliação e divulgação.[31]

Destarte, em consonância com os "princípios" do Pacto Global (ONU, 2000) e os Objetivos (ODS) da Agenda 2030 (ONU, 2015), o foco de tais iniciativas práticas deve se ampliar para além dos espaços institucionais, empresariais ou religiosos, filantrópicos ou não. Neste sentido, as ações planejadas para promover o bem-estar (felicidade objetiva) não podem se limitar, apenas, aos próprios fins propostos pelas organizações, mas devem procurar atingir outros objetivos, alargando seus horizontes corporativos.[32]

Assim, qualquer organização, pública ou privada, no setor onde atua, pode encetar iniciativas que trarão benefícios à coletividade, a partir de seus fins específicos, conforme sua estrutura orgânica, como associações, fundações, universidades, partidos políticos, etc.

De há muito iniciativas de promoção da qualidade de vida de pessoas ou de animais; de defesa do meio ambiente, do trabalho decente, dentre outras, deixaram de ser, "apenas, ações de "boa vontade", "alternativas louváveis" etc. como foram vistas durante longo tempo, para se tornarem um dever ético e jurídico, de "construir uma sociedade livre, justa e solidária" (art. 3º, I, CF).[33]

No ambiente corporativo, a inclusão de pessoas em sua diversidade cultural esbarra em estereótipos externos e internos, atrasando (ou mesmo impedindo) resultados mais imediatos aos projetos de paridade entre homens e mulheres, entre profissionais liberais e técnicos, ou pretos e brancos, nacionais ou estrangeiros...

Portanto, projetos de valorização e acolhimento nos ambientes corporativos exigem reeducação dos quadros laborais, mediante ampla divulgação, cursos, palestras, premiações e outros meios como instrumentos de conscientização cívica da necessidade de todos se respeitarem, valorizando as diferenças.

---

31 NASCIMENTO, Juliana Oliveira. Integridade e Direitos Humanos no Panorama Social do ESG. *In*: TRENNEPOHL Natascha; TRENNEPOHL Terence. *Compliance & ESG*. São Paulo: Saraiva, 2023.

32 BAUMAN, Zygmunt. *Tempos líquidos*. Trad. Carlos Alberto Medeiros. Rio de Janeiro: Zahar, 2007, p. 106.

33 BRASIL (1988). Constituição da República Federativa do; disponível em: www.planalto.gov.br.

Também, o acesso aos direitos sociais (art. 6º, CF), na maioria das vezes, depende de políticas públicas extensivas, quais sejam, que contemplam um grande número de beneficiados, recursos e pessoal especializado, o que as torna custosas e poucas.

Mas às instituições privadas cabe, igualmente, ao amparo da lei, significativa parcela de contribuição ao bem comum, quando promovem, por exemplo, ações educativas em defesa do meio ambiente, da inclusão de pessoas com deficiência, respeito à diversidade de gênero, etc.

Os fundamentos das ações em ESG estão em estreito diálogo com o Pacto Global (ONU, 2000) e seus "princípios", como já mencionado, sobretudo, com aquelas referentes aos "Direitos Humanos" e às relações do "Trabalho", quando referentes às pessoas e, mais especificamente ao "Meio Ambiente" e ao "Combate à Corrupção", quando procuram regular os vínculos das pessoas com o ambiente natural ou artificial.[34]

As correlações das ações em ESG com a Constituição Brasileira são várias, principalmente, quanto à temática já explorada neste texto, a saber, a construção da igualdade no ambiente corporativo, sobretudo, a laboral; afastando a discriminação e toda sorte de preconceitos de raça, cor, idade, saúde, condição social, sexo, nível de instrução, etc. (art. 3º, IV, CF).[35]

Os conflitos gerados pelo convívio no ambiente de trabalho se intensificaram devido à gradativa complexidade das relações interindividuais cotidianas. Somadas ao ambiente físico de trabalho, as interferências virtuais no cotidiano do trabalho têm alcançado um vulto cada vez maior; cujos meios utilizados vão desde as *fake news* até ameaças de sequestro, lesões e homicídios.[36]

As raízes sociais dos conflitos mais antigos estão nos preconceitos decorrentes das diferenças ou, como se sabe, da diversidade que marca as sociedades contemporâneas, de alta estruturação e intensos antagonismos, que interferem na vida dos cidadãos.[37]

---

34 OAB-PR. *Pacto Global das Nações Unidas*. Cartilha elaborada pela Comissão da Mulher Advogada; disponível em: https://cpg.oabpr.org.br/cartilhas/. Acesso em: 1 jul. 2023.

35 BRASIL (1988). Constituição da República Federativa do; disponível em: www.planalto.gov.br.

36 ONU. Relatório da Felicidade no Mundo; disponível em: https://news.un.org/pt/story/2023/03/1811482. Acesso em: 1 jul. 2023.

37 PNAD. Pesquisa Nacional por Amostra de Domicílios. Pesquisa Nacional sobre a felicidade no Brasil; disponível em: www.ibge.gov.br.

3.1 Estratégias em ESG em prol da felicidade coletiva (tecnologias sociais)

Para que uma empresa tenha longevidade é necessário que invista em inovação e não apenas em tecnologia ambiental, ou planejamento estratégico em governança; mas deve ter propósitos claros e transparentes em relação ao bem-estar dos seus colaboradores(as).

Algumas estratégias na promoção do bem-estar dos(as) colaboradores(as) podem ser implementadas, a exemplo:

> a) adesão a planos de saúde coletivos, que permitam o acesso a familiares, oferecendo, destarte, segurança e tranquilidade aos(às) empregados(as);
> b) oferecimento de parcerias (convênios) com creches, escolas de primeiro grau (fundamental), visando ao barateamento de mensalidades;
> c) transporte para os locais de trabalho, dependendo das características do empreendimento, sobretudo, se estiver situado em zonas rurais ou longe dos centros urbanos;
> d) ambientes de descanso nas dependências da empresa para os intervalos permitidos e programados para os(as) colaboradores(as), a exemplo do almoço, ou, se houver, do jantar (trabalho noturno);
> e) participação em jogos amistosos de futebol, basquete ou vôlei; xadrez ou corridas em datas ou períodos festivos da empresa; proporcionando a confraternização entre os(as) colaboradores(as) e seus familiares;
> f) premiações, com viagens ou valores monetários, para os(as) empregados(as) que se destacarem no ano ou no semestre pela produtividade, pontualidade e assiduidade;
> g) doação de cestas de alimentos às famílias mais carentes, com maior número de filhos e menores salários, etc.

Resta claro que o bem-estar individual e coletivo abre muitas portas para a empresa que pretende se projetar e alcançar os princípios do Pacto Global (ONU, 2000); além de se refletir na governança, como instrumentos eficazes de inovação transformadora no aspecto social.

As estratégias sugeridas dependem muito mais da visão dos empresários que comandam a atividade econômica (comércio, indústria ou serviços) do que dos recursos disponíveis.

4 Considerações finais

Convergem para a "felicidade" do cidadão e da sociedade fatores diversos, de ordem ética, política, econômica e social. Nos dias atuais procura-se, mediante políticas públicas e ações empresariais, com a participação de todos, oferecer o desenvolvimento sustentável como possível resposta ao bem-estar individual e coletivo.

No intuito de apresentar contornos mais objetivos à felicidade, os pesquisadores construíram ao longo dos tempos várias fundamentações e conceitos em torno de uma provável ideia de "felicidade", como sendo "bem-estar". Poetas e filósofos a descrevem como uma "utopia", porque sempre a identificamos como algo "fora e longe" de nós; porém, como assinala Bauman, citado nesse texto, o termo "utopia" tem adquirido novos significados, quais sejam: "fantasioso", "fantástico", "não prático", "irrealista", "desarrozoado" e "irracional". E acrescenta enfático: "E assim talvez estejamos de fato testemunhando o fim da utopia?".[38]

Destarte, se enquadrarmos a "felicidade" no rol das "utopias", verificamos, também, a existência de outro obstáculo, qual seja, o significado apropriado de "utopia", quando aplicado à "felicidade" ...

O materialismo globalizado no campo emocional se revela de muitas formas, como o hedonismo, egoísmo, avareza, individualismo etc.

Como "justiça social" a felicidade costuma se correlacionar a igualdade (isonomia), não só face à lei, mas nas relações interindividuais, quando a discriminação, em todas as suas formas há de ser rechaçada pela sociedade (art. 3º, IV, CF).[39]

Não é possível estabelecer critérios precisos para se quantificar a felicidade, mas se costuma medi-la, como citado neste texto, pelo IDH (educação, saúde e renda) e pelo PIB – Produto Interno Bruto, qual seja, calculado com base em toda a produção nacional (agricultura, indústria, comércio e serviços), para se apontar o crescimento econômico em determinado período de tempo. Quando dialogam entre si, em equilíbrio, IDH e PIB, tem-se o que se pode identificar como felicidade objetiva (justiça social e empresas).

Importante papel pode ser desempenhado pelas empresas com práticas de ESG – *Environmental, Social and Governance*, no sentido de, mediante ações positivas de promoção da igualdade racial, laboral, profissional, de gênero e outras, contribuírem para a promoção da felicidade individual e coletiva.

---

[38] BAUMAN, Zygmunt. *Tempos líquidos*. Trad. Carlos Alberto Medeiros. Rio de Janeiro: Zahar, 2007, p. 106.

[39] BRASIL (1988). Constituição da República Federativa do; disponível em: www.planalto.gov.br

As estratégias sugeridas no texto podem ser efetivadas em seu conjunto, ou separadamente, dependendo do interesse dos gestores(as) em movimentar o ambiente social da empresa e torná-lo, inclusive, mais chamativo a novos investimentos internacionais ou internos, porque o mercado está sempre de olhos abertos às inovações em tecnologias humanizadoras.

Referências

ALTAVILA, Jayme de. *Origem dos Direitos dos Povos*. São Paulo: Melhoramentos, s/data.

BAUMAN, Zygmunt. *Tempos líquidos*. Tradução Carlos Alberto Medeiros. Rio de Janeiro: Zahar, 2007.

BRASIL (1988). Constituição da República Federativa do; disponível em: www.planalto.gov.br. Acesso em: 1 jul. 2023.

BRASIL. Proposta de Emenda à Constituição nº 19/2010 (Senado). Disponível em: https://www25.senado.leg.br/web/atividade/materias/-/materia/97622. Acesso em: 1 jul. 2023.

CHALLAYE, Félicien. *Pequena História das Grandes Filosofias*. Trad. Luiz Damasco Penna e J.B. Damasco Penna. 2. ed. São Paulo: Ed. Nacional, 1970.

COLUCCI, Maria da Glória. Sociedade do Bem-Estar e Consumo Consciente (ODS 12); disponível em: http://rubicandarascolucci.blogspot.com/. Acesso em: 1 jul. 2023.

COLUCCI, Maria da Glória. A Justiça como Felicidade Social na Agenda 2030 (ODS 16). Disponível em: http://rubicandarascolucci.blogspot.com/. Acesso em: 1 jul. 2023.

FERREIRA FILHO, Manuel Gonçalves. *Princípios Fundamentais do Direito Constitucional*: o estado da questão no início do século XXI, em face do direito comparado e, particularmente, do direito positivo brasileiro. 2. ed. São Paulo: Saraiva, 2010.

GIANNETTI, Eduardo. *Felicidade*: diálogos sobre o bem-estar na civilização. São Paulo: Companhia das Letras, 2002.

NASCIMENTO, Juliana Oliveira. A Jornada da Globalização pela Transformação do Capitalismo Regenerativo e de Stakeholder no Mundo dos Negócios. *In*: NASCIMENTO, Juliana Oliveira. *ESG O Cisne Verde e o Capitalismo de Stakeholder*: A Tríade Regenerativa do Futuro Global. São Paulo: Thomson Reuters, 2021. p. 31-70.

NASCIMENTO, Juliana Oliveira. Integridade e Direitos Humanos no Panorama Social do ESG. *In*: TRENNEPOHL Natascha; TRENNEPOHL Terence. *Compliance & ESG*. São Paulo: Saraiva, 2023.

MORAES, Vinicius de; JOBIM, Antonio Carlos. A Felicidade; disponível em: https://www.viniciusdemoraes.com.br/pt-br/musica/cancoes/felicidade. Acesso em: 1 jul. 2023.

OAB-PR. *Pacto Global das Nações Unidas*. Cartilha elaborada pela Comissão da Mulher Advogada. Disponível em: https://cpg.oabpr.org.br/cartilhas/. Acesso em: 1 jul. 2023.

ONU. Relatório da Felicidade no Mundo. Disponível em: https://news.un.org/pt/story/2023/03/1811482. Acesso em: 1 jul. 2023.

ONU. Transformando Nosso Mundo: A Agenda 2030 para o Desenvolvimento Sustentável. Disponível em: www.undp.org. Acesso em: 1 jul. 2023.

ONU. Programa das Nações Unidas para o Desenvolvimento (PNUD). Disponível em: https://www.undp.org/pt/brazil. Acesso em: 1 jul. 2023.

Informação bibliográfica deste livro, conforme a NBR 6023:2018 da Associação Brasileira de Normas Técnicas (ABNT):

NASCIMENTO, Juliana Oliveira; COLUCCI, Maria da Gloria. Protagonismo social e estratégias em ESG no acesso à felicidade objetiva como "existência digna" (art. 170, CF). *In*: RODRIGUES, Caroline; PIRONTI, Rodrigo (coord.). *ESG na Administração Pública*: estudos dirigidos. Belo Horizonte: Fórum, 2025. p. 239-254. ISBN 978-85-450-0779-1.

MULHERES – MATERNIDADE E CARREIRA NA ADMINISTRAÇÃO PÚBLICA

DAIESSE QUÊNIA JAALA SANTOS BOMFIM
VANESSA SANTANA DE JESUS SOUZA

1 Introdução

A discussão sobre maternidade e carreira na Administração Pública ganha relevância crescente à medida que as sociedades avançam em direção à igualdade de gênero e à inclusão no ambiente de trabalho. No setor público, onde a diversidade e a equidade são fundamentais para a eficácia das políticas e serviços oferecidos à população, as questões relacionadas à maternidade e ao desenvolvimento profissional das mulheres assumem um papel crítico.

Apesar dos avanços nas políticas de igualdade de gênero no nosso país, muitos desafios permanecem, especialmente no que diz respeito à conciliação entre a vida profissional e as responsabilidades familiares.

Historicamente, as mulheres enfrentaram barreiras significativas para o avanço em suas carreiras na Administração Pública, exacerbadas por normas culturais e estruturas institucionais que frequentemente não contemplam adequadamente as necessidades específicas das mães. A licença-maternidade, o retorno ao trabalho, o processo de amamentação e a gestão de responsabilidades familiares têm sido questões de particular preocupação, revelando a necessidade de políticas mais inclusivas e equitativas.

A análise dos desafios enfrentados por mulheres na Administração Pública revela um panorama complexo, onde fatores estruturais, culturais e individuais interagem para moldar as experiências das mães que trabalham no setor público. Barreiras como a falta de flexibilidade nos horários de trabalho, a insuficiência de programas de apoio à maternidade e os estereótipos de gênero persistem, impactando a capacidade das mulheres de avançar em suas carreiras. Essas questões não apenas afetam o bem-estar e a satisfação das servidoras, mas também têm implicações para a eficácia e a diversidade das equipes de trabalho na Administração Pública.

Com efeito, este artigo visa explorar os avanços e desafios das políticas de igualdade de gênero na Administração Pública, com foco especial na experiência das mulheres que enfrentam o dilema de conciliar a maternidade com suas carreiras. Abordaremos a evolução das políticas, os obstáculos persistentes e os avanços alcançados até o momento. Além disso, apresentaremos estudos de caso e analisaremos o impacto das políticas de igualdade de gênero nas carreiras das mulheres.

2 Avanços e desafios: políticas de igualdade de gênero na Administração Pública

A questão da igualdade de gênero na Administração Pública tem sido objeto de crescente atenção e evolução ao longo das últimas décadas. Historicamente, as mulheres enfrentaram desafios significativos para ingressar e avançar nas carreiras públicas devido a barreiras culturais e institucionais que frequentemente não levavam em consideração suas necessidades e realidades específicas. No Brasil, o movimento por direitos iguais começou a ganhar força nas últimas décadas do século XX, refletindo uma mudança gradual nas percepções sobre o papel das mulheres no mercado de trabalho e na Administração Pública.

O marco legislativo mais significativo foi a introdução de políticas destinadas a garantir direitos fundamentais para as mulheres, como a licença-maternidade e o direito ao retorno ao trabalho. Essas mudanças foram essenciais para criar uma base mais sólida para a igualdade de gênero, mas o verdadeiro impacto das políticas de igualdade só começou a ser mais visível quando foram introduzidos mecanismos mais específicos e abrangentes.

Nos últimos anos, várias leis têm reforçado esse compromisso com a igualdade de gênero. A Lei nº 14.457, de 21 de setembro de 2022, institui o Programa Emprega + Mulheres, que visa à inserção e manutenção de mulheres no mercado de trabalho por meio de diversas medidas. Estas incluem apoio à parentalidade na primeira infância com reembolso-creche e subvenção de instituições de educação infantil; flexibilização do regime de trabalho com opções como teletrabalho e banco de horas; qualificação profissional em áreas estratégicas com prioridade para mulheres vítimas de violência; apoio ao retorno ao trabalho pós-licença-maternidade; reconhecimento de boas práticas com o Selo Emprega + Mulher; prevenção e combate ao assédio sexual no trabalho; e estímulo ao microcrédito para mulheres.

A seu turno, a legislação acerca da igualdade salarial entre mulheres e homens, que engloba a Lei nº 14.611/2023, o Decreto nº 11.795/2023 e a Portaria nº 3.714/2023, foi criada com o intuito de corrigir as lacunas históricas na remuneração, combater e eliminar as disparidades salariais baseadas em gênero e proporcionar maior segurança para as mulheres. É um importante instrumento para a efetivação de direitos já previstos na Constituição e na CLT com vistas à promoção da igualdade de remuneração entre mulheres e homens que desempenham funções equivalentes, combatendo a discriminação salarial e garantindo que as mulheres recebam salários justos e iguais aos dos homens para o mesmo trabalho.

No bojo das contratações públicas, é importante destacar que a Lei nº 14.133/2021 definiu critérios de desempate que favorecem empresas que adotam ações de equidade de gênero e outras práticas inclusivas. O Decreto nº 11.430/2023 disciplina esses critérios, destacando a importância de políticas de igualdade de gênero e de inclusão como fatores determinantes na seleção de fornecedores para a Administração Pública. Essas ações de equidade no ambiente laboral, além de promoverem a justiça social, também incentivam uma cultura organizacional mais inclusiva e diversificada, refletindo diretamente nos resultados e na eficiência das políticas públicas.

De acordo com o decreto presidencial supramencionado, têm-se as seguintes ações:

- Inserção e participação igualitária e de ascensão profissional entre mulheres e homens, incluindo a proporção de mulheres em cargos de direção do licitante;
- Promoção da igualdade de oportunidades e de tratamento em matéria de emprego e ocupação;
- Igualdade de remuneração e paridade salarial de mulheres e homens;
- Práticas de prevenção e de enfrentamento ao assédio moral e sexual;
- Programas voltados à equidade de gênero e raça;
- Ações em saúde e segurança do trabalho que considerem as diferenças entre os gêneros.

A promoção da igualdade de gênero no mercado de trabalho requer um comprometimento significativo tanto do setor público quanto do setor privado. Para alcançar a inserção e participação igualitária, é essencial que o setor público estabeleça políticas e regulamentações que incentivem a diversidade e a equidade nas empresas. Isso inclui a definição de metas claras para a presença de mulheres em cargos de direção, o que não apenas garante uma representatividade efetiva, mas também contribui para a quebra de barreiras históricas e culturais que muitas vezes impedem a ascensão profissional das mulheres.

Por outro lado, o setor privado tem um papel crucial na implementação de práticas efetivas para garantir a ascensão profissional equitativa. Isso envolve fomentar uma cultura organizacional inclusiva e oferecer oportunidades de desenvolvimento para todas as colaboradoras. Empresas que se comprometem com a equidade de gênero tendem a se beneficiar de uma força de trabalho diversificada e inovadora. Além disso, a adoção de práticas robustas de prevenção e enfrentamento ao assédio moral e sexual é essencial para garantir um ambiente de trabalho seguro, respeitoso e propício ao desenvolvimento pleno de todas as habilidades e talentos.

Adicionalmente, é importante destacar que o setor público deve ser exemplar na implementação de ações de equidade dentro dos próprios órgãos. A igualdade de gênero não deve ser apenas promovida no setor privado, mas também deve ser uma realidade na Administração Pública. Para isso, é necessário adotar medidas que garantam o acesso igualitário de homens e mulheres à ascensão profissional, assegurando que as mulheres tenham as mesmas oportunidades de ocupar cargos de liderança. Essa prática não só fortalece a Administração Pública como um modelo de instituição democrática, mas também inspira confiança e respeito entre os cidadãos.

Em um movimento significativo para a promoção da igualdade de gênero, a Advocacia-Geral da União (AGU) publicou a Portaria nº 54/2024, instituindo uma política de promoção da representatividade e equidade de gênero na Procuradoria-Geral Federal (PGF). Esta política visa incentivar o aumento da proporção de mulheres em cargos e funções comissionadas na estrutura da PGF, buscando atingir um percentual de 50% em todos os níveis hierárquicos, tanto nos órgãos de direção quanto nos de execução, ao final do primeiro ano de vigência do projeto.

A AGU enfatizou a importância dessa medida, destacando que, no processo de nomeação de cargos vagos, será necessário apresentar o percentual de cargos ocupados por mulheres na PGF. Caso a indicação seja de um homem, a justificativa deve demonstrar que apenas ele possui as habilidades ou qualificações necessárias para o cargo. A AGU ressaltou que este é um passo crucial para assegurar a representatividade em todos os níveis, refletindo a composição demográfica do país, onde as mulheres constituem 51,5% da população, conforme dados do IBGE.

A adoção de processos democráticos e inclusivos fortalece as instituições, promovendo um ambiente de trabalho mais equitativo e justo, onde todas as pessoas têm oportunidades iguais para contribuir e progredir. A questão não é apenas alcançar uma equidade numérica, mas também promover uma cultura organizacional que valorize a diversidade e a inclusão como pilares para a solidez institucional.

Sob a sub-representação feminina nos espaços públicos, a professora Daniela Rezende assevera que:

> Entretanto, nas democracias contemporâneas em que direitos de cidadania são amplamente garantidos, estranha-se que haja tão grande distorção entre o percentual de mulheres na população e o percentual de posições de poder ocupadas por pessoas
> do sexo feminino. Além disso, dadas as demandas de diversos grupos de mulheres, relacionadas à saúde, ao combate à violência e à representação política, apenas para citar alguns exemplos de reivindicações recorrentes na agenda pública, esse cenário pode ser um indicador de que há algo errado, uma vez que um dos princípios da democracia é que aqueles(as) afetados(as) pelas decisões devem ter a chance de participar no processo de sua formulação, ainda que indiretamente.[1]

A falta de representatividade feminina em posições de poder tem consequências diretas na formulação e implementação de políticas públicas, muitas vezes deixando de atender de forma adequada às necessidades e demandas específicas das mulheres. Portanto, é imperativo que se intensifiquem os esforços para garantir uma representação mais equitativa, assegurando que as vozes das mulheres sejam efetivamente ouvidas e consideradas na tomada de decisões que afetam a sociedade como um todo.

---

1 REZENDE, Daniela Leandro. Mulher no poder e na tomada de decisões. *In*: IPEA – INSTITUTO DE PESQUISA ECONÔMICA APLICADA. Mulher no poder: a presença feminina nas esferas de decisão política e econômica. 1. ed. Brasília, DF: Ipea, 2020. Disponível em: https://repositorio.ipea.gov.br/bitstream/11058/10319/1/MulhernoPoder_Cap_7.pdf. Acesso em: 15 jul. 2024.

A promoção de uma maior equidade de gênero nas posições de liderança e poder está intrinsicamente ligada às práticas ESG (*Environmental, Social, and Governance*), que são fundamentais para a construção de ambientes corporativos e institucionais mais justos e sustentáveis.

A integração de princípios ESG exige não apenas a adoção de práticas ambientais responsáveis e a criação de políticas sociais inclusivas, mas também a implementação de governança que assegure a diversidade e a representatividade. A inclusão de mulheres em cargos de liderança é uma manifestação concreta do compromisso com a governança responsável e com a justiça social, refletindo uma abordagem mais holística para a sustentabilidade.

Outrossim, a promoção da igualdade de gênero está diretamente alinhada com a Agenda 2030 da Organização das Nações Unidas e o Objetivo de Desenvolvimento Sustentável (ODS) 5, que visa alcançar a igualdade de gênero e empoderar todas as mulheres e meninas. O ODS 5 enfatiza a necessidade de eliminar todas as formas de discriminação, violência e práticas prejudiciais baseadas no gênero, promovendo a participação plena e efetiva das mulheres na vida política, econômica e pública. A implementação de práticas ESG que incorporem a equidade de gênero contribui significativamente para a realização dessas metas, garantindo que as mulheres tenham acesso igualitário a oportunidades de liderança e decisão.

No entanto, a implementação dessas políticas não está isenta de desafios. Apesar dos avanços, as mulheres na Administração Pública ainda enfrentam barreiras significativas relacionadas à cultura institucional e à falta de flexibilidade. Muitas vezes, as políticas não são suficientemente adaptadas às necessidades específicas das servidoras, o que pode limitar sua eficácia. A persistência de estereótipos de gênero e a falta de uma verdadeira integração das questões de gênero na gestão organizacional continuam a impactar negativamente a experiência das mulheres no setor público.

Em resumo, embora as políticas de igualdade de gênero tenham levado a avanços significativos na Administração Pública, o caminho para a verdadeira equidade ainda é bastante desafiador. A integração de considerações de gênero nas políticas públicas e a adesão aos princípios ESG são fundamentais para criar um ambiente de trabalho mais inclusivo e justo e, especialmente, mais representativo das demandas da sociedade. A promoção contínua de políticas eficazes e a sua implementação prática são essenciais para enfrentar os desafios persistentes e para garantir que todas as mulheres possam avançar e prosperar em suas carreiras na Administração Pública.

3 Maternidade e carreira na Administração Pública

Em um contexto social ainda tão desigual entre homens e mulheres, os desafios da maternidade na Administração Pública permanecem inúmeros. Apesar de oferecer mais segurança na permanência do cargo após o retorno da licença-maternidade em relação ao setor privado, tornar-se mãe estabelece um "teto de vidro", um limite para o exercício e desenvolvimento na carreira da servidora.

O termo "teto de vidro" foi engendrado pela escritora e especialista norte-americana em políticas de igualdade de gênero Marylin Lodenn, em discurso realizado em 1978 para a Women's Action Alliance, uma organização feminista com sede em Nova York. O intuito da expressão foi expor as limitações disfarçadas que impedem a ascensão das mulheres em suas carreiras. Originalmente criada para o setor privado, a expressão se faz pertinente, porém, para os cargos e carreiras de Estado.[2]

A desigualdade fica patente em consulta aos dados obtidos pelo IPEA (Instituto de Pesquisa Econômica Aplicada) no último Atlas do Estado Brasileiro, de acordo com o qual as mulheres chegaram a 59,3% do total de funcionários públicos no Brasil em 2017 e, ainda assim, os homens recebem remuneração em média 24,2% maior em todos os níveis de governo, nos três poderes. A pesquisa deixa claro que o acesso a cargos públicos pelas mulheres é majoritariamente na esfera municipal, alcançando 66% das vagas, seguido pela estadual com 60% e federal com aproximadamente 54%. Ressalte-se que a diferença remuneratória entre os sexos é verificada em todos os quatro níveis de escolaridade estabelecidos no estudo. Os quatro níveis de escolaridade são: fundamental incompleto, fundamental completo ou médio incompleto, médio completo ou superior incompleto, e superior completo.[3]

---

2 VIANA, Diego. Mulheres enfrentam barreiras para a ascensão no serviço público brasileiro. *Revista Pesquisa FAPESP* – Fundação de Amparo à Pesquisa do Estado de São Paulo, São Paulo, n. 325, mar. 2023. Disponível em: https://revistapesquisa.fapesp.br/mulheres-enfrentam-barreiras-para-a-ascensao-no-servico-publico-brasileiro/. Acesso em: 16 jul. 2024.

3 BRASIL. Atlas do Estado Brasileiro. IPEA, 2018. Disponível em: https://www.ipea.gov.br/atlasestado/download/154/dist-tres-decadas-de-funcionalismo-brasileiro-1986-2017. Acesso

Sob o mesmo prisma, o Banco Interamericano de Desenvolvimento (BID) publicou em 2022 uma pesquisa denominada "Mulheres líderes no setor público da América Latina e do Caribe", concluindo que, no Brasil, apenas 18,6% das mulheres no setor público ocupam cargos de liderança, nos quatro níveis estabelecidos na pesquisa. As mulheres ocupariam, então, 19,3% dos cargos de diretoria, 22,1% dos cargos de subsecretaria e 9,1% dos cargos de secretaria.[4]

Segundo a pesquisa, não foi registrado mulheres em cargos de ministério em 2022, contudo a pesquisa restringiu a busca a apenas 12 setores, como Fazenda, Desenvolvimento Social, Trabalho, Educação e Relações Exteriores, escapando ao seu alcance a existência de 3 Ministras de estado entre as 37 pastas ministerial do Poder Executivo do Brasil, assim como não foi contabilizado as magistradas em cargos de ministras de tribunais superiores.[5] Também não foi observado, contudo, o número de mulheres que ascendem na carreira já em idade mais madura, somente após ultrapassado o período de fertilidade e criação dos filhos. De todo modo, os dados demonstram a dificuldade histórica de reconhecimento e ascensão de carreira, bem como a desigualdade salarial, enfrentados pelas mulheres no serviço público no Brasil.[6]

Somente em 2018 o Conselho Nacional de Justiça estabeleceu uma Política Nacional de Incentivo à Participação Institucional Feminina no Poder Judiciário, através da Resolução nº 255/2018, a qual invoca a *Convenção das Nações Unidas sobre a Eliminação de Todas as Formas de Discriminação contra a Mulher*, incorporado ao ordenamento jurídico brasileiro pelo Decreto nº 4.377, de 13 de setembro de 2002; a Agenda 2030 da Organização das Nações Unidas, que coloca a igualdade de gênero como o 5º objetivo para atingir o desenvolvimento sustentável,

em: 16 jul. 2024.

4 VIANA, Diego. Mulheres enfrentam barreiras para a ascensão no serviço público brasileiro. *Revista Pesquisa FAPESP* – Fundação de Amparo à Pesquisa do Estado de São Paulo, São Paulo, n. 325, mar. 2023. Disponível em: https://revistapesquisa.fapesp.br/mulheres-enfrentam-barreiras-para-a-ascensao-no-servico-publico-brasileiro/. Acesso em: 16 jul. 2024.

5 VIANA, Diego. Mulheres enfrentam barreiras para a ascensão no serviço público brasileiro. Revista Pesquisa FAPESP – Fundação de Amparo à Pesquisa do Estado de São Paulo, São Paulo, n. 325, mar. 2023. Disponível em: https://revistapesquisa.fapesp.br/mulheres-enfrentam-barreiras-para-a-ascensao-no-servico-publico-brasileiro/. Acesso em: 16 jul. 2024.

6 BRASIL. Ministros e Ministras. Governo Federal do Brasil. Disponível em: https://www.gov.br/planalto/pt-br/conheca-a-presidencia/ministros-e-ministras. Acesso em: 16 jul. 2024.

e; o princípio da igualdade como direito fundamental insculpido ao art. 5º, I, da Constituição Federal.[7]

Como fruto dessa iniciativa, o CNJ criou em 2023 uma política afirmativa de alternância de gênero no preenchimento das vagas para a segunda instância do Poder Judiciário. Alterando a Resolução nº 106/2010 do CNJ, que trata dos critérios objetivos para a promoção de magistrados, foi estabelecido que as cortes que não alcançaram uma proporção de gênero mínima em torno de 40% e 60% no segundo grau, deverão utilizar a lista exclusiva para mulheres, alternadamente, com a lista mista tradicional, nas promoções pelo critério do merecimento.[8]

Muito pouco se avançou, também, sobre as políticas de apoio à maternidade durante o exercício da carreira. Não se ignora a importância da expansão da licença maternidade de 4 para 6 meses, o que permite às mães um período de afastamento remunerado condizente com as políticas para amamentação do Fundo das Nações Unidas para a Infância (UNICEF)[9] e da Organização Mundial de Saúde (OMS),[10] os quais recomendam aleitamento materno exclusivo para o bebê até os 06 meses de vida e não exclusivo até pelo menos os 2 anos.

Contudo, a igualdade feminina no serviço público – e no mercado de trabalho de modo geral – passa não apenas pelo respeito ao período gestacional e de licença, pela chefia do órgão público. É preciso que a escolha da maternidade não represente para a mulher a perda de vantagens ou oportunidades internas, não experimentada por homens e por mulheres que não têm filhos.

No setor privado, quase metade das mulheres são demitidas sem justa causa nos 24 meses após a licença maternidade, segundo pesquisa realizada pela FGV em 2016, revelando, ainda, que o padrão se mantém durante toda a primeira infância da prole – resultando num

---

[7] BRASIL. Conselho Nacional de Justiça. Resolução nº 255, de 04.09.2018. Disponível em: https://atos.cnj.jus.br/atos/detalhar/2670. Acesso em: 19 jul. 2024.

[8] BRASIL. Conselho Nacional de Justiça. Resolução nº 106, de 06.04.2010. Disponível em: chrome-extension://efaidnbmnnnibpcajpcglclefindmkaj/https://juslaboris.tst.jus.br/bitstream/handle/20.500.12178/34679/2010_res0106_cnj.pdf?sequence=1&is. Acesso em: 19 jul. 2024.

[9] UNICEF. Aleitamento materno. Disponível em: https://www.unicef.org/brazil/media/4651/file/Cartilha_UNICEF_amamentacao.pdf. Acesso em: 16 jul. 2024.

[10] BRASIL. Estratégia nacional para promoção do aleitamento materno e alimentação complementar saudável no Sistema Único de Saúde. Governo Federal do Brasil. Disponível em: https://bvsms.saude.gov.br/bvs/publicacoes/estrategia_nacional_promocao_aleitamento_materno.pdf. Acesso em: 16 jul. 2024.

enorme percentual de mães fora do mercado de trabalho nos primeiros 5 anos da criança.[11]

Não à toa, hoje no Brasil mais de 49% das mulheres empregadas optaram pela maternidade após os 40 anos, e o número de mulheres executivas que decidiram não ter filhos é duas vezes maior do que os homens em cargos de liderança (45% para mulheres contra 19% para homens).[12]

Na Administração Pública, conquanto a estabilidade no cargo ofereça proteção às servidoras para o exercício da maternidade, a desigualdade de gênero se mostra de outras formas, como a imposição de metas de produtividade que não consideram a dupla jornada da servidora mãe, como, por exemplo, os arranjos necessários à manutenção da amamentação, tal qual a rotina de ordenha no local de trabalho para a manutenção da produção de leite.

Pode-se observar, de modo ilustrativo, o caso da amamentação no serviço público. A Lei nº 13.509, de 22 de novembro de 2017, reformando o art. 396 da Consolidação das Leis do Trabalho,[13] estabeleceu para o setor privado que fossem concedidos dois intervalos de 30 minutos na jornada diária de trabalho das lactantes, de modo a favorecer a amamentação. A Administração Pública, por sua vez, havia determinado, desde 2016, a prioridade de gestantes e lactantes para atuar mediante teletrabalho, contudo sujeitando a escolha ao critério do gestor da unidade, mediante sugestão deste à Chefia do órgão, bem como ressalvando que o pleito seria deferido desde que houvesse interesse da Administração.

Apesar de a estabilidade no serviço ser uma inegável vantagem para as gestantes e lactantes, o exercício dos direitos protetivos de sua especial condição costumam se sujeitar à política interna dos órgãos, o que muitas vezes minam as garantias concedidas pela legislação, mediante a criação de condições não previstas, como a atribuição de

---

[11] BRASIL. Conselho Nacional de Justiça. Resolução nº 106, de 06.04.2010. Disponível em: chrome-extension://efaidnbmnnnibpcajpcglclefindmkaj/https://juslaboris.tst.jus.br/bitstream/handle/20.500.12178/34679/2010_res0106_cnj.pdf?sequence=1&is. Acesso em: 19 jul. 2024.

[12] TAMURA, Richely. Quase metade das mulheres é demitida ao voltar da licença-maternidade: por que ser mãe e profissional ainda é um desafio. *Revista Isto É mulher*. Edição de 18.03.2024. Disponível em: https://mulher.istoe.com.br/quase-metade-das-mulheres-e-demitida-ao-voltar-da-licenca-maternidade-por-que-ser-mae-e-profissional-ainda-e-um-desafio/. Acesso em: 19 jul. 2024.

[13] BRASIL. Lei nº 13.509, de 22 de novembro de 2017. Congresso Nacional. Disponível em: https://www.planalto.gov.br/ccivil_03/_Ato2015-2018/2017/Lei/L13509.htm. Acesso em: 19 jul. 2024.

tarefas alternativas. Outras vezes, o exercício do direito faz com que a chefia deixe de considerá-la para oportunidades de carreira, deixando a servidora à margem da rotina administrativa.

Vale dizer que, o advento da covid-19 promoveu uma série de mudanças e adaptações no serviço público brasileiro, acelerando a adoção e expansão do *home office* nos três níveis da Administração, e no âmbito do Executivo, do Legislativo e do Judiciário. A regulamentação do regime especial de trabalho, entretanto, não foi tratada com uniformidade, ficando a cargo de cada instituição seguir a tendência e fixar o próprio regramento.

Na esteira das mudanças pandêmicas ocorridas desde 2020, foram regulamentadas diversas medidas de proteção à maternidade no serviço público, o que, apesar de concedidas de modo fragmentado, por cada ente público, representou um avanço e sinalizou uma mudança da cultura administrativa sobre o tratamento dado às gestantes, lactantes, mães e mulheres em idade reprodutiva de modo geral.

4 Políticas de apoio à maternidade no serviço público

Conforme explanado alhures, a conciliação entre maternidade e carreira representa um desafio significativo para as mulheres, e, especificamente na Administração Pública, a dinâmica de trabalho aparentemente estável muitas vezes disfarça obstáculos invisíveis para o exercício de direitos da maternidade e o desenvolvimento na carreira.

As políticas de igualdade de gênero têm avançado na tentativa de criar um ambiente mais inclusivo e favorável para as mulheres que desejam equilibrar suas responsabilidades profissionais e familiares.

A implementação de políticas de trabalho flexível, como horários de trabalho ajustáveis e a possibilidade de teletrabalho, tem sido um avanço significativo. Essas medidas permitem que as servidoras públicas ajustem suas responsabilidades profissionais às demandas da maternidade, reduzindo a dificuldade de equilibrar as múltiplas tarefas e melhorando a produtividade. Em tempos de pandemia, o teletrabalho se mostrou essencial e pode continuar sendo uma opção viável para muitas mães.

No Brasil, algumas repartições públicas têm se destacado por implementar programas de apoio às mães trabalhadoras. Usaremos como recorte neste trabalho as medidas adotadas pelo Poder Judiciário e por algumas das instituições essenciais à Justiça.

Em novembro de 2020, o CNJ publicou a Resolução nº 343, regulamentando no âmbito de todo o Poder Judiciário o regime especial de trabalho para gestantes, lactantes – até os 24 meses de idade do lactente – e mães, pelo nascimento ou pela adoção de filho(a), por até 6 meses após o término da licença-maternidade ou da licença pela adoção. Observa-se que a medida valorizou a maternidade como um todo, reconhecendo a importância da maior participação da mãe na rotina do bebê não apenas para fins de lactação.[14]

Outra medida digna de nota foi a inclusão, no regime especial de trabalho, do pai pelo nascimento ou pela adoção de filho(a), por até 6 meses, após o término da licença-paternidade ou da licença pela adoção. Ocorre que o gozo do direito pelo genitor está condicionado à falta da mulher, pois contempla apenas os genitores monoparentais e os casais homoafetivos.

Lamenta-se a perda da chance de o Poder Judiciário incentivar institucionalmente a paternidade responsável e promover a divisão da responsabilidade sobre os filhos, atribuída historicamente às mulheres, igualmente entre os genitores. Ressalte-se que a divisão das tarefas familiares já é a realidade de muitas famílias brasileiras, sobretudo as formadas por pessoas com maior nível de instrução. O CNJ poderia ao menos ter incluído, por exemplo, pais de recém-nascidos gêmeos, ou com 2 ou mais filhos, de forma a reconhecer a necessidade de distribuição das demandas da prole de modo igualitário entre homens e mulheres, sobremaneira nos primeiros meses de vida do bebê.

De todo modo, a Resolução nº 343 condicionou a concessão do direito à apresentação de laudo do médico que acompanha a servidora ou filho(s), demonstrando a necessidade da medida, a ser homologada pela junta oficial em saúde da instituição, resguardando, ainda, a autonomia de cada tribunal, o interesse público e da Administração, deixando um espaço de subjetividade para a concessão do regime especial à mulher que preencha os requisitos objetivos do art. 1º.

As condições especiais de trabalho estabelecidas para magistrados e servidores do Poder Judiciário foram a designação provisória para atividade fora da comarca ou subseção de lotação para local mais próximo da residência do(a) filho(a) com deficiência; a designação de apoio à unidade judicial de lotação de magistrado(a) ou de servidor(a)

---

14 BRASIL. Conselho Nacional de Justiça. Resolução nº 343, de 9 de setembro de 2020. Disponível em: https://atos.cnj.jus.br/atos/detalhar/3459. Acesso em: 20 jul. 2024.

para a prática de atos processuais específicos; a concessão de jornada especial e/ou o exercício da atividade em regime de teletrabalho, sem acréscimo de produtividade.

A iniciativa do Conselho Nacional de Justiça foi seguida paulatinamente por outras instituições. O Conselho Nacional do Ministério Público (CNMP) publicou, em 2022, a Resolução nº 250, instituindo nacionalmente condições especiais de trabalho para membros, servidores, estagiários e até mesmo voluntários do Ministério Público que sejam gestantes, lactantes, mães e pais em condições similares às previstas pela Resolução nº 343 do CNJ. A Resolução nº 250/2022 do CNMP cuidou de nacionalizar e uniformizar medidas já adotadas pontualmente por alguns órgãos ministeriais. Por exemplo, desde 2019 o Ministério Público da União, através da Portaria PGR/MPU nº 78, havia instituído a redução de jornada para servidoras com filhos até 24 meses de vida de 8 para 6 horas.[15]

Certamente houve avanço na disciplina da matéria pelo Ministério Público, pois dispensou qualquer comprovação médica para constatar a necessidade da medida e conceder condições de trabalho condizentes com a vivência da maternidade, determinando ao art. 2º, §2º, que "a concessão de condições especiais previstas neste artigo será realizada por simples requerimento e sem a necessidade de laudo biopsicossocial ou de avaliações". Essa previsão blinda a funcionária pública contra interpretações que mitiguem o exercício do direito.

Apesar de não haver um Conselho Nacional da Defensoria Pública, diversos órgãos defensoriais instituíram regimes especiais de trabalho visando a proteção da maternidade e da primeira infância. Desde 2018 a Defensoria Pública de Goiás passou a proibir, com a Resolução CSDP nº 77, a designação compulsória de mães no primeiro ano de vida do filho, para atuar em plantões e atividades extraordinárias, estendendo para até o segundo ano de vida do bebê quando as atividades referidas impliquem no deslocamento para comarca diversa daquela de residência da defensora.[16]

---

15 BRASIL. Conselho Nacional do Ministério Público. Resolução nº 250, de 25 de outubro de 2022. Disponível em: https://www.cnmp.mp.br/portal/images/Normas/Resolucoes/Resoluo-n-250-2022.pdf. Acesso em: 20 jul. 2024.

16 GOIÁS. Defensoria Pública do Estado de Goiás. Resolução CSDP nº 77, de 2018. Disponível em: http://www2.defensoria.go.def.br/institucional/conselho-superior-da-defensoria-publica-do-estado/atos-publicados?submenu=5. Acesso em: 20 jul. 2024.

Em 2019, a Defensoria Pública do Espírito Santo instituiu a Política de Valorização da Maternidade e da Amamentação e de Proteção da Primeira Infância através da Resolução CSDPES nº 63, garantindo à defensora mãe o direito de ser lotada provisoriamente no núcleo de atendimento da Defensoria Pública da cidade de sua residência nos primeiros 24 (vinte e quatro) meses de vida do bebê, a fim de favorecer a amamentação e a convivência familiar, prevendo, ainda, o direito à defensora gestante de solicitar, para sua segurança e conforto, a mudança temporária de seu gabinete para o andar térreo, quando a sede da Defensoria não possuir elevador.[17]

No período pandêmico, algumas Defensorias estabeleceram condições especiais de trabalho para defensoras – e algumas também para servidoras e estagiárias – gestantes e lactantes até os 24 meses de idade do bebê, estabelecendo, em linhas gerais, a concessão de jornada especial de favorecimento à amamentação, o regime de trabalho domiciliar e por videoconferência, com substituição para atividades presenciais como defesa em Tribunal do Júri e atendimento em presídios, sem aumento de carga de trabalho, com compensação com outra atividade compatível. Nesse sentido, a Defensoria Pública da União[18] – Resolução CSDPU nº 171/2021, a Defensoria Pública do Estado do Ceará[19] – Resolução CSDP nº 217/2023 e mais recentemente a Defensoria Pública do Estado de Pernambuco[20] – Resolução CSDPPE nº 07/2024.

No que diz respeito a Pernambuco, merece registro que pela primeira vez a manutenção do direito a condições especiais de trabalho às mães não ficou subordinada ao interesse público, de forma

---

17 ESPÍRITO SANTO. Defensoria Pública do Estado de Goiás. Resolução CSDP nº 63, de 2019. Disponível em: https://www.defensoria.es.def.br/wp-content/uploads/2016/10/Resolução-CSDPES-Nº.-063-2019-Cria-no-âmbito-da-DPES-a-Plítica-de-valorização-da-maternidade-e-da-amamentação.pdf. Acesso em: 20 jul. 2024.

18 BRASIL. Defensoria Pública da União. Resolução CSDP nº 179, de 2021. Disponível em: https://www.dpu.def.br/conselho-superior-old/resolucoes/60703-resolucao-csdpu-n-179-de-22-de-janeiro-de-2021-dispoe-sobre-sobre-condicoes-especiais-de-trabalho-para-gestantes--e-lactantes. Acesso em: 20 jul. 2024.

19 CEARÁ. Defensoria Pública do Estado do Ceará. Resolução CSDP nº 217, de 2023. Disponível em: https://www.defensoria.ce.def.br/wp-content/uploads/2023/10/Resolução-217-2023-sessão-03.03.2023.pdf. Acesso em: 20 jul. 2024.

20 PERNAMBUCO. Defensoria Pública do Estado de Pernambuco. Resolução CSDP nº 7, de 29 de maio de 2024. https://www.defensoria.pe.def.br/wp-content/uploads/resolucoes/2024/RESOLUÇÃO%20Nº%2007%20-%20Institui%20a%20Política%20de%20Valorização%20da%20Maternidade%20e%20da%20Amamentação%20e%20de%20Proteção%20da%20Primeira%20Infância%20no%20âmbito%20da%20Defensoria%20Pública%20do%20Estado%20de%20Pernambuco.pdf. Acesso em: 20 jul. 2024.

que eventual revogação do regime especial somente pode ocorrer, no âmbito da Defensoria Pública do Estado de Pernambuco, em caso de a defensora infringir as condições da medida, como a execução de outra atividade de cunho presencial, mesmo após advertida. Assim, tanto a concessão quanto a manutenção do regime foram, em tese, blindadas da análise subjetiva da chefia da instituição, dependendo apenas do cumprimento dos requisitos objetivos.

Em uma breve pesquisa às páginas oficiais das Defensorias Públicas estaduais e distritais, observa-se que a falta de um órgão nacional ensejou a heterogeneidade das medidas adotadas, bem como a omissão de muitas instituições sobre matéria. Das 27 Defensorias Públicas, apenas 10 possuem políticas de valorização da maternidade (são elas as Defensorias Públicas do Ceará, Maranhão, Pernambuco, Distrito Federal, Espírito Santo, São Paulo, Goiás, Mato Grosso, Paraná, Rondônia).

Embora se observe a tentativa de mudança da cultura das instituições públicas acerca do tratamento da equidade de gênero e vivência da maternidade pelas servidoras públicas e membras de carreiras jurídicas, muito ainda há para caminhar. Primeiramente porque não existe uma disciplina legal federal uniforme de proteção da maternidade e primeira infância, deixando a cargo das instituições a regulamentação da matéria em seus respectivos âmbitos de atuação. Em segundo lugar porque a mudança social não acontece instantaneamente após a publicação de regulamentos, sendo necessário o fomento das novas práticas, seja mediante a promoção de cursos e seminários, seja com o incentivo e premiação pela adoção de novas práticas pelas repartições públicas.

5 Conclusão

Nas palavras de Renata Kessler *et al.*:

> Atualmente, ao buscar ocupar posições mais estratégicas nas organizações, além de maior escolaridade e competência técnica, as mulheres veem-se diante do desafio de compensar os estereótipos de fragilidade e as barreiras à ascensão, tangíveis e intangíveis. Ao resistir aos paradigmas hegemônicos de liderança e gestão, incorporando políticas e práticas mais humanas e empáticas, todavia, dão espaço a revoluções comportamentais

almejadas pela sociedade contemporânea, aportando novos sentidos ao trabalho, à gestão e à liderança.[21]

A conciliação entre maternidade e carreira na Administração Pública apresenta desafios significativos, apesar dos avanços alcançados nas últimas décadas. As políticas de igualdade de gênero têm promovido um ambiente mais inclusivo, mas ainda há um longo caminho a percorrer para garantir que as mulheres possam desenvolver suas responsabilidades profissionais de maneira equitativa. As iniciativas de teletrabalho e horários flexíveis são passos importantes, mas precisam ser ampliadas e adaptadas às necessidades específicas das servidoras públicas.

Um dos principais obstáculos enfrentados pelas mulheres na Administração Pública é o "teto de vidro", que limita o desenvolvimento profissional das servidoras após a maternidade. Embora a estabilidade no cargo ofereça certa proteção, muitas vezes as políticas internas dos órgãos públicos não consideram as demandas da maternidade, como a necessidade de horários flexíveis e o apoio à amamentação. A falta de uma abordagem uniforme e inclusiva pode resultar em discriminação velada, prejudicando a carreira das mulheres.

A implementação de políticas de apoio à maternidade, como as adotadas pelo Conselho Nacional de Justiça (CNJ) e pelo Ministério Público, representa um avanço significativo. A Resolução nº 343 do CNJ e a Resolução nº 250 do CNMP são exemplos de medidas que buscam criar um ambiente de trabalho mais favorável para mães e pais, reconhecendo a importância da participação ativa na criação dos filhos. No entanto, é crucial que essas políticas sejam acompanhadas por uma mudança cultural nas instituições, para garantir que sejam efetivamente aplicadas e respeitadas.

A pandemia de covid-19 trouxe à tona a necessidade de maior flexibilidade no ambiente de trabalho. A adoção do teletrabalho e outras medidas emergenciais demonstraram que é possível conciliar produtividade com as demandas da maternidade. A continuidade dessas práticas, mesmo em um cenário pós-pandêmico, pode contribuir para a construção de um ambiente mais inclusivo e adaptado às necessidades das servidoras públicas.

[21] MILTERSTEINER, Renata Kessler *et al.* Liderança feminina: percepções, reflexões e desafios na administração pública. *Cadernos EBAPE.BR*, v. 18, n. 2, p. 406-423, 2020.

Além disso, a igualdade de gênero na Administração Pública requer uma abordagem mais ampla e integrada. É necessário que as instituições adotem políticas que não apenas apoiem a maternidade, mas também promovam a paternidade responsável, incentivando uma divisão equitativa das responsabilidades familiares. Isso não apenas beneficia as mulheres, mas também contribui para a criação de um ambiente de trabalho mais justo e equilibrado.

Os dados sobre a sub-representação feminina em cargos de liderança na Administração Pública revelam a necessidade urgente de ações afirmativas. A implementação de políticas de alternância de gênero e a criação de listas exclusivas para mulheres, como visto no Poder Judiciário, são passos importantes para corrigir essa disparidade. No entanto, é essencial que essas medidas sejam parte de uma estratégia abrangente que inclua treinamento, mentoria e suporte contínuo para as mulheres em todas as fases de suas carreiras.

Em conclusão, a promoção da igualdade de gênero na Administração Pública e o apoio à maternidade exigem um comprometimento contínuo e uma abordagem multifacetada. É necessário avançar além das políticas superficiais e implementar mudanças estruturais que reconheçam e valorizem a contribuição das mulheres. Somente assim será possível criar um ambiente de trabalho verdadeiramente inclusivo, no qual todas as servidoras públicas possam prosperar e alcançar seu pleno potencial.

Referências

BRASIL. Advocacia-Geral da União. *Portaria Normativa PGF/AGU nº 54, de 8 de março de 2024.* Institui política de promoção da representatividade e equidade de gênero na Procuradoria-Geral Federal. Diário Oficial da União: seção 1, Brasília, DF, ano CLX, n. 47, p. 1, 8 mar. 2024. Disponível em: https://diariolink.com.br/resultado/7997980. Acesso em: 15 jul. 2024.

BRASIL. *Atlas do Estado Brasileiro.* IPEA, 2018. Disponível em: https://www.ipea.gov.br/atlasestado/download/154/dist-tres-decadas-de-funcionalismo-brasileiro-1986-2017. Acesso em: 16 jul. 2024.

BRASIL. Conselho Nacional de Justiça. *Resolução nº 106, de 06.04.2010.* Disponível em: https://juslaboris.tst.jus.br/bitstream/handle/20.500.12178/34679/2010_res0106_cnj.pdf?sequence=1&is. Acesso em: 19 jul. 2024.

BRASIL. Conselho Nacional de Justiça. *Resolução nº 255, de 4 de setembro de 2018*. Institui a Política Nacional de Incentivo à Participação Feminina no Poder Judiciário. Disponível em: https://atos.cnj.jus.br/files/resolucao_255_04092018_05092018143313.pdf. Acesso em: 10 jul. 2024.

BRASIL. Conselho Nacional de Justiça. *Resolução nº 343, de 9 de setembro de 2020*. Disponível em: https://atos.cnj.jus.br/atos/detalhar/3459. Acesso em: 20 jul. 2024.

BRASIL. Conselho Nacional do Ministério Público. *Resolução nº 250, de 25 de outubro de 2022*. Disponível em: https://www.cnmp.mp.br/portal/images/Normas/Resolucoes/Resoluo-n-250-2022.pdf. Acesso em: 20 jul. 2024.

BRASIL. *Decreto nº 11.430, de 8 de março de 2023*. Regulamenta a Lei nº 14.133, de 1º de abril de 2021, para dispor sobre a exigência, em contratações públicas, de percentual mínimo de mão de obra constituída por mulheres vítimas de violência doméstica e sobre a utilização do desenvolvimento, pelo licitante, de ações de equidade entre mulheres e homens no ambiente de trabalho como critério de desempate em licitações, no âmbito da administração pública federal direta, autárquica e fundacional. Disponível em: https://www.planalto.gov.br/ccivil_03/_ato2023-2026/2023/decreto/D11430.htm. Acesso em: 15 jul. 2024.

BRASIL. Defensoria Pública da União. *Resolução CSDP nº 179, de 2021*. Disponível em: https://www.dpu.def.br/conselho-superior-old/resolucoes/60703-resolucao-csdpu-n-179-de-22-de-janeiro-de-2021-dispoe-sobre-sobre-condicoes-especiais-de-trabalho-para-gestantes-e-lactantes. Acesso em: 20 jul. 2024.

BRASIL. *Estratégia nacional para promoção do aleitamento materno e alimentação complementar saudável no Sistema Único de Saúde. Governo Federal do Brasil*. Disponível emhttps://bvsms.saude.gov.br/bvs/publicacoes/estrategia_nacional_promocao_aleitamento_materno.pdf. Acesso em: 16 jul. 2024.

BRASIL. *Lei nº 13.509, de 22 de novembro de 2017*. Congresso Nacional. Disponível em: https://www.planalto.gov.br/ccivil_03/_Ato2015-2018/2017/Lei/L13509.htm. Acesso em: 19 jul. 2024.

BRASIL. *Lei nº 14.133, de 1º de abril de 2021*. Lei de Licitações e Contratos Administrativos. Disponível em: https://www.planalto.gov.br/ccivil_03/_ato2019-2022/2021/lei/l14133.htm. Acesso em: 15 jul. 2024.

BRASIL. *Lei nº 14.457, de 21 de setembro de 2022*. Institui o Programa Emprega + Mulheres; e altera a Consolidação das Leis do Trabalho, aprovada pelo Decreto-Lei nº 5.452, de 1º de maio de 1943, e as Leis nºs 11.770, de 9 de setembro de 2008, 13.999, de 18 de maio de 2020, e 12.513, de 26 de outubro de 2011. Disponível em: https://www.planalto.gov.br/ccivil_03/_ato2019-2022/2022/lei/l14457.htm .Acesso em: 15 jul. 2024.

BRASIL. *Lei nº 14.611, de 4 de junho de 2023*. Dispõe sobre a igualdade salarial e de critérios remuneratórios entre mulheres e homens; e altera a Consolidação das Leis do Trabalho, aprovada pelo Decreto-Lei nº 5.452, de 1º de maio de 1943. Disponível em:https://www2.camara.leg.br/legin/fed/lei/2023/lei-14611-3-julho-2023-794396-norma-pl.html. Acesso em: 15 jul. 2024.

BRASIL. *Ministros e Ministras*. Governo Federal do Brasil. Disponível em: https://www.gov.br/planalto/pt-br/conheca-a-presidencia/ministros-e-ministras. Acesso em: 16 jul. 2024.

CEARÁ. *Resolução CSDP nº 217 de 2023*. Defensoria Pública do Estado do Ceará. Disponível em: https://www.defensoria.ce.def.br/wp-content/uploads/2023/10/Resolução-217-2023-sessão-03.03.2023.pdf. Acesso em: 20 jul. 2024.

ESPÍRITO SANTO. *Resolução CSDP nº 63, de 2019*. Defensoria Pública do Estado de Goiás. Disponível em: https://www.defensoria.es.def.br/wp-content/uploads/2016/10/Resolução-CSDPES-Nº.-063-2019-Cria-no-âmbito-da-DPES-a-Plítica-de-valorização-da-maternidade-e-da-amamentação.pdf. Acesso em: 20 jul. 2024.

GOIÁS. *Resolução CSDP nº 77, de 2018*. Defensoria Pública do Estado de Goiás. Disponível em: http://www2.defensoria.go.def.br/institucional/conselho-superior-da-defensoria-publica-do-estado/atos-publicados?submenu=5. Acesso em: 20 jul. 2024.

MILTERSTEINER, Renata Kessler *et al.* Liderança feminina: percepções, reflexões e desafios na administração pública. *Cadernos EBAPE.BR*, v. 18, n. 2, p. 406-423, 2020.

PERNAMBUCO. *Resolução CSDP nº 7, de 29 de maio de 2024*. Defensoria Pública do Estado de Pernambuco. Disponível em: https://www.defensoria.pe.def.br/wp-content/uploads/resolucoes/2024/RESOLUÇÃO%20Nº%2007%20-%20Institui%20a%20Política%20de%20Valorização%20da%20Maternidade%20e%20da%20Amamentação%20e%20de%20Proteção%20da%20Primeira%20Infância%20no%20âmbito%20da%20Defensoria%20Pública%20do%20Estado%20de%20Pernambuco.pdf. Acesso em: 20 jul. 2024.

REZENDE, Daniela Leandro. Mulher no poder e na tomada de decisões. *In*: IPEA – Instituto de Pesquisa Econômica Aplicada. Mulher no poder: a presença feminina nas esferas de decisão política e econômica. 1. ed. Brasília, DF: Ipea, 2020. Disponível em: https://repositorio.ipea.gov.br/bitstream/11058/10319/1/MulhernoPoder_Cap_7.pdf. Acesso em: 10 jul. 2024.

TAMURA, Richely. Quase metade das mulheres é demitida ao voltar da licença maternidade: por que ser mãe e profissional ainda é um desafio. *Revista Isto É mulher*. Edição de 18.03.2024. Disponível em: https://mulher.istoe.com.br/quase-metade-das-mulheres-e-demitida-ao-voltar-da-licenca-maternidade-por-que-ser-mae-e-profissional-ainda-e-um-desafio/. Acesso em: 19 jul. 2024.

UNICEF. *Aleitamento materno*. Disponível em: https://www.unicef.org/brazil/media/4651/file/Cartilha_UNICEF_amamentacao.pdf. Acesso em: 16 jul. 2024.

VIANA, Diego. Mulheres enfrentam barreiras para a ascensão no serviço público brasileiro. *Revista Pesquisa FAPESP* – Fundação de Amparo à Pesquisa do Estado de São Paulo, São Paulo, n. 325, mar. 2023. Disponível em: https://revistapesquisa.fapesp.br/mulheres-enfrentam-barreiras-para-a-ascensao-no-servico-publico-brasileiro/. Acesso em: 16 jul. 2024.

Informação bibliográfica deste livro, conforme a NBR 6023:2018 da Associação Brasileira de Normas Técnicas (ABNT):

BOMFIM, Daiesse Quênia Jaala Santos; SOUZA, Vanessa Santana de Jesus. Maternidade e carreira na Administração Pública: avanços e desafios das políticas de igualdade de gênero. *In*: RODRIGUES, Caroline; PIRONTI, Rodrigo (coord.). *ESG na Administração Pública*: estudos dirigidos. Belo Horizonte: Fórum, 2025. p. 255-274. ISBN 978-85-450-0779-1.

III

GOVERNANÇA

PRINCÍPIOS FUNDAMENTAIS DA GOVERNANÇA PÚBLICA

MARCELO ZENKNER

1 Introdução

Desde que, em setembro de 2015, os Objetivos de Desenvolvimento Sustentável (ODS) foram adotados pelos Estados-Membros da Organização das Nações Unidas (ONU) durante a Cúpula das Nações Unidas sobre o Desenvolvimento Sustentável, a governança pública vem ganhando cada vez mais importância e atenção.

Já se concluiu que é absolutamente impossível erradicar a pobreza, proteger o planeta e garantir que todas as pessoas tenham paz e prosperidade sem que haja a devida e adequada governança. Uma boa e efetiva administração sempre estará relacionada com a promoção de sociedades pacíficas e inclusivas, com a garantia de acesso à justiça para todos, com a redução substancial da corrupção e do suborno em todas as suas formas, com a garantia da tomada de decisão responsiva, inclusiva, participativa e representativa em todos os níveis, com o acesso público à informação, com a proteção das liberdades fundamentais e, também, com a construção de instituições eficazes, responsáveis, transparentes e inclusivas em todos os níveis (ODS 16).

O princípio da boa administração, inicialmente concebido como garantia de eficiência da Administração Pública, evoluiu para um instrumento de tutela dos direitos dos cidadãos e, assim, a governança estabeleceu-se como ligação entre a atividade política e a função administrativa, refletindo-se diretamente nos direitos e nos deveres dos cidadãos.

2 A governança pública como apêndice do direito fundamental a uma "boa administração"

A governança é definida no "Livro Branco da Governança Europeia" como o conjunto de regras, processos e práticas que influenciam a qualidade do exercício do poder, destacando responsabilidade, transparência, coerência, eficiência e eficácia.[1] De modo similar, o Banco Mundial associa a governança à prevenção da corrupção, detalhando-a como o processo pelo qual oficiais públicos e instituições adquirem e exercem a autoridade para fornecer bens e serviços públicos.[2]

Guy Peters, nesse sentido, identifica quatro componentes-chave da governança pública: definição de objetivos coletivos legítimos, coerência na gestão de políticas, condições adequadas para implementação de políticas e processos contínuos de aprendizado e responsabilização.[3]

Já o Acordo de Cotonou[4] e a *International Federation of Accountants (IFAC)*[5] destacam alguns princípios de governança no setor público, como integridade, engajamento de partes interessadas, definição de resultados sustentáveis, gestão de riscos e transparência. Estes elementos são cruciais para a transformação dos recursos arrecadados em benefícios tangíveis para a população e para prevenir a prevalência da corrupção.

Daniel Kaufmann,[6] por outro lado, vincula a boa governança a uma gama de direitos civis e políticos fundamentais para o desenvolvimento econômico sustentável e a observância dos direitos humanos.

---

1 COMISSÃO DAS COMUNIDADES EUROPEIAS, Governança Europeia. Um Livro Branco, COM 2001/428. Disponível em: http://eur-lex.europa.eu/legal-content/PT/TXT/?uri=URISERV%3Al10109, acesso em: 20 jun. 2024.

2 WORLD BANK, Strengthening World Bank Group Engagement on Governance and Anticorruption, Washington, The World Bank, 2007, p. 67. Disponível em: http://www1.worldbank.org/publicsector/anticorrupt/corecourse2007/GACMaster.pdf, acesso em: 21 jun. 2024.

3 PETERS, Guy. Governance and Sustainable Development Policies. *In*: Conferência das Nações Unidas sobre Desenvolvimento Sustentável – Rio+20, Organização das Nações Unidas (ONU), Rio de Janeiro, 2012.

4 O Acordo de Cotonou é um acordo de cooperação comercial, técnico-financeira e diálogo político entre a União Europeia e os países da ACP (África, Caribe e Pacífico). Assinado em 23 de junho de 2000 em Cotonou, Benin, o acordo afeta diretamente mais de 100 países.

5 IFAC – International Federation of Accountants, "Good Governance in the Public Sector – Consultation Draft for an International Framework", 2013. Disponível em: http://www.ifac.org/system/files/publications/files/Good-Governance-in-the-Public-Sector.pdf, acesso em: 20 jun. 2024.

6 KAUFMANN, Daniel. Human Rights and Governance: The Empirical Challenge. *In*: Human Rights and Development: Towards Mutual Reinforcement. New York: New York University, 2004, p. 18.

No contexto europeu, a Carta de Direitos Fundamentais da União Europeia[7] reforça o direito à boa administração, que inclui o direito ao tratamento imparcial e equitativo, acesso a processos e direito de reparação por danos causados pelas instituições.

No Brasil, o direito fundamental à boa administração somente ganhou destaque a partir da publicação do Decreto nº 9.203, de 22 de novembro de 2017, que dispõe sobre a política de governança da Administração Pública federal direta, autárquica e fundacional, cria o Comitê Interministerial de Governança – CIG e estabelece, como princípios da governança pública, a capacidade de resposta, a integridade, a confiabilidade, a melhoria regulatória, a prestação de contas e responsabilidade (*accountability*) e, por fim, a transparência (art. 3º).

Esse decreto ainda prevê, em seu artigo 5º, os mecanismos para o exercício da governança pública, a saber: a) a liderança, que compreende o conjunto de práticas de natureza humana ou comportamental exercida nos principais cargos das organizações, para assegurar a existência das condições mínimas para o exercício da boa governança, quais sejam, a integridade, a competência, a responsabilidade e a motivação; b) a estratégia, que compreende a definição de diretrizes, objetivos, planos e ações, além de critérios de priorização e alinhamento entre organizações e partes interessadas, para que os serviços e produtos de responsabilidade da organização alcancem o resultado pretendido; e c) o controle, que compreende processos estruturados para mitigar os possíveis riscos com vistas ao alcance dos objetivos institucionais e para garantir a execução ordenada, ética, econômica, eficiente e eficaz das atividades da organização, com preservação da legalidade e da economicidade no dispêndio de recursos públicos.

Pode-se dizer, em resumo, que o Decreto nº 9.203/2017 não apenas formaliza os princípios de governança na Administração Pública federal e reforça o compromisso público com uma séria de valores, mas também delineia um futuro promissor para a boa governança no Brasil, com potencial extensivo aos níveis estaduais e municipais.

---

7 PARLAMENTO EUROPEU, CONSELHO DA UNIÃO EUROPEIA E COMISSÃO EUROPEIA, Carta de Direitos Fundamentais da União Europeia (CDFUE), de 30 de maio de 2010. Disponível em: http://eur-lex.europa.eu/legal-content/PT/TXT/?uri=uriserv:OJ.C_.2010.083.01.0389.01.POR&toc=OJ:C:2010:083:TOC, acesso em: 19 jun. 2024.

3 Primeiro princípio: capacidade de resposta

O primeiro princípio previsto no artigo 3º do Decreto nº 9.203/2017 refere-se à habilidade da Administração Pública em atender às necessidades e expectativas da sociedade de maneira eficaz e tempestiva. Inclui a necessidade de elaboração de políticas públicas que reflitam as demandas da população e a agilidade do governo em implementar soluções.

A base para uma administração pública responsiva começa com sistemas eficientes de *feedback* que coletam e analisam as opiniões e necessidades da sociedade. Isso envolve a utilização de pesquisas de opinião, consultas públicas e plataformas digitais que permitam aos cidadãos expressarem suas preocupações e sugestões. A comunicação efetiva sobre como esse *feedback* é incorporado nas políticas públicas é igualmente crucial.

A capacidade de resposta está diretamente ligada à agilidade das instituições governamentais em adaptar suas políticas e procedimentos em resposta a mudanças rápidas no cenário social, econômico e político. Isso requer uma estrutura organizacional que promova a flexibilidade e a inovação, evitando a rigidez burocrática que muitas vezes retarda a implementação de respostas necessárias.

Para oferecer o atendimento que a população necessita diante de hipóteses anormais e capazes e comprometer total ou parcialmente a capacidade de resposta do poder público do ente atingido, a Administração Pública pode decretar situação de emergência ou situação de calamidade pública. A diferença dos institutos encontra-se exatamente no grau de comprometimento da capacidade de resposta do poder público à crise: para decretação da situação de emergência, o comprometimento é parcial, a crise é menos grave e ainda não afetou a população; no estado de calamidade, o comprometimento é substancial, sendo a crise mais grave e já com efeitos diretos e impactantes sobre a população. Essas medidas são regulamentadas por leis específicas e devem ser sempre aplicadas de acordo com os princípios da razoabilidade e da proporcionalidade para minimizar os impactos da crise e proteger a população.

Decretado estado de emergência ou de calamidade pública, várias possibilidades e medidas extraordinárias são abertas para a Administração Pública para que possa ser dada uma resposta rápida e eficaz àquela situação excepcional apresentada, como, por exemplo, dispensa de licitação para contratação pública (artigo 75, inciso VIII, da Lei nº 14.133/2021), flexibilização dos procedimentos administrativos para agilizar pagamentos e distribuição de recursos, requisição de bens móveis e imóveis, mediante justa indenização posterior, para garantir o atendimento das necessidades emergenciais; imposição de toques de recolher, a limitação de circulação de pessoas e veículos e a interdição de áreas afetadas; realocação de recursos orçamentários para atender às necessidades urgentes; suspensão temporária de obrigações administrativas, fiscais e legais para aliviar a carga sobre cidadãos e empresas afetadas por aquela situação, etc.

A capacidade de traduzir rapidamente a legislação e as políticas em ações concretas é um aspecto crítico da capacidade de resposta. Isso depende de processos decisórios ágeis, recursos adequados e competência no gerenciamento de projetos.

4 Segundo princípio: integridade pública

A OCDE define integridade pública como o alinhamento consistente e a adesão a normas, valores, princípios éticos compartilhados para defender e priorizar o interesse público sobre os interesses privados no setor público.[8]

A partir dessa conceituação, o Conselho da OCDE estabeleceu algumas premissas para elaborar e publicizar suas recomendações, a saber: a) reconhecer que a integridade é vital para a governança pública, salvaguardando o interesse público e reforçando valores fundamentais como o compromisso com uma democracia pluralista baseada no Estado de Direito e no respeito dos direitos humanos; b) reconhecer que a integridade é uma pedra angular do sistema geral de boa governança e que a orientação atualizada sobre a integridade pública deve, portanto, promover a coerência com outros elementos-chave da governança pública; c) reconhecer que os riscos de integridade existem nas várias interações entre o setor público e o setor privado, a sociedade civil e os indivíduos em todas as etapas do processo político e de políticas, portanto, essa interconectividade requer uma abordagem integrativa de toda a sociedade para aumentar a integridade pública e reduzir a

---

8 OCDE (2017), Recomendação do Conselho da OCDE sobre Integridade Pública. Disponível em: https://www.oecd.org/gov/ethics/integrity-recommendation-brazilian-portuguese.pdf, acesso em: 19 jun. 2024.

corrupção no setor público; e d) considerar que o reforço da integridade pública é uma missão compartilhada e responsabilidade para todos os níveis de governo, por meio de seus diferentes mandatos e níveis de autonomia, de acordo com os quadros jurídicos e institucionais nacionais, sendo fundamental para fomentar a confiança pública.

Em verdade, a OCDE possui dois documentos muito importantes acerca da integridade pública, os quais vêm servindo como diretrizes para a evolução da legislação em vários países, inclusive o Brasil: além das "Recomendações do Conselho da OCDE sobre Integridade Pública", publicado em 2017, também o "Manual de Integridade Pública da OCDE",[9] publicado em 2022, ambos deixam registrado que a integridade pública está escorada em um total de doze fundamentos.

O primeiro é o "compromisso", que envolve o suporte, o patrocínio e o apoio incondicional da alta administração das organizações públicas com os valores da integridade – o famoso *"tone at the top"* na Administração Pública. Vale lembrar que o Decreto nº 9.203/2017 define como "alta administração" os Ministros de Estado, os ocupantes de cargos de natureza especial, os ocupantes de cargo de nível 6 do Grupo-Direção e Assessoramento Superiores – DAS e os presidentes e diretores de autarquias, inclusive as especiais, e de fundações públicas" (artigo 2º, inciso III).

O segundo fundamento é a "divisão de responsabilidades", que prevê o estabelecimento da cooperação entre as organizações públicas como regra em prol da eficiência e para prevenir a competição entre as entidades públicas. Aliás, como delineado na Recomendação da OCDE sobre Integridade Pública, a variedade de agentes de integridade exige a fixação de responsabilidades claras nos diversos níveis relevantes da Administração Pública (organizacional, subnacional e nacional) para projetar, liderar e implementar os elementos de um sistema de integridade. Além disso, essa cooperação horizontal e vertical entre os agentes de integridade e, quando possível, com e entre os níveis subnacionais de governo, serve para dar coerência e evitar sobreposições e lacunas dentro do próprio sistema.

Outro fundamento é a "estratégia", pois não se pode falar em governança sem que esteja ela atrelada a objetivos a serem alcançados.

---

[9] OCDE (2020), Manual de Integridade Pública. Disponível em: https://www.oecd.org/publications/manual-de-integridade-publica-da-ocde-db62f5a7-pt.htm, acesso em: 23 jun. 2024.

Este fundamento, por isso, impõe o desenvolvimento de um plano de ação e um cronograma de trabalho para se atingir o objetivo maior da integridade pública, que é o fortalecimento da reputação organizacional perante a sociedade. A reputação organizacional, segundo o Modelo de Maturidade em Integridade Pública da CGU, publicado em dezembro de 2023,[10] pode ser definida como um "conjunto de crenças sobre capacidades, intenções e missão da organização que estão incorporadas em uma rede de múltiplos públicos. A reputação, neste contexto, refere-se à demonstração pelas organizações públicas que possam criar soluções e fornecer serviços".

O quarto fundamento é a "definição de padrões de conduta" para priorizar o interesse público e a adesão aos valores do setor público. O Brasil, inclusive, dispõe de vários regulamentos que, juntos, compõem o Microssistema Brasileiro de Integridade Pública, a saber: a) o Decreto nº 10.756/2021, que instituiu o Sistema de Integridade Pública do Poder Executivo Federal; b) a Lei de Defesa da Probidade Administrativa (Lei nº 8.429/1992), que dispõe sobre as sanções aplicáveis em virtude da prática de atos de improbidade administrativa previstos no §4º do art. 37 da Constituição Federal; c) o Código de Ética Profissional do Servidor Público Civil do Poder Executivo Federal (Decreto nº 1.171/1994), o qual define regras deontológicas, deveres e proibições para os servidores públicos civis do Poder Executivo federal; d) a Lei nº 8.112/1990, que regulamenta o regime jurídico dos servidores públicos civis da União, das autarquias e das fundações públicas federais; e) a Lei nº 12.846/2013, conhecida como Lei Anticorrupção Empresarial, que especifica as obrigações legais civis e administrativas para atos ilícitos cometidos por servidores públicos em benefício próprio, contra a Administração Pública nacional ou estrangeira; e f) a Lei nº 12.813/2013, que define o arcabouço normativo em relação a conflitos de interesse no Executivo federal.

O quinto fundamento é a "participação de toda a sociedade", incentivando o engajamento de empresas, organizações da sociedade civil e indivíduos na promoção de uma cultura de integridade e na formação de uma rede de integridade. A própria OCDE recomenda o envolvimento da Administração Pública com o setor privado e a

---

[10] CGU – Controladoria-Geral da União (2023), Modelo de Maturidade em Integridade Pública. Disponível em: https://www.gov.br/cgu/pt-br/assuntos/noticias/2023/12/ministro-da-cgu-anuncia-modelo-de-maturidade-em-integridade-publica/SIPMMIP.pdf, acesso em: 16 jun. 2024.

sociedade civil sobre os benefícios complementares para a integridade pública que decorrem da manutenção da integridade nos negócios e nas atividades sem fins lucrativos, compartilhamento e desenvolvimento, lições aprendidas com as boas práticas. Não é por outra razão que o Modelo de Maturidade em Integridade Pública da CGU faz a previsão de "Ações que Engajem a Sociedade Civil Organizada e os Beneficiários da Missão Institucional" (KPA 5.1.1) com o objetivo de fazer com que a organização pública se aproxime do cidadão e coopere com entidades da sociedade civil, compartilhando boas práticas e inovações no âmbito das atividades relacionadas às funções de integridade, visando à identificação da organização como promotora da integridade.

O sexto é a "liderança", que envolve a atração e retenção de profissionais que ingressam nas organizações públicas por concurso público e que tenham os valores de integridade absolutamente aflorados, os quais devem ser incorporados nas estruturas de competências, descrições de cargos, ferramentas de avaliação e acordos de desempenho. Para atender esse fundamento, a Administração Pública poderia implementar, por ato normativo próprio, o procedimento denominado "*Background Check* de Integridade" (BCI) para conhecer e avaliar o perfil de candidatos a cargos públicos como uma das fases do concurso público de provas e títulos. A pontuação lançada no BCI consideraria positivamente a aderência dos candidatos aos valores da integridade, especialmente o engajamento em causas sociais e de respeito ao meio ambiente. Pelo viés negativo, consideraria, dentre outras condutas, eventual vinculação a grupos de ódio, desrespeito à vedação de atividade político-partidária e assédio e discriminação no âmbito das relações socioprofissionais e da organização do trabalho, praticadas presencialmente ou por meios virtuais.

O sétimo fundamento é a meritocracia, que estabelece a implementação de critérios adequados de qualificação e desempenho para todos os cargos e funções na Administração Pública. A OCDE aconselha a promoção de um setor público profissional, baseado em mérito, dedicado aos valores do serviço público e à boa governança, em particular através de: a) assegurar gestão de recursos humanos que aplique consistentemente princípios básicos, como mérito e transparência, para apoiar o profissionalismo do serviço público, evitar o favoritismo e o nepotismo, proteger contra interferências políticas indevidas e mitigar riscos de abuso de posição e falta de conduta; b) assegurar um sistema justo e aberto para recrutamento, seleção e promoção, com base em critérios objetivos e em um procedimento formalizado, e um sistema de avaliação que suporte a prestação de contas e um espírito de serviço público.

A meritocracia é absolutamente fundamental para o bom funcionamento de um sistema público de integridade. Essa é uma barreira que a Administração Pública brasileira ainda precisa superar, pois uma forte feição patrimonialista ainda se mantém muito presente e próxima do modelo observado na Inglaterra do século XIX, a qual somente foi superada a partir das concepções de "Estado Liberal" formuladas por John Stuart Mill:

> O velho sistema de patronagem permitia que a aristocracia usasse o serviço público como prebenda para seus membros menos talentosos, os 'ociosos e inúteis, os tolos da família, os tísicos, os hipocondríacos, os propensos à insanidade'. Nas profissões bem dirigidas, argumentavam Northcote e Trevelyan, 'os capazes e vigorosos ascendem ao topo, enquanto os néscios e ineptos continuam no fundo. Nos estabelecimentos públicos, ao contrário, a regra geral é que todos se ergam juntos'. A solução deles era selecionar candidatos com base no desempenho em concursos públicos e depois promovê-los com base em suas realizações. Os concursos públicos testariam a inteligência geral, em vez de somente as realizações acadêmicas dos candidatos. A proposta era de reforma moral e de eficiência administrativa. Eles queriam promover as virtudes do trabalho árduo e da autoconfiança e expurgar as 'doenças morais' da dependência e da corrupção. John Stuart Mill era um notório entusiasta de tudo isso e ansiava por uma 'grande e salutar revolução moral, em que o governo concederia 'cargos de acordo com o mérito, não como favores'.[11]

A superação dessas graves distorções passa não apenas pela observância da regra constitucional de acesso aos cargos públicos pela via do concurso público (meritocracia de primeiro grau), mas também pela implementação de um sistema de evolução profissional que prestigie os resultados produzidos e as habilidades (meritocracia de segundo grau). A promoção por antiguidade, assim, deveria ser extinta, pois configura um nefasto incentivo aos agentes públicos de se esconderem dos desafios que são inerentes à função pública até chegar o momento de ser promovido.

---

[11] MICKLETHWAIT, J.; WOOLDRIDGE, A. *A quarta revolução* – a corrida global para reinventar o Estado. São Paulo: Portfolio-Penguin, 2015, p. 56.

A palavra *meritocracia* vem do latim *mereo*, que significa "merecer" e, como estratégia de evolução profissional, pode ser definida como a prevalência do mérito na conquista de posições hierárquicas e outras recompensas a partir de critérios previamente estabelecidos e de acordo com a apresentação pelos agentes públicos das competências técnicas e estratégicas desenvolvidas e dos resultados produzidos. O objetivo, assim, seria não apenas o de manter os agentes públicos motivados pela valorização profissional, mas também o de reter aqueles que se destacam e fazem a diferença em prol do interesse público.

Isso é fundamental para o alcance da integridade pública, pois os agentes íntegros são totalmente avessos à troca de favores e, por isso, sem a necessária e legítima meritocracia, grandes valores certamente serão perdidos ou ficarão obscurecidos diante da ocupação de cargos estratégicos por medíocres que pouco ou nada acrescentarão em favor da instituição, até porque continuamente precisarão pagar pelo indevido benefício que receberam, como explica José Ingenieros:

> A fraqueza e a ignorância favorecem a domesticação dos caracteres medíocres, adaptando-os a uma vida confortável; a coragem e a cultura exaltam a personalidade dos excelentes, prosperando-os na dignidade. O lacaio pede, o digno merece. Aquele implora por favor o que este espera por mérito. Ser digno significa não pedir aquilo que se merece, tampouco aceitar o imerecido. Enquanto os servis progridem valendo-se da rede de favores, os íntegros se valem das escadas de suas virtudes. Ou não sobem por nenhuma. [...] O pão ensopado na adulação, que engorda o servil, envenena o digno. Este prefere perder um direito a obter um favor; mil anos lhe serão mais leves que prosperar de maneira indigna.[12]

---

12 INGENIEROS, J. *O Homem Medíocre*. Trad. Douglas Dias Ferreira. São Paulo: Quartier Latin, 2004, p. 172. O autor, na mesma obra, explica as vantagens da meritocracia: "Um regime em que o valor do mérito individual preponderasse seria perfeito. Excluiria qualquer influência numérica ou oligárquica. Não haveria interesses criados. O voto anônimo teria tão pouco valor quanto o brasão fortuito. Os homens buscariam ser cada vez mais desiguais entre si, preferindo qualquer originalidade criadora à mais tradicional das rotinas. Seria possível a seleção natural, e os méritos de cada um beneficiariam a sociedade como um todo. O respeito por parte dos menos úteis estimularia os favorecidos pela natureza. As sombras valorizariam os homens. O privilégio se mediria pela eficácia das aptidões, e se perderia com elas. É transparente, pois, a crença que, em política, o idealismo fundado na experiência poderia nos sugerir. Opõe-se à democracia quantitativa, que busca a justiça na igualdade, na medida em que afirma o privilégio baseado no mérito. E também à aristocracia oligárquica, que assenta o privilégio nos interesses criados, na medida em que afirma o mérito como base natural do privilégio. A aristocracia do mérito é o regime ideal frente a duas mediocracias que obscurecem a história. Tem sua fórmula absoluta: 'a justiça na igualdade'" (*id. ibidem*, p. 253-254).

A conclusão, por tudo isso, só pode ser uma: a difusão da cultura meritocrática na Administração Pública é, sem dúvida nenhuma, uma das pedras angulares para a superação das estruturas arcaicas – e ainda vigentes – de gestão de pessoas, fazendo valer, assim, princípios administrativos já consagrados constitucionalmente, nomeadamente o da impessoalidade, o da eficiência e, principalmente, o da equidade, dispensando-se tratamento desigual para os servidores públicos que "carregam o piano" e fazem a diferença em prol da sociedade. Nessa linha, o próprio BCI, que deve ser revisado anualmente, poderia ser considerado como fonte de consulta obrigatória para a ocupação de cargos comissionados, para avaliação do estágio probatório e também para a avaliação do desempenho funcional na aferição do merecimento.

A meritocracia verdadeira também deve se manter atenta às ações afirmativas e às questões relacionadas à diversidade social, racial e de gênero, considerando-se, principalmente, as premissas estabelecidas por Michael Sandel na famosa obra "A Tirania do Mérito – o que aconteceu com o bem comum?".[13]

A "capacitação", que é crucial para a integridade pública, é o oitavo fundamento e diz respeito a uma busca pelo aumento da conscientização, pelo desenvolvimento de conhecimentos e habilidades e pelo cultivo com o compromisso com a integridade. Treinamentos e orientações bem elaborados são essenciais para preparar os agentes públicos para o gerenciamento dos problemas de integridade, incentivando o efetivo cumprimento de suas funções e a busca pelo interesse público. A Recomendação da OCDE sobre Integridade Pública, aliás, destaca a importância de fornecer informações suficientes, treinamento adequado, orientação precisa e consultoria oportuna para os agentes públicos. Isso inclui fornecer informações claras e atualizadas sobre políticas, regras e procedimentos, oferecer cursos de formação em integridade para desenvolver habilidades e tornar os padrões de integridade aplicáveis,

---

[13] SANDEL, Michael J. *A Tirania do Mérito – o que aconteceu com o bem comum?* São Paulo: Civilização Brasileira, 2020. O autor, em sua obra, argumenta que a meritocracia não resolve a desigualdade, mas o imobilismo social. Ele explica que, mesmo em uma sociedade com igualdade de oportunidades, onde ascensão social depende de talento e trabalho, ainda haveria desigualdades, agora justificadas por um sistema meritocrático. Sandel critica a meritocracia por seu impacto negativo nas conexões cívicas essenciais para uma boa democracia. Ele defende a busca não apenas por igualdade de oportunidades, mas também por igualdade de condições, que garanta uma vida decente para todos, inclusive aqueles sem grande riqueza ou posições privilegiadas. Isso evita a exclusão social e permite uma deliberação conjunta sobre o bem comum.

disponibilizar orientação formal e informal para aplicar esses padrões no trabalho diário e gerenciar conflitos de interesses.

A "abertura" é o nono fundamento. Conforme recomendado pelo Conselho da OCDE sobre Integridade Pública, este fundamento destaca a importância de culturas organizacionais abertas para apoiar um ambiente seguro, onde os servidores públicos possam discutir livremente com seus superiores hierárquicos dilemas éticos, possíveis situações de conflito de interesses e preocupações de integridade. A abertura também envolve a existência de um sistema eficaz de proteção de denunciantes contendo regras, procedimentos e canais claros para relatar suspeitas de violações de integridade.

A "gestão de riscos", décimo fundamento, exige a identificação, análise e resposta a riscos de integridade, inclusive com o desenho de uma matriz de riscos para fortalecer e aprimorar o processo decisório na Administração Pública. Dentre as recomendações da OCDE figura, também, o desenvolvimento uma abordagem estratégica para o setor público que se baseie em evidências e vise atenuar os riscos de integridade pública, em particular através de: a) estabelecer objetivos estratégicos e prioridades para o sistema de integridade pública com base em uma abordagem baseada em risco para violar os padrões de integridade pública e que considere os fatores que contribuem para políticas efetivas de integridade pública; b) desenvolver *benchmarks* e indicadores e reunir dados convincentes e relevantes sobre o nível de implementação, desempenho e eficácia geral do sistema de integridade pública.

O décimo primeiro fundamento é o "sistema de consequências", que deve estabelecer padrões de integridade pública nas esferas de aplicação das sanções disciplinares de maneira proporcional, objetiva e justa, sem coibir a criatividade e a inovação. Para tanto, instituto como o termo de compromisso disciplinar, que pode ser aplicado em favor de servidores públicos de boa-fé envolvidos em falhas meramente procedimentais, e a reabilitação disciplinar, que alcança quaisquer sanções disciplinares aplicadas em desfavor de servidores públicos, assegurando-se, depois de determinado lapso temporal, o sigilo dos registros sobre os registros negativos em sua ficha funcional para permitir que ele retome o fluxo normal de sua carreira no serviço público.

Os controles internos constituem o décimo segundo fundamento, sendo essenciais para garantir um ambiente que demonstre o compromisso da organização com a integridade pública e os valores do serviço público. Esses controles devem ser preferencialmente automatizados e capazes de fornecer um nível razoável de garantia quanto à eficiência, desempenho e conformidade de uma organização com as leis e práticas estabelecidas. Além disso, é fundamental que os mecanismos de controle sejam coerentes e incluam procedimentos claros para responder a possíveis suspeitas de violações de leis e regulamentos, facilitando o envio de relatórios às autoridades competentes sem receio de represálias.

5 Terceiro princípio: confiabilidade

A confiabilidade relaciona-se com a capacidade das instituições públicas de serem coerentes e consistentes em suas ações e decisões, gerando um ambiente estável e previsível para os cidadãos. Trata-se de um princípio absolutamente essencial para a construção da confiança pública e para a efetividade da governança.

Pode-se discutir a importância de sistemas de gestão e controle internos robustos, assim como a necessidade de políticas públicas baseadas em evidências que garantam a continuidade e a qualidade dos serviços públicos.

A confiabilidade é sustentada pela capacidade do governo de manter consistência nas suas ações e políticas ao longo do tempo – devem ser priorizadas, por isso, as ações de "Estado" e não de "governo". Isso envolve a perenidade e a clareza nos processos decisórios e a coesão entre as diversas agências e departamentos. Este componente refere-se à capacidade de realizar a correta leitura das ações da Administração Pública, o que é crucial para a estabilidade social e econômica.

É essa previsibilidade que permitirá que os cidadãos e as empresas planejem suas atividades com base em expectativas razoavelmente seguras sobre as condições regulatórias e políticas.

6 Quarto princípio: melhoria regulatória

A simplificação dos processos e a eliminação de regulamentações obsoletas são essenciais para reduzir a carga administrativa sobre empresas e cidadãos. Daí a importância do princípio da melhoria regulatória, que foca na necessidade de constante avaliação e aperfeiçoamento dos processos regulatórios com o objetivo de promover a eficiência, reduzir burocracias desnecessárias e fomentar um ambiente de negócios saudável e competitivo.

O Brasil vem melhorando sua condição, mas ainda é um dos países mais complexos do mundo para fazer negócios, aponta o relatório GBCI (Índice Global de Complexidade Corporativa) de 2024.[14] O estudo avaliou as condições em 79 países e jurisdições. Em 2022, o Brasil estava na 1ª posição na lista de locais onde é mais complexo fazer negócios e, em 2023, estava em terceiro. Neste ano, o país ficou em 7º lugar, tanto por ter melhorado quanto pela piora de outras nações.

Por isso, a Análise de Impacto Regulatório (AIR), prevista no artigo 5º da Lei nº 13.874/2019 e no artigo 6º da Lei nº 13.848/2019 e utilizada para prever os efeitos de uma proposta regulatória antes de sua implementação, é uma ferramenta fundamental no processo de melhoria regulatória. A AIR foi regulamentada pelo Decreto nº 10.411/2020 e inclui a análise de custos, benefícios e possíveis efeitos alternativos, garantindo que a nova regulamentação produza o máximo benefício com o mínimo impacto negativo.

Engajar *stakeholders* no processo regulatório através de consultas públicas auxilia a garantir que as perspectivas de todos os afetados sejam consideradas. Isso não apenas aumenta a legitimidade das regulamentações, mas também ajuda a identificar pontos cegos e áreas para melhoria que podem não ser evidentes para os formuladores de políticas.

7 Quinto princípio: *accountability*

Accountability, no contexto técnico, refere-se ao dever de os gestores de organizações públicas e privadas agirem com o devido dever de diligência, prestarem contas de suas atividades, aceitarem responsabilidades por elas e divulgarem os resultados de maneira transparente. Essa prática envolve a supervisão e o controle das ações para garantir a conformidade com os padrões estabelecidos e a eficiência na utilização dos recursos públicos.

Esse conceito está diretamente relacionado à redação do artigo 22 da Lei de Introdução às Normas do Direito Brasileiro (LINDB, Decreto-lei nº 4.657/1942, com a redação que lhe foi dada pela Lei nº 13.655/2018), segundo o qual, "Na interpretação de normas sobre gestão pública,

---

14 Disponível em: https://www.tmf-group.com/pt-br/noticias-insights/publicacoes/hub-indice-global-complexidade-corporativa/, acesso em: 20 jun. 2024.

serão considerados os obstáculos e as dificuldades reais do gestor e as exigências das políticas públicas a seu cargo, sem prejuízo dos direitos dos administrados" (*caput*) e "Em decisão sobre regularidade de conduta ou validade de ato, contrato, ajuste, processo ou norma administrativa, serão consideradas as circunstâncias práticas que houverem imposto, limitado ou condicionado a ação do agente" (§1º).

O agente público precisa se sentir encorajado e empoderado a tomar decisões em conformidade com as leis e em prol do interesse público, sem qualquer preocupação no sentido de que poderá vir a ser sancionado injustamente e plenamente consciente de que deverá prestar contas de todas as suas atividades. Ao mesmo tempo, se o agente público falhar desarrazoadamente, entrarão em ação mecanismos eficazes para a devida e adequada responsabilização.

Instituições como o Ministério Público, Tribunais de Contas e Controladorias, exatamente por essa razão, são absolutamente essenciais na fiscalização das contas públicas. Estes órgãos devem, inclusive, possuir independência funcional e recursos adequados para realizar auditorias regulares e detalhadas a fim de que, se for o caso, a responsabilização justa possa ocorrer.

8 Sexto princípio: transparência pública

A transparência é um princípio fundamental para a governança pública, crucial para a eficiência econômica, prevenção da corrupção e legitimidade das escolhas políticas. Essa prática permite que os cidadãos participem ativamente nas decisões do governo, supervisionando gastos de autoridades e avaliando a eficácia de instituições públicas.

No Brasil, a Constituição Federal assegura a publicidade dos atos públicos como um requisito constitucional, complementado pela transparência que exige a disponibilização de informações acessíveis e compreensíveis que permitem um controle social efetivo. Este aspecto é reforçado globalmente pela Convenção das Nações Unidas contra a Corrupção, que insta os países a incrementarem a transparência em suas administrações públicas. A legislação infraconstitucional brasileira, especialmente a Lei de Responsabilidade Fiscal (Lei Complementar nº 101, de 2000) e a Lei de Acesso à Informação (Lei Federal nº 12.527, de 2011), estabelece diretrizes claras para a transparência.

A Lei de Acesso à Informação, em particular, é um marco na promoção da transparência ativa e passiva, exigindo a divulgação proativa de informações de interesse público e regulamentando o acesso a informações mediante solicitação dos cidadãos. Essas leis garantem que os órgãos públicos mantenham portais de transparência atualizados que devem disponibilizar dados em tempo real sobre a Administração Pública. Tais portais incluem informações sobre execução orçamentária e financeira, projetos, programas, ações, contratos e serviços públicos. Além disso, a transparência passiva se refere à obrigação dos órgãos de responder às solicitações de informações pelos cidadãos dentro de prazos estipulados.

Outras normativas relevantes incluem a Lei Complementar nº 131/2009, conhecida como Lei da Transparência, que altera a Lei de Responsabilidade Fiscal para determinar a disponibilização em tempo real de informações pormenorizadas sobre a execução orçamentária e financeira em todos os níveis de governo.

O Decreto nº 7.724/2012 regulamenta a Lei de Acesso à Informação e especifica as regras para sua implementação pelos órgãos do governo federal. A implementação da transparência enfrenta desafios, incluindo a capacitação de servidores e a adequação tecnológica dos pequenos municípios que têm exigências mais flexíveis em relação à divulgação das informações de execução orçamentária e financeira. A eficácia da governança transparente também depende da participação ativa dos cidadãos, que devem exercer seu direito de acesso à informação para garantir que os governantes sejam responsáveis e responsivos às necessidades públicas.

Países com alto grau de transparência pública desfrutam de várias vantagens no cenário internacional. Primeiramente, a transparência reduz a percepção de risco entre investidores estrangeiros, tornando o país mais atraente para investimentos. Países transparentes possuem uma reputação positiva, o que pode fortalecer suas relações diplomáticas e comerciais, sendo vistos como parceiros confiáveis e comprometidos com princípios democráticos e de boa governança. Como a transparência pública é uma ferramenta eficaz para combater a corrupção, ela é capaz de proporcionar um ambiente de negócios mais justo e competitivo, atraindo mais empresas e investidores.

Governos transparentes são mais responsivos e responsáveis, levando a uma governança mais eficiente e eficaz. Isso resulta em melhores políticas públicas e serviços para os cidadãos, aumentando a estabilidade social e política. Organizações financeiras internacionais, como o Fundo Monetário Internacional (FMI) e o Banco Mundial, frequentemente condicionam empréstimos e ajudas a níveis de transparência e boa governança. Países transparentes podem acessar esses recursos com mais facilidade e em melhores condições.

A transparência também facilita a participação da sociedade civil e outras partes interessadas na formulação e implementação de políticas públicas, promovendo o desenvolvimento sustentável e inclusivo. Empresas em países transparentes operam em ambientes mais previsíveis e menos corruptos, melhorando sua competitividade global, o que pode levar a um maior crescimento econômico e ao desenvolvimento do setor privado.

Por fim, a transparência está associada ao fortalecimento do Estado de Direito. Quando as leis e regulamentos são aplicados de maneira justa e previsível, isso promove a justiça social e a igualdade perante a lei. Essas vantagens mostram como a transparência pública pode beneficiar não apenas o ambiente doméstico, mas também a posição e a influência de um país no cenário internacional.

9 Conclusão

A governança pública, fundamentada nos princípios delineados no Decreto nº 9.203/2017, revela-se essencial para a construção de uma administração pública eficiente, responsável e transparente. A capacidade de resposta, a integridade, a confiabilidade, a melhoria regulatória, a *accountability* e a transparência pública são pilares que, quando implementados de forma efetiva, promovem um ambiente de confiança e eficiência, tanto no âmbito nacional quanto internacional.

A adoção desses princípios não apenas melhora a eficiência administrativa, mas também fortalece os direitos fundamentais dos cidadãos, garantindo que as políticas públicas reflitam suas necessidades e expectativas. A transparência, por exemplo, é vital para combater a corrupção, aumentar a previsibilidade e a confiabilidade das instituições públicas, e atrair investimentos estrangeiros, que são cruciais para o desenvolvimento econômico sustentável.

Além disso, a integração de mecanismos de cooperação e intercâmbio de informações entre os órgãos públicos, bem como a promoção da participação da sociedade civil, são estratégias indispensáveis para a implementação de uma governança inclusiva e participativa. A capacidade de adaptação às mudanças e a agilidade na resposta a crises, como emergências e calamidades públicas, demonstram a importância de estruturas organizacionais flexíveis e inovadoras.

Portanto, a governança pública eficaz, baseada nos princípios estabelecidos, é a chave para uma administração pública que não só cumpre suas responsabilidades com eficiência, mas também promove um ambiente de desenvolvimento econômico, justiça social e confiança pública. O compromisso com esses princípios posiciona os países de forma favorável no cenário internacional, destacando-os como parceiros confiáveis e promotores de um desenvolvimento sustentável e inclusivo.

Referências

BRASIL. Decreto nº 9.203, de 22 nov. 2017 (Dispõe sobre a política de governança da administração pública federal direta, autárquica e fundacional).

BRASIL. Decreto nº 1.171, de 22 jun. 1994 (Aprova o Código de Ética Profissional do Servidor Público Civil do Poder Executivo Federal).

BRASIL. Decreto nº 10.411, de 30 jun. 2020 (Regulamenta a análise de impacto regulatório, de que tratam o art. 5º da Lei nº 13.874, de 20 de setembro de 2019, e o art. 6º da Lei nº 13.848, de 25 de junho de 2019).

BRASIL. Decreto nº 7.724, de 16 maio 2012 (Regulamenta a Lei nº 12.527, de 18 de novembro de 2011, que dispõe sobre o acesso a informações previsto no inciso XXXIII do caput do art. 5º, no inciso II do §3º do art. 37 e no §2º do art. 216 da Constituição).

BRASIL. Decreto-lei nº 4.657, de 4 set. 1942 (Lei de Introdução às normas do Direito Brasileiro).

BRASIL. Lei nº 8.429, de 2 jun. 1992 (Dispõe sobre as sanções aplicáveis em virtude da prática de atos de improbidade administrativa, de que trata o § 4º do art. 37 da Constituição Federal; e dá outras providências).

BRASIL. Lei nº 8.112, de 11 dez. 1990 (Dispõe sobre o regime jurídico dos servidores públicos civis da União, das autarquias e das fundações públicas federais).

BRASIL. Lei nº 12.846, de 1º ago. 2013 (Dispõe sobre a responsabilização administrativa e civil de pessoas jurídicas pela prática de atos contra a administração pública, nacional ou estrangeira, e dá outras providências).

BRASIL. Lei nº 12.813, de 16 maio 2013 (Dispõe sobre o conflito de interesses no exercício de cargo ou emprego do Poder Executivo federal e impedimentos posteriores ao exercício do cargo ou emprego).

BRASIL. Lei nº 13.874, de 20 set. 2019 (Institui a Declaração de Direitos de Liberdade Econômica e estabelece garantias de livre mercado).

BRASIL. Lei nº 13.848, de 25 jun. 2019 (Dispõe sobre a gestão, a organização, o processo decisório e o controle social das agências reguladoras).

BRASIL. Lei nº 13.655, de 25 abr. 2018 (Inclui no Decreto-Lei nº 4.657, de 4 de setembro de 1942, disposições sobre segurança jurídica e eficiência na criação e na aplicação do direito público).

BRASIL. Lei nº 14.133, de 1º abr. 2021 (Lei de Licitações e Contratos Administrativos).

CGU – Controladoria-Geral da União (2023), Modelo de Maturidade em Integridade Pública. Disponível em: https://www.gov.br/cgu/pt-br/assuntos/noticias/2023/12/ministro-da-cgu-anuncia-modelo-de-maturidade-em-integridade-publica/SIPMMIP.pdf, acesso em: 16 jun. 2024.

INGENIEROS, José. *O Homem Medíocre*. Trad. Douglas Dias Ferreira. São Paulo: Quartier Latin, 2004.

KAUFMANN, Daniel. Human Rights and Governance: The Empirical Challenge. *In*: Human Rights and Development: Towards Mutual Reinforcement. New York: New York University, 2004.

MICKLETHWAIT, John; WOOLDRIDGE, Adrian. *A quarta revolução* – a corrida global para reinventar o Estado. São Paulo: Portfolio-Penguin, 2015.

OCDE (2017). Recomendação do Conselho da OCDE sobre Integridade Pública. Disponível em: https://www.oecd.org/gov/ethics/integrity-recommendation-brazilian-portuguese.pdf, acesso em: 19 jun. 2024.

OCDE (2020). Manual de Integridade Pública. Disponível em: https://www.oecd.org/publications/manual-de-integridade-publica-da-ocde-db62f5a7-pt.htm, acesso em: 23 jun. 2024.

PETERS, Guy. *Governance and Sustainable Development Policies*. *In*: Conferência das Nações Unidas sobre Desenvolvimento Sustentável – Rio+20, Organização das Nações Unidas (ONU), Rio de Janeiro, 2012.

SANDEL, Michael J. *A Tirania do Mérito* – o que aconteceu com o bem comum? São Paulo: Civilização Brasileira, 2020.

Informação bibliográfica deste livro, conforme a NBR 6023:2018 da Associação Brasileira de Normas Técnicas (ABNT):

ZENKNER, Marcelo. Princípios fundamentais da governança pública. *In*: RODRIGUES, Caroline; PIRONTI, Rodrigo (coord.). *ESG na Administração Pública*: estudos dirigidos. Belo Horizonte: Fórum, 2025. p. 277-295. ISBN 978-85-450-0779-1.

ESG E O DEVER CONSTITUCIONAL DE IMPLEMENTAÇÃO DE BOAS PRÁTICAS DE GOVERNANÇA E *COMPLIANCE* PELA ADMINISTRAÇÃO PÚBLICA

BRUNO BARTELLE BASSO

Introdução

A adoção de boas práticas de governança e *compliance* pela Administração Pública ainda é um grande desafio a ser enfrentado, especialmente, diante da complexidade do atual sistema administrativo brasileiro.

O surgimento de novas perspectivas derivadas do início da constitucionalização da Administração Pública, da adoção de boas práticas ESC e, notadamente, de uma releitura do princípio da eficiência indicam, contudo, um novo cenário.

É, portanto, a partir dessa nova construção, que surgiu a inspiração para a elaboração do presente ensaio, justamente, com o objetivo de demonstrar não apenas a possibilidade, mas, sim, a necessidade em se cumprir o dever constitucional de eficiência, por meio da adoção de boas práticas de governança e *compliance* pela Administração Pública.

I A Administração Pública no atual Estado Democrático de Direito

No atual Estado Democrático de Direito, os ideais do modelo até então existente passaram a ser sopesados com os anseios do liberalismo, procurando-se "eliminar a insensibilidade do Estado Social com a questão financeira (reduzindo-se o intervencionismo estatal direto) e se acrescentando novas exigências para a garantia dos direitos fundamentais e sociais".[1]

A sociedade civil começa a habitar, timidamente, o nicho público que era preenchido exclusivamente pelo Estado, desaparecendo-se a crença de que a Administração Pública fosse o único veículo indutor à inclusão social e ao resgaste das camadas populacionais mais necessitadas.

O modelo estatal imposto pelo Estado Democrático de Direito passa a exigir da Administração Pública maior compartilhamento do processo de tomada das decisões administrativas com outras partes interessadas (*stakeholders*).[2]

No lugar da "Administração monológica, avessa à comunicação com a sociedade, erige-se uma Administração dialógica, paritária e consensual; em lugar do Estado impositor, apresenta-se o Estado mediador",[3] sendo "decisiva para a maneira pela qual o público vê o mundo – particularmente, o mundo político – e seu próprio lugar nele".[4]

A liberdade revela-se, pois, coletiva e não mais individual, exigindo-se da Administração Pública transparência, imparcialidade, eficiência e a previsão de uma estrutura fragmentada e compartilhada em substituição a um modelo hierarquicamente estanque e engessado.

A interação da sociedade civil no processo para a tomada de decisão pela Administração Pública passa a ser uma garantia de maior ponderação de todos os interesses envolvidos, implicando, por consequência, "reequacionamento do papel do Estado na sociedade, assim como a necessidade de proteção integral e eficaz do indivíduo perante toda e qualquer forma de poder ('velha' ou 'nova', pública ou privada)".[5]

---

1 TORRES, Ricardo Lobo. *Tratado de direito constitucional financeiro e tributário*: constituição financeira, sistema tributário e estado fiscal. v. 1. Rio de Janeiro: Renovar, 2009, p. 532-533.

2 "Pessoa ou organização que pode afetar, ser afetada ou se perceber afetada por uma decisão ou atividade". *In*: ABNT ISO 37301:2021: *sistemas de gestão de compliance* – requisitos com orientações para uso. Rio de Janeiro: ABNT, 2021.

3 OLIVEIRA, Gustavo Justino de; SCHWANKA, Cristiane. A administração consensual como a nova face da Administração Pública no século XXI: fundamentos dogmáticos, formas de expressão e instrumentos de ação. *Revista de Direito do Estado*, Rio de Janeiro, n. 10, abr.-jun. 2008, p. 276-277.

4 CRENSON, Matthiew A. Comment: contract, love, and character building. *In:* MARINI, Frank (org.). *Toward a new public administration*: the minnowbrook perspective. São Francisco: Chandler, 1971, p. 83-88.

5 SILVA, Vasco Manuel Pascoal Dias Pereira da. *Em busca do acto administrativo perdido*. Coimbra: Almedina, 1995, p. 125.

A Administração Pública começa a deixar, teoricamente, de ser "o direito de uma administração toda-poderosa para passar a ser o direito dos particulares nas suas relações com a administração",[6] impondo, por um lado, a efetivação de valores claramente individuais e, por outro, a realização de valores coletivos.

Testemunha-se o surgimento de uma nova dimensão ou um novo âmbito da atividade administrativa, designada de "administração prospectiva (Rivero, Nigro), prefigurativa (Nigro), constitutiva, planificadora (Tschira, Schmitt Glaeser, Brohm, Von Muench, Dirk Ehlers) ou infraestrutural (Faber, Parejo, Alfonso, Stober, M. Sudhof)".[7]

Muito mais do que um mero instrumento autoritário e coercitivo, a Administração Pública começa a se tornar um importante instrumento compositivo de interesses, caracterizando-se pela multilateralidade de relações e pelo alargamento da proteção jurídica subjetiva.

Os diversos atores sociais passam a exigir a substituição de métodos impositivos por "estratégias de negociação, pelo trabalho conjunto de todos os intervenientes, dando origem ao desenvolvimento de estruturas de cooperação em numerosos domínios do direito público",[8] por meio de relações jurídicas multilaterais em que tanto a Administração Pública como os destinatários da norma são partícipes no processo de formação da atuação administrativa.

A questão central passa, portanto, pela possibilidade de redirecionamento a um modelo que busque não apenas atender às necessidades de conformação do sistema posto, mas que tenha como norte uma atuação estatal voltada à realização das demandas sociais, por meio de instrumentos eficientes e participativos.

É nesse contexto, aliás, que se dá início ao surgimento da pós-modernidade, do neoconstitucionalismo e do processo de constitucionalização da Administração Pública.

---

6 SILVA, Vasco Manuel Pascoal Dias Pereira da. *Para um contencioso administrativo dos particulares*: esboço de uma teoria subjectivista do recurso directo de anulação. Coimbra: Almedina, 1989, p. 9.

7 SILVA, Vasco Manuel Pascoal Dias Pereira da. *Em busca do acto administrativo perdido*. Coimbra: Almedina, 1995, p. 127.

8 BAUER, Hartmut. Verwaltungsrechtslehre im umbruch? Rechtsformen und Rechtsverhaeltnisse als elemente einer zeitgemaessen Verwaltungrechsdogmatik. *In*: *Die Verwaltung* – Zeischrift fuer Verwaltungswissenschaft, v. 25, n. 3, p. 305, 1992.

II A pós-modernidade e o neoconstitucionalismo

Como se sabe, a pós-modernidade[9] não nasceu do dia para a noite, mas foi produzida como

> consciência ao longo de todo o século XX, com cada fracasso, com cada engodo, com cada engano, com cada destruição, com cada abalo da modernidade que se provocava com doloridas marteladas político-econômicas, sobretudo as advindas dos países desenvolvidos.[10]

O neoconstitucionalismo e o pensamento pós-moderno criticam o "racionalismo, o iluminismo, a ciência, as grandes narrativas da tradição ocidental, as ideias de democracia, o marxismo, o freudismo"[11] e clama pela consciência da necessidade de emergência de uma outra visão de mundo, do "fim das filosofias da história e da quebra das grandes metanarrativas, demandando novos arranjos que sejam capazes de ir além dos horizontes fixados pelo discurso da modernidade".[12]

A "aproximação quase absoluta entre Direito e norma e sua rígida separação da ética não correspondiam ao estágio do processo civilizatório e às ambições dos que patrocinavam a causa da humanidade",[13] uma vez que se busca uma nova racionalidade jurídica "mais flexível e adaptável às contingências do que o direito coercitivo e sancionatório, próprio da modernidade".[14]

---

9 "Se esta ter-se-ia tornado uma fase clara da configuração da vida contemporânea, seja após a II Guerra Mundial, com a formação da ONU, seja após a década de 50, seja após maio de 68, não importa agora. Importa pensar que os sinais de falência do pensamento ocidental, bem como do projeto da modernidade começam a se espalhar desde o final do século XIX, com Nietzsche, estendendo-se por todo o Século XX" (BITTAR, Eduardo Carlos Bianca; ALMEIDA, Guilherme Assis de. *Curso de filosofia do direito*. 12. ed. São Paulo: Atlas, 2016, p. 768-769).

10 BITTAR, Eduardo Carlos Bianca. *O direito na pós-modernidade*. 3.ed. São Paulo: Atlas, 2014, p. 78.

11 GODOY, Arnaldo Sampaio de Moraes. *O pós-modernismo jurídico*. Porto Alegre: Sergio Antonio Fabris, 2005, p. 116.

12 BITTAR, Eduardo Carlos Bianca. *O direito na pós-modernidade*. 3. ed. São Paulo: Atlas, 2014, p. 117-118.

13 BARROSO, Luís Roberto. Fundamentos teóricos e filosóficos do novo direito constitucional brasileiro (pós-modernidade, teoria crítica e pós-positivismo). *Revista Diálogo Jurídico*, Salvador, ano I, v. 1, n. 6, set. 2001. Disponível em: http://bibliotecadigital.fgv.br. Acesso em: 16 fev. 2018.

14 SARMENTO, Daniel. Os direitos fundamentais nos paradigmas liberal, social e pós-social (pós-modernidade constitucional?). *In*: SAMPAIO, José Adércio Leite. *Crise e desafios da Constituição*: perspectivas críticas da teoria e das práticas constitucionais brasileiras. Belo Horizonte: Del Rey, 2003, p. 408.

O ponto crucial da atual mudança, de uma "administração imperial para uma administração cidadã, situa-se no processo de constitucionalização da Administração Pública",[15] em que a administração passa a atuar "a serviço dos cidadãos, com o fim de promover as condições e o exercício de seus direitos".[16]

É nesse contexto que se pode falar em um verdadeiro processo de constitucionalização da Administração Pública, impondo-se a ela a tarefa de revisitar seus institutos, a partir da ótica constitucional, com o objetivo de potencializar os valores e os objetivos pretendidos pela sociedade.

O neoconstitucionalismo[17] se caracteriza pela supremacia constitucional, em especial pela "vinculação de princípios jurídicos que informam e conformam todo o ordenamento, reforça o caráter interpretativo da norma jurídica e tem como pano de fundo o respeito aos direitos humanos".[18]

Dentre outros motivos, o neoconstitucionalismo foi propulsionado pelos seguintes aspectos: "a) falência do padrão normativo; b) influência da globalização; c) pós-modernidade; d) superação do positivismo clássico; e) centralidade dos direitos fundamentais; f) diferenciação qualitativa entre princípios e regras; g) revalorização do direito".[19]

Enquanto instrumento democrático de transformação social, o neoconstitucionalismo busca "critérios lógicos, éticos e políticos para aperfeiçoar os mecanismos jurídicos de implementação dos valores essenciais à melhoria da qualidade de vida da população",[20] trazendo novas ideias que permitem revisar posições tradicionais existentes, incapazes de transformar a realidade pela via jurídica.

O neoconstitucionalismo, na realidade, é "uma técnica jurídica de garantia e de realização dos direitos humanos",[21] em que a Constituição

---

15 MOREIRA NETO, Diogo de Figueiredo. *Mutações do direito administrativo*. São Paulo: Renovar, 2000, p. 16.

16 ALLEGRETTI, Umberto. *Amministrazione pubblica e costituzione*. Padova: CEDAM, 1996, p. 245.

17 Por todos: BECHO, Renato Lopes. *Filosofia do direito tributário*. São Paulo: Saraiva, 2009. Em sentido contrário: BULOS, Uadi Lammêgo. *Curso de direito constitucional*. São Paulo: Saraiva, 2011, p. 86.

18 BECHO, Renato Lopes. *Responsabilidade tributária de terceiros*. São Paulo: Saraiva, 2014, p. 15.

19 AGRA, Walber de Moura. *Curso de direito constitucional*. 8. ed. Rio de Janeiro: Forense, 2014.

20 CAMBI, Eduardo. *Neoconstitucionalismo e neoprocessualismo*: direitos fundamentais, políticas públicas e protagonismo judiciário. São Paulo: RT, 2010, p. 11.

21 BECHO, Renato Lopes. *Filosofia do direito tributário*. São Paulo: Saraiva, 2009, p. 250.

não é superior às leis infraconstitucionais apenas porque provinda de uma fonte hierarquicamente superior, mas, principalmente, por veicular comandos de conteúdo mais abstrato, que exigem do intérprete estabelecer uma conformidade social da norma.

Em linhas gerais, o termo indica o "constitucionalismo democrático do pós-guerra, desenvolvido em uma cultura filosófica pós-positivista, marcado pela força normativa da Constituição, pela expansão da jurisdição constitucional e por uma nova hermenêutica".[22]

O neoconstitucionalismo insere:

> A Constituição em superioridade às demais leis, protege-a das alterações comuns havidas na legislação, preenche o diploma constitucional com textos indeterminados e que visam a um objetivo maior: a posição sobranceira dos direitos humanos. Os direitos humanos não são as técnicas. Eles são os conteúdos e os fins do direito (a proteção do homem). E tais conteúdos significam a afirmação da axiologia no direito, a determinação de valores protetivos dos homens e do ordenamento jurídico.[23]

Os princípios são alçados a um local privilegiado no sistema jurídico, granjeando-se, por meio deles, a unidade de sentido e a valoração da ordem normativa. Com isso, a Constituição, distanciando-se aos poucos dos modelos clássicos, passa a ostentar características ímpares que transcendem as próprias regras dimanadas das escolhas democráticas dos "Parlamentos no âmbito de cada país, com o sentido de proteger, além das minorias nacionais, todo e qualquer ser humano, apenas por sê-lo e onde quer que se encontre".[24]

III O processo de início da constitucionalização da Administração Pública

Inicialmente, cumpre destacar que estamos diante de um início de processo de constitucionalização da Administração Pública Brasileira, de modo que alguns dos excertos extraídos da literatura podem ainda

---

22 BARROSO, Luís Roberto. *Curso de direito constitucional contemporâneo*: os conceitos fundamentais e a construção do novo modelo. 6. ed. São Paulo: Saraiva, 2017, p. 303.

23 BECHO, Renato Lopes. *Filosofia do direito tributário*. São Paulo: Saraiva, 2009, p. 250.

24 MOREIRA NETO, Diogo de Figueiredo. *Mutações do direito público*. Rio de Janeiro: Renovar, 2006, p. 21.

não estar totalmente implementados. A par dessas premissas, passar-se-á a discorrer sobre o tema.

No âmbito da constitucionalização da Administração Pública, ao menos três circunstâncias devem ser consideradas: "a) a existência de uma vasta quantidade de normas constitucionais voltadas para a disciplina da Administração; b) a sequência de transformações sofridas pelo Estado brasileiro nos últimos anos; e c) a influência dos princípios constitucionais sobre as categorias do direito administrativo".[25]

Em vez de "absolutizações incompatíveis com o pluralismo nuclearmente caracterizador dos Estados verdadeiramente democráticos, nos quais os princípios absolutos são usurpadores da soberania da Constituição como sistema",[26] a passagem da Constituição para o centro do ordenamento jurídico representou a "grande força motriz da mudança de paradigmas do direito administrativo na atualidade".[27]

A Administração Pública deve sempre encontrar na Constituição não apenas seu alicerce principiológico, mas a própria lógica definidora de seus elementos nucleares, promovendo a transformação social por meio da adoção de práticas democratizantes e racionalizadoras dos valores coletivos.

Se a Constituição é o fundamento jurídico do Estado, então deve nortear também a "administração, um dos seus órgãos, devendo toda mudança constitucional, pois, de um modo ou de outro, repercutir sobre a atividade administrativa e o direito que a rege",[28] conciliando-se os interesses estatais e a vontade social.

A ideia de constitucionalização da atividade administrativa encontra-se associada a um "efeito expansivo das normas constitucionais, cujo conteúdo material e axiológico se irradia, com força normativa, por todo o sistema jurídico",[29] em que a legitimidade da Administração

---

[25] BARROSO, Luís Roberto. Neoconstitucionalismo e constitucionalização do direito: o triunfo tardio do direito constitucional no Brasil. *Revista de Direito Constitucional e Internacional*, v. 15, n. 58, p. 129-173, jan./mar. 2007.

[26] FREITAS, Juarez. *O controle dos atos administrativos e os princípios fundamentais*. São Paulo: Malheiros, 2004, p. 45.

[27] BINENBOJM, Gustavo. *Uma teoria do direito administrativo*: direitos fundamentais, democracia e constitucionalização. Rio de Janeiro: Renovar, 2006, p. 69.

[28] AUER, Andreas. Droit constitutionnel et droit administratif. *In*: AUBERT, Jean-François; BOIS, Philippe (org.). *Mélanges André Grisel*. Suíça: Ides et Calendes, 1983, p. 23.

[29] BARROSO, Luís Roberto. *Curso de direito constitucional contemporâneo*: os conceitos fundamentais e a construção do novo modelo. 6. ed. São Paulo: Saraiva, 2017, p. 394.

Pública se encontra condicionada à realização material dos preceitos inseridos na Constituição.

A constitucionalização da atuação administrativa leva-a, *pari passu*, a abandonar a postura imperial monopolista do interesse público para tornar-se um mecanismo de transformação social.

Nesse novo modelo de organização administrativa, a participação popular não ficaria mais restrita aos mecanismos legais de acesso ao poder, mas, sobremodo, ampliada a todos os demais processos, notadamente, no auxílio da condução das decisões da Administração Pública.

A evolução administrativa verificada a partir do Estado Social provocou, de certa maneira, o alargamento das relações entre a Administração Pública e a sociedade, exigindo-se uma atuação mais eficaz e proativa por parte do Poder Público, a fim de não reduzir a representação democrática a uma simples delegação formal da vontade do povo.

Se antes a Administração Pública servia meramente à preservação da autoridade, em que "o próprio Poder Executivo estabelecia os seus próprios limites (ou a ausência deles), a moderna concepção, surgida a partir de uma visão garantística desse ramo do direito, roga por meios de controle da atividade administrativa pelos cidadãos".[30]

A partir de então, a Constituição deixa de ser um mero programa político à espera de concretização pelo legislador e passa a ser vista como um diploma diretamente habilitador da atuação administrativa, verificando-se, assim, o surgimento de um processo de autodeterminação constitucional em que as regras e os princípios emanados pelo constituinte vinculam diretamente a Administração Pública.

A partir da constitucionalização da Administração Pública e da preocupação crescente com a democratização dos procedimentos formativos da vontade administrativa, o gestor público que, até então, encontrava-se vinculado apenas às limitações formais impostas pela lei, passou a se subordinar diretamente às normas constitucionais e aos preceitos substanciais de conteúdo emanados delas.

Os cidadãos já não são mais sujeitos inertes que recebem, única e exclusivamente, bens e serviços públicos do poder, passando agora, "por conta de sua inserção no Estado Social e Democrático de Direito,

30 BINENBOJM, Gustavo. A constitucionalização do direito administrativo no Brasil: um inventário de avanços e retrocessos. *Revista Brasileira de Direito Público*, Belo Horizonte, ano 4, n. 14, jul./set. 2005.

a atores principais da definição e avaliação das diferentes políticas públicas",[31] tornando-se anacrônica e ultrapassada a visão de que há limites materiais para a atuação administrativa.

À Administração Pública, por intermédio de seus órgãos, "cumpre tanto a realização dos direitos fundamentais como a consecução de objetivos de viés coletivo (decorrentes diretamente da Constituição ou estabelecidos validamente pelo legislador democrático)".[32]

A constitucionalização da Administração Pública procurou superar uma suposta "superioridade formal da Administração sobre o cidadão, considerado ainda como súdito, que deveria ceder ante a suposta superioridade dos interesses gerais geridos pela Administração".[33]

Os cidadãos passam a exigir da Administração Pública uma efetiva equidistância decisória na tarefa de ponderação entre os múltiplos interesses e valores envolvidos, logrando a plena legitimação, em termos finalísticos, independentemente de qualquer interferência político-partidária.

Essas atividades, que:

> se legitimam não pela investidura eleitoral, mas pelo próprio exercício e, sobretudo, pelos resultados, progressivamente se estão impondo, tangidas pelos ventos da consensualidade e da flexibilidade, facilitando o atendimento de toda sorte de demandas que são próprias da complexidade e do pluralismo contemporâneos, como as encontradas em sociedades cada vez mais densas, conscientes, atuantes e que se destacam por suas rápidas e profundas mutações em todos os campos de interação humana; todo este processo, no bojo de uma irresistível tendência de globalização, que vem expandindo os valores fundamentais do Direito, como criação cultural por excelência [...] da humanidade como um todo.[34]

É razoável, portanto, afirmar que a constitucionalização da Administração Pública e a consequente:

---

[31] MUÑOZ, Jaime Rodríguez-Arana. *Direito fundamental à boa administração pública*. Tradução de Daniel Wunder Hachem. Belo Horizonte: Fórum, 2012, p. 134.

[32] BINENBOJM, Gustavo. *Uma teoria do direito administrativo*: direitos fundamentais, democracia e constitucionalização. Rio de Janeiro: Renovar, 2006, p. 76.

[33] GARCÍA DE ENTERRÍA, Eduardo. *As transformações da justiça administrativa*: da sindicabilidade estrita à plenitude jurisdicional – uma mudança de paradigma? Tradução de Fábio Medina Osório. Belo Horizonte: Fórum, 2010, p. 106-107.

[34] MOREIRA NETO, Diogo de Figueiredo. *Novas mutações juspolíticas*: em memória de Eduardo García de Enterría – jurista de dois mundos. Belo Horizonte: Fórum, 2016, p. 70.

> renovação juspolítica sistemática proporcionada por esta expansão da juridicidade, ultrapassando o tradicional e concentrado, quando não autocrático e elitista, sistema moderno de produção da lei, veio possibilitar o surgimento e a multiplicação de novos, variados e ampliados sistemas pós-modernos de produção do Direito.[35]

Além de normas constitucionais dotadas de aplicabilidade direta e força vinculativa imediata para as estruturas da Administração Pública, as imposições da Constituição obrigam que a atividade administrativa seja pautada por valores que tutelem o interesse coletivo. Não é exagero afirmar que

> cada vez mais, o sucesso ou o insucesso da implementação de um modelo constitucional de bem-estar, incluindo aqui a concretização dos direitos fundamentais, se encontra mais nas mãos da Administração Pública do que na simples actividade normativa desenvolvida pelo legislador: a tentativa de "fuga" do legislativo para a decisão administrativa através de leis-medida e, por outro lado, o processo de progressiva legitimação político-democrática do poder administrativo através de uma inversão total do significado das eleições parlamentares são meras manifestações da centralidade da Administração Pública ao moderno Estado.[36]

A Administração Pública apresenta-se agora como

> interlocutora junto dos diversos grupos de interesses econômicos, sociais e culturais existentes na sociedade, encontrando-se a legitimidade das suas próprias decisões normativas e não normativas num procedimento negocial visando obter o consenso dos "parceiros sociais" que, implementando uma política de "concertação social", traduzem, deste modo, uma nova visão orgânica da sociedade, qualificada já de "democracia neocorporativa" ou de "neocorporativismo".[37]

Essa "nova posição do indivíduo, amparada no desenvolvimento do discurso dos direitos fundamentais, demandou a alteração

[35] MOREIRA NETO, Diogo de Figueiredo. *Poder, Direito e Estado*: o direito administrativo em tempos de globalização – *in memoriam* de Marcus Juruena Villela Souto. Belo Horizonte: Fórum, 2011, p. 88.

[36] OTERO, Paulo. *Legalidade e administração pública*: o sentido da vinculação administrativa à juridicidade. Coimbra: Almedina, 2017, p. 31.

[37] OTERO, Paulo. *Legalidade e administração pública*: o sentido da vinculação administrativa à juridicidade. Coimbra: Almedina, 2017, p. 140.

do papel tradicional da Administração Pública"[38] e a reconstrução de seus alicerces estruturantes.

IV ESG e a exigência constitucional de adoção de boas práticas de governança e *compliance* pela Administração Pública

A Constituição da República Federativa Brasileira de 1988 possui inúmeros fundamentos normativos em prol da implementação de boas práticas de governança e *compliance* na Administração Pública. Dentre eles, destaca-se, especialmente, o princípio da eficiência.

Antes de abordá-los, contudo, torna-se necessário realizar uma breve introdução acerca dos conceitos de governança pública e integridade pública.

Como se viu,

> o Estado existe fundamentalmente para realizar o bem comum. Os teóricos que cuidam da análise desta finalidade do Estado a desdobram em três vertentes: o bem-estar; a segurança e a justiça. A interdependência dos fins do Estado assume particular importância em relação à grande e última finalidade do Estado: a promoção do bem comum. O Estado, nesse sentido, enquanto forma de organização política por excelência da sociedade, pode ser aceito como o espaço natural de desenvolvimento do poder político.[39]

Sob essa ótica, a

> Administração Pública é o aparelho de Estado organizado com a função de executar serviços, visando à satisfação das necessidades da população. Nesse sentido, se apresenta como uma organização que tem o objetivo de pôr em prática funções políticas e serviços realizados pelo governo. Em outras palavras, é um conjunto de atividades destinadas à execução de obras e serviços, comissionados ao governo para o interesse da sociedade.[40]

---

[38] BAPTISTA, Patrícia Ferreira. *Transformações do direito administrativo*. Rio de Janeiro: Renovar, 2003, p. 129.

[39] MATIAS-PEREIRA, J. *Curso de Administração Pública: foco nas instituições e ações governamentais*. 5. ed. São Paulo: GEN-Atlas, 2018.

[40] MATIAS-PEREIRA, J. *Curso de Administração Pública:* foco nas instituições e ações governamentais. 5. ed. São Paulo: GEN-Atlas, 2018.

No setor público,

> o gradativo esgotamento do modelo de administração pública burocrático-weberiano ao longo do século XX, associado à crise fiscal mundial dos anos 1980, favoreceu o desenvolvimento do modelo de administração pública gerencial, como proposta de tornar o Estado mais eficiente e mais capaz de atender às crescentes demandas por mais e melhores serviços.[41]

Esse contexto propiciou

> ambiente para ampla discussão sobre governança pública, com novas propostas de modelos, tais como os exemplificados a seguir: a) Governança no setor público pela perspectiva do corpo governante, com ênfase em três princípios: transparência, integridade e prestação de contas (IFAC, 2001); b) Guia de melhores práticas para a governança no setor público, que acrescenta mais três princípios: liderança, compromisso e integração (ANAO, 2003); c) Padrão de boa governança para serviços públicos, alinhado aos anteriores e com ênfase em eficiência e eficácia (CIPFA, 2004).[42]

O acrônimo ESG diz respeito, basicamente, a práticas empresariais responsáveis relacionadas a aspectos ambientais, sociais e de governança. É, em outras palavras, o tripé basilar da nova visão organizacional, representando uma verdadeira releitura do "*shareholder capitalism*", com foco na geração de valor a longo prazo.

Por meio do *ESG*, o capitalismo das "partes interessadas" ganha força, passando-se a combater a teoria da maximização de valor aos acionistas e a valorizar o equilíbrio entre os seus interesses e os dos demais *stakeholders*.

É importante lembrar, ainda, que o *ESG* não deve se resumir a discursos ou a práticas que não correspondam à realidade da empresa. Essas situações, aliás, podem a, até mesmo, vir a caracterizar o que denominamos de *greenwashing* ("maquiagem verde" ou "lavagem verde"), ou seja, a criação de uma falsa aparência de sustentabilidade empresarial.

---

41 MATIAS-PEREIRA, J. *Curso de Administração Pública*: foco nas instituições e ações governamentais. 5. ed. São Paulo: GEN-Atlas, 2018.

42 BRASIL. Tribunal de Contas da União. *Referencial básico de governança aplicável a organizações públicas e outros entes jurisdicionados ao TCU / Tribunal de Contas da União*. Edição 3. Brasília: TCU, Secretaria de Controle Externo da Administração do Estado – Secex Administração, 2020. 242p.

Por essas razões, o *ESG* representa um novo paradigma empresarial e não apenas mais um "modelo de negócio" das empresas do século XXI. Ele permite, na realidade, uma reflexão profunda no verdadeiro propósito das organizações.

A governança, por sua vez, relaciona-se a um sistema de relacionamento interpessoal alicerçado em quatro princípios básicos: transparência, prestação de contas, equidade e responsabilidade corporativa.

De um modo em geral, a governança pode ser definida como um conjunto de princípios, propósitos e valores que regem as organizações, com o objetivo de proporcionar sustentabilidade e gerar valor a longo prazo, sempre com observância às legítimas expectativas de todas as partes interessadas.

De acordo com o IBGC

> as boas práticas de governança convertem princípios básicos em recomendações objetivas, alinhando interesses com a finalidade de preservar e otimizar o valor econômico de longo prazo da organização, facilitando seu acesso a recursos e contribuindo para a qualidade da gestão da organização, sua longevidade e o bem comum.[43]

A governança pública, por definição,

> é a aplicação de práticas de liderança, de estratégia e de controle, que permitem aos mandatários de uma organização pública e às partes nela interessadas avaliar sua situação e demandas, direcionar a sua atuação e monitorar o seu funcionamento, de modo a aumentar as chances de entrega de bons resultados aos cidadãos, em termos de serviços e de políticas públicas.[44]

Dentre os princípios norteadores da governança pública, podemos dar destaque aos da integridade, transparência, equidade, prestação de contas, confiabilidade, capacidade de resposta e melhoria regulatória.

O *compliance*, por sua vez, é um importante mecanismo de promoção da cultura organizacional responsável por estimular a conduta

---

[43] Instituto Brasileiro de Governança Corporativa. *Governança Corporativa.* Disponível em: https://www.ibgc.org.br/conhecimento/governanca-corporativa. Acesso em: 6 jun. 2024.

[44] BRASIL. Tribunal de Contas da União. *Referencial básico de governança aplicável a organizações públicas e outros entes jurisdicionados ao TCU / Tribunal de Contas da União.* Edição 3. Brasília: TCU, Secretaria de Controle Externo da Administração do Estado – Secex Administração, 2020. 242p.

ética e o compromisso com o cumprimento das leis e demais normas internas da empresa.

Em sentido amplo, o *compliance* pode ser entendido como a busca permanente de "coerência entre aquilo que se espera de uma organização – respeito a regras, propósito, valores e princípios que constituem sua identidade – e o que ela de fato pratica no dia a dia".[45]

Sob essa ótica, as boas práticas de integridade não devem ser vistas apenas como uma simples atividade operacional, mas, sim, como um direcionador estratégico essencial para todas as organizações, sejam elas públicas ou privadas.

O compliance, portanto, diz respeito não apenas ao cumprimento obrigatório da legislação e das normas internas às quais a empresa encontra-se submetida, como, também, à necessidade voluntária de observá-las, sempre guiada pela cultura e pelos princípios e valores que compõem a identidade da organização.

Sob essas lentes, é preciso pensar em sistemas de *compliance* que vão ao encontro da cultura ética organizacional e não apenas de regulamentos robustos desconectados da realidade empresarial.

O binômio recompensa-punição, mais conhecido por "cenoura e chicote", não pode mais ser a tônica das corporações. Há necessidade de se reforçar a adoção pragmática de "*4 Cs*": compromisso, coerência, consistência e continuidade.

Compromisso com valores e princípios. Coerência com as atitudes. Consistência com os hábitos. Continuidade com o discurso. Sem esse movimento de ruptura, pouco ou de nada adiantará a implantação de sistemas de *compliance.*

O *compliance* na Administração Pública, por sua vez, nada mais é do que um conjunto de medidas e ações institucionais voltadas à prevenção, detecção e remediação de condutas e comportamentos indesejados, com o objetivo de promover o aprimoramento da cultura organizacional.

Dentre outras formas de manifestação o *compliance* pode se manifestar na Administração Pública, especialmente, por meio da implementação de programa de integridade, com o objetivo de alinhar as expectativas da organização em relação a uma determinada conduta,

---

45 Instituto Brasileiro de Governança Corporativa. *Compliance à Luz da Governança Corporativa.* Instituto Brasileiro de Governança Corporativa. São Paulo: IBGC, 2017 (Série: IBGC Orienta), p. 8.

mitigando-se, ao máximo, o risco de prevalecer um comportamento individual e subjetivo.

O *compliance* busca, assim, resguardar os interesses institucionais e proteger a reputação organizacional, em detrimento a posturas individuais isoladas e, muitas vezes, desalinhadas com valores da organização pública.

A integridade é componente fundamental da boa governança que busca direcionar condutas, valores, princípios e normas na construção de ambientes cada vez mais transparentes, éticos e íntegros.

Como se vê, os fundamentos constitucionais para a adoção de boas práticas de governança e *compliance* na Administração Pública encontram-se alicerçados em conceitos como os aqui expostos e podem ser observados, a título exemplificativo, nos seguintes normativos:

> Art. 5º Todos são iguais perante a lei, sem distinção de qualquer natureza, garantindo-se aos brasileiros e aos estrangeiros residentes no País a inviolabilidade do direito à vida, à liberdade, à igualdade, à segurança e à propriedade, nos termos seguintes: *XIV - é assegurado a todos o acesso à informação* e resguardado o sigilo da fonte, quando necessário ao exercício profissional; XXXIII - todos têm direito a receber dos órgãos públicos *informações de seu interesse particular, ou de interesse coletivo ou geral,* que serão prestadas no prazo da lei, sob pena de responsabilidade, ressalvadas aquelas cujo sigilo seja imprescindível à segurança da sociedade e do Estado; Art. 37. A administração pública direta e indireta de qualquer dos Poderes da União, dos Estados, do Distrito Federal e dos Municípios obedecerá aos princípios de legalidade, *impessoalidade, moralidade, publicidade e eficiência* e, também, ao seguinte: §3º A lei disciplinará as formas de *participação do usuário na administração pública direta e indireta,* regulando especialmente I - as reclamações relativas à prestação dos serviços públicos em geral, asseguradas a manutenção de serviços de atendimento ao usuário e a avaliação periódica, externa e interna, da qualidade dos serviços; II - o acesso dos usuários a registros administrativos e a informações sobre atos de governo, observado o disposto no art. 5º, X e XXXIII; III - a disciplina da representação contra o exercício negligente ou abusivo de cargo, emprego ou função na administração pública. (...) §16. Os órgãos e entidades da administração pública, individual ou conjuntamente, devem realizar *avaliação das políticas públicas,* inclusive com divulgação do objeto a ser avaliado e dos resultados alcançados, na forma da lei[46] (grifos nossos).

---

[46] BRASIL. *Constituição da República Federativa do Brasil.* Disponível em: http://www.planalto.gov.br/ccivil_03/constituicao/constituicaocompilado.htm. Acesso em: 9 jun. 2024.

Sob essas lentes, não há dúvidas de que a eficiência administrativa é o principal pilar de sustentação das boas práticas de governança e *compliance* na Administração Pública, motivo pelo qual será mais bem explorado.

V O princípio da eficiência como principal fundamento normativo para a estruturação de boas práticas de governança e *compliance* na Administração Pública

A "eficiência não é propriamente um princípio, na medida em que não estabelece um estado autônomo de coisas que deve ser realizado. Ela prescreve, em vez, disso, o modo de realização de outros objetos".[47]

Enquanto postulado, apenas "estrutura a utilização de outras normas ou, em outras palavras, tão somente estabelece os critérios de aplicação dos princípios e das regras".[48] É ela que "baliza o modo como a Administração Pública deve atingir os seus fins e qual deve ser a intensidade da relação entre as medidas que adota e os fins que persegue",[49] representando uma "faceta da boa administração do Direito italiano".[50]

A eficiência se apresenta, assim, como "modo de organizar, estruturar e disciplinar a Administração Pública, também com o mesmo objetivo de alcançar os melhores resultados na prestação do serviço público".[51]

Como se viu, "no momento em que a Administração Pública deixou de lado o modelo liberal para assumir uma função prestadora de direitos, a eficaz realização desses direitos passou a ser questão fundamental".[52] Converteu-se uma

---

[47] Sobre essa questão, em pormenor: ÁVILA, Humberto Bergmann. *Teoria dos princípios*: da definição à aplicação dos princípios jurídicos. 17. ed. São Paulo: Malheiros, 2016.

[48] ÁVILA, Humberto Bergmann. *Teoria dos princípios*: da definição à aplicação dos princípios jurídicos. 17. ed. São Paulo: Malheiros, 2016, p. 179.

[49] ÁVILA, Humberto Bergmann. *Sistema constitucional tributário*. 5. ed. São Paulo: Saraiva, 2012, p. 505.

[50] MELLO, Celso Antônio Bandeira de. *Curso de direito administrativo*. 28. ed. São Paulo: Malheiros, 2011, p. 122.

[51] DI PIETRO, Maria Sylvia Zanella. *Direito administrativo*. 23. ed. São Paulo: Atlas, 2010, p. 83.

[52] BAPTISTA, Patrícia. *Transformações do direito administrativo*. Rio de Janeiro: Renovar, 2003, p. 22-23.

> gestão da máquina pública, preocupada, exclusivamente, com o garantismo jurídico, para uma gestão administrativa que atendesse às necessidades de conformação do modelo geral, mas que ainda tivesse como norte uma atuação direcionada ao atendimento das necessidades sociais, ou seja, que tivesse a eficiência como postulado.[53]

Ao Estado Democrático de Direito (eficiente), nesse contexto, não basta mais, para sua legitimação, a origem democrática do poder, mas é necessário que, "embora com os meios limitados disponíveis, a Administração Pública obtenha resultado eficiente, satisfazendo com eficácia as necessidades sociais".[54]

Nos Estados contemporâneos, a eficiência é um imperativo constitucional. No Brasil, muito embora o postulado tenha sido expressamente previsto na redação original da Constituição Federal de 1998,[55] foi apenas por meio da Emenda Constitucional nº 19, de 4 de junho de 1998,[56] que a "eficiência passou a ser de observância obrigatória pela

---

[53] BATISTA JÚNIOR, Onofre Alves. *Transações administrativas:* um contributo ao estudo do contrato administrativo como mecanismo de prevenção e terminação de litígios e como alternativa à atuação administrativa autoritária, no contexto de uma Administração Pública mais democrática. São Paulo: Quartier Latin, 2007, p. 96-97.

[54] PAREJO ALFONSO, Luciano. La eficácia como principio jurídico de la actuación de la administración pública. *Revista Documentación Administrativa,* do Instituto Nacional de Administración Pública do Ministerio para las Administraciones Públicas, Madrid, n. 218-219, p. 16, abr./set. 1989.

[55] Art. 74. Os Poderes Legislativo, Executivo e Judiciário manterão, de forma integrada, sistema de controle interno com a finalidade de: II - comprovar a legalidade e avaliar os resultados, quanto à eficácia e *eficiência,* da gestão orçamentária, financeira e patrimonial nos órgãos e entidades da administração federal, bem como da aplicação de recursos públicos por entidades de direito privado; Art. 126. Para dirimir conflitos fundiários, o Tribunal de Justiça designará juízes de entrância especial, com competência exclusiva para questões agrárias. Parágrafo único. Sempre que necessário à *eficiente* prestação jurisdicional, o juiz far-se-á presente no local do litígio; Art. 144. A segurança pública, dever do Estado, direito e responsabilidade de todos, é exercida para a preservação da ordem pública e da incolumidade das pessoas e do patrimônio, através dos seguintes órgãos: §7º A lei disciplinará a organização e o funcionamento dos órgãos responsáveis pela segurança pública, de maneira a garantir a eficiência de suas atividades (BRASIL. *Constituição da República Federativa do Brasil.* 1988).

[56] Art. 3º O *caput,* os incisos I, II, V, VII, X, XI, XIII, XIV, XV, XVI, XVII e XIX e o §3º do art. 37 da Constituição Federal passam a vigorar com a seguinte redação, acrescendo-se ao artigo os §§7º a 9º: Art. 37. A administração pública direta e indireta de qualquer dos Poderes da União, dos Estados, do Distrito Federal e dos Municípios obedecerá aos princípios de legalidade, impessoalidade, moralidade, publicidade e eficiência e, também, ao seguinte [...] (BRASIL. *Emenda Constitucional nº 19, de 4 de junho de 1998.* Modifica o regime e dispõe sobre princípios e normas da Administração Pública, servidores e agentes políticos, controle de despesas e finanças públicas e custeio de atividades a cargo do Distrito Federal, e dá outras providências. Disponível em: http://www.planalto.gov.br/ccivil_03/constituicao/Emendas/Emc/emc19.htm#art3. Acesso em 16 nov. 2017).

Administração Pública, em especial diante do desmonte do aparelho estatal e do desprestígio de sua burocracia".[57]

O princípio da eficiência não é, propriamente, um conceito jurídico, mas econômico-administrativo.

> Ela não qualifica normas; qualifica atividades. A dificuldade, assim, está em transpor para a atividade administrativa uma noção típica da atividade econômica, que leva em conta a relação *input/output* (insumo/produto), o que, no mais das vezes, não é possível aferir na prestação do serviço público, onde nem sempre há um *output* (produto) identificável, nem existe *input* no sentido econômico.[58]

Para a ciência econômica, "eficiência significa a exploração dos recursos econômicos de tal forma que este valor – satisfação humana é medida pela disposição agregada de pagar por estes bens e serviços – é maximizado".[59] Em outras palavras: "a eficiência econômica irá possuir o sentido de maximização de determinados bens sociais eleitos como sendo de significativa importância".[60]

A ciência administrativa, por sua vez, define eficiência como a "relação que trata do desempenho ou da produtividade em função dos recursos disponíveis".[61] É, nesse sentido,

> a melhor maneira (*the best way*) pela qual as coisas devem ser feitas ou executadas (métodos), a fim de que os recursos (pessoas, máquinas, matérias-primas) sejam aplicados da forma mais racional possível. Ela se preocupa com os métodos e procedimentos mais indicados que precisam ser devidamente planejados e organizados a fim de assegurar a otimização da utilização dos recursos disponíveis.[62]

---

[57] BRASIL. *Exposição de Motivos Ministerial nº 49, de 18 de agosto de 1995*. Disponível em: http://www.stf.jus.br/arquivo/biblioteca/pec/EmendasConstitucionais/EC19/Camara/EC019_cam_23081995_ini.pdf. Acesso em: 16 nov. 2017.

[58] SILVA, José Afonso da. *Curso de direito constitucional positivo*. São Paulo: Malheiros, 2011, p. 672.

[59] POSNER, Richard. *Economic analysis of law*. New York: Aspen Law e Business, 1977.

[60] CALIENDO, Paulo. *Direito tributário e análise econômica do direito*. Rio de Janeiro: Elsevier, 2009, p. 71.

[61] NOHARA, Irene Patrícia. *Reforma administrativa e burocracia:* impacto da eficiência na configuração do direito administrativo brasileiro. São Paulo: Atlas, 2012, p. 191-192.

[62] CHIAVENATO, Idalberto. *Administração de recursos humanos*: fundamentos básicos. Barueri: Manole, 2009, p. 89-91.

A ciência jurídica, de outro modo, a fim de concretizar a eficiência, exige que a "atividade administrativa seja exercida com presteza, perfeição e rendimento funcional",[63] podendo "ora se relacionar ao modo pelo qual se processa o desempenho da atividade administrativa",[64] ora ao "modo de atuação do agente público",[65] ou mesmo à "promoção de forma satisfatória dos fins em termos quantitativos, qualitativos e probabilísticos".[66] É ela, na realidade, a "condição de legitimação para se perseguir resultados de interesse coletivo",[67] razão porque se exige dela a "promoção satisfatória dos fins atribuídos à Administração Pública".[68]

Em essência, a "eficiência provoca, para a Administração Pública, um dever positivo de atuação otimizada, considerando-se os resultados da atividade exercida, bem como a adequação da relação entre os meios e os fins que se pretende alcançar".[69] O postulado possui uma "natureza bipotencial, uma vez que volta sua ação jurídica tanto para a ação instrumental realizada (meio), como para o resultado por ela obtido (fim)".[70]

Por essas razões, não há dúvidas de que o princípio da eficiência torna imperativo à Administração Pública a implementação de boas práticas de governança e *compliance*.

Conclusão

Este ensaio teve por objetivo lançar luzes sobre o tema da implementação de boas práticas de governança e *compliance* na Administração

---

[63] MEIRELLES, Hely Lopes. *Direito administrativo brasileiro*. 31. ed. São Paulo: Malheiros, 2005, p. 96.

[64] CARVALHO FILHO, José dos Santos. *Manual de direito administrativo*. 25. ed. Rio de Janeiro: Lumen Juris, 2010, p. 34.

[65] DI PIETRO, Maria Sylvia Zanella. *Direito administrativo*. 23. ed. São Paulo: Atlas, 2010, p. 83.

[66] ÁVILA, Humberto Bergmann. *Sistema constitucional tributário*. 5. ed. São Paulo: Saraiva, 2012, p. 505.

[67] COSTA, Regina Helena. *Praticabilidade e justiça tributária*: exequibilidade de lei tributária e direitos do contribuinte. São Paulo: Malheiros, 2007, p. 147.

[68] ÁVILA, Humberto Bergmann. *Sistema constitucional tributário*. 5. ed. São Paulo: Saraiva, 2012, p. 510.

[69] MONCADA, Luis Cabral de. *Direito público e eficácia*. Lisboa: Pedro Ferreira, 1997, p. 19.

[70] BATISTA JÚNIOR, Onofre Alves. *Transações administrativas:* um contributo ao estudo do contrato administrativo como mecanismo de prevenção e terminação de litígios e como alternativa à atuação administrativa autoritária, no contexto de uma administração pública mais democrática. São Paulo: Quartier Latin, 2007, p. 99.

Pública, especialmente, em razão do dever constitucional imposto por meio do princípio da eficiência.

A Administração Pública, no último século, deu início à incorporação de um modelo que prestigia a adoção de princípios constitucionais, valorizando, assim, a busca pela atuação conjugada de vontades e a adoção de boas práticas de governança e *compliance*, privilegiando-se a colaboração, o diálogo, a multilateralidade e a eficiência constitucional.

Concluímos, sob essas lentes, que a implementação de boas práticas de governança e *compliance* na Administração Pública se tornou uma ferramenta indispensável para a efetivação, na prática, do princípio da eficiência.

Referências

ABNT ISO 37301:2021: *Sistemas de gestão de compliance* – requisitos com orientações para uso. Rio de Janeiro: ABNT, 2021.

AGRA, Walber de Moura. *Curso de direito constitucional*. 8. ed. Rio de Janeiro: Forense, 2014.

ALLEGRETTI, Umberto. *Amministrazione pubblica e costituzione*. Padova: CEDAM, 1996.

AUER, Andreas. Droit constitutionnel et droit administratif. *In*: AUBERT Jean-François; BOIS, Philippe (org.). *Mélanges André Grisel*. Suíça: Ides et Calendes, 1983.

ÁVILA, Humberto Bergmann. *Sistema constitucional tributário*. 5. ed. São Paulo: Saraiva, 2012.

ÁVILA, Humberto Bergmann. *Teoria dos princípios*: da definição à aplicação dos princípios jurídicos. 17. ed. São Paulo: Malheiros, 2016.

ÁVILA, Humberto Bergmann. *Teoria dos princípios*: da definição à aplicação dos princípios jurídicos. 17. ed. São Paulo: Malheiros, 2016.

BAPTISTA, Patrícia Ferreira. *Transformações do direito administrativo*. Rio de Janeiro: Renovar, 2003.

BAPTISTA, Patrícia. *Transformações do direito administrativo*. Rio de Janeiro: Renovar, 2003.

BARROSO, Luís Roberto. *Curso de direito constitucional contemporâneo*: os conceitos fundamentais e a construção do novo modelo. 6. ed. São Paulo: Saraiva, 2017.

BARROSO, Luís Roberto. Fundamentos teóricos e filosóficos do novo direito constitucional brasileiro (pós-modernidade, teoria crítica e pós-positivismo). *Revista Diálogo Jurídico*, Salvador, ano I, v. 1, n. 6, set. 2001. Disponível em: http://bibliotecadigital.fgv.br. Acesso em: 16 fev. 2018.

BARROSO, Luís Roberto. Neoconstitucionalismo e constitucionalização do direito: o triunfo tardio do direito constitucional no Brasil. *Revista de Direito Constitucional e Internacional*, v. 15, n. 58, p. 129-173, jan./mar. 2007.

BATISTA JÚNIOR, Onofre Alves. *Transações administrativas:* um contributo ao estudo do contrato administrativo como mecanismo de prevenção e terminação de litígios e como alternativa à atuação administrativa autoritária, no contexto de uma Administração Pública mais democrática. São Paulo: Quartier Latin, 2007.

BAUER, Hartmut. Verwaltungsrechtslehre im umbruch? Rechtsformen und Rechtsverhaeltnisse als elemente einer zeitgemaessen Verwaltungrechsdogmatik. *In*: *Die Verwaltung* – Zeischrift fuer Verwaltungswissenschaft, v. 25, n. 3, 1992.

BECHO, Renato Lopes. *Filosofia do direito tributário*. São Paulo: Saraiva, 2009.

BECHO, Renato Lopes. *Responsabilidade tributária de terceiros*. São Paulo: Saraiva, 2014.

BINENBOJM, Gustavo. A constitucionalização do direito administrativo no Brasil: um inventário de avanços e retrocessos. *Revista Brasileira de Direito Público*, Belo Horizonte, ano 4, n. 14, jul./set. 2005.

BINENBOJM, Gustavo. *Uma teoria do direito administrativo*: direitos fundamentais, democracia e constitucionalização. Rio de Janeiro: Renovar, 2006.

BITTAR, Eduardo Carlos Bianca. *O direito na pós-modernidade*. 3. ed. São Paulo: Atlas, 2014.

BITTAR, Eduardo Carlos Bianca; ALMEIDA, Guilherme Assis de. *Curso de filosofia do direito*. 12. ed. São Paulo: Atlas, 2016.

BRASIL. *Constituição da República Federativa do Brasil*. Disponível em: http://www.planalto.gov.br/ccivil_03/constituicao/constituicaocompilado.htm. Acesso em: 9 jun. 2024.

BRASIL. *Emenda Constitucional nº 19, de 4 de junho de 1998*. Modifica o regime e dispõe sobre princípios e normas da Administração Pública, servidores e agentes políticos, controle de despesas e finanças públicas e custeio de atividades a cargo do Distrito Federal, e dá outras providências. Disponível em: http://www.planalto.gov.br/ccivil_03/constituicao/Emendas/Emc/emc19.htm#art3. Acesso em: 6 jun. 2024).

BRASIL. *Exposição de Motivos Ministerial nº 49, de 18 de agosto de 1995*. Disponível em: http://www.stf.jus.br/arquivo/biblioteca/pec/EmendasConstitucionais/EC19/Camara/EC019_cam_23081995_ini.pdf. Acesso em: 16 nov. 2017.

Brasil. Tribunal de Contas da União. *Referencial básico de governança aplicável a organizações públicas e outros entes jurisdicionados ao TCU / Tribunal de Contas da União*. Edição 3. Brasília: TCU, Secretaria de Controle Externo da Administração do Estado – Secex Administração, 2020.

CALIENDO, Paulo. *Direito tributário e análise econômica do direito*. Rio de Janeiro: Elsevier, 2009.

CAMBI, Eduardo. *Neoconstitucionalismo e neoprocessualismo*: direitos fundamentais, políticas públicas e protagonismo judiciário. São Paulo: RT, 2010.

CARVALHO FILHO, José dos Santos. *Manual de direito administrativo*. 25. ed. Rio de Janeiro: Lumen Juris, 2010.

CHIAVENATO, Idalberto. *Administração de recursos humanos*: fundamentos básicos. Barueri: Manole, 2009.

COSTA, Regina Helena. *Praticabilidade e justiça tributária*: exequibilidade de lei tributária e direitos do contribuinte. São Paulo: Malheiros, 2007.

CRENSON, Matthiew A. Comment: contract, love, and character building. *In:* MARINI, Frank (org.). *Toward a new public administration*: the minnowbrook perspective. São Francisco: Chandler, 1971.

DI PIETRO, Maria Sylvia Zanella. *Direito administrativo*. 23. ed. São Paulo: Atlas, 2010.

FREITAS, Juarez. *O controle dos atos administrativos e os princípios fundamentais*. São Paulo: Malheiros, 2004.

GARCÍA DE ENTERRÍA, Eduardo. *As transformações da justiça administrativa*: da sindicabilidade estrita à plenitude jurisdicional – uma mudança de paradigma? Tradução de Fábio Medina Osório. Belo Horizonte: Fórum, 2010.

GODOY, Arnaldo Sampaio de Moraes. *O pós-modernismo jurídico*. Porto Alegre: Sergio Antonio Fabris, 2005.

INSTITUTO BRASILEIRO DE GOVERNANÇA CORPORATIVA. *Compliance à Luz da Governança Corporativa*. São Paulo: IBGC, 2017 (Série: IBGC Orienta).

INSTITUTO BRASILEIRO DE GOVERNANÇA CORPORATIVA. *Governança Corporativa*. Disponível em: https://www.ibgc.org.br/conhecimento/governanca-corporativa. Acesso em: 6 jun. 2024.

MATIAS-PEREIRA, J. *Curso de Administração Pública*: foco nas instituições e ações governamentais. 5. ed. São Paulo: GEN-Atlas, 2018.

MEIRELLES, Hely Lopes. *Direito administrativo brasileiro*. 31. ed. São Paulo: Malheiros, 2005.

MELLO, Celso Antônio Bandeira de. *Curso de direito administrativo*. 28. ed. São Paulo: Malheiros, 2011.

MONCADA, Luis Cabral de. *Direito público e eficácia*. Lisboa: Pedro Ferreira, 1997.

MOREIRA NETO, Diogo de Figueiredo. *Mutações do direito administrativo*. São Paulo: Renovar, 2000.

MOREIRA NETO, Diogo de Figueiredo. *Mutações do direito público*. Rio de Janeiro: Renovar, 2006.

MOREIRA NETO, Diogo de Figueiredo. *Novas mutações juspolíticas*: em memória de Eduardo García de Enterría – jurista de dois mundos. Belo Horizonte: Fórum, 2016.

MOREIRA NETO, Diogo de Figueiredo. *Poder, Direito e Estado*: o direito administrativo em tempos de globalização – *in memoriam* de Marcus Juruena Villela Souto. Belo Horizonte: Fórum, 2011.

MUÑOZ, Jaime Rodríguez-Arana. *Direito fundamental à boa administração pública*. Tradução de Daniel Wunder Hachem. Belo Horizonte: Fórum, 2012.

NOHARA, Irene Patrícia. *Reforma administrativa e burocracia:* impacto da eficiência na configuração do direito administrativo brasileiro. São Paulo: Atlas, 2012.

OLIVEIRA, Gustavo Justino de; SCHWANKA, Cristiane. A administração consensual como a nova face da Administração Pública no século XXI: fundamentos dogmáticos, formas de expressão e instrumentos de ação. *Revista de Direito do Estado,* Rio de Janeiro, n. 10, abr./jun. 2008.

OTERO, Paulo. *Legalidade e administração pública*: o sentido da vinculação administrativa à juridicidade. Coimbra: Almedina, 2017.

PAREJO ALFONSO, Luciano. La eficácia como principio jurídico de la actuación de la administración pública. *Revista Documentación Administrativa,* do Instituto Nacional de Administración Pública do Ministerio para las Administraciones Públicas, Madrid, n. 218-219, abr./set. 1989.

POSNER, Richard. *Economic analysis of law.* New York: Aspen Law e Business, 1977.

SARMENTO, Daniel. Os direitos fundamentais nos paradigmas liberal, social e pós-social (pós-modernidade constitucional?). *In*: SAMPAIO, José Adércio Leite. *Crise e desafios da Constituição*: perspectivas críticas da teoria e das práticas constitucionais brasileiras. Belo Horizonte: Del Rey, 2003.

SILVA, José Afonso da. *Curso de direito constitucional positivo.* São Paulo: Malheiros, 2011.

SILVA, Vasco Manuel Pascoal Dias Pereira da. *Em busca do acto administrativo perdido.* Coimbra: Almedina, 1995.

SILVA, Vasco Manuel Pascoal Dias Pereira da. *Para um contencioso administrativo dos particulares*: esboço de uma teoria subjectivista do recurso directo de anulação. Coimbra: Almedina, 1989.

TORRES, Ricardo Lobo. *Tratado de direito constitucional financeiro e tributário*: constituição financeira, sistema tributário e estado fiscal. v. 1. Rio de Janeiro: Renovar, 2009.

Informação bibliográfica deste livro, conforme a NBR 6023:2018 da Associação Brasileira de Normas Técnicas (ABNT):

BASSO, Bruno Bartelle. ESG e o dever constitucional de implementação de boas práticas de governança e *compliance* pela Administração Pública . *In*: RODRIGUES, Caroline; PIRONTI, Rodrigo (coord.). *ESG na Administração Pública*: estudos dirigidos. Belo Horizonte: Fórum, 2025. p. 297-319. ISBN 978-85-450-0779-1.

OS SISTEMAS DE INTEGRIDADE NO SETOR PÚBLICO: A GOVERNANÇA NAS CONTRATAÇÕES E ANÁLISE DO ARTIGO 25, §4º, DA LEI Nº 14.133

RODRIGO PIRONTI AGUIRRE DE CASTRO
MIRELA MIRÓ ZILIOTTO

1 Prevenção e combate à corrupção no âmbito das contratações púbicas

A contratação pública é um dos elementos centrais da atuação governamental e de concretização de políticas públicas. Contudo, não tem passado despercebido o aumento de casos desvelados de corrupção, batizados com nomes como "Lava-Jato", "Ratatouille", "Sodoma" e "Kamikase", que envolvem fraudes em licitações e elevado desvio de dinheiro público.[1] Por isso, cada vez mais o Estado tem se apropriado de mecanismos e instrumentos aptos a auxiliar o combate a essa realidade, como se depreende do novo regime de Licitações e Contratações Públicas (Lei nº 14.133/2021), por exemplo, que em seu art. 11 prescreve como objetivos da licitação a garantia da observância da seleção da contratação mais vantajosa para a Administração Pública, o tratamento isonômico e a justa competição entre os licitantes, o impedimento de contratações com sobrepreço, preços inexequíveis ou superfaturamento, e o incentivo à inovação e ao desenvolvimento nacional sustentável. Além disso, eleva a transparência ao patamar de princípio em seu artigo 5º e passa a exigir a implementação de programas de integridade em situações específicas, conforme disciplinam os artigos 25, §4º; 60, inciso IV; 156, §1º, inciso V; e 163, parágrafo único.

---

1 SANTOS, Franklin Brasil; SOUZA, Kleberson Roberto. *Como combater a corrupção em licitações:* detecção e prevenção de fraudes. 3. ed. rev., ampl. e atual. Belo Horizonte: Fórum, 2020. p. 21.

Dada a limitação temática proposta, a análise do presente artigo ficará restrita ao artigo 25, §4º, da Lei nº 14.133/2021, à luz da importância da adoção de mecanismos de *compliance* no combate à corrupção nas contratações públicas, especialmente considerando o consórcio da transparência, integridade e ética, como lente de contratações sustentáveis, aqui reconhecidas como aquelas que asseguram isonomia e probidade no bojo do processo e, por conseguinte, a contratação da proposta mais vantajosa, ponderando-se, objetivamente, seus custos e benefícios sociais, econômicos e ambientais.[2]

Assim, o teste de sustentabilidade proposto neste artigo demonstra que a inclusão de mecanismos de integridade nas contratações públicas: (i) proíbe, em um só tempo, a ineficiência e ineficácia das compras públicas, conferindo prioridade para a produção e consumo saudáveis; (ii) impõe a prevenção como regra, mediante obrigação de planejamento e antevisão de resultados e externalidades; e (iii) estimula escolhas mais responsáveis, em homenagem a ganhos futuros; reconfigurando as contratações públicas, afastando-as das falhas de mercado, dos desvios de finalidade e das fraudes, sendo, assim, instrumento de transformação cultural e prevenção e combate à corrupção.[3]

Partindo dessa premissa, portanto, relevante importância guarda a atuação preventiva da Administração, que, inclusive, extrai-se da legislação mais recente publicada no país e, também, da característica participativa assumida pela sociedade contemporânea, que valoriza o diálogo para efetivação de seus direitos. A valorização do diálogo, por assim dizer, impulsionou o processo de perda gradual do caráter eminentemente sancionatório do Estado, abrindo-se ala para uma atuação mais preventiva e negocial.

No âmbito das licitações e contratos administrativos, a prevenção pode ser extraída do mapeamento de riscos e elaboração de matriz de riscos nos contratos administrativos, sendo forte aliada do controle e monitoramento de práticas ilícitas e imorais, eis que permite averiguar se os atos públicos e privados estão de acordo com as suas finalidades legais e institucionais. Além disso, a prevenção é tipicamente extraída da mitigação e correção de atos fraudulentos ou práticas corruptas

---

2 FREITAS, Juarez. *O controle dos atos administrativos e os princípios fundamentais*. 5. ed. rev. e ampl. São Paulo: Malheiros Editores, 2013. p. 238-239.

3 FREITAS, Juarez. *O controle dos atos administrativos e os princípios fundamentais*. 5. ed. rev. e ampl. São Paulo: Malheiros Editores, 2013. p. 242-243.

para que se evitem danos futuros ao erário e à própria sociedade que usufrui de grande parte dos objetos contratados pelo Poder Público.

Inclusive, o novo regime jurídico das licitações e contratações públicas previsto na Lei nº 14.133/2021 disciplina expressamente a matriz de riscos como cláusula contratual necessária no caso de contratação de obras e serviços de grande vulto ou quando forem adotados os regimes de contratação integrada e semi-integrada (artigo 22, §3º), definindo-a como "cláusula contratual definidora de riscos e de responsabilidades entre as partes e caracterizadora do equilíbrio econômico-financeiro inicial do contrato, em termos de ônus financeiro decorrente de eventos supervenientes à contratação" (artigo 6º, inciso XXVII). Ademais, dispõe de um capítulo específico para tratativa de alocação de riscos (Título III, Capítulo III). Além disso, como já destacado, para consecução dos objetivos das contratações públicas, define como dever da Alta Administração o estabelecimento de processos e estruturas de gestão de riscos e controles internos, para avaliar, direcionar e monitorar os processos licitatórios e os respectivos contratos, promovendo um ambiente íntegro e confiável, bem como a eficiência, efetividade e eficácia em suas contratações (artigo 11, parágrafo único).

Ainda, também ganha força a implementação de sistemas de integridade na Administração Pública e a exigência de *compliance* de fornecedores, que vem compactuar com a ideia de detecção, prevenção, mitigação e repressão de fraudes e ilícitos nas compras públicas, como uma verdadeira resposta à transformação da cultura do "jeitinho brasileiro" e do custo propina nas licitações. Isso porque as práticas direcionadas à implementação de sistemas de *compliance* estão diretamente relacionadas à alteração de cultura, valores e hábitos cotidianos, tolhendo internamente condutas ilícitas e corruptas.[4]

Nesses termos, a exigência de implementação de sistemas de integridade, no âmbito das contratações públicas, pode ser compreendida em duas dimensões: uma extrínseca, que consiste numa política adotada pelo Estado para estimular a disseminação do *compliance* no mercado, e uma intrínseca, que consiste em uma exigência que tem direta relação de permanência com os objetivos primários das contratações

---

[4] MÂNICA, Fernando Borges. *Compliance* no setor da saúde. *In*: NOHARA, Irene; PEREIRA, Fábio Leão Bastos (coord.). *Governança, Compliance e Cidadania*. São Paulo: Thomson Reuters, 2019. p. 501.

públicas,[5] bem como com a efetivação de princípios norteadores do Direito Administrativo, como legalidade, impessoalidade, moralidade, igualdade, transparência, publicidade, motivação, probidade administrativa e julgamento objetivo das propostas.

Sabe-se que sistemas de compliance não são infalíveis, mas são necessários e incentivam a mudança cultural e auxiliam a frear práticas lesivas e fraudulentas. Esses sistemas, portanto, têm o potencial de permitir um aculturamento tanto à Administração Pública, quanto às empresas que se relacionam com aquela, sendo, por assim dizer, uma via de mão dupla, trazendo inúmeros benefícios às empresas, como o aumento do faturamento, do número de fornecedores, até mesmo a identificação de colaboradores que não estejam de acordo com os valores da instituição, bem como à Administração Pública, mediante proteção de atos lesivos, a garantia da execução contratual, a redução de riscos e a obtenção de melhores desempenhos e qualidade.[6]

Nesse sentido, importante destacar que os sistemas de *compliance* estão diretamente relacionados à integridade, que, justamente, permite maior confiabilidade, além do fato de que instituições mais confiáveis atraem mais fornecedores e terceiros interessados.

Não sem razão, a Nova Lei de Licitações e Contratos Administrativos, indo ao encontro da valorização do combate à corrupção e do incentivo à cultura da ética, integridade e transparência, previu expressamente a obrigatoriedade de implementação de programas de integridade e *compliance* em contratações de grande vulto, nos termos de seu artigo 25, §4º, conforme se passa a analisar.

2 O artigo 25, §4º, da Lei nº 14.133/2021

Conforme destacado, a preocupação com a integridade de fornecedores e o combate à corrupção têm, cada vez mais, assumido importante papel no país. E isso não se resume apenas à realidade do mercado. O próprio Estado tem adotado medidas para que suas relações

5 GUIMARÃES, Fernando Vernalha; REQUI, Érica Miranda dos Santos. Exigência de programa de integridade nas licitações. *In*: PAULA, Marco Aurélio Borges de; CASTRO, Rodrigo Pironti Aguirre de (org.). *Compliance, gestão de riscos e combate à corrupção*. Belo Horizonte: Fórum, 2018. p. 204-205.

6 Sobre o tema cf. PIRONTI, Rodrigo; ZILIOTTO, Mirela. *Compliance nas contratações públicas*: exigências e critérios normativos. Belo Horizonte: Fórum, 2019. p. 43.

com fornecedores sejam mais transparentes, íntegras, eficientes e de qualidade.[7]

Referida exigência tem por base, senão, o incentivo à criação de mecanismos e instrumentos aptos ao combate à corrupção no âmbito das contratações públicas, bem como o tratamento de riscos reputacionais que possam afetar a imagem do Poder Público e da própria empresa contratada. Nesse sentido, sistemas de integridade e *compliance* têm sido exigidos das empresas que contratam com o Poder Público para assegurar, dentre outros parâmetros, qualidade, eficiência, vantajosidade e sustentabilidade às contratações públicas. Exatamente o que propõe o artigo 25, §4º, da Nova Lei de Licitações e Contratos:

> §4º Nas contratações de obras, serviços e fornecimentos de grande vulto, o edital deverá prever a obrigatoriedade de implantação de programa de integridade pelo licitante vencedor, no prazo de 6 (seis) meses, contado da celebração do contrato, conforme regulamento que disporá sobre as medidas a serem adotadas, a forma de comprovação e as penalidades pelo seu descumprimento.

Tal disciplina não é novidade no ordenamento pátrio, já sendo realidade em alguns estados da federação, assim como no Distrito Federal.[8] Mas a verdade é que há certa convergência em relação ao objetivo da disciplina do tema, e, sobretudo, a sua inclusão na nova norma geral de licitações e contratações públicas, principalmente em relação à busca pela (i) proteção da Administração Pública dos atos lesivos que resultem prejuízos materiais ou financeiros causados por irregularidades, desvios de ética e de conduta e fraudes contratuais; (ii) garantia da execução dos contratos e demais instrumentos em conformidade com a lei e regulamentos pertinentes a cada atividade contratada; (iii) redução de riscos inerentes aos contratos e demais instrumentos, provendo maior segurança e transparência em sua execução.

---

7 MENDES, Francisco Schertel; CARVALHO, Vinícius Marques. *Compliance*: concorrência e combate à corrupção. São Paulo: Trevisan, 2017. p. 11.

8 BRASIL. Rio de Janeiro. Lei Estadual nº 7.753, de 17 de out. 2017.
BRASIL. Rio Grande do Sul. Lei Estadual nº 15.228, de 25 de setembro de 2018.
BRASIL. Distrito Federal. Lei Distrital nº 6.112, de 2 de fev. 2018.
BRASIL. Amazonas. Lei Estadual nº 4.730, de 27 de dez. 2018.
BRASIL. Goiás. Lei Estadual nº 20.489, de 10 de jun. de 2019.
BRASIL. Pernambuco. Lei Estadual nº 16.722, de 9 de dez. 2019.
BRASIL. Mato Grosso. Lei Estadual nº 11.123, de 8 de maio de 2020.

Da análise do §4º do artigo 25, pode-se dizer que, naquilo que diz respeito aos seus critérios de aplicação, limitou-se a determinar os alcances objetivo e subjetivo da norma, bem como o momento e prazo para sua implementação, deixando a cargo de regulamento específico critérios como: (i) objetivo da exigência, (ii) requisitos à constituição e comprovação da existência do programa, (iii) parâmetros de avaliação do programa, (iv) atribuição de responsabilidade à fiscalização da implementação do programa, (v) atribuição de responsabilidade à avaliação da efetividade do programa, e (vi) aplicação de penalidades em caso de descumprimento da obrigação.

Em âmbito federal, o decreto que regulamenta o tema é o Decreto Federal nº 12.304/2024, que disciplina os parâmetros e a avaliação dos programas de integridade. Referido regulamento, contudo, ainda demanda regulamentação em relação aos procedimentos e a metodologia para a avaliação objetiva dos programas de integridade das empresas que se relacionam com o Poder Público.

Sobre a disciplina legal, em relação ao alcance objetivo da implementação do programa de integridade, pode-se afirmar que ela será exigida nos contratos de obras, serviços e fornecimentos de grande vulto, isto é, cujo valor estimado seja superior a R$ 200.000.000,00 (duzentos milhões de reais), conforme determina o art. 6º, inciso XXII, da Lei nº 14.133.2021.

Sobre esse tema, importante destacar que a norma geral atribui a exigência de programa de integridade como obrigação contratual nas contratações de grande vulto, de modo que a definição do valor do que se considera grande vulto, isto é, superior a duzentos milhões de reais, trata-se de norma especial aplicável à União, podendo os demais entes federados definir de modo diverso o que seria grande vulto à sua realidade,[9] privilegiando-se, assim, a observância da Lei

---

9 Nesse sentido, as normas gerais são aquelas normas que, via de regra, "não regulam diretamente situações fáticas, porque se limitam a definir uma normatividade genérica a ser obedecida pela legislação específica federal, estadual e municipal: direito sobre direito, normas que traçam diretrizes, balizas, quadros à atuação legislativa daquelas unidades da Federação". É dizer, as normas gerais são abertas, traçam diretrizes, diferentemente dos atos e normas, que são editados para atender às peculiaridades de cada ente, o que fica a cargo das normas especiais. Sobre o tema cf. SILVA, José Afonso da. *Comentário contextual à Constituição*. 2. ed. São Paulo: Malheiros, 2006. p. 280-281.

de Introdução às Normas do Direito Brasileiro – LINDB na aplicação da Lei nº 14.133/2021, como determina o artigo 5º desta.[10]

Essa distinção é importante, eis que R$ 200 milhões é, de fato, um valor de contratação vultoso, como a própria norma determina, o que, contudo, tornaria a aplicação prática da exigência bastante restrita em alguns estados e municípios, e, por conseguinte, impossibilitaria a mudança de cultura almejada e necessária no cenário das contratações públicas. Não sem razão, ao se comparar tal valor aos valores propostos nas leis estaduais e distrital que hoje disciplinam a matéria, existe uma desproporcionalidade exorbitante entre os diplomas, sendo a exigência naqueles diplomas aplicável para contratos com valores em torno de 1 milhão e 10 milhões de reais.

Além disso, veja-se que o alcance objetivo expresso na norma se limita ao valor do contrato, sem, contudo, delimitar um prazo mínimo de vigência deste. Entretanto, considerando-se o prazo de seis meses determinado para a implementação do programa de integridade, pode-se dizer que a obrigação apenas incidirá nos contratos com vigência superior a seis meses, de modo que o que se entende é que, implicitamente, há determinação do alcance objetivo da norma em relação à vigência do contrato.

O alcance subjetivo, por sua vez, também não possui delimitação expressa no artigo 25, parágrafo 4º. Entretanto, a partir de uma interpretação sistemática da Lei nº 14.133/2021, notadamente do seu artigo 6º, conclui-se que a exigência será obrigatória para todas as pessoas jurídicas ou consórcio de pessoas jurídicas signatários de contratos com a Administração Pública, eis que consideradas "contratados" nos termos do artigo 6º, inciso VIII.

Em relação ao momento e ao prazo para a implementação dos programas de integridade, denota-se do artigo 25, parágrafo 4º, que a obrigação se inicia no momento da assinatura do contrato, devendo ser cumprida no prazo de seis meses, conforme destacado anteriormente.

---

[10] BRASIL. Lei nº 14.133, de 1º de abril de 2021. Capítulo II. Princípios. Art. 5º Na aplicação desta Lei, serão observados os princípios da legalidade, da impessoalidade, da moralidade, da publicidade, da eficiência, do interesse público, da probidade administrativa, da igualdade, do planejamento, da transparência, da eficácia, da segregação de funções, da motivação, da vinculação ao edital, do julgamento objetivo, da segurança jurídica, da razoabilidade, da competitividade, da proporcionalidade, da celeridade, da economicidade e do desenvolvimento nacional sustentável, assim como as disposições do Decreto-Lei nº 4.657, de 4 de setembro de 1942 (Lei de Introdução às Normas do Direito Brasileiro). Disponível em: http://www.planalto.gov.br/ccivil_03/_ato2019-2022/2021/lei/L14133.htm. Acesso em: 27 maio 2021.

Isso quer dizer que a exigência de implementação ocorrerá no momento da execução do contrato, isto é, na terceira fase da contratação, não implicando qualquer restrição ao caráter competitivo do certame.

Dessa forma, entende-se que andou bem a Lei nº 14.133/2021 ao incluir a exigência como obrigação contratual no artigo em comento, eis que a exigência em momento prévio à seleção do fornecedor denota flagrante inconstitucionalidade material, por violação ao princípio da competitividade.[11]

Como se pode notar, ainda que necessários alguns ajustes para a verdadeira eficácia do dispositivo em comento, importa frisar que a previsão da exigência de implementação de programas de integridade na Lei nº 14.133/2021, por si só, já demonstra avanço na legislação pátria, o que se espera que se reflita na prática.

3 Inconstitucionalidade?

Conforme destacado anteriormente, a exigência prevista no artigo 25, §4º, se trata de obrigação contratual, de modo que não cabe aqui a alegação de que haveria restrição à competitividade do certame no sentido de que somente as empresas possuidoras de programas de integridade poderiam participar das licitações públicas com a referida exigência, ou, ao menos, teriam vantagem em suas propostas, uma vez que não precisariam gastar tempo, dinheiro e recursos humanos com a criação de um programa no prazo estabelecido pelas normas.

É que, primeiramente, a exigência não se trata de uma condição à participação no certame, mas, sim, de uma obrigação que deverá ser concretizada após a assinatura do contrato. Assim, qualquer empresa poderá participar de certames licitatórios, possuindo ou não programas de integridade, uma vez que a exigência de implementação desses programas não é um requisito à assinatura do contrato administrativo, à participação no certame, tampouco à formulação de propostas.

Em segundo lugar, não há inconstitucionalidade pela suposta vantagem competitiva das empresas que já possuem programas de integridade implementados, que, em tese, não precisariam inserir os custos da implementação em sua proposta. Isso porque tal adequação decorre de uma lógica de mercado, facultada a toda e qualquer empresa,

---

[11] Sobre o tema cf. PIRONTI, Rodrigo; ZILIOTTO, Mirela Miró. *Compliance nas contratações públicas:* exigências e critérios normativos. Belo Horizonte: Fórum, 2019.

guardadas as devidas proporções de porte e perfil.[12] Por isso, não se pode falar em exigência que desprivilegia a isonomia. Da mesma forma, não há como garantir que eventuais custos serão incluídos no valor da proposta. Tudo vai depender do apetite das licitantes. Por fim, se, por uma estratégia de negócio, uma ou outra empresa já possuem programa de integridade, ponto para elas, que, sem qualquer imposição, buscaram se adequar à realidade do combate à corrupção. Não há qualquer privilégio ou prejuízo à isonomia portanto, especialmente considerando-se que os sistemas de integridade são implementados de acordo com a realidade de cada empresa e visam, senão, a consagração dos princípios da moralidade, da ética, da probidade e da transparência, que, direta e indiretamente, garantem isonomia ao certame.

Mas e quando a exigência de implementação de programa de integridade ocorre em contratações cujo valor é inferior ao considerado como "grande vulto"? Também não há que se considerar qualquer inconstitucionalidade, eis que a norma geral não restringe a obrigação contratual às contratações de grande vulto, apenas define como dever da Administração Pública exigi-la nesses casos. O que significa dizer que, com fundamento no princípio constitucional da moralidade (artigo 37, *caput*, CRFB/1988), bem como nos princípios elencados no rol do artigo 5º da Lei nº 14.133/2021, especialmente o da transparência e da probidade administrativa, pode-se exigir a implementação de programa de integridade como obrigação contratual em qualquer caso, desde que, obviamente, tal disciplina esteja regulamentada e conste no edital e na minuta do contrato, não podendo implicar qualquer surpresa aos contratantes.

4 Críticas e proposições de melhorias

Superada a questão da constitucionalidade da exigência, daquilo que se depreende do artigo 25, §4º, importante ainda registrar que este determinou o prazo de seis meses, contado da celebração do contrato, para implementação do programa de integridade pelo contratado.

---

[12] De acordo com a Portaria CGU nº 909/2015, o Relatório de Perfil é o formulário em que devem ser informadas as principais características da empresa e seu grau de interação com a Administração Pública. Sobre o tema cf. CGU. Orientações para avaliação de programas de integridade em acordos de leniência. Disponível em: https://www.gov.br/cgu/pt-br/centrais-de-conteudo/publicacoes/integridade/arquivos/acordo-de-leniencia_orientacoes-as-empresas.pdf. Acesso em: 27 maio 2021.

Conforme crítica já realizada em outra oportunidade,[13] o prazo estipulado é muito curto, especialmente às empresas que possuem estrutura mais complexa. Isso porque a implementação consciente e efetiva de um programa de integridade deve iniciar com o apoio da alta administração, que deverá estar aberta à mudança cultural da organização em prol da integridade, para, na sequência, ser realizada uma análise de maturidade da empresa no aspecto de *compliance*, bem como do apetite de risco relacionado às atividades da organização. Somente após essa atuação mapeadora é que se iniciará o planejamento e estruturação do plano de integridade da organização, elaborando-se ou aprimorando-se seu código de conduta, criando-se uma estrutura sólida de *compliance*, bem como instituindo-se políticas internas de integridade, estruturação de processos e mecanismos efetivos de apuração de denúncias. Ao final da estruturação do programa, ainda será necessária a realização de treinamento dos colaboradores e, em alguns casos, até mesmo dos fornecedores, de modo a tornar clara a necessidade da observância das políticas de integridade criadas e do comprometimento dos envolvidos, sob pena de o programa de *compliance* mostrar-se ineficiente.

Como se nota, a implementação de um programa de *compliance* é atividade complexa, que, seguramente, leva mais do que seis meses a se mostrar efetiva, demandando tempo, compromisso e técnica.

Assim, considerando que eventuais regulamentos não podem inovar em relação à norma geral, ainda que ela determine o prazo de seis meses para a implementação, isto é, a estruturação do programa, defende-se que o prazo para demonstração da sua efetividade e até mesmo do engajamento do programa seja ajustado nos instrumentos normativos pertinentes, permitindo-se, assim, a adequação plena e efetiva das organizações em um prazo maior, ainda que a implementação e estruturação do programa deva ocorrer em seis meses.

Da mesma forma, não se afasta a hipótese de alteração da redação do artigo em análise, no sentido de deixar o prazo mínimo para implementação a cargo dos regulamentos, ou, para que o prazo de implementação possa ser flexibilizado considerando o relatório de perfil do contratado, a partir de um cronograma elaborado em conjunto com o contratado, que privilegie os preceitos da dialogicidade, motivação,

---

[13] Sobre o tema cf. PIRONTI, Rodrigo; ZILIOTTO, Mirela Miró. *Compliance nas contratações públicas:* exigências e critérios normativos. Belo Horizonte: Fórum, 2019.

realidade e eficiência, todos elencados explícita ou implicitamente no rol de princípios da Lei nº 14.133/2021, em seu artigo 5º.

Tal adequação é importante especialmente porque a implementação apressada de programas de *compliance* poderá, por exemplo, fazer com que esses programas não sejam efetivos, sendo implementados apenas para 'inglês ver', sem, contudo, trazer qualquer resultado ao contratado, tampouco benefícios à contratação, em total arrepio aos objetivos embasadores da obrigação contratual, e que justificam a exigência desses programas nas relações contratuais com a Administração Pública.

E a garantia da efetividade dessa exigência também irá depender da fiscalização da implementação. É dizer, não basta exigir, deve-se também avaliar. E este, sim, será um dos maiores desafios da Administração Pública, que deverá analisar internamente, dentro de cada instituição, quem tem condição de verificar o cumprimento dos parâmetros que serão estabelecidos em regulamento e avaliar a efetividade dos programas.

Essa análise interna, entretanto, não pode se furtar ao fato de que a avaliação deve ficar a cargo das áreas responsáveis por atividades da segunda linha de defesa, isto é, controles internos. Isso significa que haverá conflito de interesse se eventual regulamento do artigo 25, §4º, deixar a cargo do fiscal ou gestor do contrato a avaliação desses programas.

É que tanto o fiscal quanto o gestor do contrato, para além de já possuírem inúmeras atribuições, que não se confundem com a atividade de segunda linha de defesa, querem, por óbvio, executar o objeto contratual, preocupando-se, portanto, com as obrigações de fim, que impactam diretamente a execução do contrato. É dizer, para além desses agentes públicos não possuírem tempo, capacidade e expertise necessários para fiscalizar de modo eficiente a implementação dos programas de integridade, haverá evidente conflito de interesse e subjetividade nessa avaliação. Daí se afirmar que conferir a atribuição de avaliação da implementação dos programas de integridade aos fiscais ou gestores dos contratos é "dar a fiscalização do banco de sangue ao vampiro".

Sabe-se que não são raras as vezes em que agentes públicos são designados a exercer determinada função sem possuir qualquer expertise para tanto ou, ao menos, conhecimento do objeto do contrato ou, ainda, para gestão de um sem-número de contratos. Ocorre que os resultados dessas designações equivocadas implicam ineficiência, execução contratual inadequada e insatisfação do usuário. Assim, a designação de agentes sem expertise na fiscalização dos programas de integridade das contratadas, ao invés de reprimir a fraude e a corrupção, pode, até mesmo, facilitar ou potencializar essas práticas, comprometendo a eficácia da própria exigência legal.

5 Afinal, o que esperar da exigência de implementação de *compliance* nas contratações públicas?

Conforme visto, não há dúvida de que o problema da corrupção no Brasil é um obstáculo cultural. A falta de transparência, de confiança e a promiscuidade nas relações entre agentes privados e o Poder Público são fatos históricos,[14] que fundamentam o "jeitinho brasileiro". Este que é, senão, uma das formas de incorporação cultural da corrupção pela sociedade civil, driblando-se a excessiva quantidade de regulamentação, criando-se um ambiente que facilita o desrespeito aos princípios informadores da atuação administrativa.[15] De acordo com Marcelo Zenkner essa expressão é utilizada para indicar condutas que "se valem de um subterfúgio às exigências formais de uma regra ou de uma lei a fim de contornar um problema derivado da burocracia estatal, das normas sociais, ou, até mesmo, da própria corrupção".[16]

A corrupção, entretanto, não é um problema exclusivo do Brasil. Essa, senão, foi a conclusão de recente levantamento realizado pela Organização das Nações Unidas, que demonstrou que nenhum país está imune à corrupção, pelo que todos os anos 1 trilhão de dólares é pago em propinas e outros 2,6 trilhões de dólares são desviados por meio deste tipo de conduta.[17] Ainda, de acordo com a Transparência Internacional, apresentou-se outro estudo no sentido de que até 25% do valor investido em saúde é desperdiçado em corrupção no mundo,

---

[14] BERTOCCELLI, Rodrigo de Pinho. *Compliance*. *In*: CARVALHO, André Castro; ALVIM, Tiago Cripa; BERTOCELLI, Rodrigo de Pinho; VENTURINI, Otávio. *Manual de Compliance*. Rio de Janeiro: Forense, 2019. p. 51.

[15] LEAL, Rogério Gesta. Os descaminhos da corrupc๏ão e seus impactos sociais e institucionais: causas, conseque๏ncias e tratamentos. *Interesse Público – IP*, Belo Horizonte, ano 14, n. 74, jul./ago. 2012. p. 34. Disponível em: http://www.bidforum.com.br/bid/PDI0006.aspx?pdiCntd=81184. Acesso em: 1º jul. 2021.

[16] ZENKNER, Marcelo. *Integridade governamental e empresarial:* um espectro da repressão e da prevenção à corrupção no Brasil e em Portugal. Belo Horizonte: Fórum, 2019. p. 67.

[17] O CUSTO da corrupção: trilhões de dólares são perdidos anualmente, diz Gutiérrez. ORGANIZAÇÃO DAS NAÇÕES UNIDAS. *ONU News*, 9 dez. 2018. Disponível em: https://news.un.org/pt/story/2018/12/1651051. Acesso em: 1º jul. 2021

fator que se agravou durante o período da pandemia de covid-19.[18] Da mesma forma, o Escritório das Nações Unidas sobre Drogas e Crimes destacou que nos serviços de saúde dos países desenvolvidos estima-se que fraude e abuso custam entre US$ 12 e US$ 23 bilhões por ano a cada governo.[19] Ainda, o Fórum Econômico Mundial estimou que o custo da atividade econômica é acrescido em até 10% em média, em razão de práticas corruptas.[20]

Trazendo essa realidade ao ambiente das contratações públicas, de acordo com pesquisa realizada pela OCDE em 2015, destacou-se que o custo extra da corrupção em licitações pode chegar a 50% do valor do contrato.[21] Nesse mesmo sentido, estudo realizado pelos economistas Claudio Frischtak e João Mourão apontou que entre 1970 e 2015 as obras de infraestrutura no Brasil tiveram sobrepreço de R$ 100 a R$ 300 bilhões, o que implicou custo médio anual de R$ 6,6 bilhões.[22] Da mesma forma, o Relatório FISCOBRAS de 2019 indicou que, das 77 obras analisadas, 59 apresentaram indícios de graves irregularidades, o que representa um percentual de 76%. E essas irregularidades reputadas como graves representam as seguintes situações: (i) sobrepreço, (ii) superfaturamento; (iii) direcionamento de licitação; e (iv) má qualidade da obra contratada.[23]

Nesse compasso, os anseios por mudanças culturais inspiram a criação e o fortalecimento de mecanismos aptos a monitorar, controlar e reprimir essa atuação imoral e antiética, que carrega consigo prejuízos à economia, agrava as desigualdades sociais e impede o adequado

---

[18] TRANSPARENCY INTERNATIONAL. *Procuring for life.* Disponível em: https://www.transparency.org/en/news/procuring-for-life#. Acesso em: 1º jul. 2021.

[19] UNODC. *Corrupção e Desenvolvimento.* Disponível em: https://www.unodc.org/documents/lpo-brazil/Topics_corruption/Campanha-2013/CORRUPCAO_E_DESENVOLVIMENTO.pdf. Acesso em: 1º jul. 2021.

[20] WEFORUM. *Exploring Blockchain Technology for Government Transparency*: Blockchain-Based Public Procurement to Reduce Corruption. Disponível em: https://www.weforum.org/reports/exploring-blockchain-technology-for-government-transparency-to-reduce-corruption. Acesso em: 1º jul. 2021.

[21] OCDE. *Seminário OCDE-CADE sobre Licitação Pública e Colusão.* Disponível em: https://www.oecd.org/brazil/seminario-ocde-cade-sobre-licitacao-publica-e-colusao-discurso-de-abertura.htm.. Acesso em: 1º jul. 2021.

[22] FRISCHTAK, Cláudio; MOURÃO, João. *O estoque de capital de infraestrutura no Brasil: uma abordagem setorial.* Disponível em: https://epge.fgv.br/conferencias/modernizacao-da-infraestrutura-brasileira-2017/files/estoque-de-capital-setorial-em-infra-brasil-22-08-2017.pdf. Acesso em: 1º jul. 2021.

[23] TCU. *Relatório FISCOBRAS 2019.* Disponível em: https://portal.tcu.gov.br/biblioteca-digital/fiscobras-2019.htm. Acesso em: 1º jul. 2021.

desenvolvimento econômico-social e sustentável, notadamente, de países em desenvolvimento, como é o caso do Brasil.[24]

A implementação de sistemas de integridade na Administração Pública e a exigência de *compliance* de fornecedores é uma dessas inspirações, especialmente considerando os principais riscos à integridade que ocorrem durante o processo de seleção do fornecedor, mediante (i) o abuso de poder em favor de interesses escusos, isto é, quando o agente público utiliza essa condição para atender interesse particular, próprio ou de terceiro, deixando de cumprir suas obrigações, aceitando informações falsas ou desclassificando licitantes indevidamente, por exemplo; (ii) conflito de interesses, comprometendo-se o interesse coletivo e influenciando de maneira negativa o desempenho da função pública, em razão de situações como admissão no processo licitatório de empresa cujo sócio é parente do agente público, ou até mesmo com a sua atuação como representante ou intermediário dos interesses de empresa licitante na Administração Pública contratante; (iii) solicitação ou recebimento de vantagem indevida com interesse em processo de contratação com a Administração Pública; e (iv) falta de transparência e preferência por licitações presenciais, em detrimento da adoção de ferramentas eletrônicas, dificultando o controle social e, por conseguinte, restringindo a competitividade das contratações públicas.[25]

Por isso, é preciso ter em mente que transparência e integridade são grandes aliadas no combate à corrupção, e que o comportamento de licitantes sempre será determinado por valores, princípios, normas de conduta e padrões de comportamento existentes.[26] Assim, a mudança de determinado padrão de comportamento de uma organização será um importante instrumento de autoconhecimento e aculturamento para uma realidade da integridade, conformidade, ética e transparência, já

---

[24] Sobre o tema, conferir MOREIRA NETO, Diogo de Figueiredo; FREITAS, Rafael Véras de. A juridicidade da Lei Anticorrupção – Reflexões e interpretações prospectivas. *Revista Fórum Administrativo*, Belo Horizonte, v. 14, n. 156, fev. 2014. p. 1. Disponível em: http://www.editoraforum.com.br/wp-content/uploads/2014/01/ART_Diogo-Figueiredo-Moreira-Neto-et-al_Lei-Anticorrupcao.pdf. Acesso em: 1º jul. 2021.

[25] ESTRATÉGIA NACIONAL DE COMBATE À CORRUPC◉ÃO E À LAVAGEM DE DINHEIRO (ENCCLA). *Integridade nas compras públicas*, 2019. p. 10-11. Disponível em: http://enccla.camara.leg.br/acoes/arquivos/resultados-enccla-2019/cartilhaintegridadecompraspublicas/view. Acesso em: 1º jul. 2021.

[26] ZENKNER, Marcelo. *Integridade governamental e empresarial:* um espectro da repressão e da prevenção à corrupção no Brasil e em Portugal. Belo Horizonte: Fórum, 2019. p. 41.

que o modo como os indivíduos se comportam é reflexo do que eles veem ou percebem de outros indivíduos.[27]

Diante desse cenário, se a ausência de confiança aumenta o espaço da corrupção – minimizando a transparência das ações governamentais e daqueles que se relacionam com o Poder Público, potencializando o custo propina e a existência de fraude nas contratações públicas –, o desincentivo, a redução e a repressão aos casos de corrupção devem iniciar com a proposta de um sistema mais transparente, mediante a implementação de programas de integridade em empresas que se relacionam com o Poder Público.

Referências

BERTOCCELLI, Rodrigo de Pinho. *Compliance*. *In*: CARVALHO, André Castro; ALVIM, Tiago Cripa; BERTOCELLI, Rodrigo de Pinho; VENTURINI, Otávio. *Manual de Compliance*. Rio de Janeiro: Forense, 2019.

BRASIL. Amazonas. Lei Estadual nº 4.730, de 27 de dez. 2018.

BRASIL. Distrito Federal. Lei Distrital nº 6.112, de 2 de fev. 2018.

BRASIL. Goiás. Lei Estadual nº 20.489, de 10 de jun. de 2019.

BRASIL. Lei nº 14.133, de 1º de abril de 2021.

BRASIL. Mato Grosso. Lei Estadual nº 11.123, de 8 de maio de 2020.

BRASIL. Pernambuco. Lei Estadual nº 16.722, de 9 de dez. 2019.

BRASIL. Rio de Janeiro. Lei Estadual nº 7.753, de 17 de out. 2017.

BRASIL. Rio Grande do Sul. Lei Estadual nº 15.228, de 25 de setembro de 2018.

CGU. *Orientações para avaliação de programas de integridade em acordos de leniência*. Disponível em: https://www.gov.br/cgu/pt-br/centrais-de-conteudo/publicacoes/integridade/arquivos/acordo-de-leniencia_orientacoes-as-empresas.pdf. Acesso em: 1º jul. 2021.

ESTRATÉGIA NACIONAL DE COMBATE À CORRUPÇÃO E À LAVAGEM DE DINHEIRO (ENCCLA). *Integridade nas compras públicas*, 2019. p. 10-11. Disponível em: http://enccla.camara.leg.br/acoes/arquivos/resultados-enccla-2019/cartilhaintegridadecompraspublicas/view. Acesso em: 1º jul. 2021.

FREITAS, Juarez. *O controle dos atos administrativos e os princípios fundamentais*. 5. ed. rev. e ampl. São Paulo: Malheiros Editores, 2013.

[27] Tradução literal de: "How people behave often depends on how they see-and perceive others as behaving. Much depends, therefore, on the reading of prevailing behavioral norms." SEN, Amartya Kumar. *Development as Freedom*. 4. reimp. Oxford: Oxford University Press, 2000. p. 277.

FRISCHTAK, Cláudio; MOURÃO, João. *O estoque de capital de infraestrutura no Brasil: uma abordagem setorial*. Disponível em: https://epge.fgv.br/conferencias/modernizacao-da-infraestrutura-brasileira-2017/files/estoque-de-capital-setorial-em-infra-brasil-22-08-2017.pdf. Acesso em: 2 jun. 2020.

GUIMARÃES, Fernando Vernalha; REQUI, Érica Miranda dos Santos. Exigência de programa de integridade nas licitações. *In*: PAULA, Marco Aurélio Borges de; CASTRO, Rodrigo Pironti Aguirre de (org.). *Compliance, gestão de riscos e combate à corrupção*. Belo Horizonte: Fórum, 2018.

LEAL, Rogério Gesta. Os descaminhos da corrupção e seus impactos sociais e institucionais: causas, consequências e tratamentos. *Interesse Público – IP*, Belo Horizonte, ano 14, n. 74, jul./ago. 2012. p. 34. Disponível em: http://www.bidforum.com.br/bid/PDI0006.aspx?pdiCntd=81184. Acesso em: 1º jul. 2021.

MÂNICA, Fernando Borges. Compliance no setor da saúde. In. NOHARA, Irene; PEREIRA, Fábio Leão Bastos (Coord.). *Governança, Compliance e Cidadania*. São Paulo: Thomson Reuters, 2019.

MENDES, Francisco Schertel; CARVALHO, Vinícius Marques. *Compliance*: concorrência e combate à corrupção. São Paulo: Trevisan, 2017.

MOREIRA NETO, Diogo de Figueiredo; FREITAS, Rafael Véras de. A juridicidade da Lei Anticorrupção – Reflexões e interpretações prospectivas. *Revista Fórum Administrativo*, Belo Horizonte, v. 14, n. 156, fev. 2014. p. 1. Disponível em: http://www.editoraforum.com.br/wp-content/uploads/2014/01/ART_Diogo-Figueiredo-Moreira-Neto-et-al_Lei-Anticorrupcao.pdf.. Acesso em: 1º jul. 2021.

O CUSTO da corrupção: trilhões de dólares são perdidos anualmente, diz Gutiérrez. ORGANIZAÇÃO DAS NAÇÕES UNIDAS. *ONU News*, 9 dez. 2018. Disponível em: https://news.un.org/pt/story/2018/12/1651051. Acesso em: 1º jul. 2021.

OCDE. *Seminário OCDE-CADE sobre Licitação Pública e Colusão*. Disponível em: https://www.oecd.org/brazil/seminario-ocde-cade-sobre-licitacao-publica-e-colusao-discurso-de-abertura.htm. Acesso em: 1º jul. 2021.

PIRONTI, Rodrigo; ZILIOTTO, Mirela. *Compliance nas contratações públicas*: exigências e critérios normativos. Belo Horizonte: Fórum, 2019.

SANTOS, Franklin Brasil; SOUZA, Kleberson Roberto. *Como combater a corrupção em licitações:* detecção e prevenção de fraudes. 3. ed. rev., ampl. e atual. Belo Horizonte: Fórum, 2020.

SEN, Amartya Kumar. *Development as Freedom*. 4. reimp. Oxford: Oxford University Press, 2000.

SILVA, José Afonso da. *Comentário contextual à Constituição*. 2. ed. São Paulo: Malheiros, 2006.

TCU. *Relatório FISCOBRAS 2019*. Disponível em: https://portal.tcu.gov.br/biblioteca-digital/fiscobras-2019.htm. Acesso em: 1º jul. 2021.

TRANSPARENCY INTERNATIONAL. *Procuring for life.* Disponível em: https://www.transparency.org/en/news/procuring-for-life#. Acesso em: 1º jul. 2021.

UNODC. *Corrupção e Desenvolvimento.* Disponível em: https://www.unodc.org/documents/lpo-brazil/Topics_corruption/Campanha-2013/CORRUPCAO_E_DESENVOLVIMENTO.pdf. Acesso em: 1º jul. 2021.

WEFORUM. *Exploring Blockchain Technology for Government Transparency:* Blockchain-Based Public Procurement to Reduce Corruption. Disponível em: https://www.weforum.org/reports/exploring-blockchain-technology-for-government-transparency-to-reduce-corruption. Acesso em: 1º jul. 2021.

ZENKNER, Marcelo. *Integridade governamental e empresarial:* um espectro da repressão e da prevenção à corrupção no Brasil e em Portugal. Belo Horizonte: Fórum, 2019.

Informação bibliográfica deste livro, conforme a NBR 6023:2018 da Associação Brasileira de Normas Técnicas (ABNT):

CASTRO, Rodrigo Pironti Aguirre de; ZILIOTTO, Mirela Miró. Os sistemas de integridade no setor público: a governança nas contratações e análise do artigo 25, §4º, da Lei nº 14.133. *In*: RODRIGUES, Caroline; PIRONTI, Rodrigo (coord.). *ESG na Administração Pública*: estudos dirigidos. Belo Horizonte: Fórum, 2025. p. 321-337. ISBN 978-85-450-0779-1.

PARTE III

IMPLEMENTAÇÃO

AS ETAPAS DE IMPLEMENTAÇÃO DO ESG NAS INSTITUIÇÕES PÚBLICAS

CAROLINE RODRIGUES

> *Que nosso tempo seja lembrado pelo despertar de uma nova reverência face à vida, por um compromisso firme de alcançar a sustentabilidade, pela rápida luta pela justiça, pela paz e pela alegre celebração da vida*[1].

Introdução

O ESG tem sido apresentado como um compromisso das instituições para uma governança socioambiental. Repercute em temas sensíveis à sociedade, almejando a qualidade ambiental, o desenvolvimento sustentável, a responsabilidade social e a boa governança, todos unidos com o mesmo propósito.

Em que pese ter sido cunhado o termo no ano de 2004 no relatório denominado *Who Cares Wins*, resultado de uma iniciativa conjunta de instituições financeiras que foram convidadas pelo Secretário-Geral das Nações Unidas, Kofi Annan, para desenvolver diretrizes e recomendações sobre como integrar melhor a governança ambiental, social e corporativa no mercado de investimentos,[2] a sigla se expandiu para outros mercados, públicos e privados.

Para a Administração Pública, podemos apontar uma série de motivos para a implementação da agenda, tais como: (1) riscos globais sociais e ambientais que devem ser enfrentados nos próximos 10 anos[3]

---

1 BOFF, Leonardo. *Sustentabilidade* – o que é – o que não é. 3. ed. Petrópolis: Vozes, 2014. p. 177.

2 Disponível em: https://www.unepfi.org/fileadmin/events/2004/stocks/who_cares_wins_global_compact_2004.pdf, acesso em: 2 jul. 2024.

3 Segundo sinalizado no relatório Riscos Globais de 2025, do Fórum Econômico Mundial, publicado no mês de janeiro, em sua 20ª edição e com a colaboração de 900 especialistas globais do meio acadêmico, empresarial, governamental, da comunidade internacional

e podem repercutir nas cadeias de abastecimento, no desenvolvimento humano e na sociedade civil; (2) imposições da Lei de Licitações (Lei nº 14.133/21 ou Lei nº 13.303/16 para empresas estatais), cujas disposições materializam a base ESG nas contratações públicas; (3) exigências ou impulsos a novos comportamentos definidos por órgãos de controle externo, a exemplo do Tribunal de Contas da União,[4] que estabeleceu o índice ESG (iESGo 2024) para avaliar o nível e adesão das organizações públicas federais e de outros entes jurisdicionados no tema;[5] (4) atendimento à legislação socioambiental (conformidade legal) direcionada à Administração Pública, como a Política Nacional de Resíduos Sólidos (Lei nº12.305/10) e a recente criada Estratégia Nacional de Economia Circular (Decreto nº12.082/24) no plano ambiental, e o Estatuto da Pessoa Idosa (Lei nº10.741/22) ou o Estatuto da Pessoa com Deficiência (Lei nº 13.146/15), no aspecto social; (5) demanda da sociedade, tal como apontado no panorama ESG 2024,[6] da Câmara Americana de Comércio para o Brasil (AMCHAM) e que pontuou que o governo é um dos grandes condutores da agenda ESG, com 67% das opiniões, sendo considerado o orientador da agenda; (6) além de multibenefícios para quem implementa a pauta, tais como inclusão de *stakeholders*, otimização de custos, aumento de credibilidade e melhoria da imagem, melhoria da capacidade ética e de inclusão social, materialização de políticas públicas, cumprimento de metas ambientais, sociais e de governança, maior transparência, acesso facilitado a financiamentos, conformidade

---

e da sociedade civil, os dez maiores riscos para as nações enfrentarem nos próximos dez anos incluem, na seguinte ordem de importância: eventos climáticos extremos, perda de biodiversidade e colapso de ecossistemas, mudanças críticas nos sistemas terrestres, escassez de recursos naturais, desinformação, resultados adversos das tecnologias de IA, desigualdade, polarização da sociedade, insegurança cibernética e poluição. Disponível em: https://reports.weforum.org/docs/WEF_Global_Risks_Report_Press_Release_2025_PT.pdf, acesso em: 30 abr. 2025.

[4] Para acrescentar aos motivos que podem levar o Poder Público a implementar o ESG, o TCU assim dispôs no Acórdão nº 1.205/2023 – Plenário: "7. Entendo oportuno destacar que as práticas de governança ESG (Ambiental, Social e Governança) têm se tornado cada vez mais importantes para as organizações públicas. No contexto das organizações públicas, a adoção de práticas de governança ESG é fundamental por várias razões, entre elas: i) assegurar a responsabilidade ambiental na atuação de forma sustentável; ii) aumento da eficiência operacional, com a otimização da utilização dos recursos e a diminuição de desperdícios; iii) melhoria da reputação das organizações públicas frente à sociedade e acesso a recursos e investimentos externos".

[5] Disponível em: https://portal.tcu.gov.br/governanca/governancapublica/organizacional/levantamento-de-governanca/levantamento-de-governanca.htm, acesso em: 9 jun. 2024.

[6] Disponível em: https://conteudo.amcham.com.br/obrigado-pesquisa-panorama-esg-2024. Acesso em: 10 jun. 2024.

legal e regulatória, melhoria de performance em auditoria, retenção de talentos, melhoria de indicadores ambientais, sociais e de governança, dentre outros.

Em outras palavras, há muitos fundamentos e benefícios para a implementação da agenda ESG na Administração Pública. Mas seria esse procedimento de internalização da pauta no Poder Público igual nas corporações privadas? Ou ante as peculiaridades da Administração haveria um processo diferenciado?

Já respondendo à questão, cremos que a teoria é a mesma para todas as corporações, sejam públicas ou privadas, no entanto, ante as características procedimentais e a vinculação com princípios da Administração, normas específicas de planejamento orçamentário, de contratações, é certo que há peculiaridades a serem consideradas para a Administração Pública, no entanto, perfeitamente adaptáveis e que permitem a aplicação eficaz, eficiente e efetiva da teoria ESG no Poder Público e toda sua estrutura orgânica.

Uma vez definida a implementação da agenda ESG, de modo geral, são ao menos 7 passos a serem seguidos para a completa efetividade, incluindo um *diagnóstico* para identificar práticas existentes; o estabelecimento de um contexto de *planejamento,* definindo as etapas de implementação, a estruturação necessária e os recursos disponíveis; a definição das *partes interessadas* e dos *temas materiais* que constituirão o foco do programa; a criação de *metas, políticas e normativos* que contemplem a aplicação das práticas ESG; a *aplicação* do programa; *relatórios;* e o *monitoramento* contínuo para acompanhamento e aperfeiçoamento constantes.

No presente texto será feito um breve recorte das etapas de implementação do ESG no Poder Público, tratando antes de conceitos relevantes para a compreensão da teoria e estabelecendo as diferenças de um programa privado e como podem ser contornadas para agregar efetividade e atender aos anseios das partes interessadas ou, na linguagem publicista, do interesse coletivo.

1 Conceitos relevantes

Para fins de alinhamento conceitual ao longo do texto, o ESG pode ser compreendido, de uma forma preliminar, como a aplicação de mecanismos, estruturas, políticas e procedimentos para orientar a implementação da governança socioambiental de uma corporação.

De modo técnico, busca-se apoio no conceito estabelecido pela ABNT PR 2030:2022, de que o ESG é o "conjunto de critérios ambientais, sociais e de governança, a serem considerados, na avaliação de riscos, oportunidades e respectivos impactos, com o objetivo de nortear atividades, negócios e investimentos sustentáveis".[7]

Outro conceito de grande relevância para a compreensão do ESG é o de partes interessadas, ou *stakeholders*, que pela ABNT 2030:2022 é "pessoa, organização ou comunidade que pode afetar, ser afetada ou se perceber afetada por uma decisão ou atividade".[8] São todos aqueles que de alguma forma possuem interesse na gestão, nos resultados, nas ações, nos projetos, nas entregas da Administração Pública. Nesse sentido, cada órgão, entidade, repartição terá *stakeholders* próprios, representados por colaboradores, servidores, empregados públicos, sindicatos, controladoria, Tribunal de Contas, população atendida, população do entorno, fornecedores, associações, parceiros de mercado, etc. Ou seja, todos aqueles que de alguma forma possuem vínculo ou relação profissional, comercial, institucional, pessoal, colaborativa, geográfica, social, de controle, de regulação, de trabalho, de serviço prestado/recebido, enfim, todos os que podem influenciar ou ser influenciados pelas ações, decisões, atividades da Administração. E são eles que constituem os protagonistas da agenda ESG, pois em vista dos temas materiais apontados por esses *stakeholders* que o Poder Público tem elementos para definir o direcionamento das ações em ESG que deverão ser implementadas.

Na sequência, o conceito que se agrega ao anterior é justamente o de materialidade, cuja definição pela PR 2030:2022 é o de "pertinência de um tópico determinada pela relevância do seu impacto econômico, ambiental, social, positivo ou negativo, nas avaliações e decisões dos gestores da organização e de suas partes interessadas".[9] Em outras palavras, materialidade relaciona-se a temas que são de alguma forma impactantes nos aspectos ambientais, sociais e econômicos para a

---

[7] Prática Recomendada: ABNT PR 2030: *Ambiental, social e governança (ESG)* – Conceitos, diretrizes e modelo de avaliação e direcionamento para organizações / Associação Brasileira de Normas Técnicas. Rio de Janeiro: ABNT, 2022, p. 4.

[8] Prática Recomendada: ABNT PR 2030: *Ambiental, social e governança (ESG)* – Conceitos, diretrizes e modelo de avaliação e direcionamento para organizações / Associação Brasileira de Normas Técnicas. Rio de Janeiro: ABNT, 2022, p. 6.

[9] Prática Recomendada: ABNT PR 2030: *Ambiental, social e governança (ESG)* – Conceitos, diretrizes e modelo de avaliação e direcionamento para organizações / Associação Brasileira de Normas Técnicas. Rio de Janeiro: ABNT, 2022, p. 5.

Administração. A materialidade é o que diferenciará uma política ESG implementada de um programa de sustentabilidade. Aquela efetivamente considerará, dentro das estratégias e ações executadas pela Administração, aquilo que impacta suas partes interessadas para trabalhar com a mitigação. Já um programa de sustentabilidade abordará temas sociais e ambientais de uma agenda mais ampla e não direcionada à própria instituição. Desse modo, pode-se afirmar que o que é material em um órgão não necessariamente será em outro. Como exemplo, uma Secretaria de Estado que implementou um programa de combate ao assédio sexual, em vista de impactos revelados na fase de diagnóstico, de fato considerou como material esse tema. Outra Secretaria do mesmo Estado pode não ter identificado esse impacto, em vista de suas caraterísticas, estrutura organizacional, programas já implementados, não apontamento do tema por *stakeholders*, etc. e trabalhará com outros temas materialmente relevantes, como a necessidade de aprimorar controles mais efetivos para evitar a discriminação no ambiente de trabalho. Ainda que ambos os temas se relacionem a aspectos sociais, possuem conceitos e abordagens diversas, por isso, serão priorizados na agenda ESG se de fato possuírem relevância para suas partes interessadas e para a instituição.

Ambos os conceitos, de partes interessadas e de materialidade, se conectam na matriz de materialidade, que se constitui em uma importante ferramenta de gestão e planejamento para a definição da prioridade baseada na classificação dos temas materiais pelos *stakeholders*. Essa matriz se constituirá no mapa de orientação da Administração para concentração e direcionamento de estratégias nos campos social, ambiental e de governança. É representada por dois eixos, sendo um o da organização e outro o dos *stakeholders*. Em cada eixo encontram-se medidas de menor para maior relevância, permitindo estabelecer quatro quadrantes, sendo o de (1) menor relevância para ambos os atores (Administração e *stakeholders*), de (2) maior relevância para a Administração e menor para as partes interessadas, de (3) maior relevância para as partes interessadas e menor para a Administração e (4) maior relevância para ambos.

Após os macroconceitos citados, há ainda definições importantes para a compreensão holística do ESG. A começar pelo aprofundamento da tríade que compõe a própria sigla. Assim, o "E", ambiental, refere-se à gestão responsável e adequada dos recursos naturais e a mitigação de impactos ambientais das diversas ações e operações da Administração e relacionam-se, mas não se limitam, à adoção de políticas de eficiência energética, redução de emissões de carbono, gestão adequada de resíduos sólidos, proteção de ecossistemas, respeito à biodiversidade, entre outros.

O "S", social ou *stakeholder*, considera aspectos como cargo, emprego, saúde, segurança, legislação trabalhista e social, responsabilidade com o público. Direciona ações de promoção de diversidade e equidade, inclusão e bem-estar, combate ao assédio, fortalecimento social, atenção às comunidades do entorno e ao interesse de todos os *stakeholders*.

Por fim, e não menos importante, o "G" envolve ações de governança, referindo-se à estrutura de tomada de decisão, conformidade legal, normativa e regulatória, transparência e controle, redução de fraudes e corrupção e o fortalecimento de liderança, contribuindo para a alocação eficiente de recursos e a otimização de ações e serviços prestados.

2 Etapas de implementação

A adoção de uma agenda, ou projeto, ou política ESG, requer cumprir etapas relevantes para que possa ser efetiva, de forma a não se incorrer em riscos de desconformidades, gerenciamento inadequado de temas, prejuízo em indicadores, imagem afetada, redução de transparência, descrédito, evasão de talentos, enfim, em "*ESGwashing*".[10]

Essa característica da efetividade tem importância ímpar quando o Poder Público é o protagonista dessa implantação, pois os interesses da Administração podem ser alterados a cada mandato político, a depender da agenda política adotada para o exercício das atividades governamentais da autoridade à frente do respectivo órgão implementador. Portanto, há necessidade de estabelecer o ESG como uma política/agenda de Estado e não apenas de governo, para que possa ter perenidade, continuidade, aperfeiçoamento e, assim, atingir os objetivos pretendidos vinculados a uma economia de baixo carbono, socialmente inclusiva, com governança eficaz e qualificadora, materializar políticas públicas relevantes voltando-se ao interesse coletivo, que é o norte de qualquer gestor público. Trata-se como uma política, pois o ESG envolve

---

10 Relacionado à maquiagem de critérios e implantação de ESG que, em verdade, não é efetivo.

vários atores. Não constitui, portanto, apenas uma agenda interna, da repartição pública, pois um dos elementos nodulares é justamento a materialidade apontada pelos *stakeholders*, definidos anteriormente.

As etapas fundamentais de implementação do ESG incluem um *diagnóstico* para identificar práticas existentes e o que deve ser implementado; o estabelecimento de um contexto de *planejamento*, definindo as etapas de implementação, a estruturação necessária e os recursos disponíveis; a definição das *partes interessadas* e dos *temas materiais* que constituirão o foco do programa; a criação de *metas, políticas e normativos* que contemplem a aplicação das práticas ESG; a *aplicação* do programa; *relatórios;* e o *monitoramento*.

De forma mais técnica e com uma metodologia de mercado, a título de sugestão, pode-se aplicar a prática recomendada estabelecida na ABNT-PR-2030,[11] lançada em 2022, que estabelece 7 passos, sendo: 1 - conhecimento; 2 - intenção estratégica; 3 - diagnóstico; 4 - planejamento; 5 - implementação; 6 - monitoramento; e 7 - relato e comunicação. Serão esses os passos desenhados a seguir.

I Conhecimento

Segundo as recomendações da Prática Recomendada da ABNT, um programa de ESG deve ser iniciado com conhecimento. Nessa etapa cabe à Administração que implementa compreender o conceito desse acrônimo, sua origem, importância, as possibilidades de aplicação no Poder Público, etc.

Considerando ser tema recente e incipiente, é fundamental diferenciar práticas que são consideradas como uma governança socioambiental de ações esparsas, pontuais, dissociadas de materialidade, tais como, por exemplo, criar no calendário a semana do meio ambiente, com a doação de mudas de árvores, palestra sobre assédio moral uma vez por ano, semana da integridade.

São ações meritórias, por óbvio, mas devem estar inseridas em um contexto maior de identificação de temas materiais relacionados à missão institucional da Administração e extraído das partes interessadas. Caso contrário, não será considerado ESG.

---

[11] Prática Recomendada: ABNT PR 2030: *Ambiental, social e governança (ESG)* – Conceitos, diretrizes e modelo de avaliação e direcionamento para organizações / Associação Brasileira de Normas Técnicas. Rio de Janeiro: ABNT, 2022.

Essa primeira etapa vai apresentar a rota a ser percorrida pela instituição, em vista de sua estrutura, peculiaridades, objetivos e planejamento estratégico.

II Intenção estratégica – ESG como política institucionalizada

A etapa seguinte lançará a pedra fundamental para a implementação efetiva do programa. Trata-se da intenção estratégica.

Similar ao comprometimento da alta administração com programas de *compliance* ou de integridade, a intenção estratégica direciona à esfera decisória mais alta da Administração definir e priorizar as questões ESG aplicáveis à sua atividade principal, rumo à transformação e fortalecimento de uma cultura organizacional pautada na governança socioambiental. Trata-se da institucionalização do programa.

Nesse sentido, a missão, os valores e o propósito do órgão/entidade devem ser remodelados com essa nova visão de presente e futuro; para tanto, cabe à alta administração atuar como timoneira para estabelecer as diretrizes estratégicas e orientar as áreas responsáveis a incrementar os processos, estruturas, recursos e mecanismos necessários para transformar o discurso em uma prática efetiva.

Essa intenção estratégica, para a Administração Pública, é o que definirá o ESG como uma política de Estado, institucionalizada, e não uma política de Governo, atribuindo-lhe estabilidade. E esse é o pulo do gato, definir o ESG em uma política que transcenda ciclos eleitorais e mudanças de governo e seja moldada e mantida através de um instrumento normativo que represente um consenso mais amplo da sociedade, com solidez e durabilidade. Ou seja, não pode essa pauta representar apenas um programa momentâneo, que depende da vontade política, da ideologia e da estratégia dos líderes eleitos e que depois seja reduzida, alterada, excluída, nas legislaturas seguintes.

Nas palavras de Juarez Freitas:

> O Estado Sustentável, no século em curso, terá de operar em modelo que viabilize, em concreto, a economia de baixo carbono e a responsabilidade pelas presentes e futuras gerações. Por certo, não poderá ser confundido com o Estado patrimonialista, avesso à solidariedade emancipatória, ao planejamento intertemporal e à gestão de riscos. Impõe-se, no mínimo, a pronta suspensão desse modo costumeiro de ver as coisas.

> O novo modelo só cobra sentido se introjetar o princípio constitucional da sustentabilidade em todo o tecido do sistema jurídico-político, [...]. Do contrário, o Estado prosseguirá parasitário, com a crônica incapacitante de pensar a longo prazo e, pior, comportando-se como se fosse uma espécie exótica invasora nas relações com a sociedade.[12]

O ESG deve ser pauta sistemática, holística e constante. Deve passar por instâncias diversas de discussão para o amadurecimento do seu conteúdo, mas com força normativa a fim de garantir sua estabilidade institucional, eficácia e efetividade ao longo do tempo, incluindo seus objetivos, fundamentos e procedimentos em decretos, resoluções ou instruções normativas.

Uma vez definido o ESG como uma política, ou seja, estabelecida a intenção estratégica da Administração por meio de algum instrumento normativo que o consolide, que consideramos ser o mais adequado para garantir a continuidade da agenda, é possível determinar as próximas etapas rumo à implementação da governança socioambiental na Administração Pública.

III Diagnóstico

Na sequência, a Administração deve efetuar o diagnóstico das práticas existentes de governança e de sustentabilidade, essenciais para avaliar o nível de estrutura e maturidade nos temas ESG, os recursos disponíveis e aplicados, bem como identificar lacunas e áreas de melhoria, para direcionar os demais passos. Cabe verificar se foram implementadas estruturas como o próprio Plano de Logística Sustentável[13], políticas e demais instrumentos que disponham sobre o tema, assim como, se há recursos orçamentários para a implementação do programa.

Esse diagnóstico permitirá a criação de um plano de ação estratégico que contemple metas claras e indicadores de desempenho, facilitando a implementação de práticas ESG. Além disso, a avaliação deve considerar o engajamento dos *stakeholders* e a comunicação transparente

---

[12] FREITAS, Juarez. *Sustentabilidade*: direito ao futuro. Belo Horizonte: Fórum, 2012, p. 263.

[13] Conforme dispõe a Resolução CNJ 400/21, o PLS é instrumento de governança, vinculado ao planejamento estratégico do órgão ou entidade, "com objetivos e responsabilidades definidas, indicadores, metas, prazos de execução, mecanismos de monitoramento e avaliação de resultados, que permite estabelecer e acompanhar práticas de sustentabilidade, racionalização e qualidade, que objetivem uma melhor eficiência do gasto público e da gestão dos processos de trabalho, considerando a visão sistêmica do órgão".

dos resultados e progressos, garantindo que todos os envolvidos estejam alinhados e comprometidos com os objetivos estabelecidos.

Como parte desse processo, a Administração terá condições de identificar os pontos fracos que demandam atenção e direcionamentos, além dos pontos fortes, que serão monitorados.

Como exemplo, o órgão/entidade/repartição pode apresentar um grau de maturidade elevado em relação à governança, com políticas e processos consolidados, embora demande esforços para se adequar aos aspectos sociais e ambientais, sendo os recursos direcionados para essa implementação, aplicando as práticas de governança como impulsionamento para a jornada ESG.

IV Planejamento e materialidade

O próximo passo é o planejamento do escopo, com a determinação da materialidade e o estabelecimento de objetivos e metas.

A materialidade é o guia que direcionará as ações de ESG da Administração. É por meio da elaboração de uma matriz que serão identificados os temas materiais que apresentam relevância para os *stakeholders* (partes interessadas) e para a própria organização, impactando a instituição ou as partes interessadas a curto, médio e longo prazo, nos temas ambientais, sociais e de governança.

Conforme estabelece a ABNT 2030 alguns questionamentos poderão ser considerados nessa etapa, tais como:

> Quais são os principais fatores de sustentabilidade ou ambientais e sociais que afetam a estratégia da organização em relação a riscos e oportunidades?
> Quem são as principais partes interessadas da organização, como elas afetam e são afetadas pelo seu negocio e quais suas estratégias para promover o seu engajamento?
> Quais desses fatores afetam o desempenho da organização a curto prazo ou a sua capacidade de criação de valor a longo prazo?[14]

A identificação dos temas materiais de relevância possibilita priorizar na agenda ESG os valores sensíveis à instituição e suas partes

---

[14] ASSOCIAÇÃO BRASILEIRA DE NORMAS TÉCNICAS. Prática Recomendada: ABNT PR 2030: Ambiental, social e governança (ESG) – Conceitos, diretrizes e modelo de avaliação e direcionamento para organizações / Associação Brasileira de Normas Técnicas. Rio de Janeiro: ABNT, 2022, p. 23.

interessadas, auxiliando na alocação de recursos para tanto. Por exemplo, um hospital público pode carecer de atenção aos temas ambientais, como uso de energia fotovoltaica, reúso de águas de chuva, segregação de resíduos não contaminantes, etc. Se esse for o tema material com maior evidência na matriz de materialidade, os recursos e esforços devem ser direcionados para os impactos ambientais.

Após essa priorização derivada da materialidade, caberá à Administração estabelecer os objetivos e metas, alinhados aos temas relevantes e ao planejamento estratégico. Dos objetivos derivam as metas, que devem ser mensuráveis, alcançáveis, relevantes e com prazos definidos.[15]

Um exemplo pode auxiliar nessa compreensão. Suponhamos que uma Secretaria municipal identificou como tema material a equidade de gênero em cargos de gestão. O objetivo será o de estabelecer a equidade de gênero na diretoria do setor de contratos. Uma das metas pode ser a de promover seminários trimestrais com todas as mulheres que pretendem ascender a cargos gerenciais e de direção, com temas relacionados, que estimulem a liderança feminina e identifiquem aquelas que apresentem perfil de gestão para inclusão em programas de capacitação.

Outra meta pode ser a definição de que no prazo de 2 anos ao menos 30% dos cargos de direção sejam ocupados por mulheres e no prazo de 4 anos o percentual seja de 50%.

Trata o exemplo de objetivo extraído de matriz de materialidade, com metas específicas que direcionam a estratégia da Administração para seu atendimento, em atenção ao tema relevante definido pelas partes interessadas.

V Implementar

O passo seguinte, citado na ABNT PR 2030/2022, utilizado de forma exemplificativa, é o de implementar a abordagem ESG. É a materialização de todo o processo. Nessa etapa cabe à Administração estabelecer a estratégia e editar as políticas ESG para serem executadas.

[15] Tal qual é a técnica SMART (Specific, Measurable, Achievable, Realistic, Time-bound), criada por Jorge T Doran, em 1981, para criar metas. Fonte: https://sebrae.com.br/sites/PortalSebrae/artigos/o-que-e-meta-smart-e-como-definir-em-sua-empresa,fd5cd6387eab5810VgnVCM1000001b00320aRCRD, acesso em: 3 jun. 2024.

As políticas devem refletir os objetivos ESG, identificados na matriz de materialidade, e estar alinhadas com os valores e normas. São guias orientadores com princípios, diretrizes e regras que balizam as ações para o atendimento às metas estabelecidas, além de servirem como base para a tomada de decisões.

É recomendável que, assim como políticas de outros programas, como os de integridade, as políticas ESG apresentem de forma clara os objetivos do respectivo documento, os papéis e responsáveis das áreas, diretrizes, procedimentos a serem adotados, as vedações e as consequências em caso de descumprimento.

Além disso, devem ser aprovadas pelas instâncias competentes, divulgadas de forma ampla e acessível a todos os públicos (partes interessadas), realizados treinamentos para todos os colaboradores e envolvidos com a agenda, adotados mecanismos de controle e monitoramento e revisados periodicamente.

É importante também revisar os demais normativos vigentes para incluir as diretrizes ESG se necessário. Por exemplo, uma política de gestão de terceirizados deve abordar as questões identificadas na matriz de materialidade que se refiram aos temas sociais e ambientais, para adequar ao objetivo e metas traçadas. Os normativos de contratações públicas devem estabelecer os critérios a serem incluídos nos editais e contratos, e assim por diante.

VI Medir e monitorar

O monitoramento de um programa de ESG consiste no seu acompanhamento, na aferição do seu funcionamento, da materialização dos objetivos e metas. Para tanto, é essencial definir indicadores que forneçam as evidências da implantação das práticas ESG da estatal.

Podem ser considerados indicadores para a medição do programa: listas de presença de servidores em treinamentos, pesquisas realizadas com fornecedores, *e-mails* direcionados à alta administração com documentos para aprovação, comprovação de procedimentos e parâmetros sociais ou ambientais, estatísticas de apontamentos de auditorias, dentre outros relacionados aos objetivos e às metas estabelecidos.

É importante sinalizar que o monitoramento será feito de forma customizada, de acordo com as políticas, diretrizes, estrutura, contexto social, ambiental, de governança, local, cultural, dentre outros fatores relacionados à instituição.

Essa etapa é essencial para medir a aderência da Administração às suas políticas ESG, garantindo efetividade e credibilidade a todo o processo.

VII Relatar e comunicar

A última etapa da jornada ESG, inspirada na norma ABNT PR 2030/2022, tem relação com o princípio da transparência. Deve a Administração elaborar e disponibilizar às partes interessadas, de acordo com suas necessidades e relevância de temas materiais, um relatório de desempenho, para fins de demonstrar o atendimento aos objetivos ESG definidos no programa.

Segundo a Prática Recomendada: "A forma, o conteúdo e a periodicidade da comunicação devem ser determinados pela própria organização, considerando expectativas e necessidades de cada público. As informações disponibilizadas devem permitir que as partes interessadas internas e externas formem opiniões e tomem decisões embasadas sobre as contribuições da organização para o objetivo do desenvolvimento sustentável".[16]

Conclusão

O poder público foi o último a aderir à agenda ESG, mas, sem dúvidas, será o líder, pois impulsionará o mercado em suas contratações para adaptações e manutenção da máquina administrativa; nas políticas ESG que serão implementadas em todos os órgãos, entidades, repartições; motivará os servidores, colaboradores, terceiros, membros da comunidade, demais partes interessadas e toda ordem de pessoas que possam se relacionar com a Administração e que de alguma forma serão alcançadas pelos treinamentos, capacitações, códigos de conduta e ações dentro da agenda e do planejamento estratégico.

O ESG materializa, em última análise, o desenvolvimento nacional sustentável, agregando temas sensíveis à pauta, como o ambiental, o social e a qualificadora governança, como pilar que concretiza e garante sua efetividade.

---

[16] ASSOCIAÇÃO BRASILEIRA DE NORMAS TÉCNICAS. Prática Recomendada: ABNT PR 2030: *Ambiental, social e governança (ESG)* – Conceitos, diretrizes e modelo de avaliação e direcionamento para organizações / Associação Brasileira de Normas Técnicas. Rio de Janeiro: ABNT, 2022, p. 32.

Como bem leciona Daniel Ferreira, ao discorrer sobre o desenvolvimento nacional sustentável, "tanto o governo como a Administração Pública – sejam eles em âmbito federal, estadual ou municipal – hão de pautar seus comportamentos (políticos, jurídicos e administrativos) com vistas à realização desse desiderato, porque só assim se realiza a República Federativa do Brasil como Estado Constitucional e Democrático de Direito, e o brasileiro como pessoa humana provida de dignidade".[17]

Juarez Freitas arremata ao tratar do paradigma da sustentabilidade. Para o autor:

> Não por acaso, o paradigma da sustentabilidade suscita outro tipo de olhar sobre o conceito de responsabilidade do Estado. Também aqui se constata uma luta hamletiana, o embate entre dois modos de pensar o Direito, a saber: o paradigma da sustentabilidade *versus* aquele paradigma que considera irremovível a imoral insaciabilidade das nervuras do poder estatal.
>
> Decerto, a escolha do modelo da sustentabilidade pressupõe deixar de lado uma série de concepções antiquadas. No entanto, só mentes abertas aceitam, a premência de revisar construções sociais e tradições que não funcionam a contento. Assim, embora não se deva descartar a tradição, compreender e transcender são dois momentos indispensáveis à recepção desse novo estilo de atuação estatal.[18]

A implementação do ESG requer cumprir etapas essenciais para a robustez do programa, visando sua efetividade, que incluem o diagnóstico para identificar práticas existentes e o que deve ser implementado; o planejamento das etapas de implementação, a estruturação necessária e os recursos disponíveis; a definição das partes interessadas e dos temas materiais que constituirão o foco do programa; a criação de metas, políticas e normativos que contemplem a aplicação das práticas ESG; aplicação do programa; relatórios; e monitoramento.

Para garantir a efetividade do programa nas instituições públicas, é fundamental estabelecer o ESG como uma política de Estado e não de governo, normatizando sua implementação para garantir estabilidade e perenidade do programa. Desse modo, será possível cumprir estratégias, promover controle, monitoramento, atualizações e aperfeiçoamento.

---

17 FERREIRA, Daniel. *A licitação pública no Brasil e sua nova finalidade legal*: a promoção do desenvolvimento nacional sustentável. Belo Horizonte: Fórum, 2012, p. 60.

18 FREITAS, Juarez. *Sustentabilidade*: direito ao futuro. Belo Horizonte: Fórum, 2012, p. 264.

O ESG é apenas mais um dos complexos desafios que a Administração Pública deve gerenciar em vista do seu desígnio constitucional e medular de atendimento ao interesse coletivo e exige uma abordagem holística e responsável para resultados a longo prazo, que garantam sua efetividade.

Há a necessidade de comprometimento político, engajamento das partes interessadas e adoção de abordagens inovadoras para garantir a durabilidade dessa agenda qualificada de sustentabilidade.

Referências

ASSOCIAÇÃO BRASILEIRA DE NORMAS TÉCNICAS. *Prática Recomendada: ABNT PR 2030: Ambiental, social e governança (ESG)* – Conceitos, diretrizes e modelo de avaliação e direcionamento para organizações / Associação Brasileira de Normas Técnicas. Rio de Janeiro: ABNT, 2022.

BOFF, Leonardo. *Sustentabilidade* – o que é – o que não é. 3. ed. Petrópolis: Vozes, 2014.

BRASIL. *Tribunal de Contas da União*. Acórdão nº 1.205/2023 – Plenário, Ministro Relator Vital do Rêgo, Sessão 14.06.2023.

FERREIRA, Daniel. *A licitação pública no Brasil e sua nova finalidade legal*: a promoção do desenvolvimento nacional sustentável. Belo Horizonte: Fórum, 2012.

FREITAS, Juarez. *Sustentabilidade*: direito ao futuro. Belo Horizonte: Fórum, 2012.

SITES CONSULTADOS:

https://www.unepfi.org/fileadmin/events/2004/stocks/who_cares_wins_global_compact_2004.pdf

https://www3.weforum.org/docs/WEF_GRR24_Press%20release_PORT_BR.pdf

https://portal.tcu.gov.br/governanca/governancapublica/organizacional/levantamento-de-governanca/levantamento-de-governanca.htm

https://conteudo.amcham.com.br/obrigado-pesquisa-panorama-esg-2024

https://sebrae.com.br/sites/PortalSebrae/artigos/o-que-e-meta-smart-e-como-definir-em-sua-empresa,fd5cd6387eab5810VgnVCM1000001b00320aRCRD

Informação bibliográfica deste livro, conforme a NBR 6023:2018 da Associação Brasileira de Normas Técnicas (ABNT):

RODRIGUES, Caroline. Uma jornada de impacto: as etapas de implementação do ESG nas instituições públicas. *In*: RODRIGUES, Caroline; PIRONTI, Rodrigo (coord.). *ESG na Administração Pública*: estudos dirigidos. Belo Horizonte: Fórum, 2025. p. 341-355. ISBN 978-85-450-0779-1.

ESG NA ADMINISTRAÇÃO PÚBLICA: DIAGNÓSTICO E ESTÁGIOS DE MATURIDADE

BRUNA TOLEDO PIZA MAGACHO
EDNILSON ALVES DA SILVA

Introdução

A convergência do setor público com os princípios do *Environmental, Social and Governance* (ESG) tende a se confundir com as próprias incumbências estatais, e, no contexto específico do Brasil, com os pilares fundamentais da República, consagrados no preâmbulo da Constituição Federal de 1988 (CF/88). Globalmente, os Objetivos de Desenvolvimento Sustentável (ODS) proporcionaram uma agenda abrangente para promover a harmonização de esforços nesse sentido.

A efervescência em torno desse tema, e sua implementação no âmbito privado, tem instigado a criação de iniciativas que possibilitem a avaliação dos aspectos relacionados ao ESG também no setor público. Isso propicia uma análise mais abrangente da abordagem dispensada a essa temática pela Administração Pública direta e indireta, tornando-a uma pauta de destaque, propulsora da formulação de políticas públicas para sua otimização.

A agenda ESG representa, atualmente, a pedra angular da responsabilidade social de todas as organizações, sejam elas públicas ou privadas, em uma jornada de reconfiguração cultural e de redefinição das interações dessas entidades com os indivíduos e o ambiente no qual estão inseridas.

Esse processo é particularmente relevante em um país de dimensões continentais como o Brasil, que conta com seus recursos ambientais como um de seus grandes ativos, enfrenta desafios decorrentes de crises climáticas, tenta solucionar o crônico problema da desigualdade social, em meio a uma estrutura de governança pública ainda em construção.

Embora muitas iniciativas governamentais já estejam alinhadas com os ODS e a Agenda ESG, ainda há uma lacuna significativa em termos de comunicação eficaz sobre o progresso em direção a esses objetivos, assim como a falta de métricas padronizadas sobre o tema. Na dimensão ambiental e social, observa-se uma mudança de paradigma na gestão pública voltada para o alcance de soluções ambientais que se mostrem eficientes e perenes, bem como para a construção de políticas públicas capazes de promover a diversidade, inclusão e equidade. Sob a ótica da governança, diversas medidas têm sido implementadas para assegurar a transparência, a prestação de contas e a responsabilidade das organizações.

Outrossim, com o objetivo de se incorporar essa nova perspectiva na rotina administrativa e promover a evolução de temas inerentes ao ESG na Administração Pública, para além de realizar ações de sensibilização, capacitação e engajamento de líderes responsáveis pela elaboração de estratégias inerentes a esta agenda, há que se realizar o diagnóstico do estágio em que as organizações públicas se encontram para que, uma vez identificados os respectivos níveis de maturidade, seja possível escolher melhores caminhos para o atingimento de seus objetivos.

O diagnóstico se apresenta como uma ferramenta capaz de proporcionar a compreensão necessária acerca dos atributos de uma organização, desnudando problemas e disfunções que podem afetar o seu desempenho. A avaliação de indicadores de desempenho em ESG nas organizações é fundamental para medir o sucesso das ações implementadas e identificar discrepâncias entre as metas planejadas e os resultados alcançados, oferecendo uma visão importante acerca da eficiência operacional, da eficácia das políticas e das práticas de gestão pública, incluindo aquelas relacionadas à sustentabilidade e governança.

A seguir, este estudo explorará o contexto do diagnóstico, a leitura através de indicadores em ESG, os *frameworks* e a adoção da ABNT PR 2030:2022. O objetivo é fornecer ao leitor um panorama detalhado sobre como o diagnóstico de maturidade em ESG pode ser incorporado às práticas de gestão e governança pública para a promoção do desenvolvimento sustentável e responsável.

1 Diagnóstico

Diante da dinâmica e a necessidade de evolução, cada vez mais presentes nos ambientes organizacionais, incluindo as organizações públicas, há uma demanda constante por reavaliação das práticas operacionais, requerendo mudanças na gestão, nos processos e, muitas vezes, na cultura organizacional predominante. Essas mudanças são realizadas após um bom diagnóstico.

O diagnóstico é o processo sistemático de levantamento das necessidades presentes, passadas e futuras, por meio de análises internas e externas, permitindo a identificação de áreas de melhoria ou soluções. Esse processo requer uma definição clara de objetivos e parâmetros de medição conduzidos por um consultor com abertura para informações e uma postura reflexiva.[1]

O diagnóstico – e neste caso o organizacional – representa uma ferramenta essencial para obter uma compreensão abrangente da organização e identificar problemas e disfunções que impactam seu desempenho. Visa estabelecer indicadores que possibilitem ações corretivas para os desafios identificados.[2]

Para realizar um diagnóstico organizacional de forma eficaz, é imprescindível empregar ferramentas específicas de diagnóstico. Essas ferramentas consistem em um conjunto de técnicas concebidas e aplicadas por diferentes autores, possibilitando a avaliação do desempenho organizacional sob a perspectiva teórica proposta por cada um deles.[3]

No âmbito das organizações públicas, uma ferramenta de diagnóstico bastante eficaz é a avaliação de indicadores de desempenho, estruturados, por exemplo, através dos *frameworks* em ESG. Mas, antes de adentrar ao conceito de ESG e seus *frameworks*, o que são indicadores desempenho?

---

1 KINGESKI, A. A. I. Diagnóstico organizacional: um estudo dos problemas organizacionais a partir das relações interpessoais. Simpósio de Engenharia de Produção,12. *Anais...* São Paulo: SIMPEP, 2005.

2 KINGESKI, A. A. I. Diagnóstico organizacional: um estudo dos problemas organizacionais a partir das relações interpessoais. Simpósio de Engenharia de Produção,12. *Anais...* São Paulo: SIMPEP, 2005.

3 NASCIMENTO, S. *et al.* Ferramentas gerenciais à luz do desempenho organizacional. *Revista Pretexto,* Belo Horizonte, v.11, n. 3, p.34-57, 2010.

2 Indicadores de desempenho

A avaliação eficaz do desempenho organizacional é conduzida por meio da análise de indicadores específicos, os quais são descritos por Takashina e Flores[4] como representações quantitativas das características dos produtos e processos de uma organização. Kardec, Flores e Seixas[5] os conceituam como ferramentas vitais para avaliar a eficácia das ações implementadas e identificar discrepâncias entre as metas planejadas e alcançadas. Com o tempo, esses indicadores tornam-se essenciais para comparar dados internos e externos ao longo do tempo, possibilitando uma análise aprofundada do desempenho.

Segundo Tezza, Bornia e Vey,[6] esses indicadores são vitais para comunicar a saúde geral da organização aos colaboradores, informando sobre suas contribuições e atividades coletivas, além de transmitir a estratégia organizacional em todos os níveis hierárquicos. Essas medidas são indispensáveis para monitorar os resultados dos processos e garantir seu controle e aprimoramento contínuos.

Os indicadores de desempenho são ferramentas quantificáveis fundamentais para avaliar o sucesso de uma organização quanto ao alcance de seus objetivos estratégicos e operacionais. No contexto público, esses indicadores fornecem insumos para que se possa mensurar e compreender o progresso em direção à eficiência operacional, eficácia das políticas e das práticas de gestão, incluindo aquelas relacionadas à sustentabilidade e governança. São métricas que permitem monitorar se os esforços organizacionais estão gerando os resultados desejados e identificar melhorias necessárias.[7] [8]

A importância dos indicadores de desempenho vai além da avaliação de resultados financeiros, permeando todas as áreas de uma organização. Funcionam como o elo crucial entre a estratégia e a execução, auxiliando os gestores na compreensão sobre os desdobramentos de

---

4 TAKASHINA, N. T.; FLORES, M. C. X. *Indicadores da qualidade e do desempenho* – como estabelecer e medir resultados. Rio de Janeiro: Qualitymark, 1996.

5 KARDEC, A., FLORES, J.; SEIXAS, E. *Gestão Estratégica e Indicadores de Desempenho*. 1. ed. Rio de Janeiro: Qualitymark, 2000.

6 TEZZA, R.; BORNIA, A. C.; VEY, I. H. Performance measurement systems: a review and classification of literature. *Gestão e Produção*, São Carlos, v. 17, n. 1, p. 75-93, 2010.

7 KAPLAN, R.; NORTON, D. The balanced scorecard: Measures that drive performance. *Harvard Business Review*, Brighton, v. 70, n. 1, p. 71-79, 1992.

8 ITTNER, C. D.; LARCKER, D. F. Coming up short on nonfinancial performance measurement. *Harvard Business Review*, Brighton, v. 81, n. 11, p. 88-95, 2003.

suas decisões operacionais no desempenho global da organização. No âmbito da sustentabilidade, esses indicadores são ainda mais essenciais, quantificando o impacto de suas ações nas dimensões ambiental, social e de governança, contribuindo, por conseguinte, para o desenvolvimento sustentável. Isso implica no fato de que tais indicadores devem refletir não apenas medidas econômicas, mas também aspectos sociais e ambientais, alinhando os objetivos organizacionais com o bem-estar ecológico e social.[9] [10]

Com a crescente importância das práticas de ESG, os indicadores de desempenho tornam-se ainda mais sofisticados e integrados, refletindo uma mudança nas prioridades organizacionais. As instituições reconhecem que, para prosperar a longo prazo, devem operar de maneira sustentável do ponto de vista econômico, ambiental, social e de governança. Indicadores bem concebidos e implementados revelam-se como práticas sustentáveis e responsáveis e estão contribuindo para a resiliência das instituições.[11] [12]

No contexto público, os indicadores de desempenho são fundamentais para medir a eficácia da utilização dos recursos públicos e avaliar, por exemplo, o alinhamento das práticas de aquisição com as políticas de sustentabilidade. Eles permitem uma análise detalhada de como as políticas de compras públicas sustentáveis estão sendo implementadas e se estão alcançando os resultados esperados em termos de impacto ambiental, eficiência de custos e promoção da equidade social.[13] [14]

---

9 NEELY, A.; GREGORY, M.; PLATTS, K. Performance measurement system design: a literature review and research agenda. *International Journal of Operations & Production Management*, Bingley, v. 15, n. 4, p. 80-116, 1995.

10 FRANCO-SANTOS, M. *et al.* Towards a definition of a business performance measurement system. *International Journal of Operations & Production Management*, Bingley, v. 27, n. 8, p. 784-801, 2007.

11 SIMONS, R. *Levers of Control:* How Managers Use Innovative Control Systems to Drive Strategic Renewal. Boston: Harvard Business School Press, 1995.

12 BAVARESCO, A. D. Contratações sustentáveis na Administração Pública brasileira: a experiência do Poder Executivo Federal. *Revista de Administração Pública*, Rio de Janeiro, v. 41, n. 1, p. 207-235, 2013.

13 BRITO, C. M. de. *Compras públicas sustentáveis no Brasil:* a percepção dos gestores e as perspectivas do programa. 2014. 146 f. Dissertação (Mestrado em Desenvolvimento Sustentável) – Centro de Desenvolvimento Sustentável, Universidade de Brasília, Brasília, 2014.

14 CYPRESTE, A. S. T. *Licitações sustentáveis - instrumento legal de promoção da sustentabilidade:* um estudo da aquisição de bens na Universidade Federal do Espírito Santo - UFES. 2013. 110 f. Dissertação (Mestrado Profissional em Gestão Pública) - Centro de Ciências Jurídicas e Econômicas, Universidade Federal do Espírito Santo, Vitória, 2013.

Desta forma, os indicadores de desempenho são cruciais para uma gestão eficaz em qualquer organização, possibilitando o acompanhamento e a melhoria contínua do desempenho operacional e assegurando que as práticas de negócios estejam alinhadas com os valores de sustentabilidade e responsabilidade social. Eles sustentam uma tomada de decisão informada e estratégica, essencial para conduzir negócios em um mercado cada vez mais focado em sustentabilidade e governança corporativa.[15] [16]

3 *Frameworks* de ESG

Frameworks de ESG, ou estruturas de governança ambiental, social e corporativa, consistem em conjuntos de normas e práticas que orientam as organizações na incorporação de aspectos sustentáveis em suas operações e estratégias empresariais. Essas estruturas funcionam como diretrizes morais e estratégicas, detalhando como as instituições podem operar de maneira responsável em relação ao meio ambiente, à sociedade e à governança, alinhando suas atividades com o bem-estar de todas as partes interessadas. No contexto corporativo atual são essenciais, pois estabelecem uma terminologia comum para a sustentabilidade e possibilitam que empresas de diferentes portes e setores comuniquem seus esforços e progressos de forma transparente e padronizada.[17]

A relevância crescente dos *frameworks* de ESG é uma resposta direta à demanda por maior responsabilidade corporativa e à necessidade de enfrentar desafios globais, como as mudanças climáticas e a desigualdade social. Esses padrões auxiliam na construção de confiança entre empresas, investidores, clientes e comunidades, fornecendo uma base sólida para a tomada de decisões estratégicas que consideram riscos e oportunidades associados a fatores ambientais, sociais e de governança. Ademais, a adoção desses *frameworks* é cada vez mais vista

---

[15] PESTANA, M. *Licitações públicas no Brasil:* exame integrado das Leis nº 8.666/1993 e 10.520/2002. São Paulo: Atlas, 2013.

[16] RASHID, A. N. R. N.; JUSSOFF, K.; KASSIM, K. M. Eco-labeling perspectives amongst Malaysian consumers. *Canadian Social Science*, Quebec, v. 2, n. 5, p. 1-10, 2009.

[17] FREEMAN, R. E. *Gestão estratégica:* Uma abordagem das partes interessadas. Tradução de Maria Augusta Ramos. 4. ed. São Paulo: Atlas, 2010.

como um indicador de liderança e inovação corporativa, com impacto direto na reputação e no desempenho financeiro das organizações.[18] [19]

Os *frameworks* de ESG desempenham, também, um papel crucial no fomento ao desenvolvimento sustentável, oferecendo diretrizes que auxiliam as organizações a contribuírem para os ODS da Organização das Nações Unidas (ONU).[20] Eles proporcionam abordagens sistemáticas para a gestão de riscos, ajudando-as a identificar como podem operar de forma mais sustentável, reduzindo seu impacto ambiental e melhorando seu engajamento social e de governança. Esse alinhamento com princípios sustentáveis não só atende às expectativas dos *stakeholders*, mas também abre caminho para novas oportunidades de mercado e inovação.[21] [22]

Dessa forma, os *frameworks* de ESG são ferramentas indispensáveis no ambiente corporativo contemporâneo, privado e público, atuando como vetores de mudança em direção a uma economia global mais ética e sustentável. São evidências do reconhecimento crescente de que práticas empresariais responsáveis e sustentáveis tornaram-se fundamentais para o sucesso a longo prazo e para a construção de um legado corporativo positivo.[23] [24]

À medida que os *frameworks* de ESG se tornam mais prevalentes, observa-se uma mudança significativa no comportamento corporativo global. Organizações, que anteriormente focavam principalmente em resultados quantificáveis, agora estão reavaliando suas operações sob a perspectiva de impactos ambientais, sociais e de governança. Essa

---

18 BHANDARI, K. R.; RANTA, M.; SALO, J. The resource-based view, stakeholder capitalism, ESG, and sustainable competitive advantage: The firm's embeddedness into ecology, society, and governance. *Business Strategy and the Environment*, Chichester, v. 31, n. 4, p. 1525-1537, 2022.

19 RIBEIRO, T. de L.; DE LIMA, A. Environmental, Social and Governance (ESG): mapeamento e análise de clusters. *Revista de Governança Corporativa*, São Paulo, v. 9, n. 1, e0120, 2022.

20 ONU. Organização das Nações Unidas. *Objetivos de Desenvolvimento Sustentável*. Brasil: ONU, 2024.

21 CLEMENTINO, E.; PERKINS, R. How do companies respond to environmental, social and governance (ESG) ratings? Evidence from Italy. *Journal of Business Ethics*, Heidelberg, v. 171, n. 2, p. 379-397, 2021.

22 LI, H.; ZHANG, X.; ZHAO, Y. ESG and firm's default risk. *Finance Research Letters*, Amsterdam, v. 47, p. 102713, 2022.

23 MUÑOZ-TORRES, M. J. *et al.* Can environmental, social, and governance rating agencies favor business models that promote a more sustainable development? *Corporate Social Responsibility and Environmental Management*, Chichester, v. 26, n. 2, p. 439-452, 2019.

24 DARNALL, N.; JI, H. *et al.* Do ESG reporting guidelines and verifications enhance firms' information disclosure? *Corporate Social Responsibility and Environmental Management*, Chichester, v. 29, n. 5, p. 1214-1230, 2022.

transformação não é apenas uma resposta às pressões externas, mas também a um reconhecimento da importância da sustentabilidade para a resiliência, perenidade e *performance* no seu ramo de atuação. A adoção de práticas de ESG não é mais uma opção, mas uma necessidade estratégica para empresas que buscam manter sua relevância e respeitabilidade em um cenário em rápida evolução. A integração de critérios de ESG nas estratégias de negócio contribui para uma maior conscientização das organizações sobre seu papel na sociedade e no meio ambiente, promovendo uma abordagem mais holística e ética nos negócios.[25] [26]

Além disso, a adoção de *frameworks* de ESG é também uma resposta às expectativas crescentes da sociedade, que estão cada vez mais conscientes e exigentes quanto às práticas sustentáveis. Nesse contexto, as organizações que demonstram compromisso com os princípios de ESG podem estabelecer um vínculo sólido com a sociedade, fomentando uma relação de confiança e lealdade. Esse alinhamento com as expectativas da população aprimora a imagem corporativa, podendo resultar em vantagem competitiva, como a abertura de novos mercados e o fortalecimento reputacional. Assim, a integração de práticas de ESG é uma estratégia inteligente que atende tanto a objetivos éticos, quanto a interesses entre as partes relacionadas.[27]

Por fim, é importante destacar que os *frameworks* de ESG não são estáticos, mas estão em constante evolução para acompanhar as mudanças sociais, ambientais e de governança. Eles refletem uma compreensão cada vez maior sobre o impacto das atividades empresariais no mundo e representam uma oportunidade para as empresas privadas e a Administração Pública se reinventarem e se adaptarem a um mundo em transformação. Assim, os *frameworks* de ESG são mais do que um conjunto de práticas, são um caminho para um futuro mais sustentável e responsável, no qual as organizações desempenham um papel crucial na construção de um mundo melhor para as gerações futuras.[28]

---

25 KUJALA, J. *et al.* Stakeholder engagement: past, present, and future. *Business & Society*, Tampere, 2022.

26 PORTER, M. E. *et al. Measuring shared value*. How to unlock value by linking social and business results. Genebra: FSG, 2011.

27 GREWAL, J.; RIEDL, E. J.; SERAFEIM, G. Market reaction to mandatory nonfinancial disclosure. *Management Science*, Catonsville, v. 65, p. 3061-3084, 2019.

28 SCHALTEGGER, S.; WAGNER, M. Sustainable entrepreneurship and sustainability innovation: categories and interactions. *Business strategy and the environment*, v. 20, n. 4, p. 222-237, 2011.

No quadro 1, destacam-se os principais *frameworks*, origem, ano de publicação, foco, público-alvo e características principais:

Quadro 1 – *Frameworks* de ESG

(continua)

Framework	Origem/Ano	Foco	Público	Características
GRI	Internacional (1997)	Abrangente, com mais de 300 indicadores em diversas áreas como: • *Economia:* Desempenho financeiro, investimentos, compras. • *Meio ambiente:* Emissões de gases de efeito estufa, consumo de água e energia, gestão de resíduos. • *Social:* Emprego, saúde e segurança no trabalho, direitos humanos, desenvolvimento da comunidade. • *Governança:* Ferramentas para avaliar a efetividade da governança em uma organização.	Amplo, incluindo empresas, governos, ONGs e investidores.	Reconhecido globalmente, utilizado por mais de 10.000 organizações em mais de 100 países.
SASB	Internacional (2011)	Materialidade e impacto financeiro com 77 setores específicos.	Investidores e analistas financeiros.	Setorial, com foco em informações que influenciam o valor financeiro das empresas.
TCFD	Internacional (2015)	Riscos e oportunidades climáticas.	Investidores e instituições financeiras.	Específico para o tema clima, com 11 indicadores.

(continua)

Framework	Origem/Ano	Foco	Público	Características
IR	Internacional (2013)	Integração da informação de ESG com a estratégia da empresa.	Amplo.	Baseado nos princípios do IIRC, com foco na comunicação concisa e transparente da estratégia da empresa.
CA100+	Internacional (2017)	Ações para reduzir emissões de gases de efeito estufa.	Empresas com maiores emissões.	Iniciativa liderada por investidores, com foco em engajamento com as empresas para a redução de emissões.
ISE	Brasil (2005)	Sustentabilidade das empresas brasileiras.	Investidores e empresas.	Criado pela B3, avalia as práticas de sustentabilidade das empresas listadas na bolsa brasileira.
CSA	Internacional (1999)	Avaliação da sustentabilidade das empresas.	Investidores.	Realizada pela S&P Global, fornece uma avaliação completa da performance de ESG das empresas.
RepRisk ESG Risk Platform	Internacional (2015)	Identificação e avaliação de riscos de ESG.	Empresas e investidores.	Fornece uma análise dos riscos de ESG das empresas com base em dados de mídia e outras fontes.

(conclusão)

Framework	Origem/Ano	Foco	Público	Características
ABNT 2030:2022	Brasil (2022)	Guiar as organizações na implementação de práticas de Governança Ambiental, Social e Corporativa (ESG)	Empresas privadas e órgãos públicos.	É uma norma pioneira no Brasil, consolidando conceitos e diretrizes ESG, com o objetivo de orientar as organizações na incorporação de práticas sustentáveis em suas operações.

Fonte: Elaborado pelos autores (2024).

Conforme o quadro e as definições dos *frameworks* constantes neste tópico, é possível perceber que eles foram concebidos com a finalidade de aplicação nas empresas privadas, no entanto, não existe óbice quanto à implementação dessas estruturas na Administração Pública, uma vez que, apesar dos distintos objetivos entre público e privado, os impactos positivos são relevantes para ambas as partes.

Dessa forma, a seguir, será detalhado o diagnóstico, bem como os estágios de maturidade com base na norma ABNT 2030:2022, *framework* escolhido no presente estudo por ser o pioneiro no Brasil a trazer diretrizes e recomendações para implantação e diagnóstico em ESG. Embora aplicável também ao setor privado, a norma é relevante para qualquer organização, incluindo entidades governamentais.

4 Diagnóstico e estágios de maturidade

O diagnóstico é uma avaliação organizacional eficaz que ocorre quando a organização realiza um mapeamento detalhado das ações já implementadas, estabelecendo metas para aprimorar suas práticas de ESG. Esse processo é contínuo, evolutivo e específico, construído dentro do contexto de cada organização, independentemente de seu porte e setor de atuação, levando em consideração os aspectos internos e externos de cada realidade cultural.

Os dados obtidos por meio do diagnóstico direcionarão a organização no aprimoramento de práticas já adotadas, além de fornecer elementos fundamentais para se vislumbrar novos objetivos e possíveis caminhos a serem percorridos. Uma vez consolidados os resultados, as evidências apuradas nortearão a avaliação detalhada do cenário objeto de análise, revelando-se o estágio de maturidade ESG em que a organização se encontra.

A seguir, a condução do mencionado processo escorado nas diretrizes constantes da norma ABNT PR 2030:2022.

4.1 ABNT PR 2030:2022

A Associação Brasileira de Normas Técnicas (ABNT), em dezembro de 2022, publicou a Prática Recomendada (PR) 2030 – Ambiental, Social e Governança (ESG) – Conceitos, Diretrizes e Modelo de Avaliação e Direcionamento para Organizações. Contudo, até o momento, a norma é apenas uma recomendação, uma vez que ainda não traz consigo a possibilidade de certificação, diferentemente da família das normas NBR ISO. A PR, por definição, não cria obrigações legais, mas funciona como um guia técnico que pode influenciar futuras regulamentações. O modelo proposto pela PR 2030 permite que as organizações, independentemente de seu porte, setor ou estrutura, avaliem seu estágio de evolução em relação aos critérios ESG considerados importantes e, assim, desenvolvam estratégias para progredir, contribuindo para o desenvolvimento sustentável em níveis local, regional e global.[29]

Os temas ESG variam conforme a natureza e o setor de cada organização. Esta recomendação identificou e selecionou, com base em normas e práticas internacionais, os temas e critérios ESG relevantes para várias organizações, servindo como um ponto de partida útil para a identificação dos temas mais importantes para cada organização.

Outrossim, tem-se a estrutura adotada para esses temas e critérios ESG:

- Eixo: representa o nível mais amplo, composto pelos eixos Ambiental (E), Social (S) e Governança (G);
- Tema: subdivisão de cada eixo, permitindo a categorização dos critérios em temas ou grupos com aspectos semelhantes; e

---

[29] ABNT. Associação Brasileira de Normas Técnicas. *Prática Recomendada:* ABNT PR 2030: Ambiental, social e governança (ESG) – Conceitos, diretrizes e modelo de avaliação e direcionamento para organizações. Rio de Janeiro: ABNT, 2022.

- Critério: subdivisões dos temas, representando aspectos específicos a serem abordados pela organização.

Esses aspectos podem ser observados nos quadros 2, 3 e 4, a seguir:

Quadro 2 – Eixo Ambiental

Eixo	Ambiental
	**Todas as organizações afetam e são afetadas pelo meio ambiente.** As organizações dependem de recursos naturais e ativos físicos para realizar suas operações. Assim, o eixo ambiental inclui os recursos naturais e energéticos consumidos pela organização, bem como os resíduos gerados, os impactos decorrentes e as consequências para os seres vivos. Produtos e serviços podem impactar direta ou indiretamente o meio ambiente.
Tema	**Critério**
Mudanças climáticas	Mitigação de emissões de gases de efeito estufa (GEE)
	Adaptação às mudanças climáticas
	Eficiência energética
Recursos hídricos	Uso da água
	Gestão de efluentes
Biodiversidade e serviços ecossistêmicos	Conservação e uso sustentável da biodiversidade
	Uso sustentável do solo
Economia circular e gestão de resíduos	Economia circular
	Gestão de resíduos
Gestão ambiental e prevenção da poluição	Gestão ambiental
	Prevenção da poluição sonora (ruídos e vibrações)
	Qualidade do ar (emissão de poluentes)
	Gerenciamento de áreas contaminadas
	Produtos perigosos

Fonte: ABNT PR 2030: 2022.

Quadro 3 – Eixo Social

Eixo	Social
	Toda organização opera dentro de uma sociedade mais ampla e diversificada. O eixo social aborda os relacionamentos que a organização mantém com seus atores internos e externos e a reputação que ela promove entre pessoas e instituições nas comunidades onde atuam e o quanto contribuem para o respeito aos direitos humanos fundamentais. Para conduzir suas operações, as organizações aproveitam o talento e as habilidades trabalhadores. Produtos e serviços e atividades operacionais envolvidas na sua produção podem beneficiar a sociedade ou causar danos.
Tema	**Critério**
Diálogo social e desenvolvimento territorial	Investimento social privado
	Diálogo e engajamento das partes interessadas
	Impacto social
Direitos humanos	Respeito aos direitos humanos
	Combate ao trabalho forçado ou compulsório
	Combate ao trabalho infantil
Diversidade, equidade e inclusão	Políticas e práticas de diversidade e equidade
	Cultura e promoção de inclusão
Relações e práticas de trabalhos	Desenvolvimento profissional
	Saúde e segurança ocupacional
	Qualidade de vida
	Liberdade de associação
	Política de remuneração e benefícios
Promoção de responsabilidade social na cadeia de valor	Relacionamento com consumidores e clientes
	Relacionamento com os fornecedores

Fonte: ABNT PR 2030: 2022.

Quadro 4 – Eixo Governança

Eixo	Governança
	Todas as organizações, considerando a sua própria constituição legal, exigem governança. Governança é o sistema interno de práticas, controles e procedimentos que a organização adota para se governar, tomar decisões eficazes, cumprir a lei e atender às necessidades das partes interessadas. Ao tomar decisões e alocar seus recursos naturais, humanos e financeiros, as organizações devem considerar como criarão valor a longo prazo para beneficiar todas as partes interessadas.
Tema	**Critério**
Governança corporativa	Estrutura e composição da governança corporativa
	Propósito e estratégia em relação à sustentabilidade
Conduta empresarial	*Compliance*, programa de integridade e práticas anticorrupção
	Práticas de combate à concorrência desleal (antitruste)
	Engajamento das partes interessadas
Práticas de controle e gestão	Gestão de riscos do negócio
	Controles internos
	Auditorias interna e externa
	Ambiente legal e regulatório
	Gestão da segurança da informação
	Privacidade de dados pessoais
Transparência na gestão	Responsabilização (prestação de contas)
	Relatórios ESG, de sustentabilidade e/ou relato integrado

Fonte: ABNT PR 2030: 2022.

4.2 Jornada ESG

A ABNT PR 2030 apresenta uma Jornada ESG estruturada em 7 (sete) etapas para auxiliar as organizações na implementação dos princípios ESG. Essa jornada, ilustrada na figura 2, visa ao alinhamento estratégico e integração à gestão, promovendo a incorporação progressiva e contextualizada dos princípios ESG.

Figura 2 – Passos para incorporar o ESG na organização

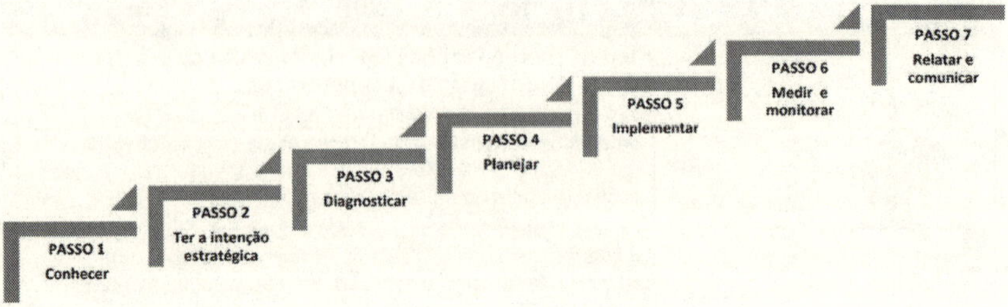

Fonte: ABNT, 2023

Descrição das etapas da Jornada:

1ª Etapa - Conhecer: Esta fase envolve entender o caminho necessário, estando atento às mudanças no contexto organizacional e social. É crucial estar preparado para ajustes e correções durante o processo.

2ª Etapa - Ter a Intenção Estratégica: Trata-se da formulação da estratégia da organização, alinhando visão, objetivos e diretrizes aos recursos disponíveis. Essa estratégia deve ser integrada à Jornada ESG, levando em conta os temas relevantes para o setor de atuação.

3ª Etapa - Diagnosticar: Utilizando os Quadros 2, 3 e 4, os critérios ESG são detalhados para identificar temas aplicáveis ao negócio. Um diagnóstico é realizado para avaliar as práticas de sustentabilidade, identificando pontos fortes e fracos.

4ª Etapa - Planejar: Após compreender e identificar as práticas de sustentabilidade, o escopo do ESG é planejado. Isso inclui a determinação da materialidade (mapeamento de riscos e oportunidades) e a definição de objetivos e metas. No conceito de materialidade, a identificação de temas críticos é essencial. A materialidade abrange a priorização dos temas essenciais para a direção estratégica da empresa, envolvendo riscos e oportunidades nos pilares ambiental, social e de governança. Compreender a materialidade também ajuda a construir mecanismos para o cumprimento dos ODS e a garantir uma comunicação consistente e transparente nos relatórios ESG.

Além da materialidade, tem-se a dupla materialidade, que considera não apenas como os fatores ESG afetam a organização, mas também como suas operações impactam o ecossistema no qual está inserida. Isso significa considerar tanto a materialidade interna (impacto das questões ESG nos negócios) quanto a externa (impacto dos negócios no ambiente externo), oferecendo uma visão mais holística dos impactos e práticas ESG da organização.

5ª Etapa - Implementar: Criação de uma estratégia global alinhada às intenções da liderança, com políticas que oferecem orientações específicas para as decisões. Gerenciar os processos ligados ao ESG, engajar partes interessadas e integrar essas práticas na estratégia são fundamentais, assim como realizar uma gestão eficaz de recursos considerando aspectos ambientais, sociais e de governança. Além disso, promover mudanças na cultura organizacional é essencial para implementar efetivamente o ESG, exigindo mudanças significativas no comportamento e direcionamento da empresa. Abordagens inovadoras como o "Capitalismo de *Stakeholders*" e a teoria do "Valor Compartilhado" buscam criar valor mútuo entre a organização e a sociedade, unindo interesses sociais ao desempenho econômico. Por fim, o engajamento da cadeia de valor e de suprimentos é vital, permitindo que a organização lidere e influencie parceiros e *stakeholders* na adoção de práticas sustentáveis.

6ª Etapa - Medir e Monitorar: Nesta fase, a organização deve medir e monitorar o que foi planejado e está sendo implementado. Os indicadores de desempenho ESG precisam mostrar como o negócio gera valor ao longo do tempo, os riscos e impactos associados, e, principalmente, a gestão destes.

7ª Etapa - Relatar e Comunicar: É importante estabelecer um canal de transparência entre as partes interessadas, com informações precisas. O relatório de desempenho é o instrumento estratégico para demonstrar o cumprimento dos temas ESG conforme os critérios estabelecidos e para fundamentar decisões sobre os próximos passos da organização. Este modelo de jornada, contribui no posicionamento da organização em relação à sustentabilidade, além de possibilitar a identificação e o reconhecimento do nível de maturidade em relação aos critérios ESG.

4.3 Identificação do nível de maturidade

Em continuidade à análise, a ABNT PR 2030 dispõe de um modelo de avaliação, onde é possível mensurar o nível de maturidade da organização em questões ambientais, sociais e de governança (ESG), através de 5 (cinco) estágios de evolução crescente, conforme demonstrado na figura 3 e quadro 5, a seguir:

Figura 3 – Níveis de maturidade da organização em ESG

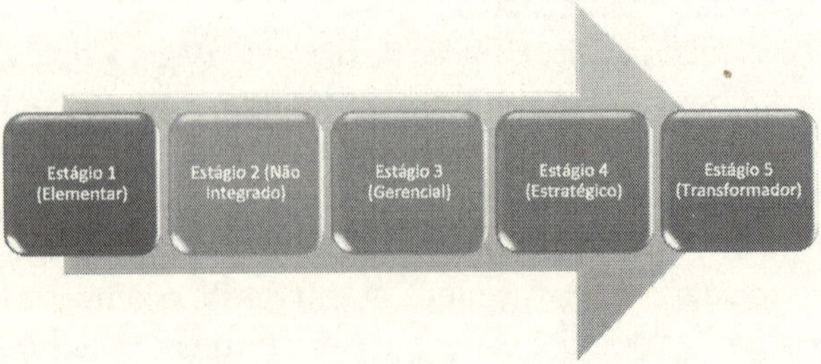

Fonte: Elaborado pelos autores (2024)

Quadro 5 – Estágios de maturidade ESG

Estágios de maturidade	Descrição
Estágio 1 – Elementar	A organização possui um processo de identificação de atendimento da legislação e restringe-se à abordagem da legislação e requisitos regulamentares (quando pertinente) e/ou trata o tema ou critério de forma incipiente, se não houver requisitos regulamentares obrigatórios.
Estágio 2 – Não integrado	A organização trata o critério de modo inicial por meio de práticas dispersas, ainda não integradas de modo satisfatório com a gestão.
Estágio 3 – Gerencial	A organização trata o critério estabelecendo processos estruturados, mecanismos de controle e melhoria contínua integrados ao modelo de gestão. A organização pode adotar como base as estruturas de sistema de gestão estabelecidas em normas nacionais e internacionais aplicáveis.
Estágio 4 – Estratégico	A organização trata o critério, entendendo os riscos e seus impactos positivos (oportunidades) e negativos (ameaças) relacionados ao negócio (incluindo a cadeia de valor), considerando-os na tomada de decisão estratégica. A organização contribui com soluções para os desafios ESG pela diferenciação de produtos e serviços. A organização estabelece objetivos e metas, e comunica os seus resultados. A organização promove inovação tecnológica ou novos modelos de negócio que viabilizem novas abordagens sobre o tema em questão, maximizando a agregação de valor para o negócio. A organização promove o engajamento das partes interessadas, compreendendo suas expectativas e necessidades, de modo a gerar impactos sociais e ambientais positivos dentro do conceito de valor compartilhado.
Estágio 5 – Transformador	A organização passa por transformações para gerar valor compartilhado e trata o critério de forma a influenciar e catalisar mudanças transformacionais que fortaleçam a pauta ESG em um cenário mais amplo. A organização promove engajamento estruturado com as partes interessadas e grupos impactados neste tema, buscando a superação conjunta das metas estabelecidas e a maximização dos impactos positivos sociais e ambientais. A organização apresenta liderança, buscando protagonismo frente ao seu setor de atividade e cadeias de valor, realizando, de forma sistemática, a defesa do tema com a sociedade, de modo mais amplo para o estabelecimento de programas privados e políticas públicas estruturantes.

Fonte: ABNT PR 2030:2022.

4.4 Diferenciais do *framework* ABNT PR 2030:2022

A norma ABNT PR 2030:2022 apresenta os seguintes diferenciais:

- **Abordagem estratégica:** Alinha os princípios ESG à estratégia e modelo de gestão da organização, garantindo coerência e sinergia.
- **Flexibilidade e adaptabilidade:** Adapta-se à realidade e aos objetivos específicos de cada organização, considerando seu porte, setor de atuação e maturidade em ESG.
- **Enfoque na ação:** Prioriza a implementação prática dos princípios ESG, fornecendo orientações claras e ferramentas úteis para as organizações.
- **Visão de longo prazo:** Incentiva a gestão ESG de longo prazo, com foco na sustentabilidade e na criação de valor para todos os *stakeholders*.

A Jornada ESG da ABNT PR 2030 oferece um roteiro estruturado e eficaz para as organizações implementarem os princípios ESG de forma estratégica, contextualizada e com foco na melhoria contínua. Essa jornada contribui para a sustentabilidade, competitividade e reputação das organizações, além de promover um futuro mais justo e equitativo para todos.

Considerações finais

A implementação de práticas de ESG (Ambiental, Social e de Governança) tem se tornado imperativa para organizações públicas e privadas em todo o mundo, inclusive no Brasil, onde os desafios socioambientais são significativos. Nesse contexto, a realização de diagnósticos e a identificação do estágio de maturidade em ESG na Administração Pública tornam-se cruciais para impulsionar o avanço desse tema no setor público.

Os diagnósticos organizacionais proporcionam uma compreensão profunda dos atributos de uma instituição, revelando problemas e disfunções que podem impactar seu desempenho. No caso das organizações públicas, a avaliação de indicadores de desempenho em ESG é essencial para medir o sucesso das ações implementadas e identificar lacunas entre as metas planejadas e os resultados alcançados. Isso oferece uma visão crítica da eficiência operacional, da eficácia das políticas e das práticas de gestão pública, incluindo aquelas relacionadas à sustentabilidade e governança.

Os *frameworks* de ESG, como a PR 2030 da ABNT, fornecem diretrizes e modelos de avaliação que auxiliam as organizações na incorporação de práticas sustentáveis em suas operações e estratégias. Através desses *frameworks*, as instituições podem alinhar suas atividades com o bem-estar das partes interessadas, mitigar riscos e aproveitar oportunidades associadas a fatores ambientais, sociais e de governança.

Além disso, a PR 2030 oferece um modelo de avaliação que permite às organizações mensurar seu nível de maturidade em questões de ESG, fornecendo um roteiro estruturado para a implementação de princípios ESG de forma estratégica e contextualizada. Isso promove a sustentabilidade, a competitividade e a reputação das organizações, além de contribuir para um futuro mais justo e equitativo.

Em resumo, a realização de diagnósticos e a identificação do estágio de maturidade em ESG na Administração Pública são fundamentais para impulsionar o avanço desse tema no setor público brasileiro. Essas práticas fornecem *insights* valiosos que orientam as organizações na melhoria contínua de suas práticas e na construção de um futuro mais sustentável e responsável para as gerações futuras.

Referências

ABNT. Associação Brasileira de Normas Técnicas. *Prática Recomendada:* ABNT PR 2030: Ambiental, social e governança (ESG) Conceitos, diretrizes e modelo de avaliação e direcionamento para organizações. Rio de Janeiro: ABNT, 2022.

BAVARESCO, A. D. Contratações sustentáveis na Administração Pública brasileira: a experiência do Poder Executivo Federal. *Revista de Administração Pública,* Rio de Janeiro, v. 41, n. 1, p. 207-235, 2013.

BHANDARI, K. R.; RANTA, M.; SALO, J. The resource-based view, stakeholder capitalism, ESG, and sustainable competitive advantage: The firm's embeddedness into ecology, society, and governance. *Business Strategy and the Environment,* Chichester, v. 31, n. 4, p. 1525-1537, 2022.

BRITO, C. M. de. *Compras públicas sustentáveis no Brasil:* a percepção dos gestores e as perspectivas do programa. 2014. 146 f. Dissertação (Mestrado em Desenvolvimento Sustentável) – Centro de Desenvolvimento Sustentável, Universidade de Brasília, Brasília, 2014.

CLEMENTINO, E.; PERKINS, R. How do companies respond to environmental, social and governance (ESG) ratings? Evidence from Italy. *Journal of Business Ethics,* Heidelberg, v. 171, n. 2, p. 379-397, 2021.

CYPRESTE, A. S. T. *Licitações sustentáveis – instrumento legal de promoção da sustentabilidade:* um estudo da aquisição de bens na Universidade Federal do Espírito Santo (UFES). 2013. 110 f. Dissertação (Mestrado Profissional em Gestão Pública) – Centro de Ciências Jurídicas e Econômicas, Universidade Federal do Espírito Santo, Vitória, 2013.

DARNALL, N.; JI, H. *et al.* Do ESG reporting guidelines and verifications enhance firms' information disclosure? *Corporate Social Responsibility and Environmental Management*, Chichester, v. 29, n. 5, p. 1214-1230, 2022.

FRANCO-SANTOS, M. *et al.* Towards a definition of a business performance measurement system. *International Journal of Operations & Production Management*, Bingley, v. 27, n. 8, p. 784-801, 2007.

FREEMAN, R. E. *Gestão estratégica:* Uma abordagem das partes interessadas. Tradução de Maria Augusta Ramos. 4. ed. São Paulo: Atlas, 2010.

GREWAL, J.; RIEDL, E. J.; SERAFEIM, G. Market reaction to mandatory nonfinancial disclosure. ***Management Science***, Catonsville, v. 65, p. 3061-3084, 2019.

ITTNER, C. D.; LARCKER, D. F. Coming up short on nonfinancial performance measurement. *Harvard Business Review*, Brighton, v. 81, n. 11, p. 88-95, 2003.

KAPLAN, R.; NORTON, D. The balanced scorecard: Measures that drive performance. *Harvard Business Review*, Brighton, v. 70, n. 1, p. 71-79, 1992.

KARDEC, A., FLORES, J.; SEIXAS, E. *Gestão Estratégica e Indicadores de Desempenho*. 1. ed. Rio de Janeiro: Qualitymark, 2000.

KINGESKI, A. A. I. Diagnóstico organizacional: um estudo dos problemas organizacionais a partir das relações interpessoais. Simpósio de Engenharia de Produção,12. *Anais*... São Paulo: SIMPEP, 2005.

KUJALA, J. *et al.* Stakeholder engagement: past, present, and future. *Business & Society*, Tampere, 2022.

LI, H.; ZHANG, X.; ZHAO, Y. ESG and firm's default risk. *Finance Research Letters*, Amsterdam, v. 47, p. 102713, 2022.

MUÑOZ-TORRES, M. J. *et al.* Can environmental, social, and governance rating agencies favor business models that promote a more sustainable development? *Corporate Social Responsibility and Environmental Management*, Chichester, v. 26, n. 2, p. 439-452, 2019.

NASCIMENTO, S. *et al.* Ferramentas gerenciais à luz do desempenho organizacional. *Revista Pretexto*, Belo Horizonte, v.11, n. 3, p.34-57, 2010.

NEELY, A.; GREGORY, M.; PLATTS, K. Performance measurement system design: a literature review and research agenda. *International Journal of Operations & Production Management*, Bingley, v. 15, n. 4, p. 80-116, 1995.

ONU. Organização das Nações Unidas. *Objetivos de Desenvolvimento Sustentável*. Brasil: ONU, 2024.

PESTANA, M. *Licitações públicas no Brasil:* exame integrado das Leis nº 8.666/1993 e 10.520/2002. São Paulo: Atlas, 2013.

PORTER, M. E. *et al. Measuring shared value.* How to unlock value by linking social and business results. Genebra: FSG, 2011.

RASHID, A. N. R. N.; JUSSOFF, K.; KASSIM, K. M. Eco-labeling perspectives amongst Malaysian consumers. *Canadian Social Science,* Quebec, v. 2, n. 5, p. 1-10, 2009.

RIBEIRO, T. de L.; DE LIMA, A. Environmental, Social and Governance (ESG): mapeamento e análise de clusters. *Revista de Governança Corporativa,* São Paulo, v. 9, n. 1, e0120, 2022.

SCHALTEGGER, S.; WAGNER, M. Sustainable entrepreneurship and sustainability innovation: categories and interactions. *Business strategy and the environment,* v. 20, n. 4, p. 222-237, 2011.

SIMONS, R. *Levers of Control:* How Managers Use Innovative Control Systems to Drive Strategic Renewal. Boston: Harvard Business School Press, 1995.

TAKASHINA, N. T.; FLORES, M. C. X. *Indicadores da qualidade e do desempenho* – como estabelecer e medir resultados. Rio de Janeiro, Qualitymark, 1996.

TEZZA, R.; BORNIA, A. C.; VEY, I. H. Performance measurement systems: a review and classification of literature. *Gestão e Produção,* São Carlos, v. 17, n. 1, p. 75-93, 2010.

Informação bibliográfica deste livro, conforme a NBR 6023:2018 da Associação Brasileira de Normas Técnicas (ABNT):

MAGACHO, Bruna Toledo Piza; SILVA, Ednilson Alves da. ESG na Administração Pública: diagnóstico e estágios de maturidade. *In*: RODRIGUES, Caroline; PIRONTI, Rodrigo (coord.). *ESG na Administração Pública*: estudos dirigidos. Belo Horizonte: Fórum, 2025. p. 357-378. ISBN 978-85-450-0779-1.

MATRIZ DE MATERIALIDADE E TEMAS MATERIAIS

LUCCA T. BARROS

Introdução

Nos últimos anos, o conceito de ESG (*Environmental, Social, and Governance*), que se traduz como Ambiental, Social e Governança, ganhou destaque e importância crescente no âmbito da Administração Pública. Originalmente concebido no contexto corporativo e de investimentos para avaliar empresas no âmbito financeiro aliado às práticas sustentáveis e éticas das empresas, o termo ESG vem sendo cada vez mais reconhecido como um pilar fundamental para o desenvolvimento sustentável também no setor público. A aplicação desses princípios na Administração Pública não apenas reflete um compromisso com a responsabilidade ambiental e social, mas também promove a transparência, a ética e a eficácia na governança.

A adoção de práticas sustentáveis influencia positivamente o desenvolvimento em todas as suas dimensões. Como ressaltado por John Elkington, em sua obra seminal "*Cannibals with Forks: The Triple Bottom Line of 21st Century Business*" (1997), "a sustentabilidade deve ser abordada de maneira integrada, considerando os impactos ambientais, sociais e de governança de forma equilibrada". Embora Elkington se concentre inicialmente no setor empresarial, seu argumento é plenamente aplicável ao setor público: a necessidade de uma abordagem holística que equilibre essas três dimensões para alcançar um desenvolvimento genuinamente sustentável.

No contexto das obras públicas, a integração dos princípios ESG se traduz na realização de projetos que não apenas atendam às necessidades imediatas da população, mas que também considerem o impacto ambiental, promovam a inclusão social e sejam geridos sob os mais altos padrões de ética e transparência. Um exemplo notável é o destacado por Sachs (2015), em "*The Age of Sustainable Development*", onde o autor discute que "políticas e práticas de sustentabilidade bem implementadas no setor público podem conduzir a um desenvolvimento que beneficie toda a sociedade, ao mesmo tempo em que preserva os recursos para as futuras gerações".

O presente artigo tem como objetivo explorar a relevância da matriz de materialidade e temas materiais na integração dos princípios ESG na Administração Pública, sob a orientação dos Objetivos de Desenvolvimento Sustentável (ODS). A matriz de materialidade, uma ferramenta estratégica para identificar e priorizar questões sustentáveis, oferece um caminho para as entidades públicas alinharem suas atividades com os princípios ESG, garantindo que as ações tomadas estejam em consonância com as metas de desenvolvimento sustentável globais. Ao examinar como essa ferramenta pode ser aplicada no setor público, buscamos contribuir para a construção de um novo paradigma na Administração Pública, um que esteja em harmonia com os desafios e oportunidades do século XXI e que promova um desenvolvimento sustentável, inclusivo e justo.

Visão geral (ESG e a Administração Pública: um panorama atual)

No cenário global, vemos uma crescente tendência de governos e entidades públicas incorporando aspectos ESG em suas operações, políticas e projetos. Essa tendência reflete uma compreensão ampliada de que a sustentabilidade e a responsabilidade social e corporativa transcendem os limites do setor privado, necessitando de uma abordagem integrada que envolva todas as esferas da sociedade.

No entanto, a eficácia dessa integração enfrenta desafios significativos, principalmente devido à falta de sinergia entre os diferentes setores. A necessidade de alinhamento entre o setor público e o setor empresarial é crucial para a criação de um ambiente legal e regulatório que favoreça o desenvolvimento socioeconômico e ambiental sustentável. A colaboração entre esses setores pode catalisar a implementação de leis e políticas que não apenas incentivem, mas também exijam práticas sustentáveis, tornando as iniciativas ESG concretas, eficientes e contínuas.

A importância do foco no setor público

No setor empresarial, a incorporação de práticas ESG já se estabeleceu como um diferencial competitivo essencial, respondendo às crescentes exigências legais e às expectativas dos consumidores e investidores. Empresas que adotam práticas sustentáveis tendem a apresentar melhor desempenho financeiro a longo prazo, além de fortalecer sua reputação e relacionamento com *stakeholders*.

Para o poder público, a adoção de práticas ESG é igualmente crítica, embora por razões adicionais e distintas.

À luz do mais recente Relatório de Avaliação (AR6) do Painel Intergovernamental sobre Mudanças Climáticas (IPCC), ficou evidente que enfrentamos desafios ambientais sem precedentes em nossa história geológica recente. Com concentrações de CO2 nos níveis mais altos dos últimos dois milhões de anos e a última década sendo a mais quente em 125 mil anos, os dados científicos exigem uma resposta global imediata e decisiva. As mudanças climáticas, o rápido aquecimento e a acidificação dos oceanos não são apenas problemas ambientais; são crises multifacetadas que afetam a vida socioeconômica e ecológica em uma escala global.

Integrando a ideia do livro "Capitalismo Consciente", de John Mackey e Raj Sisodia, podemos entender que "ser consciente significa estar totalmente desperto e lúcido para enxergar a realidade com clareza e para entender todas as consequências de nossas ações, a curto e a longo prazo. Significa estar atento ao que se passa dentro de nós mesmos e na realidade externa, bem como aos impactos disso tudo sobre o mundo. Significa, também, ter um forte compromisso com a verdade e agir do modo mais responsável, de acordo com o que entendemos ser verdadeiro. Este chamado à consciência é diretamente aplicável ao desafio das mudanças climáticas, onde a ação consciente e informada é vital para a sobrevivência de nosso planeta.

Neste contexto, a implementação de práticas ESG (Environmental, Social, and Governance) pela Administração Pública torna-se não apenas uma estratégia, mas uma necessidade ética. O setor público tem o dever de liderar pelo exemplo, promovendo um novo modo de governança que esteja em harmonia com os princípios de sustentabilidade, equidade e responsabilidade corporativa. Ao contrário do setor privado, onde as motivações para adotar práticas ESG podem frequentemente derivar de interesses econômicos ou competitivos, o setor público deve abordá-las como fundamentais para garantir o bem-estar a longo prazo da sociedade e a saúde do planeta.

Dessa forma, essa abordagem não deve ser vista como uma mera adoção de uma tendência de mercado, mas como parte de uma visão consciente e responsável de gestão. Estamos todos no mesmo planeta e enfrentamos os mesmos desafios globais. Portanto, as ações do setor público devem refletir um compromisso com a verdade e a responsabilidade, conforme destacado no "Capitalismo Consciente". Isso envolve reconhecer e agir sobre a realidade das mudanças climáticas, não apenas como uma questão de política ambiental, mas como o cerne de uma estratégia integrada e ética de desenvolvimento sustentável que beneficie todas as formas de vida na Terra.

No contexto brasileiro, isso é particularmente pertinente, considerando os desafios ambientais, as desigualdades sociais e a necessidade de promover a transparência e a eficiência na gestão pública.

A responsabilidade do poder público em assegurar saúde, segurança e um ambiente propício ao desenvolvimento sustentável é indiscutível. Dentre as iniciativas-chave para avançar nessa agenda, destaca-se a construção de usinas fotovoltaicas pelo estado do Paraná, por exemplo, para fornecer energia a uma região no município de Curitiba. Uma estratégia eficaz para promover a transição energética. Outro exemplo é a digitalização de processos e a disponibilização de documentos para consulta pública em tempo real, que emergem como práticas fundamentais para aumentar a transparência e fortalecer a governança. Estas ações não somente exemplificam o compromisso do governo com a sustentabilidade, mas também reforçam seu papel de liderança no cumprimento de seus deveres para com a sociedade, alinhando-se aos princípios ESG e contribuindo para uma sociedade mais justa e sustentável.

Desafios e oportunidades

A implementação de práticas ESG na Administração Pública brasileira apresenta desafios únicos. Dentre eles, destacam-se a complexidade da definição de temas materiais específicos desse setor, vista a dimensão de vertentes de gestão do Estado em detrimento do cumprimento de seus deveres sobre a população, assim como a complexidade na legislação ambiental, a necessidade de reformas estruturais para promover a governança e a dificuldade em equilibrar o desenvolvimento econômico com a proteção ambiental e social. A burocracia e a falta de recursos também são barreiras significativas, dificultando a adoção de práticas sustentáveis de forma abrangente e eficaz.

No entanto, as oportunidades superam os desafios. O setor público, ao incorporar essas estratégias, pode servir como catalisador para a transformação socioeconômica e ambiental do Brasil. Isso inclui a promoção de uma economia verde que gere empregos sustentáveis, melhoria da qualidade de vida através de políticas sociais inclusivas e a conservação dos recursos naturais para as futuras gerações. Com isso, o Brasil pode atrair investimentos, tanto nacionais quanto internacionais, que são cada vez mais direcionados a projetos sustentáveis e responsáveis, sendo referência nesse tema e mostrando resultados concretos

A sinergia entre os setores público e privado, mediada por legislações que favoreçam essas práticas ESG, é fundamental para superar esses desafios e aproveitar as oportunidades disponíveis. Iniciativas como a implementação de políticas públicas voltadas para a sustentabilidade, a criação de incentivos para empresas que adotam práticas ESG e o desenvolvimento de projetos de infraestrutura sustentável são exemplos de como essa colaboração pode se materializar, promovendo um desenvolvimento que seja não apenas econômico, mas também social e ambientalmente responsável.

Matriz de materialidade: conceitos e aplicabilidade

O conceito de materialidade varia consideravelmente dependendo do contexto em que é aplicado. Na sua essência, como definido em dicionários, a materialidade refere-se à característica do que é material ou substancial. No entanto, essa definição ampla ganha contornos específicos e aplicabilidades distintas em campos como Direito, contabilidade e auditoria.

No âmbito do Direito, a materialidade é entendida como comprovação objetiva. Designa um atributo essencial da relação jurídica, representando o conjunto dos termos essenciais dessa relação, que são formados a partir de um direito material, ou seja, um direito que não é meramente processual. Esse entendimento sublinha a importância da substância sobre a forma em questões legais, destacando o peso e a relevância dos elementos fundamentais que compõem um caso ou contrato legal.

Na contabilidade, a materialidade assume um papel crucial na integridade das demonstrações contábeis. Omissões ou declarações inexatas de itens são consideradas materiais se, individualmente ou em conjunto, puderem influenciar as decisões econômicas dos usuários dessas demonstrações. Esse princípio assegura que todas as informações significativas sejam adequadamente reportadas e que erros menores, que não afetam substancialmente as decisões dos usuários, possam ser devidamente contextualizados.

Em auditoria, a definição de materialidade é mais técnica e está intrinsecamente ligada ao risco de distorção das informações. Segundo as normas de auditoria,

> Para fins das normas, materialidade para execução da auditoria significa o valor ou valores fixados pelo auditor, inferiores ao considerado relevante para as demonstrações contábeis como um todo, para adequadamente reduzir a um nível baixo a probabilidade de que as distorções não corrigidas e não detectadas em conjunto, excedam a materialidade para as demonstrações contábeis como um todo.

Assim, embora o termo "materialidade" mantenha um núcleo de significado relacionado à substancialidade e importância fundamental, suas implicações práticas variam amplamente. Em cada campo, a materialidade ajuda a assegurar que as partes essenciais e decisivas de informações, transações ou relações legais sejam avaliadas com a devida seriedade e rigor, refletindo a sua verdadeira importância e impacto potencial.

Dentro do espectro de ESG (ambiental, social e governança), o conceito de materialidade ajuda a determinar as questões mais significativas que afetam tanto a sustentabilidade interna de uma organização quanto seu impacto externo. No contexto da sustentabilidade, o termo surgiu em 2006 nas diretrizes G3 do *Global Reporting Initiative* (GRI). Em um ambiente de Administração Pública, entender e aplicar a materialidade significa identificar os temas ESG que são mais relevantes e críticos tanto para o funcionamento da organização quanto para os cidadãos e o meio ambiente que ela serve.

A definição do *Corporate Reporting Dialogue* (*CRD*) é relevante porque representa uma definição comum de oito das principais organizações normatizadoras de padrões de relatórios corporativos, incluindo GRI, IIRC, SASB, CDSB, FASB, CDP, IFRS e ISO. O CRD foi dissolvido em 2021 com a criação do *International Sustainability Standard Board*

(ISSB) pela *IFRS Foundation*, mas seu papel foi crucial para a criação da Declaração de Princípios Comuns da Materialidade, sendo motriz da evolução dos padrões globais de sustentabilidade e relatórios corporativos. Essa definição foi criada para alcançar uma maior coerência, consistência e comparabilidade entre as estruturas de relatórios corporativos, padrões e requisitos relacionados, proporcionando um *framework* robusto para avaliar a materialidade. Uma informação é considerada material quando é capaz de contribuir para a avaliação adequada de um assunto.

Como levantar o grau de importância de todos os temas ESG de uma instituição?

A identificação de temas materiais dentro da Administração Pública exige uma metodologia robusta que considere tanto a complexidade dos temas ESG quanto as expectativas e impactos sobre os diversos *stakeholders*. A abordagem mais eficaz para determinar a materialidade envolve várias etapas estratégicas, começando com a segmentação dos temas em três principais eixos: ambiental, social e governança. Esses eixos facilitam a organização e priorização das questões, permitindo uma análise mais clara e direcionada.

Passo 1: Engajamento dos *stakeholders*

O primeiro passo é o engajamento dos *stakeholders*, que inclui funcionários, clientes, fornecedores, comunidade, reguladores e investidores. Através de consultas, pesquisas e fóruns de discussão, a Administração Pública pode captar percepções diversas sobre as expectativas e preocupações relativas a cada um dos eixos ESG. Esse engajamento não apenas enriquece o processo de análise, mas também garante transparência e inclusão nas decisões tomadas.

Passo 2: Análise e priorização

Com os dados coletados, a próxima etapa é a análise e priorização dos temas. Aqui, os Objetivos de Desenvolvimento Sustentável (ODS) da ONU oferecem uma estrutura valiosa para alinhar os temas ESG com metas globais, facilitando a identificação de quais temas são essenciais para o desenvolvimento sustentável e devem ser priorizados – principalmente no contexto da Administração Pública. Cada tema é avaliado quanto ao seu impacto potencial e relevância para os *stakeholders* e para a missão institucional da organização.

Passo 3: Matriz de materialidade e dupla materialidade

Para levantar o grau de importância de todos os temas ESG de uma instituição, adota-se uma matriz de materialidade. Neste contexto, os temas são categorizados como materiais ou não materiais com base em sua capacidade de impactar decisões, operações e a comunidade. Como já mencionado, temas materiais são aqueles que têm um impacto significativo na performance ou na sustentabilidade da organização e requerem atenção prioritária.

Já a dupla materialidade ressalta a importância de considerar não apenas o impacto que uma organização exerce sobre o meio ambiente e a sociedade, mas também como esses fatores externos impactam a própria instituição em termos financeiros. Para implementar essa abordagem, a organização pode classificar as questões de sustentabilidade em várias categorias, conforme sua relevância e impacto. Vejamos algumas questões:

Questões centrais: estas são essenciais para a estratégia de sustentabilidade da organização. Por exemplo, a gestão eficiente dos resíduos urbanos pode ser identificada como uma questão central. Isso implica um alto grau de materialidade tanto para o governo, que busca otimizar custos e cumprir regulamentações ambientais, quanto para a sociedade, que se beneficia da redução da poluição e do aumento da qualidade de vida. Com base nisso, a Administração Pública pode estabelecer metas de redução de resíduos destinados a aterros e investir em programas de reciclagem e compostagem, promovendo sustentabilidade e atendendo às necessidades da comunidade, enquanto melhora sua eficiência operacional e reduz custos a longo prazo.

Questões estratégicas: a promoção da transparência e a participação cidadã, embora possam não ser o foco principal, são essenciais e têm um impacto significativo na confiança pública e na eficiência governamental. Implementar programas que incentivem a participação ativa da sociedade nas decisões governamentais pode fortalecer a democracia e também melhorar a percepção pública e a colaboração entre governo e cidadãos. Isso pode resultar em políticas mais eficazes e em maior legitimidade para as ações do governo, fortalecendo a confiança da população e promovendo uma gestão pública mais responsável e transparente.

Questões secundárias: o engajamento com as comunidades locais, embora não impacte diretamente os resultados financeiros do governo, é fundamental para melhorar a imagem pública e fortalecer a aceitação das políticas públicas. Por exemplo, investir em programas de revitalização de espaços públicos ou em ações de apoio a grupos vulneráveis pode não só melhorar a qualidade de vida nas comunidades, mas também aumentar o apoio da população às iniciativas do governo. Esses investimentos em projetos sociais contribuem para a construção de uma relação de confiança entre o governo e os cidadãos, promovendo maior aceitação das políticas públicas e a colaboração da comunidade.

Questões periféricas: aquelas que têm impacto mínimo nos processos centrais da Administração Pública, mas ainda assim requerem atenção para garantir uma gestão eficiente e responsável. Um exemplo pode ser a implementação de programas de reciclagem em edifícios públicos ou a promoção de campanhas de redução de desperdício de papel no governo. Embora essas ações não afetem diretamente as políticas públicas ou os resultados financeiros, elas contribuem para a sustentabilidade, melhoram a imagem da Administração Pública e geram economia de recursos, sem demandar grandes investimentos.

Utilizar a dupla materialidade para categorizar questões de sustentabilidade garante que as questões cruciais sejam endereçadas com a devida seriedade e profundidade e promove uma maior harmonia e coerência nas práticas de sustentabilidade da organização. Esse enfoque estratégico maximiza os impactos positivos enquanto minimiza ineficiências e redundâncias em esforços de sustentabilidade.

Passo 4: Implementação e monitoramento

Após a identificação e priorização dos temas materiais, a Administração Pública deve desenvolver estratégias e ações específicas para cada tema identificado. Isso inclui a definição de indicadores-chave de desempenho (KPIs) para monitorar o progresso e ajustar as abordagens conforme necessário. Esses KPIs devem estar alinhados aos ODS para garantir uma contribuição efetiva ao desenvolvimento sustentável.

Temas materiais na Administração Pública

Este tópico explora a identificação e análise dos temas materiais mais relevantes para a Administração Pública, destacando sua contribuição para os objetivos de sustentabilidade e sua conexão com os Objetivos de Desenvolvimento Sustentável (ODS).

Tema 1: Gestão de resíduos e economia circular

Relevância: A gestão de resíduos é essencial para combater a crescente pressão sobre os aterros sanitários e minimizar os impactos ambientais negativos. Uma abordagem de economia circular pode impulsionar a inovação e criar novas oportunidades de negócios sustentáveis no setor público.

Contribuição para a sustentabilidade: ajudam a reduzir o impacto ambiental, promovendo o reaproveitamento de recursos e a redução de resíduos. Isso contribui para a preservação ambiental e a redução da poluição.

ODS 12 (Consumo e Produção Responsáveis) e 13 (Ação contra a Mudança Global do Clima)

Tema 2: Educação e inclusão digital

Relevância: preparar a força de trabalho do futuro, capacitar a população e promover a igualdade social. Investir em educação digital pode reduzir barreiras e melhorar o acesso ao conhecimento, promovendo uma sociedade mais equitativa.

Contribuição para a sustentabilidade: a promoção da educação e a inclusão digital garantem que todas as pessoas tenham acesso a oportunidades educacionais e profissionais, o que é essencial para reduzir as desigualdades e fomentar o desenvolvimento social e econômico.

ODS 4 (Educação de Qualidade) e 10 (Redução das Desigualdades)

Tema 3: Saúde pública e acesso universal

Relevância: pilar fundamental para a sustentabilidade social e econômica, pois uma população saudável é mais produtiva e resiliente.

Além disso, o acesso universal à saúde é um direito básico, promovendo equidade e coesão social.

Contribuição para a sustentabilidade: garantir o acesso universal à saúde e melhorar os serviços públicos de saúde são fundamentais para o bem-estar das populações e a redução de desigualdades. Isso contribui para uma vida saudável e o aumento da qualidade de vida.

ODS 3 (Saúde e Bem-Estar)

Tema 4: Governança e ética

Relevância: a transparência e a ética na Administração Pública são essenciais, e inclusive obrigatórias, para manter a confiança do público e a integridade das instituições.

Contribuição para a sustentabilidade: implementar práticas de governança robustas, incluindo transparência nas decisões, responsabilidade e participação cidadã, e inserindo a tecnologia para se tornar um aliado nessa jornada. Fortalecer a governança ajuda a garantir que as políticas de sustentabilidade sejam implementadas de forma eficaz e que os recursos sejam utilizados de maneira responsável.

ODS 16 (Paz, Justiça e Instituições Eficazes).

Tema 5: Mobilidade urbana

Relevância: reduzir a dependência de combustíveis fósseis, combater a poluição e melhorar a qualidade de vida nas cidades. Investir em sistemas de transporte público eficientes, ciclovias e veículos elétricos reduz os congestionamentos e promove um ambiente urbano mais saudável.

Contribuição para a sustentabilidade: a promoção de transportes sustentáveis e a melhoria da mobilidade urbana ajudam a reduzir as emissões de gases de efeito estufa, melhoram a qualidade do ar e contribuem para a construção de cidades mais inclusivas e resilientes.

ODS 11 (Cidades e Comunidades Sustentáveis) e ODS 13 (Ação Contra a Mudança Global do Clima).

Esses são apenas alguns temas materiais que podem ser priorizados na matriz de materialidade de órgãos da Administração Pública, sendo cruciais para uma abordagem de desenvolvimento sustentável que beneficie todas as partes da sociedade. Ao alinhar esses temas com os ODS, as administrações públicas podem garantir que suas práticas sustentáveis atendam aos desafios globais mais prementes.

Conclusão

A incorporação efetiva dos princípios de ESG (*Environmental, Social, and Governance*) na Administração Pública não é apenas uma questão de responsabilidade ambiental ou de cumprimento de normas, é um elemento fundamental para a sustentabilidade de longo prazo das comunidades e do planeta. A matriz de materialidade, como demonstrado ao longo deste artigo, é uma ferramenta estratégica essencial que permite às entidades governamentais identificarem e priorizarem os temas que têm maior impacto sobre a sua operação e sobre os *stakeholders* envolvidos.

Ao categorizar temas como gestão de resíduos e economia circular, educação e inclusão digital, saúde pública e acesso universal, governança e mobilidade urbana, em função de sua relevância e impacto, as administrações públicas podem direcionar seus esforços e recursos de forma mais eficiente e eficaz. Essa abordagem não apenas alinha as políticas públicas aos Objetivos de Desenvolvimento Sustentável (ODS) das Nações Unidas, mas também responde diretamente aos desafios emergentes destacados nos relatórios científicos mais recentes, como o do IPCC.

Os temas materiais identificados e analisados fornecem uma base sólida para ações que podem mitigar impactos negativos e potencializar benefícios sociais e econômicos. São cruciais para a transformação das práticas administrativas em modelos de governança que são transparentes, justos e orientados para a sustentabilidade.

Portanto, é vital que todas as partes interessadas – desde funcionários do governo até parceiros do setor privado e a sociedade civil – reconheçam a importância da matriz de materialidade e se comprometam com a implementação de práticas de ESG. O engajamento e a cooperação entre todos os níveis de governança e setores da sociedade são indispensáveis para enfrentar os desafios globais que temos pela frente.

Referências

ELKINGTON, John. *Cannibals with Forks*: The Triple Bottom Line of 21st Century Business. Capstone, 1997.

GRI – Global Reporting Initiative. Sustainability Reporting Standards. [s.l.]: GRI, 2018. Disponível em: https://www.globalreporting.org/standards/. Acesso em: 25 mar. 2024.

INSTITUTO DE PESQUISA ECONÔMICA APLICADA – IPEA. Objetivos de Desenvolvimento Sustentável. Disponível em: https://www.ipea.gov.br/ods/. Acesso em: 25 mar. 2024.

IPCC – Painel Intergovernamental sobre Mudanças Climáticas. Climate Change 2014: Synthesis Report. Contribution of Working Groups I, II and III to the Fifth Assessment Report of the Intergovernmental Panel on Climate Change. [s.l.]: IPCC, 2014. Disponível em: https://www.ipcc.ch/report/ar5/syr/. Acesso em: 25 mar. 2024.

MACKEY, John; SISODIA, Raj. *Capitalismo Consciente*: como libertar o espírito heroico dos negócios. Alta Books, 2018.

ONU – Organização das Nações Unidas. Transformando nosso mundo: a Agenda 2030 para o Desenvolvimento Sustentável. Nova Iorque, 2015.

SACHS, Jeffrey D. *The Age of Sustainable Development*. New York: Columbia University Press, 2015.

Informação bibliográfica deste livro, conforme a NBR 6023:2018 da Associação Brasileira de Normas Técnicas (ABNT):

BARROS, Lucca T. Matriz de materialidade e temas materiais. *In*: RODRIGUES, Caroline; PIRONTI, Rodrigo (coord.). *ESG na Administração Pública*: estudos dirigidos. Belo Horizonte: Fórum, 2025. p. 379-391. ISBN 978-85-450-0779-1.

ANÁLISE SOBRE AS ESTRUTURAS EXISTENTES PARA O RELATO E GERENCIAMENTO DOS IMPACTOS AMBIENTAIS, SOCIAIS E DE GOVERNANÇA CORPORATIVA (ESG)

FABRICIO SOLER
CAROLINE PALERMO

1 Introdução

O artigo busca apresentar uma análise sobre as estruturas existentes para o relato e gerenciamento dos impactos ambientais, sociais e de governança corporativa (ESG).

Muito se fala em *frameworks*,[1] mas preferimos usar a tradução em português da expressão, como "estruturas", considerando que o anglicismo poderia ser um obstáculo à comunicação eficiente.

Como o cenário global de divulgação sobre mudanças climáticas é bastante amplo e está em constante evolução, faz-se necessário utilizar alguma metodologia comparativa para que se possa entender essas estruturas.

Atualmente, apresentamos uma abordagem sobre as seguintes estruturas: o *Task Force on Climate-Related Financial Disclosures* (TCFD), o *International Sustainability Standards Board* (ISSB), o *Global Reporting Initiative* (GRI) e o *Sustainability Accounting Standards Board* (SASB).

O objetivo será analisar as especificidades dessas estruturas de modo descritivo, abordando os seguintes tópicos: (i) definição; (ii) divulgação sobre as emissões dos gases de efeito estufa; (iii) materialidade; (iv) auditorias e (v) a análise do cenário de mudanças climáticas. Frise-se que esse descritivo não engloba nenhum juízo de valor, posto

---

[1] Disponível em: https://dictionary.cambridge.org/dictionary/english-portuguese/framework. Acesso em: 25 maio 2024.

que cada instituição deverá avaliar a sua materialidade para elaborar o relato e gerenciamento dos impactos ambientais, sociais e de governança corporativa (ESG).

2 *Task Force on Climate-Related Financial Disclosures* (TCFD)

2.1 Definição

O *Task Force on Climate-Related Financial Disclosures* (TCFD) pode ser traduzido como Força-tarefa para Divulgações Financeiras Relacionadas às Mudanças Climáticas.

Trata-se de uma iniciativa lançada em 2017 que busca fornecer uma estrutura para que as empresas e organizações possam utilizar as suas "Recomendações" e avaliar os impactos financeiros de riscos e oportunidades relacionados às questões climáticas.

Existem 4 (quatro) "Recomendações" de ampla adoção, tais como:

(i) governança: relacionada com os riscos e oportunidades ligados às mudanças climáticas e como esse tema está sendo priorizado por empresas e organizações;

(ii) estratégia: analisa os impactos efetivos e os potenciais riscos e oportunidades relacionados às mudanças climáticas sobre os negócios e o planejamento financeiro da organização;

(iii) gestão de riscos: questiona o que está sendo feito para sinalizar e responder a eventuais novos riscos das mudanças climáticas; e

(iv) métricas e metas: passa pela análise dos objetivos concretos que estão sendo traçados para gerir aspectos relevantes no que tange às mudanças climáticas.

O relatório do TCFD apresentado em 2023 concluiu que, no geral, a Força-Tarefa foi encorajada no progresso das empresas na divulgação de informações financeiras relacionadas ao clima alinhadas com as "Recomendações" do TCFD e pelo apoio de governos, reguladores e outras autoridades ao usá-las como base para desenvolver leis, regras e padrões sobre a divulgação financeira relacionada com o clima. No entanto, foi sinalizada uma preocupação com o número reduzido de empresas que divulgavam as referidas informações, especialmente no que se refere ao impacto das mudanças climáticas em seus negócios, estratégias, planejamento financeiro, o que poderia prejudicar os investidores e os esforços dos credores para avaliar e precificar adequadamente os riscos relacionados com o clima. Essa análise utilizou uma ampla avaliação sobre a situação das mudanças climáticas, incluindo as informações do Painel Intergovernamental sobre Mudanças Climáticas.[2]

Cabe destacar que, simultaneamente à divulgação do relatório, em 12 de outubro de 2023, o TCFD anunciou que cumpriu a sua missão e foi dissolvido,[3] de modo que o *Financial Stability Board* (FSB) solicitou ao *International Financial Reporting Standards Foundation* (IFRS Foundation) que assumisse a monitorização do progresso das empresas acerca das divulgações relacionadas com o clima.

Enquanto o *International Sustainability Standards Board* (ISSB) e outros órgãos continuam a impulsionar melhorias na divulgação das finanças relacionadas com o clima e apoiar os esforços das empresas para fazer tais divulgações, a Força-Tarefa mencionou que seria importante reconhecer a dinâmica das questões relacionadas com o clima (bem como as questões de sustentabilidade), avaliar e ajustar, conforme a evolução de tais práticas.

De outra parte, pode-se dizer que a Força-Tarefa refletiu as experiências e entendimentos adquiridos nestes últimos anos (de 2017 até 2023), bem como reforçou a necessidade de continuidade de todo esse trabalho para o futuro, especialmente para: (i) garantir a interoperabilidade dos padrões ISSB com estruturas jurisdicionais para apoiar relatórios consistentes em todas as jurisdições e evitar a necessidade das empresas relatarem por diversos locais; (ii) desenvolver orientações de implementação sobre temas como a avaliação de riscos físicos relacionados com o clima e planejamento de adaptação, análise de cenários relacionados ao clima em nível setorial ou industrial e do escopo 3[4] (relacionado às emissões de gases de efeito estufa); (iii) apostar na

---

[2] The Intergovernmental Panel on Climate Change. Disponível em: https://www.ipcc.ch/. Acesso em: 9 jun. 2024.

[3] A partir de novembro de 2023, o site do TCFD informou que não será mais atualizado ou monitorado, mas permanecerá disponível para servir como recurso para materiais desenvolvidos pela Força-Tarefa.

[4] Para entender o chamado "escopo 3", faz-se necessário explicar que existe o "GHG Protocol", que seria um protocolo onde foram desenvolvidas ferramentas de cálculo para estimar as emissões de gases de efeito estufa (GEE), de modo que as emissões foram categorizadas em três grupos denominados de escopos 1, 2 e 3. Para exemplificar, no escopo 1, se a sua empresa possui um carro, ao dirigi-lo, há a queima de gasolina e isso emite diretamente os gases de efeito estufa na atmosfera (riscos diretos decorrentes da atividade). No escopo 2, estão abarcadas as emissões indiretas provenientes, por exemplo, da compra de eletricidade para um escritório (riscos relacionados ao fornecimento de energia). E, por sua vez, o escopo 3 abrange todo o restante das emissões (da cadeia de valor), ou seja, que são divididas em "upstream" (da produção e do transporte de produtos e serviços que você

divulgação (pelas empresas) da resiliência das suas estratégias sob diferentes cenários relacionados com o clima, alinhado com o último acordo internacional sobre alterações climáticas;[5] (iv) focar na divulgação de decisões úteis sobre outros tópicos de sustentabilidade, como biodiversidade, água e problemas sociais, considerando as ligações entre as questões relacionadas com o clima e de sustentabilidade (por exemplo, no contexto dos planos de transição das empresas); e (v) desenvolver uma estrutura consistente de divulgação financeira relacionada com o clima para utilização dos países e outras entidades, pois tais relatórios poderiam ser comparáveis por parte dos governos e apoiariam as empresas na preparação de divulgações abrangentes com planos de transição que refletissem adequadamente seu ambiente operacional.

Assim, pode-se dizer que a Força-tarefa para Divulgações Financeiras Relacionadas às Mudanças Climáticas foi bem recebida tanto pelo setor privado como pelo setor público, servindo como base para a construção dos requisitos e padrões utilizados por vários órgãos jurisdicionais e relatórios internacionais. Além disso, houve uma disseminação global das "Recomendações" do TCFD para diversas empresas, o que culminou com a implementação de forma voluntária, indicando que essas informações serão muito úteis para outras iniciativas que seguirão se desenvolvendo.

2.2 Divulgação sobre as emissões de gases de efeito estufa

As emissões de gases de efeito estufa são o foco principal de muitas políticas de alterações climáticas (por exemplo, reduções de emissões, preços de carbono), desenvolvimento tecnológico (renováveis, sequestro de carbono) e mudanças de mercado (mercados de carbono, financiamento verde) e podem, portanto, apresentar riscos de transição significativos e oportunidades para empresas. As emissões de gases de efeito estufa, sem dúvida, são também um fator de primeira ordem de outros riscos e oportunidades relacionados com o clima enfrentados

compra) e "downstream" (dos clientes quando eles usam e descartam o produto), como, por exemplo, as emissões liberadas pela reciclagem de latinhas de refrigerante para uma empresa de bebidas.

5 O TCFD usou a frase "um cenário de 2ºC ou menos" em seu relatório baseado no Acordo de Paris e considera a frase "um cenário alinhado com o mais recente acordo internacional sobre alterações climáticas" como consistente com a sua intenção de utilizar "um cenário de 2ºC ou menos".

pelas empresas, tais como a demanda de água e fornecimento de energia devido aos impactos físicos das alterações climáticas (secas, inundações e ondas de calor).[6]

A divulgação das emissões de gases de efeito estufa enquadradas no escopo 1 e 2 são obrigatórias, enquanto a do escopo 3 está sujeita a materialidade e riscos relacionados.

No entanto, o TCFD incentiva a divulgação das emissões do escopo 3, inclusive com a publicação de um guia com métricas, objetivos e planos de transição,[7] embora reconheça que existem desafios associados, tais como a obtenção de dados e diversas metodologias.

2.3 Materialidade

Nos relatórios financeiros, o termo *"materialidade"*[8] geralmente refere-se a informações cuja omissão ou distorção poderia influenciar as decisões econômicas dos usuários com base nas demonstrações financeiras de uma empresa. Essa seria a "materialidade financeira", ou seja, o alicerce sobre o qual as "Recomendações" do TCFD foram desenvolvidas.

Nas perguntas frequentes sobre a definição de "materialidade" para o TCFD, explica-se que, para garantir a maior compatibilidade possível com os requisitos de divulgação nacionais para registos financeiros, a Força-Tarefa acredita que as empresas devem determinar a materialidade das questões relacionadas com o clima de forma consistente, como determinam a materialidade de outras informações incluídas nos seus registos financeiros, mas adverte as organizações contra a conclusão prematura de que os riscos e oportunidades relacionados com o clima

---

6 TCFD. FAQ. Disponível em: https://www.tcfdhub.org/faq/. Acesso em: 9 jun. 2024.

7 Task Force on Climate-related Financial Disclosures. Guidance on Metrics, Targets, and Transition Plans. Disponível em: https://assets.bbhub.io/company/sites/60/2021/07/2021-Metrics_Targets_Guidance-1.pdf. Acesso em: 9 jun. 2024.

8 O Center for Sustainable Business da NYU define a questão material de sustentabilidade como sendo uma questão econômica, ambiental ou social sobre a qual uma empresa tem impacto, ou pode ser impactado e que também pode ser algo que influencie significativamente as avaliações e decisões das partes interessadas. (*"A material sustainability issue is an economic, environmental, or social issue on which a company has an impact,or may be impacted by. It may also be one that significantly influences the assessments and decisions of stakeholders"*). Sustainability Materiality Matrices Explained. Disponível em: https://www.stern.nyu.edu/sites/default/files/assets/documents/NYUSternCSBSustainabilityMateriality_2019_0.pdf. Acesso em: 9 jun. 2024.

não são materiais com base nas percepções de longo prazo de alguns riscos relacionados com o clima.[9]

2.4 Auditorias

Não há exigência de verificação externa independente,[10] no entanto, as divulgações devem estar sujeitas a processos de governança interna que sejam iguais ou substancialmente semelhantes aos usados para relatórios financeiros.

2.5 Análise do cenário de mudanças climáticas

A análise do cenário de mudanças climáticas tem sido um tema central para compreender potenciais resultados, de modo que as empresas devem utilizar essas análises relacionadas com o clima para informar os processos de planeamento estratégico, identificar a alocação de capital e o risco climático.

A Recomendação sobre "Estratégia" do TCFD orienta as empresas a descreverem a resiliência dos seus objetivos, considerando um cenário de 2ºC ou menos, ou seja, estabelece um caminho e uma trajetória de emissões para manter a temperatura média global abaixo de 2ºC acima dos níveis pré-industriais e limitar o aumento da temperatura a 1,5ºC acima dos níveis pré-industriais.

Um cenário de "2ºC ou menos" fornece um ponto comum de referência que geralmente está alinhado com os objetivos do Acordo de Paris e apoiará a avaliação dos investidores sobre a potencial magnitude e a cronologia da transição relacionada com as implicações para organizações individuais, entre diferentes organizações dentro de um setor e em diferentes setores.[11]

---

9 TCFD. FAQ. Disponível em: https://www.tcfdhub.org/faq/. Acesso em: 9 jun. 2024.

10 *"External auditors also play an important role in the context of companies' financial statements as they may be required to conduct independent assessments of those financial statements and related disclosures and consider whether there is any key information missing – including related to climate-related issues – that could bear on whether the disclosures are fairly presented and free of material misstatement. As a result, it is equally important that the external auditors have sufficient expertise on issues related to climate change"*. Task Force on Climate-related Financial Disclosures 2023 Status Report (p. 57). Disponível em: https://assets.bbhub.io/company/sites/60/2023/09/2023-Status-Report.pdf. Acesso em: 9 jun. 2024.

11 TCFD. FAQ. Disponível em: https://www.tcfdhub.org/faq/. Acesso em: 9 jun. 2024.

3 *International Sustainability Standards Board* (ISSB)

3.1 Definição

O ISSB baseia-se no trabalho de iniciativas de relatórios lideradas pelo mercado e focadas no investidor, incluindo o *Climate Disclosure Standards Board* (CDSB), o *Task Force for Climate-related Financial Disclosures* (TCFD), o *Value Reporting Foundation's Integrated Reporting Framework*, os padrões do *Sustainability Accounting Standards Board* (SASB) e as métricas do *World Economic Forum*.

Portanto, o ISSB possui apoio internacional para desenvolver padrões de divulgação de sustentabilidade, de modo que foram estabelecidos 4 (quatro) objetivos principais, quais sejam: (i) desenvolver padrões para uma base global de divulgações de sustentabilidade; (ii) atender a necessidade de informação dos investidores; (iii) permitir que as empresas forneçam informações abrangentes sobre sustentabilidade aos mercados de capitais globais; e (iv) facilitar a interoperabilidade com divulgações específicas de cada jurisdição e/ou destinadas a grupos mais amplos de partes interessadas.[12]

Por esse motivo, o ISSB acaba desempenhando um papel semelhante ao TCFD em termos de divulgação sobre mudanças climáticas, utilizando os pilares e criando uma estrutura geral que pode ser aplicada a outras questões de sustentabilidade, como água, resíduos e biodiversidade, enquanto também são solicitados dados adicionais e análises do clima. Para atingir o seu objetivo, foram publicadas duas normas: o IFRS S1[13] (requisitos gerais para divulgação de informações financeiras relacionadas à sustentabilidade) e o IFRS S2[14] (divulgações relacionadas ao clima).

O objetivo do IFRS S1 seria aplicar essa norma na preparação e relato de divulgações financeiras relacionadas à sustentabilidade de acordo com os padrões de divulgação do IFRS, posto que as informações sobre os riscos e oportunidades relacionados à sustentabilidade serão

---

12 International Sustainability Standards Board (ISSB). Disponível em: https://www.ifrs.org/groups/international-sustainability-standards-board/. Acesso em: 10 jun. 2024.

13 IFRS S1 General Requirements for Disclosure of Sustainability-related Financial Information. Disponível em: https://www.ifrs.org/issued-standards/ifrs-sustainability-standards-navigator/ifrs-s1-general-requirements/. Acesso em: 10 jun. 2024.

14 IFRS S2 Climate-related Disclosures. Disponível em: https://www.ifrs.org/issued-standards/ifrs-sustainability-standards-navigator/ifrs-s2-climate-related-disclosures/. Acesso em: 10 jun. 2024.

úteis para os usuários, porque a capacidade de uma entidade gerar fluxos de caixa no curto, médio e longo prazo está intrinsecamente ligada com as interações entre a entidade e as partes interessadas, a sociedade, a economia e o meio ambiente através da cadeia de valor.[15]

No contexto das divulgações financeiras relacionadas com a sustentabilidade, a informação material é aquela que se for omitida, distorcida ou ocultada, poderá influenciar as decisões dos usuários, o que inclui demonstrações financeiras e divulgações financeiras relacionadas à sustentabilidade.

Para tanto, o IFRS S1 utiliza as 4 "Recomendações" do TCFD: (i) governança; (ii) estratégia; (iii) gestão de riscos; e (iv) métricas e metas, de modo que, após a identificação da materialidade, esta será discutida utilizando como referência as recomendações supracitadas.

Por sua vez, o IFRS S2 estabelece os requisitos para a divulgação de informações sobre os riscos e oportunidades relacionados com o clima de uma entidade e que se aplica aos (a) riscos relacionados com o clima aos quais a entidade está exposta (que são os riscos físicos relacionados com o clima e os riscos de transição relacionados com o clima); e (b) oportunidades relacionadas com o clima disponíveis para a entidade.[16]

Impende salientar que a estrutura do IFRS S2 possui as mesmas "Recomendações" utilizadas pelo IFRS S1, como governança, estratégia, gestão de riscos, métricas e metas, razão pela qual a recomendação é de que a seja feita a avaliação e adoção de uma única divulgação apresentando as informações de forma integrada para que se evite a duplicidade.

Pode-se dizer que o ISSB elaborou uma nova linha de base global para divulgações de sustentabilidade e que substituirá em grande parte o TCFD como uma alternativa mais robusta que amplia outras categorias de sustentabilidade.

Em uma análise mais detalhada, as divulgações existentes irão direcionar os relatórios por uma submissão anual ao ISSB, com fusão total das estruturas, alinhando para que as solicitações de dados sejam

---

15 IFRS S1 General Requirements for Disclosure of Sustainability-related Financial Information – June 2023. Disponível em: https://www.ifrs.org/content/dam/ifrs/publications/pdf-standards-issb/english/2023/issued/part-a/issb-2023-a-ifrs-s1-general-requirements-for-disclosure-of-sustainability-related-financial-information.pdf?bypass=on. Acesso em: 10 jun. 2024.

16 IFRS S2 Climate-related Disclosures – June 2023. Disponível em: https://www.ifrs.org/content/dam/ifrs/publications/pdf-standards-issb/english/2023/issued/part-a/issb-2023-a-ifrs-s2-climate-related-disclosures.pdf?bypass=on. Acesso em: 10 jun. 2024.

semelhantes aos programas mandatórios, como GRI[17] e CDP,[18] por exemplo.

Um ponto relevante é que o Brasil foi o primeiro país no mundo a adotar o relatório de informações financeiras relacionadas à sustentabilidade emitidas pelo ISSB, o que fortalece a transparência e endossa as normas de sustentabilidade internacionais na regulamentação brasileira.[19]

3.2 Divulgação sobre as emissões de gases de efeito estufa

A divulgação das emissões de gases de efeito estufa relacionada ao escopo 1, 2 e 3 é obrigatória.

3.3 Materialidade

Assim como o TCFD, o ISSB utiliza a materialidade única, qual seja, a "materialidade financeira".

3.4 Auditorias

Não há exigência de auditoria externa, mas provavelmente será incentivada, uma vez que o *International Auditing and Assurance Standards Board* (IAASB) sinalizou que está progredindo e desenvolvendo padrões globais de garantia de relatórios de sustentabilidade.[20]

---

17 *Global Reporting Initiative.*

18 *Carbon Disclosure Project.*

19 Comissão de Valores Mobiliários. Resolução CVM 193. Disponível em: https://conteudo.cvm.gov.br/legislacao/resolucoes/resol193.html. Acesso em: 10 jun. 2024.

20 *"Corporate reporting, whether financial or sustainability focused, is more trusted when it receives external and independent assurance based upon globally accepted standards independently developed in the public interest (...) ISSA 5000 is a principles-based, overarching standard suitable for both limited and reasonable assurance engagements on sustainability information reported across any sustainability topic. The IAASB drafted the standard to work with sustainability information prepared under any suitable reporting framework. These frameworks include the many reporting frameworks already in place and those under development, including but not limited to those issued by the European Union, the International Sustainability Standards Board, the Global Reporting Initiative, the International Organization for Standardization, and others. The standard is profession agnostic, supporting its use by both professional accountant and non-accountant assurance practitioners when performing high quality sustainability assurance engagements".* IAASB launches public consultation on landmark proposed global sustainability assurance standard. Disponível em: https://www.iaasb.org/news-events/2023-08/iaasb-launches-public-consultation-landmark-proposed-global-sustainability-assurance-standard. Acesso em: 9 jun. 2024.

Com o objetivo de aumentar a confiança que os investidores, reguladores e outras partes interessadas têm nas informações de sustentabilidade, o IAASB desenvolveu um padrão global de garantia de sustentabilidade. Há informações de que a norma estará disponível antes do final de 2024.[21]

3.5 Análise do cenário de mudanças climáticas

As empresas serão obrigadas a utilizar análises de cenários relacionados com o clima para informar a análise de resiliência, contudo os impactos sociais serão exigidos apenas para determinadas empresas. Os cenários serão alinhados com a meta de 1,5ºC, enquanto se aguardam acordos internacionais.

4 *Global Reporting Initiative* (GRI)

4.1 Definição

O *Global Reporting Initiative* (GRI) pode ser classificado como o líder global em relatórios de impacto, onde foram desenvolvidas as melhores práticas sobre como as organizações comunicam e demonstram a responsabilização pelos seus impactos no meio ambiente, na economia e na sociedade, o que contribui para o desenvolvimento sustentável.

Essa estrutura fornece os padrões de relatórios de sustentabilidade que abrangem tópicos como biodiversidade, impostos, resíduos, emissões e diversidade, com o objetivo de facilitar a transparência e o diálogo entre as empresas e as partes interessadas.[22]

Os padrões do GRI são um sistema modular de normas inter-relacionadas com três séries que embasam o processo de relato para definir quais temas são materiais (relevantes), quais sejam: (i) os *padrões universais* (que se aplicam a todas as organizações); (ii) os *padrões setoriais* (aplicáveis a setores específicos) e (iii) os *padrões temáticos* (cada um apresentando conteúdos relevantes a um tema em particular), sendo

---

21 IAASB. *Understanding international standard on sustainability assurance 5000*. Disponível em: https://www.iaasb.org/focus-areas/understanding-international-standard-sustainability-assurance-5000. Acesso em: 9 jun. 2024.

22 *Global Reporting Initiative*. Disponível em: https://www.globalreporting.org/. Acesso em: 11 jun. 2024.

que tais padrões serão utilizados para preparar um relatório de sustentabilidade e divulgar informações, como, por exemplo, os impactos das alterações climáticas para investidores e consumidores. Cada padrão começa com uma explicação detalhada de como utilizá-lo e o GRI Foundation 1 é ponto de partida para conduzir todo esse processo.[23]

Os padrões contêm divulgações que fornecem uma estrutura para que a organização possa reportar suas informações e impactos. Essas divulgações possuem requisitos e podem incluir recomendações, sendo que essas últimas indicam que certas informações ou ações são incentivadas, mas não são obrigatórias.

4.1.1 Padrões universais do GRI

Aplicam-se a todas as organizações e consistem no seguinte:

- GRI 1: *Foundation* 2021 (GRI 1) - descreve o propósito dos padrões do GRI, esclarece conceitos críticos e explica como usar os padrões, listando os requisitos que uma organização deve cumprir, de acordo com os referidos padrões. Além disso, especifica princípios como precisão, equilíbrio e verificabilidade, que são fundamentais para um relatório de boa qualidade.
- GRI 2: *General Disclosure* 2021 (GRI 2) - contém divulgações relacionadas aos detalhes sobre a estrutura da organização e relatórios, atividades e trabalhadores, governança, estratégia, políticas, práticas e o envolvimento das partes interessadas. Estes dão uma visão sobre o perfil e escala da organização e ajuda a fornecer um contexto para compreender os impactos de uma organização.
- GRI 3: Tópicos Materiais 2021 (GRI 3) - explica as etapas em que uma organização poderá determinar os tópicos mais relevantes para seus impactos, seus temas materiais e descreve como os padrões setoriais serão usados neste processo.

23 *A Short Introduction to the GRI Standards.* Disponível em: https://www.globalreporting.org/media/wtaf14tw/a-short-introduction-to-the-gri-standards.pdf. Acesso em: 11 jun. 2024.

4.1.2 Padrões setoriais do GRI

Esses padrões pretendem aumentar a qualidade, integridade e consistência dos relatórios pelas organizações e foram desenvolvidos para 40 setores, começando por aqueles com maior impacto, como petróleo e gás, agricultura, aquicultura e pesca.

A lista demonstra os tópicos que provavelmente serão materiais para a maioria das organizações em um determinado setor e indicam divulgações relevantes para relatá-los. Isso significa que, se um padrão setorial estiver disponível, a organização será obrigada a reportar pelo padrão do GRI.

Cada padrão setorial consiste em uma seção inicial que fornece uma visão geral das características do setor, incluindo as atividades e relações comerciais que podem sustentar seus impactos. A seção principal deste padrão apresenta os prováveis temas materiais para o setor. Tópico por tópico, os impactos mais significativos associados ao setor são descritos nesta seção. Os tópicos e divulgações são determinados utilizando evidências específicas do setor, instrumentos internacionais e aconselhamento de especialistas do setor. Consequentemente, refletem as expectativas das partes interessadas em relação ao gerenciamento de impactos no setor.

4.1.3 Padrões temáticos do GRI

Os padrões temáticos do GRI contêm divulgações para fornecer informações sobre temas. Os exemplos incluem padrões sobre resíduos, saúde e segurança ocupacional e impostos. Cada padrão incorpora uma visão geral, divulgações específicas e como uma organização gerencia os seus impactos associados. Uma organização seleciona os padrões temáticos que correspondam aos temas materiais e utiliza para os seus relatórios.

Feitas essas considerações, destaca-se que a numeração que aparece na capa de cada um dos cadernos dos padrões do GRI também representa a sua classificação.

O caderno com 1 (um) algarismo representa o padrão universal, que é aplicado para todas as empresas que desejam elaborar um relatório de sustentabilidade, a saber:

- GRI 1: Fundamentos 2021
- GRI 2: Conteúdos Gerais 2021
- GRI 3: Temas Materiais 2021.

Se houver 2 (dois) algarismos, trata-se de um padrão setorial que é aplicado para a empresa que se encaixa em determinado setor, tais como:

- GRI 11: Setor de Petróleo e Gás 2021
- GRI 12: Setor de Carvão 2022
- GRI 13: Setores de Agropecuária, Aquicultura e Pesca 2022
- GRI 14: Setor de Mineração 2024

E, por fim, quando constar 3 (três) algarismos, será um padrão temático que se relaciona com os temas materiais obtidos por avaliação da materialidade, conforme destacado a seguir:

- GRI 101: Biodiversidade 2024
- GRI 201: Desempenho Econômico 2016
- GRI 202: Presença no Mercado 2016
- GRI 203: Impactos Econômicos Indiretos 2016
- GRI 204: Práticas de Compra 2016
- GRI 205: Combate à Corrupção 2016
- GRI 206: Concorrência Desleal 2016
- GRI 207: Tributos 2019
- GRI 301: Materiais 2016
- GRI 302: Energia 2016
- GRI 303: Água e Efluentes 2018
- GRI 304: Biodiversidade 2016
- GRI 305: Emissões 2016
- GRI 306: Efluentes e Resíduos 2016
- GRI 306: Resíduos 2020
- GRI 308: Avaliação Ambiental de Fornecedores 2016
- GRI 401: Emprego 2016
- GRI 402: Relações de Trabalho 2016
- GRI 403: Saúde e Segurança do Trabalho 2018
- GRI 404: Capacitação e Educação 2016
- GRI 405: Diversidade e Igualdade de Oportunidades
- GRI 406: Não Discriminação 2016
- GRI 407: Liberdade Sindical e Negociação Coletiva 2016

- GRI 408: Trabalho Infantil 2016
- GRI 409: Trabalho Forçado ou Análogo ao Escravo 2016
- GRI 410: Práticas de Segurança 2016
- GRI 411: Direitos de Povos Indígenas 2016
- GRI 413: Comunidades Locais 2016
- GRI 414: Avaliação Social de Fornecedores 2016
- GRI 415: Políticas Públicas 2016
- GRI 416: Saúde e Segurança do Consumidor 2016
- GRI 417: Marketing e Rotulagem 2016
- GRI 418: Privacidade do Cliente 2016

Assim, um relatório redigido de acordo com as normas do GRI poderá ser vinculado com outras estruturas e iniciativas, o que ajuda na transparência e na divulgação das informações.

O GRI acredita que os relatórios de sustentabilidade devem se basear em divulgações financeiras cumuladas com a sustentabilidade de forma equânime, visando alcançar um maior alinhamento e harmonização do panorama em benefício das empresas, dos investidores e da sociedade em geral.

4.2 Divulgação sobre as emissões dos gases de efeito estufa

A divulgação das emissões de gases de efeito estufa relacionada ao escopo 1, 2 e 3 é obrigatória.

Em janeiro de 2024, o GRI e a Fundação IFRS publicaram um novo recurso de análise e mapeamento: "Considerações de interoperabilidade para emissões de GEE ao aplicar os Padrões GRI e as Normas ISSB",[24] o que demonstra o alto grau de alinhamento entre os dois padrões.

4.3 Materialidade

O GRI adota a dupla materialidade, ou seja, a materialidade financeira (informações relacionadas ao impacto de mudanças climáticas em uma empresa) e a materialidade de impacto (informações sobre o impacto de uma empresa no meio ambiente). Essa última engloba uma

---

[24] Interoperability considerations for GHG emissions when applying GRI Standards and ISSB Standards. Disponível em: https://www.globalreporting.org/media/xlyj120t/interoperability-considerations-for-ghg-emissions-when-applying-gri-standards-and-issb-standards.pdf. Acesso em: 12 jun. 2024.

análise sobre questões ambientais, sociais e de funcionários, respeito pelos direitos humanos, combate à corrupção e suborno.

No *Corporate Sustainability Reporting Directive* (CSRD), a Comissão Europeia indicou que os relatórios de sustentabilidade deveriam observar essas duas perspectivas.

4.4 Auditorias

As auditorias externas são incentivadas, mas não obrigatórias, embora as divulgações do GRI devam ser de domínio público. Existem várias maneiras pelas quais uma organização pode aumentar a credibilidade dos seus relatórios de sustentabilidade como o uso de controle internos, verificação externa e comitês de *stakeholders* ou de especialistas.

O "Conteúdo 2-5 (Verificação externa) da Norma GRI 2: Conteúdos Gerais 2021"[25] exige que a organização descreva sua política e sua prática para obter verificação externa para o seu relato de sustentabilidade. Como requisitos, o referido documento recomenda que a organização deverá:

> (a) descrever sua política e sua prática para obter verificação externa, incluindo como e se o mais alto órgão de governança e altos executivos estão envolvidos;
> (b) se o relato de sustentabilidade da organização obteve verificação externa:
> (i) fornecer um link ou referência para o(s) relatório(s) de verificação externa ou declaração(ões) de verificação;
> (ii) descrever o que foi verificado e com base em quê, incluindo as normas de verificação usadas, o nível de verificação obtido, bem como quaisquer limitações do processo de verificação;
> (iii) descrever a relação entre a organização e o prestador do serviço de verificação externa.

Essa verificação externa servirá para avaliar a qualidade e a credibilidade das informações relatadas pela empresa, inclusive os processos da organização para preparar tais informações, como, por exemplo, o processo de definição dos temas materiais. Frise-se que essa verificação é muito diferente de validação de desempenho, avaliações de conformidade ou de emissões de certificações.

---

[25] *Global Reporting Initiative* (GRI). Disponível em: https://www.globalreporting.org/how-to-use-the-gri-standards/gri-standards-portuguese-translations/. Acesso em: 10 jun. 2024.

4.5 Análise do cenário de mudanças climáticas

Incentivado de acordo com as recomendações do TCFD. Se uma organização determinar que a adaptação, a resiliência e a transição climáticas são temas materiais, deverá descrever os cenários relacionados com o clima utilizados para avaliar a resiliência nas estratégias da organização.

Cumpre destacar que a análise de cenários de alterações climáticas aumenta a transparência e ajuda as organizações a planejarem ações eficazes para prevenir e mitigar potenciais impactos negativos na economia, no meio ambiente e para as pessoas, inclusive sobre os direitos humanos.

5 *Sustainability Accounting Standards Board* (SASB)

5.1 Definição

A partir de agosto de 2022, o *International Sustainability Standards Board* (ISSB) da Fundação IFRS assumiu a responsabilidade pelas Normas SASB e se comprometeu a manter, aprimorar e evoluir os Padrões SASB, portanto, o SASB agora é parte do IFRS Foundation.[26]

Os padrões SASB seguem as seguintes diretrizes: (i) revelam informações sobre riscos e oportunidades relacionados à sustentabilidade que provavelmente serão úteis para a decisão dos investidores; (ii) são baseados na atuação da indústria, porque esses riscos e oportunidades variam por setor de atuação; (iii) são projetados para ter custo-benefício; (iv) são desenvolvidos usando um processo de evidências e informações do mercado, semelhante àquele usado para desenvolver normas de contabilidade financeira; e (v) colocam os preparadores no caminho da implementação do ISSB.[27]

Na economia atual, as questões de sustentabilidade são também questões empresariais que afetam o fluxo de caixa, o acesso aos financiamentos e o custo de capital, como, por exemplo, a segurança dos dados para uma empresa de *software* (questão social), a gestão da água para um produtor de bebidas (questão ambiental) e a gestão de conflito de interesses em um banco de investimentos (questão de governança corporativa). Isso significa que a gestão eficaz dessas questões poderá

---

[26] SASB Standards. Disponível em: https://sasb.ifrs.org/about/. Acesso em: 12 jun. 2024.

[27] SASB Standards. Disponível em: https://sasb.ifrs.org/about/. Acesso em: 12 jun. 2024.

melhorar a reputação e o desempenho da empresa ao reduzir custos operacionais e obter maior resiliência aos riscos a longo prazo.[28]

A evolução dos padrões SASB iniciou com a sua fundação em 2011 como uma organização sem fins lucrativos para ajudar empresas e investidores a desenvolver uma linguagem comum sobre os impactos financeiros da sustentabilidade. Com o passar dos anos, o cenário de divulgação da sustentabilidade corporativa tornou-se muito complexo, momento em que muitas empresas e investidores globais começaram a buscar simplificação e clareza e, em resposta, em novembro de 2020, o *International Integrated Reporting Council* (IIRC) e o *Sustainability Accounting Standards Board* (SASB) anunciaram a sua intenção de se fundirem na *Value Reporting Foundation* (VRF), que foi oficialmente formada em junho de 2021. Ao integrar duas entidades focadas na criação de valor empresarial, a fusão sinalizou um progresso significativo no sentido da simplificação.[29]

Em seguida, em novembro de 2021, a IFRS *Foundation* anunciou os seus planos para estabelecer o *International Sustainability Standards Board* (ISSB) e desenvolver uma base global abrangente de padrões de divulgação de sustentabilidade de alta qualidade para satisfazer as necessidades das informações dos investidores. E, ainda, também anunciou planos de consolidação com a *Value Reporting Foundation* (VRF) e o *Carbon Disclosure Standards Board* (CDSB), de modo que o *Value Reporting Foundation* (VRF) foi oficialmente consolidado na IFRS *Foundation* em 1º de agosto de 2022.[30]

Sobre a visão geral dos padrões SASB, identificam-se as questões mais relevantes relacionadas à sustentabilidade para embasar as decisões dos investidores aplicadas em 77 setores, divididos entre os seguintes temas: bens de consumo (7 indústrias), processamento de extrativos e minerais (8 indústrias), finanças (7 indústrias), comida e bebida (8 indústrias), assistência médica (6 indústrias), infraestrutura (8 indústrias), recursos renováveis e energia alternativa (6 indústrias), transformação de recursos (5 indústrias), serviços (7 indústrias), tecnologia e comunicações (6 indústrias), transporte (9 indústrias), de modo

[28] SASB Standards. Disponível em: https://sasb.ifrs.org/about/. Acesso em: 12 jun. 2024.

[29] SASB Standards. Disponível em: https://sasb.ifrs.org/about/. Acesso em: 12 jun. 2024.

[30] IFRS Foundation announces International Sustainability Standards Board, consolidation with CDSB and VRF, and publication of prototype disclosure requirements. Disponível em: https://www.ifrs.org/news-and-events/news/2021/11/ifrs-foundation-announces-issb-consolidation-with-cdsb-vrf-publication-of-prototypes/. Acesso em: 12 jun. 2024.

que foi utilizado um processo rigoroso e transparente que incluiu: (i) pesquisa baseada em evidências; (ii) participação ampla e equilibrada de empresas, investidores e especialistas no assunto; e (iii) supervisão e aprovação do Conselho independente do SASB.[31]

Os investidores globais reconhecem os padrões SASB como requisitos essenciais para que as empresas possam efetuar as divulgações de sustentabilidade consistentes e comparáveis.

5.2 Divulgação sobre as emissões dos gases de efeito estufa

A divulgação sobre as emissões de gases de efeito estufa (escopo 1, 2 e 3) é incentivada, mas não obrigatória.

5.3 Materialidade

O SASB adota a dupla materialidade, ou seja, a materialidade financeira (informações relacionadas ao impacto de mudanças climáticas em uma empresa) e a materialidade de impacto (informações sobre o impacto de uma empresa no meio ambiente).

5.4 Auditorias

Não são obrigatórias, mas o Guia de Aplicação de Padrões SASB afirma que a divulgação aos investidores deve ser precisa e confiável, razão pela qual uma entidade que relata deve projetar, implementar e manter um sistema de governança em torno do desenvolvimento e divulgação de informações de sustentabilidade, incluindo o envolvimento da gestão, supervisão do Conselho e controle interno (que é substancialmente semelhante ao que é usado para relatórios financeiros). Por esse motivo, os padrões do SASB são projetados para servir como base para critérios adequados, caso uma entidade opte por buscar auditorias externas.[32]

---

31 SASB Standards overview. Disponível em: https://sasb.ifrs.org/standards/. Acesso em: 12 jun. 2024.

32 SASB Standards Application Guidance. Disponível em: https://sasb.ifrs.org/wp-content/uploads/2018/11/SASB-Standards-Application-Guidance-2018-10.pdf. Acesso em: 12 jun. 2024.

5.5 Análise do cenário de mudanças climáticas

O SASB analisa os fatores materiais financeiros que afetam o valor da empresa, porém, quando aplicável, alguns setores incluem requisitos de análise de cenários para riscos climáticos e ambientais.

6 Conclusão

Todas as estruturas para divulgação de informações sobre sustentabilidade e os respectivos impactos financeiros buscam trazer mais transparência e clareza para que os relatórios sejam mais efetivos ao seu propósito (relatar temas materiais importantes, suas metas e evolução).

Da mesma forma, a regulamentação está caminhando para que seja possível um critério de comparabilidade global alinhado com as peculiaridades do nosso país, harmonizado ao nosso sistema, posto que a preocupação com o meio ambiente, a sociedade e a governança não são mera ideologia, mas problema iminente de todos os setores, seja público ou privado.

Como visto, muito já foi feito, mas as estruturas seguem se aperfeiçoando para que sejam um facilitador no reporte e na integridade dos dados.

Referências

A Short Introduction to the GRI Standards. Disponível em: https://www.globalreporting.org/media/wtaf14tw/a-short-introduction-to-the-gri-standards.pdf. Acesso em: 11 jun. 2024.

Como implementar as recomendações da Força-tarefa para divulgações financeiras relacionadas às mudanças climáticas. Disponível em: https://www.labinovacaofinanceira.com/wp-content/uploads/2020/05/TCFD-Annex-Amended-121517-Portuguese-Translation.pdf. Acesso em: 9 jun. 2024.

Comissão de Valores Mobiliários. Resolução CVM 193. Disponível em: https://conteudo.cvm.gov.br/legislacao/resolucoes/resol193.html. Acesso em: 10 jun. 2024.

FSB Roadmap for Addressing Financial Risks from Climate Change Progress report. Disponível em: https://www.fsb.org/wp-content/uploads/P130723.pdf. Acesso em: 9 jun. 2024.

Global Reporting Initiative. Disponível em: https://www.globalreporting.org/. Acesso em: 11 jun. 2024.

Global Reporting Initiative (GRI). Disponível em: https://www.globalreporting.org/how-to-use-the-gri-standards/gri-standards-portuguese-translations/. Acesso em: 10 jun. 2024.

IAASB launches public consultation on landmark proposed global sustainability assurance standard. Disponível em: https://www.iaasb.org/news-events/2023-08/iaasb-launches-public-consultation-landmark-proposed-global-sustainability-assurance-standard. Acesso em: 9 jun. 2024.

IAASB. Understanding international standard on sustainability assurance 5000. Disponível em: https://www.iaasb.org/focus-areas/understanding-international-standard-sustainability-assurance-5000. Acesso em: 9 jun. 2024.

IFRS Foundation. IFRS Foundation Welcomes Culmination of TCFD Work and Transfer of TCFD Monitoring Responsibilities to ISSB from 2024. Disponível em: https://www.ifrs.org/news-and-events/news/2023/07/foundation-welcomes-tcfd-responsibilities-from-2024/. Acesso em: 9 jun. 2024.

IFRS S1 General Requirements for Disclosure of Sustainability-related Financial Information. Disponível em: https://www.ifrs.org/issued-standards/ifrs-sustainability-standards-navigator/ifrs-s1-general-requirements/. Acesso em: 10 jun. 2024.

IFRS S1 General Requirements for Disclosure of Sustainability-related Financial Information - june 2023. Disponível em: https://www.ifrs.org/content/dam/ifrs/publications/pdf-standards-issb/english/2023/issued/part-a/issb-2023-a-ifrs-s1-general-requirements-for-disclosure-of-sustainability-related-financial-information.pdf?bypass=on. Acesso em: 10 jun. 2024.

IFRS S2 Climate-related Disclosures – June 2023. Disponível em: https://www.ifrs.org/content/dam/ifrs/publications/pdf-standards-issb/english/2023/issued/part-a/issb-2023-a-ifrs-s2-climate-related-disclosures.pdf?bypass=on. Acesso em: 10 jun. 2024.

IFRS S2 Climate-related Disclosures. Disponível em: https://www.ifrs.org/issued-standards/ifrs-sustainability-standards-navigator/ifrs-s2-climate-related-disclosures/. Acesso em: 10 jun. 2024.

IFRS Foundation announces International Sustainability Standards Board, consolidation with CDSB and VRF, and publication of prototype disclosure requirements. Disponível em: https://www.ifrs.org/news-and-events/news/2021/11/ifrs-foundation-announces-issb-consolidation-with-cdsb-vrf-publication-of-prototypes/. Acesso em: 12 jun. 2024.

Interoperability considerations for GHG emissions when applying GRI Standards and ISSB Standards. Disponível em: https://www.globalreporting.org/media/xlyj120t/interoperability-considerations-for-ghg-emissions-when-applying-gri-standards-and-issb-standards.pdf. Acesso em: 12 jun. 2024.

The Intergovernmental Panel on Climate Change. Disponível em: https://www.ipcc.ch/. Acesso em: 9 jun. 2024.

Painel Intergovernamental sobre Mudança do Clima – IPCC. Disponível em: https://antigo.mctic.gov.br/mctic/opencms/ciencia/SEPED/clima/ciencia_do_clima/painel_intergovernamental_sobre_mudanca_do_clima.html. Acesso em: 9 jun. 2024.

Programa Brasileiro GHG Protocol. Disponível em: https://eaesp.fgv.br/centros/centro-estudos-sustentabilidade/projetos/programa-brasileiro-ghg-protocol. Acesso em: 9 jun. 2024.

SASB Standards. Disponível em: https://sasb.ifrs.org/about/. Acesso em: 12 jun. 2024.

SASB Standards overview. Disponível em: https://sasb.ifrs.org/standards/. Acesso em: 12 jun. 2024.

SASB Standards Application Guidance. Disponível em: https://sasb.ifrs.org/wp-content/uploads/2018/11/SASB-Standards-Application-Guidance-2018-10.pdf. Acesso em: 12 jun. 2024.

Sustainability Materiality Matrices Explained. Disponível em: https://www.stern.nyu.edu/sites/default/files/assets/documents/NYUSternCSBSustainabilityMateriality_2019_0.pdf. Acesso em: 9 jun. 2024.

Task Force on Climate-Related Financial Disclosures (TCFD). Disponível em: https://www.fsb-tcfd.org/. Acesso em: 9 jun. 2024.

Task Force on Climate-related Financial Disclosures 2023 Status Report. Disponível em: https://assets.bbhub.io/company/sites/60/2023/09/2023-Status-Report.pdf. Acesso em: 9 jun. 2024.

Task Force on Climate-related Financial Disclosures. Guidance on Metrics, Targets, and Transition Plans. Disponível em: https://assets.bbhub.io/company/sites/60/2021/07/2021-Metrics_Targets_Guidance-1.pdf. Acesso em: 9 jun. 2024.

TCFD. FAQ. Disponível em: https://www.tcfdhub.org/faq/. Acesso em: 9 jun. 2024.

Informação bibliográfica deste livro, conforme a NBR 6023:2018 da Associação Brasileira de Normas Técnicas (ABNT):

SOLER, Fabricio; PALERMO, Caroline. Análise sobre as estruturas existentes para o relato e gerenciamento dos impactos ambientais, sociais e de governança corporativa (ESG). *In*: RODRIGUES, Caroline; PIRONTI, Rodrigo (coord.). *ESG na Administração Pública*: estudos dirigidos. Belo Horizonte: Fórum, 2025. p. 393-413. ISBN 978-85-450-0779-1.

RELATÓRIOS DE SUSTENTABILIDADE: A IMPORTÂNCIA DE GERAR EVIDÊNCIAS E RELATAR AS INICIATIVAS DE PROGRAMAS ESG

MARCELA MACEDO FÉDER

1 Introdução

No atual estágio de maturidade das organizações e exigência social em termos de critérios ESG (*Environmental, Social and Governance*), já não é mais possível se falar em diferencial de mercado com relação à adoção de políticas ou iniciativas voltadas ao tema. Explica-se.

Algo que 20 anos atrás separava instituições social e ambientalmente conscientes de organizações não sustentáveis (o que, em aspectos práticos, representava um consumidor que eventualmente optava por comprar cosméticos ou consumir alimentos daqueles que garantiam uma origem sustentável), hoje, representa um movimento de absoluto isolamento de empresas no mercado, a partir da exclusão da cadeia de valor daquelas que não demonstram sua preocupação com relação ao tema.

Nos últimos anos, observou-se uma intensificação da pauta ESG, que ganha força através de dois elementos principais: o crescimento da exigência social por soluções mais sustentáveis e a maior conscientização das organizações quanto à necessidade de tornar seus negócios menos agressivos ao meio ambiente (E), à sociedade (S) ou internamente à sua própria instituição (G). Tais fatores, por si só, se retroalimentam e se impulsionam, gerando uma crescente necessidade de se abordar o tema.

Disso decorre o natural reflexo na Administração Pública, que de igual forma precisa corresponder ao movimento fomentado pela sociedade e pelo mercado, através, por exemplo, de medidas de incentivo de adoção das práticas ESG por seus cidadãos, terceiros e fornecedores com os quais se relaciona no desempenho de suas atribuições e competências legais. Vê-se, portanto, o crescimento da pauta ESG também no setor público, no qual já se reconhecem seus benefícios, o que possui reflexos de várias maneiras.

O setor público, não diferente do setor privado, também vem sendo exigido pela efetivação de ações que compactuem com os eixos do ESG, conferindo maior efetividade ao cumprimento dos arts. 170, inc. VI,[1] e 225[2] da Constituição Federal da República.

Contudo, da exigência de práticas ESG exsurge um debate interessante – e que pautará o tema central do presente artigo –, que gira em torno da necessidade de que essas ações sejam devidamente documentadas e registradas, em virtude de que apenas a autodeclaração não é suficiente para que uma instituição seja, efetivamente, considerada sustentável em termos ambientais, sociais e de governança corporativa.

Veja-se que esse é um preceito que decorre de programas de *compliance*, que historicamente exigem evidência e comprovação das iniciativas desenvolvidas em seu âmbito de atuação, sendo possível traçar esse paralelo entre essas importantes diretrizes que buscam promover a conformidade e as boas práticas nas instituições.

Essa reunião de evidências, além de tudo, faz com que ações isoladas constituam e sejam reconhecidas como parte de um todo, formando um programa ESG, de modo que sejam concebidas de forma sistêmica e lógica, buscando uma finalidade em comum.

Para tal, é necessário explorar os parâmetros atualmente utilizados para medir e evidenciar as práticas ESG, que devem ser conhecidos e aplicados por parte das instituições que desejam ser reconhecidas pela sociedade, pelo mercado e pela Administração Pública como atuantes em prol dos pilares do meio ambiente, da sociedade e da governança corporativa na medida de sua atuação e das atividades que desempenha.

---

1 Art. 170. A ordem econômica, fundada na valorização do trabalho humano e na livre iniciativa, tem por fim assegurar a todos existência digna, conforme os ditames da justiça social, observados os seguintes princípios: VI - defesa do meio ambiente, inclusive mediante tratamento diferenciado conforme o impacto ambiental dos produtos e serviços e de seus processos de elaboração e prestação;

2 Art. 225. Todos têm direito ao meio ambiente ecologicamente equilibrado, bem de uso comum do povo e essencial à sadia qualidade de vida, impondo-se ao Poder Público e à coletividade o dever de defendê-lo e preservá-lo para as presentes e futuras gerações.

2 Como registrar e gerar indicadores para um programa ESG

Ultrapassada essa breve introdução – e destacada a importância de que as ações ESG sejam registradas para que possam servir ao propósito de consolidar o compromisso de uma instituição com o tema –, cumpre abordar o assunto sobre o aspecto de quais seriam os meios mais adequados para realizar tal registro.

Preliminarmente, faz-se novamente alusão aos programas de *compliance*, cuja melhor prática indica como um de seus pilares o monitoramento contínuo, relacionado aos meios que permitem a perenidade do programa e de suas iniciativas.

De acordo com a Controladoria-Geral da União, em seu guia sobre programas de integridade para empresas privadas, "o monitoramento pode ser feito mediante a coleta e análise de informações de diversas fontes, tais como: relatórios regulares sobre as rotinas do Programa de Integridade ou sobre investigações relacionadas".[3]

De igual modo, a Norma Técnica ABNT NBR ISO 37301:2021, que trata sobre sistemas de gestão de *compliance*, prevê que "a informação documentada deve estar disponível como evidência dos resultados".[4]

Ainda, em seu item 9.1.3 – Desenvolvimento de indicadores, a Norma dispõe que

> A organização deve desenvolver, implementar e manter um conjunto de indicadores apropriado que orientem a organização na avaliação do alcance dos seus objetivos de compliance, para avaliar o seu desempenho de compliance.[5]

É possível perceber, portanto, que a necessidade de registro das ações ESG decorre e é reforçada pelas referências encontradas nos programas de *compliance* e tem, inclusive, respaldo em norma reconhecida em âmbito internacional.

---

3 CGU. *Programa de Integridade: Diretrizes para Empresas Privadas*. 2015, p. 23-24. Disponível em: https://www.gov.br/cgu/pt-br/centrais-de-conteudo/publicacoes/integridade/arquivos/programa-de-integridade-diretrizes-para-empresas-privadas.pdf. Acesso em: 22 maio 2024.

4 ASSOCIAÇÃO BRASILEIRA DE NORMAS TÉCNICAS. *ABNT NBR ISO 37301: Sistemas de gestão de compliance – Requisitos com orientações para uso*. Rio de Janeiro: ABNT, 2021, p. 19.

5 ASSOCIAÇÃO BRASILEIRA DE NORMAS TÉCNICAS. *ABNT NBR ISO 37301: Sistemas de gestão de compliance – Requisitos com orientações para uso*. Rio de Janeiro: ABNT, 2021, p. 19.

Com base nessa experiência, os registros podem ser realizados segundo dois mecanismos, que são essenciais para manter a organização e o controle dos registros, e que podem ser traduzidos, na realidade dos programas ESG, nos indicadores e nos relatórios de sustentabilidade. São ferramentas complementares, portanto, e que se somam no sentido de buscar o registro e promover a transparência das iniciativas ESG de uma organização.

Nessa dinâmica, os indicadores, também chamados de KPIs (*Key Performance Indicators* ou Indicadores-Chave de Performance), em uma breve definição, são utilizados para apoiar a gestão estratégica dos resultados obtidos pelo programa ESG no período de referência estipulado.

A visualização desses resultados através de gráficos, *dashboards* ou tabelas dinâmicas permite que os responsáveis pelas ações interpretem os insumos gerados de maneira facilitada e possam extrair importantes conclusões: *gaps* estratégicos ou operacionais, oportunidades de melhoria, pontos fortes e de destaque, entre outros apontamentos relevantes que possam surgir. Nesse estágio, muitas vezes é possível encontrar *cases* de sucesso em algumas áreas ou projetos que podem ser usados como referência (*benchmark*) para situações semelhantes.

Considerando que o ESG está sedimentado em 3 pilares, é recomendável que os indicadores sejam igualmente desenvolvidos ao redor dessas 3 temáticas, permitindo uma análise segregada e individualizada, sem prejuízo de que, ao final, seja realizada uma averiguação conjunta, buscando um exame global do programa ESG.

Em termos práticos, tem-se que, para a construção dos indicadores ESG, a organização deve iniciar com a definição de suas metas, pertinentes a cada um dos pilares – ambiental, social e de governança – e, durante o período de referência que pretende realizar aquele reporte, deverá armazenar todas as evidências que suportam as informações com as quais os indicadores serão alimentados.

Desse modo, o objetivo é que se obtenham gráficos semelhantes aos que, exemplificativamente, são apresentados a seguir, com os resultados sendo divididos em (a) meta atingida; (b) meta não atingida; e (c) meta superada:

Imagem 1 – Gráficos demonstrando individualmente o resultado dos pilares E, S e G

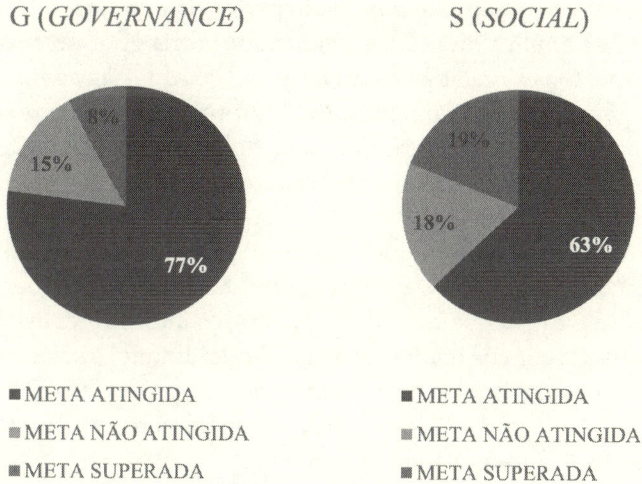

Após a compilação dos resultados de maneira individual, permitindo a visualização de qual eixo teve a melhor *performance* e qual deverá ter mais atenção no próximo ciclo de atividades, recomenda-se a avaliação conjunta do programa ESG:

Imagem 2 – Gráfico demonstrando de forma compilada o resultado do programa ESG

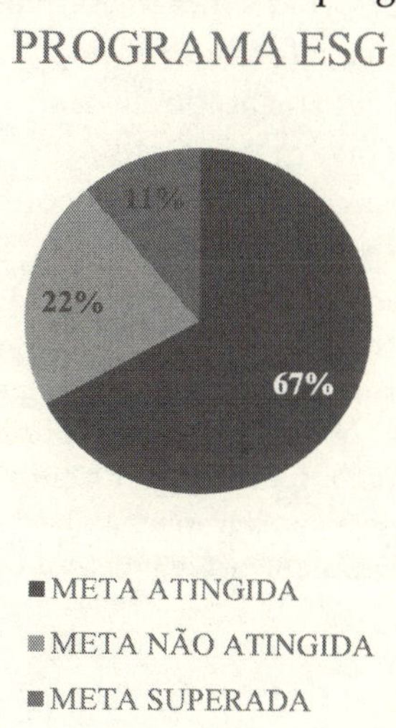

Esses indicadores terão caráter quantitativo e qualitativo, com a finalidade de aferir o resultado das ações desenvolvidas e permitir traçar novos objetivos com base na experiência anterior.

Dessa análise hipotética, importante consignar que cada pilar será composto por metas e iniciativas próprias, que não apenas servem como parâmetro e fundamento durante o preenchimento dos indicadores, mas são os próprios norteadores do programa ESG, garantindo a sua longevidade e contínuo monitoramento (como no programa de *compliance*).

Para tal, existem metodologias que podem ser seguidas pelas organizações para conferir maior credibilidade às informações a serem reportadas. E é justamente nesse ponto que os indicadores estabelecem íntima relação com os relatórios de sustentabilidade, o segundo mecanismo de registro, controle e manutenção dos programas ESG.

Os relatórios de sustentabilidade consolidam os resultados atingidos nos indicadores e demonstram quais foram as iniciativas promovidas pela instituição, como uma maneira de promover transparência para todos os seus *stakeholders*, prestar contas e firmar compromissos com a pauta ESG. Esse relatório é um documento estratégico e deve transmitir as informações com clareza e objetividade.

Vale ressaltar que, atualmente, não existe, no Brasil, uma auditoria independente que emita um certificado ESG para as instituições. Em razão disso, é a própria autodeclaração que acaba por segregar as organizações sustentáveis das não sustentáveis, desde que essa autodeclaração venha suportada por iniciativas concretas e registros verídicos e bem embasados, reforçando a importância dos relatórios de sustentabilidade e da estruturação de indicadores, preferencialmente fundamentados em uma boa metodologia.

Nesse sentido, a metodologia mais reconhecida no âmbito internacional é o GRI (*Global Reporting Initiative*), organização independente, com sede na Holanda, que, logo em seu livro de abertura, esclarece que

> As Normas GRI permitem que uma organização relate publicamente seus impactos mais significativos na economia, no meio ambiente e nas pessoas, inclusive impactos nos direitos humanos, e sobre como a organização gerencia esses impactos. Isso aumenta a transparência sobre os impactos da organização e melhora sua prestação de contas.

> As Normas possuem conteúdos que permitem que a organização relate informações sobre seus impactos de forma consistente e com credibilidade. Isso melhora a comparabilidade global e a qualidade das informações relatadas sobre esses impactos, o que ajuda os usuários de informações a realizar avaliações e tomar decisões embasadas sobre os impactos da organização e sua contribuição ao desenvolvimento sustentável.[6]

Credibilidade, auditabilidade, transparência, materialidade, *accountability* e responsabilidade. Essas são algumas das características que podem ser atribuídas ao dueto indicadores – relatórios de sustentabilidade e que certamente agregam valor a qualquer instituição comprometida com a pauta. E esse é um dos motivos pelos quais é de grande valia conhecer dessa metodologia quando da instituição e/ou manutenção de um programa ESG.

Com relação à estrutura da metodologia GRI, as normas são divididas em 3 categorias: normas universais, normas setoriais e normas temáticas. As normas universais são, como o próprio nome diz, normas de comum aplicação a qualquer instituição, trazendo orientações gerais sobre o processo.

As normas setoriais são exclusivas para alguns setores de mercado, como Petróleo e Gás (GRI 11), Carvão (GRI 12) e Agropecuária, Aquicultura e Pesca (GRI 13). As normas temáticas, por sua vez, são as que mais interessam ao escopo do presente artigo, pois se referem às informações específicas que compõem o relatório (ou relato de sustentabilidade) e auxiliam no momento de definir as metas, estabelecer os indicadores e organizar o relatório.

Conforme exposto anteriormente, e seguindo um critério lógico, é recomendável que os indicadores sejam estruturados em 3 pilares, segregando os assuntos em meio ambiente, social e governança corporativa.

É natural que alguns temas ou iniciativas sejam comuns a dois ou aos três pilares do ESG. Nesse caso, deve-se mapear a atividade conforme os parâmetros adotados por cada programa. Não há prejuízo em mapear em mais de um pilar, desde que de forma justificada e com a devida compensação no momento de reunir todos os indicadores em apenas um (no gráfico geral, conforme demonstrado na imagem 2), pois os resultados estariam duplicados caso a compensação não fosse feita.

6 GLOBAL REPORTING INITIATIVE. *GRI 1: Fundamentos 2021*. Países Baixos, p. 4.

Com esses esclarecimentos feitos, é possível avançar para a compreensão dos parâmetros traçados pelas 32 normas temáticas atualmente disponibilizadas pelo GRI para orientação com relação à produção do relatório de sustentabilidade. Dessas 32 normas, tem-se que (a) 7 se referem ao pilar G - *Governance* (GRI 201 a GRI 207); (b) 8 abordam iniciativas do pilar E - *Environmental* (GRI 301 a GRI 308); e (c) as últimas 17 tratam do pilar S - *Social* (GRI 401 a GRI 418).

Entender os temas que são tratados em cada uma das normas temáticas é fundamental para direcionar não apenas a estrutura do relatório de sustentabilidade, mas também as medidas que serão adotadas no bojo do programa ESG, buscando concretizar o compromisso assumido pela instituição e, após definir as metas, efetivamente alcançá-las.

Veja-se, a seguir, um quadro resumo do recorte temático realizado por cada uma dessas normas e algumas metas e indicadores que podem ser desenvolvidos para o atendimento desses parâmetros:[7]

Tabela 1 – Normas temáticas do pilar de governança da metodologia do GRI

PILAR G - *GOVERNANCE*	
Norma Temática	**Tema**
GRI 201	Desempenho Econômico
GRI 202	Presença no Mercado
GRI 203	Impactos Econômicos Indiretos
GRI 204	Práticas de Compra
GRI 205	Combate à Corrupção
GRI 206	Concorrência Desleal
GRI 207	Tributos

Baseado nas normas temáticas que inspiram o G - Governança, é comum a definição de indicadores de monitoramento e combate às formas de assédio no ambiente de trabalho (pelo acompanhamento do recebimento de denúncias sobre o tema e número de treinamentos realizados que tratem do assunto), ou de compromisso da cadeia de

[7] As normas estão disponíveis para *download*, na íntegra e traduzidas para o português, no *site* oficial do GRI: https://www.globalreporting.org/how-to-use-the-gri-standards/gri-standards-portuguese-translations/.

fornecimento com questões legais e éticas (baseando-se em número de auditorias em terceiros fornecedores).

Igualmente importante é atentar-se para a implementação de um sistema de integridade efetivo e conhecido pelas partes interessadas com as quais aquela organização se relaciona, identificando a quantidade de divulgação sobre o sistema e o número de políticas e procedimentos que o compõem.

Garantir a transparência e a auditabilidade dos resultados da instituição aos *stakeholders* também pode ser relevante para o atendimento das metas e indicadores a serem definidos no escopo do programa ESG, e isso pode se concretizar por meio de auditorias, principalmente. Do mesmo modo, é recomendável a implementação de canais efetivos entre a gestão e os colaboradores, promovendo-se campanhas de comunicação efetivas, e o tratamento adequado de informações pessoais e confidenciais, com observância às regras de segurança da informação, privacidade e proteção de dados pessoais.

Tabela 2 – Normas temáticas do pilar ambiental da metodologia do GRI

PILAR E - *ENVIRONMENTAL*	
Norma Temática	**Tema**
GRI 301	Materiais
GRI 302	Energia
GRI 303	Água e Efluentes
GRI 304[8]	Biodiversidade
GRI 305	Emissões
GRI 306	Efluentes e Resíduos
GRI 306	Resíduos
GRI 308	Avaliação Ambiental de Fornecedores

Com relação ao pilar E - Ambiental, é possível atribuir metas relacionadas, por exemplo, à redução de emissão de poluentes em 5 anos (monitorando-se a emissão bruta direta e indireta de gases de efeito estufa – GEE, que pode vir a ser compensada por créditos de

[8] A norma temática GRI 101: Biodiversidade, já disponível para consulta, irá substituir a norma GRI 304, de igual tema, e entra em vigor para relatórios ou outros materiais publicados a partir de 1º de janeiro de 2026.

carbono), padronização de processos ambientais internos (através do mapeamento de processos e controles internos), desenvolvimento de planos de contingência para situações ambientais adversas (sugere-se que seja por meio da metodologia de gestão de riscos, por exemplo), implementação de política de gestão de terceiros com critérios ESG e desenvolvimento de propostas de comunicação alinhadas às ações sustentáveis organizacionais (sendo o próprio relatório de sustentabilidade uma delas!).

Tabela 3 – Normas temáticas do pilar social da metodologia do GRI

PILAR S - SOCIAL	
Norma Temática	**Tema**
GRI 401	Emprego
GRI 402	Relações de Trabalho
GRI 403	Saúde e Segurança do Trabalho
GRI 404	Capacitação e Educação
GRI 405	Diversidade e Igualdade de Oportunidades
GRI 406	Não Discriminação
GRI 407	Liberdade Sindical e Negociação Coletiva
GRI 408	Trabalho Infantil
GRI 409	Trabalho Forçado ou Análogo ao Escravo
GRI 410	Práticas de Segurança
GRI 411	Direitos de Povos Indígenas
GRI 413	Comunidades Locais
GRI 414	Avaliação Social de Fornecedores
GRI 415	Políticas Públicas
GRI 416	Saúde e Segurança do Consumidor
GRI 417	*Marketing* e Rotulagem
GRI 418	Privacidade do Cliente

No eixo S - Social, busca-se garantir atenção aos direitos humanos nas relações de trabalho (isso pode se dar através, por exemplo, do cruzamento do número total de colaboradores com o número de colaboradores representantes de minorias ou levantamento do número de mulheres em cargos de gestão), bem como manter um ambiente de trabalho justo e seguro de acidentes (recomenda-se minimamente, para tal, monitorar o número de acidentes de trabalho no período de referência).

Adicionalmente, é interessante estabelecer indicadores referentes ao respeito às comunidades locais (que pode estar relacionado com o número de projetos comunitários desenvolvidos no período e o número de reclamações recebidas) e à redução de impacto à saúde dos consumidores (o qual naturalmente está atrelado às medidas que cada organização pode tomar com relação ao produto ou serviço que oferece, como a utilização de um insumo menos tóxico em sua cadeia de produção).

Também é possível exibir números como o total de colaboradores submetidos a treinamentos ou capacitações, horas de treinamento por funcionário, realizar pesquisa de clima e levantar a taxa de rotatividade (*turnover*) por área.

Dessa seleção de normas temáticas e exemplificação de algumas metas e indicadores que podem ser adotados no escopo do programa ESG, é possível chegar a importantes conclusões. O relatório de sustentabilidade exige um esforço verdadeiro da organização que a ele se submete. Observe-se que as medidas exigidas pela metodologia GRI envolvem diversas áreas da organização (que circulam desde o setor de recursos humanos, área operacional, financeiro, fiscal, controladoria, saúde e segurança do trabalho, jurídico, *compliance*, controles internos, comunicação, sem falar da própria área de sustentabilidade, que ficará à frente dos indicadores e do preenchimento do relatório).

Veja-se, ainda, que, apesar de o relatório representar a conclusão do trabalho de um ciclo, ele não se inicia em seu estágio final. A estruturação do relatório requer organização e controle das iniciativas desde antes do início do período de referência do reporte, para planejamento de todas as iniciativas, compilação de todos os dados e evidências, movimentação e engajamento das áreas envolvidas, validação das instâncias necessárias (comitês e superintendências) e, inclusive, suporte da alta gestão da instituição, que impulsionará todo o programa ESG. Somente dessa maneira é que poderão ser garantidos os melhores resultados ao final.

Pelo volume e grau de exigência da demanda, não é incomum que as instituições busquem consultorias especializadas para apoiar tanto a consolidação das iniciativas quanto a emissão final do relatório, procurando respaldo técnico na interpretação das normas, aplicação da metodologia e compreensão de qual estratégia faz mais sentido para a sua realidade.

Ante a sua complexidade, é justificável, portanto, a exigência do relatório para comprovar o comprometimento da organização com a pauta ESG, na ausência de uma certificação formal que pudesse atestar tal compromisso e diante da fragilidade de que a autodeclaração não fosse acompanhada de dados objetivos e concretos.

Assim, com base na interpretação das normas temáticas do GRI, é possível extrair algumas diretrizes para nortear o desenvolvimento das metas e indicadores para compor o relatório de sustentabilidade do programa ESG, com a ressalva de que deverão ser observados cuidadosamente o porte da instituição, seu ramo de atividade e os objetivos por ela definidos.

Outros parâmetros também podem ser utilizados para a definição das metas e estruturação do relatório de sustentabilidade, até de forma complementar ao GRI, como a já mencionada norma técnica ABNT NBR ISO 37301:2021[9] – Sistema de Gestão de *Compliance*, que confere diretrizes essenciais na instituição de sistemas de integridade (ou programas de *compliance*) e que certamente fortalecem a governança corporativa (G) de uma instituição.

Somada a ela, convém mencionar a ABNT NBR ISO 45001:2018[10] – Sistema de Gestão de Saúde e Segurança Ocupacional, voltada para o S do ESG, na medida em que aborda a segurança e integridade física e psíquica dos colaboradores da organização, além da ABNT NBR ISO 14001:2015[11] – Sistema de Gestão Ambiental (SGA), a qual estabelece parâmetros de caráter ambiental (E), sobretudo para instituições que desejam gerenciar seus impactos ambientais.

Recentemente, foi publicada a norma ABNT PR ISO 2030:2022,[12] que aborda os principais conceitos e princípios ESG, integrando os três eixos e orientando sobre como integrá-los em uma organização. A norma

---

[9] Norma técnica ISO 37301:2021 disponível em: https://www.abntcatalogo.com.br/pnm.aspx?Q=OXJzRzVUSGxzM2djWVhVNXZUeFdoczRzK3UxZGROcUhDMGhnN0d3MDFOOD0=.

[10] Norma técnica ISO 45001:2018 disponível em: https://www.abntcatalogo.com.br/pnm.aspx?Q=N3VpR1Rsb0tucFhDWFFGUEZzVnIvMVBOMGNTWVlScDNuOThzZ1dnSzdpbz0=.

[11] Norma técnica ISO 14001:2015 disponível em: https://www.abntcatalogo.com.br/pnm.aspx?Q=c2IwSkFERGE4OWFEQytWV05DVWdhL3E1ZC8ydnBDNjZvbXJtUDdwQzNNUT0=.

[12] Norma técnica ISO 2030:2022 disponível em: https://www.abntcatalogo.com.br/pnm.aspx?Q=ZWcvVjhseTQydmIzUTdCbXhraFZEU3lCdGwwODR1enUyVC9RM3VoZ2xPOD0=.

não é certificável, mas traz importantes diretrizes para a condução de um programa ESG efetivo e exitoso.

De todo o exposto, é evidente que, ao monitorar e buscar melhorar seu desempenho nos aspectos ESG, a organização fortalece sua imagem institucional, melhora a retenção de talentos, aumenta sua visibilidade para investidores, potencializa o aumento de receita, possibilita a redução de despesas e viabiliza oportunidades de negócio – tudo isso porquanto demonstra estar engajada com propósitos ambientais, sociais e de governança corporativa, que, na atual conjuntura, carregam tamanha influência em *stakeholders*.

Ressalta-se, nesse ponto, que os benefícios elencados são igualmente aplicáveis a órgãos e entidades que compõem a Administração Pública, que cumprem função tríplice: exigir essa postura do setor privado, fomentar o debate, mas não apenas isso, lhes cabe igualmente incorporar esses princípios e adotar essas diretrizes em sua atuação, agindo de modo sustentável e liderando o movimento.

Se uma vez já esteve na retaguarda e observou o debate de longe, já há estrutura e maturidade suficientes para que o Poder Público, ainda em tempo, assuma o protagonismo por meio de uma gestão sustentável, ações de fomento, geração de suas próprias metas e indicadores e emissão de seu relatório de sustentabilidade, demonstrando a atitude que se espera do setor privado e aumentando a credibilidade junto à coletividade.

Por essa razão, toda a metodologia e as estratégias exploradas no presente artigo são perfeitamente cabíveis para a realidade do setor público, cabendo a cada órgão ou entidade da Administração Pública direta ou indireta identificar a abordagem que faz mais sentido para a sua realidade e para os seus objetivos.

3 Conclusão

A Comissão Mundial sobre Meio Ambiente e Desenvolvimento (criada pela Organização das Nações Unidas – ONU), em 1987, descreveu o desenvolvimento sustentável como a satisfação das necessidades do presente sem comprometer as gerações futuras de suprir suas próprias necessidades.

Esse conceito, que por óbvio depende de diversos atores para que possa atingir uma mudança efetiva e produzir resultados concretos (entidades governamentais, indústrias e empresas privadas e apoio social), é também um conceito que antecedeu o ESG e que antecipa as preocupações com essa agenda.

Desse modo, trazendo o tema em discussão para a atualidade e demonstrando a sua importância, apresentou-se a maneira segundo a qual as organizações vêm estruturando seus próprios programas ESG e produzindo seus insumos para apresentar seus relatórios de sustentabilidade, firmando seus compromissos com a pauta ESG perante a sociedade, o mercado e demais *stakeholders* com os quais se relacionam.

Ao longo do presente artigo, pretendeu-se, brevemente – sem a intenção de esgotar o debate sobre o tema –, discorrer sobre a imprescindibilidade de se gerar evidências, promover indicadores e emitir um relatório de sustentabilidade no âmbito de programas ESG.

Por tudo o que foi exposto, afirma-se com segurança que, hoje, os programas ESG não são um diferencial de mercado, mas, a depender do grau de relação que uma instituição mantém com outra e do seu nicho de atuação, são, em realidade, uma exigência para se manter inserido na cadeia de valor.

Independentemente se o relacionamento é direto com o consumidor final (B2C - *business-to-consumer*) ou se é com outra empresa (B2B - *business-to-business*), todos os lados estão vigilantes com relação aos critérios ESG, dispostos a romper vínculos caso aquele terceiro com o qual se relaciona não esteja alinhado com seus valores e princípios.

E, nesse contexto, se destacam os indicadores e relatórios de sustentabilidade justamente por conferirem materialidade e transparência ao programa, demonstrando o compromisso daquela organização com a pauta ESG e indicando as contribuições positivas e metas estabelecidas para o desenvolvimento e aperfeiçoamento do programa.

Todas as instituições têm algo a contribuir, em maior ou menor escala, a depender de sua atuação e seu ramo de atividade. O que se espera é que, no meio em que opera, desde a utilização de canudos reutilizáveis de metal (E), ou a redução da emissão de ruídos na comunidade onde atua (S), até a transparência com as pessoas que compõem seu quadro de colaboradores (G), as instituições ajam de forma consciente e desenvolvam seu negócio no limite ético que impõem o meio ambiente, a sociedade e a governança corporativa.

Referências

ASSOCIAÇÃO BRASILEIRA DE NORMAS TÉCNICAS. ABNT NBR ISO 37301: Sistemas de gestão de compliance – Requisitos com orientações para uso. Rio de Janeiro: ABNT, 2021.

CGU. Programa de Integridade: Diretrizes para Empresas Privadas. 2015, p. 23-24. Disponível em: https://www.gov.br/cgu/pt-br/centrais-de-conteudo/publicacoes/integridade/arquivos/programa-de-integridade-diretrizes-para-empresas-privadas.pdf. Acesso em: 22 maio 2024.

GLOBAL REPORTING INITIATIVE. GRI 1: Fundamentos 2021. Países Baixos.

Informação bibliográfica deste livro, conforme a NBR 6023:2018 da Associação Brasileira de Normas Técnicas (ABNT):

FÉDER, Marcela Macedo. Relatórios de sustentabilidade: a importância de gerar evidências e relatar as iniciativas de programas ESG. *In*: RODRIGUES, Caroline; PIRONTI, Rodrigo (coord.). *ESG na Administração Pública*: estudos dirigidos. Belo Horizonte: Fórum, 2025. p. 415-429. ISBN 978-85-450-0779-1.

ESG NA ADMINISTRAÇÃO PÚBLICA: TREINAMENTO E COMUNICAÇÃO PARA UMA GESTÃO EFICIENTE

ISABELLE CAMPOLI CAZARIM CAVALHEIRO

1 Relembrando os fundamentos e a evolução do ESG

A sigla ESG, acrônimo do inglês "*Environmental, Social and Governance*", refere-se às práticas ambientais, sociais e de governança de uma organização. O termo emergiu em 2004, em uma publicação do Pacto Global chamada "Who Cares Wins" ("ganha quem se importa").

E (*Environmental*) representa o impacto que uma entidade causa no ambiente natural, incluindo questões como poluição, uso de recursos naturais e consequências para a biodiversidade. S (*Social*) refere-se aos fatores que afetam as pessoas, como saúde, segurança e padrões de trabalho, e inclui também o compromisso com a superação de desigualdades e discriminação. G (*Governance*) relaciona-se à capacidade da organização de administrar suas atividades de forma responsável e ética, utilizando ferramentas de transparência, como programas de *compliance*.

Segundo estabelece a ABNT 2023:2022, o ESG consiste em:

> Conjunto de critérios ambientais, sociais e de governança, a serem considerados na avaliação de riscos, oportunidades e respectivos impactos, com objetivo de nortear atividades, negócios e investimentos sustentáveis.[1]

De forma simplificada e apenas para relembrar o conceito de maneira introdutória ao que será abordado, o ESG é o conjunto de

---

[1] ASSOCIAÇÃO BRASILEIRA DE NORMAS TÉCNICAS. ABNT 2023:2022: ESG – Diretrizes para a implementação de práticas de sustentabilidade ambiental, social e de governança. Rio de Janeiro, 2022.

práticas de uma instituição que busca reconhecer seu papel na proteção do meio ambiente e na promoção de uma sociedade mais justa.

A consideração de fatores ESG na condução das atividades de uma instituição tem ganhado visibilidade nos últimos anos. O seu princípio é universal: as instituições devem buscar, além do lucro, promover o bem-estar social, considerando questões ambientais, sociais e de governança, que são três pilares distintos, mas complementares.

Nesse contexto, a Cartilha da Auditoria Interna do Ministério Público da União destaca:

> ESG pode ser entendido como uma jornada por meio da qual instituições públicas e privadas podem direcionar sua atuação no sentido de que o alcance dos seus objetivos estratégicos ocorra de forma conjugada com a geração de valores éticos, ambientalmente sustentáveis e de impacto social positivo. Pressupõe assim o alinhamento entre lucro ou redução de custos, propósito e transparência.[2]

Portanto, uma instituição deve identificar quais são seus impactos negativos e positivos na sociedade e tomar medidas a respeito deles. É possível, através do ESG, reduzir os impactos negativos e ampliar os positivos, bem como lidar com os danos já causados. As instituições precisam promover uma atuação responsável, em resposta às expectativas da população.

2 ESG na Administração Pública

Nos últimos anos, o ESG tem se destacado, especialmente no setor privado. No entanto, sua aplicação no setor público é igualmente importante. No setor privado, o ESG se sobressai principalmente por razões comerciais, já que investidores e clientes são atraídos pela consciência ambiental demonstrada pela empresa.

No setor público, apesar da falta de incentivo comercial por meio das práticas de ESG, devido à ausência do objetivo de lucro, a questão pode ser analisada sob a perspectiva da principal finalidade da Administração Pública: proteger os interesses da sociedade. Do ponto

---

2 Cartilha ESG e a Gestão Pública – Uma Visão Geral. Disponível em: https://auditoria.mpu.mp.br/documentos-audin-mpu/manuais-e-cartilhas/cartilha-da-audin-mpu/cartilha-esg-e-a-gestao-publica-uma-visao-geral/cartilha-esg-assinada.pdf. Acesso em: 20 maio 2024.

de vista econômico, isso inclui a oportunidade de aprimorar a gestão do orçamento público por meio de práticas de desenvolvimento sustentável.

O alinhamento do setor público com as diretrizes do ESG frequentemente coincide com as responsabilidades inerentes ao Estado. No Brasil, isso se reflete nos princípios fundamentais destacados no título inicial da Constituição Federal de 1988. Em âmbito global, destacam-se os Objetivos de Desenvolvimento Sustentável (ODS), um conjunto de 17 metas estabelecidas em 2015 pelos países da Cúpula de Desenvolvimento Sustentável da ONU, que proporcionam uma agenda para promover a harmonização desses esforços.

A crescente atenção ao ESG no setor privado tem impulsionado iniciativas também no setor público. Consequentemente, a pressão social, principal motor do serviço público, pode fazer com que a governança ambiental e sustentável se torne prioridade forte, motivando a criação de políticas públicas para seu aprimoramento.

Nesse contexto, José Paulo Nardone, Diretor do Tribunal de Contas do Estado de São Paulo, destaca:

> Tantas mudanças no ambiente econômico-corporativo se transportam também para a gestão pública, na medida em que conceitos como "Estado Verde" ou "Cidades Sustentáveis" passam a ser perseguidos pelos gestores públicos, já que o "cliente" dos serviços públicos, ou seja, o cidadão, também tem se posicionado valorizando práticas sustentáveis na oferta dos produtos do aparelho estatal, seja na infraestrutura das cidades, nas condições de acessibilidade, diversidade, inclusão, igualdade de acesso às políticas públicas, na transparência e publicização dos atos, no comprometimento com a conservação ambiental, entre outros.[3]

Neste momento, é evidente que o Estado precisa atender às novas demandas sociais em suas diversas funções reguladoras, executoras e fiscalizadoras. É importante notar que diversas iniciativas já estão em andamento, pois mesmo ações simples contra o desperdício podem ser consideradas como práticas de sustentabilidade.

A perspectiva do ESG no setor público se torna ainda mais relevante quando vai além das questões ambientais, incorporando a cultura de integridade, a transparência, a inclusão social, a valorização da diversidade e as contratações sustentáveis. Nesse contexto, observa-se

[3] NARDONE, J. P. As práticas ESG e a Gestão Pública. Disponível em: https://www.tce.sp.gov.br/sites/default/files/publicacoes/Artigo%20-%20Nardone%20-%20As%20pr%C3%A1ticas%20ESG.pdf. Acesso em: 26 maio 2024.

um movimento crescente no setor público para integrar o ESG na gestão corporativa e nas políticas públicas.

O Tribunal de Contas da União (TCU) recentemente publicou o Acórdão nº 1.205/23, que aborda o tema ESG. Neste Acórdão é proposta uma reformulação do Índice Integrado de Governança e Gestão (IGG), que agora passa a incluir a avaliação de práticas ambientais e sociais. Um trecho do relatório ressalta que:

> No entanto, a dimensão Governança, que corresponde à letra G da sigla ESG, tornou-se insuficiente diante do amadurecimento da sociedade brasileira. Há tempo, fala-se da relevância da governança, mas dentro do contexto ESG, que inclui as dimensões SOCIAL e AMBIENTAL. O presente trabalho busca, então, remodelar o questionário do iGG, para integrar as novas dimensões e revisitar as práticas de governança e gestão para prover maior equilíbrio ao instrumento e mantê-lo moderno e atualizado.[4]

Adicionalmente, observam-se no setor público outras iniciativas relacionadas ao ESG. Por exemplo, a Agência Nacional de Saúde Suplementar (ANS) emitiu recentemente uma resolução que trata da Política Integrada de Governança e Responsabilidade Socioambiental (ESG). Essa norma introduz elementos inovadores, como o incentivo à inclusão social com ênfase na diversidade, abrangendo pessoas com deficiência, mulheres em situação de violência doméstica, minorias de gênero, raça e a comunidade LGBTQIA+. Além de estabelecer medidas relacionadas a *compliance*, integridade e transparência.

Outra iniciativa relevante é da Associação Brasileira de Normas Técnicas (ABNT), que recentemente publicou a Norma ABNT PR 2030-ESG, oferecendo diretrizes práticas aplicáveis tanto ao setor público quanto ao privado.

Tais exemplos ilustram o amplo potencial dos padrões ESG para influenciar ainda mais o setor público. O ESG deve ser incorporado tanto nas políticas públicas quanto na gestão organizacional, buscando a

---

4 BRASIL. Tribunal de Contas da União. Acórdão nº 1.205/2023. Processo 014.499/2023-1. Proposta de fiscalização. Levantamento sobre a situação dos órgãos e entidades da APF quanto à adoção de práticas de governança integradas a práticas de responsabilidade socioambiental (ESG). Autorização. Data da sessão: 14.06.2023. Disponível em: https://pesquisa.apps.tcu.gov.br/documento/acordao-completo/*/NUMACORDAO%253A1205%2520ANOACORDAO%253A2023%2520COLEGIADO%253A%2522Plen%25C3%25A1rio%2522/DTRELEVANCIA%2520desc%252C%2520NUMACORDAOINT%2520desc/0. Acesso em: 15 maio 2024.

erradicação da pobreza, a promoção da saúde de qualidade, a igualdade de gênero, a equidade, a diversidade, além de estimular a produção e o consumo sustentáveis e cultivar uma cultura de integridade. No âmbito público o ESG representa a convergência entre sustentabilidade e governança, trabalhando em prol da sociedade.

A implementação de práticas ESG na gestão pública é essencial para garantir um desenvolvimento sustentável e a confiança da sociedade nas instituições governamentais. A confiança, muitas vezes abalada por escândalos e embates envolvendo instituições governamentais, pode ser restaurada através da implementação de ferramentas ESG. Quando um órgão ou entidade pública se demonstram íntegros e preocupados com valores e princípios, sua credibilidade aumenta perante o público interno e externo.

Portanto, o ESG não apenas se aplica ao setor público, mas é essencial para o cumprimento de suas responsabilidades, promovendo uma gestão pública mais transparente, ética e sustentável.

3 ESG: o que não deve ser

Para compreender plenamente o ESG, é fundamental reconhecer a existência do *greenwashing*, uma prática que contraria os princípios sustentáveis ao promover uma falsa impressão de compromisso com práticas ambientais, sociais e de governança (ESG) sem implementá-las de fato. O *greenwashing*, conhecido como "lavagem verde", ocorre quando instituições públicas e privadas simulam estar engajadas em ações sustentáveis.

Para impedir o *greenwashing*, as organizações devem adotar uma cultura ESG genuína que permeie todas as suas áreas. Nesse contexto, o treinamento e a comunicação desempenham papéis fundamentais. Oferecer capacitação adequada e manter uma comunicação transparente são pilares essenciais para garantir que os princípios do ESG sejam realmente aplicados na prática, e não apenas formalidades.

4 A importância do treinamento e da comunicação no ESG

Relembrados os conceitos e com a estrutura de ESG implementada dentro de um órgão ou entidade pública, o engajamento das partes interessadas será fundamental para sua efetividade. Por partes interessadas entende-se todos os elementos que de alguma forma afetam ou são afetados pela organização. Reconhecer a importância do ESG é apenas o primeiro passo; a implementação efetiva desses princípios requer uma mudança cultural dentro da instituição. Isso significa alinhar os valores do órgão ou entidade pública com esses princípios e garantir que eles sejam refletidos em todas as operações.

É essencial que os valores ESG estejam profundamente incorporados à cultura da organização, norteando políticas, práticas e decisões. Se forem tratados apenas como formalidades, não produzirão efeitos significativos para a instituição nem para as partes interessadas. A verdadeira integração e o comprometimento com os valores ESG garantirão que o órgão ou entidade pública não apenas adote essas práticas, mas também as pratique de maneira autêntica e sustentável.

Para isso, a administração de cada instituição deve identificar os conceitos, objetivos, implicações práticas e os papéis de cada um na implementação das ferramentas ESG. Em seguida, deve comunicar essas informações de maneira relevante e específica a cada parte interessada identificada. Essa abordagem é essencial para promover iniciativas que visem tanto a mudança cultural interna quanto a externa, envolvendo todas as partes com as quais o órgão ou entidade pública se relaciona, e valorizando a responsabilidade social e a governança ética.

Embora o ESG esteja cada vez mais presente, é essencial que o conhecimento sobre o tema seja aprofundado dentro das instituições. Afinal, a implementação do ESG não se resume apenas à aplicação de ferramentas, mas também à disseminação do conhecimento destas práticas a todos dentro de uma organização. O sucesso do ESG depende do envolvimento e aplicação diária por parte da alta gestão e de todos os seus agentes públicos.

Para garantir que esse conhecimento seja acessível a todos, é essencial que treinamentos e comunicações sejam pilares centrais para o funcionamento eficaz do ESG. Um plano de comunicação bem estruturado deve ser desenvolvido, definindo o formato das iniciativas, a periodicidade e os diversos temas relacionados ao ESG que serão abordados. Dessa forma, o órgão ou a entidade pública se compromete a manter esses conceitos e ferramentas sempre presentes, tanto para seus agentes públicos quanto para o seu público externo.

Campanhas de comunicação bem planejadas podem aumentar a conscientização sobre questões ambientais, sociais e de governança por meio de narrativas cativantes e persuasivas. Essas estratégias são fundamentais para assegurar que os valores do ESG sejam compreendidos e adotados dentro e fora da Administração Pública.

Portanto, treinamentos e comunicações se tornam um pilar fundamental, pois buscam promover uma compreensão mais profunda de temas importantes relacionados ao ESG, com o objetivo de disseminar uma cultura ética no ambiente institucional e compartilhar as melhores práticas com seu público interno e externo.

Nesse sentido, a CGU, no manual de orientações ao setor público, enfatiza que:

> A mera publicação de códigos e procedimentos não se presta a mudar o comportamento dos agentes e estimular uma cultura de integridade de maneira efetiva. É necessário prever ações de comunicação eficazes, que possam atingir todo o público-alvo do órgão ou entidade através de mensagens claras e diretas.[5]

Assim como em qualquer iniciativa implementada em uma organização, os esforços devem ser continuamente avaliados e aprimorados. Portanto, os treinamentos e as comunicações propostas devem ser atualizados regularmente para refletir as mudanças abruptas da sociedade, avanços tecnológicos e alterações regulatórias. Isso garantirá que o público da instituição esteja atualizado e plenamente informado da situação vigente.

Em síntese, a implementação do ESG demanda um esforço contínuo de comunicação e treinamento, abrangendo tanto a esfera interna quanto externa do órgão ou da entidade pública, para garantir que todas as partes interessadas estejam plenamente alinhadas e comprometidas com os princípios de sustentabilidade, responsabilidade social e governança ética.

Para isso, os próximos tópicos se destinarão a explorar de forma mais aprofundada algumas estratégias de comunicação interna e externa para fortalecer esse compromisso e garantir uma implementação eficaz dos princípios ESG.

---

5 CGU. Manual para implementação de programas de integridade: orientações para o setor público, 2017, p. 46.

4.1 Comunicação interna

Ainda que o ESG esteja pautando a mídia, o conhecimento sobre o tema precisa ser aprofundado dentro das organizações. Nesse contexto, a comunicação interna é importante para que informações sejam transmitidas através de canais institucionais objetivos e transparentes, detalhando a importância da adesão e cooperação dos agentes públicos. Dessa forma, a comunicação interna eficaz não apenas informa, mas também engaja os agentes públicos na promoção de práticas sustentáveis e responsáveis.

Nesse sentido, a resolução da ANS dispõe em seu art. 5º, IV, que:

> Art. 5º São objetivos da Política Integrada de Governança e Responsabilidade Socioambiental – ESG
> (...)
> IV - promover a sensibilização, capacitação e conscientização dos servidores em relação à governança e à sustentabilidade.[6]

Antes que os agentes públicos possam se comprometer com as práticas de ESG, é essencial que entendam o que elas são e por que são importantes. Para isso, devem ser desenvolvidos programas de treinamento que instruam os agentes públicos sobre esses conceitos, expliquem como eles impactam o andamento das atividades do órgão ou da entidade pública e destaquem a importância de sua adoção.

Além disso, a comunicação interna tem o potencial de difundir os princípios de ESG por meio de comunicações e treinamentos internos, destacando exemplos bem-sucedidos de implementação do ESG, buscando inspirar seus agentes públicos. É importante incentivar o envolvimento de todos em ações de conscientização e responsabilidade social, pois isso proporciona um espaço para o compartilhamento de ideias e *feedbacks*.

Promover a transparência na comunicação interna é outra estratégia importante. Demonstrar ao público interno como as práticas ESG implantadas pela organização impactam positivamente a própria organização e também a sociedade contribui para aumentar seu engajamento.

---

6 AGÊNCIA NACIONAL DE SAÚDE SUPLEMENTAR (ANS). Resolução Normativa nº 82, de 22 de março de 2023. Dispõe sobre a Política Integrada de Governança e Responsabilidade Socioambiental (ESG) no âmbito da Agência Nacional de Saúde Suplementar – ANS. Disponível em: https://bvsms.saude.gov.br/bvs/saudelegis/ans/2023/res0082_22_03_2023.html#:~:text=Disp%C3%B5e%20sobre%20a%20Pol%C3%ADtica%20Integrada,Nacional%20de%20Sa%C3%BAde%20Suplementar%20%2D%20ANS. Acesso em: 18 maio 2024.

Em relação aos treinamentos a serem aplicados, deve ser definido inicialmente o público-alvo e personalizar o conteúdo para atender às suas necessidades específicas. Por exemplo, pode ser ministrado um treinamento básico destinado a todos os agentes públicos, focando nos conceitos fundamentais de ESG. Para gestores e líderes, um treinamento mais aprofundado pode abordar estratégias para monitorar as práticas existentes e fomentar a implementação de novas iniciativas, incluindo o estabelecimento de metas. Além disso, treinamentos especializados podem ser oferecidos para áreas específicas, tratando de temas estratégicos, como por exemplo a gestão de resíduos e a eficiência energética de um órgão ou uma entidade pública. Isso será interessante porque, dependendo do setor e das metas específicas, os agentes públicos podem precisar desenvolver novas habilidades, desde aprender tecnologias sustentáveis até compreender regulamentações legais e éticas.

Para tanto, podem ser exploradas diversas abordagens para engajar o público, como treinamentos presenciais, treinamentos virtuais, vídeos animados, capacitações com consultorias especializadas e outros formatos criativos.

As campanhas de comunicação podem ser conduzidas por meio de diversos canais, como intranet, *e-mail marketing*, *newsletters* e reuniões, com o objetivo de informar e envolver os agentes públicos nas práticas ESG adotadas pela organização. É necessário adaptar o tema e a abordagem conforme o público-alvo e os diferentes níveis da Administração Pública, garantindo que o conhecimento seja transmitido de forma assertiva.

Visando avaliar a eficácia das iniciativas de comunicação, é importante aplicar questionários avaliativos para mensurar o conhecimento do público-alvo a quem o treinamento ou a comunicação foi direcionada. Esse processo permite uma verificação precisa, especialmente em relação ao público interno, para garantir que compreendam os conceitos e estejam aplicando as práticas ESG de forma eficaz.

4.2 Comunicação externa

Também é importante que o órgão ou a entidade pública comunique seu compromisso com o ESG ao público externo, para garantir a eficácia das iniciativas internamente implementadas. Para esse fim, uma variedade de estratégias pode ser explorada, incluindo a promoção de *workshops*, treinamentos externos, divulgação em redes sociais, criação de cartilhas elaboradas em linguagem acessível para diferentes públicos, entre outras ações de comunicação contínua, de acordo com a estratégia de cada instituição.

Outro método de comunicação externa pode se dar por meio do uso estratégico de mídias sociais, comunicados de imprensa e eventos públicos. Essas iniciativas visam promover a transparência e incentivar a participação cidadã nas questões relacionadas ao ESG, demonstrando o compromisso do órgão ou da entidade pública com a responsabilidade social e ambiental.

Da mesma forma que a comunicação interna, a comunicação externa deve ser clara e direcionada, buscando compartilhar informações com as partes envolvidas. No entanto, é importante reconhecer os desafios que podem surgir devido à distância entre o público interno e as partes interessadas externas. Sem uma comunicação efetiva, as ações relacionadas ao ESG correm o risco de perder seu significado, já que os interessados externos podem não compreender plenamente as intenções do órgão ou da entidade pública.

Na comunicação com o público externo, outro formato efetivo de comunicação consiste no uso de relatórios de sustentabilidade. Tais documentos devem detalhar de forma clara e concisa os objetivos e métodos empregados para alcançar metas propostas. É fundamental incluir informações sobre as metas adotadas, pois isso permite a avaliação dos impactos e a eficácia dos investimentos realizados.

5 Desafios e oportunidades

A implementação do ESG na Administração Pública e o fomento dessas práticas através de treinamentos e comunicações apresentam desafios, especialmente por ser algo novo a ser introduzido em órgãos e entidades públicas.

Primeiramente, a resistência à mudança é um obstáculo a ser considerado, pois pode retardar a adoção de novas práticas, como as relacionadas ao ESG. Muitos do público interno ainda não conseguem perceber a aplicabilidade prática dessas iniciativas ou entender como podem contribuir para elas. Mais uma vez, enfatiza-se a importância da mudança de cultura dentro da instituição para que os programas ESG e suas ferramentas sejam efetivamente implementados e observados por todos. Para alguns órgãos ou entidades públicas, bem como para alguns agentes públicos, pode ser difícil compreender a aplicação do

ESG dentro da Administração Pública, pois tendem a limitar-se muito à esfera ambiental. No entanto, há muito a ser trabalhado nesse âmbito.

Outro desafio que pode surgir tanto no setor público quanto no privado é a escassez de recursos, tanto financeiros quanto humanos, para a implementação e divulgação do programa ESG. A comunicação e os treinamentos exigem uma estrutura adequada, materiais específicos e, muitas vezes, consultoria especializada. Além disso, muitos órgãos e entidades públicas não possuem uma equipe ou setor dedicado a essa finalidade, o que limita a capacidade de implementação eficaz dos programas ESG.

No entanto, existem oportunidades para superar esses desafios. Parcerias estratégicas com o setor privado, por exemplo, podem fornecer os recursos e conhecimentos necessários. Além disso, a adoção de inovações e tecnologias emergentes pode facilitar a implementação e o monitoramento das práticas ESG.

Sobre o tema discorre Lenise Secchin Renato Cader, secretária Executiva da Presidência da ANS:

> Por fim, são diversos os desafios do ESG no setor público e o momento é de caminharmos rumo a novos paradigmas com o ESG ingressando na esfera pública com uma ótica que de fato vá muito além da dimensão ambiental. Há que se pensar no âmbito de uma nova economia verde e inclusiva, com a busca da erradicação da pobreza, da equidade, da diversidade, da saúde de qualidade, da igualdade de gênero, da produção e do consumo sustentável, da cultura de integridade e transparência. O ESG é a sustentabilidade e a governança caminhando juntos com a preocupação do bem-estar das gerações presentes e futuras.[7]

Apesar dos desafios, esse estudo é uma semente para que a implementação do ESG na Administração Pública ofereça oportunidades significativas para avanços sustentáveis e responsáveis, desde que haja uma estratégia bem definida, especialmente no tocante a treinamentos e comunicações, que servem de apoio para superar as barreiras existentes.

---

[7] A prática de ESG no setor público. Disponível em: https://monitoring.knewin.com/verNoticia.aspx?c=0&n=79673407&e=1587. Acesso em: 26 maio 2024.

6 Considerações finais

A implementação dos critérios ESG na gestão pública transcende a mera tendência, tornando-se uma necessidade para enfrentar desafios contemporâneos de forma sustentável e responsável. Neste contexto, é essencial que a Administração Pública empreenda esforços para integrar e mensurar ações de ESG em suas práticas para alcançar objetivos institucionais.

Ao adotar práticas que abrangem a sustentabilidade ambiental, a inclusão social e a governança ética, o setor público desempenha um papel importante na promoção do desenvolvimento sustentável e na construção de uma sociedade mais justa e acessível. As práticas de ESG no setor público evidenciam que pode ser alcançado equilíbrio entre crescimento econômico, justiça social e conservação ambiental.

Para que a implementação das práticas ESG na Administração Pública seja de fato eficaz, é necessário promover uma mudança de cultura organizacional. Essa transformação cultural faz com que os princípios de sustentabilidade, responsabilidade social e governança ética não sejam apenas adotados como formalidades, mas incorporados de forma autêntica e permanente pelos órgãos e entidades públicas.

Uma mudança de cultura começa com a liderança, que deve demonstrar um compromisso genuíno com os valores ESG. A alta gestão deve servir de exemplo, adotando práticas sustentáveis e éticas em suas próprias ações e decisões. Além disso, é importante que esse público promova os valores ESG constantemente, incentivando e reconhecendo iniciativas que alinhem as atividades do órgão ou entidade pública com os princípios ESG.

O engajamento de todos os agentes públicos é igualmente importante. Para isso, é necessário que esse público compreenda a relevância das práticas ESG e como podem contribuir para um futuro mais sustentável e responsável. Programas de treinamento contínuos e campanhas de comunicação constituem ferramentas primordiais para disseminar o conhecimento e reforçar a importância da adesão às práticas ESG.

A realização de comunicações e treinamentos consiste, portanto, em um pilar para a efetividade do programa ESG, pois sua mera instituição formal não é suficiente. É essencial garantir que as ferramentas ESG alcancem seus objetivos, proporcionando um ambiente de trabalho íntegro e sustentável, em observância às regras e padrões éticos de conduta previamente estabelecidos.

A integração dos valores ESG na Administração Pública requer um esforço contínuo e coordenado de comunicação e treinamento. Essas ações fazem com que a gestão pública que não apenas adote práticas sustentáveis e éticas, mas também inspire confiança e respeito por parte da sociedade. Através de uma estratégia bem definida e executada, a Administração Pública pode liderar pelo exemplo, contribuindo significativamente para um futuro mais sustentável e íntegro.

Finalmente, a transformação cultural deve ser vista como um processo contínuo. À medida que a sociedade e as expectativas evoluem, a Administração Pública deve estar pronta para adaptar suas práticas e políticas para continuar atendendo às novas demandas. Investir na capacitação e no desenvolvimento profissional dos agentes públicos, bem como na comunicação eficaz com todas as partes interessadas, é essencial para sustentar essa mudança ao longo do tempo.

Em síntese, somente através de um compromisso coletivo e de uma transformação genuína dos valores organizacionais, os órgãos e as entidades públicas poderão cumprir suas responsabilidades de maneira sustentável e ética, promovendo a melhoria da sociedade para gerações presentes e futuras.

Referências

AGÊNCIA NACIONAL DE SAÚDE SUPLEMENTAR (ANS). *Resolução Normativa nº 82, de 22 de março de 2023.* Dispõe sobre a Política Integrada de Governança e Responsabilidade Socioambiental (ESG) no âmbito da Agência Nacional de Saúde Suplementar – ANS. Disponível em: https://bvsms.saude.gov.br/bvs/saudelegis/ans/2023/res0082_22_03_2023.html.

ASSOCIAÇÃO BRASILEIRA DE NORMAS TÉCNICAS. *ABNT NBR 2023:2022: ESG – Diretrizes para a implementação de práticas de sustentabilidade ambiental, social e de governança.* Rio de Janeiro, 2022.

BRASIL. Tribunal de Contas da União. Acórdão 1205/2023. Processo 014.499/2023-1. *Proposta de fiscalização. Levantamento sobre a situação dos órgãos e entidades da APF quanto à adoção de práticas de governança integradas a práticas de responsabilidade socioambiental (ESG). Autorização.* Data da sessão: 14 jun. 2023. Disponível em: https://pesquisa.apps.tcu.gov.br/documento/acordao-completo/*/NUMACORDAO%253A1205%2520ANOACORDAO%253A2023%2520COLEGIADO%253A%2522Plen%25C3%25A1rio%2522/DTRELEVANCIA%2520desc%252C%2520NUMACORDAOINT%2520desc/0.

Cartilha ESG e a Gestão Pública – Uma Visão Geral. Disponível em: https://auditoria.mpu.mp.br/documentos-audin-mpu/manuais-e-cartilhas/cartilha-da-audin-mpu/cartilha-esg-e-a-gestao-publica-uma-visao-geral/cartilha-esg-assinada.pdf.

CONTROLADORIA-GERAL DA UNIÃO (CGU). *Manual para implementação de programas de integridade: orientações para o setor público*, 2017, p. 46.

NARDONE, J. P. *As práticas ESG e a Gestão Pública*. Disponível em: https://www.tce.sp.gov.br/sites/default/files/publicacoes/Artigo%20-%20Nardone%20-%20As%20pr%C3%A1ticas%20ESG.pdf.

Informação bibliográfica deste livro, conforme a NBR 6023:2018 da Associação Brasileira de Normas Técnicas (ABNT):

CAVALHEIRO, Isabelle Campoli Cazarim. ESG na Administração Pública: treinamento e comunicação para uma gestão eficiente. *In*: RODRIGUES, Caroline; PIRONTI, Rodrigo (coord.). *ESG na Administração Pública*: estudos dirigidos. Belo Horizonte: Fórum, 2025. p. 431-444. ISBN 978-85-450-0779-1.

COMO APLICAR A SUSTENTABILIDADE NAS LICITAÇÕES: O CICLO DE VIDA COMO PARÂMETRO DE SUSTENTABILIDADE

TATIANA CAMARÃO
ADRIANA TOSTES

Introdução

Adotar padrões de sustentabilidade nas contratações da Administração Pública sempre foi como lidar em ambiente obscuro e turvo, visto que a já revogada e amplamente utilizada Lei nº 8.666/93, mesmo ao incluir o desenvolvimento nacional sustentável entre os seus princípios, não ofereceu, de forma pragmática, normas sobre os procedimentos a serem seguidos.

Junto a tal constrangimento, exsurge também a ausência de parâmetros de sustentabilidade a serem observados em todo processo licitatório, um dos elementos mais suscetíveis de engano e absolutamente sensível para a mantença de qualquer organização.

A "luz no fim do túnel" chegou com a Nova Lei de Licitações e Contratos – NLLC, a Lei nº 14.133/2021, que reitera, no artigo 11, inciso IV, a sustentabilidade como propósito das contratações públicas e fortalece sua aplicabilidade, apresentando, em vários dispositivos, medidas a serem adotadas para o seu efetivo alcance.

> Art. 11. O processo licitatório tem por objetivos:
> I - assegurar a seleção da proposta apta a gerar o resultado de contratação mais vantajoso para a Administração Pública, inclusive no que se refere ao ciclo de vida do objeto;
> II - assegurar tratamento isonômico entre os licitantes, bem como a justa competição;
> III - evitar contratações com sobrepreço ou com preços manifestamente inexequíveis e superfaturamento na execução dos contratos;
> IV - incentivar a inovação e o desenvolvimento nacional sustentável.

Deste modo, a promoção do desenvolvimento nacional sustentável se apresenta, ao lado da observância do princípio constitucional da isonomia, da seleção da proposta apta a gerar o resultado de contratação mais vantajoso observado o ciclo de vida do objeto, da contratação de preços aceitáveis e do incentivo a inovação, como premissa imanente às licitações públicas.

Não podemos deixar de destacar que a sustentabilidade é preceito constitucional, e vários dispositivos da Lei nº 14.133/2021 têm como substrato os artigos 37, 170 e 225 da Constituição Federal – CF/88, que respectivamente tratam dos princípios da Administração Pública, da ordem econômica, fundada na valorização do trabalho humano e na livre-iniciativa e na redução das desigualdades regionais e sociais e do meio ambiente ecologicamente equilibrado.[1]

Além disso, os órgãos de controle estão antenados à observância dessa diretriz constitucional e legal nas contratações e têm recomendado[2] a adoção de aspectos de sustentabilidade a serem agregados nas

---

1 À Lei nº 14.133/2021 coube aglutinar, atualizar e reforçar os preceitos já trazidos em legislações anteriores, como a Política Nacional do Meio Ambiente (Lei nº 6.938/1981), a Política Nacional de Recursos Hídricos (Lei nº 9.433/1997), a Lei de Crimes Ambientais (Lei nº 9.605/1998), a Política Nacional de Conservação e Uso Racional de Energia (Lei nº 10.295/2001), a Política Nacional de Mudança do Clima (Lei nº 12.187/2009), a Política Nacional de Resíduos Sólidos (Lei nº 12.305/2010), as alterações trazidas no artigo 3º da Lei nº 8666/1993 pela Lei nº 12.349/2010, os normativos infralegais regulamentadores, Decreto nº 7.746/2012, alterado pelo Decreto nº 9.178/2017, que solidificou a obrigação do gestor de incluir critérios e práticas sustentáveis nos instrumentos convocatórios, e as Instruções Normativas do Ministério do Planejamento, Desenvolvimento e Gestão (MPDG): IN nº 01/2010 (atualizada pela IN nº 05/2017), IN MP nº 02/2014 (exigência de etiqueta PROCEL A na aquisição de equipamentos elétricos e eletrônicos), IN SLTI/MP nº 10/2012, que estabeleceu os Planos de Logística Sustentável (posteriormente alçados a um patamar de responsabilidade maior na Lei nº 13.303/2016, denominada Lei das Estatais, e a extinta Lei nº 12.462/2011, que dispõe sobre o Regime Diferenciado de Contratações). Recentemente, em regulamentação da Lei nº 14.133/2021, foram publicados o Decreto nº 11.430/2023, que dispõe sobre os critérios de desempate nas licitações, referentes à exigência nas contratações públicas de percentual mínimo de mão de obra constituída por mulheres vítimas de violência doméstica e de desenvolvimento pelo licitante, de ações de equidade no ambiente de trabalho; e o Decreto nº 11.890/2024, que regulamenta o artigo 26 da Lei nº 14.133/2021 para dispor sobre a aplicação da margem de preferência no âmbito da administração pública federal direta.

2 Citem-se os seguintes acórdãos do Tribunal de Contas da União referentes à sustentabilidade: (i) Acórdão TCU nº 1752/2011 - Plenário, avaliou quais medidas de gestão socioambiental os órgãos sob sua jurisdição (em questionário piloto a cerca de 20 instituições) vinham tomando, com foco na economia, eficiência, gestão estratégica de despesa e consumo. Foi estabelecido o Índice de Sustentabilidade na Administração Pública – IASA, para monitorar os seguintes itens: Plano de Logística Sustentável, consumos e gastos com energia, água e papel, coleta seletiva, mobilidade, acessibilidade e compras e contratações públicas; (ii) Acórdão TCU nº 2.622/2015 - Plenário, tratou da recomendação do órgão ao Ministério do Planejamento, Desenvolvimento e Gestão – MPDG, no sentido de que orientasse as

licitações, no contexto da análise das políticas públicas implementadas e das considerações sobre a adesão do Brasil a acordos internacionais voltados à temática. Nesse sentido, vale registrar que, embora os aspectos de sustentabilidade estejam legislados, com vistas a utilizar o poder de compra do Estado como instrumento indutor do mercado para a adoção de padrões mais eficazes de qualidade, integridade, transparência e inovação, na prática, faltam dados precisos que comprovem que as contratações com critérios sustentáveis estão sendo adotadas.

Não se pode olvidar de que as contratações públicas têm grande potencial de transformação do mercado fornecedor, com impactos positivos na sociedade. Segundo dados do IPEA (Instituto de Pesquisa Econômica Aplicada), em 2018, o percentual de compras governamentais representou cerca de 12,5% do Produto Interno Bruto.[3]

Daí a importância de a NLLC prever a sustentabilidade não apenas como diretriz das contratações, mas como objetivo. Segundo Juarez Freitas (2019):

> [A] sustentabilidade é um princípio constitucional de caráter vinculante, que tem o condão de modificar inteiramente nossas compreensões sobre o Direito, em todas as áreas, com ênfase para o Direito Administrativo, o Direito Ambiental, o Direito Tributário e a Hermenêutica Constitucional.

1 Governança e sustentabilidade

Para assegurar que as diretrizes de sustentabilidade sejam preservadas, é mandatório que as organizações públicas implementem práticas de governança que incluam o Plano de Sustentabilidade e o Plano Diretor de Contratação Sustentável. Essa medida é vital para a efetividade do comando constitucional e legal, pois trata-se de ações transversais às contratações. Alerte-se que não se pode restringir os objetivos traçados pela NLLC para o desenvolvimento nacional sustentável

---

organizações sob sua esfera de atuação quanto a "diretrizes para suas aquisições, incluindo as referentes a terceirização, compras, estoque, sustentabilidade e compras conjuntas"; (iii) Acórdão TCU nº 1524/2019 - Plenário, recomenda ao Ministério da Economia a realização de estudos avaliativos sobre o grau de fragmentação das compras governamentais; (iv) Acórdão TCU nº 1205/2023 - Plenário, trouxe significativo avanço ao propiciar aos órgãos públicos, um modelo de questionário avaliativo sobre o grau de materialização das ações de sustentabilidade em suas organizações: o questionário IESGo – Índice de avaliação da governança pública organizacional, ambiental e social das organizações públicas federais e de outros entes jurisdicionados.

[3] De acordo com o levantamento de 2020 da OCDE, este percentual é de 13,5%.

ao entendimento míope de utilização de critérios específicos nos Estudos Técnicos Preliminares e Termo de Referência/Projeto Básico.

A efetivação dos objetivos de sustentabilidade alicerçados pela NLLC está consequente e diretamente relacionada à integração das estratégias de negócio dos órgãos públicos, no sentido de gerar impactos positivos na sociedade.

Nesse contexto, torna-se imprescindível, para além de definir as ações sustentáveis, indicar as modelagens de atuação e de monitoramento e validação dos resultados preconizados nas práticas previstas na NLLC. Traçadas as políticas públicas e as diretrizes dos órgãos de controle para a consecução da sustentabilidade nas contratações, é preciso avançar na execução e na definição de procedimentos, orientados à alocação de recursos adequados, de forma integrada à capacitação de servidores públicos e à criação de instrumentos de avaliação, entre outras ações de suporte às decisões.

Em resguardo aos preceitos constitucionais e da NLLC, é premente observar que ainda há lacunas sobre o entendimento e a aplicabilidade do conceito de sustentabilidade nas práticas das organizações públicas, de forma que venham a subsidiar as decisões sobre as contratações. Depreende-se que a compreensão mais completa sobre os possíveis impactos econômicos, sociais e ambientais das compras e contratações exige análises mais críticas, diretamente dependentes da disponibilidade de dados estruturados e transparentes sobre os objetivos, indicadores, metas e desempenhos sustentáveis da organização, em formato de relatos de materialidade que apontem os pontos focais de necessidade de melhoria.

Nesse alinho, é elogioso o Acórdão TCU nº 1205/2023, por sua iniciativa inovadora de promover a avaliação mais abrangente dos índices de governança dos órgãos sob jurisdição do Tribunal de Contas da União, de forma integrada às dimensões de responsabilidade social e ambiental. O referido acórdão atualizou o questionário até então utilizado para apuração do índice de Governança e Gestão – iGG, com o fito de incluir no diagnóstico as abordagens do índice ESG – *Environment, Social and Governance*.[4] Nesta perspectiva, a adoção do questionário do índice denominado iESGo nas organizações avaliará, a partir de 2024, se os modelos e objetivos traçados para a gestão de diversas áreas

[4] Tradução livre para o português como práticas de governança institucional, ambiental e social.

– processos finalísticos, gestão de pessoas, tecnologia da informação, contratações, orçamento e financeiro – estão efetivamente alinhados com os propósitos de sustentabilidade, e se os desempenhos pretendidos são monitorados.

Em última análise, os temas do iESGo – TCU contribuem para a formação de uma cultura organizacional mais consciente, responsável e compromissada com a gestão aprimorada dos recursos, em consonância com os ditames da NLLC e demais legislações relacionadas ao desenvolvimento nacional sustentável.

2 Plano de Logística Sustentável

A NLLC prevê aspectos de sustentabilidade que se encontram descritos de forma dispersa nos art. 4º; art. 11, inciso IV; art. 18, §1º, inciso XII; art. 25, §2º; art. 34; art. 42, inciso III; art. 45; art. 60; art. 63, inciso IV; e art. 75, inciso IV, alínea "j", e inciso XIV, e que necessitam, para sua efetividade e aplicabilidade, de uma planificação.

Destaque-se, nesta seara, o papel do Plano de Logística Sustentável como um dos desdobramentos das estratégias institucionais e da logística no âmbito dos órgãos públicos. Nos termos da legislação citada neste capítulo, o PLS[5] tem potencial papel estruturante no sistema de governança que alinhe a sustentabilidade ao Plano de Contratações, desde que seja adotada modelagem de indicadores e metas de desempenho que deem apoio efetivo à tomada de decisões dos agentes investidos nos níveis hierárquicos do processo de contratações – incluindo a alta direção do órgão e as áreas estratégicas, táticas e operacionais.

Para tanto, o PLS deve refletir as diretrizes[6] do Plano Estratégico e servir de substrato aos demais planos diretivos: Plano de Obras e Serviços de Engenharia; Plano Diretor de Tecnologia da Informação e Comunicação; Plano de Comunicação e Capacitação; Plano de Logística Predial e de Mobilidade, para fins de elaboração e execução do Plano

---

[5] O Decreto nº 10.024/19, que regulamenta o pregão eletrônico, previu no art. 2º, §1º, que o princípio do desenvolvimento sustentável será observado nas etapas do processo de contratação, em suas dimensões econômica, social, ambiental e cultural, no mínimo, com base nos planos de gestão de logística sustentável dos órgãos e das entidades.

[6] O Acórdão TCU nº 1524/2019 - Plenário trata da questão ao clarear que "Diretriz é conjunto de instruções para se levar a termo um negócio ou uma empresa. Linhas gerais que orientam um projeto. Enquanto que procedimento é o conjunto sequencial de ações, baseado em conhecimentos e regras predefinidas, que permitem realizar um trabalho de forma correta e atingir uma meta".

de Contratação Anual, considerando objetivos e ações referentes a critérios e a práticas de sustentabilidade.

Nesse contexto, para assegurar que a engrenagem entre os planos se desenvolva de forma integrada e efetiva, faz-se necessário o levantamento estruturado de dados que viabilize a análise mais apurada sobre os desempenhos dos indicadores monitorados do PLS e a repercussão destes nas contratações. Em paralelo, é oportuno identificar qual é a situação problema relativa à sustentabilidade que demandará soluções a serem contratadas e contextualizar os cenários, as oportunidades e as ameaças a serem avaliadas em sede de planejamento das contratações.

Essa arquitetura de gestão do PLS exige para sua concretude que tenhamos nas organizações o comprometimento dos diversos atores do processo, clareza na planificação e definição de diretrizes da administração (ou das instâncias de governança, em base de comitês administrativos) quanto aos objetivos estratégicos e de sustentabilidade, além das ações para o seu alcance, as prioridades, as etapas e os prazos de execução. Oportuno destacar a necessidade de se delinear um modelo de monitoramento dos resultados, a fim de avaliar criticamente a efetividade das ações propostas e o grau de implementação anual, bem como de se estruturar um núcleo vocacionado e com competências direcionadas a este propósito.

A figura 1 ilustra a engrenagem e o seu entrelaçamento que demonstram o alinhamento entre os instrumentos de governança e de gestão das contratações sustentáveis.

Figura 1 – Modelo de alinhamento estratégico entre os Planos Estratégicos, o Plano de Logística Sustentável, os Planos Diretores e Plano de Contratações Anual

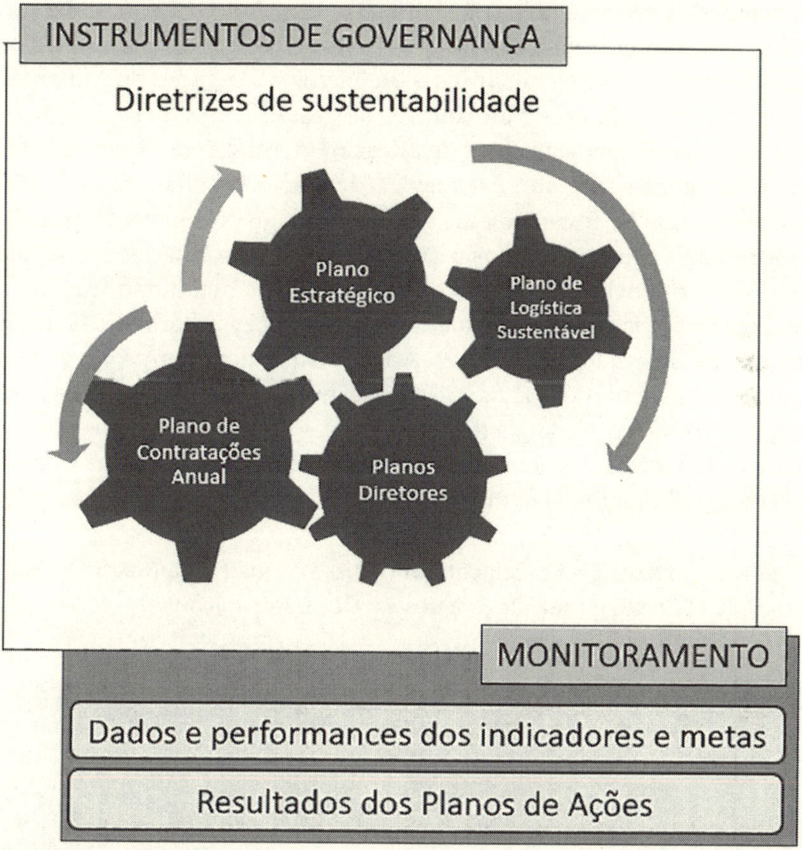

Fonte: Adriana Tostes.

Tal dinâmica reforça a configuração do PLS como importante instrumento de governança. Ressalte-se que o plano foi criado em 2012, pela IN SLTI/MP nº 10/2012 do MGDE, e desde então vem sendo implementado em algumas organizações, sendo destaque os modelos dos Tribunais,[7] Senado Federal, TCU, Câmara de Deputados e o do DNIT.

[7] A Resolução CNJ nº 400/2021 determina que os Tribunais devem implementar o seu plano de Logística Sustentável, e a Resolução CNJ nº 347/2020 inclui o PLS entre os instrumentos da Política de Governança de Contratações do Poder Judiciário.

Nessa perspectiva de assumir o patamar de suporte estratégico às contratações, o PLS não pode se resumir a um compêndio de dados sobre a série histórica de desempenhos dos indicadores (na sua maioria relacionados a temas objeto de contratações). Ao contrário, utilizado em todo o seu potencial, o instrumento tem o condão de induzir ciclos mais sustentáveis de consumos e de gastos no órgão e de fomentar processos mais eficazes e inovadores de gestão.

É mister, sob esta ótica, avançar na definição de fluxos para o desdobramento do Plano Estratégico do órgão, os quais devem considerar a atuação transversal do Plano de Logística Sustentável e do Programa de Integridade nos planos diretores relacionados à logística e subsequentemente agregar os objetivos de sustentabilidade no Plano de Contratações e nos instrumentos da fase preparatória – ETP e TR (conforme ilustrado na figura 2). Anote-se que deve ser promovido o movimento circular dos fluxos, a fim de que os resultados da área operacional decorrentes da gestão contratual – inclusive sobre os pontos críticos de atenção – sejam insumo para a definição das metas e ações anuais do PLS, num ciclo virtuoso de melhoria contínua.

Figura 2 – Entrelaçamento entre os instrumentos de governança e gestão das contratações

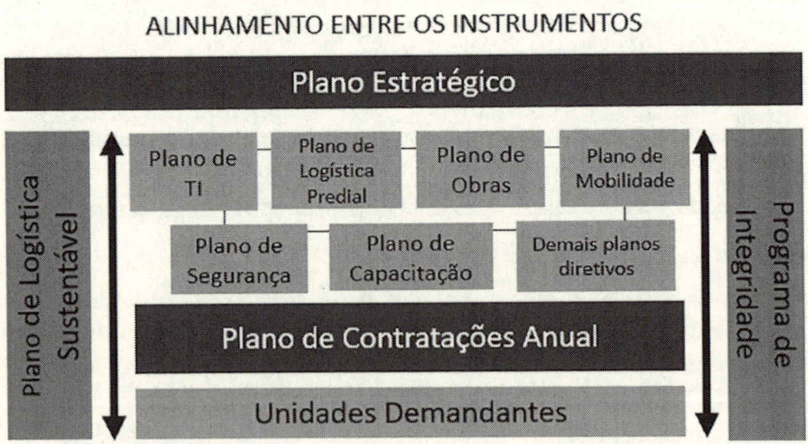

Fonte: Elaborado pelas autoras.

Ademais, neste contexto sistêmico, com vistas à formação de uma cultura sustentável favorável à adoção das contratações sustentáveis, identifica-se que o PLS é um documento macro que define diretrizes nas dimensões social e ambiental e repercute no Plano de Gestão de Pessoas, no Plano de Diversidade e de Equidade e no de Gestão de Resíduos Sólidos, com consequente integração da sustentabilidade no planejamento das contratações.

Como podemos ver, o PLS é um ecossistema que envolve várias ações, figurando entre elas a de sustentabilidade das contratações. Essa diretriz toma corpo com a implementação de uma Política de Sustentabilidade das Contratações que considere objetivos e ações referentes à governança e às dimensões sociais, econômicas, culturais e ambientais das contratações, inclusive quanto ao ciclo de vida do objeto, tema do artigo 34 da NLLC.

3 Ciclo de vida do objeto e custos indiretos

A Lei nº 14.133/2021 é mandatória, na fase preparatória da licitação, quanto à obrigatoriedade de avaliação de todo o contexto de funcionamento do objeto que se pretende contratar, considerando os custos indiretos (de estocagem, manutenção, transporte, garantia, reposição, consumos de energia, entre outros) e as políticas públicas a serem atendidas em busca do desenvolvimento sustentável local e nacional. Somente após essa avaliação, somada a outros aspectos de sustentabilidade trazidos nos artigos da NLCC, é que se pode indicar a modalidade de licitação, o seu critério de julgamento, o modo de disputa entre os concorrentes e a adequação e eficiência da forma de combinação desses parâmetros (artigo 18, inciso VIII, da NLCC).

Cabe adotar, nesta etapa de deflagração do processo, uma visão abrangente e sistêmica, que transcenda a avaliação utilitarista de curto prazo e baseada na menor precificação do objeto ou serviço licitado. A avaliação sobre a vantagem (benefício) da contratação pública, frise-se, deve estar conjugada com a atenção sobre a função que o objeto contratado deve cumprir e o resultado que se espera alcançar.

A lei apresenta avanços ao prever, no artigo 34, que na aplicação do critério de julgamento por menor preço ou maior desconto e por técnica e preço deve ser considerado o menor dispêndio para que a proposta seja declarada vencedora. Na dicção desse festejado artigo:

> Art. 34. O julgamento por menor preço ou maior desconto e, quando couber, por técnica e preço considerará o menor dispêndio para a

> Administração, atendidos os parâmetros mínimos de qualidade definidos no edital de licitação.
> §1º Os custos indiretos, relacionados com as despesas de manutenção, utilização, reposição, depreciação e impacto ambiental do objeto licitado, entre outros fatores vinculados ao seu ciclo de vida, poderão ser considerados para a definição do menor dispêndio, sempre que objetivamente mensuráveis, conforme disposto em regulamento.

Inclusive, para os fins de seleção da solução viável, a nova lei prevê que o Estudo Técnico Preliminar (ETP) deve conter o elemento descritivo de análise da demanda e os possíveis impactos ambientais.[8] Da mesma forma, devem ser avaliadas as respectivas medidas mitigadoras desse impacto, incluindo requisitos, como a exigência do CTF – Cadastro Técnico Federal de Atividades Potencialmente Poluidoras ou Utilizadoras de Recursos Ambientais do IBAMA,[9] o uso de embalagens em material reciclado ou biodegradável, o baixo consumo de energia e de outros recursos naturais, a existência de um processo de logística reversa para descarte do objeto após seu uso e a possibilidade de reciclagem de bens e refugos, quando aplicável (artigo 18, §1º, inciso XII, da NLCC). Gestores inteligentes "não mais consideram o meio ambiente como um peso que representa mais custos, mas, sim, um investimento que compensa muito".[10] [11]

No que se refere à descrição com padrão de sustentabilidade/ análise de ciclo de vida dos produtos, o artigo 19, inciso II, da NLLC determina a utilização de catálogos eletrônicos padronizados, com especificações de produtos adequadas aos requisitos de qualidade, rendimento, compatibilidade, durabilidade e segurança (artigo 40, §1º, da NLCC). Seguindo essa diretriz, para auxiliar os gestores frente às opções pelo atendimento dos padrões de sustentabilidade, vários órgãos disponibilizam catálogos e guias, como o caso, por exemplo,

---

8 A IN SEGES 58/2022 cita, no artigo 9º, inciso XII, os elementos de impacto ambiental e medidas mitigadoras que devem ser considerados no estudo técnico preliminar.

9 Instrução Normativa IBAMA nº 6, de 15 de março de 2013. A exigência do CTF foi acolhida pelo Acórdão TCU nº 2661/2017 - Plenário.

10 OTTMAN, Jacquelyn A. *As novas regras do marketing verde*: estratégias, ferramentas e inspiração para o branding sustentável. São Paulo: M.Books, 2012, p. 24.

11 Sobre o tema, cite-se o entendimento do Ministério da Gestão e da Inovação em Serviços Públicos (MGI), que reforçou a orientação quanto ao ciclo de vida, em 2023, ao definir, por meio do Caderno Diretor do Plano de Logística Sustentável, diretrizes para metodologia de análise e cálculo dos custos indiretos relativos ao ciclo de vida, nos termos do artigo 8º, inciso II, da Portaria SEGES/ME nº 8.978, de 2021.

do CATMAT (Catálogo de Materiais) do SIASG (Sistema Integrado de Administração de Serviços Gerais), o qual é um subsistema do Ministério da Gestão e da Inovação em Serviços Públicos (MGI), sendo a base de dados que padroniza a codificação e descrição de todos os materiais que podem ser licitados e adquiridos pela Administração Pública Federal.

O *Guia nacional de contratações sustentáveis* da Advocacia-Geral da União é uma referência consultiva para fins de maior segurança jurídica aos gestores de contrato e traz orientações, referendadas pelo Tribunal de Contas da União, que vão desde a fase do planejamento até a inclusão de critérios de sustentabilidade objetivos nos Estudos Técnicos Preliminares e Termos de Referência.

Somado a isso, em 2024, o Ministério de Gestão e Inovação, em parceria com a Advocacia-Geral da União, lançou o *Instrumento de padronização dos procedimentos de contratação*, onde constam, entre os requisitos:

> (...) critérios e práticas de sustentabilidade que devem ser veiculados como especificação técnica do objeto ou como obrigação da contratada, observado o Guia Nacional de Contratações Sustentáveis. Caso não aplicáveis critérios de sustentabilidade, a decisão deve ser justificada pela área técnica[12].

Não restam dúvidas que estamos diante de uma mudança de paradigma nas contratações públicas, na medida em que temos de deixar de pensar exclusivamente no preço como única referência abalizadora do negócio público para, também, avaliar se o produto que se estar a comprar é o que apresenta o menor dispêndio.

3.1 Análise de ciclo de vida e sua complexidade

Afinal, para além dos parâmetros sobre vantajosidade a partir do ciclo de vida descritos no item anterior, quais são os *insights* necessários a essa análise no objeto alvo de contratação? Quais parâmetros devem ser considerados na avaliação da solução pretendida na licitação? Por onde começar? Os guias e catálogos trazem todas as respostas e descrições com padrões de sustentabilidade?

Em análise preambular, vale alertar que, ao trazer a expressão "ciclo de vida" para a NLLC, o legislador não o definiu nos termos

---

[12] Disponível em: chrome-extension://efaidnbmnnnibpcajpcglclefindmkaj/https://www.gov.br/agu/pt-br/assuntos-1/Publicacoes/cartilhas/guia-nacional-de-contratacoes-sustentaveis-2024.pdf. Acesso em: 2 maio 2025.

da literatura acadêmica como "Análise de Ciclo de Vida (ACV)",[13] ou mesmo "Pensamento de Ciclo de Vida (PCV)", uma vez que essas avaliações exigem metodologia complexa de levantamento de dados, para a qual nem o mercado fornecedor tem os dados suficientes sobre todas as etapas da vida dos produtos, quiçá o gestor público na etapa de planejamento das contratações.

Uma vez que o legislador se referiu apenas ao termo "Ciclo de Vida",[14] trazemos o entendimento de Luciana Stocco Betiol (2024), no sentido de que, diante dos vários obstáculos levantados e categorizados pela literatura para a realização da ACV, e com o objetivo de atender a diretriz legal, o Pensamento de Ciclo de Vida é a melhor técnica:

[13] De forma ilustrativa, já que o normativo não se referiu explicitamente às definições da literatura acadêmica, trazemos alguns conceitos da Análise de Ciclo de Vida (ACV), e do Life Cycle Thinking (LCT) ou Pensamento de Ciclo de Vida (PCV):
Análise de Ciclo de Vida (ACV) ou Life Cycle Cost Analysis (LCCA) – "Avaliação de custo de ciclo de vida – ACCV é muitas vezes confundida com a Avaliação do ciclo de vida, muito embora sejam muito diferentes. Enquanto o CCV calcula os custos de um produto ao longo do seu custo de vida (que pode incluir custos relacionados à externalidades ambientais) a ACV levanta os impactos ambientais como a emissão de GGE ao longo do seu ciclo de vida. CCV pode ser mais facilmente usado pelos compradores do que o ACV, que requer mais tempo e expertise" (ICLEI, 2015); "O Pensamento do Ciclo de Vida – PCV introduz uma abordagem que incorpora os sistemas e mantém suas interconexões, permitindo uma compreensão abrangente dos sistemas de produção e a identificação de áreas críticas em seus subsistemas, processos e fluxos" (IBICT).
O pensamento de ciclo de vida deve se basear também em princípios da economia circular de baixo carbono, um modelo que prevê a transformação dos resíduos gerados em insumos para os ciclos produtivos e, em consequência, favorece a implementação de mecanismos de rastreamento sobre as práticas sustentáveis da cadeia de abastecimento e o monitoramento transparente desse processo, com vistas à melhoria na integridade do ambiente de negócios dos licitantes. Esta visão mais abrangente incorpora a sustentabilidade no processo de reflexão e tomada de decisão pelos envolvidos na escolha da melhor solução para as demandas de compras e de contratações, auxiliando no desdobramento das políticas públicas voltadas ao desenvolvimento sustentável [n.a.].

[14] A legislação nacional trouxe há mais de uma década a menção ao ciclo de vida, previsto na Lei nº 12.305/2010 (Política Nacional de Resíduos Sólidos) como objetivo a ser alcançado a partir da avaliação da "série de etapas que envolvem o desenvolvimento do produto, a obtenção de matérias-primas e insumos, o processo produtivo, o consumo e a disposição final". A Lei nº 13.303/2016, denominada Lei das Estatais, e que dispõe sobre o estatuto jurídico da empresa pública, da sociedade de economia mista e de suas subsidiárias, no âmbito da União, dos Estados, do Distrito Federal e dos Municípios, traz referência ao ciclo de vida no objeto para assegurar a seleção da proposta mais vantajosa nas licitações realizadas e os contratos celebrados por empresas públicas e sociedades de economia mista e ainda inclui o desenvolvimento nacional sustentável como princípio. Já a Lei nº 13.576/2017, que trata da Política Nacional de Biocombustíveis, se referiu ao ciclo de vida, com foco na menor emissão de gases causadores do efeito estufa em comparação às emissões auferidas pelo combustível fóssil.

O pensamento do ciclo de vida (PVC) pode ser entendido como uma ferramenta que tem o potencial de minimizar o problema da seleção adversa (aquela que expulsa os melhores produtos do mercado, ficando com os mais baratos e ruins).

Observa-se, na NLLC, que a fase preparatória da licitação se mostra como o primeiro ambiente que auxiliará no entendimento e aplicação desses padrões sustentáveis tão destacados no texto legislativo.

Adotando esta linha de raciocínio, no estudo técnico preliminar cabe à equipe designada para o planejamento da contratação exercitar questionamentos objetivos a respeito da necessidade da demanda e do resultado sustentável almejado. Um exemplo é a contratação de veículos para a frota própria do órgão. É possível encontrar várias soluções de mobilidade disponíveis no mercado. Com efeito, para escolha da solução viável, é necessário que se tenham informações e diretrizes estratégicas, que devem ser colocadas no palco dos debates de forma comparativa sobre os impactos e custos para além do preço de compra.

Neste contexto, Juarez Freitas (2022) destaca a importância de avançar em direção a um modelo de governança pública que refine e valide a confiabilidade do ciclo de vida por meio de ferramentas que permitam a interação com técnicas diversas e múltiplas de avaliação de benefícios diretos e indiretos, a fim de evitar análises superficiais. O autor traz como exemplo o artigo 75 do Decreto-Lei nº 111-B/2017,[15] que trata do Código de Contratos Públicos de Portugal, destacando que o órgão adjudicante pode definir metodologias de avaliação das propostas que englobem o cálculo dos custos suportados (ou não),

---

[15] PORTUGAL. Decreto-Lei nº 111-B/2017. Código de Contratos Públicos. "Artigo 75. [...] 7 - Quando o custo seja calculado com base no ciclo de vida, o modelo de avaliação das propostas pode abranger custos suportados ou não pela entidade adjudicante, como sejam: a) Custos relacionados com a aquisição propriamente dita; b) Custos de utilização, tais como consumo de energia, de consumíveis e de outros recursos; c) Custos de manutenção e assistência técnica; d) Custos de fim de vida, tais como custos de recolha e reciclagem; e) Custos imputados a externalidades ambientais ligadas ao bem, serviço ou obra durante o seu ciclo de vida, desde que seja possível determinar e confirmar o seu valor monetário, os quais podem incluir o custo das emissões de gases com efeito de estufa e de outras emissões poluentes, assim como outros custos de atenuação das alterações climáticas. 8 - Quando o caderno de encargos submeter à concorrência os custos do ciclo de vida do objeto do contrato a celebrar, o programa do procedimento ou convite deve indicar a metodologia que será utilizada para os calcular. 9 - A metodologia referida no número anterior, quando for aplicada para o cálculo dos custos referidos na alínea e) do nº 7, deve basear-se também em regras objetivamente verificáveis e não discriminatórias, permitindo que os dados a fornecer pelos concorrentes sejam por estes obtidos mediante esforço razoável. 10 - Caso seja obrigatória, por força do Direito da União Europeia, a utilização de uma metodologia comum para o cálculo dos custos do ciclo de vida, a mesma deve ser aplicada".

relacionados ao custo de vida do objeto. E que, de forma objetiva, seja analisada a viabilidade e o regramento desta medida.

Ressalte-se que os esforços das áreas envolvidas no planejamento de contratações esbarram em barreiras de gestão que vão desde a falta de equipes dedicadas a esta etapa, que estejam capacitadas sobre os aspectos e dimensões sustentáveis e relacionadas ao ciclo de vida e aos custos indiretos do objeto, a serem abordadas nas análises, até o baixo grau de documentação das empresas licitantes que evidenciem a adoção e efetividade dos critérios de sustentabilidade exigidos nas contratações. Mas há esperança.

3.2 Interação com o mercado fornecedor e a integridade

A Lei nº 14.133/2021, ao trazer luz ao ciclo de vida, tende a potencializar a mudança no modelo de negócio das organizações públicas, com vistas a adotarem modelos de gestão sustentáveis associados a toda a sua cadeia de valor. No entanto, é imperativo notar que uma abordagem holística à análise do ciclo de vida e à governança da sustentabilidade necessita de colaboração do ecossistema de sustentabilidade que se apoia em esforços concertados entre várias partes interessadas, incluindo a indústria, organismos governamentais e agências de certificação, preferencialmente públicas ou credenciadas, por exemplo, por parcerias com a academia.

No que se refere à atuação prática das equipes de planejamento da contratação, mister se faz observar que é imperativa a estruturação de metodologias e procedimentos que sirvam na avaliação dos aspectos de sustentabilidade, ressaltando-se que estes vão além do alinhamento aos instrumentos estratégicos e aos critérios de sustentabilidade dos guias e manuais sustentáveis. Fazem-se necessárias, ainda, as capacitações frequentes sobre os avanços da legislação correlata e o acesso a informações atualizadas sobre os normativos e orientações.

Um fator complicador para os estudos base para as contratações sustentáveis, em especial no caso de órgãos de pequeno porte, com equipes reduzidas, é o baixo percentual de certificações quanto a aspectos de governança empresarial e responsabilidade social e ambiental no mercado nacional que atestem padrões de qualidade e o caráter sustentável de suas operações em todo o Brasil. Sem essa referência para subsidiar a decisão dos gestores, torna-se desafiador o atendimento ao comando legal.

Ademais, na contramão da utilização dessa medida facilitadora de rota decisória, o Tribunal de Contas da União tem, tradicionalmente, orientado pela excepcionalidade da exigência de certificações nos processos licitatórios, o que exige esforço e robustez da motivação das áreas demandantes e da equipe de planejamento de contratações, ressaltando-se que há previsão dessa exigência no artigo 17 da NLLC. Excepcionalmente, a Corte de Contas tem permitido a aceitação de certificações públicas compulsórias do Conselho Nacional de Metrologia, Normalização e Qualidade Industrial (Conmetro), do CONAMA, da ANVISA e da ABNT NBR,[16] na comprovação de informações constantes da descrição do objeto da proposta comercial.[17]

Uma alternativa que entra no cenário como tendência de mercado, no sentido de apoiar o processo de decisão sobre os critérios sustentáveis e o ciclo de vida do objeto, é a utilização de sistemas inteligentes de informações sobre o rastreamento da cadeia produtiva, com o cruzamento e a interoperabilidade de dados, inclusive com utilização de inteligência artificial ou mesmo a tecnologia *blockchain*.[18]

Em que pese a complexidade dos métodos mencionados, e a título de contribuição para a aplicabilidade e efetividade dos ditames da NLLC sobre o desenvolvimento nacional sustentável, denota-se urgente avançar no levantamento de informações mais consistentes sobre os critérios sustentáveis na descrição dos objetos, inclusive nos bancos de dados dos sistemas públicos de registro das contratações, a exemplo do Catálogo de Materiais do Governo Federal. A pesquisa informativa para elaboração dos Estudos Técnicos Preliminares é agravada pelo fato dos guias orientadores e sistemas de consultas não contemplarem a totalidade ou especificidade do expressivo número de objetos demandados pela Administração Pública.

---

16 A exemplo das normas ABNT - ASSOCIAÇÃO BRASILEIRA DE NORMAS TÉCNICAS. NBR ISO 14044: Gestão Ambiental - Avaliação do ciclo de vida - Requisitos e orientações, 2009a; NBR ISO 14040: Gestão ambiental - Avaliação do ciclo de vida - Princípios e estrutura, 2009b; NBR ISO 14025: Rótulos e declarações ambientais - Declarações ambientais de tipo III - Princípios e procedimentos, 2015a; NBR ISO 14067: Gases de efeito estufa - Pegada de carbono de produtos - Requisitos e orientações sobre quantificação e comunicação, 2015b; NBR ISO 20400. Compras sustentáveis. 2018. Inmetro. Portaria nº 317, de 19 de junho de 2012; e NBR 16001. Inmetro. Responsabilidade Social. 2012.

17 Como exemplo, o Acórdão TCU nº 7849/2018 - Segunda Câmara recomendou, para fins de inclusão de critérios sustentáveis nas licitações, a avaliação da certificação ambiental da série ISO de empresas participantes e produtoras.

18 Traduzido da língua inglesa como mecanismo de corrente de códigos em banco de dados que permite o recebimento e compartilhamento de informações por redes de internet, com segurança, confiabilidade e transparência.

Em complemento, avista-se como tendência de médio e longo prazo, a adoção, por parte das empresas participantes das licitações públicas, de mecanismos de integridade, que podem ser vislumbrados como fontes de informação em apoio às decisões sobre a melhor escolha de contratações sustentáveis e relacionadas ao pensamento mais ampliado de ciclo de vida nas licitações públicas. Trata-se dos Relatos Integrados, ou Relatórios de Materialidade de ações sustentáveis. Esse é um movimento crescente no mercado, que pode ser escalado, já que é recomendado como prática passível de averiguação pelos investidores, acionistas e consumidores, na gestão de riscos e na avaliação dos padrões de governança e gestão corporativa sustentável.

Ressalte-se que esta previsão consta da Lei das Estatais (Lei nº 13.303/2016), que incluiu a divulgação anual de relatório integrado de sustentabilidade entre os requisitos de transparência a ser observado pelas empresas públicas e as sociedades de economia mista.[19] A norma ainda faz referências a relatórios de cumprimento de condicionantes socioambientais estabelecidos pelos órgãos ambientais, a serem exigidos na participação das estatais, no dever de fiscalizar as práticas de governança e controle da materialidade e dos riscos do negócio.

Sem adentrar mais profundamente na análise dos relatórios de materialidade disponíveis, conclui-se que os relatos devem estar no radar das empresas e dos gestores e equipes das áreas de contratação pública, lembrando que a exigência deste documento não pode ter caráter restritivo à competitividade da licitação, servindo, entretanto, como parâmetro da pesquisa dos gestores, em fase de planejamento da contratação.

Não se pretende esgotar a análise das contratações sustentáveis a partir do ciclo de vida do objeto, visto que os ditames do artigo 34 da NLLC devem ser monitorados em horizonte mais alongado, no

---

[19] A título de exemplo, e sem entrar no mérito sobre as especificidades e abrangência de cada um, citamos os relatos de materialidade certificados por organismos como o Instituto Ethos de Empresas e Responsabilidade Social – Organização da Sociedade Civil de Interesse Público (OSCIP) – voltado a apoiar as empresas quanto ao modelo de negócio socialmente responsável. Outra referência quanto aos relatórios de materialidade organizacional sustentável é a *Global Reporting Initiative* – GRI, criada em 1997, a partir da parceria entre o PNUMA – Programa das Nações Unidas para o Meio Ambiente – e a organização americana CERES – *Coalition for Environmentally Responsible Economic*. O relato no padrão GRI aborda os valores da organização, o modelo de governança e as estratégias de sustentabilidade, por meio de metodologia própria que favorece a comparabilidade entre as empresas, de forma transparente e compromissada, a fim de aumentar a credibilidade junto aos mercados (para fins negociais) e à sociedade.

sentido de acompanhar os efeitos da norma no âmbito das contratações públicas, bem como a evolução do mercado fornecedor quanto ao fornecimento de objetos com base nos parâmetros delineados em prol do Desenvolvimento Nacional Sustentável.

Considerações finais

A sustentabilidade é um conceito plástico que envolve questões ambientais, culturais, tecnológicas, sociais, econômicas, entre outras, e a NLLC, como não poderia ser diferente, prima pela adoção de padrões de sustentabilidade nas contratações, já que é um compromisso assumido no plano constitucional. Além disso, a sustentabilidade se apresenta como princípio ingênito da governança das organizações e, por isso, deve se fazer presente nos diversos elos da cadeia das contratações.

Resta evidente, portanto, que a Lei nº 14.133/2021 lança luz para o tratamento da sustentabilidade no seu processo e torna-se vital para sua efetividade que as organizações implementem, como desdobramento do PLS, uma política de sustentabilidade que acomode essas ações com o propósito de assegurar a tomada de decisão responsiva, inclusiva, participativa e representativa em todos os níveis. Sob essa perspectiva, é fundamental que a política de sustentabilidade aborde também as contratações e tenha uma elaboração multifuncional e com a integração das áreas, pois esse documento se propõe a melhorar e aperfeiçoar os resultados gerando valor para as organizações.

Em se tratando da citação ao ciclo de vida em diversos artigos da NLLC, conclui-se que deve ser entendida e aplicada como uma ferramenta de controle da eficácia das compras, considerando as etapas anteriores e posteriores do contrato e principais externalidades geradas. Antes de abordar diretamente os impactos ambientais e sociais, um pensamento de ciclo de vida pode servir como alicerce sólido para a tomada de decisões em toda a cadeia hierárquica do processo de compras, ao fornecer informações que reduzam riscos no relacionamento com as empresas contratadas, garantam a conformidade legal e levem a melhores desempenhos, incluindo custos de médio e longo prazo.

Referências

ACHE, Andrea; FENILI, Renato. *A lei de licitações e contratos*: visão sistêmica: das licitações planejamento e seleção do fornecedor. Guarulhos: Format, 2022. v. 1. Arts. 1-71.

ARAÚJO JÚNIOR, Ignácio Tavares de. Análise comparada sobre medidas de favorecimento de micro e pequenas empresas (MPEs) e compras públicas com avaliação de eficácia e identificação de melhores práticas. Texto para discussão / Instituto de Pesquisa Econômica Aplicada. Brasília; Rio de Janeiro: IPEA, 2018. Disponível em: https://bit.ly/3WsN2i9. Acesso em: 5 maio 2024.

BETIOL, Luciana Stocco; PINHEIRO, Teresa Villac. Contratações públicas sustentáveis: desvendando o ciclo de vida do objeto na nova lei brasileira de licitações e contratos. *Ementário de Gestão Pública*, 15 mar. 2024. Entrevista. Disponível em: https://bit.ly/3WvtgT8. Acesso em: 5 maio 2024.

BRASIL. Advocacia-Geral da União – AGU. Consultoria-Geral da União. *Guia nacional de contratações sustentáveis*. 6. ed. Brasília: AGU, setembro 2023. Disponível em: https://bit.ly/3WtEXdg. Acesso em: 5 maio 2024.

BRASIL. Advocacia Geral da União – AGU. Ministério da Gestão e Inovação em Serviços Públicos. *Instrumento de padronização dos procedimentos de contratação*. Brasília: AGU; Ministério da Gestão e Inovação em Serviços Públicos, 2023. Disponível em: https://bit.ly/3JMOFzD. Acesso em: 5 maio 2024.

BRASIL. Conselho Nacional de Justiça. Resolução nº 347, de 13 de outubro de 2020. Dispõe sobre a política de governança das contratações públicas no Poder Judiciário.

BRASIL. Conselho Nacional de Justiça. Resolução nº 400, de 16 de junho de 2021. Dispõe sobre a política de sustentabilidade no âmbito do Poder Judiciário.

BRASIL. Decreto nº 7.746, de 5 de junho de 2012. Regulamenta o art. 3º da Lei nº 8.666, de 21 de junho de 1993, para estabelecer critérios e práticas para a promoção do desenvolvimento nacional sustentável nas contratações.

BRASIL. Decreto nº 9.178, de 23 de outubro de 2017. Altera o Decreto nº 7.746, de 5 de junho de 2012, que regulamenta o art. 3º da Lei nº 8.666, de 21 de junho de 1993, para estabelecer critérios, práticas e diretrizes para a promoção do desenvolvimento nacional sustentável nas contratações.

BRASIL. Decreto nº 11.430, de 8 de março de 2023. Regulamenta a Lei nº 14.133, de 1º de abril de 2021, para dispor sobre a exigência, em contratações públicas, de percentual mínimo de mão de obra constituída por mulheres vítimas de violência doméstica e sobre a utilização do desenvolvimento, pelo licitante, de ações de equidade entre mulheres e homens no ambiente de trabalho como critério de desempate em licitações, no âmbito da administração pública federal direta, autárquica e fundacional.

BRASIL. Decreto nº 11.890, de 22 de janeiro de 2024. Regulamenta o art. 26 da Lei nº 14.133, de 1º de abril de 2021, para dispor sobre a aplicação da margem de preferência no âmbito da administração pública federal direta, autárquica e fundacional, e institui a Comissão Interministerial de Contratações Públicas para o Desenvolvimento Sustentável.

BRASIL. Instrução Normativa nº 01, de 19 de janeiro de 2010. Dispõe sobre os critérios de sustentabilidade ambiental na aquisição de bens, contratação de serviços ou obras pela administração pública federal.

BRASIL. Instrução Normativa nº 5, de 26 de maio de 2017, atualizada pela Instrução Normativa nº 49, de 2020. Dispõe sobre as regras e diretrizes do procedimento de contratação de serviços sob o regime de execução indireta no âmbito da administração pública federal.

BRASIL. Instrução Normativa nº 49, de 30 de junho de 2020. Altera a Instrução Normativa nº 5, de 26 de maio de 2017, que dispõe sobre as regras e diretrizes do procedimento de contratação de serviços sob o regime de execução indireta no âmbito da administração pública federal.

BRASIL. Instrução Normativa SEGES nº 58, de 8 de agosto de 2022. Dispõe sobre a elaboração dos Estudos Técnicos Preliminares – ETP, para a aquisição de bens e a contratação de serviços e obras, no âmbito da administração pública federal.

BRASIL. Instrução Normativa SLTI/MP nº 10, de 12 de novembro de 2012. Estabelece regras para elaboração dos Planos de Logística Sustentável de que trata o art. 16 do Decreto nº 7.746/2012.

BRASIL. Lei nº 6.938, de 31 de agosto de 1981. Política Nacional do Meio Ambiente.

BRASIL. Lei nº 9.433, de 8 de janeiro de 1997. Política Nacional de Recursos Hídricos.

BRASIL. Lei nº 9.605, de 12 de fevereiro de 1998. Dispõe sobre sanções penais e administrativas derivadas de condutas e atividades lesivas ao meio ambiente.

BRASIL. Lei nº 10.295, de 17 de outubro de 2001. Política Nacional de Conservação e Uso Racional de Energia.

BRASIL. Lei nº 12.187, de 29 de dezembro de 2009. Política Nacional de Mudança do Clima.

BRASIL. Lei nº 12.305, de 2 de agosto de 2010. Política Nacional de Resíduos Sólidos.

BRASIL. Lei nº 12.349, de 15 de dezembro de 2010. Altera o Art. 3º da Lei nº 8.666/1993, e as Leis nº 8.958/1994, e 10.973/ 2004; e revoga o §1º do art. 2º da Lei nº 11.273/2006.

BRASIL. Lei nº 12.462, de 4 de agosto de 2011. Dispõe sobre o Regime Diferenciado de Contratações Públicas.

BRASIL. Lei nº 13.303, de 30 de junho de 2016. Estatuto jurídico da empresa pública.

BRASIL. Lei nº 14.133, de 1º de abril de 2021. Lei de Licitações e Contratos Administrativos.

BRASIL. Medida Provisória nº 2, de 04 de junho de 2014. Dispõe sobre regras para a aquisição ou locação de máquinas e aparelhos consumidores de energia pela administração pública federal direta, autárquica e fundacional, e uso da Etiqueta Nacional de Conservação de Energia (ENCE) nos projetos e respectivas edificações públicas federais novas ou que recebam retrofit.

BRASIL. Ministério da Gestão e da Inovação em Serviços Públicos. Secretaria de Gestão e Inovação. Diretoria de Normas e Sistemas de Logísticas. *Caderno de logística*: *Plano Diretor de Logística Sustentável*: 2023: setembro, versão 1.0. Brasília: DELOG/SEGES/MGI, 2023. Disponível em: https://bit.ly/3QylmEV. Acesso em: 5 maio 2024.

BRASIL. Portal de Compras. Compras.gov.br. Catálogo de bens e serviços. Disponível em: https://catalogo.compras.gov.br/cnbs-web/busca. Acesso em: 5 maio 2024.

BRASIL. Tribunal de Contas da União. Acórdão TCU nº 1205/2023, Plenário. Avaliação das práticas de governança integradas a práticas de responsabilidade socioambiental nos órgãos sob sua jurisdição.

BRASIL. Tribunal de Contas da União. Acórdão TCU nº 1524/2019, Plenário. Levantamento e avaliação das compras governamentais sob a perspectiva da fragmentação e as suas consequências para a Administração.

BRASIL. Tribunal de Contas da União. Acórdão TCU nº 1752/2011, Plenário. Avaliação das ações adotadas pela administração pública federal acerca do uso racional e sustentável de recursos naturais nos órgãos sob sua jurisdição.

BRASIL. Tribunal de Contas da União. Acórdão TCU nº 2.622/2015, Plenário. Sistematização das informações sobre a situação da governança e da gestão das aquisições em amostra de organizações da Administração Pública Federal (APF), a fim de identificar os pontos vulneráveis e induzir melhorias na área.

BRASIL. Tribunal de Contas da União. Acórdão TCU nº 2661/2017, Plenário. Avaliação de possíveis irregularidades em procedimento licitatório.

BRASIL. Tribunal de Contas da União. Acórdão TCU nº 7849/2018, Segunda Câmara. Recomendação para fins de inclusão de critérios sustentáveis nas licitações, a avaliação da certificação ambiental da série ISO de empresas participantes e produtoras.

CHERUBINI, Edivan; RIBEIRO, Paulo Trigo. *Diálogos setoriais Brasil e União Europeia*: desafios e soluções para o fortalecimento da ACV no Brasil. Brasília: Instituto Brasileiro de Informação em Ciência e Tecnologia – Ibict, 2015. Disponível em: https://bit.ly/3WqfuRK. Acesso em: 5 maio 2024.

FREITAS, Juarez. Nova lei de licitações e o ciclo de vida do objeto. *Revista de Direito Administrativo*, v. 281, n. 2, p. 91-106, maio/ago. 2022. Disponível em: https://doi.org/10.12660/rda.v281.2022.86046. Acesso em: 5 maio 2024.

FREITAS, Juarez. *Sustentabilidade*: direito ao futuro. 4. ed. Belo Horizonte: Fórum, 2019.

GLOBAL REPORTING INITIATIVE – GRI. How to use the GRI Standards. [s.d.]. Disponível em: https://www.globalreporting.org/how-to-use-the-gri-standards/. Acesso em: 5 maio 2024.

GRIZZI, Ana Luci; BORGERTH, Vânia Maria da Costa. *Sustentabilidade corporativa, regulação e transparência em ESG*. Rio de Janeiro: FGV, 2022.

ICLEI – Governos Locais pela Sustentabilidade. *Manual Procura+*: um guia para implementação de compras públicas sustentáveis. 3. ed. São Paulo, 2015. Disponível em: https://bit.ly/4dueQZq. Acesso em: 5 maio 2024.

INSTITUTO BRASILEIRO DE INFORMAÇÃO EM CIÊNCIA E TECNOLOGIA – IBICT. Pensamento do Ciclo de Vida. Disponível em: https://bit.ly/3UrKNJs. Acesso em: 5 maio 2024.

KASSAI, José Roberto; CARVALHO, Nelson; KASSAI, José Rubens Seyiti. *Contabilidade ambiental*: relato integrado e sustentabilidade. São Paulo: Atlas, 2019.

OECD. Investment governance and the integration of environmental, social and governance factors, 2017. Disponível em: https://bit.ly/4bmxqkz. Acesso em: 5 maio 2024.

OTTMAN, Jacquelyn A. *As novas regras do marketing verde*: estratégias, ferramentas e inspiração para o *branding* sustentável. São Paulo: M.Books, 2012.

PORTUGAL. Decreto-Lei nº 111-B/2017. Código de Contratos Públicos.

SEBRAE. Centro de Sustentabilidade. Observatório de negócios. Engajamento dos pequenos negócios em sustentabilidade e aos ODS. Cuiabá/MT: Sebrae, 2018. Disponível em: https://bit.ly/4bpvVSM. Acesso em: 5 maio 2024.

Informação bibliográfica deste livro, conforme a NBR 6023:2018 da Associação Brasileira de Normas Técnicas (ABNT):

CAMARÃO, Tatiana; TOSTES, Adriana. Como aplicar a sustentabilidade nas licitações: o ciclo de vida como parâmetro de sustentabilidade. *In*: RODRIGUES, Caroline; PIRONTI, Rodrigo (coord.). *ESG na Administração Pública*: estudos dirigidos. Belo Horizonte: Fórum, 2025. p. 445-465. ISBN 978-85-450-0779-1.

ROADMAP CIRCULAR DE INTEGRAÇÃO DO *TRIPLE BOTTOM LINE* EM COMPRAS PÚBLICAS SUSTENTÁVEIS

ANDRÉ TRAJANO

Introdução

A partir da década de 60, o planeta passa por uma crise socioambiental intensa, na qual surge o paradigma do desenvolvimento sustentável. Por meio da Organização das Nações Unidas (ONU), o mundo tem sido convidado a mudar seus estereótipos habituais de comportamento de consumo e produção para adotar um novo caminho para um desenvolvimento consistente. A discussão a respeito da sustentabilidade emergiu da conferência de Estocolmo de 1972, onde foram apresentadas iniciativas para o desenvolvimento sustentável em prol do meio ambiente, com eficiência econômica e equidade social, as quais devem ser praticadas simultaneamente (Oliveira; Santos, 2015; Sachs, 2009).

Desde a Declaração da Cúpula da Terra na Conferência Rio-92, as estratégias governamentais relacionadas ao desenvolvimento sustentável têm se concentrado na busca da sustentabilidade ambiental e no aumento da eficiência do uso de recursos em todo o mundo, atendendo às necessidades do momento atual, sem comprometer as necessidades das gerações futuras (ONU, 2015). Para tanto, o desenvolvimento de valores sustentáveis, tal como os preconizados pelo *Triple Bottom Line*, depreendido pelo professor Jonh Elkington, produziu novos conceitos de cunho ambiental, econômico e social, como o consumo responsável, que vem tomando o lugar de antigos postulados como "consumir primeiro, cuidar depois", bastante recorrente em face da expansão industrial dos séculos XIX e XX.

E nesse cenário, as organizações públicas e privadas, por meio do instituto da compra pública, se apresentam como elementos-chave no estímulo desse desenvolvimento, uma vez que elas são um dos principais clientes e usuários dos recursos naturais existentes (Santos; Reis, 2021). Apesar das experiências de países como Suécia, China, Reino Unido, Canadá e Estados Unidos na adoção de práticas sustentáveis em compras públicas como política de Estado, somente a partir dos anos 2000 as compras públicas como instrumentos de desenvolvimento sustentável passaram a ser objeto de pesquisas acadêmicas, se tornando mais intensas na última década (Braulio-GONZALO; Bovea, 2020; Grandia; Kruyen, 2020; Santos; Reis, 2024; Vejaratnam, Mohamad; Chenayah, 2020).

As compras públicas são capazes de cumprir um papel estratégico fundamental para o desenvolvimento sustentável da sociedade, tendo em vista a força do Estado em propor políticas públicas capazes de fomentar ações de promoção do desenvolvimento sustentável numa perspectiva não somente ambiental, mas também econômica e social, bem como a governança (Brammer; Walker, 2011; Burghardt; Pashkevich, 2021; Giacomo *et al.*, 2019; Grandia; Kruyen, 2020; Santos, 2024; Testa *et al.*, 2016).

Como forma de expressar a preocupação com o resultado dos processos produtivos, para atender ao atual padrão de consumo da humanidade, a iniciativa Produção e Consumo Sustentável foi firmado na Agenda 2030 para o Desenvolvimento Sustentável como um dos seus 17 Objetivos de Desenvolvimento Sustentável (ODS) no qual é composto por 169 metas, aprovados por consenso pelos 193 países-membro em setembro de 2015, na Cúpula da ONU sobre o Desenvolvimento Sustentável realizada em Nova York, nos Estados Unidos da América (ONU, 2015).

Assim, relacionada diretamente com este trabalho está a Meta 12.7, que visa promover práticas de compras públicas sustentáveis alinhadas ao Objetivo 12 da Agenda 2030, de acordo com as políticas e prioridades regionais e nacionais de desenvolvimento sustentável (Bucea-Manea-Țoniș *et al.*, 2021; ONU, 2015; Raj, Agrahari; Srivastava, 2020; Wang; Liu; Ju, 2018). Dentro dessa proposta de promoção das práticas de consumo sustentável, apresenta-se um *framework* circular de critérios de sustentabilidade em compras públicas, com a finalidade de consolidar as práticas sustentáveis como "vantagem" ambiental, econômica e social, além do estímulo de práticas de governança corporativa em direção ao desenvolvimento sustentável (Grandia, Steijn; Kuipers, 2015; Raj, Agrahari; Srivastava, 2020; Testa *et al.*, 2016; Santos, 2024; Trajano, 2023; Walker; Brammer, 2009).

Sabe-se que as compras públicas como atividade econômica das organizações públicas são projetadas para obter o melhor valor em face da seleção da proposta mais vantajosa, a qual é considerada um grande impulsionador desse "novo desenvolvimento", incentivando o uso sustentável dos recursos naturais a partir do seu poder de aquisição de bens e serviços. Destaca-se que as compras públicas como instrumento de aplicação de critérios de sustentabilidade se mostram um caminho propício para a consolidação de práticas sustentáveis em face da aquisição de bens e serviços realizados pelas organizações públicas (Grandia; Kruyen, 2020; Grandia; Voncken, 2019; Lăzăroiu *et al.*, 2020; Oliveira; Santos, 2015; Ponte; Foley; Cho, 2020; Trajano, 2023). Frente a isso, a observância de critérios sustentáveis nas compras públicas vem ganhando cada vez mais importância entre as iniciativas de consumo sustentável em todo o mundo. A questão da sustentabilidade tem sido adotada como uma diretriz básica do novo desenvolvimento econômico em diversos países (Oliveira; Santos, 2015; Ponte; Foley; Cho, 2020; Rainville, 2017; Trevino-Lozano, 2021; Tsai, 2017; Walker; Brammer, 2012).

De acordo com um estudo realizado pelo Ipea, Instituto de Pesquisa Econômica Aplicada, órgão de pesquisa oficial do governo brasileiro, as compras governamentais equivalem a 12% do PIB do Brasil, representando um volume de gastos capaz de influenciar mercados na adoção de bens e serviços rumo ao desenvolvimento sustentável (Thorstensen; Giesteira, 2021).

A tabela 1 demonstra os gastos governamentais com compras públicas por ente da federação entre os anos de 2002 a 2019.

Tabela 1 – Compras governamentais do Brasil (2002-2019) – em R$ bilhões

Ano	Federal		Estados e DF		Municípios		Total Brasil		Valor PIB
	Valor	% do PIB	Valor	% do PIB	Valor	% do PIB	Valor	% do PIB	
2002	278	7,2	96	2,5	130	3,4	505	13,0	3.883
2003	251	6,1	87	2,7	130	3,2	468	11,4	4.100
2004	294	6,8	98	2,2	138	3,2	530	12,2	4.342
2005	298	6,5	111	2,4	139	3,1	548	12,1	4.555
2006	332	6,8	120	2,5	173	3,5	626	12,8	4.902
2007	373	7,0	113	2,1	186	3,5	672	12,7	5.298
2008	443	7,8	141	2,5	215	3,8	799	14,0	5.720
2009	441	7,5	155	2,6	181	3,1	778	13,2	5.877
2010	501	7,7	172	2,7	201	3,1	874	13,5	6.469
2011	482	7,1	144	2,1	220	3,2	847	12,4	6.841
2012	560	7,9	144	2,0	238	3,4	942	13,2	7.111
2013	566	7,6	173	2,3	213	2,9	952	12,8	7.435
2014	581	7,7	187	2,5	227	3,0	994	13,1	7.574
2015	453	6,4	134	1,9	209	2,9	796	11,2	7.100
2016	359	5,1	134	1,9	212	3,0	705	10,1	6.985
2017	350	4,9	131	1,8	188	2,6	670	9,4	7.125
2018	389	5,4	133	1,9	210	2,9	732	10,2	7.186
2019	338	4,7	121	1,7	221	3,0	681	9,4	7.257
Média		6,6		2,2		3,1		12,0	

Fonte: Adaptado de Thorstensen *et al.* (2021).

Observa-se que o governo federal, com 6,6%, representa pouco mais da metade desse mercado, seguido pelos 5.270 municípios, 26 estados e o Distrito Federal, os quais ocupam a segunda e a terceira posições, respectivamente. A participação média das compras governamentais no PIB para o período foi de 3,1% para os municípios e 2,2% para os estados. Num contexto geral, o gráfico 1 expressa ao longo de 2002 a 2019 o movimento das compras governamentais no tempo por ente da federação, cuja linha de tendência para o total em compras públicas sugere queda nesse percentual.

Gráfico 1 – Compras governamentais do Brasil (2002-2019) – em % do PIB

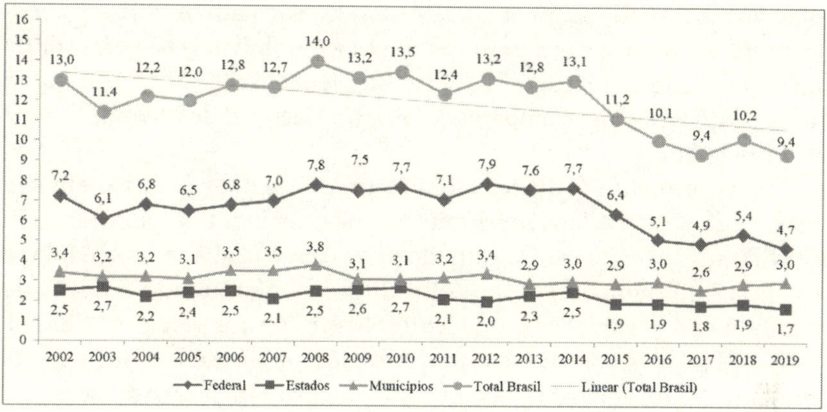

Fonte: Adaptado de Thorstensen *et al.* (2021)

Atuando como grupo de pressão, fazendo do governo um dos maiores consumidores individuais de bens e serviços, a participação das compras públicas no Produto Interno Bruto brasileiro tem se mantido entre 9% e 13% ao longo de 17 anos (2002-2019), tendo sua maior participação no ano de 2008. É nesse contexto que a Administração Pública demonstra o seu poder de compra para sinalizar ao mercado sua política rumo a um desenvolvimento sustentável, passando a adquirir bens e serviços alinhados aos critérios e quesitos socioambientais (Aldenius; Tsaxiri; Lidestam, 2021; Lundberg; Marklund; Stromback, 2015; Michelsen; Boer, 2009; Neto; Gama Caldas, 2018; Testa *et al.*, 2016; Thorstensen et al. 2021; Walker; Brammer, 2009).

Assim, emergindo como um grande objeto de discussão acadêmica nos últimos anos, e devido à expressiva participação dos gastos públicos nas economias locais e nacionais, é fato que as compras públicas exercem um papel estratégico na promoção do desenvolvimento sustentável.

O desenvolvimento sustentável e sua evolução na Administração Pública brasileira

No Brasil, a agenda da sustentabilidade acompanhou a ONU por suas conferências mundo afora. Contudo, inicialmente também teve maior influência por reflexões em questões ambientais. Em 1981, segundo os preceitos da ONU foi estabelecida pela Lei nº 6.938 a Política Nacional de Meio Ambiente (PNMA). Nela constam os objetivos, instrumentos e diretrizes da política para ações ambientais no país e ainda criou-se o Sistema Nacional do Meio Ambiente (SISNAMA), bem como sua estrutura básica, e também o Conselho Nacional de Meio Ambiente (CONAMA).

A Constituição Federal brasileira de 1988 estabeleceu em seu artigo 225 que "Todos têm direito ao meio ambiente ecologicamente equilibrado, bem de uso comum do povo e essencial à sadia qualidade de vida, impondo-se ao poder público e à coletividade o dever de defendê-lo e preservá-lo para as presentes e futuras gerações" (Brasil, 1988). Observa-se de sua leitura que o viés ambiental está fortemente presente, tendo em vista o ano em que fora promulgada. As discussões em torno da temática sustentabilidade não abarcam, entre outras, as dimensões econômicas e sociais no seu contexto histórico. Em 1998, outra ação em direção à dimensão ambiental foi a criação da Lei nº 9.605, que tem por finalidade combater crimes ambientais, dispondo de medidas protetivas ao meio ambiente. No ano de 1999, foi criada a Lei nº 9.595, estabelecendo um programa de educação ambiental como política nacional, mas também na direção apenas de práticas ambientais.

Nesse contexto, rumo à sustentabilidade a sociedade exige da Administração Pública a implementação de práticas que tenham como base o desenvolvimento sustentável. Com isso, também em 1999, foi instituída pelo Ministério do Meio Ambiente a Agenda Ambiental da Administração Pública, conhecida como A3P. A A3P é um programa que objetiva estimular os órgãos públicos a implementarem práticas de sustentabilidade quanto aos seguintes eixos temáticos: uso racional dos recursos naturais e bens públicos; gestão adequada de resíduos gerados, qualidade de vida no ambiente de trabalho; sensibilização e capacitação de servidores; construções sustentáveis; e licitações sustentáveis.

Frente às práticas de licitações sustentáveis, foi criada no ano de 2010 a Lei nº 12.349, que estabeleceu desde então que as compras públicas devem observar a promoção do desenvolvimento nacional sustentável em suas fases. Além disso, ainda em 2010, foi sancionada a Lei nº 12.305, cujo escopo vislumbrou instituir a Política Nacional de Resíduos Sólidos, a qual prevê em seu artigo 7º que serão prioritárias as aquisições e contratações governamentais para produtos reciclados e recicláveis, bem como de bens, serviços e obras que considerem critérios compatíveis com padrões de consumo social e ambientalmente sustentáveis.

Observa-se que é na Lei nº 12.305/2010 que ocorre a primeira menção ao termo "consumo social", ou seja, o legislador brasileiro começa a introduzir no quadro legislativo aspectos sociais das ações governamentais, o que é chancelado através da Lei nº 13.146, de 2015, com a instituição do denominado Estatuto da Pessoa com Deficiência, firmando de vez o olhar da Administração Pública para questões de cunho social, alterando a Lei nº 10.098/2000, a qual estabelece normas gerais e critérios básicos para a promoção da acessibilidade das pessoas portadoras de deficiência ou com mobilidade reduzida. Por meio dessa lei fica estabelecido que as pessoas jurídicas de direito público, privado ou de qualquer natureza deverão garantir ambientes de trabalho acessíveis e inclusivos, buscando facilitar o acesso e uso de locais públicos pelas pessoas portadoras de deficiência.

Um importante marco para as ações de sustentabilidade em compras públicas foi a instituição do Decreto nº 7.746 de 2012, alterado pelo Decreto nº 9.178, de 2017, cuja finalidade foi regulamentar o art. 3º da extinta Lei nº 8.666, de 21 de junho de 1993, para estabelecer critérios e práticas para a promoção do desenvolvimento nacional sustentável nas contratações realizadas pela Administração Pública em âmbito federal, além de instituir a Comissão Interministerial de Sustentabilidade na Administração Pública (CISAP). Esse decreto buscou definir para o gestor público alguns critérios e práticas de sustentabilidade (Brasil, 2012).

> Art. 4º Para os fins do disposto no art. 2º, são considerados critérios e práticas sustentáveis, entre outras:
> I - Baixo impacto sobre recursos naturais como flora, fauna, ar, solo e água;
> II - Preferência para materiais, tecnologias e matérias-primas de origem local;
> III - Maior eficiência na utilização de recursos naturais como água e energia;
> IV - Maior geração de empregos, preferencialmente com mão de obra local;
> V - Maior vida útil e menor custo de manutenção do bem e da obra;
> VI - Uso de inovações que reduzam a pressão sobre recursos naturais;
> VII - Origem sustentável dos recursos naturais utilizados nos bens, nos serviços e nas obras;
> VIII - Utilização de produtos florestais madeireiros e não madeireiros originários de manejo florestal sustentável ou de reflorestamento (BRASIL, 2012).

No caminho da agenda sustentável brasileira, em 2012, foi instituída a implementação do Plano de Logística Sustentável (PLS), de que trata o art. 16, do Decreto nº 7.746, de 5 de junho de 2012, através da Instrução Normativa nº 10/2012 do antigo Ministério do Planejamento, Orçamento e Gestão (MPOG), cuja proposta foi de estabelecer regras de governança para o estabelecimento de planos logísticos sustentáveis nos órgãos da Administração Pública em âmbito federal. Os PLSs são ferramentas de planejamento com objetivos e responsabilidades definidas, ações, metas, prazos de execução e mecanismos de monitoramento e avaliação, que permitem ao órgão ou entidade estabelecer práticas de sustentabilidade e racionalização de gastos e processos na Administração Pública (Mendonça; Pedrosa; Camara, 2021).

O Decreto nº 9.178, de 2017, que alterou o Decreto nº 7.746, de 2012, estabeleceu que o PLS deverá prevê no mínimo:

> I - Atualização do inventário de bens e materiais do órgão e identificação de similares de menor impacto ambiental para substituição;
> II - Práticas de sustentabilidade e de racionalização do uso de materiais e serviços;
> III - Responsabilidades, metodologia de implementação e avaliação do plano;
> IV - Ações de divulgação, conscientização e capacitação (BRASIL, 2017).

No ano de 2019, o governo federal instituiu o Decreto nº 10.024, que regulamenta a licitação na modalidade pregão na forma eletrônica para a aquisição de bens e a contratação de serviços comuns, trazendo em seu artigo 2º o desenvolvimento sustentável como princípio a ser observado em todas as fases do processo de contratação pública.

Em 2020, através da Portaria nº 326, expedida pelo Ministério do Meio Ambiente, o Programa A3P trouxe em sua diretriz novos objetivos:

> I - Apoiar os órgãos públicos na criação e implementação de ações de responsabilidade socioambiental;
> II - Sensibilizar os servidores para a necessidade de preservação dos bens naturais;
> III - Estimular a construção de uma cultura institucional que agregue valores, atitudes e comportamentos consoantes com a responsabilidade socioambiental;
> IV - Incentivar os órgãos públicos a adotarem medidas que visem à redução de impactos socioambientais negativos decorrentes de suas atividades;

V - Aumentar a eficiência da gestão, promovendo a economia de recursos naturais e de gastos institucionais;
VI - Promover a atualização sistemática do conhecimento e a modernização de conceitos, instrumentos, tecnologias e metodologias, referentes ao campo da sustentabilidade;
VII - Promover a transparência no serviço público;
VIII - Garantir a acessibilidade nos órgãos públicos às pessoas portadoras de deficiência ou com mobilidade reduzida;
IX - Estimular e apoiar ações de defesa do meio ambiente;
X - Facilitar o acesso das instituições públicas ao Programa A3P;
XI - Estimular ações de cooperativismo, solidariedade, respeito, compromisso profissional e ético;
XII - Capacitar e sensibilizar os gestores públicos quanto à responsabilidade socioambiental;
XIII - Colaborar para a melhoria da qualidade de vida dos servidores;
XIV - Incentivar às ações coletivas e às decisões democráticas;
XV - Promover a produção e o consumo sustentáveis (BRASIL, 2020).

Observa-se que tais objetivos estão alinhavados com os ODS consignados junto à ONU para o alcance das metas da Agenda 2030, no que tange ao ODS 12 e sua meta 12.7, que visa promover a produção e o consumo sustentáveis como políticas regionais e nacionais. É através de Termo de Adesão que os órgãos da Administração Pública aderem ao programa, criando comissões internas capazes de gerir as ações da A3P com o objetivo de coordenar a sua implantação e a realização de atividades do programa no órgão.

O Programa A3P, embora tenha como ponto de partida despertar reflexões quanto aos aspectos ambientais, busca também sensibilizar a Administração Pública Federal quanto à sua importância no estabelecimento de políticas públicas de cunho social e econômico, buscando a integração das dimensões da sustentabilidade proposta por Elkington (1998), além de elementos da boa governança, como a transparência das ações.

Por derradeiro, em 2021 foi sancionada a Nova Lei de Licitações e Contratos Administrativos, Lei nº 14.333, a qual fixa as normas gerais de licitação e contratação para as Administrações Públicas diretas, autárquicas e fundacionais da União, dos Estados, do Distrito Federal e dos Municípios, em substituição à Lei nº 8.666/1993, Lei nº 10.520/2002 e Lei nº 12.462/2012. Nela, por meio do seu artigo 5º, dentre os 22 princípios elencados, estabeleceu-se também o princípio do desenvolvimento nacional sustentável a ser observado em todo o macroprocesso da contratação pública.

A figura 1 resume na linha do tempo a legislação brasileira sobre ações sustentáveis na Administração Pública e sua influência nas compras governamentais.

Figura 1 – Linha do tempo de aspectos legais sobre sustentabilidade na Administração Pública no Brasil e sua influência nas compras públicas

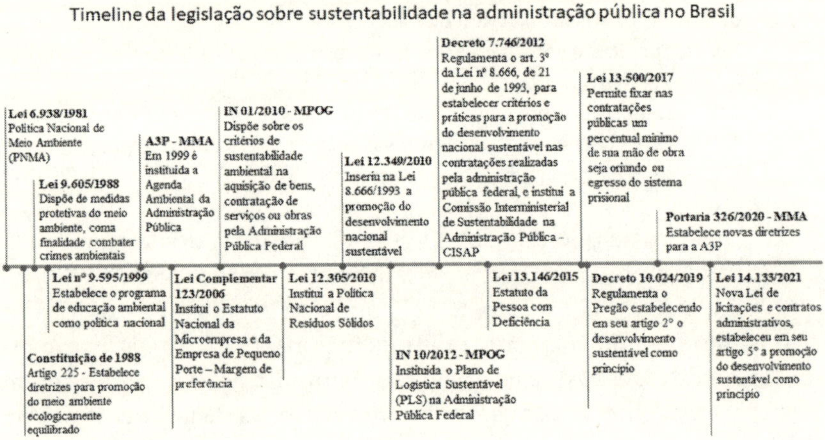

Fonte: Elaborada pelo autor.

Com isso, apoiado no compromisso pelo qual a comunidade internacional tem pactuado junto à ONU em prol de uma produção e um consumo cada vez mais sustentáveis; cabe aos governos estimularem suas economias por meio da sua capacidade de aquisição.

As compras públicas sustentáveis como um caminho para a promoção da sustentabilidade

Sabe-se que as organizações são as principais responsáveis pelo uso indiscriminado dos recursos naturais, tendo em vista que é do meio ambiente que retiram seus insumos para produção de bens e serviços. Logo, as compras públicas são estratégicas para o estímulo ao consumo e produção responsáveis, prevalecendo como um meio eficaz de promover o consumo e o uso sustentável dos recursos disponíveis.

Destacam-se as compras públicas como instrumento de política pública capaz de influenciar ações de sustentabilidade, as quais se mostram um caminho propício para a consolidação de práticas sustentáveis em face da aquisição de bens e serviços realizados pelas organizações públicas. Por intermédio da compra exercendo sua função sustentável, as organizações públicas se utilizam do seu poder de compra para influir no mercado com práticas sustentáveis (Santos; Reis, 2024), passando a escolher bens e serviços e alinhando, aos critérios atuais, quesitos de sustentabilidade, tais como os aspectos ambientais da contratação, ou seja, os impactos de bens e serviços em todo o seu ciclo de vida, contratos públicos com critérios ecológicos, produção e descartes adequados; e os aspectos sociais, como a equidade na distribuição dos recursos, erradicação da pobreza, condições de trabalho, direitos humanos (Santos; Reis; 2024; Trajano, 2023).

Visando a aquisição de bens e serviços pelo governo, os países desenvolvidos e em desenvolvimento gastam bilhões de dólares para estimular mercados, todavia ainda pouca atenção é dada às compras públicas como um impulsionador da sustentabilidade. Contudo, as compras públicas sustentáveis têm ganhado relevância em face do poder de influência que o Estado detém para estimular novos bens e serviços rumo a um mercado mais sustentável (Cheng *et al.*, 2018; Gallon *et al.*, 2019; Lundberg *et al.*, 2015; Miyamoto *et al.*, 2020; Neto; Gama Caldas, 2018; Silva *et al.*, 2018; Walker; Brammer, 2012).

Embora já haja uma definição proposta pelo Grupo de Trabalho de Compras Públicas Sustentáveis do Processo de Marrakesh de 2003 adotada por vários países, o conceito de compras públicas sustentáveis ainda está em consolidação na literatura. Ele ainda é por vezes tratado por diversos autores com um viés apenas ecológico, sendo definido como compras públicas verdes ou compras públicas socioambientais.

Walker e Brammer (2009) apontam que as compras sustentáveis são as compras que seguem os princípios do desenvolvimento sustentável, tais como aquelas que buscam garantir uma sociedade forte, saudável e justa, vivendo dentro dos limites ambientais e que promovam a boa governança. Caracterizada como o processo de integração dos aspectos ambientais, sociais, econômicos nas aquisições e contratações realizadas pelo poder público, as compras públicas sustentáveis referem-se a compras de bens e serviços as quais buscam a relação custo-benefício atrelada às preocupações socioambientais, uma vez que a aquisição sustentável pode ser identificada como uma prioridade junto à conformidade com aquisições regulares.

Corroborando com Walker e Brammer (2009), Alencastro *et al.* (2014) apontam que as compras públicas sustentáveis são definidas como um processo pelo qual os governos procuram inserir critérios de sustentabilidade socioambiental nas práticas voltadas para a aquisição de bens e contratação de serviços. Brammer e Walker (2012), Witjes e Lozano (2016) e Aldenius e Khan (2017) concordam que as compras públicas sustentáveis são aquelas que incorporam em seus processos de aquisição aspectos ambientais, mas também econômicos e sociais nas decisões de compras com potencial de fazer contribuições substanciais para a agenda de desenvolvimento sustentável.

Para Prier *et al.* (2016) a aquisição é considerada sustentável quando integra requisitos ou critérios compatíveis com a proteção ao meio ambiente e em apoio ao desenvolvimento econômico e social. Chiarini *et al.* (2017) destacam as compras públicas sustentáveis como um processo pelo qual as organizações atendem às suas necessidades de bens e serviços de forma a agregar valor não somente na geração de benefícios, mas também para a sociedade e a economia, minimizando os danos ao meio ambiente. Roman (2017) observa que as compras sustentáveis se referem a práticas de compras e contratação, enfatizando critérios de sustentabilidade e tendo como resultados objetivos sustentáveis. Majerník *et al.* (2017) destacam que a sustentabilidade em compras públicas é um processo de aquisição de bens e serviços que leva em conta os aspectos sociais, econômicos e ambientais do desenvolvimento que agregam valor na sociedade e na economia.

Já Grandia e Voncken (2019) apontam as compras públicas sustentáveis como um conceito guarda-chuva que engloba uma preocupação com questões sociais, econômicas e aspectos ambientais das decisões de aquisição. Para Sönnichsen e Clement (2020), as compras públicas sustentáveis são um processo pelo qual as organizações públicas adotam critérios de sustentabilidade em seus procedimentos de aquisições e contratações. Braulio-Gonzalo e Bovea (2020), em consonância com a Organização para a Cooperação e Desenvolvimento Econômico (OCDE), destacam que a compra pública sustentável é aquela que inclui a integração de considerações socioeconômicas nas compras públicas de ativos, além das ambientais existentes, ou seja, é a aquisição de bens e serviços por entidades governamentais que levam em consideração aspectos sociais, econômicos e ambientais (OCDE, 2020).

Fuentes-Bargues *et al.* (2021) e Mendonça *et al.* (2021) observam a sustentabilidade em compras públicas como aquela que consegue inserir considerações ambientais, econômicas e sociais nos critérios de adjudicação, desempenhando um papel significativo nas aquisições públicas. Santos e Reis (2024) defendem que as compras sustentáveis são estabelecidas pela observância de critérios de sustentabilidade ambiental, econômicos e sociais de forma integrada na mesma contratação pública, desde a sua formalização até a plena execução.

Em via de regra, as compras públicas sustentáveis têm como objetivo encontrar o equilíbrio ambiental, econômico e social por meio do processo de aquisição que promova seus fornecedores na direção da responsabilidade socioeconômica e também ambiental, a qual estimula um comportamento rumo ao desenvolvimento sustentável capaz de agregar valor para a sociedade como um todo (Brammer; Walker, 2011; Braulio-Gonzalo; Bovea, 2020; Chiarini; Opoku; Vagnoni, 2017; Elkington, 2012; Grandia; Voncken, 2019; Igarashi, Boer; Michelsen, 2015; Rosell, 2020; Santos; Reais, 2024; Sönnichsen; Clement, 2020; Testa *et al.*, 2012; Trajano, 2023).

Dessa forma, no caminho para o desenvolvimento sustentável a Agenda ESG se entrelaça com o que propõem as compras públicas sustentáveis no estímulo às organizações rumo a um futuro sem escassez ou esgotamento de recursos na manutenção das necessidades presentes e futuras. Para isso, é preciso se apropriar de elementos mínimos de governança que potencializem as ações das organizações em prol de uma sociedade mais justa e igualitária, bem como com o uso adequado dos recursos naturais disponíveis, com responsabilidade econômica (Santos, 2024).

Nesse contexto, as compras públicas são capazes de cumprir um papel estratégico fundamental para o desenvolvimento sustentável da sociedade, tendo em vista a força do Estado em propor políticas públicas capazes de fomentar ações de promoção do desenvolvimento sustentável numa perspectiva não somente ambiental, mas principalmente numa "pegada" social (Brammer; Walker, 2011; Burghardt; Pashkevich, 2021; Giacomo *et al.*, 2019; Grandia; Kruyen, 2020; Testa *et al.*, 2016).

As dimensões da sustentabilidade a partir do *Triple Bottom Line* e a Agenda ESG

A literatura descreve várias dimensões da sustentabilidade, as quais giram em torno do consumo de recursos naturais de forma a garantir um desenvolvimento uniforme e duradouro tanto para a geração atual como para as gerações futuras. Sachs (2009), consagrado defensor do progresso de forma sustentável, propõe oito dimensões para a sustentabilidade, a saber: social, cultural, ecológica, ambiental, territorial, econômico, política nacional e política internacional. Já Freitas (2016), importante acadêmico no ramo do Direito Público, nos apresenta cinco dimensões: a social, a ética, a jurídico-política, a econômica e a ambiental. Além destas, há de se destacar o conceito de *Triple Bottom Line* cunhado inicialmente pelo professor John Elkington no ano de 1997 em sua obra denominada de *Cannibals with Forks: The Triple Bottom Line of 21st Century Business*, quando propôs, numa perspectiva da sustentabilidade, que as organizações deveriam não apenas desenvolver suas ações com viés ambiental, mas observar critérios econômicos e sociais. Conhecida como os "Três Ps" (*people, planet and profit*) ou, em português, "PPL" (pessoas, planeta e lucro), sua proposta busca estimular as empresas a convergirem suas ações integrando essas três dimensões, prezando por uma ação mais ampla de sustentabilidade (Elkington, 2012).

A partir dos anos 2000, o conceito do *Triple Bottom Line* ou tripé da sustentabilidade, que compreende as dimensões ambiental, econômica e social, numa proposta transversal, ganhou reconhecimento considerável como componente estratégico na geração de valor das organizações, aliado à mudança de paradigmas que outrora tinham apenas o lucro como objetivo, passando para uma concepção de sustentabilidade integral a despeito do pensamento ambiental predominante (Duque-Uribe; Sarache; Gutiérrez, 2019; Elkington, 2012; Silva *et al.*, 2018).

Para Elkington (2012), o desenvolvimento sustentável deve convergir nas dimensões ambiental, econômica e social, gerando valor na cadeia produtiva na busca por uma produção e consumo consciente. Para o autor a manutenção do ecossistema quanto à capacidade de uma boa relação de um ambiente natural frente às demandas de produção de bens de consumo é fundamental para que o desenvolvimento sustentável se consolide como prática (Bucea-Manea-Tonis *et al.*, 2021). Na dimensão econômica, objetiva a garantia da exploração sustentável na busca por um nível ótimo de poluição, cujas ações mitiguem os impactos da poluição da própria produção em função da degradação ambiental. Nesse contexto, as ações estão voltadas para o desenvolvimento local. Quanto à dimensão social a inclusão de classes minoritárias visa garantir a participação de determinados grupos como garantia do desenvolvimento sustentável, buscando a equidade nas relações sustentáveis, tendo por objetivo a melhoria de vida.

Tais dimensões corroboram que o desenvolvimento sustentável é aquele que busca um padrão de desenvolvimento no qual o crescimento da economia e a geração de riquezas estão atrelados à conservação do meio ambiente e ao manejo adequado dos recursos naturais, propondo assim uma nova postura ética em termos sociais e ambientais a fim de que as necessidades do tempo presente sejam satisfeitas sem comprometer as futuras gerações (Gelderman; Semeijn; Vluggen, 2017).

Elkington (1998) propõe que o desenvolvimento sustentável deve observar ao menos três pilares, conforme a figura 2, para que haja um desenvolvimento estruturado e duradouro: a dimensão ambiental, econômica e social, o denominado tripé da sustentabilidade, já consagrado pela literatura.

Figura 2 – Os pilares do *Triple Bottom Line*

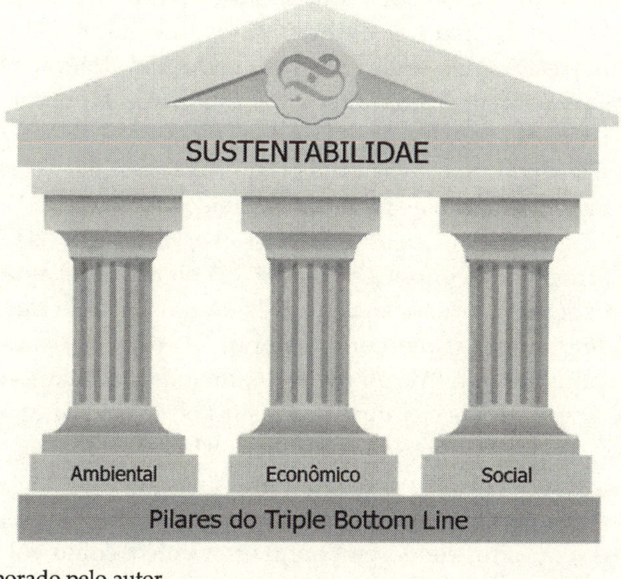

Fonte: Elaborado pelo autor.

Para o autor, o desenvolvimento sustentável deve envolver a busca simultânea da prosperidade econômica, da qualidade ambiental e da igualdade social (Chiarini; Opoku; Vagnoni, 2017; Elkington, 2012; Grandia; Voncken, 2019; Tvaronavičiene, 2012; Walker; Brammer, 2012).

A atenção desprendida ao meio ambiente aumentou consideravelmente, tendo as organizações como as principais responsáveis pelo esgotamento dos recursos naturais disponíveis. Segundo o modelo do tripé da sustentabilidade, a dimensão ambiental visa tão somente a preservação e conservação ambiental, através de políticas de proteção, uso dos recursos de forma consciente, preferencialmente aqueles renováveis, e gestão dos resíduos e de poluentes (Elkington, 2012; Trajano, 2023).

A dimensão ambiental é considerada o fator primordial para o desenvolvimento sustentável, entretanto, quando se trata de sustentabilidade, é essencial que os pilares ambiental, econômico e social estejam integrados e em equilíbrio. Ou seja, práticas estritamente ambientais não tornarão a empresa sustentável, o que torna um equívoco dizer que sustentabilidade se cuida tão somente de tratar questões ambientais, numa perspectiva que traga à tona a necessidade de uma aplicação mais efetiva do conceito de sustentabilidade nas compras públicas e que busque equilibrar as dimensões ambiental, econômica e social na tomada de decisão de consumo (Santos; Reis, 2024; Silva *et al.*, 2018).

Para tanto, a dimensão ambiental se refere aos impactos das empresas sobre os recursos naturais cujos indicadores abrangem o desempenho relacionado aos insumos e a produção é alcançada mediante ações como: racionalização de recursos esgotáveis ou prejudiciais ao ambiente; redução do volume de resíduos e poluição; adoção de práticas de reciclagem; intensificação de pesquisas que utilizem tecnologias limpas; e implementação de políticas de proteção ambiental (Delmonico *et al.*, 2018; Sachs, 2009; Trajano, 2023; Walker; Brammer, 2009).

A dimensão econômica como pilar sustentável está voltada para a prosperidade financeira. Através de um controle rigoroso dos custos e de práticas de melhoria contínua, a empresa busca ampliar sua competitividade frente ao mercado, melhorar a relação com seus clientes e fornecedores e cumprir com suas obrigações diante de seus acionistas. Assim, a dimensão econômica está vinculada aos impactos da organização frente às condições econômicas de seus *stakeholders* e sobre os sistemas econômicos em nível local, nacional e global. São avaliados os quesitos de desempenho econômico, como valor econômico direto, implicações financeiras, cobertura das obrigações e ajuda financeira recebida do governo, bem como a presença de mercado e impactos econômicos indiretos em infraestrutura e serviços oferecidos (Chiarini; Opoku; Vagnoni, 2017; Silva *et al.*, 2018; Stoffel *et al.*, 2019; Trajano, 2023; Walker; Brammer, 2012).

Essa dimensão é alcançada mediante uma gestão mais eficiente dos recursos e fluxo regular de investimentos, seja ele público ou privado, em que a eficácia econômica passa a ser avaliada em termos macrossociais e não apenas em lucratividade empresarial (GIACOMO *et al.*, 2019; IANNONE *et al.*, 2019; SACHS, 2009). No fator econômico, os critérios de sustentabilidade econômicos incluem elementos como custo-efetividade operacional, custos operacionais do sujeito do contrato ou custos do ciclo de vida, se não puderem ser incluídos nos critérios ambientais, assim como o enfoque em questões como o custo do ciclo de vida do produto e o apoio ao desenvolvimento de economias locais (Chiarini; Opoku; Vagnoni, 2017; Grandia; Kruyen, 2020; Smith *et al.*, 2016; Sourani; Sohail, 2013; Stoffel *et al.*, 2019; Trajano; 2023; Walker; Brammer, 2012).

A terceira dentre as três dimensões aponta por Jonh Elkington tem como cerne a dignidade humana alcançada através da inclusão e justiça social, considerando o cumprimento dos direitos humanos e trabalhistas, postura ética frente à sociedade, o envolvimento das organizações com a comunidade local e o efeito de suas ações sobre a sociedade. O ser humano e suas relações estão no centro das preocupações do desenvolvimento social mais sustentável, ou seja, o cidadão tem direito a uma vida saudável e produtiva em harmonia com a natureza, considerando as preocupações para com o futuro (Elkington, 2012; Freitas, 2016; Kannan, 2021; Torres-Pruñonosa *et al.*, 2021; Trajano, 2023; Vicente, 2020).

As compras com a finalidade de estimular a dimensão social da sustentabilidade no sentido mais geral são as que devem considerar não só a necessidade de uma utilização racional dos fundos na aquisição de bens, obras e serviços necessários para a entidade adjudicante satisfazer as suas necessidades, mas também o foco nos resultados sociais positivos, tais como a equidade, trabalho digno, acessibilidade e inclusão social (Bernal; San-Jose; Retolaza, 2019; Jiménez; López; Escobar, 2019; Mccrudden, 2004; Silva *et al.*, 2018; Wontner *et al.*, 2020). O desenvolvimento deve ser baseado não apenas na equidade, mas também na distribuição da renda, de forma a melhorar as condições da população, ampliando a homogeneidade entre os padrões de vida (Mccrudden, 2004; Sachs, 2009; Trajano, 2023).

Sourani e Sohail (2013) sugerem que as considerações ambientais e sociais não devem ser comprometidas em favor de soluções mais econômicas, já que a atividade econômica é capaz de permitir a minimização dos impactos sociais e ambientais dos produtos. Elkington (2012) destaca que as organizações que conseguirem engajar as partes interessadas na direção de um futuro compartilhado em que os pilares da sustentabilidade sejam a base desse engajamento sairão na frente rumo à conquista de espaço, e nesse diapasão as compras públicas têm papel fundamental.

Ainda nesse cenário de dimensões da sustentabilidade há de se destacar a proeminência da Agenda ESG surgida nos anos 2000 a ser tratada com mais detalhes adiante, a qual trouxe para a discussão aspectos de governança das organizações frente ao desafio de estimular uma gestão mais sustentável (Santos, 2024).

Framework circular em compras públicas sustentáveis a partir das dimensões do *Triple Bottom Line*

As compras e contratações de cunho governamental compreendem procedimentos com características de caráter comercial, envolvendo a negociação do melhor valor frente à proposta mais vantajosa apresentada na fase de seleção do fornecedor no processo de compras (Alencastro; Silva; Lopes, 2014; Parikka-Alhola, 2008; Silva; Santos, 2016; Smith *et al.*, 2016; Thomson; Jackson, 2007; Trajano, 2023). O processo de compras públicas é dinâmico e, como integrante da atividade de suprimentos de uma organização, cumpre ritos para alcançar seu objetivo principal, que deve ser a satisfação das demandas institucionais, visando atender as necessidades da sociedade, o que vai requerer certo conhecimento da legislação vigente (Araújo; Matos; Ensslin, 2020; Batista; Maldonado, 2008; Santos; Reis, 2024; Soares *et al.*, 2019).

A partir de uma sólida base teórica constituída da literatura internacional sobre compras públicas sustentáveis no olhar do tripé da sustentabilidade nos últimos 20 anos, em pesquisa publicada em 2024 no periódico *Environment, Development and Sustainability* com o título *Public procurement from the triple bottom line lens: the identification of sustainability criteria from the international literature review* (SANTOS; REIS, 2024), é possível destacar critérios de sustentabilidade aderentes às três principais dimensões da sustentabilidade: ambiental, econômica e social. Assim, esse tópico se propõe a apresentar um *framework* conceitual circular dos critérios de sustentabilidade em compras públicas à luz do *Triple Bottom Line*, a fim de que o leitor tenha em mãos elementos mínimos capazes de se orientar na melhor escolha na aplicação de critérios de sustentabilidade já identificado, contemplando as dimensões ambientais, econômicas e sociais conforme preconizado por Elkington (1998).

Uma vez conhecidos os critérios de sustentabilidade em compras públicas sustentáveis mais recorrentes na literatura internacional, foi possível desenhar, conforme a figura 3, um *framework* conceitual circular.

Figura 3: *Framework* circular de critérios de sustentabilidade em compras públicas sustentáveis à luz do *Triple Bottom Line*

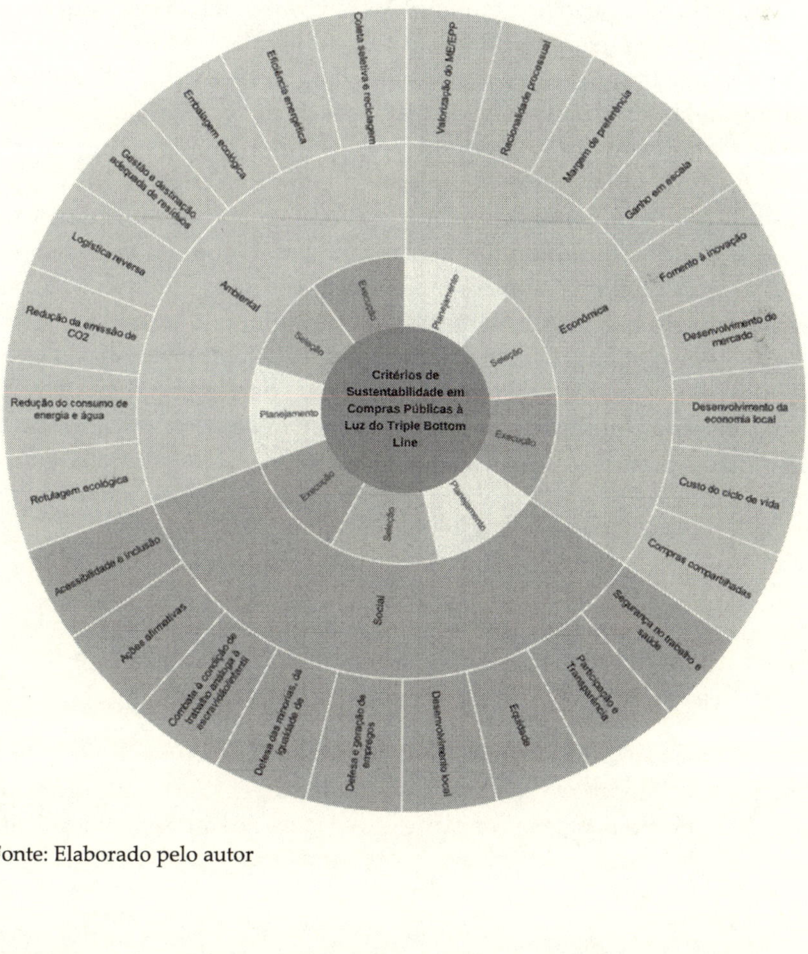

Fonte: Elaborado pelo autor

No eixo verde, ocupado pela dimensão ambiental, destacam-se os seguintes critérios de sustentabilidade observados em cada fase das compras públicas: coleta seletiva e reciclagem; eficiência energética; embalagem ecológica; gestão e destinação adequada de resíduos; logística reversa; redução da emissão de CO2; redução do consumo de energia e água; e rotulagem ecológica.

No eixo azul, ocupado pela dimensão econômica: compras compartilhadas; custo do ciclo de vida; desenvolvimento da economia local; desenvolvimento de mercado; fomento à inovação; ganho em escala; margem de preferência; racionalidade processual; e valorização do ME/EPP.

No eixo laranja, ocupado pela dimensão social: acessibilidade e inclusão; ações afirmativas; combate à condição de trabalho infantil e análoga à escravidão; defesa das minorias, da igualdade de gênero e raça; defesa e geração de empregos; desenvolvimento local; equidade; participação e transparência; e segurança no trabalho e saúde.

O objetivo desse *framework* circular é apresentar as dimensões da sustentabilidade nas compras públicas de forma integrada e multidimensional para que seja possível verificar por meio de aplicação da metodologia *Survey*, por exemplo, o quanto uma prática influencia, positiva ou negativamente, determinada categoria por meio de escala *likert*, fazendo com que seja revelado na *práxis* como o profissional diretamente atuante no macroprocesso das compras públicas lida com as práticas de sustentabilidade em seu dia a dia.

Silva *et al.* (2018) destaca a necessidade de uma aplicação mais efetiva do conceito de sustentabilidade nas compras públicas, o qual deve buscar o equilíbrio entre os pilares ambiental, econômico e social na tomada de decisão de consumo pelos órgãos estatais, cujas atividades de compras levem em consideração os critérios de sustentabilidade no macroprocesso de compra pública.

As contribuições da Lei de Licitações e Contratos Administrativos para a promoção da Agenda ESG a partir de critérios de sustentabilidade

As organizações devem estabelecer uma preocupação real sobre aspectos ambientais e sociais de sua atuação. Para isso, é preciso se apropriar de elementos mínimos de governança aos quais potencializem suas ações em prol de uma sociedade mais justa e igualitária, bem como com o uso adequado dos recursos naturais disponíveis. Para tanto, além das prerrogativas inerentes aos conceitos postos do *Triple Bottom Line*, surge no percurso a Agenda ESG, cuja contribuição não se dá apenas nos aspectos ambiental e social, mas principalmente em matéria de governança corporativa na direção de um futuro sustentável (Santos, 2024).

Fruto de uma provocação realizada pelo então Secretário Geral da ONU em 2004, Kofi Annan a 50 CEOs de grandes instituições financeiras, o termo ESG nasceu do acrônimo das palavras em inglês *Environmental* (ambiental), *Social* (social) *e Governance* (governança), a partir da publicação do Relatório do Pacto Global em parceria com o Banco Mundial, chamada *Who Cares Wins* (*Quem se importa ganha*), quando foi proposto que as empresas financiadoras, tais como bancos e fundos de investimentos, passassem a exigir das organizações privadas o cumprimento de uma série de critérios em âmbito ambiental, social e de governança para se obter financiamento para seus projetos (Cader; Villac, 2022; Santos 2024).

Nesse contexto, a Agenda ESG, ora protagonizada pela ONU em 2004, se destaca como matriz propulsora de novas práticas de organizações privadas e instituições públicas. As práticas ESG, do acrônimo ambiental, social e governança, já se mostram uma realidade na Administração Pública a exemplo da Política de Governança e Sustentabilidade da Agência Nacional de Saúde Suplementar (ANS), publicada em 2023 como forma de orientar as práticas da organização em face de fomentar as suas ações no desenvolvimento socioambiental, mas também de governança.

Na resolução administrativa nº 82, a ANS estabelece que, além de serem observados os Objetivos do Desenvolvimento Sustentável da Organização das Nações Unidas, as ações da organização estatal deverão estar integradas às ações de governança e responsabilidade socioambiental, orientando o planejamento estratégico da agenda regulatória, os demais instrumentos de planejamento e de governança da empresa, devendo serem observadas em todas as suas unidades, norteando as relações estabelecidas entre a ANS e suas partes envolvidas (Brasil, 2023).

Como um conceito que visa orientar a abordagem de programas de empresas, instituições e órgãos públicos, buscando alternativas e soluções que transcendam a mera maximização dos lucros, o ESG surgiu como uma abordagem destinada a direcionar a atenção dos principais investidores e analistas para a materialidade e a interação entre os aspectos ambientais, sociais e de governança (ABNT, 2022). De acordo com a Norma ABNT PR2030, o ESG pode ser definido como "um conjunto de critérios ambientais, sociais e de governança, a serem considerados, na avaliação de riscos, oportunidades e respectivos impactos, com objetivo de nortear atividades, negócios e investimentos sustentáveis".

Para os professores Cader e Villac (2022), o ESG significa a inclusão de práticas ambientais, sociais e de governança no ambiente de negócio, ou seja, a agenda ESG preconiza a atuação da organização em pelo menos três pilares: o meio ambiente, o desenvolvimento social e a governança. A relevância de aspectos sociais, ambientais e de governança, que já eram contemplados em investimentos socialmente responsáveis, agora incorpora uma abordagem crítica sobre a gestão empresarial, seu impacto positivo na sociedade, suas implicações ambientais e como todos esses fatores, de maneira cumulativa, influenciam o desempenho global da organização (Silva, 2023).

Nesse sentido, a partir do rol de critérios de sustentabilidade elencados anteriormente, é possível identificar critérios presentes no texto da Lei nº 14.133/2021 associados às práticas relacionadas à Agenda ESG.

Nos últimos anos a atenção ao meio ambiente tem aumentado consideravelmente, tendo as organizações como os responsáveis diretos pelo esgotamento dos recursos naturais, pois é do meio ambiente que retiram seus insumos para a produção de bens e serviços (Trajano, 2023). O pilar ambiental visa à preservação e conservação ambiental, através de políticas de proteção, uso dos recursos de forma consciente, preferencialmente aqueles renováveis, e da gestão dos resíduos e de poluentes.

Para tanto, a dimensão ambiental se refere aos impactos das empresas sobre os recursos naturais cujos indicadores abrangem o desempenho relacionado aos insumos e a sua produção, a qual é alcançada mediante ações como: racionalização de recursos esgotáveis ou prejudiciais ao ambiente; redução do volume de resíduos e poluição; adoção de práticas de reciclagem; intensificação de pesquisas que utilizem tecnologias limpas e implementação de políticas de proteção ambiental (Delmonico *et al.*, 2018; Sachs, 2009; Walker; Brammer, 2009).

Quanto ao pilar ambiental da Agenda ESG, a Lei de Licitações e Contratos elenca uma série de ações com as quais a Administração Pública com o seu poder de compra é capaz de estimular no que tange à preservação e conservação ambiental, bem como o uso adequado de bens e serviços. São elas:

Quadro 1 – Critérios de sustentabilidade ambiental em compras públicas aplicados à Agenda ESG a partir da Lei nº 14.133/2021

Critérios Ambientais	**Definição**	**Aplicabilidade na Lei nº 14.133/2021**
Coleta seletiva e reciclagem	Referem-se à atividade de cuja finalidade é realizar a recuperação da parte reutilizável de objetos e materiais oriundos do sistema produtivo, a fim de reintroduzi-lo no ciclo de produção.	Art. 18, §1º - XII Art. 26 - II Art. 75 - IV, "j"
Eficiência energética	Refere-se a especificações técnicas estabelecidas em listas pré-definidas cujos parâmetros tenha por finalidade o uso eficiente dos recursos energéticos, minimizando o consumo de recursos.	Art. 18, §1º - XII Art. 42 - III
Embalagem ecológica	São tipos de embalagens que utilizam processos menos agressivos ao meio ambiente, também chamadas de eco embalagens, que por vezes são oriundos de processo de reciclagem ou reuso. Em geral, esse critério tem por finalidade minimizar os impactos de produtos acabados no meio ambiente.	Art. 45 - I e II
Gestão e destinação adequada de resíduos	Utilização de materiais que sejam reciclados ou reutilizados que reduzam a necessidade de manutenção, gerenciando o manejo dos resíduos desde a origem, coleta, manipulação, acondicionamento, armazenamento, transporte, minimização, reutilização, reciclagem, tratamento e disposição final.	Art. 45 - I e II Art. 75 - IV, "j"
Logística reversa	É o critério de sustentabilidade que traz consigo a preocupação com o fluxo físico de produtos, embalagens ou outros materiais desde o seu ponto de consumo até o local de origem, em que os fornecedores possuam estrutura para realizar a coleta e descarte adequados.	Art. 18, §1º - XII
Redução da emissão de CO_2	Refere-se a práticas pelas quais medidas de controle de emissões de CO_2 são observados.	Art. 60, §1º - IV
Redução do consumo de energia e água	Critérios cujas ações buscam a redução do consumo de energia e evita o desperdício de água, por meio de práticas como o reprocessamento.	Art. 18, §1º - XII Art. 45 - III
Rotulagem ecológica	Refere-se a critérios que indicam padrões mínimos de desempenho energético para equipamentos e bens de consumo, usados como uma medida de produtos ecologicamente corretos.	Art. 45 - I e II

Fonte: Elaborado pelo autor.

Nos últimos anos a atenção ao meio ambiente tem aumentado consideravelmente, tendo as organizações como os responsáveis diretos pelo esgotamento dos recursos naturais, pois é do meio ambiente que retiram seus insumos para a produção de bens e serviços (Trajano, 2023). O pilar ambiental visa à preservação e conservação ambiental, através de políticas de proteção, uso dos recursos de forma consciente, preferencialmente aqueles renováveis, e da gestão dos resíduos e de poluentes.

Como no *Triple Bottom Line*, o pilar social do ESG tem como cerne a dignidade humana alcançada através da inclusão e justiça social, considerando o cumprimento dos direitos humanos e trabalhistas, postura ética frente à sociedade, o envolvimento das organizações com a comunidade local e o efeito de suas ações sobre a sociedade. O ser humano e suas relações estão no centro das preocupações do desenvolvimento social mais sustentável, ou seja, o cidadão tem direito a uma vida saudável e produtiva em harmonia com a natureza, considerando as preocupações para com o futuro (Mccrudden, 2004).

Quanto ao pilar social da Agenda ESG, a Lei de Licitações e Contratos elenca uma série de ações com as quais a Administração Pública é capaz de estimular ações de equidade, justiça social, assim como a diversidade e a inclusão. São eles:

Quadro 2 – Critérios de sustentabilidade social em compras públicas aplicados à Agenda ESG a partir da Lei nº 14.133/2021

(continua)

Critérios Sociais	Definição	Aplicabilidade na Lei nº 14.133/2021
Acessibilidade e inclusão	Critérios cujos objetos respeitem a adequação de produtos e serviços para pessoas com deficiência ou limitação física.	Art. 45 - IV Art. 53 - II Art. 63 - IV Art. 92 - XVII Art. 116
Ações afirmativas	São critérios adotados visando a consolidação de políticas públicas feitas pelo governo com o objetivo de corrigir desigualdades presentes na sociedade, acumuladas ao longo de anos.	Art. 75 - IV, "j" Art. 75 - XIV Art. 75 - XVIII

(conclusão)

Critérios Sociais	Definição	Aplicabilidade na Lei nº 14.133/2021
Combate à condição de trabalho infantil e análoga à escravidão	Esse critério tem por objetivo ressaltar a necessidade de se evitar o retrocesso de atos da história, bem como proteger as crianças de exploração laboral, exigindo de empresas declaração de inexistência de trabalho infantil e a inexistência de trabalhadores em situação análoga a trabalho escravo.	Art. 14 - VI Art. 68 - IV
Defesa das minorias, da igualdade de gênero e raça	Refere-se à adoção de práticas cujos compromissos de contratação de mais trabalhadores do sexo feminino para estimular a igualdade entre gêneros, não apenas quanto ao sexo, mas também de raça.	Art. 25, §9º - I e II
Desenvolvimento local	É o critério que apoia o aumento das compras de produtos locais, visando o desenvolvimento de uma determinada região.	Art. 25 - §2º Art. 76 - II, "a"

Fonte: Elaborado pelo autor.

As compras sociais no sentido mais geral são as que devem considerar não só a necessidade de uma utilização racional dos fundos na aquisição de bens, obras e serviços necessários para a entidade adjudicante satisfazer as suas necessidades, mas também para fomentar resultados sociais positivos, tais como a equidade, trabalho digno, acessibilidade e inclusão social (Bernal; San-Jose; Retolaza, 2019; Jiménez; López; Escobar, 2019; Mccrudden, 2004; Silva *et al.*, 2018B; Wontner *et al.*, 2020).

No que tange ao pilar da governança, cabe observar o que nos ensina Cader e Villac (2022), que apresentam o conceito de governança como aquele que tem por objetivo buscar maior efetividade, transparência e economicidade nas ações da organização, definindo o direcionamento estratégico, o qual envolve cinco elementos: as partes interessadas (*stakeholders*), gestão de riscos, sistemas de gestão, controle e transparência. No mesmo sentido, Paines, Aguiar e Pinto (2018) destacam a governança, quando aplicada à Administração Pública, como aquela constituída por instrumentos que auxiliam o amadurecimento de uma cultura gerencial, norteada pelos preceitos da eficiência, da transparência e da prestação de contas aos usuários.

Quanto ao pilar da governança da Agenda ESG, a Lei de Licitações e Contratos elenca uma série de ações com as quais a Administração

Pública pode estimular práticas de integridade, fomento à inovação, transparência com a prestação de contas e o estabelecimento de controle. São eles:

Quadro 3 – Critérios de sustentabilidade aplicados à governança em compras públicas aplicados à Agenda ESG a partir da Lei nº 14.133/2021

Critérios de Governança	Definição	Aplicabilidade na Lei nº 14.133/2021
Eficiência	Refere-se à correta aplicação dos recursos frente à necessidade de atingir algum objetivo.	Art. 6º - LIII Art. 11 Art. 43, § 1º Art. 78
Integridade	Refere-se ao alinhamento consistente e à adesão de valores, princípios e normas éticas comuns para sustentar as decisões estratégicas da organização.	Art. 7º, § 1º Art. 25 - § 4º Art. 60 - IV Art. 156 - V Art. 163
Fomento à Inovação	Refere-se ao estímulo do desenvolvimento de mercados de inovação através da facilitação da expressão de novas demandas, melhorando o ambiente de inovação, impulsionando o mercado rumo a novos produtos e serviços, capazes de encontrar a solução adequada para os desafios da gestão.	Art. 11 - IV Art. 75 - XV e XVI Art. 81, §4º
Transparência	É o critério cujo objetivo está relacionado às ações de prestação de contas aos *stakeholders*, disponibilizando dados à sociedade, habilitando-a a influenciar nas decisões.	Art. 21 Art. 27 Art. 54 Art. 80, §9º Art. 88, §4º Art. 94 Art. 169, §2º Art. 174
Controle e gestão de riscos	Refere-se à prática de atividades coordenadas para dirigir e controlar a organização no que se refere a riscos e a oportunidades, visando aumentar a capacidade da organização para lidar com incertezas.	Art. 7º, §2º Art. 11 Art. 18 - II Art. 22 Art. 98 Art. 103 Art. 147 Art. 169 Art. 170

Fonte: Elaborado pelo autor.

Numa proposta de desenvolvimento sustentável, a governança desempenha um papel proeminente ao definir a tonalidade para a condução dos temas e critérios ambientais e sociais no âmbito da estratégia empresarial. Além disso, é através dela que são estabelecidas as políticas e os processos essenciais para alcançar os objetivos estratégicos de organizações e governos. Os critérios sociais e ambientais estão intrinsecamente ligados quando as organizações buscam adotar abordagens mais abrangentes em relação à sustentabilidade (ABNT, 2022).

Quando se trata de governança na esfera pública, em consonância com o Decreto nº 9.203/2017, o qual dispõe sobre a política de governança da Administração Pública federal direta, autárquica e fundacional, o Tribunal de Contas da União (TCU) a define como a que "compreende, essencialmente, os mecanismos de liderança, estratégia e controle postos em práticas para avaliar, direcionar e monitorar a atuação da gestão, com vistas à condução de políticas públicas e à prestação de serviços de interesse da sociedade" (Brasil, 2020).

Tais mecanismos e seus desdobramentos estão representados na figura 4.

Figura 4 – Mecanismos de governança pública e suas práticas

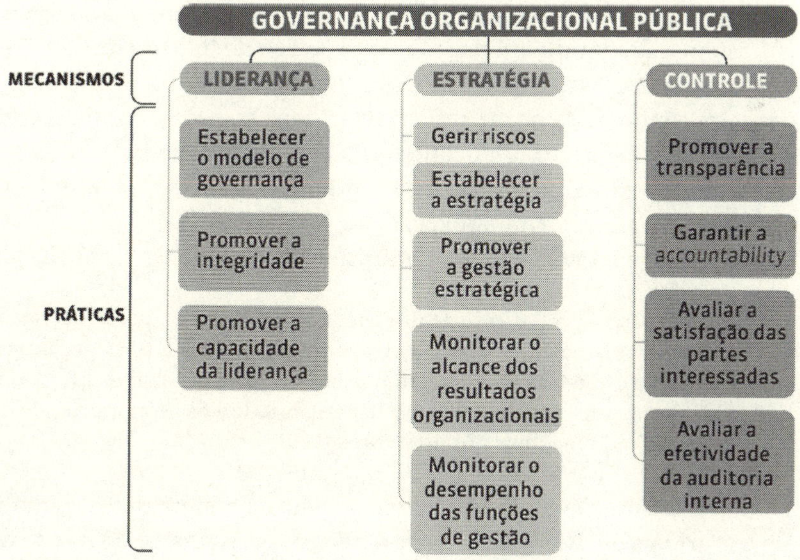

Fonte: Brasil (2020).

Já o mecanismo de liderança, de acordo com a política de governança do TCU, é aquele

> Composto pelo conjunto de práticas de natureza humana ou comportamental que asseguram que pessoas probas, capacitadas, competentes, responsáveis e motivadas ocupem a alta administração e as principais posições gerenciais do Tribunal, liderando as pessoas e as funções organizacionais para o alcance dos resultados esperados pelas partes interessadas (Brasil, 2017).

Nesse sentido, a OCDE (2018) destaca que a liderança, representada por agente capaz de avaliar o modelo de governança adotado e ajustá-lo ao contexto e aos objetivos organizacionais, é elemento crucial para promover a boa governança pública. Já no campo da estratégia, é o mecanismo que

> Compreende a definição de diretrizes, objetivos, planos e ações, além de critérios de priorização e alinhamento entre organizações e partes interessadas, para que os serviços e produtos de responsabilidade da organização alcancem o resultado pretendido (BRASIL, 2017).

Assim como Ansoff (1965), Mintzberg (1987) também destaca a estratégia como uma força mediadora entre a organização e o seu ecossistema, definindo um padrão no processo de tomada de decisões organizacionais. Assim, pode-se dizer que o mecanismo da estratégia como um conjunto de boas práticas relacionadas está na formalização do plano estratégico, o qual contempla em seu escopo indicadores e metas de desempenho alinhados com a missão, visão, objetivos da organização para determinado ciclo.

Quanto ao controle como mecanismo de governança, é aquele que

> Compreende processos estruturados para mitigar os possíveis riscos com vistas ao alcance dos objetivos institucionais e para garantir a execução ordenada, ética, econômica, eficiente e eficaz das atividades da organização, com preservação da legalidade e da economicidade no dispêndio de recursos públicos (Brasil, 2017).

Dessa forma, o controle vislumbra, além de mitigar riscos, garantir que o erário público esteja protegido de ações capazes de desviá-lo de sua finalidade de atender à sociedade. Logo, os mecanismos de governança devem ser considerados de modo conjunto, de maneira que se complementem mutuamente a fim de manter o oportunismo gerencial sob controle, firmando-se como instrumento de avaliação, direção e monitoramento da organização (Silveira; Mello, 2021).

É notório que a Lei nº 14.133, de 1º de abril de 2021, traz consigo diversos critérios de sustentabilidade os quais são abarcados pela Agenda ESG. Nesse sentido, a Lei de Licitações apresenta uma série de práticas ESG em seu escopo ao trazer no curso do seu texto critérios de sustentabilidade ambiental, social e aspectos de governança a serem observados não somente pela Administração Pública, mas também pelas organizações privadas durante o processo de contratação pública. Isso significa que os órgãos públicos devem considerar práticas de ESG ao decidir quais fornecedores escolher, promovendo práticas responsáveis de consumo, bem como estimulando a justiça social e a implementação da governança como diretriz de gestão.

Assim, a legislação estabelece a responsabilidade socioambiental dos contratantes e contratados, o que significa que as partes envolvidas nas contratações públicas devem considerar os impactos sociais e ambientais de suas ações. Contudo, é importante destacar que a eficácia da Lei nº 14.133, de 1º de abril de 2021, na promoção das práticas ESG a partir das compras públicas, depende da implementação adequada e do cumprimento das disposições da lei. Além disso, a conscientização, a educação e o monitoramento são fundamentais para garantir que os pilares da Agenda ESG sejam efetivamente incorporados nos processos de compras governamentais.

Nesse sentido, a governança é a principal ferramenta para estimular que questões estratégicas da sustentabilidade sejam observadas no macroprocesso das compras públicas. Para tanto, é de se observar que o pilar governança da Agenda ESG tem se tornado um importante vetor do estabelecimento estratégico de políticas públicas em direção ao desenvolvimento sustentável.

Considerações finais

A proposta de integração das práticas de sustentabilidade das dimensões ambiental, econômica e social no macroprocesso das compras públicas visa tão somente contribuir para a consolidação das compras públicas sustentáveis no setor público, atendendo aos postulados do ODS 12.7, ratificado pela Agenda 2030 da ONU. A sustentabilidade nas compras públicas deve assegurar que as práticas da Administração

Pública sejam acompanhadas de requisitos não apenas ambientais, mas também econômicos e sociais em toda a sua composição. Para tanto, observando em sua composição práticas ESG contempladas pelos pilares da sustentabilidade no objeto a ser adquirido ou serviço a ser contratado pela Administração Pública, a legislação elenca diversos critérios de sustentabilidade.

Diante disso, esse trabalho contribui com a discussão sobre as práticas de sustentabilidade em compras públicas e, por conseguinte, com o desenvolvimento sustentável, revelando um conjunto de critérios de sustentabilidade capazes de nortear o gestor em sua atuação ao planejar ações de viés sustentáveis por meio das compras públicas como política estratégica nacional e na promoção da Agenda ESG.

Contudo, promover a integração das dimensões do tripé da sustentabilidade em compras públicas não é uma tarefa das mais fáceis. Para tal, é preciso que os normativos legais estejam em consonância com os anseios da sociedade, fitando à realidade dos gestores públicos, os quais devem estar alinhados às diretrizes preconizados pelos ODS da Agenda 2030. Ou seja, equilibrar o desempenho ambiental, econômico e social, assim como elementos de governança é o grande desafio do gestor público na condução do macroprocesso das compras públicas.

Assim, numa proposta descritiva, a partir do levantamento teórico sobre a temática, identificou-se que a Lei de Licitações e Contratos Administrativos apresenta elementos suficientes para corroborar com as práticas ESG nas organizações públicas e privadas, a exemplo da necessidade de implementação de ações de governança pela Administração Pública, bem como o estímulo às ações ambientalmente corretas e socialmente justas por todas as organizações.

Diante disso, conclui-se que a legislação de contratações públicas vigente traz importantes contribuições para os avanços da Agenda ESG, não somente para a Administração Pública, mas também para organizações privadas, como por exemplo: o fomento à inovação, o estabelecimento da governança coorporativa, o desenvolvimento de ações afirmativas, o uso adequado dos recursos naturais, entre outros, em prol de um desenvolvimento sustentável estruturado.

Referências

ALDENIUS, M.; KHAN, J. Strategic use of green public procurement in the bus sector: Challenges and opportunities. *Journal of Cleaner Production*, v. 164, p. 250-257, 2017.

ALDENIUS, M.; TSAXIRI, P.; LIDESTAM, H. The role of environmental requirements in Swedish public procurement of bus transports. *International Journal of Sustainable Transportation*, 2021.

ALENCASTRO, M. A. C.; SILVA, E. V.; LOPES, A. M. D. Sustainable procurements in the Brazilian public administration: The federal Executive Power's experience. *Revista de Administração* Pública, v. 48, n. 1, p. 207-235, 2014.

ANSOFF, H. Igor. The concept of strategy. 1965.

ARAÚJO, S. S.; MATOS, L. S.; ENSSLIN, S. R. Compras Públicas sob a Perspectiva da Avaliação de Desempenho: uma Revisão de Literatura e Agenda de Pesquisa. *Revista Gestão & Conexões*, v. 9, n. 1, p. 99-127, 2020.

BATISTA, M. A. C.; MALDONADO, J. M. S. V. O papel do comprador no processo de compras em instituições públicas de ciência e tecnologia em saúde (C&T/S). *Revista de Administração* Pública, v. 42, n. 4, p. 681-699, 2008.

BERNAL, R.; SAN-JOSE, L.; RETOLAZA, J. L. Improvement actions for a more social and sustainable public procurement: A Delphi analysis. *Sustainability*, v. 11, n. 15, 2019.

BRAMMER, S.; WALKER, H. Sustainable procurement in the public sector: An international comparative study. *International Journal of Operations and Production Management*, v. 31, n. 4, p. 452-476, 2011.

BRASIL. *Constituição da República Federativa do Brasil*. Disponível em: http://www.planalto.gov.br/ccivil_03/constituicao/constituicaocompilado.htm. Acesso em: 30 abr. 2024.

BRASIL. *Lei no 14.133, de 21 de abril de 2021*. Lei de Licitações e Contratos Administrativos. Disponível em: planalto.gov.br/ccivil_03/_ato2019-2022/2021/lei/L14133.htm. Acesso em: 25 abr. 2024.

BRASIL. Ministério do Meio Ambiente. *Portaria* nº 326, de 23 de *julho de 2020*. Disponível em https://in.gov.br/web/dou/-/portaria-n-326-de-23-de-julho-de-2020-268439696. Acesso em: 2 maio 2024.

BRASIL. *Resolução administrativa ANS no 82, de 21 de março de 2023*. Dispõe sobre a Política Integrada de Governança e Responsabilidade Socioambiental – ESG, na Agência Nacional de Saúde Suplementar – ANS. Disponível em: https://bvs.saude.gov.br/bvs/saudelegis/ans/2023/res0082_22_03_2023.html. Acesso em: 29 abr. 2024.

BRASIL. Tribunal de Contas da União. *Referencial Básico de Governança Organizacional*, Brasília: TCU, 2020.

BRASIL. *Decreto* nº 9.178, de 23 de *outubro de 2017*. Altera o Decreto no 7.746, de 2012. Disponível em: http://www.planalto.gov.br/ccivil_03/_Ato2015-2018/2017/Decreto/D9178.htm#art2. Acesso em: 5 maio 2024.

BRASIL. *Decreto* nº 9.203, de 22 de *novembro de 2017*. Dispõe sobre a política de governança da administração pública federal direta, autárquica e fundacional. Disponível emhttp://www.planalto.gov.br/ccivil_03/_ato2015-2018/2017/decreto/D9203.htm. Acesso em: 11 maio 2024.

BRASIL. *Decreto no 7.746, de 5 de junho de 2012.* Regulamenta o art. 3o da Lei no 8.666, de 21 de junho de 1993, para estabelecer critérios e práticas para a promoção do desenvolvimento nacional sustentável nas contratações realizadas pela administração pública federal direta. Disponível em: http://www.planalto.gov.br/ccivil_03/_Ato2011-2014/2012/Decreto/D7746.htm. Acesso em: 4 maio 2024.

BRAULIO-GONZALO, M.; BOVEA, M. D. Relationship between green public procurement criteria and sustainability assessment tools applied to office buildings. *Environmental Impact Assessment Review*, v. 81, 2020.

BUCEA-MANEA-ȚONIȘ, R. *et al.* Green and sustainable public procurement – an instrument for nudging consumer behavior. A case study on Romanian green public agriculture across different sectors of activity. *Sustainability (Switzerland)*, v. 13, n. 1, p. 1-25, 2021.

BURGHARDT, T. E.; PASHKEVICH, A. Green Public Procurement criteria for road marking materials from insiders' perspective. *Journal of Cleaner Production*, v. 298, 2021.

CADER, R.; VILLAC, T. *Governança e Sustentabilidade:* um elo necessário. Belo Horizonte: Fórum, 2022.

CHENG, W. *et al.* Green Public Procurement, missing concepts and future trends – A critical review. *Journal of Cleaner Production*, v. 176, p. 770-784, 2018.

CHIARINI, A.; OPOKU, A.; VAGNONI, E. Public healthcare practices and criteria for a sustainable procurement: A comparative study between UK and Italy. *Journal of Cleaner Production*, v. 162, p. 391-399, 2017.

DELMONICO, D. *et al.* Unveiling barriers to sustainable public procurement in emerging economies: Evidence from a leading sustainable supply chain initiative in Latin America. *Resources, Conservation and Recycling*, v. 134, p. 70-79, 2018.

ELKINGTON, J. Partnerships from cannibals with forks: The triple bottom line of 21st-century business. *Environmental Quality Management*, v. 8, n. 1, p. 37-51, 1998.

ELKINGTON, J. *Sustentabilidade:* canibais com garfo e faca. São Paulo: Books M., 2012.

FREITAS, J. *Sustentabilidade:* direito ao futuro. 3. ed. Belo Horizonte: Fórum, 2016.

FUENTES-BARGUES, J. L. *et al.* Analysis of the Situation of Social Public Procurement of Works at the Valencian Region (Spain). *Sustainability*, v. 13, n. 1, 2021.

GALLON, I. *et al.* Analysis of the sustainability criteria applied to biddings of a federal public university. *Revista de Gestão Ambiental e Sustentabilidade*, v. 8, n. 2, p. 313-332, 2019.

GELDERMAN, C. J.; SEMEIJN, J.; VLUGGEN, R. Development of sustainability in public sector procurement. *Public Money & Management*, v. 37, n. 6, p. 435-442, 2017.

GIACOMO, M. R. *et al.* Does Green Public Procurement lead to Life Cycle Costing (LCC) adoption? *Journal of Purchasing and Supply Management*, v. 25, n. 3, 2019.

GRANDIA, J. J.; KRUYEN, P. M. P. Assessing the implementation of sustainable public procurement using quantitative text-analysis tools: A large-scale analysis of Belgian public procurement notices. *Journal of Purchasing and Supply Management*, v. 26, n. 4, 2020.

GRANDIA, J.; STEIJN, B.; KUIPERS, B. It is not easy being green: increasing sustainable public procurement behaviour. *Innovation*, v. 28, n. 3, p. 243-260, 2015.

GRANDIA, J.; VONCKEN, D. Sustainable public procurement: The impact of ability, motivation, and opportunity on the implementation of different types of sustainable public procurement. *Sustainability*, v. 11, n. 19, 2019.

IANNONE, F. *et al.* The role of Green Public Procurement in circular economy policies: An international comparison. *Economics and Policy of Energy and the Environment*, n. 2, p. 149-170, 2019.

IGARASHI, M.; BOER, L.; MICHELSEN, O. Investigating the anatomy of supplier selection in green public procurement. *Journal of Cleaner Production*, v. 108, p. 442-450, 2015.

JIMÉNEZ, J. M.; LÓPEZ, M. H.; ESCOBAR, S. E. F. Sustainable public procurement: from law to practice. *Sustainability*, v. 11, n. 22, 2019.

KANNAN, D. Sustainable procurement drivers for extended multi-tier context: A multi-theoretical perspective in the Danish supply chain. *Transportation research part e-logistics and transportation review*, v. 146, 2021.

LĂZĂROIU, G. *et al.* Environmentally responsible behavior and sustainability policy adoption in green public procurement. *Sustainability (Switzerland)*, v. 12, n. 5, 2020.

LUNDBERG, S. *et al.* Using public procurement to implement environmental policy: an empirical analysis. *Environmental Economics and Policy Studies*, v. 17, n. 4, p. 487-520, 2015.

LUNDBERG, S.; MARKLUND, P.-O.; STROMBACK, E. Is Environmental Policy by Public Procurement Effective? *Public Finance Review*, v. 44, n. 4, p. 478-499, jul. 2015.

MCCRUDDEN, C. Using public procurement to achieve social outcomes. *Natural Resources Forum*, v. 28, n. 4, p. 257-267, 2004.

MENDONÇA, R. C. A.; PEDROSA, I. V; CAMARA, M. A. O. A. Sustainable public procurement in a Brazilian higher education institution. *Environment, Development and Sustainability*, v. 23, n. 11, p. 17094-17125, 2021.

MICHELSEN, O.; BOER, L. Green procurement in Norway; a survey of practices at the municipal and county level. *Journal of Environmental Management*, v. 91, n. 1, p. 160-167, 2009.

MIYAMOTO, T. *et al.* Advancement of green public purchasing by category: Do municipality green purchasing policies have any role in japan? *Sustainability (Switzerland)*, v. 12, n. 21, p. 1-24, 2020.

MINTZBERG, Henry. The strategy concept I: Five Ps for strategy. *California management review*, v. 30, n. 1, p. 11-24, 1987.

NETO, B.; GAMA CALDAS, M. The use of green criteria in the public procurement of food products and catering services: a review of EU schemes. *Environment Development and sustainability*, v. 20, n. 5, p. 1905-1933, 2018.

OCDE, ORGANIZAÇÃO PARA O DESENVOLVIMENTO ECONÔMICO. *Caixa de ferramentas de aquisições públicas*. Disponível em: https://www.oecd.org/governance/procurement/toolbox/about/terminology/. Acesso em: 3 maio 2024.

OLIVEIRA, B. C. S. C. M.; SANTOS, L. M. L. Compras públicas como política para o desenvolvimento sustentável. *Revista de Administração* Pública, v. 49, n. 1, p. 189-206, 2015.

ONU, ORGANIZAÇÃO DAS NAÇÕES UNIDADAS. *Objetivos de Desenvolvimento Sustentável – Agenda 2030*, 2015.

PARIKKA-ALHOLA, K. Promoting environmentally sound furniture by green public procurement. *Ecological Economics*, v. 68, n. 1-2, p. 472-485, 2008.

PONTE, M.; FOLEY, M.; CHO, C. H. Assessing the degree of sustainability integration in Canadian public sector procurement. *Sustainability (Switzerland)*, v. 12, n. 14, 2020.

PRIER, E.; SCHWERIN, E.; MCCUE, C. P. Implementation of sustainable public procurement practices and policies: A sorting framework. *Journal of Public Procurement*, v. 16, n. 3, p. 312-346, 2016.

RAINVILLE, A. Standards in green public procurement – A framework to enhance innovation. *Journal of Cleaner Production*, v. 167, p. 1029-1037, 2017.

RAJ, A.; AGRAHARI, A.; SRIVASTAVA, S. K. Do pressures foster sustainable public procurement? An empirical investigation comparing developed and developing economies. *Journal of Cleaner Production*, v. 266, 2020.

ROMAN, A. V. Institutionalizing sustainability: A structural equation model of sustainable procurement in US public agencies. *Journal of Cleaner Production*, v. 143, p. 1048–1059, 2017.

ROSELL, J. Getting the green light on green public procurement: Macro and meso determinants. *Journal of Cleaner Production*, v. 279, 2020.

SACHS, I. *Caminhos para o desenvolvimento sustentável*. Rio de Janeiro: Garamond, 2009.

SANTOS, A. L. T. As Contribuições da Lei nº 14.133/2021 para a Agenda ESG: Uma Perspectiva das Compras Públicas Sustentáveis. *In*: OLIVEIRA, Rafael Carvalho Rezende (org.). *A Nova Lei de Licitações e Contratos Administrativos em Debate*. 1. ed. Rio de Janeiro: Editora Processo, v. 1, p. 109-135, 2024.

SANTOS, A. L. T.; REIS, A. C. Public Procurement from the Triple Bottom Line Lens: The Identification of Sustainability Criteria from the International Literature Review. *Environment, Development and Sustainability*, v. 5, p. 1-36. 2024.

SANTOS, A. L. T.; REIS, A. C. Tendências Teóricas do Gerenciamento de Riscos em Compras Públicas Sustentáveis: Uma Análise Bibliométrica A Partir das Bases Scopus e Web of Science. *Revista de Gestão Social e Ambiental*, v. 15, n. 1, p. e2733, 2021.

SILVA, A. R.; SANTOS, R. M. P. A influência do Direito Administrativo Global no processo brasileiro de Contratação Pública à luz do Princípio da Transparência. *Revista Brasileira de Políticas Públicas*, v. 6, n. 2, 2016.

SILVA, F. C. N. S. E. Sustentabilidade empresarial e ESG: uma distinção imperativa. *Revista Gestão e Secretariado*, v. 14, n. 1, p. 247-258, 2023.

SILVA, R. C. *et al.* Sustainable public procurement: the Federal Public Institution's shared system. *Revista de Gestão*, v. 25, n. 1, p. 9-24, 2018.

SILVEIRA, J. P.; MELLO, S. P. T. DE. Instrumentos de Governança das Aquisições no Planejamento e Execução de Pregões Eletrônicos. *Desenvolvimento em Questão*, v. 19, n. 56, p. 208-224, 2021.

SMITH, J. *et al.* Balancing competing policy demands: the case of sustainable public sector food procurement. *Journal of Cleaner Production*, v. 112, n. 1, p. 249-256, jan. 2016.

SOARES, A. R. *et al.* O processo de compras e o desafio da etapa do planejamento: o caso da Universidade Federal Rural de Pernambuco. *Navus – Revista de Gestão e Tecnologia*, v. 9, n. 4, p. 264-273, 2019.

SÖNNICHSEN, S. D.; CLEMENT, J. Review of green and sustainable public procurement: Towards circular public procurement. *Journal of Cleaner Production*, v. 245, 2020.

SOURANI, A.; SOHAIL, M. Enabling sustainable construction in UK public procurement. *Proceedings of Institution of Civil Engineers: Management, Procurement and Law*, v. 166, n. 6, p. 297-312, 2013.

STOFFEL, T. *et al.* Multidimensionality of sustainable public procurement (SPP)-exploring concepts and effects in Sub-Saharan Africa and Europe. *Sustainability*, v. 11, n. 22, 2019.

TESTA, F. *et al.* What factors influence the uptake of GPP (green public procurement) practices? New evidence from an Italian survey. *Ecological Economics*, v. 82, p. 88-96, 2012.

TESTA, F. *et al.* Examining green public procurement using content analysis: existing difficulties for procurers and useful recommendations. *Environment, Development and Sustainability*, v. 18, n. 1, p. 197-219, 2016.

THOMSON, J.; JACKSON, T. Sustainable procurement in practice: Lessons from local government. *Journal of Environmental Planning and Management*, v. 50, n. 3, p. 421-444, 2007.

THORSTENSEN, V. C.; GIESTEIRA, L. F. C. Cadernos Brasil na OCDE: compras públicas. *Instituto de Pesquisa Econômica Aplicada – IPEA*, 2021.

TORRES-PRUÑONOSA, J. *et al.* The Intellectual Structure of Social and Sustainable Public Procurement Research: A Co-Citation Analysis. *Sustainability*, v. 13, n. 2, p. 774, 14 jan. 2021.

TRAJANO, A. *Sustentabilidade em Compras Públicas*: o uso de critérios de sustentabilidade à luz do *triple bottom line* no processo de contratualização pública. 1. ed. Rio de Janeiro: UICLAP, 2023.

TREVINO-LOZANO, L. Sustainable Public Procurement and Human Rights: Barriers to Deliver on Socially Sustainable Road Infrastructure Projects in Mexico. *Sustainability*, v. 13, n. 17, 2021.

TSAI, W.-T. Green public procurement and green-mark products strategies for mitigating greenhouse gas emissions – experience from Taiwan. *Mitigation and Adaptation Strategies for Global Change*, v. 22, n. 5, p. 729-742, 2017.

TVARONAVIČIENE, A. The possibilities to use public procurement as one of the instruments of implementation of sustainable development concept in republic of Lithuania. *Business: Theory and Practice*, v. 13, n. 3, p. 197-207, 2012.

VEJARATNAM, N.; MOHAMAD, Z. F.; CHENAYAH, S. A systematic review of barriers impeding the implementation of government green procurement. *Journal of Public Procurement*, v. 20, n. 4, p. 451-471, 2020.

VICENTE, J. R. *Sustentabilidade como política pública nos contratos e compras públicas*. 1. ed. Rio de Janeiro: Multifoco, 2020.

WALKER, H.; BRAMMER, S. Sustainable procurement in the United Kingdom public sector. *Supply Chain Management*, v. 14, n. 2, p. 128-137, 2009.

WALKER, H.; BRAMMER, S. The relationship between sustainable procurement and e-procurement in the public sector. *International Journal of Production Economics*, v. 140, n. 1, p. 256-268, 2012.

WANG, X.; LIU, Y.; JU, Y. Sustainable public procurement policies on promoting scientific and technological innovation in China: Comparisons with the U.S., the UK, Japan, Germany, France, and South Korea. *Sustainability*, v. 10, n. 7, 2018.

WITJES, S.; LOZANO, R. Towards a more Circular Economy: Proposing a framework linking sustainable public procurement and sustainable business models. *Resources, Conservation and Recycling*, v. 112, p. 37-44, 2016.

WONTNER, K. L. *et al.* Maximising "Community Benefits" in public procurement: tensions and trade-offs. *International Journal of Operations and Production Management*, 2020.

Informação bibliográfica deste livro, conforme a NBR 6023:2018 da Associação Brasileira de Normas Técnicas (ABNT):

TRAJANO, André. *Framework* circular de critérios de sustentabilidade em compras públicas e as contribuições da Lei nº 14.133/2021 para a promoção da Agenda ESG. *In*: RODRIGUES, Caroline; PIRONTI, Rodrigo (coord.). *ESG na Administração Pública*: estudos dirigidos. Belo Horizonte: Fórum, 2025. p. 467-502. ISBN 978-85-450-0779-1.

A ESTRUTURAÇÃO DE UM PROGRAMA DE COMBATE AO ASSÉDIO E O DESENVOLVIMENTO DE ESTRATÉGIAS SOCIAIS NA ADMINISTRAÇÃO PÚBLICA

MARIANA KEPPEN
EDUARDO MOURA

Introdução

Recentemente tivemos a promulgação de duas importantes legislações que tratam sobre o combate ao assédio sexual: a primeira, Lei nº 14.457/2022, aplicável no âmbito privado, e a segunda, Lei nº 14.540/2023, aplicável no âmbito da Administração Pública.

A Lei nº 14.457/2022 acrescentou às atribuições das CIPAs a tarefa de promover ações de prevenção ao assédio e, por força desta lei, estas comissões, inclusive, agora são chamadas de "Comissão Interna de Prevenção de Acidentes e Assédio". Por sua vez, a Lei nº 14.540/2023 institui o Programa de Prevenção e Enfrentamento ao Assédio Sexual e demais Crimes contra a Dignidade Sexual e à Violência Sexual, que tem como objetivo prevenir e enfrentar o assédio e práticas semelhantes no âmbito da Administração Pública, bem como capacitar os agentes públicos para a prevenção e solução de casos.

Da mesma forma, o tema foi também objeto de um guia publicado pela Controladoria-Geral da União, que confere a devida relevância ao debate do tema, esclarecendo que:

> Garantir relações profissionais saudáveis e ambientes de trabalho respeitosos e éticos é fundamental para a saúde física e mental de trabalhadoras e trabalhadores. O trabalho representa uma das dimensões que define a qualidade de vida e a inserção social das pessoas. No entanto, o assédio é um problema coletivo que impacta a convivência

entre colegas de trabalho, viola a dignidade e a integridade das pessoas, bem como a salubridade e a produtividade no ambiente de trabalho.[1]

Percebemos, portanto, que o combate ao assédio sexual, que já era uma melhor prática, passa agora a ser uma obrigatoriedade legal. E, com isso, tem-se a oportunidade de expandir as inciativas de prevenção e combater, na mesma medida em que o assédio sexual, o assédio moral, de modo a desenvolver uma iniciativa interna que não apenas garantirá a conformidade com a legislação, mas também concretizará o compromisso com as ações sociais voltadas para o aprimoramento da qualidade do ambiente de trabalho para os servidores e membros de instituições, designadas na letra S do ESG.

O presente artigo tem o objetivo de abordar os conceitos teóricos relevantes ao combate ao assédio (*lato sensu*, ou seja, em relação ao assédio sexual e moral) especificamente na Administração Pública e propor uma metodologia prática para o desenvolvimento dos programas de combate ao assédio.

Parte 1 – Principais previsões da Lei nº 14.540/202

A Lei nº 14.540, publicada em 3 de abril de 2023, representou um importante marco em nossa sociedade ao instituir, no âmbito da Administração Pública, direta e indireta, federal, estadual, distrital e municipal, o Programa de Prevenção e Enfrentamento ao Assédio Sexual e demais Crimes contra a Dignidade Sexual e à Violência Sexual.

Tal programa, em atenção à previsão do art. 4º da Lei nº 14.540, tem 3 principais objetivos, sendo o primeiro relacionado à prevenção e ao enfrentamento do assédio e demais crimes mencionados e os seguintes voltados para a promoção de uma cultura de respeito e integridade no ambiente de trabalho, conforme elencado:

> Art. 4º São objetivos do Programa de Prevenção e Enfrentamento ao Assédio Sexual e demais Crimes contra a Dignidade Sexual e à Violência Sexual:
> I - prevenir e enfrentar a prática do assédio sexual e demais crimes contra a dignidade sexual e de todas as formas de violência sexual nos órgãos e entidades abrangidos por esta Lei;

[1] CONTROLADORIA-GERAL DA UNIÃO. *Guia Lilás:* Orientações para prevenção e tratamento ao assédio moral e sexual e à discriminação no Governo Federal. 2023.

> II - capacitar os agentes públicos para o desenvolvimento e a implementação de ações destinadas à discussão, à prevenção, à orientação e à solução do problema nos órgãos e entidades abrangidos por esta Lei;
> III - implementar e disseminar campanhas educativas sobre as condutas e os comportamentos que caracterizam o assédio sexual e demais crimes contra a dignidade sexual e qualquer forma de violência sexual, com vistas à informação e à conscientização dos agentes públicos e da sociedade, de modo a possibilitar a identificação da ocorrência de condutas ilícitas e a rápida adoção de medidas para a sua repressão.[2]

Visando a tais objetivos, os órgãos e entidades abrangidos pela legislação deverão desenvolver estratégias com base em 7 diretrizes estabelecidas no art. 5º da Lei nº 14.540.

As diretrizes preveem o esclarecimento sobre os elementos que caracterizam o assédio sexual e demais crimes contra a dignidade sexual e as formas de violência sexual, considerando o cenário atual de dúvidas e desconhecimento em relação aos requisitos para o enquadramento de tais práticas. Também nesse sentido, é elencada a necessidade de fornecimento de materiais educativos e informativos com exemplos de condutas que possam ser caracterizadas como assédio sexual e demais crimes relacionados, de modo a orientar a atuação de agentes públicos e da sociedade em geral, e a divulgação da legislação pertinente e de políticas públicas de proteção, de acolhimento, de assistência e de garantia de direitos às vítimas.

Dentre as estratégias a serem adotadas pelos órgãos e entidades da Administração Pública, a lei estabelece a implementação de um canal de denúncias, com a possibilidade de acesso interno (servidores e membros) e externo (partes interessadas) e que assegure o sigilo e o devido processo legal, bem como a ampla divulgação de tais canais.

Ainda, visando à incorporação de uma cultura de respeito no ambiente de trabalho, é estimulada a adoção de boas práticas para a prevenção ao assédio sexual e demais crimes contra a dignidade sexual, ou a qualquer forma de violência sexual, e a criação de programas de capacitação que abranjam pelo menos os seguintes conteúdos:

---

2 BRASIL. *Lei nº 14.540/2023*. Institui o Programa de Prevenção e Enfrentamento ao Assédio Sexual e demais Crimes contra a Dignidade Sexual e à Violência Sexual no âmbito da administração pública, direta e indireta, federal, estadual, distrital e municipal. Disponível em: L14540 (planalto.gov.br). Acesso em: 30 maio 2024.

a) causas estruturantes do assédio sexual e demais crimes contra a dignidade sexual e da violência sexual;
b) consequências para a saúde das vítimas;
c) meios de identificação, modalidades e desdobramentos jurídicos;
d) direitos das vítimas, incluindo o acesso à justiça e à reparação;
e) mecanismos e canais de denúncia;
f) instrumentos jurídicos de prevenção e de enfrentamento ao assédio sexual e demais crimes contra a dignidade sexual e a todas as formas de violência sexual disponíveis no ordenamento jurídico brasileiro.[3]

Por fim, destaca-se que a legislação estabelece a obrigação de que qualquer pessoa que tiver conhecimento da prática de assédio sexual e demais crimes contra a dignidade sexual, ou de qualquer forma de violência sexual, tem o dever legal de denunciá-los e de colaborar com os procedimentos administrativos internos e externos de apuração.

Parte 2 – Por que implementar um programa de combate ao assédio?

A implementação de ferramentas de combate ao assédio moral e ao assédio sexual de forma conjunta é crucial devido à sua relação intrínseca e à influência que ambas têm no ambiente de trabalho e na cultura institucional. Essas ferramentas, quando combinadas, formam um programa de combate ao assédio, que visa garantir um ambiente de trabalho saudável, seguro e respeitoso para todos os servidores.

Embora o assédio moral e o assédio sexual sejam fenômenos distintos, é importante reconhecer que muitas vezes estão interligados e podem se originar do mesmo contexto organizacional.[4]

Em outras palavras, ambos os formatos de assédio compreendem a expressão da organização como um todo, e são diretamente impactados por ela, não se limitando aos relacionamentos interpessoais dos servidores. Assim, ao abordar essas questões de forma integrada, as instituições podem promover um ambiente de trabalho mais inclusivo, diverso e ético.

---

[3] *Idem.*

[4] EBERLE, André Davi *et al.* Aspectos definidores do assédio moral. *In*: GOSDALL, Thereza Cristina; SOBOLL, Lis Andréa Pereira (org.). *Assédio Moral Interpessoal e Organizacional*. São Paulo: LTr, 2009, p. 17-32.

A conexão entre o combate ao assédio sexual e moral e as iniciativas ESG (*Environmental, Social and Governance*), mais especificamente na dimensão social, reforça o compromisso das instituições em agir de forma responsável e justa, promovendo um ambiente de trabalho seguro e respeitoso para todos os servidores.

Portanto, com a implementação de ferramentas de combate ao assédio moral e ao assédio sexual de forma conjunta, como parte de um programa de combate ao assédio e das iniciativas ESG, a instituição tem a oportunidade de demonstrar seu compromisso com a promoção de um ambiente de trabalho pautado no respeito e na integridade.

Parte 3 – Como implementar um programa de combate ao assédio?

Diante de tais argumentos, é reafirmada a importância de implementação interna de um programa de combate ao assédio, que trará as ferramentas necessárias para efetivar as diretrizes demandadas nas legislações, dentre as quais citamos: a disseminação de campanhas educativas e de capacitação, o incentivo a boas práticas no ambiente de trabalho, a divulgação de canais de denúncia e a divulgação da legislação e das políticas públicas (previstas na Lei nº 14.540/2023).

Entretanto, é preciso mencionar que um ponto essencial passa desapercebido nos diplomas legais que tratam sobre a prevenção do assédio (seja no âmbito público ou privado): o diagnóstico, que invariavelmente requer o estabelecimento do "contexto da organização", conforme referencia a ISO 37.301. E não há uma efetiva prevenção sem o entendimento do cenário organizacional.

Isso porque as situações de assédio (moral e sexual) ocorrem no bojo de um ambiente de trabalho, ou seja, estão inseridas em um cenário específico. Nesse sentido, podemos dizer que o assédio é uma patologia de um ambiente de trabalho disfuncional, seja devido a determinada cultura corporativa, estrutura organizacional ou até falta de controles abrangentes ou pontuais.[5]

Além disso, se consideramos que o objetivo das ações de combate ao assédio não é apenas contingenciar esse tipo de situação, mas, sim, combater, prevenir, evitar a sua ocorrência, deve ser realizado um

---

[5] ALKIMIN, Maria Aparecida. *Assédio moral na relação de trabalho*. 2. ed. rev. e atual. Curitiba: Juruá, 2008. p. 49.

profundo trabalho com a finalidade de compreender as possíveis causas e origens dos diversos tipos de assédio moral (vertical descendente, organizacional, vertical ascendente e horizontal) ou assédio sexual, para que, posteriormente, as etapas de treinamento e comunicação estejam endereçadas a estas.

Nesse sentido, propõe-se uma metodologia de desenvolvimento de estratégias práticas divididas em 3 fases, conforme imagem:

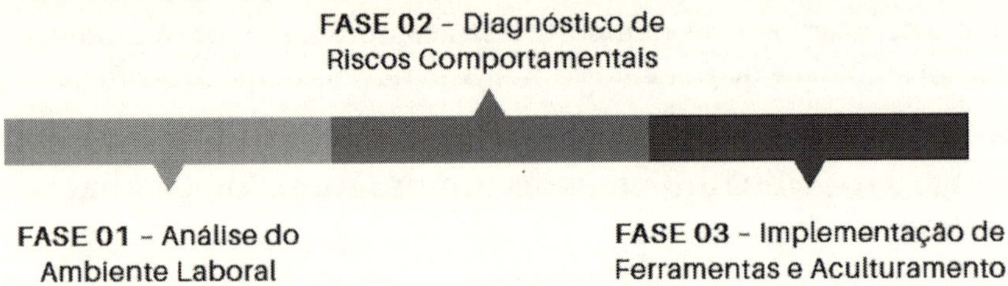

A 1ª fase é destinada à análise do ambiente laboral. Nesta etapa, é realizada a coleta e análise das normas e documentos relacionados ao tema do combate ao assédio, das orientações comportamentais referentes à conduta dos servidores e de qualquer iniciativa de combate ao assédio que já tenha sido eventualmente desenvolvida pela instituição. Ainda, é aplicada uma pesquisa de combate ao assédio através do envio de formulários a todos os níveis da instituição para que seja compreendida a cultura institucional e a maturidade dos colaboradores em relação ao tema.

Sugere-se que a pesquisa seja aplicada de maneira anônima, para que os colaboradores se sintam mais seguros em compartilhar suas percepções, e é importante que seja garantida a confidencialidade das respostas, que serão apresentadas posteriormente de maneira sistêmica e global.

Partindo para a 2ª fase, com base nos insumos coletados na etapa da análise do ambiente laboral, serão delimitadas entrevistas, por amostragem, com os diferentes níveis hierárquicos da companhia, visando à validação de tais insumos e consolidação da matriz de riscos comportamentais.

Tal matriz irá prever as possíveis causas que podem levar à concretização do risco de assédio moral, assédio sexual e discriminação, bem como as consequências de tais eventos. Ainda, serão propostos planos de ação para a mitigação de riscos comportamentais, de ordem preventiva (considerando as causas específicas daquele contexto institucional) e contingencial (considerando as consequências e apetite de risco da instituição).

Esta etapa de diagnóstico será, portanto, essencial para a assertividade das ações práticas que serão desenvolvidas no âmbito do programa de assédio e para a obtenção de resultados concretos nas instituições. É apenas a partir do mapeamento e diagnóstico do cenário organizacional que poderemos implantar ferramentas de gestão aderentes à real necessidade da instituição e aplicar processos de aculturamento e capacitação capazes de promover a construção de um ambiente de trabalho mais ético e seguro.

Isso porque não podemos desconsiderar o cenário de risco e particularidades da cultura institucional de cada órgão ou entidade. Nesse sentido, um programa de combate ao assédio somente será efetivo se tiver suas ferramentas adaptadas para cada contexto singular.

Na sequência, na 3ª fase, referente à implementação de ferramentas e aculturamento, será estruturado um canal de denúncias e nomeada a Comissão de Combate ao Assédio, para o apoio e desenvolvimento das iniciativas, conforme determina o art. 5º, incisos V e VI, da Lei nº 14.540/2023.

Além disso, é necessária a elaboração de política de combate ao assédio para a formalização das condutas esperadas em relação a servidores e membros e para o atendimento às disposições dos arts. 4º e 5º, incisos I a IV, §1º e §2º, da Lei nº 14.540/2023.

A 3ª fase também contempla o aculturamento para o combate ao assédio, nesse sentido, são ministrados treinamentos personalizados a todos os níveis hierárquicos da organização, incluindo a capacitação da Alta Administração para Gestão de Crises Comportamentais, além da elaboração de material de comunicação e aplicação de avaliações para medição qualitativa dos treinamentos, conforme determina o art. 5º, VII, e art. 6º da Lei nº 14.540/2023.

Por fim, ressalta-se que todas as etapas do programa devem ser devidamente documentadas, a fim de gerar evidências de sua efetividade, subsidiando o planejamento de ações futuras, nos termos dos arts. 7º e 8º da Lei nº 14.540/2023.

Conforme pôde-se apresentar, tais etapas compõem um plano estruturado de aculturamento e prevenção ao assédio, buscando atender às novas obrigações legais impostas à Administração Pública, baseado em gestão de riscos e nas melhores práticas de governança e integridade previstas em normas internacionais.

Parte 4 – Processo de melhoria contínua e aperfeiçoamento do programa de combate ao assédio

Importante destacar que o modelo apresentado no presente artigo compreende os requisitos fundamentais para a implementação de um sistema que abrange as melhores práticas de gestão e o cumprimento dos requisitos legais estabelecidos pela Lei nº 14.540/2023.

Entretanto, como em qualquer processo eficaz de gestão, se faz necessária a observância permanente aos princípios de melhoria e aperfeiçoamento contínuo do programa de combate ao assédio, através da implantação de ferramentas que são consideradas um "ajuste fino" absolutamente necessário ao amadurecimento do modelo aplicado.

São elas:

> *a) a implantação de protocolos de investigação para apuração dos relatos recebidos pelo canal de denúncias:* a segurança no processo investigativo é o que traz credibilidade ao programa de combate ao assédio, proporciona ao usuário um ambiente seguro para trazer sua demanda, garante a imparcialidade no processo de apuração e protege o denunciante de boa-fé, bem como o denunciado, garantindo assim sua presunção de inocência durante o processo de averiguação;
> *b) a disponibilização de um processo estruturado de acolhimento às vítimas:* a prática de assédio ocasiona severas consequências àqueles que figuram no polo passivo do ato. Estruturar um procedimento humanizado de acolhimento e tratamento das vítimas é uma demonstração de zelo e de engajamento fático no combate ao assédio;
> *c) a presença de um plano permanente de orientação que permita a identificação de atos que configuram o assédio:* ainda existe grande dificuldade do público em geral em identificar se a própria pessoa ou seus colegas de trabalho estão sendo vítimas de assédio. Orientar de modo estruturado e permanente como forma de construir conhecimento sobre os requisitos que de fato configuram assédio é uma forma de ampliar o campo de visão da gestão e assim permitir que sejam aplicadas medidas preventivas e reativas adequadas ao tratamento do cenário.

O rol exemplificativo demonstra de forma abrangente maneiras de buscar o amadurecimento e o aperfeiçoamento do programa de combate ao assédio, entretanto, se faz necessário um profundo entendimento da cultura inerente à entidade, para que assim sejam patrocinadas ações que terão impacto efetivo e positivo ao ambiente de trabalho, consequentemente permitindo um processo de combate ao assédio eficaz.

Conclusão

Diante do exposto, é evidente a relevância e a urgência do combate ao assédio, seja assédio sexual ou moral, no ambiente de trabalho. Com a promulgação da Lei nº 14.540/2023, bem como a publicação de guias orientativos, as instituições públicas foram impelidas a adotar medidas efetivas para prevenir e enfrentar tais práticas prejudiciais.

A implementação de um programa abrangente de combate ao assédio, que englobe medidas voltadas tanto para a prevenção do assédio moral quanto do assédio sexual, dentro de um contexto mais amplo de responsabilidade social e governança, é crucial para garantir um ambiente de trabalho saudável, respeitoso e ético para todos os servidores.

Ao estruturar um programa que contemple a análise do ambiente laboral, a consolidação de estratégias baseadas em diagnósticos precisos, a implementação de canal de denúncias, criação de políticas internas de combate ao assédio e capacitação dos agentes públicos, as instituições se posicionam de forma proativa na promoção de um ambiente de trabalho seguro e inclusivo.

Ressalta-se, ainda, que a adoção de práticas alinhadas com os princípios de governança, integridade e responsabilidade social contribui não apenas para o cumprimento da legislação, ou para o desenvolvimento da cultura organizacional interna. Ao considerarmos o papel fundamental da Administração Pública na promoção de interesses socialmente relevantes, a implementação de programas de combate ao assédio em seus órgãos e entidades representa a possibilidade de incentivo da cultura de integridade a toda sociedade, valorizando o respeito, a diversidade e a dignidade de todos os envolvidos. E isso somente será possível através da ação coletiva e continuada.

Referências

ALKIMIN, Maria Aparecida. *Assédio moral na relação de trabalho.* 2. ed. rev. e atual. Curitiba: Juruá, 2008.

BRASIL. *Lei nº 14.540/2023*. Institui o Programa de Prevenção e Enfrentamento ao Assédio Sexual e demais Crimes contra a Dignidade Sexual e à Violência Sexual no âmbito da administração pública, direta e indireta, federal, estadual, distrital e municipal. Disponível em: L14540 (planalto.gov.br). Acesso em: 30 maio 2024.

CONTROLADORIA-GERAL DA UNIÃO. *Guia Lilás*: Orientações para prevenção e tratamento ao assédio moral e sexual e à discriminação no Governo Federal. 2023.

EBERLE, André Davi *et al*. Aspectos definidores do assédio moral. *In*: GOSDALL, Thereza Cristina; SOBOLL, Lis Andréa Pereira (org.). *Assédio Moral Interpessoal e Organizacional*. São Paulo: LTr, 2009, p. 17-32.

Informação bibliográfica deste livro, conforme a NBR 6023:2018 da Associação Brasileira de Normas Técnicas (ABNT):

KEPPEN, Mariana; MOURA, Eduardo A estruturação de um programa de combate ao assédio e o desenvolvimento de estratégias sociais na Administração Pública. *In*: RODRIGUES, Caroline; PIRONTI, Rodrigo (coord.). *ESG na Administração Pública*: estudos dirigidos. Belo Horizonte: Fórum, 2025. p. 503-512. ISBN 978-85-450-0779-1.

ESG NAS EMPRESAS ESTATAIS: A PONDERAÇÃO ENTRE O PÚBLICO E O PRIVADO

CAROLINE RODRIGUES
RONNY CHARLES LOPES DE TORRES

Introdução

As empresas estatais, representadas por empresas públicas e pelas sociedades de economia mista, surgiram no Brasil com a necessidade de atendimento pelo Estado a objetivos políticos, econômicos e sociais, intervindo na atividade econômica para alavancar um projeto de industrialização e de produção privada de bens e serviços.[1]

Constituíam uma tentativa de instrumentalização ágil de ação do Estado, em razão da presunção de que os controles e amarras das pessoas jurídicas de direito público inviabilizariam a eficiência estatal, em especial na seara econômica, cujo mercado exige, de fato, celeridade, inovação e dinamismo de ações.

Desde a criação inicial das estatais, passaram essas empresas por transformações, questionamentos, intervenções, orientadas ou não por movimentos pendulares de aumento ou redução do seu papel na economia. Na evolução conceitual, foram compelidas a alterar suas atuações e modos de operação para uma atuação mais horizontalizada e harmônica com o mercado.[2]

Fato indubitável é que empresas estatais são organizações presentes em diversas partes do mundo, desempenhando papéis econômicos significativos.

---

1 BEDONE, Igor Volpato. *Empresas estatais e seu regime jurídico*. Salvador: Juspodivm, 2018, p. 31, 32.

2 ARAGÃO, Alexandre Santos de. *Empresas estatais* – o regime jurídico das empresas públicas e sociedades de economia mista, Rio de Janeiro: Forense, 2018, p. 393.

Elas são criadas para fornecer serviços ou produtos, corrigir supostas falhas de mercado, estimular o desenvolvimento econômico de determinados setores, gerar empregos e cumprir relevantes funções sociais definidas pela sociedade. É essencial que a atuação empresarial do Estado seja conduzida de maneira responsável e estratégica, alinhada com os interesses econômicos, políticos e sociais do país.

Diante desses desafios, notadamente pela conciliação de objetivos econômicos, políticos e sociais, "corre-se o risco de não se usufruir das vantagens administrativas de se ter criado uma instituição para operar segundo condições de empresa privada"; por outro lado, quando se enfatiza "a flexibilidade e a autonomia típicas de empresa, corre-se o risco de se ter uma instituição pública governada por interesses privados particularistas das organizações, e afastada dos objetivos políticos e sociais mais amplos", o que exige reflexão adequada para conciliar essas diversas esferas de interesses.[3]

Feita essa breve digressão contextual, desde já cabe advertir que não serão objeto de aprofundamentos a natureza jurídica e o regime aplicável, bem como não se adentrará em discussões sobre a ultrapassada dicotomia atividade econômica x serviço público, pois (1) não é o palco para tanto nessa obra e (2) o tema central aplica-se indistintamente, com suas adaptações necessárias e usuais, a qualquer corporação, sendo pública, privada ou híbrida.

Assim sendo, as empresas públicas e as sociedades de economia mista devem atender à sua função social e estão vinculadas, segundo sua lei de criação, a relevante interesse coletivo ou a imperativos da segurança nacional, conforme preceitua a Constituição Federal e seu artigo 173. Ou seja, o interesse coletivo e a função social sempre permearão as atividades das empresas estatais, o que direciona nossos olhares ao que constitui o interesse da coletividade.

Nesse aspecto, um tema de profusão global, que tem entrado em todos os debates públicos e privados e que constitui interesse coletivo é o ESG, acrônimo com significado em inglês, sendo E - *Environmental* (ambiental), S - *Social* ou *Stakeholders* (social ou partes interessadas) e G - *Governance* (governança). Trata-se de um programa que enraíza práticas socioambientais, tendo a governança como um pilar central que integra e orienta as ações e estratégias das organizações. A incorporação

---

[3] MOTTA, Paulo Roberto. O controle de empresas estatais no Brasil. *Revista de Administração Pública*, 14(2):69-82, abr./jun. 1980.

do ESG nas empresas estatais pode promover um desenvolvimento mais sustentável e responsável, além de aumentar a transparência e a confiança do público. Dessa forma, as estatais podem não apenas atender às demandas regulatórias e sociais, mas também melhorar seu desempenho e competitividade no mercado global, contribuindo para um futuro mais justo e sustentável.

O ESG deve ser compreendido como o norte de oportunidades para a transformação da sociedade, traçando relevantes contribuições para um desenvolvimento efetivamente sustentável.

Apesar de sua origem em corporações financeiras e privadas, e constituindo um tema de profusão global, identifica-se a viabilidade de aplicação do ESG na Administração Pública, e com um corte especial para as empresas públicas e sociedades de economia mista. No presente artigo, portanto, será abordada a aplicação do ESG nas estatais, qual seu fundamento, implementação e as diversas nuances frente às especificidades dessas corporações integrantes da Administração Pública indireta.

Para fins de alinhamento conceitual ao longo do texto, o ESG pode ser compreendido, de uma forma preliminar, como a aplicação de mecanismos, estruturas, políticas e procedimentos para orientar a implementação da governança socioambiental de uma corporação.

De modo técnico, busca-se apoio no conceito estabelecido pela ABNT PR 2030:2022, de que o ESG é o "conjunto de critérios ambientais, sociais e de governança, a serem considerados, na avaliação de riscos, oportunidades e respectivos impactos, com objetivo de nortear atividades, negócios e investimentos sustentáveis".[4]

1 Qual o fundamento de aplicação do ESG nas estatais

O primeiro tema a ser discutido no presente artigo é, por razões claras, qual o fundamento de aplicação do ESG nas empresas estatais. Ora, por ser um conjunto de critérios a ser aplicado para orientar a sustentabilidade e com origem em instituições financeiras e no mercado privado, é importante definir as bases que respaldam sua implementação em instituições que pertencem à Administração Pública indireta.

---

[4] Prática Recomendada: ABNT PR 2030: *Ambiental, social e governança (ESG)* – Conceitos, diretrizes e modelo de avaliação e direcionamento para organizações / Associação Brasileira de Normas Técnicas. Rio de Janeiro: ABNT, 2022, p. 4.

E não há apenas um fundamento, mas um conjunto deles, que somados garantem uma base sólida de argumentos para a implementação de um programa ESG. Partir-se-á das características das estatais, que oferecem grandes elementos para o tema; seguindo com a análise da legislação, que define o regime jurídico aplicável a elas e toda a base jurídico-teórica; e, por fim, serão relacionadas as atividades desenvolvidas, para determinar a pertinência do tema.

1.1 Características das empresas públicas e sociedades de economia mista

As empresas estatais pertencem à Administração Pública indireta, possuem natureza de direito privado, são constituídas pelo Estado após prévia e específica autorização legal para desenvolverem atividades de conteúdo econômico e estão sujeitas ao controle estatal.

O regime de direito privado aplicável é derrogado parcialmente por normas de direito público. As estatais são vinculadas às finalidades definidas em sua lei de criação e têm seu regime jurídico balizado pela Lei nº 13.303/16, que adiante será devidamente explorada. Cada estatal possui peculiaridades, muitas vezes relacionadas ao seu objeto social ou mesmo ao mercado no qual ela está inserida, além de distinções relacionadas ao foro, forma societária e capital. Diante da complexidade de sua atuação e da diversidade de desafios vivenciados por essas pessoas jurídicas, é fácil compreender que a realidade das estatais é muito mais complexa do que a interpretação legal e conceitual aplicável, com enfoque meramente dogmático e formalista.

Mas o que é digno de ser salientado é que todas as estatais são criadas para o cumprimento de uma função social, além da vinculação a um interesse público ou mesmo por motivo de segurança nacional, conforme previsto no Texto Constitucional em seu art. 173, §1º, inciso I.[5]

[5] "Art. 173. Ressalvados os casos previstos nesta Constituição, a exploração direta de atividade econômica pelo Estado só será permitida quando necessária aos imperativos da segurança nacional ou a relevante interesse coletivo, conforme definidos em lei.
§1º A lei estabelecerá o estatuto jurídico da empresa pública, da sociedade de economia mista e de suas subsidiárias que explorem atividade econômica de produção ou comercialização de bens ou de prestação de serviços, dispondo sobre: (Redação dada pela Emenda Constitucional nº 19, de 1998)
I - sua função social e formas de fiscalização pelo Estado e pela sociedade; (Incluído pela Emenda Constitucional nº 19, de 1998)..." BRASIL. [Constituição (1988)]. *Constituição da República Federativa do Brasil*. Brasília, DF: Senado Federal, 2016.

Ou seja, para além da característica da exploração de atividade econômica pelo Estado, há uma atuação extraeconômica das estatais, para atendimento à função social e ao interesse público, direcionados às disposições de sua lei de criação.

De modo ainda mais cristalino, em sua atuação as estatais devem atender às regras de mercado, do Estado, sua função social e o interesse público.

O leitor pode se perguntar nesse instante qual a relação do ESG com essas características. A resposta pode ser encontrada no texto da Lei nº 13.303/16, ao estabelecer em seu art. 27 que as estatais devem ter a função social de realização de interesse coletivo ou atendimento a imperativo de segurança nacional.

O destaque é para o interesse coletivo, cuja realização deve ser orientada ao alcance do bem-estar econômico e para a alocação socialmente eficiente dos recursos geridos, além da ampliação sustentada dos seus consumidores de produtos e serviços; e, o desenvolvimento ou emprego de tecnologia brasileira para seus produtos e serviços.

Além disso, vinculada à função social encontra-se a determinação no §2º do mesmo art. 27, para a adoção de práticas de sustentabilidade ambiental e de responsabilidade social compatíveis com o mercado em que a estatal atua.

Ou seja, o legislador incorporou à função social das empresas públicas e sociedades de economia mista a realização do interesse coletivo e atrelou referido interesse à sustentabilidade em seus três pilares clássicos: ambiental, social e econômico.[6]

1.2 A Lei das Estatais

No ano de 2016 foi promulgada a Lei nº 13.303, de 30 de junho, para atendimento à disposição constitucional do §1º do art. 173, com o objetivo de uniformizar o regime jurídico de todas as estatais, prestadoras de serviço público ou exploradoras de atividades econômicas. A referida lei surgiu em um momento de grande relevância nacional, contextualizada por um déficit público e excesso de interferências

---

[6] Criado por John Elkington em 1994, o tripé da sustentabilidade, ou "*triplo bottom line*", é o método que incorpora a sustentabilidade nas empresas com base no social (pessoas), no planeta (meio ambiente) e no lucro (econômico). A sustentabilidade está assegurada se houver equilíbrio entre os três pilares. Fonte: https://johnelkington.com/archive/TBL-elkington-chapter.pdf, acesso em: 30 maio 2024.

governamentais, além de notícias de corrupção em uma das maiores estatais nacionais.[7]

A referida lei apresenta o DNA do ESG para as empresas públicas e sociedades de economia mista. Ao longo de todo o texto legal é possível extrair claramente a preocupação do legislador com a responsabilidade ambiental (E) e social (S), além da governança (G) em tais corporações.

A governança foi um dos grandes propulsores da promulgação da lei no ano de 2016. O tema está disposto de forma mais proeminente em sua primeira parte, que estabeleceu os mecanismos de liderança e controle voltados à gestão. Os aspectos ambientais e sociais tiveram maior destaque na parte direcionada às contratações das estatais.

Efetuando uma leitura da Lei nº 13.303/2016, logo no início identifica-se a imposição de que as estatais devem observar regras de governança:

> Art. 6º O estatuto da empresa pública, da sociedade de economia mista e de suas subsidiárias deverá observar regras de governança corporativa, de transparência e de estruturas, práticas de gestão de riscos e de controle interno, composição da administração e, havendo acionistas, mecanismos para sua proteção, todos constantes desta Lei.

De forma mais aprofundada, a lei estabeleceu os requisitos de transparência que devem ser atendidos pelas estatais, em seu art. 8º, prevendo a elaboração de carta anual; divulgação de informações relevantes, inclusive relativas à governança; elaboração e divulgação da política de divulgação de informações; de distribuição de dividendos; da carta anual de governança corporativa; e da divulgação anual de relatório integrado ou de sustentabilidade; entre outros.

Outro tema relacionado ao ESG na Lei das Estatais é o da função social de realização de interesse coletivo ou atendimento a imperativo da segurança nacional, disposto no art. 27, analisado anteriormente.

Na parte relacionada às contratações, a Lei das Estatais estabelece no art. 31 que as licitações realizadas e contratos celebrados por empresas públicas e sociedades de economia mista destinam-se a assegurar a seleção da proposta mais vantajosa sob o ponto de vista, inclusive, do ciclo de vida do objeto. Ou seja, a análise dos aspectos de vantajosidade deve passar pelos impactos sociais, econômicos e ambientais do objeto

[7] ARAGÃO, Alexandre Santos. *Empresas estatais* – o regime jurídico das empresas públicas e sociedades de economia mista, Rio de Janeiro: Forense, 2018, p. 178.

ao longo de todo o seu ciclo de vida, desde a concepção, fabricação, logística, uso e descarte.

No mesmo artigo a lei definiu os princípios aplicáveis às contratações com destaque para a publicidade, eficiência, probidade administrativa e desenvolvimento nacional sustentável, encaixando tais princípios aos eixos de meio ambiente (E), social (S) e de governança (G).

No artigo subsequente, o 32, há diretrizes a serem observadas pelas estatais, tais como a busca da maior vantagem competitiva, considerando custos e benefícios, de natureza econômica, social ou ambiental, inclusive quanto ao desfazimento de bens e resíduos.

O parágrafo primeiro deste artigo ainda dispõe sobre as normas socioambientais que devem ser respeitadas nas licitações e contratações, como, por exemplo, a disposição final ambientalmente adequada dos resíduos sólidos gerados pelas obras; a mitigação de danos ambientais; utilização de produtos, equipamentos e serviços que, comprovadamente, reduzam o consumo de energia e de recursos naturais; avaliação de impacto de vizinhança; proteção ao patrimônio cultural, histórico, arqueológico e imaterial; e acessibilidade para pessoas com deficiência ou com mobilidade reduzida.

Novamente se vislumbra a preocupação do legislador com a temática ambiental (E) e social (S).

Por fim, nessa leitura dos artigos ESG da Lei nº 13.303/16, citamos o art. 45, que estabelece a remuneração variável vinculada ao desempenho do contratado, com base em critérios de sustentabilidade ambiental, entre outros.

A remuneração variável permite que um "*plus*" remuneratório seja pago ao contratado de acordo com o atendimento de determinadas metas, padrões de qualidade, critérios de sustentabilidade ambiental e prazos de entrega estabelecidos no edital, devendo ser compreendida como uma ferramenta econômica que induz uma atuação do contratado adequada aos interesses da administração, conciliando as pretensões contratuais.

Nessa linha, ela se apresenta como um instrumento de incentivo que pode reduzir problema de agência, criando estímulos para que o comportamento do contratado comungue com os objetivos pretendidos,[8] inclusive em relação à sustentabilidade, ajudando a definir a elaboração

[8] TORRES, Ronny Charles Lopes de. *Leis de licitações públicas comentadas*. 15. ed. Salvador: Juspodivm, 2024. p. 821.

de um contrato com desempenho que se aproxime do patamar ideal de execução.[9]

O que se observa dos dispositivos legais citados é, de fato, a vinculação das contratações promovidas pelas empresas estatais aos eixos temáticos do ESG, desde a base principiológica da lei, passando pelas diretrizes, além das regras a serem observadas no planejamento e pelos contratados na execução contratual.

1.3 Atividades desempenhadas

Empresas estatais atuam nos mais diversos setores, podendo prestar ou não serviços públicos, subsidiárias de outras estatais ou não, dependentes de recursos financeiros da União, Estado ou Município ou não dependentes, com uma atuação multifacetada e por vezes complexa, diante dos grandes interesses sociais e desafios econômicos envolvidos.

Quantitativamente, no Brasil há muitas estatais do setor de saneamento, abastecimento, desenvolvimento regional, de gás, de energia, de transportes, de abastecimento, portuárias, de logística, de serviços financeiros, de habitação, de tecnologia da informação, de laboratório, de pesquisa, de turismo, de limpeza urbana, e assim por diante, nos âmbitos da União, Estados, Municípios e do Distrito Federal.

Nessa miríade de atividades das estatais brasileiras é possível observar os destaques de oportunidades e riscos dentro do acrônimo ESG com a prevalência do E, do S, do G, das suas combinações ou de todos reunidos.

Como exemplos, uma estatal de gás, de saneamento, de energia ou de transporte certamente apresenta grandes riscos e oportunidades no aspecto ambiental (E), depende do equilíbrio ambiental, do qual geram-se impactos para o cumprimento de sua missão institucional.

Estatais de serviços de laboratório, de habitação, de transporte ou de abastecimento, ainda que também ganhem destaque no ambiental (E), apresentam grande relevo em aspectos sociais voltados à população atendida por seus serviços.

---

9 NÓBREGA, Marcos; ASSUNÇÃO, Ihuru; TORRES, Ronny Charles Lopes de. *Nova lei de licitações e remuneração variável*: uma abordagem à luz do nexo econômico-jurídico. Disponível em: https://ronnycharles.com.br/nova-lei-de-licitacoes-e-remuneracao-variavel-uma-abordagem-a-luz-do-nexo-economico-juridico/. Acesso em: 25 dez. 2021.

Estatais de tecnologia da informação e de pesquisa podem ser mais demandadas em políticas de governança (G), com destaque para a segurança da informação, a transmissão e o armazenamento de dados.

Vale acrescentar que tramita na Câmara dos Deputados, desde outubro de 2019, o Projeto de Lei nº 5.442/19, que pretende regulamentar os programas de conformidade ambiental para pessoas jurídicas que desenvolvam atividades com potencial de degradação do meio ambiente. Em especial para as empresas públicas e sociedades de economia mista, conforme dispõe o PL, será obrigatória a implementação desses programas, na hipótese de a estatal explorar atividade potencialmente lesiva ao meio ambiente.

Ainda que se trate de projeto de lei e se refira à conformidade ambiental, já se estabelecerá, caso aprovado, uma determinação àquelas estatais cujas atividades impactem o meio ambiente de tema estritamente relacionado ao ESG.

Diante desse panorama é possível afirmar que, além das características conceituais das empresas públicas e sociedades de economia mista, dos aspectos legais vinculados às prescrições decorrentes da Lei nº 13.303/16, no que se refere ao ESG, há ainda os destaques originados da missão institucional, das atividades desempenhadas pelas estatais e de legislações vindouras.

1.3.1 Estatais abertas. Resoluções CVM – Relatório

Um fundamento adicional para a aplicação da teoria ESG nas estatais está relacionado mais precisamente às empresas de capital aberto.

A Câmara de Valores Mobiliários editou a Resolução CVM nº 193, de 20 de outubro de 2023, estabelecendo que as companhias abertas (incluindo-se as sociedades de economia mista que apresentem capital aberto) deverão, a partir dos exercícios sociais iniciados em, ou após, 1º de janeiro de 2026, elaborar e divulgar relatório de informações financeiras relacionadas à sustentabilidade, adotando-se o padrão internacional emitido pelo *International Sustainability Standards Board* – ISSB.

O ISSB, criado durante a COP26 (Conferência das Nações Unidas sobre Alterações Climáticas), em novembro de 2021, em Glasgow, desenvolve, no interesse público, padrões de divulgação dos relatórios de sustentabilidade em uma linha global abrangente, focando nas necessidades dos investidores e dos mercados financeiros.[10]

Ainda que a Resolução da CVM seja direcionada ao cumprimento obrigatório por companhias de capital aberto, inclusive sociedades de economia mista, entendemos ser possível que estatais que não se enquadrem nessa espécie de capital (como sociedades de economia mista de capital fechado e empresas públicas) utilizem esse mesmo padrão ISSB para a divulgação dos seus relatórios de sustentabilidade.

Como conclusão ao questionamento sobre o fundamento da aplicação da teoria ESG às empresas estatais, por tudo o que foi ponderado até esse momento, está mais do que cristalino que tais companhias devem se moldar ao tema, pois suas características, como a responsabilidade de atender ao interesse público e o compromisso com o desenvolvimento sustentável, demandam uma gestão que vá além dos resultados financeiros. A incorporação de práticas ESG permite que as estatais operem de maneira mais transparente, ética e sustentável, promovendo um impacto positivo na sociedade e no meio ambiente.

Além disso, a adoção de tais práticas pode melhorar a eficiência operacional, atrair investimentos e fortalecer a confiança dos cidadãos e *stakeholders*. Portanto, alinhar-se aos princípios ESG não é apenas uma necessidade regulatória, mas também uma estratégia essencial para o crescimento e a longevidade dessas organizações no cenário contemporâneo.

A Lei nº 13.303/16 (conhecida como estatuto jurídico das estatais) apresenta o DNA da teoria, ao dispor sobre normas de governança, de responsabilidade social e ambiental que devem ser atendidas pelas empresas públicas e sociedades de economia mista em sua gestão e nas contratações.

As atividades desempenhadas pelas estatais também podem ser utilizadas como fundamento, ao relacionar a missão institucional de cada qual com riscos e oportunidades dentro da temática ESG.

Por fim, as estatais de capital aberto devem atender ao disposto na Resolução CVM nº 193, de 20 de outubro de 2023, a qual estabeleceu que as companhias abertas devem elaborar e divulgar relatório de informações financeiras relacionadas à sustentabilidade, adotando-se o

---

10 Disponível em: https://www.ifrs.org/groups/international-sustainability-standards-board/. Acesso em: 23 maio 2024.

padrão internacional emitido pelo *International Sustainability Standards Board* – ISSB.

2 Benefícios de um programa ESG nas estatais

Para além de analisarmos os fundamentos legais, conceituais e regulatórios para implementação de ESG em empresas estatais, cabe também apontar os seus variados benefícios, o que também pode contribuir para a consolidação do propósito da organização.

Apontamos, portanto, como benefícios da implementação de ESG em empresas públicas e sociedades de economia mista, dentre outros: 1 - a inclusão de *stakeholders* (partes interessadas) como destinatários de políticas e procedimentos ESG; 2 - a otimização de custos, com o melhor gerenciamento de recursos naturais, de logística, análise do ciclo de vida do objeto, incorporação de economia circular, etc.; 3 - o aumento de credibilidade e melhoria da imagem; 4 - a melhoria da capacidade ética e de inclusão social; 5 - a materialização de políticas públicas sociais e ambientais locais, regionais e/ou nacionais; 6 - o cumprimento de metas ambientais, sociais e de governança; 7 - uma maior transparência nas ações; 8 - a efetividade na governança e na gestão de riscos; 9 - o acesso facilitado a financiamentos; 10 - a conformidade regulatória do setor em que atua; 11 - o realinhamento de propósito corporativo com valores institucionais; 12 - o atendimento à função social da estatal, definido na legislação de criação; 13 - a melhoria de performance em auditorias; 14 - a retenção de talentos; 15 - melhorias de indicadores ambientais, sociais e de governança. Outros benefícios podem estar atrelados ao setor e atividade desempenhada pela estatal, como, por exemplo, a criação de vantagem competitiva àquelas que se encontram em ambiente de mercado.

Mas não há apenas benefícios, pois a implementação de uma agenda ESG deve atender a critérios técnicos e operacionais metodológicos para garantir sua efetividade. Justamente por isso, alguns riscos podem ser vislumbrados e os benefícios citados invertidos, transformando-se em impactos.

Nessa linha, a ausência de critérios técnicos pode ocasionar desconformidade regulatória; um gerenciamento inadequado de qualquer dos critérios "E" ambientais, "S" sociais ou "G" governança pode gerar prejuízo nos respectivos indicadores, denegrir a imagem da estatal perante seus *stakeholders*, reduzir a transparência de suas ações, afetar a gestão de riscos, ocasionar evasão de talentos e assim por diante.

Igualmente a qualquer programa implementado, como o de integridade ou o de *compliance*, o ESG importará em custos para a estruturação metodológica, aplicação, acompanhamento e direcionamento para o aperfeiçoamento contínuo, de forma a garantir a efetividade necessária. No entanto, certamente os benefícios apontados, se colocados na balança, superam os riscos e os custos, podendo guiar a estatal para estágios diversos de maturidade do ESG.

3 Como implementar o ESG em empresas estatais

Ultrapassadas as questões relativas aos fundamentos, benefícios e riscos, cabe identificar como pode ser implementado um programa de ESG.

A implementação para qualquer companhia demanda algumas etapas obrigatórias para garantir sua efetividade, de forma a não incorrer nos riscos anteriormente citados.

Efetuando um paralelo com programas de *compliance*, comuns a muitas estatais, há necessidade de estabelecer uma metodologia que direcione ao final para a cultura apropriada que garanta a estabilização e o aperfeiçoamento dessa espécie qualificada de governança.

Há modelagens já consolidadas no mercado que podem ser aplicadas nas empresas públicas e sociedade de economia mista, com algumas adaptações em vista da natureza jurídica e das características de cada qual.

Citamos como *frameworks* mais utilizados o GRI (*Global Reporting Initiative*), a SASB (*Sustainability Accounting Standards Board*), o IIRC (*International Integrated Reporting Council*) e o CDP (*Carbon Disclosure Project*).

Ainda que a estatal decida pela implementação do ESG, mas sem a utilização dessas modelagens de mercado, é importante passar por etapas comuns a qualquer implementação de projetos de governança, incluindo um *diagnóstico* para identificar práticas existentes; o estabelecimento de um contexto de *planejamento*, definindo as etapas de implementação, a estruturação necessária e os recursos disponíveis; a definição das *partes interessadas* e dos *temas materiais* que constituirão o foco do programa; a criação de *metas*, *políticas* e *normativos* que contemplem a aplicação das práticas ESG; a *aplicação* do programa; *relatórios*; e o *monitoramento*.

De forma mais técnica e com uma metodologia específica, a título de sugestão, vamos aprofundar a implementação com apoio da prática recomendada estabelecida na ABNT-PR-2030,[11] lançada em 2022, que estabelece 7 passos, sendo: 1 - conhecimento; 2 - intenção estratégica; 3 - diagnóstico; 4 - planejamento; 5 - implementação; 6 - monitoramento; e 7 - relato e comunicação.

Antes de aprofundar nessas etapas, é relevante pontuar que as modelagens disponíveis no mercado de ESG podem ser aplicadas a estatais de todos os portes, atividades e estruturas, com suas adaptações necessárias ao mercado em que atuam, as regulamentações aplicáveis, os recursos disponíveis, os riscos e oportunidades identificados.

Seguindo o *framework* da ABNT citado, e de forma mais aprofundada, temos os seguintes passos:

I Conhecimento

Segundo as recomendações desse manual, um programa de ESG deve ser iniciado com o conhecimento. Nessa etapa cabe à estatal compreender o conceito desse acrônimo, sua origem, importância e a relação com a Administração Pública indireta.

Considerando ser tema recente e incipiente, é fundamental diferenciar práticas que são consideradas como uma governança socioambiental de ações esparsas, pontuais, dissociadas de materialidade, tais como criar no calendário a semana do meio ambiente, com doação de mudas de árvores para os colaboradores, palestra sobre assédio moral uma vez por ano, patrocínio de feira de ciência de uma universidade local.

São ações meritórias, mas devem estar inseridas em um contexto maior de identificação de temas materiais relacionados à missão institucional da estatal. Caso contrário, não será considerado ESG.

Essa primeira etapa vai apresentar a rota a ser percorrida pela estatal, em vista de sua estrutura, peculiaridades, objetivos e planejamento estratégico.

---

[11] Prática Recomendada: ABNT PR 2030: *Ambiental, social e governança (ESG)* – Conceitos, diretrizes e modelo de avaliação e direcionamento para organizações / Associação Brasileira de Normas Técnicas. Rio de Janeiro: ABNT, 2022.

II Intenção estratégica

A etapa seguinte lançará a pedra fundamental para a implementação efetiva do programa. Trata-se da intenção estratégica.

Similar ao comprometimento da alta administração em programas de *compliance* ou de integridade, cabe à esfera decisória mais alta da entidade definir e priorizar as questões ESG aplicáveis à sua atividade rumo à transformação e fortalecimento de uma cultura organizacional pautada na governança socioambiental.

Nesse sentido, a missão, os valores e o propósito da entidade devem ser remodelados com essa nova visão de presente e futuro; para tanto, cabe à alta administração estabelecer as diretrizes estratégicas e incrementar os processos, estrutura, recursos e mecanismos necessários para transformar o discurso em uma prática efetiva.

III Diagnóstico

Na sequência, a estatal deve efetuar o diagnóstico das práticas de governança e de sustentabilidade, essenciais para avaliar o nível de estrutura e maturidade nos temas ESG, os recursos disponíveis e aplicados, *bem como identificar lacunas e áreas de melhoria*. Esse diagnóstico permitirá a criação de um plano de ação estratégico que contemple metas claras e indicadores de desempenho, facilitando a implementação de práticas ESG. Além disso, a avaliação deve considerar o engajamento dos *stakeholders* e a comunicação transparente dos resultados e progressos, garantindo que todos os envolvidos estejam alinhados e comprometidos com os objetivos estabelecidos.

Com uma análise detalhada, a estatal poderá não só aprimorar sua governança e sustentabilidade, mas também fortalecer sua reputação e competitividade no mercado, promovendo um desenvolvimento mais sustentável e responsável.

Como parte desse processo, a entidade terá condições de identificar os pontos fracos que demandam atenção e direcionamentos, além dos pontos fortes, que serão monitorados.

Como exemplo, uma estatal pode apresentar um grau de maturidade elevado em relação à governança, com políticas e processos consolidados, embora demande esforços para se adequar aos aspectos sociais e ambientais, sendo os recursos direcionados para essa implementação, aplicando as práticas de governança como impulsionamento para a jornada ESG.

IV Planejamento e materialidade

O próximo passo é o planejamento do escopo, com a determinação da materialidade e o estabelecimento de objetivos e metas.

A materialidade é o guia que direcionará as ações de ESG da estatal. É por meio da elaboração de uma matriz que a entidade identificará os temas materiais que apresentam relevância para os *stakeholders* (partes interessadas) e para a própria organização, impactando a estatal ou as partes interessadas a curto, médio e longo prazo, nos temas ambientais, sociais e de governança.

Conforme estabelece a ABNT 2030 alguns questionamentos poderão ser considerados nessa etapa, tais como:

> Quais são os principais fatores de sustentabilidade ou ambientais e sociais que afetam a estratégia da organização em relação a riscos e oportunidades?
> Quem são as principais partes interessadas da organização, como elas afetam e são afetadas pelo seu negócio e quais suas estratégias para promover o seu engajamento?
> Quais desses fatores afetam o desempenho da organização a curto prazo ou a sua capacidade de criação de valor a longo prazo?[12]

Quanto às partes interessadas, podem ser conceituadas como: "pessoa, organização ou comunidade que pode afetar, ser afetada ou se perceber afetada por uma decisão ou atividade".[13]

Na hipótese das estatais, caberá definir quem são essas partes, o que deve incluir colaboradores, terceiros, fornecedores, órgãos de controle, órgãos e entidades da Administração com quem se relacionam, comunidade, consumidores dos serviços/produtos, dentre outros.

A identificação dos temas materiais de relevância possibilita priorizar na agenda ESG os valores sensíveis à estatal e suas partes interessadas, auxiliando na alocação de recursos para tanto.

Após essa priorização derivada da materialidade, caberá à estatal estabelecer os objetivos e metas, alinhados aos temas relevantes e ao

---

[12] ASSOCIAÇÃO BRASILEIRA DE NORMAS TÉCNICAS. Prática Recomendada: ABNT PR 2030: Ambiental, social e governança (ESG) – Conceitos, diretrizes e modelo de avaliação e direcionamento para organizações / Associação Brasileira de Normas Técnicas. Rio de Janeiro: ABNT, 2022, p. 23.

[13] ASSOCIAÇÃO BRASILEIRA DE NORMAS TÉCNICAS. ABNT NBR ISO 37301:2021: Sistemas de gestão de *compliance* – Requisitos com orientação para uso. Rio de Janeiro, 2021.

planejamento estratégico. Dos objetivos derivam as metas, que devem ser mensuráveis, alcançáveis, relevantes e com prazos definidos.[14]

Um exemplo pode auxiliar nessa compreensão. Suponhamos que uma estatal identificou como tema material a equidade de gênero em cargos de gestão. O objetivo será o de estabelecer a equidade de gênero na diretoria. Uma das metas pode ser a de promover seminários trimestrais com todas as mulheres que pretendem ascender a cargos gerenciais e de direção, com temas relacionados, que estimulem a liderança feminina e identifiquem aquelas que apresentem perfil de gestão para inclusão em programas de capacitação.

Outra meta pode ser a definição de que no prazo de 2 anos ao menos 30% dos cargos de direção sejam ocupados por mulheres e no prazo de 4 anos o percentual seja de 50%.

Trata o exemplo de objetivo extraído de matriz de materialidade, com metas específicas que direcionam a estratégia da estatal para seu atendimento, em atenção ao tema relevante definido pelas partes interessadas.

V Implementar

O passo seguinte, citado na ABNT PR 2030/2022, utilizado de forma exemplificativa, é o de implementar a abordagem ESG. Nessa etapa a estatal deve estabelecer a estratégia e editar as políticas ESG para serem executadas.

As políticas devem refletir os objetivos ESG da estatal, identificados na matriz de materialidade, e estar alinhadas com os objetivos, valores e normas. São guias orientadores com princípios, diretrizes e regras que balizam as ações para o atendimento às metas estabelecidas, além de servirem como base para a tomada de decisões.

É recomendável que, assim como políticas de outros programas, como os de *compliance* ou de integridade, as políticas ESG apresentem de forma clara os objetivos do respectivo documento, os papéis e responsáveis das áreas, diretrizes, procedimentos a serem adotados, as vedações e as consequências em caso de descumprimento.

Além disso, as políticas devem ser aprovadas pelas instâncias competentes, divulgadas de forma ampla e acessível a todos os públicos (partes interessadas), efetuados treinamentos a todos os colaboradores,

---

[14] Tal qual é a técnica SMART (Specific, Measurable, Achievable, Realistic, Time-bound), criada por Jorge T Doran, em 1981, para criar metas. Fonte: https://sebrae.com.br/sites/PortalSebrae/artigos/o-que-e-meta-smart-e-como-definir-em-sua-empresa,fd5cd6387eab5810VgnVCM1000001b00320aRCRD. Acesso em: 3 jun. 2024.

adotados mecanismos de controle e monitoramento e revisadas periodicamente.

É importante também revisar as políticas existentes para incluir as diretrizes ESG, se necessário. Por exemplo, uma política de gestão de terceirizados deve abordar as questões identificadas na matriz de materialidade que se refiram aos temas sociais e ambientais, para se adequar ao objetivo e metas traçadas.

Nessa etapa também é necessário que a estatal promova a gestão de pessoas e de recursos e o engajamento das partes relacionadas, incluindo a cadeia de suprimentos, o que envolve as licitações.

Quanto ao engajamento das partes interessadas, segundo ABNT 2030/2022:

> Estabelecer um alto grau de lealdade, cooperação e confiança mútua com as principais partes interessadas por meio de engajamento e diálogo contínuos, construtivos e dinâmicos, pode ter um significante impacto positivo no desempenho de uma organização. O envolvimento das partes interessadas é a chave para integrar o ESG na estratégia, nas operações e no gerenciamento de desempenho de uma organização. É também uma ferramenta crítica para identificar riscos ESG e desenvolver estratégias que garantam a criação de valor compartilhado e lucratividade sustentáveis e de longo prazo.[15]

Em relação às licitações, conforme sinalizado no início do presente artigo, a Lei nº 13.303/16 estabeleceu uma série de diretrizes de governança, sociais e ambientais, que devem ser aplicadas nas contratações das empresas públicas e sociedades de economia mista.

Caberá, portanto, nessa etapa de implementação, revisar os Regulamentos de Licitação para atualizar ou prever as regras que derivam dos objetivos e metas estabelecidos na matriz de materialidade, que de alguma forma tangenciem ou impactem diretamente nas contratações derivadas da Lei das Estatais.

VI Medir e monitorar

O monitoramento de um programa de ESG consiste no seu acompanhamento, na aferição do seu funcionamento, da materialização

---

[15] ASSOCIAÇÃO BRASILEIRA DE NORMAS TÉCNICAS. Prática Recomendada: ABNT PR 2030: *Ambiental, social e governança (ESG)* – Conceitos, diretrizes e modelo de avaliação e direcionamento para organizações / Associação Brasileira de Normas Técnicas. Rio de Janeiro: ABNT, 2022, p. 27.

dos objetivos e metas. Para tanto, é essencial definir indicadores que forneçam as evidências da implantação das práticas ESG da estatal.

Podem ser considerados indicadores para a medição do programa: listas de presença de colaboradores em treinamentos, pesquisas realizadas com fornecedores, e-mails direcionados à alta administração com documentos para aprovação, comprovação de procedimentos e parâmetros sociais ou ambientais, estatísticas de apontamentos de auditorias, dentre outros relacionados aos objetivos e às metas estabelecidos.

É importante sinalizar que o monitoramento será feito de forma customizada, de acordo com as políticas, diretrizes, estrutura, contexto social, ambiental, de governança, local, cultural, dentre outros fatores relacionados à empresa.

Essa etapa é essencial para medir a aderência da estatal às suas políticas ESG, garantindo efetividade e credibilidade a todo o processo.

VII Relatar e comunicar

A última etapa da jornada ESG, inspirada na norma ABNT PR 2030/2022, tem relação com o princípio da transparência. Deve a estatal elaborar e disponibilizar às partes interessadas, de acordo com suas necessidades e relevância de temas materiais, um relatório de desempenho, para fins de demonstrar o atendimento aos objetivos ESG definidos no programa.

Segundo a Prática Recomendada: "A forma, o conteúdo e a periodicidade da comunicação devem ser determinados pela própria organização, considerando expectativas e necessidades de cada público. As informações disponibilizadas devem permitir que as partes interessadas internas e externas formem opiniões e tomem decisões embasadas sobre as contribuições da organização para o objetivo do desenvolvimento sustentável".[16]

Os relatórios ESG podem utilizar como base algumas referências amplamente utilizadas no mercado, como a GRI (*Global Reporting Initiative*), a SASB (*Sustainability Accounting Standards Board*), o IIRC (*International Integrated Reporting Council*), o CDP (*Carbon Disclosure Project*), dentre outros.

Em conclusão a esse tópico, conforme sinalizado, repisamos que a estatal que deliberar pela implementação de um programa ESG não

---

16 ASSOCIAÇÃO BRASILEIRA DE NORMAS TÉCNICAS. Prática Recomendada: ABNT PR 2030: *Ambiental, social e governança (ESG)* – Conceitos, diretrizes e modelo de avaliação e direcionamento para organizações / Associação Brasileira de Normas Técnicas. Rio de Janeiro: ABNT, 2022, p. 32.

precisa se assentar na metodologia descrita na ABNT PR 2030/2022, podendo optar por outros *frameworks* mais aderentes a sua realidade, estrutura e intenções. É possível, inclusive, criar uma modelagem própria.

No entanto, é fundamental atender a etapas comuns a qualquer implementação de programas de tamanha importância e que aportam eficácia, efetividade e credibilidade à estatal, inclusive, contribuindo para atingir os inúmeros benefícios do ESG, tais como incluir na estratégia da estatal os temas pertinentes a sua missão institucional, demonstrar comprometimento da alta administração, diagnosticar, identificar os temas materiais e as partes interessadas, planejar, criar políticas, executá-las, medir, monitorar e relatar.

4 Estágios de maturidade

Os diversos estágios de maturidade de uma estatal em relação ao ESG sinalizam o propósito a ser perseguido pela empresa na sua jornada. Trata-se de uma escala evolutiva que fortalece a pauta continuamente e vai transformando o contexto em que se encontra a estatal em relação aos temas ambiental, social e/ou governança.

Segundo uma publicação da agência de pesquisas internacional Forrester,[17] foram identificados 5 estágios de maturidade em empresas, sendo, em ordem crescente: 1 - ESG como uma demanda inevitável, decorrente de pressão interna e externa; 2 - ESG como um processo coletivo, que exige esforço coordenado e gerenciado em torno de cada um dos critérios; 3 - ESG como componente estratégico, no qual se percebe a necessidade de incluir o ESG na estratégia da empresa, partindo de uma matriz de materialização para identificar os temas de relevo; 4 - ESG como diferencial de marca, com processos mais sofisticados e abrangentes; e 5 - liderança ESG, com investimentos significativos no tema e incentivo dos principais *stakeholders* a se envolverem com processos relacionados à agenda.

A Prática Recomendada ABNT PR 2030/2022 igualmente apresenta 5 estágios de maturidade, que variam entre o: 1 - elementar, tratando o ESG de forma incipiente; 2 - não integrado, com práticas dispersas; 3 - gerencial, estabelecendo processos já estruturados, mecanismos de controle e de melhoria contínua; 4 - estratégico, com objetivos e metas

---

17 Fonte: https://www.forrester.com/blogs/esgs-footprint-on-business/. Acesso em: 3 maio 2024.

traçados, engajamento de partes interessadas, análise de oportunidades e riscos, definição de temas materiais; e 5 - transformador, em que passa a influenciar e catalisar mudanças que fortaleçam a pauta ESG, com engajamento estruturado entre as partes interessadas e forte protagonismo no seu meio de atuação.

A função de identificar o estágio em que a estatal se encontra é essencial para traçar a rota de aperfeiçoamento da estratégia necessária para o atendimento à diretriz de incorporação do ESG na cultura organizacional da empresa pública e sociedade de economia mista.

Conclusão

As estatais assumiram um arquétipo de dinamicidade na execução de suas atividades para agregar eficiência à Administração Pública. Porém, sua missão institucional, em vista do seu modelo híbrido público e privado, vai além disso e deve atender pautas mais variadas, como governança, meio ambiente e as sociais.

Esses temas, inclusive, estão dispostos na lei que estabelece o regime jurídico das empresas públicas e sociedades de economia mista, a Lei nº 13.303/16. Observa-se que há uma harmonia da legislação com o ESG, assunto que se encontra constante e crescentemente em pauta global e tem como base a governança, com seu enfoque socioambiental.

O ESG sob o holofote da governança, que devemos compreender como o sistema formado por regras, estruturas e processos para direção e monitoramento da estatal, deve agregar valor não apenas para a organização, mas para toda a sociedade, ou seja, na linguagem amplamente adotada nesse artigo, para as partes interessadas e em vista do que é relevante para todas elas.

As estatais, portanto, podem e devem implementar um programa ESG para melhoria de sua performance nos aspectos de governança, de meio ambiente e na pauta social (*stakeholders)*, para aderência à legislação que constitui seu regime jurídico, cumprindo sua função social e o relevante interesse coletivo que fundamentou sua criação, para absorver todos os demais benefícios que o programa oportuniza.

Contudo, devem implementar de modo sistêmico, planejado, com metodologia que permita seu monitoramento e aperfeiçoamento, com efetividade, em vista de incluir o ESG na missão institucional, com base em temas relevantes definidos na matriz de materialidade pelas partes interessadas.

Enfim, o que se pretendeu apresentar neste artigo é a indispensabilidade de as estatais se adequarem às pautas mais relevantes da sociedade global, em simetria com seu estatuto social, com o regime jurídico aplicável às atividades desenvolvidas e o interesse coletivo administrado.

É um tema tratado ainda de forma incipiente, mas que tem um longo e fértil palco de discussões e amadurecimento. O conhecimento já é a etapa preliminar. A intenção vem na sequência e constitui o fundamento para a continuidade da jornada até que se materialize uma transformação positiva e duradoura rumo à governança socioambiental da estatal.

Referências

ARAGÃO, Alexandre Santos de. *Empresas estatais* – o regime jurídico das empresas públicas e sociedades de economia mista. Rio de Janeiro: Forense, 2018.

ASSOCIAÇÃO BRASILEIRA DE NORMAS TÉCNICAS. ABNT NBR ISO 37301:2021: Sistemas de gestão de *compliance* – Requisitos com orientação para uso. Rio de Janeiro, 2021.

ASSOCIAÇÃO BRASILEIRA DE NORMAS TÉCNICAS. Prática Recomendada: ABNT PR 2030: Ambiental, social e governança (ESG) – Conceitos, diretrizes e modelo de avaliação e direcionamento para organizações / Associação Brasileira de Normas Técnicas. Rio de Janeiro: ABNT, 2022.

BEDONE, Igor Volpato. *Empresas estatais e seu regime jurídico*. Salvador: Juspodivm, 2018.

BRASIL. [Constituição (1988)]. Constituição da República Federativa do Brasil. Brasília, DF: Senado Federal, 2016.

BRASIL. Lei nº 13.303, de 30 de junho de 2016. Dispõe sobre o estatuto jurídico da empresa pública, da sociedade de economia mista e de suas subsidiárias, no âmbito da União, dos Estados, do Distrito Federal e dos Municípios. Brasília, DF: Diário Oficial da União, 2016.

MOTTA, Paulo Roberto. O controle de empresas estatais no Brasil. *Revista de Administração Pública*, 14(2):69-82, abr./jun. 1980.

NÓBREGA, Marcos; ASSUNÇÃO, Ihuru; TORRES, Ronny Charles Lopes de. *Nova lei de licitações e remuneração variável*: uma abordagem à luz do nexo econômico-jurídico. Disponível em: https://ronnycharles.com.br/nova-lei-de-licitacoes-e-remuneracao-variavel-uma-abordagem-a-luz-do-nexo-economico-juridico/.

Prática Recomendada: ABNT PR 2030: Ambiental, social e governança (ESG) – Conceitos, diretrizes e modelo de avaliação e direcionamento para organizações / Associação Brasileira de Normas Técnicas. Rio de Janeiro: ABNT, 2022.

TORRES, Ronny Charles Lopes de. *Leis de licitações públicas comentadas*. 15. ed. Salvador: Juspodivm, 2024.

Sites consultados:

https://sebrae.com.br/sites/PortalSebrae/artigos/o-que-e-meta-smart-e-como-definir-em-sua-empresa,fd5cd6387eab5810VgnVCM1000001b00320aRCRD

https://ronnycharles.com.br/nova-lei-de-licitacoes-e-remuneracao-variavel-uma-abordagem-a-luz-do-nexo-economico-juridico/

https://www.forrester.com/blogs/esgs-footprint-on-business/

https://www.ifrs.org/groups/international-sustainability-standards-board/

Informação bibliográfica deste livro, conforme a NBR 6023:2018 da Associação Brasileira de Normas Técnicas (ABNT):

RODRIGUES, Caroline; TORRES, Ronny Charles Lopes de. ESG nas empresas estatais: fundamento, benefícios e implementação. *In*: RODRIGUES, Caroline; PIRONTI, Rodrigo (coord.). *ESG na Administração Pública*: estudos dirigidos. Belo Horizonte: Fórum, 2025. p. 513-534. ISBN 978-85-450-0779-1.

IMPLEMENTANDO O ESG NAS ENTIDADES DO SISTEMA "S": PASSOS ESSENCIAIS PARA UMA JORNADA DE IMPACTO EFETIVO

CAROLINE RODRIGUES
ANA CAROLINA COURA VICENTE MACHADO

Apresentação

É com enorme honra e satisfação que escrevemos o presente artigo para integrar esta grande obra coletiva, dedicada a explorar um dos temas mais relevantes da atualidade: os princípios do ESG (*Environmental, Social, and Governance*). Essas diretrizes não apenas delineiam um caminho de oportunidades para a transformação da sociedade, mas também traçam contribuições essenciais para um desenvolvimento verdadeiramente sustentável.

Nosso foco reside em avaliar como os princípios do ESG podem ser – ou já são – aplicados nas entidades integrantes do Sistema S. Através de uma abordagem estruturada e lógica, conduziremos você, leitor(a), a uma compreensão do ESG, sua relevância para o Sistema S e as maneiras pelas quais essas organizações podem implementar e se beneficiar dessas práticas.

Dividido em seções cuidadosamente organizadas, este estudo pretende oferecer *insights* claros e práticos, promovendo um entendimento abrangente e acessível. Nosso objetivo é enriquecer o debate sobre ESG e incentivar sua implementação efetiva, contribuindo assim para um futuro mais sustentável, ético e inclusivo.

Esperamos que este artigo não apenas informe, mas também inspire os gestores das entidades do Sistema S a tomarem ações concretas e transformadoras, refletindo o compromisso contínuo dessas entidades com a responsabilidade social, ambiental e de governança.

Introdução

No mundo empresarial contemporâneo, o conceito de ESG (acrônimo para *Environmental, Social and Governance*, que traduzido para o português significa Ambiental, Social e Governança[1]) emergiu como um pilar fundamental para a sustentabilidade e a responsabilidade corporativa. Essa abordagem tridimensional incentiva organizações a ampliar seu foco além do lucro financeiro, considerando também impactos ambientais, sociais e de governança em suas operações.

O conceito de ESG começou a ganhar destaque no início dos anos 2000, mas suas raízes remontam às discussões sobre responsabilidade social corporativa (RSC) nas décadas anteriores.[2] A sigla ESG foi popularizada em 2005, no relatório "Who Cares Wins",[3] como resultado de uma iniciativa liderada pelo Pacto Global das Nações Unidas. Esse relatório defendia que a incorporação de questões ambientais, sociais e de governança nas práticas de investimento poderia resultar em melhores resultados sustentáveis a longo prazo para a sociedade e para os investidores.

O ESG, como se sabe, possui três pilares básicos: o ambiental, o social e o da governança corporativa.

O componente ambiental enfoca a gestão consciente dos recursos naturais e a minimização do impacto ambiental das atividades empresariais. Inclui práticas relacionadas à redução de emissões de carbono, gestão de resíduos, conservação da água e biodiversidade.

O aspecto social avalia como uma empresa gerencia suas relações com funcionários, fornecedores, clientes e as comunidades onde opera. Isso envolve direitos humanos, trabalho justo, saúde e segurança, além de práticas de diversidade e inclusão.

Por sua vez, a governança corporativa diz respeito à liderança de uma organização, às práticas de auditoria e transparência, à ética nos

---

1 Segundo o que estabelece a ABNT PR 2030, ESG é o "conjunto de critérios ambientais, sociais e de governança, a serem considerados a avaliação de riscos, oportunidades e respectivos impactos, com objetivo de nortear atividades, negócios e investimentos sustentáveis". Prática Recomendada: ABNT PR 2030: Ambiental, social e governança (ESG) – Conceitos, diretrizes e modelo de avaliação e direcionamento para organizações / Associação Brasileira de Normas Técnicas. Rio de Janeiro: ABNT, 2022, p. 4.

2 Disponível em: https://www.webinhood.com.br/blog/esg-significado-o-que-e-e-como-aplicar-na-pratica/. Acesso em: 9 maio 2024.

3 Disponível em: https://efaidnbmnnnibpcajpcglclefindmkaj/https://documents1.worldbank.org/curated/en/444801491483640669/pdf/113850-BRI-IFC-Breif-whocares-PUBLIC.pdf. Acesso em: 9 maio 2024.

negócios e à proteção dos direitos dos acionistas. Uma boa governança assegura que existam mecanismos adequados de prestação de contas e que as decisões sejam tomadas com integridade e em conformidade com as leis e regulamentos.

A importância do ESG no mundo dos negócios vem crescendo exponencialmente. Investidores, consumidores e reguladores estão cada vez mais conscientes de que questões ambientais, sociais e de governança podem afetar diretamente a performance e a reputação das empresas. O ESG representa uma mudança paradigmática, na qual o sucesso corporativo é medido não apenas por indicadores financeiros, mas também por seu impacto no mundo.

Mas os princípios do ESG não podem ser compreendidos unicamente como uma orientação às corporações privadas. Na verdade, o ESG é plenamente aplicável às instituições componentes da Administração Pública, bem como às entidades integrantes do conhecido Sistema S, com maior ou menor impacto interno e externo, em vista dos objetivos e propósito de cada organização.[4]

Não se olvide também que o ESG é pauta internacional voltada ao afastamento e mitigação de ameaças de escala global ao desenvolvimento econômico,[5] o que pode reverberar nas instituições brasileiras, públicas e privadas. Inclusive, muitos órgãos e entidades da Administração direta e indireta já vêm internalizando a teoria ESG, relacionando seus propósitos à Agenda 2030, oficializada pela ONU em 2015, com os Objetivos de Desenvolvimento Sustentável (ODS).

---

[4] Disponível em: https://blog.jmlgrupo.com.br/esg-na-administracao-publica-por-onde-comecar/. Acesso em: 9 maio 2024.

[5] O relatório do Fórum Econômico Mundial "The Global Risks Report 2023 18th Edition" destacou que os impactos provocados pelas mudanças climáticas são considerados as maiores ameaças de escala global ao desenvolvimento econômico presentes na atualidade, sendo que dos 10 maiores riscos seis são de caráter ambiental, dentre eles os quatro primeiros da lista, e dois são sociais. Apenas dois riscos não representam essa temática, sendo um geopolítico e outro tecnológico. No último relatório divulgado no início de 2024, os riscos ambientais continuaram a dominar o panorama dos riscos em todos os horizontes temporais. Dois terços dos especialistas mundiais estiveram preocupados com eventos climáticos extremos em 2024. As condições climáticas extremas, as alterações críticas dos sistemas terrestres, a perda de biodiversidade e o colapso dos ecossistemas, a escassez de recursos naturais e a poluição representam cinco dos dez riscos mais graves que se preveem enfrentar na próxima década. Sinaliza-se, ainda, que no relatório do ano de 2022 havia menos riscos ambientais, demonstrando a crescente preocupação pelo tema.

Pode-se dizer, aliás, que os ODS são a bússola do ESG, pois são eles que vão direcionar como as políticas ESG devem ser implementadas pelas empresas e pelo setor público.[6] [7]

Neste contexto, as entidades do Sistema S no Brasil (Senac, Senar, Senai, Sesc, Sesi, Sebrae, Sest/Senat, Sescoop) também têm um papel crucial a desempenhar. Através da incorporação de práticas de ESG, essas entidades podem liderar pelo exemplo, promovendo a sustentabilidade e a responsabilidade social e corporativa, e contribuindo significativamente para o desenvolvimento sustentável do país.[8]

No presente artigo, portanto, exploraremos como os princípios de ESG se alinham com a missão e os valores do Sistema S e a importância da sua adoção para fortalecer a responsabilidade social, ambiental e corporativa dessas entidades, além de apresentar os passos iniciais, as estratégias e etapas para a implementação dessa relevante agenda nas entidades que compõem aquele sistema.

---

[6] Conforme apontou o professor da Fundação Dom Cabral, Vinícius Marins, no 41º Congresso de Municípios do RS, promovido pela Famurs, em Restinga Sêca, no dia 07.06.2023. Disponível em: https://famurs.com.br/noticia/3355.

[7] "Os Objetivos de Desenvolvimento Sustentável (ODS) são uma série de 17 metas globais estabelecidas pelas Nações Unidas como parte da Agenda 2030 para o Desenvolvimento Sustentável. Eles foram adotados por todos os Estados-Membros da ONU em setembro de 2015, durante a Cúpula das Nações Unidas sobre o Desenvolvimento Sustentável. Esses objetivos representam um apelo universal à ação para acabar com a pobreza, proteger o planeta e garantir que todas as pessoas desfrutem de paz e prosperidade até 2030. Nesta agenda, estão previstas ações mundiais nas áreas da saúde, educação, sustentabilidade, redução das desigualdades, questões climáticas, energias limpas e renováveis, crescimento econômico inclusivo, dentre outros. É fácil perceber e concluir que as finalidades institucionais das Entidades do Sistema S estão alinhadas com muitos desses objetivos, em especial o ODS 3; o ODS 4; o ODS 8 e o ODS 9. Conforme vimos, um dos pilares de atuação das Entidades do SSA é a saúde, voltada para o trabalhador, para sua família e para a comunidade. Exemplo disso são as ações sociais do SESC e do SESI, que dispõem de programadas educacionais em saúde, buscando conscientizar e capacitar as pessoas a adotarem escolhas saudáveis e prevenirem doenças, além de cuidados terapêuticos, nutricionais e assistência odontológica. Coadunando-se com os ODS 4 (educação de qualidade) e 9 (trabalho digno e crescimento econômico) encontra-se a função precípua das entidades clássicas do Sistema S, que são voltadas para a capacitação e qualificação profissional, bem como a promoção social do bem-estar dos trabalhadores." Disponível em: https://portal.sollicita.com.br/Noticia/21355/novos-regulamentos-de-licita%C3%A7%C3%B5es-e-contratos-#_ftn6. Acesso em: 9 maio 2024.

[8] Não se pode deixar de mencionar, aliás, que recentemente o TCU passou a avaliar o nível de adesão das organizações públicas federais e de outros entes jurisdicionados (o que inclui as entidades do Sistema "S") em relação às práticas ESG, conforme o item 9.1 do Acórdão 1205/2023-TCU-Plenário, que autorizou o levantamento iESGo 2024 – Índice ESG (Environmental, Social and Governance). Disponível em: https://portal.tcu.gov.br/governanca/governancapublica/organizacional/levantamento-de-governanca/levantamento-de-governanca.htm. Acesso em: 9 maio 2024.

1 Apresentação do Sistema S e sua relevância socioeconômica no Brasil

1.1 Criação, evolução e natureza jurídica

O denominado Sistema S é um conjunto único de entidades no Brasil, dedicado ao desenvolvimento social e econômico do país. Compreendendo organizações como o Serviço Brasileiro de Apoio às Micro e Pequenas Empresas (Sebrae), o Serviço Social da Indústria (Sesi), o Serviço Nacional de Aprendizagem Industrial (Senai), o Serviço Social do Comércio (Sesc), o Serviço Nacional de Aprendizagem Comercial (Senac), entre outros,[9] o Sistema S desempenha um relevante papel na formação profissional, no apoio ao empreendedorismo, na promoção da saúde, no acesso à cultura e educação e na inclusão social.

A origem do Sistema S remonta à década de 1940, com a criação do Senai (1942[10]), Sesi (1946[11]), Senac (1946[12]) e Sesc (1946[13]), seguidos por outras entidades nos anos subsequentes. Essas instituições surgiram de uma iniciativa conjunta entre o governo brasileiro e o setor privado, com o objetivo de oferecer educação profissionalizante e serviços sociais aos trabalhadores da indústria e do comércio, respectivamente.[14] Ao longo das décadas, o escopo de atuação dessas entidades expandiu-se significativamente, abrangendo diversas áreas essenciais para o desenvolvimento socioeconômico do país.

---

9 As entidades que compõem o chamado Sistema S são as ligadas à Indústria (SESI e SENAI), ao Comércio (SESC e SENAC), ao Transporte (SEST e SENAT), ao Setor Rural (SENAR), ao Empreendedorismo (SEBRAE), ao Cooperativismo (SESCOOP), além da Agência Brasileira de Promoção e Exportações e Investimentos (ApexBrasil) e da Agência Brasileira de Desenvolvimento Industrial (ABDI).

10 Decreto-Lei nº 4.048/12.

11 Decreto-Lei nº 9.403/ 946.

12 Decreto-Lei nº 8.621/1946.

13 Decreto-Lei nº 9.853/1946.

14 "Criado no governo do presidente Getúlio Vargas em 1942, o Sistema S começou com o Senai, a mais antiga organização voltada para o ensino e qualificação da mão de obra operária no período de industrialização do país. Na década de 1980, surgiram o Senac – Serviço Nacional de Aprendizagem do Comércio, o Sesc – Serviços Sociais do Comércio e o Sesi – Serviços Sociais da Indústria. Ao longo dos anos, foram criados o Sebrae – Serviço Brasileiro de Apoio às Micro e Pequenas Empresas, o Senar – Serviço Nacional de Aprendizagem Rural, o Sescoop – Serviço Nacional de Aprendizagem do Cooperativismo, o Senat – Serviço Social de Aprendizagem do Transporte e o Sest – Serviço Social de Transporte." Disponível em: https://www12.senado.leg.br/radio/1/noticia/2023/05/11/o-que-e-o-sistema-s-entenda-o-que-e-como-funciona-e-como-surgiu#:~:text=Criado%20no%20governo%20do%20presidente,per%C3%ADodo%20de%20industrializa%C3%A7%C3%A3o%20do%20pa%C3%ADs. Acesso em: 9 maio 2024.

As entidades do Sistema S possuem uma natureza jurídica distinta, funcionando como serviços sociais autônomos. Elas são instituições de direito privado, sem fins lucrativos, que atuam em cooperação com o governo, mas mantêm autonomia administrativa e financeira. Seus recursos provêm principalmente de contribuições parafiscais cobradas de forma compulsória dos integrantes das categorias profissionais que representam e de dotações orçamentárias da União, além de outras fontes de receita, como serviços oferecidos ao seu público-alvo.

Justamente por receberem recursos orçamentários e por desenvolverem atividades de interesse social, acabam se sujeitando a um regime jurídico híbrido, com a incidência de normas de direito privado e de direito público, e cujo controle finalístico, inclusive, é exercido pelo Tribunal de Contas da União.[15] [16]

São entidades de direito privado, mas "temperadas" com toques de direito público,[17] o que sempre acarreta muitas discussões acerca

---

[15] TCU. Acórdão nº 2.079/2015. Plenário: "[VOTO] 6. Preliminarmente, cabe ressaltar que os Serviços Sociais Autônomos administram recursos públicos de natureza tributária advindos de contribuições parafiscais, destinados à persecução de fins de interesse público. Em decorrência da natureza pública desses recursos, estão as entidades integrantes do denominado 'Sistema S' submetidas ao controle externo exercido pelo Tribunal de Contas da União, nos termos do art. 5º, inciso V, da Lei n. 8.443/1992, e a elas se aplicam os princípios que regem a Administração Pública, nominados na cabeça do art. 37 da Constituição Federal".

[16] STF. MS 37626/DF: "EMENTA DIREITO ADMINISTRATIVO. MANDADO DE SEGURANÇA. DIVULGAÇÃO DE REMUNERAÇÕES DOS EMPREGADOS DOS SERVIÇOS SOCIAIS AUTÔNOMOS. PRINCÍPIO DA PUBLICIDADE E DA MORALIDADE. DEVER CONSTITUCIONAL. COMPATIBILIDADE COM OS PRINCÍPIOS PREVISTOS NA LEI DE ACESSO Á INFORMAÇÃO. 1. As entidades paraestatais não integram a Administração Pública Federal Direta ou Indireta. Porém, essa característica não afasta a sua submissão a determinadas regras impostas aos entes públicos. O regime jurídico privado, ao qual se submetem, é parcialmente derrogado por normas de direito público, uma vez que tais entidades recebem incentivo e proteção do Estado. 2. Na administração das entidades do Sistema "S", a publicidade é a regra. O sigilo é situação anômala e excepcional, somente autorizada quando necessário à preservação da intimidade e em razão de sua imprescindibilidade para a segurança, devidamente justificada, o que não é o caso da divulgação da remuneração de seus agentes. 3. As remunerações dos empregados e dirigentes do Sistema "S" devem ser publicizadas de forma individualizada, clara e sem generalizações que impeçam a correta compreensão dos dados. A mera divulgação da "estrutura remuneratória" não é suficiente. Os dados devem ser prestados na forma estabelecida no Tema de Repercussão Geral 483 do STF, a fim de viabilizar o exercício do direito fundamental à informação por parte dos cidadãos (CF, art. 5º, XXXIII) e a atividade dos órgãos de controle. 4. Ausência de direito líquido e certo. Segurança denegada".

[17] "As instituições do Sistema S são muito particulares, porque sua natureza jurídica é de entidade privada, mas seus recursos são advindos de uma contribuição compulsória, como os tributos que uma pessoa física ou jurídica para ao governo. [sic] Esse modelo de financiamento se justifica porque as organizações realizam atividades de interesse público, que colaboram com o desenvolvimento pessoal e profissional da força de trabalho

da natureza jurídica dos recursos que administram, da necessidade de fiscalização de suas atividades, dos gastos realizados, dentre outros temas polêmicos.

1.2 Missão institucional e relevância socioeconômica no Brasil

Em que pesem as peculiaridades e polêmicas que permeiam sua existência, não se pode olvidar que o Sistema S tem nobre missão institucional: promover a competitividade da indústria, do comércio e dos serviços, o desenvolvimento local, o empreendedorismo, a inovação e melhorar a qualidade de vida dos trabalhadores e da sociedade em geral. Isso é alcançado por meio da oferta de cursos profissionalizantes, serviços de consultoria empresarial, programas de saúde e lazer, atividades culturais e educativas, entre outras iniciativas.

A contribuição do Sistema S para o Brasil é imensa e multifacetada. Ao promover a educação profissional e tecnológica, o Sistema S desempenha um papel vital na preparação de uma força de trabalho qualificada, essencial para a competitividade da economia brasileira no cenário global. Por meio de seus programas de apoio ao empreendedorismo, ajuda pequenas e médias empresas a se desenvolverem e inovarem, contribuindo para a geração de empregos e para o fortalecimento da economia.

Além disso, as entidades do Sistema S são importantes agentes de inclusão social, oferecendo oportunidades educacionais e de desenvolvimento para segmentos da população frequentemente marginalizados. Suas iniciativas em saúde, cultura e lazer enriquecem a qualidade de vida dos brasileiros, promovendo o bem-estar e a coesão social.[18]

---

brasileira. Por conta disso, as entidades recebem o rótulo de paraestatais: não fazem parte da administração pública, mas colaboram com seus objetivos e recebem contribuições obrigatórias. Outra particularidade é que, apesar de as instituições do Sistema S serem autônomas, algumas sofrem a influência da administração pública na escolha de quem a comanda. (...) A existência do Sistema S é polêmica, sobretudo, porque não é consensual. Há quem acredite que suas entidades ainda têm grande importância na promoção da qualificação profissional e do bem-estar dos trabalhadores brasileiros. Outros acreditam que essas devem ser preocupações individuais, que os profissionais podem atender caso tenham melhores empregos, que paguem bem. Além disso tudo, temos as recentes investigações de corrupção que envolvem verbas destinadas ao Sistema S." Disponível em: https://fia.com.br/blog/sistema-s-o-que-e-importancia-e-historia/. Acesso em: 9 maio 2024.

[18] "Apenas em 2018 o SENAI registrou 2,3 milhões de matrículas em educação profissional. A entidade possui em todo o Brasil 587 unidades fixas e 457 unidades móveis, sendo dois barcos-escola. O SESI realizou 1,1 milhão de matrículas em educação básica, continuada e

O Sistema S é, então, um pilar fundamental para o desenvolvimento socioeconômico do Brasil, combinando educação, desenvolvimento empresarial e bem-estar social de maneira integrada. Sua existência reflete um compromisso contínuo com a promoção de um futuro mais próspero e inclusivo para todos os brasileiros.

2 A relevância do ESG para o Sistema S

Dada a sua relevante missão institucional, a integração dos princípios ESG ao cotidiano das entidades do Sistema S é essencial para potencializar suas atividades e maximizar seu impacto socioeconômico. O ESG oferece uma estrutura robusta para que essas entidades possam operar de maneira sustentável, ética e responsável, alinhando suas atividades com as expectativas de uma sociedade cada vez mais consciente e exigente. Além disso, o ESG se mostra uma importante ferramenta de gestão para responder às diversas críticas sobre a manutenção do Sistema S com recursos orçamentários e parafiscais. A administração desses recursos de modo transparente, íntegro, eficiente e com responsabilidade socioambiental é um meio eficaz de fortalecer a imagem do Sistema S perante a sociedade.

2.1 Como os princípios de ESG se alinham com a missão e os valores do Sistema S

A missão das entidades do Sistema S, segundo a legislação de criação e seus estatutos jurídicos, é, dentre outras, promover o desenvolvimento econômico e social, melhorar a qualidade de vida dos trabalhadores, oferecer educação e formação profissional e apoiar o empreendedorismo. Esses objetivos estão intrinsecamente ligados aos pilares do ESG, que promovem práticas sustentáveis, sociais e de governança robustas. Vejamos cada um desses pilares:

- Ambiental: as entidades do Sistema S podem desempenhar um papel significativo na promoção da sustentabilidade ambiental. A oferta

em ações educativas no país em 2018. Ao todo, foram 3,5 milhões de brasileiros beneficiados com serviços de saúde e segurança no ano passado. O diretor ressaltou que, de todas as matrículas de pessoas com deficiência na educação profissional no Brasil, 57% são no SENAI. Além disso, 80% dos alunos da instituição vêm das classes C, D e E." Disponível em: https://noticias.portaldaindustria.com.br/noticias/institucional/especialistas-e-parlamentares-defendem-a-importancia-do-sistema-s-para-a-qualificacao-profissional-e-a-inovacao-nas-empresas-brasileiras/. Acesso em: 9 maio 2024.

de cursos voltados à educação ambiental – tanto para seu público-alvo como para seus próprios colaboradores, bem como a realização de pesquisas e estudos para o desenvolvimento de tecnologias em prol de soluções ambientais (como a energia limpa) – é uma forma de aliar o pilar ambiental do ESG à missão institucional das entidades. Importante, também, que todas as operações e programas destas entidades sejam avaliados e otimizados para minimizar o impacto ambiental.

- Social: é clarividente o alinhamento direto deste pilar do ESG com a missão institucional das entidades do Sistema S. Programas de treinamento e qualificação profissional, como os oferecidos pelo Senac e pelo Sebrae, ajudam a capacitar a força de trabalho e promover a equidade de oportunidades. Além disso, iniciativas de saúde e bem-estar, como as promovidas pelo Sesi, contribuem para a melhoria da qualidade de vida dos trabalhadores e suas famílias.

- Governança: Este é o pilar mais crítico para assegurar que as entidades do Sistema S operem com transparência, ética e responsabilidade. Uma governança forte garante que as decisões sejam tomadas de maneira justa e equitativa, com mecanismos adequados de prestação de contas. Isso não só aumenta a confiança da sociedade, mas também assegura a conformidade com as leis e regulamentos aplicáveis, promovendo a integridade institucional. Os órgãos de controle externo (como o TCU[19] e a CGU) vêm atuando cada vez mais forte nesse contexto,

---

19 Não é de hoje que o TCU vem apontando neste sentido, conforme o exposto no Acórdão nº 699/2016 - Plenário: "20. Nos últimos anos, o Sistema 'S' tem crescido de importância no cenário nacional, tanto no que concerne à sua atuação, mas também no que refere ao volume de recursos administrados. Considerando somente as entidades objeto desta auditoria (Senai, Senac, Sesi, Sesc, Senar), os recursos gerenciados pelas entidades somam R$ 27.773.576.238,73, conforme os orçamentos aprovados para o exercício de 2015, dos quais R$ 17.260.321.588,20 (62,15%) são recursos públicos (advindos de contribuição compulsória). 21. A alta materialidade das receitas dessas entidades, aliada à evolução da telemática e às recentes legislações que obrigam a divulgação de dados que antes eram restritos, impõem necessidade de uma maior transparência na divulgação de dados para fins de controle, tanto dos órgãos existentes para essa tarefa, como para a sociedade em geral. 22. Assim, a fim de avaliar de forma objetiva o nível de transparência dessas entidades, foi analisada a quantidade e qualidade dos dados divulgados pelas entidades do Sistema 'S', nos diversos aspectos que compõem o tema. (...) 60. A promoção da transparência e do acesso à informação é considerada medida indispensável para o fortalecimento da democracia e para a melhoria da gestão pública. Com base nesse preceito, cada vez mais, a sociedade brasileira vem reconhecendo a importância de um Brasil mais transparente, seja no âmbito federal, estadual, municipal ou de qualquer ente que administre recursos públicos. 61. Não se trata de uma linha de ação governamental, mas sim de um princípio assegurado pela Constituição Federal, que permite aos cidadãos a participação na fiscalização da aplicação dos recursos públicos, exercendo concretamente o papel do controle social sobre as ações dos entes que gerem recursos advindos de tributos".

exigindo a transparência na atuação das entidades. É um importante pilar para minimizar as críticas feitas às entidades do Sistema S no que se refere à gestão dos recursos públicos que administram e para evitar escândalos relativos a casos de corrupção e desvios de dinheiro.[20]

Ao alinhar suas práticas com os princípios do ESG, as entidades do Sistema S não apenas fortalecem sua missão institucional, mas também demonstram um compromisso profundo com a sustentabilidade e a responsabilidade social. Esse alinhamento é essencial para criar um impacto positivo duradouro, beneficiando não só as organizações e seus beneficiários diretos, mas também a sociedade como um todo.

Portanto, a relevância do ESG para o Sistema S é clara: ele fornece um *framework* estruturado que facilita a integração de práticas sustentáveis e responsáveis em todas as áreas de atuação dessas entidades. Isso não só potencializa seu impacto positivo, mas também assegura que elas permaneçam relevantes e eficazes em um mundo em constante mudança.

Ou seja, dadas as características e a missão institucional de cada entidade que compõe o Sistema S, é possível identificar raízes que fundamentam e orientam pela implementação da pauta ESG nessas instituições.

2.2 Os benefícios de um programa ESG nas entidades do Sistema S

Para além de analisarmos os fundamentos para implementação de ESG nas entidades integrantes do Sistema S, cabe também apontarmos os seus variados benefícios, o que também pode contribuir para a consolidação do propósito da organização.

Podemos elencar, portanto, como benefícios da implementação de ESG, dentre outros: 1 - inclusão de *stakeholders* (partes interessadas) como destinatários de procedimentos ESG; 2 - otimização de custos, com o melhor gerenciamento de recursos naturais, de logística, análise do ciclo de vida do objeto, incorporação de economia circular, etc.; 3 - aumento de credibilidade e melhoria da imagem; 4 - melhoria da capacidade ética e de inclusão social; 5 - materialização de políticas públicas sociais e

---

[20] Por exemplo, cite-se a apuração promovida pela CGU e noticiado na imprensa: "CGU apura desvio de R$ 9,8 milhões do Sebrae em convênios irregulares". Disponível em: https://www.gazetadopovo.com.br/economia/cgu-apura-desvio-98-milhoes-sebrae-convenios-irregulares/. Acesso em: 10 maio 2024.

ambientais locais, regionais e/ou nacionais; 6 - cumprimento de metas ambientais, sociais e de governança; 7 - maior transparência nas ações; 8 - efetividade na governança e na gestão de riscos; 9 - acesso facilitado a financiamentos; 10 - conformidade regulatória do setor que atua; 11 - realinhamento de propósito corporativo com valores institucionais; 12 - atendimento à missão institucional com efetividade; 13 - melhoria de performance em auditorias; 14 - retenção de talentos; 15 - melhorias de indicadores ambientais, sociais e de governança; entre tantos outros.

3 Os passos essenciais para a aplicação do ESG nas entidades do Sistema S

A aplicação do ESG para qualquer companhia demanda algumas etapas obrigatórias para garantir sua efetividade. Efetuando um paralelo com programas de *compliance*, comuns a muitas entidades, há necessidade de estabelecer uma metodologia que direcione ao final para a cultura apropriada que garanta a estabilização e o aperfeiçoamento dessa espécie qualificada de governança.

Há modelagens já consolidadas no mercado e que podem ser aplicadas, com algumas adaptações em vista da natureza jurídica e das características de cada entidade. Citamos como *frameworks* mais utilizados o GRI (*Global Reporting Initiative*), a SASB (*Sustainability Accounting Standards Board*), o IIRC (*International Integrated Reporting Council*) e o CDP (*Carbon Disclosure Project*).

Ainda que a entidade decida pela aplicação do ESG, mas sem a utilização dessas modelagens de mercado, é importante passar por etapas comuns a qualquer implementação de projetos de governança, incluindo um diagnóstico para identificar práticas existentes; o estabelecimento de um contexto de planejamento, definindo as etapas de implementação, a estruturação necessária e os recursos disponíveis; a definição das partes interessadas e dos temas materiais que constituirão o foco do programa; a criação de metas, políticas e normativos que contemplem a aplicação das práticas ESG; a aplicação do programa; relatórios; e o monitoramento.

De forma mais técnica e com uma metodologia específica, a título de sugestão, vamos aprofundar a implementação com apoio da prática recomendada estabelecida na ABNT-PR-2030, lançada em 2022, que estabelece 7 passos,[21] sendo: 1 - conhecimento; 2 - intenção estratégica; 3 - diagnóstico; 4 - planejamento; 5 - implementação; 6 - monitoramento; e 7 - relato e comunicação. Seguindo o *framework* da ABNT, citado antes, e de forma mais aprofundada, temos os seguintes passos:

3.1 Conhecimento

Segundo as recomendações do manual da ABNT um programa de ESG deve ser iniciado com o conhecimento. Nessa etapa cabe à entidade compreender o conceito desse acrônimo, sua origem, importância e a relação com o Sistema S. Considerando ser tema recente e incipiente, é fundamental diferenciar práticas que são consideradas como uma governança socioambiental de ações esparsas, pontuais, dissociadas de materialidade, tais como criar no calendário a semana do meio ambiente, com doação de mudas de árvores para os colaboradores, palestra sobre assédio moral uma vez por ano, patrocínio de feira de ciência de uma universidade local. São ações meritórias, mas devem estar inseridas em um contexto maior de identificação de temas materiais relacionados à missão da instituição. Caso contrário, não será considerado ESG.

3.2 Intenção estratégica

O passo seguinte é definir a intenção estratégica, que envolve o alinhamento dos princípios de ESG com a visão, o propósito e as diretrizes da instituição. É crucial que a alta administração esteja comprometida com a integração de ESG, pois isso estabelece uma base sólida para todas as ações subsequentes. A intenção estratégica deve refletir a vontade da organização de operar de maneira sustentável e responsável, incorporando esses valores em sua cultura e operações. Dois verbos podem resumir a essência da intenção estratégica: *decisão* e *ambição* por transformar.

Por isso o papel da alta administração das entidades na implementação e gestão do ESG é de extrema relevância, consoante iremos aprofundar melhor essa questão em tópico adiante.

---

[21] Prática Recomendada: ABNT PR 2030: Ambiental, social e governança (ESG) – Conceitos, diretrizes e modelo de avaliação e direcionamento para organizações / Associação Brasileira de Normas Técnicas. Rio de Janeiro: ABNT, 2022.

3.3 Diagnóstico

Em seguida, é necessário realizar um diagnóstico das práticas atuais de sustentabilidade e governança. Essa etapa visa identificar vulnerabilidades e pontos fortes, bem como mapear os principais desafios e oportunidades. O diagnóstico deve incluir uma avaliação abrangente das práticas ambientais, sociais e de governança existentes, utilizando ferramentas e *benchmarking* para comparar as práticas da entidade com as melhores práticas do setor. Três das principais ferramentas de diagnóstico ESG no contexto brasileiro são[22] os Indicadores Ethos,[23] a ABNT PR 2030[24] e a Avaliação de Impacto B.[25]

---

[22] Segundo a We.Flow: "Devido à grande complexidade do ESG, envolvendo temas relacionados a diferentes áreas e setores de uma organização, é essencial buscar ferramentas de diagnóstico ESG que avaliam o estado atual das ações ambientais, sociais e de governança de uma empresa. Estas ferramentas permitem uma análise profunda das práticas empresariais, destacando áreas de sucesso e identificando oportunidades de melhoria. A implementação de práticas ESG eficazes começa com um diagnóstico claro e preciso. Ferramentas de diagnóstico oferecem insights valiosos sobre o desempenho de uma organização, ajudando a mapear o impacto das atividades empresariais e a alinhar estratégias de sustentabilidade com os objetivos do negócio, criando um caminho para o crescimento sustentável. (...) Independente da ferramenta escolhida para realizar o diagnóstico ESG da sua empresa e do resultado obtido, é essencial assumir uma postura de melhoria contínua. Novas regulamentações e legislações estão surgindo a cada dia para tornar boas práticas ambientais, sociais e de governança como a norma no país". Disponível em: https://weflow.global/ferramentas-de-diagnostico-esg/. Acesso em: 10 maio 2024.

[23] "Os Indicadores Ethos são uma ferramenta de gestão que visa apoiar as empresas na incorporação da sustentabilidade e da responsabilidade social empresarial (RSE) em suas estratégias de negócio, de modo que esse venha a ser sustentável e responsável. A ferramenta é composta por um questionário que permite o autodiagnóstico da gestão da empresa e um sistema de preenchimento on-line que possibilita a obtenção de relatórios, por meio dos quais é possível fazer o planejamento e a gestão de metas para o avanço da gestão na temática da RSE/Sustentabilidade". Disponível em: https://www.ethos.org.br/conteudo/indicadores/. Acesso em: 10 maio 2024.

[24] "Esta Prática Recomendada alinha os principais conceitos e princípios ESG, orientando os passos necessários para incorporá-los na organização, bem como propõe critérios Ambientais, Sociais e de Governança que servem como ponto de partida para as organizações identificarem os possíveis temas ESG materiais ao seu negócio." Disponível em: https://www.abntcatalogo.com.br/pnm.aspx?Q=ZWcvVjhseTQydmIzUTdCbXhraFZEYjV1bGt-JRXVKNFY5TW02ei8wd0l0Zz0=. Acesso em: 10 maio 2024.

[25] "A Avaliação de Impacto B (BIA) é uma ferramenta que ajuda empresas a medir seu impacto social e ambiental de forma holística. Ela foi criada pelo Sistema B, organização global sem fins lucrativos que promove um novo modelo de negócios que equilibra lucro e propósito. A avaliação é baseada em uma pontuação de 0 a 200 pontos e abrange cinco áreas principais: governança, trabalhadores, comunidade, meio ambiente e clientes. As empresas que atingem uma pontuação mínima e passam por uma avaliação adicional podem se tornar Empresas B Certificadas, o que significa que elas atendem aos mais altos padrões de desempenho social e ambiental, transparência e responsabilidade pública. O Sistema B Brasil é a rede que representa o Sistema B na América Latina e está trabalhando para difundir essa metodologia no país, incentivando empresas a buscarem a certificação como Empresa B e a incorporarem práticas sustentáveis em seu modelo de negócios."

3.4 Planejamento

O planejamento é uma das etapas mais críticas, pois é aqui que a entidade determina a materialidade e estabelece objetivos e metas. A materialidade refere-se à identificação e priorização dos fatores de sustentabilidade que afetam a estratégia da organização em termos de riscos e oportunidades. Isso inclui a identificação das partes interessadas – aqueles que podem afetar, ser afetados ou se perceberem afetados pelas atividades da organização – e a definição dos temas críticos que devem ser considerados na gestão estratégica de ESG.

3.5 Determinação da materialidade

Segundo Luiz Otávio Goi Júnior,[26] o conceito de materialidade originou-se no mercado financeiro, onde se referia a "temas que preocupam o investidor". No entanto, no contexto de sustentabilidade e ESG, a materialidade é definida como o "limiar a partir do qual um tema passa a ser suficientemente expressivo para ser relatado" (GRI, 2015). Baseando-se nessa definição da *Global Reporting Initiative*, a materialidade serve como base para identificar quais aspectos devem ser monitorados, controlados e abordados com ações específicas para minimizar seus impactos. O estabelecimento da materialidade deve ser um processo colaborativo entre *stakeholders*[27] e a organização, garantindo que todas as partes interessadas possam contribuir com informações sobre os temas considerados importantes.

Ou seja, a determinação da materialidade direciona a entidade aos temas mais críticos que devem ser monitorados, controlados e abordados. Isso inclui riscos e oportunidades relacionados à sustentabilidade que impactam as questões sociais, ambientais e de governança. A identificação das partes interessadas é fundamental, seguida pela avaliação dos impactos e oportunidades. Essa priorização deve ser dinâmica e ajustar-se conforme o contexto e as necessidades evoluem.

Disponível em: https://sistemabbrasil.org/bia-a-avaliacao-de-impacto-b/. Acesso em: 10 maio 2024.

26 Disponível em: https://inbs.com.br/esg-porque-sair-do-empirico-e-ir-ao-mensuravel/. Acesso em: 11 maio 2024.

27 O termo "*stakeholder*" é amplamente utilizado no contexto empresarial e de governança para se referir a qualquer indivíduo, grupo ou organização que tenha interesse ou seja impactado pelas atividades, decisões e políticas de uma empresa ou entidade. Em português, o termo "*stakeholder*" pode ser traduzido como "parte interessada".

3.6 Implementação

Na fase de implementação, a entidade estabelece estratégias e políticas para os temas de ESG definidos como materiais. Isso envolve algumas etapas, a saber:

a) Gestão de processos e recursos: envolve a alocação adequada de recursos financeiros, tecnológicos e humanos para garantir que todas as iniciativas sejam executadas de forma eficiente.
b) Elaboração de uma política ESG: crucial para definir e comunicar os princípios que orientarão as condutas, objetivos e práticas da organização. Esta política funcionará como a linha mestra que guiará a entidade e demonstrará seu compromisso com a agenda ESG.
c) Revisão de normativos internos: Para garantir que a política ESG esteja alinhada com as práticas internas, a entidade deve revisar seus normativos internos que possam ser impactados pela abordagem ESG. Por exemplo, na política interna de gestão de riscos, devem ser identificados eventos de natureza ambiental, social e de governança decorrentes de mudanças no contexto interno. Em seus regulamentos de licitações ou em normativos que regulamentem a contratação de serviços contínuos, pode ser prevista a possibilidade de treinamentos para funcionários contratados sobre a prevenção de assédio.
d) Engajamento das partes interessadas: Uma vez que a engrenagem de implementação do ESG esteja em movimento, o engajamento das partes interessadas é fundamental para sua eficácia. Isso pode ser alcançado através de *workshops*, treinamentos internos, comunicados, cartilhas em linguagem acessível para diferentes públicos, entre outras ações de comunicação. A entidade deve planejar os temas ESG com cada parte interessada identificada, divulgando seus objetivos, a estratégia adotada, os conceitos, as repercussões práticas e os papéis de cada um na efetividade da agenda. Por exemplo, no eixo ambiental, onde foram definidas ações para a segregação e destinação adequada de resíduos, a entidade deve, após estruturar a política e os processos, adquirir os recipientes de resíduos por categorias, definir a destinação de cada tipo (coletores de recicláveis, empresa de coleta para logística reversa, destinação de resíduos com maior toxicidade), criar cartilhas didáticas sobre os conceitos e categorias de resíduos, explicar como se dará a destinação e os benefícios para a sociedade, aplicável aos empregados, terceiros e demais agentes. Além disso, deve promover a alteração dos editais e contratos de serviços de limpeza com as novas diretrizes e treinar os colaboradores envolvidos.

Exemplos de temas prioritários podem incluir:

Viés ambiental: aquisições sustentáveis, gerenciamento de resíduos, eficiência energética.

Viés social: políticas de diversidade e equidade, relacionamento com a população usuária, contratação de serviços terceirizados.

Viés de governança: programas de integridade, práticas anticorrupção, gestão da segurança da informação, controle interno.

3.7 Medição, monitoramento e métricas

O programa de ESG deve ser continuamente acompanhado, medido, monitorado e revisado, para alcance dos objetivos e garantia de efetividade. A medição e o monitoramento são essenciais para garantir que os objetivos de ESG sejam alcançados. A utilização de indicadores de desempenho permite acompanhar o progresso e identificar áreas que necessitam de ajustes. O monitoramento contínuo assegura que a entidade permaneça no caminho certo e possa responder rapidamente a novos desafios ou oportunidades e permite a revisão de todos os aspectos do programa, incluindo os temas materiais, metas e objetivos, políticas e estratégias. Isso é fundamental para garantir o aprimoramento contínuo e a adaptação às mudanças contextuais.

Para que os temas materiais sejam monitorados corretamente, é essencial que sigam alguns critérios básicos de referência. Esses critérios garantem a relevância dos temas para os públicos envolvidos com a atividade da organização e auxiliam na tomada de decisão pela alta administração.[28] Nesse sentido, a *Global Reporting Initiative* (GRI) estabelece princípios fundamentais para o controle adequado de um tema material. Esses princípios incluem:

- Comparabilidade: A metodologia de monitoramento deve permitir comparações ao longo do tempo e entre diferentes organizações.
- Exatidão: As informações devem ser as mais precisas possíveis.
- Clareza: Os temas devem ser compreensíveis para todas as partes interessadas.
- Confiabilidade: As informações devem ser confiáveis, possivelmente validadas por uma avaliação de terceiros.

[28] Disponível em: https://inbs.com.br/esg-porque-sair-do-empirico-e-ir-ao-mensuravel/. Acesso em: 11 maio 2024.

Estabelecidos os temas materiais e as bases de monitoramento e relato, as métricas devem ser definidas através de metas. Um bom método a ser utilizado para a definição das metas é o SMART (Específicas, Mensuráveis, Atingíveis, Relevantes e Temporais).[29] Essas métricas funcionam como ferramentas de gestão e servem de base para a análise crítica da alta administração da organização.

Como explica Goi Júnior,[30] a transição do ESG de uma percepção empírica para uma abordagem baseada em métricas auxilia no controle de ações e aumenta a confiabilidade das ações perante os *stakeholders*. Empresas que utilizam métricas ESG conforme os princípios básicos de relato do GRI ganham maior confiança e oferecem mais transparência em relação ao seu compromisso com as agendas de sustentabilidade.

3.8 Emissão de relatórios e comunicação

Por fim, a emissão de relatórios e a comunicação são etapas cruciais para garantir a transparência e a prestação de contas. A elaboração de relatórios de sustentabilidade permite que a entidade compartilhe suas conquistas e desafios com as partes interessadas, reforçando seu compromisso com a responsabilidade social e ambiental. A comunicação eficaz deve ser clara, acessível e direcionada a todos os públicos relevantes, fortalecendo a confiança e o relacionamento com a comunidade.

4 O relevante papel da alta administração das entidades na implementação e gestão do ESG

Como foi discutido na seção anterior, todos os passos para a implementação de ESG partem de uma base essencial: a intenção estratégica, que reflete a decisão e a ambição da alta administração em

---

29 "O conceito foi criado em 1981 pelo consultor norte-americano George T. Doran, que publicou um artigo na revista Management Review intitulado There's a S.M.A.R.T. way to write management's goals and objectives (existe uma maneira inteligente de estabelecer metas e objetivos da administração, em tradução livre). Nesse artigo, Doran enumera alguns cuidados que é preciso adotar na hora de definir objetivos usando essa estratégia. Ele adianta que nem todas as metas irão atender sempre a todos os critérios, mas que é importante tentar aproximar-se ao máximo deles." Disponível em: https://sebrae.com.br/sites/PortalSebrae/artigos/o-que-e-meta-smart-e-como-definir-em-sua-empresa,fd5cd6387eab5810VgnVCM1000001b00320aRCRD. Acesso em: 11 maio 2024.

30 Disponível em: https://inbs.com.br/esg-porque-sair-do-empirico-e-ir-ao-mensuravel/. Acesso em: 11 maio 2024.

transformar tanto o ambiente corporativo da instituição quanto seu papel na sociedade.

Assim como nos programas de *compliance*, em que o apoio da alta administração é crucial para estabelecer uma cultura de integridade, na gestão de ESG essa liderança é vital para definir a visão, a estratégia, identificar desafios e oportunidades, e estabelecer metas e objetivos alinhados com a missão institucional da entidade.[31]

A alta administração deve liderar a integração dos princípios de ESG nas decisões e processos da organização, garantindo que essas questões sejam incorporadas em todas as etapas de suas atividades, desde a formulação de estratégias até a execução das operações diárias. Isso inclui a definição de diretrizes claras e a comunicação da importância do ESG para a estratégia geral da entidade, tanto interna quanto externamente.

Então, para que o programa ESG seja bem-sucedido, a alta administração precisa demonstrar um compromisso claro e inequívoco. Primeiramente, deve estar consciente de que as práticas do ESG são verdadeiras ferramentas de gestão, que auxiliam a entidade a direcionar a sua cultura e maturidade institucional. Deve estar ciente, também, de que as práticas ESG não podem ser vistas como algo isolado e imediato. Elas são transversais, agregam valor a todas as áreas de atuação da entidade e geram resultados duradouros.

A partir dessa visão, a alta administração deve comunicar a relevância do tema dentro e fora da entidade, criando incentivos para que os valores e princípios do ESG sejam considerados em todos os níveis da organização, instituindo sistemas de monitoramento para acompanhar o progresso em relação às metas estabelecidas e, acima de tudo, sendo um exemplo de comportamento responsável e sustentável.

Além disso, deve garantir a alocação adequada de recursos financeiros, tecnológicos e humanos necessários para a implementação eficaz das iniciativas de ESG na entidade. Isso pode incluir investimentos em tecnologias sustentáveis, a contratação de profissionais especializados em ESG e a oferta de treinamentos e capacitações para gestores e colaboradores.[32]

---

31 Disponível em: https://www.fius.com.br/o-papel-da-alta-administracao-na-gestao-do-esg/. Acesso em: 11 maio 2024.

32 Aliás, em interessante pesquisa sobre as "Práticas ESG no setor público e gestão de pessoas como ferramenta de apoio", Antônio Marcos da Silva Oliveira e Thaís Helena Zero de Oliveira Pereira apontaram que "Chiavenato (2010) destaca que o esforço conjunto de

Implementadas tais práticas de ESG, fundamental a transparência na prestação de contas, com a divulgação periódica dos progressos e resultados alcançados pela entidade, seja através relatórios de sustentabilidade, seguindo padrões como as diretrizes do *Global Reporting Initiative* (GRI) e outros *frameworks* relevantes, ou através de comunicados regulares, participação em eventos e conferências sobre ESG. Isso certamente fortalece a confiança de todos os envolvidos e permite uma avaliação objetiva do desempenho da organização em sua jornada ESG.

Em suma, a liderança da alta administração é fundamental para a implementação bem-sucedida do ESG nas entidades do Sistema S, promovendo operações mais sustentáveis, éticas e responsáveis.

5 Estratégia para integrar uma estrutura ESG nas entidades do Sistema S

Considerando a estrutura geral comum à maioria das entidades do Sistema S, que possuem dois tipos principais de conselhos – o Conselho Nacional (ou Conselho Deliberativo) e os Conselhos Regionais, que desempenham um papel crucial na governança e na definição das diretrizes estratégicas das entidades – e as diretorias executivas

---

funcionários é a mola mestra que possibilita o alcance dos objetivos organizacionais. Dessa forma, o processo de Gestão de Pessoas exerce um papel crucial para o sucesso das métricas do ESG, uma vez que lida diretamente com o patrimônio intelectual das empresas. Tendo em vista o alto valor do capital humano dentro das instituições, verifica-se que a Gestão de Pessoas pode auxiliar, de forma substancial, no processo de implantação e de execução das práticas de ESG, tanto a nível estratégico quanto a nível tático e operacional". Indicaram, ainda, que "a Gestão de Pessoas insere-se como um mecanismo intermediário, podendo atuar como elo ou ponte entre as práticas de sustentabilidade e governança junto às equipes de trabalho. Portanto, para que tais práticas apresentem sucesso é essencial que haja uma capacitação adequada de gestores e lideranças responsáveis pela condução de tais equipes. Tal capacitação deve ser voltada para o desenvolvimento de novas habilidades e para mudanças graduais na cultura organizacional, conforme pontua Chiavenato (2011). Um processo de capacitação bem executado permitirá a inserção e execução de pautas capazes de englobar a temática socioambiental e que estejam relacionadas aos Objetivos do Desenvolvimento Sustentável. Ademais, vale pontuar que tais mudanças devem ser feitas de forma gradual e não forçada, de maneira que todos os agentes dentro da organização sintam-se comprometidos e engajados. Além do mais, é importante que os funcionários sejam constantemente atualizados por meio de um fluxo constante de informações. Chiavenato (2011) informa que tal fluxo, chamado retroação ou '*feedback*' de dados, requer ainda a discussão e a troca de informações entre as pessoas de diferentes departamentos. Observa-se que tal abordagem se relaciona diretamente à Gestão de Pessoas, tendo em vista que esta vai muito além da área tradicional de Recursos Humanos, mas alcança diversos setores da organização, conforme explicam Siqueira e Mendes (2009)". Disponível em: https://engemausp.submissao.com.br/25/anais/arquivos/80.pdf?v=1716908945. Acesso em: 11 maio 2024.

– responsáveis pela gestão operacional das atividades –, é fundamental adotar uma abordagem estratégica para integrar a estrutura ESG dentro da organização já existente, lembrando do papel crucial da alta liderança, anteriormente exposto.

Sendo assim, a nosso ver, uma boa estratégia para integrar a estrutura ESG no contexto das entidades do Sistema S começa pela criação de um Comitê de ESG,[33] ligado aos conselhos (nacional ou estaduais, conforme o caso) composto por membros do Conselho, diretores executivos, gerentes de áreas-chaves (como finanças, operações, recursos humanos, comunicação) e especialistas em sustentabilidade.

Este comitê terá por responsabilidade assessorar os conselhos[34] no desenvolvimento e nas deliberações que envolvem as políticas e práticas de ESG,[35] que devem ser definidas segundo as diretrizes estratégicas da entidade. Importante que existam reuniões periódicas do comitê para revisar o progresso, discutir desafios e ajustar as estratégias conforme necessário.

E para dar executividade às práticas ESG, relevante a criação de Diretorias ESG ligadas às Diretorias Executivas das entidades. Essa diretoria, comandada, de preferência, por um especialista em

---

[33] Como exemplo, citamos o Comitê ESG do Sebrae Nacional, criado em junho de 2023. Disponível em: https://agenciasebrae.com.br/cultura-empreendedora/sebrae-lanca-comite-esg-com-debate-de-especialistas-renomados/. Acesso em: 13 maio 2024.

[34] No contexto das empresas privadas, Sonia Consiglio Favaretto e Glaucia Terreo apontam que: "Os Comitês ESG de assessoramento ao CA são, portanto, estruturas que podem melhor apoiar os conselheiros e conselheiras no desafio de entendimento deste contexto de mundo onde as questões ESG impactam na dimensão econômica e forçam a criação de um novo modelo de operação, um novo capitalismo. Já há dados concretos que mostram o valor dessa instância de governança. O estudo '*Exploring the links between ESG supervision and performance* – Explorando as ligações entre supervisão e desempenho ESG', realizado por NN Investment Partners e Glass Lewis em 2020 indicou que: * Empresas com um Comitê ESG no nível do Conselho tendem a ter pontuações ESG mais altas. * As pontuações ESG de empresas com Comitês dedicados à temática foram maiores do que as de empresas com estruturas combinadas, sugerindo que este modelo pode não exercer a força necessária em termos de supervisão ESG." Disponível em: https://www.ibgc.org.br/blog/papel-do-comite-esg. Acesso em: 14 maio 2024.

[35] Neste sentido, o Regimento Interno do Comitê de Governança e Sustentabilidade do SEBRAE/GO: "Art. 1º O Comitê de Governança e Sustentabilidade tem como principal finalidade assessorar o Conselho Deliberativo Estadual nas deliberações alusivas à promoção. acompanhamento e garantia da adoção das melhores práticas de governança corporativa: à coordenação do processo de implementação e manutenção de tais práticas na organização; ao fomento do desenvolvimento sustentável, assim como à eficácia dos processos de governança corporativa, propondo alterações, atualizações e melhorias quando necessário, e ainda, à atualização das normas e regulamentações da organização. Parágrafo único. O Comitê de Governança e Sustentabilidade não terá atribuição deliberativa". Disponível em: https://sebrae.com.br/Sebrae/Portal%20Sebrae/UFs/GO/Transpar%C3%AAncia/MANUAL%20CONSELHO%20DELIBERATIVO_11_12_BAIXA1.pdf. Acesso em: 14 maio 2024.

sustentabilidade, terá por responsabilidade coordenar e liderar a implementação das iniciativas de ESG dentro da entidade, interagindo com as outras áreas da organização, garantindo o cumprimento das metas e objetivos e preparando os relatórios de desempenho.

Terá por missão, também, o engajamento com as partes interessadas, internas e externas à entidade, para entender suas expectativas e preocupações relacionadas ao ESG, mantendo canais de comunicação abertos e transparentes para divulgar as iniciativas de ESG e receber *feedback*.

Em resumo, este é um dos modelos que podem ser desenvolvidos para integrar a estrutura ESG na organização já existente das entidades do Sistema S. O fundamental é que essa estrutura esteja posicionada de maneira estratégica, assegurando-lhe autonomia e recursos necessários para liderar a implementação das políticas de ESG e coordenar com todas as áreas da entidade.

6 Análise da maturidade da entidade para a melhor eficiência na implementação do ESG

Para garantir a eficiência na implementação dos princípios ESG, é essencial realizar uma análise da maturidade da entidade. Segundo a ABNT PR 2030:2022, essa análise permite identificar o grau de maturidade das práticas de ESG de uma organização, orientando o direcionamento necessário em diferentes escalas de desenvolvimento. Essa avaliação é crucial para definir estratégias adequadas e eficazes para cada estágio de maturidade.

A primeira escala de maturidade é a *elementar*, onde a entidade se limita ao cumprimento da legislação, regulamentos e normativos relativos aos temas materiais. Nesse estágio, as práticas de ESG são básicas e focadas na conformidade legal, sem uma integração mais profunda com as atividades e a cultura organizacional.

O segundo estágio é o *não integrado*, caracterizado por práticas dispersas e pontuais. Nesse nível, a entidade realiza algumas ações de ESG, mas essas iniciativas não estão conectadas de forma estruturada. As práticas de sustentabilidade, responsabilidade social e governança existem, mas são esporádicas e não fazem parte de uma estratégia coesa.

Avançando na escala, encontramos o estágio *gerencial*. Nesse ponto, a entidade já possui processos estruturados e permanentes para a implementação de ESG, com mecanismos de controle e avaliação. As práticas de ESG são sistemáticas e começam a ser incorporadas na gestão diária da organização, permitindo um acompanhamento contínuo e a medição dos resultados obtidos.

O próximo estágio é o *estratégico*, onde a gestão de riscos ESG é integrada ao planejamento da entidade. Nesse nível, já é possível observar um planejamento detalhado que contempla objetivos claros, metas específicas e o engajamento ativo das partes interessadas. A entidade começa a alinhar suas práticas de ESG com sua estratégia corporativa, buscando maximizar os impactos positivos e minimizar os riscos associados.

Por fim, o estágio *transformador* é o ápice da maturidade em ESG. Nesse nível, a entidade catalisa mudanças significativas em um cenário amplo, ultrapassando as suas próprias fronteiras administrativas. A organização se torna um protagonista nos temas ESG eleitos, com um engajamento estruturado e profundo das partes interessadas. As práticas de ESG são altamente integradas e a entidade é vista como um líder em sustentabilidade, responsabilidade social e governança.

Luiz Otávio Goi Junior[36] nos apresenta outro modelo de mapeamento do grau de maturidade das organizações para a implementação de uma cultura de sustentabilidade, identificando cinco fases:

Fase 1 - Reativa: Todas as ocorrências são inesperadas e não gerenciadas, e as ações de sustentabilidade são realizadas apenas após a ocorrência do problema. Essa fase é marcada pela gestão reativa e pela adaptação às crises diárias.

Fase 2 - Gerenciada: As ocorrências são controladas e medidas, com metas atendidas. Há planejamento, execução, medição e controle, indicando um nível básico de gestão sustentável.

Fase 3 - Esclarecida: Todos os processos são mapeados, caracterizados e entendidos, com padrões, métodos, controles e procedimentos estabelecidos. A sustentabilidade começa a ser integrada ao cotidiano da empresa.

Fase 4 - Preventiva: A gestão de riscos corporativos e o monitoramento de possíveis ocorrências estão bem estabelecidos. A empresa se destaca pela proatividade e possui planos de ação claros e antecipados para lidar com eventos inesperados.

Fase 5 - Otimizada: A empresa alcança excelência na gestão sustentável, com processos continuamente melhorados e um planejamento

---

[36] Disponível em: https://inbs.com.br/sustentabilidade-corporativa-e-mais-maturidade-do-que-ambientalismo/. Acesso em: 15 maio 2024.

estratégico robusto. A melhoria contínua é natural e a empresa é reconhecida como pioneira em atividades sustentáveis.

Utilizando tanto um como outro método, as entidades podem mapear sua maturidade em ESG de forma abrangente. Isso não só orienta o desenvolvimento de estratégias adequadas, mas também assegura que a organização esteja preparada para enfrentar os desafios e aproveitar as oportunidades relacionadas à sustentabilidade, responsabilidade social e governança. Dessa forma, a entidade pode transformar suas operações e garantir um avanço contínuo em sua jornada rumo à excelência em ESG.

7 Estratégias específicas para cada pilar do ESG

As entidades do Sistema S, embora tenham focos distintos cada uma delas (Sebrae no empreendedorismo, Sesi e Senai na educação profissional e saúde do trabalhador na indústria, etc.), podem integrar os princípios do ESG em suas operações e missões de várias maneiras. A seguir, sugerimos algumas estratégias gerais em cada pilar do ESG que podem-devem ser adequadas à realidade de cada entidade, de acordo com a sua cultura, missão institucional e estrutura interna.

ESG nas empresas - Fonte: Stancebrasil.

7.1 Pilar ambiental

Neste pilar, a entidade deve avaliar quais práticas pode adotar para gerenciar seu impacto no meio ambiente, ou seja, quais práticas afirmam o compromisso da entidade para evitar ou reduzir os impactos que a organização gera ao meio ambiente. Isso inclui, mas não se limita a:

a) Eficiência energética

- Implementação de tecnologias: as entidades devem investir em tecnologias de baixo consumo energético, como iluminação de LED, sistemas de aquecimento e resfriamento eficientes e equipamentos eletrônicos de alto desempenho energético. Essas tecnologias não só reduzem o consumo de energia, mas também diminuem os custos operacionais.
- Campanhas de conscientização: promover campanhas internas e externas para sensibilizar colaboradores e a comunidade sobre a importância da eficiência energética. Isso pode incluir dicas práticas para economizar energia no dia a dia, como apagar as luzes ao sair de um ambiente, usar equipamentos de maneira eficiente e aproveitar a luz natural sempre que possível.
- Auditorias energéticas: realizar auditorias energéticas periódicas para identificar oportunidades de melhoria e implementar ações corretivas. Essas auditorias podem ajudar a mapear os principais pontos de consumo de energia e propor soluções para aumentar a eficiência.

b) Gestão de resíduos

- Programas de reciclagem: Desenvolver e implementar programas abrangentes de reciclagem que incentivem a separação e o descarte correto de resíduos. Isso inclui a instalação de lixeiras específicas para diferentes tipos de materiais (papel, plástico, vidro, metal) em todas as dependências da entidade.
- Destinação adequada de resíduos: Estabelecer parcerias com empresas especializadas em coleta e destinação adequada de resíduos; com cooperativas de reciclagem ou associação de catadores, garantindo que materiais recicláveis sejam encaminhados para reciclagem e resíduos perigosos sejam tratados de forma segura.
- Educação e treinamento: Promover campanhas educativas e oferecer treinamentos a colaboradores e comunidade sobre a

importância da reciclagem e as melhores práticas de gestão de resíduos. Isso pode incluir *workshops*, palestras e distribuição de materiais informativos.

c) Redução do consumo e conservação de recursos naturais

- Conservação de água: adotar práticas de conservação de água, como a instalação de sistemas de captação e reutilização de água da chuva, a implementação de torneiras e chuveiros de baixo fluxo e a utilização de tecnologias de irrigação eficientes nos jardins e áreas verdes.
- Uso responsável de energia renovável: promover o uso de fontes de energia renováveis, como a energia solar e eólica. Isso pode incluir a instalação de painéis solares nas instalações da entidade e a contratação de fornecedores de energia renovável.
- Programas de redução do consumo: desenvolver programas específicos para reduzir o consumo de recursos naturais, incentivando práticas sustentáveis entre os colaboradores e a comunidade. Isso pode incluir a promoção de hábitos de consumo consciente, como a redução do uso de papel, plásticos de uso único e outros materiais descartáveis.

d) Disseminação da educação ambiental

- Cursos e *workshops*: oferecer cursos e *workshops* sobre temas ambientais, abordando tópicos como reciclagem, conservação de água, redução de energia e práticas sustentáveis no dia a dia. Esses cursos podem ser direcionados tanto para colaboradores quanto para a comunidade.
- Campanhas de conscientização: desenvolver campanhas de conscientização que utilizem diferentes mídias (cartazes, vídeos, redes sociais) para informar e sensibilizar sobre a importância da preservação ambiental e das práticas sustentáveis.
- Parcerias com escolas e universidades: estabelecer parcerias com instituições de ensino a fim de promover a educação ambiental entre estudantes. Isso pode incluir palestras, visitas guiadas a instalações sustentáveis e projetos colaborativos que envolvam alunos em iniciativas ambientais.
- Programas de voluntariado: incentivar a participação de colaboradores e membros da comunidade em programas de voluntariado voltados para a preservação ambiental, como

limpeza de áreas públicas, plantio de árvores e recuperação de espaços degradados.

- Material educativo: produzir e distribuir material educativo, como cartilhas, guias e infográficos, que expliquem de forma clara e acessível os principais conceitos e práticas de sustentabilidade ambiental.
- Educação ambiental contínua: promover a educação ambiental de forma contínua, integrando-a aos treinamentos regulares da organização e criando uma cultura de responsabilidade ambiental que permeie todas as atividades e níveis hierárquicos.

Ao implementar essas estratégias no pilar ambiental, as entidades do Sistema S não apenas reduzem seu impacto ambiental, mas também promovem uma cultura de sustentabilidade e responsabilidade entre seus colaboradores e a comunidade. Essas ações contribuem para a construção de um futuro mais sustentável e demonstram o compromisso das entidades com a preservação do meio ambiente.

7.2 Pilar social

No pilar social, as entidades do Sistema S devem focar em práticas que promovam a inclusão, a diversidade e o bem-estar dos colaboradores e das comunidades com as quais interagem. Essas práticas são essenciais para criar um ambiente de trabalho equitativo, fortalecer o desenvolvimento comunitário e melhorar a qualidade de vida dos indivíduos. A seguir, detalhamos algumas das principais estratégias dentro deste pilar:

a) Inclusão e diversidade

- Políticas claras de inclusão e diversidade: as entidades do Sistema S devem estabelecer políticas claras e abrangentes de inclusão e diversidade. Essas políticas devem ser formalizadas em documentos internos e divulgadas amplamente para todos os colaboradores. Elas devem abordar a contratação, promoção e retenção de talentos diversos, garantindo oportunidades iguais para todos, independentemente de gênero, raça, etnia, orientação sexual, idade, deficiência ou qualquer outra característica pessoal.

- Treinamentos e sensibilização: oferecer treinamentos regulares para todos os níveis da organização sobre a importância da inclusão e diversidade. Esses treinamentos devem abordar temas como preconceito inconsciente, respeito às diferenças e a criação de um ambiente de trabalho inclusivo e acolhedor.
- Grupos de afinidade e redes de apoio: incentivar a formação de grupos de afinidade e redes de apoio dentro da organização, onde colaboradores de diferentes origens e identidades possam se reunir, compartilhar experiências e promover iniciativas que fortaleçam a inclusão e diversidade.
- Monitoramento e relatórios: implementar sistemas de monitoramento e relatórios para acompanhar o progresso das políticas de inclusão e diversidade. Isso inclui a coleta e análise de dados sobre a composição do quadro de colaboradores, bem como a realização de pesquisas de clima organizacional para avaliar a percepção dos empregados sobre a inclusão e a diversidade na entidade.

b) Desenvolvimento comunitário

- Projetos educacionais: iniciar e apoiar projetos educacionais que beneficiem as comunidades locais. Isso pode incluir a oferta de cursos de capacitação profissional, programas de alfabetização, apoio a escolas públicas e parcerias com instituições de ensino para promover a educação de qualidade.
- Programas de saúde: desenvolver programas de saúde que atendam as necessidades das comunidades locais. Isso pode incluir campanhas de vacinação, programas de prevenção e tratamento de doenças, atividades físicas e esportivas, e promoção de hábitos de vida saudáveis.
- Apoio a negócios locais: estimular o desenvolvimento econômico local apoiando pequenos negócios e empreendedores. As entidades podem oferecer consultoria, treinamento e recursos para ajudar negócios locais a crescerem e prosperarem, gerando empregos e fortalecendo a economia da comunidade.
- Voluntariado corporativo: incentivar os colaboradores a participarem de atividades de voluntariado nas comunidades onde a entidade está inserida. Isso pode incluir a organização de dias de voluntariado, onde os empregados dedicam seu tempo e habilidades a projetos comunitários, como a reforma

de escolas, plantio de árvores e assistência a organizações sem fins lucrativos.

c) Bem-estar dos empregados

- Programas de saúde e bem-estar: implementar programas abrangentes de saúde e bem-estar que abordem as necessidades físicas, mentais e emocionais dos colaboradores. Isso pode incluir acesso a serviços de saúde, programas de prevenção de doenças, atividades físicas regulares, apoio psicológico e iniciativas de promoção de um estilo de vida saudável.
- Ambiente de trabalho saudável: criar um ambiente de trabalho que promova a saúde e o bem-estar dos empregados. Isso inclui garantir condições de trabalho seguras, ergonomicamente adequadas e livres de riscos. Além disso, promover um equilíbrio saudável entre vida profissional e pessoal, oferecendo políticas de flexibilidade no trabalho, como horários flexíveis e a possibilidade de trabalho remoto.
- Engajamento e participação: fomentar a participação ativa dos colaboradores na tomada de decisões que afetam sua saúde e bem-estar. Isso pode ser feito através de comitês de saúde e bem-estar, pesquisas de satisfação e canais abertos de comunicação para que os empregados possam expressar suas preocupações e sugestões.

Ao implementar essas estratégias no pilar social, as entidades do Sistema S promovem um ambiente de trabalho inclusivo, diverso e saudável, além de contribuir significativamente para o desenvolvimento das comunidades locais. Essas ações não só melhoram a qualidade de vida dos colaboradores e da comunidade, mas também fortalecem a reputação e a responsabilidade social das entidades do Sistema S.

7.3 Pilar de governança

No pilar de Governança, as entidades do Sistema S devem adotar práticas que garantam a transparência, a ética e a participação democrática em seus processos de tomada de decisão. Esses princípios são fundamentais para assegurar a conformidade com as leis e regulamentos, bem como para fortalecer a confiança da sociedade e das demais partes interessadas.

As entidades do Sistema S possuem um diferencial significativo em relação às empresas puramente privadas. Como destacado no início deste trabalho, essas entidades administram recursos considerados públicos e, por isso, estão sujeitas à fiscalização contábil, financeira, orçamentária, operacional e patrimonial pelo Tribunal de Contas da União (TCU) e à auditoria da Controladoria-Geral da União (CGU).[37]

Dessa forma, o dever de transparência e conformidade legal dessas entidades é mais rigoroso do que o de outras entidades de direito privado. Elas são cobradas por órgãos de controle externo de maneira mais firme e diferenciada. Por exemplo, o TCU exige que as entidades do Sistema S observem regramentos aplicáveis à Administração Pública, como a Lei de Acesso à Informação[38] e as Normas de Contabilidade Pública.[39]

Ainda, estas entidades devem observância aos princípios constitucionais aplicáveis à Administração Pública (art. 37, *caput*, da Constituição Federal[40]); aos princípios da licitação[41] e realização obrigatória de processo seletivo para contratação de pessoal.[42]

---

37 Conforme art. 70 da Constituição Federal de 1988, Lei nº 8.443/1992 (Lei Orgânica do TCU) e Lei nº 10.180/2001, que estabelece a organização e o funcionamento do Sistema de Controle Interno do Poder Executivo Federal.

38 "Nas contratações realizadas no âmbito do Sistema S, a falta de divulgação, no sítio oficial da entidade na internet ou no sistema Licitações-e do Banco do Brasil, dos documentos de habilitação da licitante vencedora, dos eventuais recursos e contrarrazões apresentados, do contrato administrativo e dos respectivos anexos e aditivos viola o princípio da publicidade, previsto no art. 37, caput, da Constituição Federal, bem como os arts. 6º, inciso I, e 8º, §§ 1º e 2º, da Lei 12.527/2011 (LAI), c/c o art. 64-A do Decreto 7.724/2012." TCU. Acórdão 3585/2023-Primeira Câmara. Publicado no Boletim de Jurisprudência nº 447 de 29/05/2023. Na mesma linha, o Acórdão 1140/2013-Plenário: "[SUMÁRIO] ... 2. As entidades do Sistema 'S', por serem entidades constituídas sob a forma de serviço social autônomo que recebem contribuições parafiscais, devem observar o disposto na Lei 12.527/2011 (Lei de Acesso à Informação – LAI)."

39 "Aplicam-se aos serviços sociais autônomos, em complemento às Normas Brasileiras de Contabilidade expedidas pelo Conselho Federal de Contabilidade, as normas de contabilidade pública emitidas pela Secretaria do Tesouro Nacional, na condição de órgão central do sistema de contabilidade federal." TCU. Acórdão nº 1.567/2020-Plenário. Publicado no Boletim de Jurisprudência nº 315, de 06.07.2020.

40 "Os serviços sociais autônomos, por gerirem recursos de natureza pública, sujeitam-se aos princípios constitucionais aplicáveis à Administração Pública, notadamente quanto à licitação, à seleção de pessoal, à remuneração de dirigentes e à prestação de contas ao TCU." TCU. Acórdão nº 728/2007-Segunda Câmara.

41 "As entidades do Sistema S não estão obrigadas a seguir rigorosamente os termos do estatuto das licitações e contratos (Lei 8.666/1993), devendo, contudo, observar os princípios constitucionais relativos à administração pública. Possuem tais entidades liberdade procedimental para aprovar os regulamentos internos de licitação de suas unidades." TCU. Acórdão nº 3.362/2009-Primeira Câmara.

42 "Embora as entidades do Sistema S possam adotar formas de seleção de pessoal com menor rigor do que as exigidas para o concurso público, é obrigatória a previsão de etapa recursal nos processos seletivos promovidos por essas entidades, em observância ao princípio da transparência e aos princípios constitucionais da legalidade, da impessoalidade, da moralidade,

Ademais, no Acórdão nº 699/2016, o TCU estabeleceu vários critérios de transparência que devem ser adotados, como a publicação do orçamento em um nível de desagregação idêntico àquele que é usado para aprovar o orçamento junto aos ministérios correlatos a cada entidade. Estabelece que essa publicação também evidencie o quanto foi executado, números de atingimento de metas, remuneração de dirigentes e de servidores, faixas salariais e elementos que permitam à sociedade saber como os recursos estão sendo usados.

Não obstante esse dever legal de prestação de contas e da cobrança externa para que as entidades do Sistema S sejam transparentes na gestão e aplicação dos recursos públicos que administram, é salutar que essas entidades adotem por iniciativa própria os mecanismos de governança, transparência, ética e integridade. Isso fortalece a sua imagem perante a sociedade e a confiança de todas as partes interessadas. Assim, recomenda-se a adoção das seguintes práticas, relativas ao pilar G do ESG:

a) Transparência e prestação de contas

- Práticas de governança: as entidades do Sistema S devem adotar práticas robustas de governança que aprimorem a transparência e a prestação de contas. Isso inclui a divulgação clara e acessível de informações financeiras e operacionais, bem como a realização de auditorias regulares para garantir a precisão e a integridade desses dados.
- Relatórios de sustentabilidade: publicar relatórios de sustentabilidade que sigam padrões reconhecidos, como as diretrizes da *Global Reporting Initiative* (GRI), para demonstrar o desempenho da entidade em questões ambientais, sociais e de governança. Esses relatórios devem ser amplamente divulgados e disponibilizados ao público.
- Canal de denúncias: implementar e manter um canal de denúncias acessível e seguro, onde colaboradores e outros interessados possam relatar práticas inadequadas ou irregulares de forma anônima e confidencial. Esse canal deve ser gerido com imparcialidade e garantir a proteção dos denunciantes.

da isonomia, da eficiência e da publicidade." TCU. Acórdão nº 4.510/2018-Segunda Câmara publicado no Boletim de Jurisprudência nº 222, de 25.06.2018.

b) Compliance e ética

- Programas de *compliance*: fortalecer os programas de *compliance* para garantir que todas as operações estejam em conformidade com as leis e regulamentos aplicáveis. Isso inclui a implementação de políticas e procedimentos claros, bem como a realização de auditorias internas regulares para identificar e corrigir possíveis desvios.
- Código de ética: desenvolver e implementar um código de ética que estabeleça os padrões de comportamento esperados de todos os colaboradores e demais partes interessadas. Esse código deve abordar questões como conflitos de interesse, integridade nas negociações e respeito às leis e regulamentos.
- Treinamentos em ética e *compliance*: oferecer treinamentos regulares em ética e *compliance* para todos os níveis da organização. Esses treinamentos devem abordar as políticas internas, as leis e regulamentos aplicáveis, bem como as melhores práticas de governança corporativa.
- Mecanismos de monitoramento: estabelecer mecanismos de monitoramento contínuo para garantir a conformidade com as políticas de ética e *compliance*. Isso inclui a realização de auditorias internas e externas, bem como a implementação de sistemas de controle interno eficazes.

c) Participação das partes interessadas (stakeholders)

- Identificação dos *stakeholders:* medida essencial para a implementação eficaz das práticas de ESG nas entidades do Sistema S é a identificação e engajamento das partes interessadas. Cada entidade possui um conjunto específico de *stakeholders*, cujas necessidades e expectativas devem ser consideradas para garantir a transparência, a responsabilidade e a sustentabilidade das operações. Em geral, os *stakeholders* são: colaboradores (empregados, gestores e diretores que trabalham nas entidades); clientes/usuários (indivíduos e empresas que utilizam os serviços oferecidos pelas entidades, como cursos, treinamentos, consultorias, etc.); governo e reguladores (órgãos governamentais e reguladores que supervisionam e fiscalizam as atividades das entidades); comunidade local (pessoas e grupos que vivem nas áreas onde as entidades operam); fornecedores (empresas e indivíduos que fornecem bens e serviços às entidades); parceiros comerciais (outras organizações e empresas com as quais as entidades colaboram); investidores e financiadores (entidades que fornecem recursos financeiros para as operações e projetos das entidades do Sistema S); organizações não governamentais (ONGs que trabalham em áreas relacionadas aos objetivos das entidades, como educação, saúde, e desenvolvimento comunitário); sindicatos e associações de classe (representam os interesses dos trabalhadores e de setores específicos da economia) e mídia (veículos de comunicação que cobrem as atividades e o impacto das entidades do Sistema S).

- Processos participativos: envolver os *stakeholders* nos processos de tomada de decisão, garantindo que suas vozes sejam ouvidas e consideradas. Isso pode ser feito através de consultas públicas, fóruns de discussão, comitês consultivos e outras formas de participação ativa.
- Engajamento com a comunidade: promover o engajamento ativo com a comunidade e outras partes interessadas, compartilhando informações e coletando *feedback* sobre as atividades e decisões da entidade. Esse engajamento deve ser transparente e inclusivo, buscando sempre o diálogo e a colaboração.
- Avaliação de impacto: realizar avaliações de impacto das principais decisões e projetos da entidade, considerando as opiniões e preocupações dos *stakeholders*. Essas avaliações devem ser documentadas e compartilhadas com as partes interessadas, demonstrando o compromisso da entidade com a responsabilidade e a transparência.
- Relatórios de *feedback*: publicar relatórios periódicos de *feedback* que resumam as contribuições dos *stakeholders* e as ações tomadas pela entidade em resposta a essas contribuições. Esses relatórios devem ser amplamente divulgados e acessíveis a todos os interessados.

Ao implementar essas estratégias no pilar de governança, as entidades do Sistema S fortalecem sua integridade, transparência e responsabilidade, criando um ambiente de confiança e colaboração com todos os *stakeholders*. Essas práticas não só garantem a conformidade com as leis e regulamentos, mas também promovem uma cultura de ética e participação democrática que é essencial para o sucesso sustentável das entidades.

8 A integração do ESG nos Regulamentos de Contratações e Aquisições do Sistema S

Assim como a Administração Pública continua se aperfeiçoando no cenário ESG, citando-se, por exemplo, a Lei nº 14.133/2021, que abordou em seu texto diversos aspectos relacionados à sustentabilidade ambiental, social e à governança em prol do desenvolvimento nacional sustentável,[43] muitas entidades do Sistema S também reavaliaram seus próprios regulamentos de contratações e aquisições para a incorporação de práticas de sustentabilidade.

A publicação da Nova Lei de Licitações, na verdade, representou um momento propício para que as entidades do Sistema S modernizassem os termos de seus próprios regulamentos, inclusive para eliminar palavras e conceitos que estabeleciam vínculo com o processo licitatório realizado pela Administração Pública e fundamentado em leis a ela direcionadas.

Há algum tempo, as entidades do Sistema S vêm se mobilizando para se desvencilharem das restrições publicistas que, por longo período, foram impostas pelos órgãos de controle externo. Para tanto, têm empreendido esforços para se afastarem de normas e nomenclaturas que remetam à ideia de que pertencem à Administração Pública ou se submetem ao mesmo regime jurídico público.

Como exemplo, cita-se o Regulamento de Contratação e Alienação do Sesi, do qual foram suprimidas diversas nomenclaturas típicas de um processo licitatório, como a criação de uma "comissão de licitação" ou as modalidades de licitação como a "concorrência" ou o "pregão", que constavam no antigo Regulamento de Licitações e Contratos da entidade. Foram introduzidas outras denominações, como "processo de seleção", "chamamento público", "procedimentos realizados eletronicamente", "disputa nas formas aberta e fechada" ou, ainda, "processo de seleção sem disputa" nos casos análogos à dispensa ou inexigibilidade de licitação. Tudo isso, como bem destaca o advogado Fernando Rossa, tem

---

[43] Princípio estampado no art. 5º da Lei: "Art. 5º Na aplicação desta Lei, serão observados os princípios da legalidade, da impessoalidade, da moralidade, da publicidade, da eficiência, do interesse público, da probidade administrativa, da igualdade, do planejamento, da transparência, da eficácia, da segregação de funções, da motivação, da vinculação ao edital, do julgamento objetivo, da segurança jurídica, da razoabilidade, da competitividade, da proporcionalidade, da celeridade, da economicidade e do desenvolvimento nacional sustentável, assim como as disposições do Decreto-Lei nº 4.657, de 4 de setembro de 1942 (Lei de Introdução às Normas do Direito Brasileiro)".

sua justificativa, pois a direção dessas entidades vem se empenhando para reforçar ao controle externo, além dos fornecedores, que não se equiparam às entidades da Administração Pública e possuem características próprias e, portanto, o RCA não utiliza nomes ou conceitos já conhecidos pelo mercado há muito tempo.[44]

No entanto, para além de imprimirem esforços neste sentido, de se afastarem do regime jurídico público, mais rigoroso e inflexível, estas entidades devem se espelhar nas boas práticas que provêm da Administração Pública para inovarem em seus processos de contratações e irem além. Justamente por não estarem submetidas estritamente ao princípio da legalidade e aos rigores de processos legislativos, estas entidades podem aproveitar sua liberdade própria de entidades de direito privado para implementar mudanças em suas normativas, assumindo uma postura de vanguarda em matéria de sustentabilidade para modernizarem seus processos e procedimentos internos, incorporando em seus regulamentos as melhores práticas de sustentabilidade ambiental, social e de governança adequadas à sua realidade e contexto jurídico-normativo e dentro desse cenário global de atenção e dedicação aos princípios do ESG.[45]

Infelizmente, alguns desses novos regulamentos deixaram a desejar em matéria de sustentabilidade e governança corporativa. Por outro lado, algumas entidades, como o Sebrae, Senar e o Senac, aproveitaram a oportunidade para trazer a sustentabilidade como premissa, no seu artigo 2º, e incluíram um capítulo inteiro sobre o fomento aos programas de integridade e de sustentabilidade, prevendo, respectivamente, a possibilidade de exigência de implantação de programa

---

[44] Disponível em: https://www.portaldecompraspublicas.com.br/blog/aspectos-do-novo-regulamento-para-contratacao-e-alienacao-do-sesi-e-senai-face-as-novidades-da-lei-14-133-21-225. Acesso em: 16 maio 2024.

[45] Nessa linha é que a Nova Lei de Licitações, embora não seja aplicável a estas entidades, pode servir de inspiração para as mudanças dentro deste contexto. Entre os dispositivos da Nova Lei que refletem práticas ESG, destacam-se: a) a possibilidade de a Administração exigir de seus contratados a adoção de programas de integridade (§4º do artigo 25); b) a possibilidade de o edital de licitação exigir que a empresa contrate um percentual mínimo de mulheres vítimas de violência doméstica ou de egressos do sistema prisional (incisos I e II do §9º do artigo 25); c) a atribuição de vantagem competitiva às empresas que promovem ações de equidade de gênero no ambiente de trabalho ou que possuem programas de integridade efetivos (incisos III e IV do artigo 60); d) a garantia de preferência, em caso de empate, às empresas que investem em pesquisa e desenvolvimento tecnológico no País ou comprovem práticas de mitigação ambiental (incisos III e IV do §1º do artigo 60). Fonte: Práticas ESG e a nova lei de licitações, dos autores Bernardo Strobel Guimarães, Pedro Henrique Braz de Vita e Rosimeri do Rocio Hintz de Andrade, disponível em: https://www.conjur.com.br/2023-fev-26/opiniao-praticas-esg-lei-licitacoes/. Acesso em: 17 maio 2024.

de integridade aos licitantes vencedores das licitações de grande vulto ou complexidade, de acordo com os critérios apontados no texto, e as diretrizes de sustentabilidade que devem ser atendidas, sempre que possível, nos editais e processos de contratação, tais como o estímulo à adoção de padrões sustentáveis de produção e utilização, adoção, desenvolvimento e aprimoramento de tecnologias limpas, incentivo à indústria da reciclagem, origem local de matérias-primas e tecnologia, maior geração de emprego e renda, redução de desigualdades sociais, ações de equidade de gênero, raça e etnia, entre outras.

Essas modificações, de fato, constituem um passo significativo para promover a sustentabilidade, a responsabilidade social e a governança ética. É desejável que essas inovações sejam implementadas de modo efetivo no cotidiano da instituição, transformando sua cultura organizacional e a tomada de decisões em matéria de compras e contratações, com base em princípios de sustentabilidade e responsabilidade social. Essas práticas, ademais, incentivarão fornecedores a adotarem padrões elevados de comportamento ético e sustentável, promovendo uma cadeia de valor mais robusta e responsável. Além disso, a inclusão de programas de integridade e sustentabilidade nos regulamentos fortalece a confiança da sociedade e das partes interessadas, demonstrando o compromisso das entidades do Sistema S com os valores de transparência, equidade e inovação.

Em suma, esse é o desafio atual proposto a tais entidades. A integração do ESG em seus regulamentos de aquisições e contratações mostra-se como uma estratégia essencial para garantir a relevância e a sustentabilidade dessas entidades a longo prazo, especialmente em um cenário nacional e global cada vez mais preocupado com as questões ambientais, sociais e de governança. Ao adotar essa abordagem, as entidades do Sistema S não apenas cumprem suas obrigações legais, mas também desempenham um papel ativo na sociedade, em prol da promoção de um futuro mais sustentável e inclusivo.

9 ESG em ação: exemplos do Sistema "S

A boa notícia é que as entidades do Sistema S têm avançado significativamente na incorporação das práticas de ESG em suas operações. Observamos que diversas iniciativas já estão em andamento, demonstrando o compromisso dessas entidades com a sustentabilidade, responsabilidade social e governança ética. A seguir, apresentamos alguns exemplos das práticas adotadas por algumas das principais entidades do Sistema S:

Sebrae

O Sebrae tem atuado fortemente para levar as práticas de ESG até as micro e pequenas empresas. Entre as iniciativas destacam-se:

- Comitê ESG: lançado em junho de 2023, o Comitê ESG do Sebrae tem como objetivo promover e integrar práticas de ESG nas operações da entidade e apoiar os pequenos negócios na adoção dessas práticas.[46]

- Programa de Capacitação "Liderar e Viver ESG": em parceria com a Exame *Corporate Education*, o Sebrae oferece este programa para capacitar líderes empresariais na implementação de práticas de ESG.[47]

- Ferramenta de Avaliação de Desempenho ESG: o Sebrae desenvolveu uma ferramenta online que permite às empresas avaliar seu desempenho em ESG e identificar pontos de melhoria, potencializando seu impacto positivo na sociedade e no meio ambiente.[48]

- Portal ESG para Micro e Pequenas Empresas: um portal dedicado a oferecer recursos, cursos e informações sobre ESG para pequenos negócios.[49]

- *E-book* sobre ESG: disponibilização de um *e-book* gratuito que explica os conceitos e a importância do ESG para as pequenas empresas.[50]

Algumas unidades regionais do Sebrae, como em Alagoas, Rio de Janeiro e Mato Grosso, também desenvolvem iniciativas voltadas à sustentabilidade, com destaque para o Centro de Sustentabilidade do Sebrae Mato Grosso.[51]

---

[46] Disponível em: https://agenciasebrae.com.br/cultura-empreendedora/sebrae-lanca-comite-esg-com-debate-de-especialistas-renomados/. Acesso em: 18 maio 2024.

[47] Disponível em: https://exame.com/negocios/sebrae-inova-com-capacitacao-liderar-e-viver-esg-rumo-a-sustentabilidade-e-responsabilidade-social/. Acesso em: 18 maio 2024.

[48] Disponível em: https://diagnostico.sebrae.com.br/programas/diagnostico-esg. Acesso em: 18 maio 2024.

[49] Disponível em: https://sebrae.com.br/sites/PortalSebrae/esg. Acesso em: 18 maio 2024.

[50] Disponível em: https://sebrae.com.br/Sebrae/Portal%20Sebrae/Arquivos/ebook_sebrae_que-esg.pdf. Acesso em: 18 maio 2024.

[51] Disponível em: https://sebrae.com.br/sites/PortalSebrae/sebraeaz/centro-sebrae-de-sustentabilidade-css,d89190821da4d410VgnVCM1000003b74010aRCRD. Acesso em: 18 maio 2024.

Senac

O Senac, especialmente no Estado da Bahia, demonstra um longo histórico de compromisso com as práticas de ESG:

- Selo Carbono Neutro: o Restaurante Escola SENAC/BA Casa do Comércio conquistou o selo Carbono Neutro do Brasil, certificado pela *Green Initiative*, em janeiro de 2023.[52]

- Programa Ambiental Senac Mais Verde: desde 1997, o Senac desenvolve ações voltadas para o meio ambiente, engajando colaboradores, alunos, fornecedores e clientes na preservação ambiental.[53]

Além disso, o Senac oferece um curso de pós-graduação em ESG – Governança Ambiental, Social e Corporativa, e promove o Fórum Senac de Sustentabilidade, discutindo e disseminando práticas sustentáveis.[54]

Sesi e Senai

O Sesi e o Senai do Paraná têm promovido práticas de ESG na indústria paranaense:

- Chamada Sesi ESG: um programa para disseminar práticas de ESG na indústria paranaense, incentivando projetos sustentáveis.[55]

- Pesquisa "ESG e suas Contribuições à Agenda da Indústria Brasileira": realizada pela Confederação Nacional da Indústria (CNI) em junho de 2022, revelou que 71% das empresas estão mobilizadas e adotam medidas sustentáveis como parte de sua estratégia corporativa. No entanto, a pesquisa também identificou desafios, como a carência de recursos humanos dedicados ao tema e a falta de entendimento sobre os critérios de ESG.[56]

---

[52] Disponível em: https://www.ba.senac.br/Noticias/noticia/15926?title=restaurante-escola-do-senac-em-salvador-recebe-o-selo-de-primeiro-restaurante-carbono-neutro-do-brasil. Acesso em: 18 maio 2024.

[53] Disponível em: https://www.ba.senac.br/programas/senac_mais_verde. Acesso em: 18 maio 2024.

[54] Disponível em: https://eventos.sp.senac.br/evento/forum-senac-de-sustentabilidade/evento/2-forum-senac-de-sustentabilidade/. Acesso em: 18 maio 2024.

[55] Disponível em: https://www.sesipr.org.br/chamadasesiesg/. Acesso em: 18 maio 2024.

[56] Disponível em: https://www.portaldaindustria.com.br/cni/canais/industria-sustentavel/temas-de-atuacao/esg/. Acesso em: 18 maio 2024.

Sescoop/SistemaOCB

O Sistema OCB lançou o ESGCoop em agosto de 2022, uma iniciativa para promover a sustentabilidade no setor cooperativista:

- Diagnóstico ESG: uma ferramenta para as cooperativas avaliarem seu desempenho em ESG e desenvolverem planos de ação.[57]

- Capacitação em ESG: programas de capacitação em ESG para cooperativas, em parceria com a PUC-PR, visando o desenvolvimento sustentável do setor.[58]

Conclusão

As entidades componentes do chamado Sistema S assumiram o protagonismo em áreas sensíveis ao país e que fazem parte de sua missão institucional, tais como de promoção do desenvolvimento local, empreendedorismo, inovação, educação profissional e qualidade de vida aos trabalhadores das categorias que atendem.

Justamente por essa miríade de temas com os quais atuam e diante das crescentes demandas por práticas sustentáveis e responsáveis, é imperativo que essas entidades incorporem os princípios do ESG em suas operações e estratégias.

No presente artigo sinalizamos, ainda que de forma sumária, a indispensabilidade de as entidades do Sistema S se adequarem às pautas mais relevantes da sociedade, em simetria com seu estatuto social, com o regime jurídico aplicável, às atividades desenvolvidas e o interesse das categorias para as quais atuam, tal como o ESG, que encontra traços de fundamento nas características, constituição e missão daquelas entidades.

Demonstramos que a adoção de práticas ambientais, sociais e de governança não apenas fortalece a responsabilidade social e a sustentabilidade das entidades, mas também impulsiona seu desempenho e sua reputação perante a sociedade.

Trouxemos também os passos para a implementação, abordando-os de forma singularizada, visando uma abordagem efetiva da agenda de governança socioambiental. Jogamos luzes ao tema desde

---

57 Disponível em: https://somoscooperativismo.coop.br/solucoes/avaliacoop/esg. Acesso em: 18 maio 2024.

58 Disponível em: https://www.castrolanda.coop.br/castrolanda-inicia-programa-de-capacitacao-em-esg-do-sescoop-pr-e-pucpr/. Acesso em: 18 maio 2024.

a análise da maturidade da entidade até a definição de estratégias específicas para cada pilar. Ressaltamos a importância do papel da alta administração na liderança desse processo, bem como a necessidade de engajar todas as partes interessadas e integrar o ESG em todas as áreas da organização, incluindo os regulamentos de contratações e aquisições.

Os exemplos de iniciativas já em andamento em algumas entidades do Sistema S demonstram que esse caminho já está sendo trilhado, com resultados promissores.

No entanto, é um tema incipiente, que tem um longo e fértil palco de discussões e amadurecimento. O conhecimento já é a etapa preliminar. A intenção vem na sequência e constitui o fundamento para a continuidade da jornada até que se materialize uma transformação positiva e duradoura rumo à governança socioambiental das entidades do Sistema S.

Portanto, é fundamental que as entidades do Sistema S continuem a aprofundar seu conhecimento sobre o ESG, a fortalecer seu compromisso com esses princípios e a implementar ações concretas em todas as áreas de sua atuação. Somente assim poderão cumprir plenamente sua nobre missão institucional e contribuir de forma significativa para o desenvolvimento sustentável do Brasil.

O caminho rumo à excelência em ESG é desafiador, mas também repleto de oportunidades. As entidades do Sistema S têm o potencial de se tornarem referências nessa jornada, inspirando outras organizações e setores a seguirem seu exemplo. Que este artigo sirva como um convite à reflexão, ao engajamento e à ação, para que juntos possamos construir um futuro melhor para todos.

Referências

ABNT. Prática Recomendada: ABNT PR 2030: Ambiental, social e governança (ESG) – Conceitos, diretrizes e modelo de avaliação e direcionamento para organizações. Rio de Janeiro: ABNT, 2022.

ANSALONI, F. Novos Regulamentos de Licitações e Contratos das Entidades do Sistema S e o Fomento à Sustentabilidade. Sollicita, 2024. Disponível em: https://portal.sollicita.com.br/Noticia/21355/novos-regulamentos-de-licita%C3%A7%C3%B5es-e-contratos-#_ftn6. Acesso em: 9 maio 2024.

BRASIL. Constituição da República Federativa do Brasil de 1988. Disponível em: http://www.planalto.gov.br/ccivil_03/constituicao/constituicao.htm. Acesso em: 15 maio 2024.

BRASIL. Decreto-Lei nº 4.048, de 22 de janeiro de 1942. Cria o Serviço Nacional de Aprendizagem dos Industriários (SENAI). Disponível em: http://www.planalto.gov.br/ccivil_03/decreto-lei/1937-1946/del4048.htm. Acesso em: 9 maio 2024.

BRASIL. Decreto-Lei nº 8.621, de 10 de janeiro de 1946. Dispõe sobre a criação do Serviço Nacional de Aprendizagem Comercial e dá outras providências. Disponível em: http://www.planalto.gov.br/ccivil_03/decreto-lei/1937-1946/del8621.htm. Acesso em: 9 maio 2024.

BRASIL. Decreto-Lei nº 9.403, de 25 de junho de 1946. Atribui à Confederação Nacional da Indústria o encargo de criar, organizar e dirigir o Serviço Social da Indústria, e dá outras providências. Disponível em: http://www.planalto.gov.br/ccivil_03/decreto-lei/1937-1946/del9403.htm. Acesso em: 9 maio 2024.

BRASIL. Decreto-Lei nº 9.853, de 13 de setembro de 1946. Atribui à Confederação Nacional do Comércio o encargo de criar e organizar o Serviço Social do Comércio e dá outras providências. Disponível em: http://www.planalto.gov.br/ccivil_03/decreto-lei/1937-1946/del9853.htm. Acesso em: 9 maio 2024.

BRASIL. Lei nº 8.443, de 16 de julho de 1992. Dispõe sobre a Lei Orgânica do Tribunal de Contas da União e dá outras providências. Disponível em: http://www.planalto.gov.br/ccivil_03/leis/l8443.htm. Acesso em: 15 maio 2024.

BRASIL. Lei nº 10.180, de 6 de fevereiro de 2001. Organiza e disciplina os Sistemas de Planejamento e de Orçamento Federal, de Administração Financeira Federal, de Contabilidade Federal e de Controle Interno do Poder Executivo Federal, e dá outras providências. Disponível em: http://www.planalto.gov.br/ccivil_03/leis/leis_2001/l10180.htm. Acesso em: 15 maio 2024.

BRASIL. Lei nº 14.133, de 1º de abril de 2021. Lei de Licitações e Contratos Administrativos. Disponível em: http://www.planalto.gov.br/ccivil_03/_ato2019-2022/2021/lei/L14133.htm. Acesso em: 9 maio 2024.

BRASIL. Senado Federal. O que é o Sistema S? Entenda o que é, como funciona e como surgiu. Rádio Senado, 2023. Disponível em: https://www12.senado.leg.br/radio/1/noticia/2023/05/11/o-que-e-o-sistema-s-entenda-o-que-e-como-funciona-e-como-surgiu. Acesso em: 9 maio 2024.

BRASIL. Supremo Tribunal Federal. Mandado de Segurança nº 3.7626/DF. Relator: Min. Flávio Dino, 29 de abril de 2024. Disponível em: https://portal.stf.jus.br/processos/detalhe.asp?incidente=6081791. Acesso em: 9 maio 2024.

BRASIL. Tribunal de Contas da União. Acórdão nº 699/2016. Plenário. Relator: Ministro Weder de Oliveira. Sessão de 30/03/2016. Disponível em: https://pesquisa.apps.tcu.gov.br/#/documento/acordao-completo/*/NUMACORDAO%253A699%2520ANOACORDAO%253A2016/DTRELEVANCIA%2520desc%252C%2520NUMACORDAOINT%2520desc/0/%2520. Acesso em: 9 maio 2024.

BRASIL. Tribunal de Contas da União. Acórdão nº 728/2007. Segunda Câmara. Relator: Marcos Bemquerer. Sessão de 27/03/2007. Disponível em: https://pesquisa.apps.tcu.gov.br/#/documento/acordao-completo/*/NUMACORDAO%253A728%2520ANOACORDAO%253A2007/DTRELEVANCIA%2520desc%252C%2520NUMACORDAOINT%2520desc/0/%2520. Acesso em: 15 maio 2024.

BRASIL. Tribunal de Contas da União. Acórdão nº 1.140/2013. Plenário. Relator: Ministra Ana Arraes. Sessão de 15/05/2013. Disponível em: https://pesquisa.apps.tcu.gov.br/#/documento/acordao-completo/*/NUMACORDAO%253A1140%2520ANOACORDAO%253A2013/DTRELEVANCIA%2520desc%252C%2520NUMACORDAOINT%2520desc/0/%2520. Acesso em: 15 maio 2024.

BRASIL. Tribunal de Contas da União. Acórdão nº 1.205/2023. Plenário. Relator: Ministro Vital do Rêgo. Sessão de 14/06/2023. Disponível em: https://pesquisa.apps.tcu.gov.br/#/documento/acordao-completo/*/NUMACORDAO%253A1205%2520ANOACORDAO%253A2023/DTRELEVANCIA%2520desc%252C%2520NUMACORDAOINT%2520desc/0/%2520. Acesso em: 9 maio 2024.

BRASIL. Tribunal de Contas da União. Acórdão nº 1.567/2020. Plenário. Relator: Ministro Weder de Oliveira. Sessão de 17/06/2020. Disponível em: https://pesquisa.apps.tcu.gov.br/#/documento/acordao-completo/*/NUMACORDAO%253A1567%2520ANOACORDAO%253A2020/DTRELEVANCIA%2520desc%252C%2520NUMACORDAOINT%2520desc/0/%2520. Acesso em: 15 maio 2024.

BRASIL. Tribunal de Contas da União. Acórdão nº 2.079/2015. Plenário. Relator: Ministro Marcos Bemquerer. Sessão de 19/08/2015. Disponível em: https://pesquisa.apps.tcu.gov.br/#/documento/acordao-completo/*/NUMACORDAO%253A2079%2520ANOACORDAO%253A2015/DTRELEVANCIA%2520desc%252C%2520NUMACORDAOINT%2520desc/0/%2520. Acesso em: 9 maio 2024.

BRASIL. Tribunal de Contas da União. Acórdão nº 3.362/2009. Primeira Câmara. Relator: Ministro Augusto Nardes. Sessão de 23/06/2009. Disponível em: https://pesquisa.apps.tcu.gov.br/documento/acordao-completo/*/NUMACORDAO%253A3362%2520ANOACORDAO%253A2009%2520/score%2520desc/0. Acesso em: 15 maio 2024.

BRASIL. Tribunal de Contas da União. Acórdão nº 3.585/2023. Primeira Câmara. Relator: Ministro Walton Alencar Rodrigues. Sessão de 09/05/2023. Disponível em: https://pesquisa.apps.tcu.gov.br/documento/acordao-completo/*/NUMACORDAO%253A3585%2520ANOACORDAO%253A2023%2520/score%2520desc/1. Acesso em: 15 maio 2024.

BRASIL. Tribunal de Contas da União. Acórdão nº 4.510/2018. Segunda Câmara. Relator: Ministro Marcos Bemquerer. Sessão de 05/06/2018. Disponível em: https://pesquisa.apps.tcu.gov.br/#/documento/acordao-completo/*/NUMACORDAO%253A4510%2520ANOACORDAO%253A2018/DTRELEVANCIA%2520desc%252C%2520NUMACORDAOINT%2520desc/0/%2520. Acesso em: 15 maio 2024.

CONSIGLIO FAVARETTO, S.; TERREO, G. O papel do Comitê ESG. IBGC, 2021. Disponível em: https://www.ibgc.org.br/blog/papel-do-comite-esg. Acesso em: 14 maio 2024.

FAMURS. 41º Congresso de Municípios do RS. Famurs, 2023. Disponível em: https://famurs.com.br/noticia/3355. Acesso em: 9 maio 2024.

FIA Business School. Sistema S: O que é, Importância e História. FIA Business School, 2023. Disponível em: https://fia.com.br/blog/sistema-s-o-que-e-importancia-e-historia/. Acesso em: 9 maio 2024.

GUIMARÃES, B. S.; VITA, P. H. B.; ANDRADE, R. R. H. Opinião: Práticas ESG e a nova Lei de Licitações. *Consultor Jurídico*, 2023. Disponível em: https://www.conjur.com.br/2023-fev-26/opiniao-praticas-esg-lei-licitacoes/. Acesso em: 17 maio 2024.

INSTITUTO ETHOS. Indicadores Ethos para Negócios Sustentáveis e Responsáveis. Instituto Ethos, 2023. Disponível em: https://www.ethos.org.br/conteudo/indicadores/. Acesso em: 10 maio 2024.

GOI JUNIOR, L.O. ESG: por que sair do empírico e ir ao mensurável? INBS, 2023. Disponível em: https://inbs.com.br/esg-porque-sair-do-empirico-e-ir-ao-mensuravel/. Acesso em: 11 maio 2024.

GOI JUNIOR, L.O. Sustentabilidade corporativa é mais maturidade do que ambientalismo. INBS, 2023. Disponível em: https://inbs.com.br/sustentabilidade-corporativa-e-mais-maturidade-do-que-ambientalismo/. Acesso em: 15 maio 2024.

OLIVEIRA, A. M. S.; PEREIRA, T. H. Z. O. Práticas ESG no setor público e gestão de pessoas como ferramenta de apoio. *In*: XXV ENCONTRO INTERNACIONAL SOBRE GESTÃO EMPRESARIAL E MEIO AMBIENTE DA FEA/USP, 2023, São Paulo. Disponível em: https://engemausp.submissao.com.br/25/anais/arquivos/80.pdf?v=1716908945. Acesso em: 11 maio 2024.

ROSSA, F. Aspectos do novo regulamento para contratação e alienação do SESI e SENAI face às novidades da Lei 14.133/21. Portal de Compras Públicas, 2024. Disponível em: https://www.portaldecompraspublicas.com.br/blog/aspectos-do-novo-regulamento-para-contratacao-e-alienacao-do-sesi-e-senai-face-as-novidades-da-lei-14-133-21-225. Acesso em: 16 maio 2024.

SANTOS, R. Ferramentas de diagnóstico ESG. We.Flow, 2023. Disponível em: https://weflow.global/ferramentas-de-diagnostico-esg/. Acesso em: 10 maio 2024.

SEBRAE. O que é meta SMART e como definir em sua empresa. Sebrae, 2023. Disponível em: https://sebrae.com.br/sites/PortalSebrae/artigos/o-que-e-meta-smart-e-como-definir-em-sua-empresa,fd5cd6387eab5810VgnVCM1000001b00320aRCRD. Acesso em: 11 maio 2024.

SEBRAE/GO. Manual do Conselho Deliberativo Estadual. Sebrae/GO, 2023. Disponível em: https://sebrae.com.br/Sebrae/Portal%20Sebrae/UFs/GO/Transpar%C3%AAncia/MANUAL%20CONSELHO%20DELIBERATIVO_11_12_BAIXA1.pdf. Acesso em: 14 maio 2024.

SISTEMA B BRASIL. BIA: a Avaliação de Impacto B. Sistema B Brasil, 2023. Disponível em: https://sistemabbrasil.org/bia-a-avaliacao-de-impacto-b/. Acesso em: 10 maio 2024.

WEBINHOOD. ESG significado: o que é e como aplicar na prática. Webinhood, 2023. Disponível em: https://www.webinhood.com.br/blog/esg-significado-o-que-e-e-como-aplicar-na-pratica/. Acesso em: 9 maio 2024.

WORLD BANK GROUP. Who cares wins: connecting financial markets to a changing world. Internacional Finance Corporation. World Bank Group, 2004. Disponível em: https://documents1.worldbank.org/curated/en/444801491483640669/pdf/113850-BRI-IFC-Breif-whocares-PUBLIC.pdf. Acesso em: 9 maio 2024.

WORLD ECONOMIC FORUM. The Global Risks Report 2022. 78. ed. Genebra: World Economic Forum, 2022. Disponível em: https://www.weforum.org/reports/global-risks-report-2022/. Acesso em: 9 maio 2024.

WORLD ECONOMIC FORUM. The Global Risks Report 2023. 18. ed. Genebra: World Economic Forum, 2023. Disponível em: https://www.weforum.org/reports/global-risks-report-2023/. Acesso em: 9 maio 2024.

WORLD ECONOMIC FORUM. The Global Risks Report 2024. 19. ed. Genebra: World Economic Forum, 2024. Disponível em: https://www.weforum.org/reports/global-risks-report-2024/. Acesso em: 9 maio 2024.

Informação bibliográfica deste livro, conforme a NBR 6023:2018 da Associação Brasileira de Normas Técnicas (ABNT):

RODRIGUES, Caroline; MACHADO, Ana Carolina Coura Vicente. Implementando o ESG nas entidades do Sistema S: passos essenciais para uma jornada de impacto efetivo. *In*: RODRIGUES, Caroline; PIRONTI, Rodrigo (coord.). *ESG na Administração Pública*: estudos dirigidos. Belo Horizonte: Fórum, 2025. p. 535-577. ISBN 978-85-450-0779-1.

PARTE IV

CASES

ESG NA AGÊNCIA NACIONAL DE SAÚDE E IESGO NO TRIBUNAL DE CONTAS DA UNIÃO: MUDANÇAS DE PARADIGMAS E AVANÇOS

TERESA VILLAC
RENATO CADER

1 Introdução

O termo ESG (*Environmental, Social and Governance*), ao longo dos anos, tem se disseminado cada vez mais nas organizações públicas, apesar de ter nascido num ambiente onde habitavam investidores com seus interesses diversos. O ESG sempre teve forte apelo para ser utilizado no setor privado. Por outro lado, é importante ressaltar que o papel do Estado tem relação direta com os princípios da governança e da sustentabilidade, e os padrões ESG nada mais são do que a conciliação dessas duas perspectivas, que, alinhadas a princípios constitucionais, transformam o ESG como padrão de alto interesse público.

É oportuno lembrar que nas organizações públicas a perspectiva do ESG se torna ainda mais adequada, com a valorização da diversidade, da inclusão social, da equidade, da ética, da economia de baixo carbono e da inovação. Esse movimento tem ganhado cada vez mais força e, neste sentido, o presente artigo objetiva apresentar duas iniciativas precursoras no Brasil na agenda ESG: a política implementada pela Agência Nacional de Saúde e o novo indicador (IESGo), desenvolvido pelo Tribunal de Contas da União, contribuindo para a disseminação do tema e ampliação do debate acadêmico e na governança pública nacional.

No setor público, a atuação da ANS tem tido papel de destaque pelo seu pioneirismo no tema, por intermédio da Resolução

Administrativa nº 82/2023,[1] publicada em março de 2023, com significativas inovações, que serão apresentadas.

Por sua vez, o Tribunal de Contas da União, por intermédio do Acórdão nº 1.205/2023 - Plenário, de 14 de junho de 2023, determinou a revisão dos instrumentos de avaliação de governança do TCU para que passasse a considerar também as dimensões ambiental e social do ESG, o que resultou em um novo índice, o iESGo, que será apresentado e detalhado a fim de reforçar a relevância da iniciativa, seu conteúdo inovador e contribuir para ampliar o seu conhecimento.

Com a análise das experiências da ANS e do TCU, o artigo é conclusivo pela inovação e avanços que representam modelagens passíveis de disseminação, partindo da premissa de que a adoção do ESG não se restringe à reprodução automatizada de parâmetros da iniciativa privada, mas do seu aprimoramento a partir da perspectiva de que o Estado implementa políticas públicas e como tal tem o potencial de imprimir significativas melhorias rumo à preservação ambiental, garantia de direitos sociais em uma governança pública sustentável.

2 ESG na Agência Nacional de Saúde

O ESG na Agência Nacional de Saúde foi implementado por meio da Política Integrada de Governança e Responsabilidade Socioambiental (Resolução Administrativa nº 82/2023).

Ao adotar o ESG, a ANS assume o compromisso público de implementar ações socioambientais, juntamente com medidas de integridade, conformidade e transparência, de maneira integrada, além de buscar promover a inclusão social, com foco na diversidade, contemplando minorias como mulheres vítimas de violência doméstica, pessoas com deficiência, comunidade LGBTQIAP+ e outros grupos.

A ANS está na fase de implementação do projeto ESG,[2] que conta com todas as suas ações e documentos que podem ser acessados de forma transparente no painel dinâmico do projeto, onde encontramos o "Plano de Ação 2023-2025", com um conjunto de ações propostas para o biênio.

---

1 Acesse a Política Integrada de Governança e Responsabilidade Social em: https://www.ans.gov.br/component/legislacao/?view=legislacao&task=textoLei&format=raw&id=NDM3MA==.

2 Todas as informações podem ser acessadas no painel do projeto ESG no link a seguir: https://app.powerbi.com/view?r=eyJrIjoiODgwYTYyYTMtNjlmNC00NGUwLTg0YjUtY2ZkMDk2ZjRjZmRjIiwidCI6IjlkYmE0ODBjLTRmYTctNDJmNC1iYmEzLTBmYjEzNzVmYmU1ZiJ9.

A agência também conta com um "Painel Dinâmico de Governança e Sustentabilidade" – um instrumento que contempla dados de diversas áreas que de alguma forma dialogam com os fatores ESG, fortalecendo ainda mais a perspectiva da governança como base para o desenvolvimento sustentável.

O ESG no setor público é a sustentabilidade e a governança caminhando juntos com a preocupação do bem-estar das gerações presentes e futuras. O projeto ESG da ANS veio como uma oportunidade de internalizar valores sociais, ambientais e de governança à missão institucional e ao mesmo tempo orientar e demonstrar como pode ser incluído o princípio da sustentabilidade na prática dos instrumentos e de ações de liderança, de estratégia e de controle.

É válido ressaltar que o desafio da integração do E + S + G tem como pano de fundo a noção de transversalidade, a qual decorre da discussão no campo da filosofia das ciências, apontando para a necessidade de conciliar diferentes campos do conhecimento para se obter a melhor compreensão dos fenômenos sociais e ambientais engendrados no manto da governança.

Na verdade, o que tem se visto no Brasil são as diferentes dimensões do ESG sendo tratadas separadamente. Vê-se atualmente instituições públicas com equipes muito capacitadas atuando na área de governança sem estar em sinergia com a unidade que cuida da sustentabilidade. É certo que a falta de conexão entre essas áreas pode trazer riscos consideráveis à organização. Por exemplo, uma instituição que vá fazer uma licitação para a construção "sustentável" de um prédio, com a inclusão de critérios ambientais e sociais, mas não tem uma cultura de integridade, poderá ter maiores riscos de problemas relacionados a desvios de verbas públicas, entre outros. No entanto, uma licitação pode estar perfeita do ponto de vista de *compliance* e na verdade estar baseada num projeto de grande impacto ambiental. Em outras palavras, não existe sustentabilidade sem a governança e vice-versa, haja vista que tais conceitos confluem ao final para o mesmo objetivo: o bem-estar das atuais e futuras gerações.

2.1 Práticas relativas às diferentes dimensões do ESG na ANS

São diversos os temas associados às dimensões do ESG na ANS. A agência tem se preocupado em adotar ações e projetos em cada dimensão, como se segue:

2.1.1 Dimensão social

Na dimensão social, há ações relacionadas aos temas qualidade de vida, saúde mental no trabalho, saúde e segurança do trabalho, acessibilidade, diversidade e inclusão e combate à violência laboral.

Nas áreas de *qualidade de vida e saúde e segurança do trabalho*, a ANS realiza e controla ações voltadas à saúde do trabalhador, como campanhas de conscientização e capacitação, exames médicos periódicos. Na agência, há um laboratório de saúde ocupacional, o qual disponibiliza profissionais de saúde para o atendimento presencial ou remoto, a saber: técnica de enfermagem, assistente social, fisioterapeuta, psicólogo, nutricionista e médico.

Há ainda os programas Rio e Recomeçar. O primeiro visa auxiliar as equipes na fluidez das relações de trabalho com a redução de situações conflituosas e fazer eventual mediação, caso necessário. Já o programa Recomeçar oferece ao servidor que esteja afastado das rotinas de trabalho por longo período a retomada das suas atividades laborativas de forma acolhedora e respeitosa.[3]

O tema *diversidade e inclusão* é encarado com ênfase pela instituição, a publicação do Guia ANS de Diversidade e Inclusão,[4] lançado em dezembro de 2023, é a demonstração clara do foco institucional na promoção de mecanismos de enfrentamento às práticas de desigualdade, discriminações de gênero e raça e à ocorrência de assédio moral e sexual e demais violências laborais.

No que tange à *acessibilidade*, a ANS disponibiliza ao seu quadro funcional atendimento de profissionais que atuam no ambulatório de saúde ocupacional, onde são realizadas avaliações e orientações

---

[3] Reportagem disponível em: https://anss.sharepoint.com/:u:/r/sites/eq.gcoms-ansinforma/ansinformanot%C3%ADcias/SitePages/Pesquisa-Qualidade-de-Vida-no-Trabalho-%C3%A9-um-sucesso-e-recebe-grande-engajamento-dos-servidores-e-colaboradores.aspx?csf=1&web=1&share=EeQWUfF1ScZKooob9QIZgmsBTVz_1Wo1VHa1BXKniN4u9Q&e=YcMGrW.

[4] Guia de diversidade e inclusão em: https://www.gov.br/ans/pt-br/assuntos/noticias/sobre-ans/ans-lanca-publicacao-sobre-diversidade-e-inclusao.

individualizadas acerca das necessidades físicas, motoras, de mobilidade, bem como outros ajustes que possam ser necessários para a melhoria do ambiente de trabalho, seja presencial ou remoto.

Já no tema *combate às violências laborais*, a Agência Nacional de Saúde Suplementar tem trabalhado no fomento à discussão e à proposição de ações e políticas que apoiem o trabalhador na prevenção e no combate às violências laborais. Em 2023, foi criado um Grupo de Trabalho para discutir o tema de violência laboral e assédio moral e sexual na ANS, o qual deverá trazer proposições de ações que possam combater e apoiar os trabalhadores na perspectiva da construção e fortalecimento de um ambiente laboral saudável, inclusivo e acolhedor.

2.1.2 Dimensão ambiental

Na dimensão ambiental, há ações relacionadas aos temas de gerenciamento de resíduos sólidos, eficiência energética e compartilhamento de espaços.

No que tange ao *gerenciamento de resíduos sólidos*, a ANS é parceira da Rede ReciclaPorto, que busca atuar nos três pilares da sustentabilidade: ambiental, social e governança. Por meio dessa parceria, foi publicado o Chamamento Público Compartilhado de Coleta Seletiva Cidadã para a habilitação de cooperativas e associações de catadores para a coleta dos resíduos gerados pelas instituições partícipes da Rede ReciclaPorto, o que possibilitará uma redução no impacto ambiental gerado e concomitantemente gerará recursos para os cooperativados e suas famílias, proporcionando impacto positivo ao componente social.

Está em curso na ANS um processo para implementação na sede e nos núcleos da ANS do Plano de Gerenciamento de Resíduos Sólidos – PGRS, o qual auxiliará na implementação da Coleta Seletiva Cidadã e na conscientização da força de trabalho em relação às boas práticas de gerenciamento de resíduos sólidos e coleta seletiva de forma a efetivar o gerenciamento de resíduos sólidos na ANS.

No que se refere ao tema *eficiência energética*, a ANS tem adotado algumas ações relacionadas à eficiência energética, tais como a substituição programada das lâmpadas do edifício-sede da agência por lâmpadas de LED.[5] Já o compartilhamento de espaços tem sido uma

[5] Por meio de parceria com a Superintendência de Administração do MGI/RJ, foi disponibilizado para a ANS o total de 2.470 lâmpadas de LED, material resultante de apreensões da Receita Federal.

iniciativa que envolve a redução de impacto ambiental e a economia de recursos financeiros ao mesmo tempo. Desde 2018, vêm sendo estabelecidas parcerias entre a ANS e outros órgãos da Administração Pública com o objetivo de racionalizar custos com foco na adequada utilização dos espaços existentes na sede da ANS e em outros órgãos públicos.

Em relação à ocupação do imóvel da sede da ANS, foi realizado o compartilhamento de espaços com a Agência Nacional de Cinema (ANCINE) e a Agência Nacional de Transporte Terrestres (ANTT), que ocupam atualmente e respectivamente o 3º pavimento e parte do 6º pavimento do edifício-sede. No mesmo prédio, foi implantada a chamada "Sala 360º", com o objetivo de usar de forma sustentável os espaços do edifício-sede. São diversas salas de treinamento e *coworking* para uso da ANS e de demais órgãos públicos – um projeto federal pioneiro na cidade do Rio de Janeiro. O espaço é uma nova área de trabalho compartilhada e rotativa (*coworking*) para uso de servidores do Programa de Gestão de Desenvolvimento (PGD) do Governo Federal, mediante agendamento prévio.

2.1.3 Dimensão da governança

A ANS tem adotado práticas que demonstram a aplicação da governança na instituição e sua relação e relevância para o tema da sustentabilidade. A estrutura de governança da agência compreende o núcleo da alta administração, formado pelos diretores que compõem a Diretoria Colegiada – DICOL e outros órgãos, tais como a Auditoria Interna – AUDIT, a Comissão de Ética – CEANS, a Ouvidoria – OUVID, a Corregedoria – PPCOR. Além dessa estrutura, há ainda o Comitê de Governança, Riscos e Controles – CGRC e a Câmara de Saúde Suplementar – CAMSS, sendo este último um mecanismo que permite a participação da sociedade, atuando como órgão consultivo na regulação do setor de saúde suplementar.[6]

É importante que essa estrutura esteja calcada em uma visão integrada e holística, o que exige cada vez mais a necessidade de pensar os elementos relacionados à governança com a sustentabilidade

---

6 AGÊNCIA NACIONAL DE SAÚDE SUPLEMENTAR (Brasil). Relatório anual de gestão e de atividades 2022 – Exercício 2022 Agência Nacional de Saúde Suplementar (Brasil). Diretoria Colegiada. Secretaria Geral. Gerencia de Planejamento e Acompanhamento. Rio de Janeiro: ANS, 2023. Disponível em: file:///C:/Users/ans/Downloads/Relatorio_Anual_de_Gestao_e_de_Atividades_2022.pdf. Acesso em: 23 jan. 2024.

ambiental e social. Essa é a perspectiva integradora da política ESG da ANS. Falar em integridade, conceito relacionado à governança, não é apenas atuar no combate à corrupção, é preciso a compreensão de que a integridade está relacionada aos cuidados com a sustentabilidade social e ambiental.

Da mesma forma que a gestão de riscos deve ser concebida e exercida com ações que se conectam também com a sustentabilidade social e ambiental da ANS, não se restringindo a tratar dos risos relacionados à regulação do setor no sentido estrito.

No que se refere ao tema *gestão de riscos*, a ANS, em 2014, por meio da Resolução Administrativa nº 60/2024, publicou sua Política de Gestão de Riscos, e a Cartilha de Gestão de Riscos. O objetivo é o desenvolvimento, disseminação e implementação de metodologia para avaliação de riscos institucionais, com vistas a apoiar a melhoria contínua de processos de trabalho e de projetos, com alocação e utilização eficaz dos recursos disponíveis, contribuindo para o cumprimento dos objetivos da Agência.

A *integridade* é também um pilar fundamental da boa governança que objetiva direcionar condutas, valores, princípios e normas na construção de ambientes cada vez mais transparentes, éticos e íntegros.[7] Nessa cadência, a ANS conta com uma unidade de gestão de integridade – a Coordenadoria de Gestão de Integridade.

No que diz respeito à *transparência*, a agência faz a atualização periódica para monitoramento da transparência ativa, fomentando o incremento da cultura da transparência. O sítio da ANS na internet tem sido uma importante ferramenta de promoção da transparência ativa e acesso à informação. Para garantir o aperfeiçoamento constante das bases de dados disponibilizadas, a ANS conta com um Plano de Dados Abertos, que é o documento orientador para as ações de planejamento, promoção, execução e melhoria de ações estratégicas e operacionais relacionadas à Política de Dados Abertos do Governo Federal no âmbito da ANS

Além da abertura dos dados, também foram estabelecidas rotinas para revisão, reformulação e aprimoramento dos dados, metadados e infraestrutura. As necessidades de melhorias são identificadas a partir das contribuições: dos canais de relacionamento com a sociedade na

7 CGU – Controladoria-Geral da União. Integridade Pública, 2024. Disponível em: https://www.gov.br/cgu/pt-br/assuntos/integridade-publica. Acesso em: 23 jan. 2024.

medida em que os conjuntos de dados foram publicados no Portal de Dados Abertos e divulgados na página da ANS; revisões constantes no fluxo de trabalho para otimização dos processamentos das rotinas instituídas; e do trabalho realizado pelas curadorias responsáveis pelos conjuntos de dados para o aprimoramento dos dados e metadados.[8]

A ANS, com o objetivo de disponibilizar seus dados de forma transparente, vem desenvolvendo diversos painéis dinâmicos, que são instrumentos que fortalecem a governança e a sustentabilidade na instituição. Entre eles podemos citar:

- Painel do Projeto ESG – Disponibiliza informações referentes à implementação e monitoramento do Projeto ESG na ANS por meio do Plano de Ação ESG. Apresenta *links* para os principais documentos do Projeto ESG (Política Integrada de Governança e Responsabilidade Socioambiental, Guia de Diversidade da ANS, Guia ESG). Informa os ODS aplicáveis à ANS e como são implementados. Facilita o acesso às informações de governança direcionando por meio de botões ao local específico do site da ANS.
- Painel de Governança e Sustentabilidade (PLS) – Consolida o Plano de Gestão de Logística Sustentável, o Plano de Ações do PLS desde 2019, seu *status* de implementação e o Relatório contendo os dados dos diversos itens medidos e acompanhados pela ANS desde 2019.

2.1.3.1 Governança de contratações sustentáveis[9]

A "Governança de Contratações Sustentáveis" está alinhada aos chamados Objetivos do Desenvolvimento Sustentável – ODS da ONU, e a ANS tem adotado ações relevantes para o fortalecimento da governança das contratações sustentáveis como:

- Participação no "Projeto Almoxarifado Virtual Nacional", serviço de logística, com disponibilização de sistema

[8] AGÊNCIA NACIONAL DE SAÚDE SUPLEMENTAR (Brasil). Dados Abertos. 2023 Disponível em: https://www.gov.br/ans/pt-br/acesso-a-informacao/perfil-do-setor/dados-abertos-1. Acesso em: 24 jan. 2024.

[9] CADER, Renato. Governança de Contratações Sustentáveis. Portal Solicita. Disponível em: https://portal.sollicita.com.br/Noticia/20778/governan%C3%A7a-de-contrata%C3%A7%C3%B5es-sustent%C3%A1veis. Acesso em: 20 jan. 2024.

informatizado, para fornecimento de materiais de consumo administrativo, com entregas em todo o território nacional;
- Realização de inventário de critérios de sustentabilidade em contratações vigentes, para diagnosticar o "estado da arte" no tema e nortear as próximas ações;
- Capacitação dos servidores de unidades envolvidas com governança, gestão, sustentabilidade, aquisições e gestão de contrato.

Ademais, vem aplicando os princípios aplicáveis às contratações sustentáveis apontados no "Guia Nacional de Contratações Sustentáveis" da Câmara Nacional de Sustentabilidade – AGU (set. 2023).[10]

3 ESG no Tribunal de Contas da União

O índice iESGo foi desenvolvido pelo Tribunal de Contas da União para a avaliação da adesão dos órgãos públicos em relação às práticas ESG.

3.1 ESG na governança pública: origens pelo Acórdão nº 1.205/2023 - Plenário TCU[11]

O Acórdão nº 1.205, de 14 de junho de 2023, do Plenário do Tribunal de Contas da União, versou sobre proposta de fiscalização na modalidade levantamento, por iniciativa da Unidade de Auditoria Especializada em Governança e Inovação e endossada pela Secretaria de Controle Externo de Governança, Inovação e Transformação Digital do Estado. Autorizou-se, por voto relatado pelo Ministro Vital do Rego e acolhido por unanimidade, a realização de fiscalização com o objetivo de avançar na necessária conexão entre governança pública e sustentabilidade.

Trata-se de significativo avanço da Corte de Contas como propulsora de novos comportamentos no âmbito do setor público nacional. Se o TCU já tem sedimentado e é referência na temática da governança organizacional pública, assim como apresenta sólidos entendimentos

---

10 Guia Nacional de Contratações Sustentáveis da AGU. Disponível em: https://www.gov.br/agu/pt-br/assuntos-1/Publicacoes/cartilhas/gncs3.pdf. Acesso em: 29 jan. 2024.

11 3.1.1 e 3.1.1.2: https://www.novaleilicitacao.com.br/2023/07/10/esg-governanca-e-contratacoes-publicas-acordao-1205-2023/.

no tocante aos temas das licitações sustentáveis, gestão adequada de resíduos e coleta seletiva, é de se destacar a relevância da fiscalização autorizada pelo Acórdão nº 1.205/23 - Plenário.

O cerne da inovação concentra-se em dois pontos: o primeiro, já referido, consiste no estreitamento das relações entre sustentabilidade e governança, a fim de que a boa governança pública esteja intrinsecamente relacionada com a implementação de ações no tocante às dimensões da sustentabilidade.

Como tivemos a oportunidade de enfatizar, é mais do que passada a hora de que "uma nova teoria da governança pública possa ir se constituindo coletivamente no Brasil" e a "teoria da governança pública se encadeie com a sustentabilidade", tanto conceitualmente como também, e precipuamente, com ferramentas viabilizadoras da sua concretização crescente em âmbito nacional (CADER; VILLAC, 2022: *Governança e Sustentabilidade: um elo necessário no Brasil*. Editora Fórum).

O posicionamento do TCU é contributivo a este fortalecimento, um passo significativo para a institucionalização da governança pública sustentável, na medida em que fomentador de uma remodelação de um dos instrumentos de avaliação dos órgãos públicos: o Índice Integrado de Governança e Gestão Pública (iGG).

Os levantamentos do iGG, além do diagnóstico institucional empreendido, são contributivos para a adoção de boas práticas de governança pública pelas organizações. Foi muito bem-vindo o encaminhamento pelo Tribunal de Contas da União para que se proceda à remodelagem do questionário iGG com o objetivo de que seja também um instrumento de avaliação de práticas ambientais e sociais.

O segundo aspecto inovador decorrente do Acórdão nº 1.205/23 é referência ao ESG (*Enviromental, Social and Governance*) no setor público. A fundamentação da Secretaria de Controle Externo de Governança, Inovação e Transformação Digital do Estado do TCU, endossada no i. voto do relator, menciona:

> Risco
> A ausência de práticas de ESG, que buscam assegurar o conjunto de incentivos equilibrados aos gestores de instituições públicas, pode levar à ineficiência na execução de políticas e orçamentos públicos, além de propiciar ambiente para que agentes públicos adotem condutas não aderentes à função institucional ou sem preocupações sociais e ambientais.
> Oportunidade

O TCU vem realizando levantamentos de governança organizacional pública desde 2014. Foram quatro edições do levantamento que contaram com grande adesão das organizações respondentes. Tais levantamentos tiveram influência na grade curricular de cursos de nível superior, e suas informações, publicadas em formato aberto, contribuíram para a formação de inúmeros mestres e doutores. No entanto, a dimensão Governança, que corresponde à letra G da sigla ESG, tornou-se insuficiente diante do amadurecimento da sociedade brasileira. Há tempo, fala-se da relevância da governança, mas dentro do contexto ESG, que inclui as dimensões SOCIAL e AMBIENTAL. O presente trabalho busca, então, remodelar o questionário do iGG, para integrar as novas dimensões e revisitar as práticas de governança e gestão para prover maior equilíbrio ao instrumento e mantê-lo moderno e atualizado.

Materialidade

Por ser um tema transversal, a materialidade do tema ESG está dispersa na atuação de todo o poder público. A existência de boas práticas de ESG contribui para a adequada atuação dos agentes públicos e, por consequência, das organizações públicas, além de ser essencial no atingimento dos objetivos finalísticos e na eficiência na execução do orçamento federal.

Relevância

Além dos benefícios às organizações respondentes, com a identificação de áreas onde as práticas de ESG são menos maduras, e à sociedade com a evolução das organizações públicas que adotam tais práticas, a pesquisa desperta interesse internacional. Considerando apenas 2023, houve solicitação de apresentações para o Chandler Institute of Governance de Singapura e para o Subcomitê de Trabalho na Administração Pública da ONU, além do reconhecimento de especialistas de organizações como a FGV. A adesão das organizações públicas ao modelo implantado pelo TCU para avaliação de governança pública organizacional também pode ser verificada pelas organizações que adotaram em seus PLANOS ESTRATÉGICOS os índices gerados com base nessa pesquisa, para aferir alcance de metas e objetivos. A AudEducação informou que diversas instituições de ensino superior utilizam os levantamentos do TCU como referência para a implantação de práticas de gestão e governança. Devido à relevância do modelo já implantado, será também disponibilizada solução no Portal do TCU que permita aos órgãos e entidades calcular seu índice e verificar sua evolução na adoção das práticas de governança e gestão definidas no iGG

Retorno/benefícios esperados

Com o presente trabalho, o TCU contará com um instrumento capaz de medir a adesão de organizações públicas a práticas que vão além de Governança e Gestão, mas alcançam a sustentabilidade ambiental das organizações e sua responsabilidade social. Essa evolução é essencial para manter atualizado e coerente o instrumento de pesquisa, dado que a governança responsável tem sido firmemente associada ao ambiental e ao social, compondo o que se chama internacionalmente de ESG. Ao adotar práticas ESG, organizações públicas tendem a se tornar mais eficientes, uma vez que a sustentabilidade pode gerar redução de custos. Além disso, tais práticas conferem legitimidade à gestão das organizações respondentes. Sendo assim, ao medir suas próprias práticas com base no novo questionário a ser elaborado, gestores têm mais condições de investir nas áreas mais vulneráveis apontadas no levantamento. O TCU já é reconhecido como a maior referência pública no assunto, porém deve continuar inovando e modernizando o instrumento de controle para continuar exercendo seu papel de principal agente indutor de melhorias nos processos internos nas organizações públicas.

Em síntese, as duas inovações trazidas pelo acórdão traduzem-se: a) na conexão inequívoca entre governança pública e sustentabilidade e na b) utilização do ESG como parâmetro para organizações públicas.

É inegável a inovação de se trazer para a reflexão nas organizações públicas o ESG, como estruturante para a remodelação do Índice Integrado de Governança e Gestão Pública (iGG). Como asseverado pelo i. Ministro Relator:

> Ademais, cito, por oportuno, que a edição da Resolução-TCU 268/2015, dispondo sobre a Política de Sustentabilidade do Tribunal de Contas da União, *registra a importância consubstanciada por este Colegiado aos critérios de sustentabilidade nas atividades da administração pública, visando à redução do impacto socioambiental negativo causado pela execução de suas atividades e promovendo a economia de recursos naturais*. Trata-se de ação normativa que materializou a cautela e o cuidado que o Tribunal já vinha prestando aos assuntos ora em discussão.

3.1.1 Impactos imediatos do Acórdão nº 1.205/2023 - Plenário TCU nas contratações públicas

O Acórdão nº 1.205/23 foi um ponto de inflexão relevante para as instituições públicas brasileiras, sinal de atenção e alerta para aquelas que ainda não institucionalizaram seus modelos de governança pública sustentável, que possuem diversas ferramentas legais e obrigatórias, como as contratações públicas sustentáveis, gestão adequada dos resíduos, dentre outras.

Neste sentido, há de se observar que a Lei nº 14.133/21 apresentou diretrizes de governança também no tocante à sustentabilidade. Assim, a par do *status* legal agora conferido ao estudo técnico preliminar e análise de riscos, enfatize-se que estes instrumentos não poderão estar desvinculados do desenvolvimento nacional sustentável, princípio e objetivo a ser considerado em suas múltiplas dimensões (econômica, ambiental, social, cultural) em todas as fases de uma contratação pública.

As contratações públicas são um mecanismo da maior relevância para efetivação da boa governança pública sustentável e, ainda sem um indicador nacional uniforme de licitações sustentáveis para os entes federativos e sem indicadores temáticos amplamente disseminados, há muito a se avançar e, neste sentido, é contributiva a iniciativa do Tribunal de Contas da União em remodelar o iGG para a inserção de práticas ambientais e sociais.

Às organizações públicas já se estabelecia a proatividade de incremento das iniciativas de contratações sustentáveis, o diagnóstico e monitoramento, bem como a consideração e catalogação conforme a dimensão abrangida, se ambiental, se social, se ambas, não se olvidando ainda da dimensão cultural e da acessibilidade, em uma perspectiva sistêmica que abranja todo o ciclo de uma contratação pública, do planejamento até a adequada gestão de resíduos.

3.2 iESGo – índice ESG no TCU

No Tribunal de Contas da União, a Secretaria de Controle Externo de Governança, Inovação e Transformação Digital do Estado (SecexEstado) foi responsável pela elaboração do questionário que embasa o levantamento iESGo e possibilitará avaliar a adesão dos órgãos públicos jurisdicionados pelo TCU às práticas ESG.

A elaboração do questionário atendeu ao princípio da participação em matéria ambiental e contou com a oitiva de especialistas externos ao Tribunal de Contas da União, convidados para analisarem o questionário preliminar, opinarem e sugerirem textos, com debates em reunião de trabalho. Os autores deste artigo participaram deste processo dialógico e registram a importância da iniciativa, tendo sido de grande aprendizado para todos os envolvidos nesta construção coletiva das dimensões do ESG e detalhamentos que se constituíram em avanços na governança pública.

O questionário iESGo divide-se, inicialmente, em seis grandes grupos: liderança, estratégia, controle, operações, sustentabilidade ambiental e sustentabilidade social.

No tocante à *liderança,* destacamos o Programa Nacional de Prevenção à Corrupção, gestão da ética e integridade organizacionais, tratamento para índicios de fraude e corrupção, critérios para a escolha de membros da alta administração, avaliação de desempenho e aprimoramento das competências.

A *liderança* enfatiza a gestão de riscos e sua implantação, a existência de um modelo de gestão da estratégia, metas para simplificação do atendimento ao usuário do serviço público, promoção da gestão estratégica pela alta administração, gestão de pessoas, da tecnologia da informação, das contratações, orçamentária e financeira. Enfatiza-se o estabelecimento de um modelo de gestão da sustentabilidade ambiental e social, além do monitoramento dos resultados organizacionais, sua avaliação, bem como a avaliação dos efeitos dos impactos econômicos e regulatórios gerados pela organização pública.

A promoção da transparência ativa e passiva é característica almejada pelo *controle,* com observância dos princípios de dados abertos, garantia da *accountability,* com prestação de contas diretamente à sociedade, publicação de planos e relatórios de acompanhamento, além de canais para denúncias e mecanismos para apuração de indícios de irregularidades e promoção de responsabilização. Há atenção à efetividade da auditoria interna, com a elaboração do seu plano anual, além do acompanhamento dos resultados deste trabalho.

A ênfase em *operações* divide-se em: gestão de pessoas; da tecnologia da informação e segurança da informação; gestão de contratações, orçamentária e financeira, sustentabilidade ambiental e social. Destacamos a avaliação do ambiente de trabalho para que seja positivo para o desempenho, a existência de programas de qualidade de vida no trabalho e de reconhecimento dos colaboradores e equipes.

A gestão das contratações pontua que os processos de trabalho na área deverão estar definidos, com o planejamento anual e a previsão de gestão de riscos. A integridade é prevista como valor relevante nas contratações, evitando-se fraudes, corrução e outros atos antiéticos, relacionando o assunto com o desenvolvimento das competências dos ocupantes de funções essenciais à gestão das contratações.

As contratações sustentáveis são valorizadas, com menção tanto às contratações centralizadas como compartilhadas, tendo constado, inclusive, questionamento se a consultoria jurídica aborda o tema, sob à ótica da legislação, em seus pareceres prévios:

4341. Os processos de trabalho da gestão de contratações promovem a realização de contratações sustentáveis

- Não adota
- Há decisão formal ou plano aprovado para adotá-lo
- Adota em menor parte
- Adota parcialmente
  Indique quais as evidências dessa adoção:
- Adota em maior parte ou totalmente
  Indique quais as evidências dessa adoção:

Visando explicitar melhor o grau de adoção do controle, marque abaixo uma ou mais opções que majoritariamente caracterizam sua organização:
a) a organização prioriza a realização de contratações compartilhadas e centralizadas
b) o Plano de Contratações Anual (PCA) está alinhado com o Plano de Logística Sustentável (PLS) ou instrumento equivalente
c) as equipes de planejamento das contratações são orientadas a considerar a possibilidade de reutilização de bens ou de redimensionamento de serviços já existentes, quando da avaliação da necessidade da contratação (etapa do ETP)
d) as equipes de planejamento das contratações são orientadas a verificar a existência de leis ou normativos que estabeleçam regras específicas de sustentabilidade para o objeto a ser contratado, quando da definição dos requisitos para a contratação (etapa do ETP, reavaliada no TR)
ser contratado, quando da definição dos requisitos para a contratação (etapa do ETP, reavaliada no TR)
e) as equipes de planejamento das contratações são orientadas a considerar todo o ciclo de vida do objeto para estabelecer os critérios de sustentabilidade aplicáveis (p. ex.: para fins de especificação técnica e definição das obrigações da contratada)
f) a consultoria/assessoria jurídica aborda, nos pareceres prévios às contratações, os aspectos jurídicos de sustentabilidade.
ser contratado, quando da definição dos requisitos para a contratação (etapa do ETP, reavaliada no TR)
e) as equipes de planejamento das contratações são orientadas a considerar todo o ciclo de vida do objeto para estabelecer os critérios de sustentabilidade aplicáveis (p. ex.: para fins de especificação técnica e definição das obrigações da contratada)
f) a consultoria/assessoria jurídica aborda, nos pareceres prévios às contratações, os aspectos jurídicos de sustentabilidade.

4342. A organização adota critérios e requisitos de sustentabilidade nas contratações

(...)

Visando explicitar melhor o grau de adoção do controle, marque abaixo uma ou mais opções que majoritariamente caracterizam sua organização:

a) a organização prioriza, nas aquisições de bens, aqueles constituídos por material renovável, reciclado, atóxico e biodegradável

b) a organização exige, nas contratações de obras e serviços de engenharia, que sejam observadas as normas relativas à disposição final ambientalmente adequada dos resíduos sólidos gerados pelas obras contratadas

c) a organização exige, nas contratações de obras e serviços de engenharia, que sejam observadas as normas relativas à utilização de produtos, de equipamentos e de serviços que, comprovadamente, favoreçam a redução do consumo de energia e de recursos naturais

d) a organização exige, nas contratações de obras e serviços de engenharia, que sejam observadas as normas relativas à acessibilidade para pessoas com deficiência ou com mobilidade reduzida

Verifica-se o estabelecimento de questões detalhadas acerca das contratações públicas sustentáveis, com fins à superação de prática ainda existente de serem inseridos critérios e requisitos genéricos de sustentabilidade, muitas vezes sem aplicabilidade na execução contratual e constituindo-se em *greenwashing*.

As maiores inovações encontram-se em dois novos tópicos do questionário iESGo, específicos para a sustentabilidade ambiental e social.

Há o incentivo à adoção ou constituição de um programa de sustentabilidade ambiental, com destaque à redução da emissão de gases de efeito estufa, fundamental para o enfrentamento das mudanças climáticas. O TCU, condizente com sua missão institucional e foco na governança, preocupa-se com que haja o estabelecimento de metas, prazos de execução e mecanismos de monitoramento.

Compreendendo que mudanças estruturais possuem maior êxito com ações de sensibilização, conscientização e capacitação, há questão formulada sobre o tema, aliando à definição de indicadores, bem como o inegável avanço pela transparência e ampliação da participação ao solicitar que haja canal instituído para o esclarecimento de dúvidas. Parece-nos oportuno que, ainda que não expressamente previsto, referido canal há de também ser utilizado para contribuições e sugestões propositivas.

Neste sentido:

5111. Há programa de sustentabilidade ambiental
(...)
Visando explicitar melhor o grau de adoção do controle, marque abaixo uma ou mais opções que majoritariamente caracterizam sua organização:
a) há Plano de Logística Sustentável (PLS), ou instrumento equivalente, para o estabelecimento de práticas de sustentabilidade e racionalização de gastos e processos, contendo objetivos e responsabilidades definidas
b) cada uma das ações do PLS (ou do instrumento equivalente) possui metas, prazos de execução e mecanismos de monitoramento
c) há ações para a gestão socioambiental adequada de resíduos, com metas de eficiência estabelecidas
d) há ações para uso consciente da água, com metas de eficiência estabelecidas
e) há ações para uso racional de energia elétrica e incentivo à utilização de outras fontes de energia renovável, com metas de eficiência estabelecidas
f) há ações para reduzir e compensar a emissão de gases de efeito estufa resultante do funcionamento da organização
5121. A sustentabilidade ambiental é promovida internamente
(...)
=Visando explicitar melhor o grau de adoção do controle, marque abaixo uma ou mais opções que majoritariamente caracterizam sua organização:
a) houve ações de sensibilização (p. ex.: campanhas de comunicação; palestras) ou capacitação de gestores e colaboradores sobre sustentabilidade ambiental nos últimos doze
meses (p. ex.: capacitações periódicas; capacitações por ocasião da cursos de formação dos novos gestores/colaboradores)
b) há ações regulares para garantir que a organização esteja em conformidade com as leis e regulamentos ambientais aplicáveis
c) há indicadores ou instrumentos equivalentes (ex.: painéis de informação) que permitem mensurar os resultados obtidos pelas ações de sustentabilidade ambiental (p. ex.: economia de recursos)
d) há canal(is) para o esclarecimento de dúvidas sobre sustentabilidade ambiental (p. ex.: telefone; e-mail; atendimento presencial; reportes online)

Como se verifica, houve também a consideração de que as iniciativas de sustentabilidade não devem se limitar ao ambiente interno organizacional, mas sim influir positivamente no mercado fornecedor e parceiros:

5122. A sustentabilidade ambiental é promovida no ambiente externo à organização
(...)
Visando explicitar melhor o grau de adoção do controle, marque abaixo uma ou mais opções que majoritariamente caracterizam sua organização:
a) houve ações de educação ambiental voltadas para as partes interessadas da organização, nos últimos doze meses
b) a organização promove práticas sustentáveis na sua cadeia de fornecedores e parceiros
c) há mecanismo de comunicação com partes interessadas sobre as ações de sustentabilidade realizadas pela organização

É nosso entendimento que a iniciativa ainda está tímida e é desejável que avance, contribuindo para que a organização pública seja disseminadora da sustentabilidade no entorno social e comunidade no território em que localizada, possibilitando, assim, maior interação, sinergia com ações da sociedade civil e políticas públicas locais.

No tocante à sustentabilidade social, o iESGo ostenta inegável contribuição para o fortalecimento de políticas inclusivas, na medida em que o Tribunal de Contas da União passou a avaliar e, indiretamente fomentar, programas de diversidade, inclusão e o combate ao assédio.

Há menção aos temas da equidade racial, gênero, orientação sexual, idade, religião e pessoas com deficiência, o que induz a que sejam desenvolvidas iniciativas concretas nestas áreas, na medida em que há questionamento acerca da designação de equipe, com dedicação exclusiva para tanto:

6111. Há programa de diversidade e inclusão
(...)
Visando explicitar melhor o grau de adoção do controle, marque abaixo uma ou mais opções que majoritariamente caracterizam sua organização:
a) há Política de Diversidade e Inclusão definida (ou instrumento equivalente)

b) a política (ou instrumento equivalente) abrange as temáticas relevantes, p. ex.: equidade racial; gênero; orientação sexual; idade; religião; pessoa com deficiência
c) há responsável ou equipe designada, com dedicação exclusiva, para lidar com as questões relacionadas à diversidade e inclusão

O enfrentamento ao assédio é consistente, evitando-se campanhas isoladas, tendo sido destacada a relevância de normatização interna no tema, estrutura disponível para receber, acolher e abordar notícias de desvio de conduta, garantia do sigilo, bem como equipe especializada e a existência de protocolos de acolhimento:

6112. Há sistema de prevenção e combate ao assédio
(...)
Visando explicitar melhor o grau de adoção do controle, marque abaixo uma ou mais opções que majoritariamente caracterizam sua organização:
a) há normativos internos de combate ao assédio
b) há orientação publicada sobre as condutas que caracterizam assédio e de como proceder em caso de assédio
c) há estrutura disponível para recebimento e tratamento de notícias de desvio de conduta (p. ex.: denúncias), com garantia de sigilo e compromisso de confidencialidade
d) há responsável ou equipe designada, com dedicação exclusiva, para lidar com as situações de assédio na organização
e) há programas de capacitação sobre assédio e direitos das vítimas (p. ex.: capacitações periódicas e nos cursos de formação dos novos gestores/colaboradores)
f) há protocolo de acolhimento de vítimas de assédio ou de quem noticia o assédio

No tocante às políticas contra a discriminação, o iESGo prevê a estruturação de um sistema tanto de prevenção como de combate, mediante uma política específica, orientações e estruturação adequada para o recebimento de denúncias no tema:

6113. Há sistema de prevenção e combate à discriminação
(...)
Visando explicitar melhor o grau de adoção do controle, marque abaixo uma ou mais opções que majoritariamente caracterizam sua organização:

a) há política (ou instrumento equivalente) com o objetivo de evitar e combater a discriminação e o desrespeito
b) há orientação publicada de como proceder em caso de discriminação e de desrespeito
c) há estrutura disponível para recebimento e tratamento de denúncias, com garantia de sigilo e compromisso de confidencialidade

Há incentivo à institucionalização de política de acessibilidade para pessoas com deficiência ou mobilidade reduzida, adotando-se também a estruturação de uma equipe com dedicação exclusiva:

6114. Há sistema de promoção da acessibilidade para pessoas com deficiência ou mobilidade reduzida
(...)
Visando explicitar melhor o grau de adoção do controle, marque abaixo uma ou mais opções que majoritariamente caracterizam sua organização:
a) há política (ou instrumento equivalente) de acessibilidade para inclusão de pessoa com deficiência ou mobilidade reduzida
b) há canal de comunicação dedicado para tratar de questões de acessibilidade
c) há responsável ou equipe designada, com dedicação exclusiva, para lidar com as questões relacionadas à acessibilidade
d) a organização garante o acesso da pessoa com deficiência ou mobilidade reduzida aos serviços e informações que oferece na internet, por meio da adoção de melhores práticas de acessibilidade adotadas internacionalmente (p. ex.: eMAG - Modelo de Acessibilidade em Governo Eletrônico)
e) a organização garante o acesso de pessoas com deficiência ou com mobilidade reduzida às suas instalações físicas
f) a organização realiza avaliações ou auditorias regulares para garantir a acessibilidade

Ao final, a cultura de diversidade e inclusão é enfatizada mediante sua promoção na ocupação de cargos de liderança, ações de sensibilização e canal para recebimento de denúncias, além de incentivar ações no ambiente externo à organização pública, em evidente responsabilidade ética e de cidadania institucional para uma sociedade mais inclusiva:

6121. A cultura de diversidade e inclusão é promovida internamente
(...)
Visando explicitar melhor o grau de adoção do controle, marque abaixo uma ou mais opções que majoritariamente caracterizam sua organização:
a) a organização promove a diversidade na ocupação dos cargos de liderança
b) houve ações de sensibilização (p. ex.: campanhas de comunicação; palestras) ou capacitação de gestores e colaboradores sobre diversidade e inclusão nos últimos doze meses (p. ex.: capacitações periódicas; capacitações por ocasião da cursos de formação dos novos gestores/colaboradores)
c) as denúncias de discriminação ou assédio recebidas são devidamente tratadas, com a aplicação de medidas conciliatórias, ajuste de conduta ou de punição, quando for o caso
6122. A cultura de diversidade e inclusão é promovida no ambiente externo à organização
(...)
Visando explicitar melhor o grau de adoção do controle, marque abaixo uma ou mais opções que majoritariamente caracterizam sua organização:
a) a organização promoveu ações de conscientização e engajamento em temas relevantes para a sustentabilidade social nos últimos doze meses
b) há parcerias em andamento com organizações da sociedade civil para implementar projetos no tema da diversidade e inclusão
c) a organização, diretamente ou por meio de parcerias, implementou ou apoiou programas de fomento ao voluntariado em prol do desenvolvimento sustentável, da diversidade e da inclusão nos últimos doze meses

Pela análise do questionário a ser preenchido pelos gestores públicos e que embasará o iESGo, verifica-se que foram significativos os avanços empreendidos pelo Tribunal de Contas da União no tocante ao ESG, com destaque aos aspectos sociais e em temas atuais e relevantes, além da necessária ênfase ao ambiental, sendo que ambas as dimensões vieram atreladas à estruturação de uma governança mínima a lhes conferir efetividade.

4 Conclusão e perspectivas de futuro

As iniciativas empreendidas pela Agência Nacional de Saúde pelo ESG e pelo Tribunal de Contas da União no iESGo demonstram que, no Brasil, o assunto não se restringe ao debate teórico e acadêmico e as modelagens desenvolvidas podem ser propulsoras da governança pública sustentável, com inclusão e avanços na temática principalmente com ênfase nas questões antidiscriminação e ampliação à diversidade. Estas são as conexões mínimas a se empreender com uma perspectiva de governança ética, responsável, sustentável e com transparência.

Para todos nós, envolvidos na temática da sustentabilidade organizacional pública, fica o convite para serem empreendidos e debatidos estudos e diálogos acerca de como se processará a internalização do ESG nas organizações públicas e nas contratações, não se olvidando da ponderação acerca das finalidades maiores do Estado consistentes na implementação de políticas públicas, das distinções entre os setores empresarial e governamental, do regime jurídico de direito público, dentre outras ponderações, mas que não afastam o avanço detectado na consideração do ESG como fonte relevante para atualização do Índice Integrado de Governança e Gestão Pública pelo Tribunal de Contas da União e na política implementada na Agência Nacional de Saúde.

Referências

ADVOCACIA-GERAL DA UNIÃO (Brasil). Guia Nacional de Contratações Sustentáveis da AGU. Disponível em: https://www.gov.br/agu/pt-br/assuntos-1/Publicacoes/cartilhas/gncs3.pdf. Acesso em: 29 jan. 2024.

AGÊNCIA NACIONAL DE SAÚDE SUPLEMENTAR (Brasil) Guia de Diversidade e inclusão. Disponível em: https://www.gov.br/ans/pt-br/assuntos/noticias/sobre-ans/ans-lanca-publicacao-sobre-diversidade-e-inclusao.

AGÊNCIA NACIONAL DE SAÚDE SUPLEMENTAR (Brasil). Dados Abertos. 2023 Disponível em: https://www.gov.br/ans/pt-br/acesso-a-informacao/perfil-do-setor/dados-abertos-1. Acesso em: 24 jan. 2024.

AGÊNCIA NACIONAL DE SAÚDE SUPLEMENTAR (Brasil). Política Integrada de Governança e Responsabilidade Social. Agência Nacional de Saúde. Disponível em: https://www.ans.gov.br/component/legislacao/?view=legislacao&task=textoLei&format=raw&id=NDM3MA==.

AGÊNCIA NACIONAL DE SAÚDE SUPLEMENTAR (Brasil). Relatório anual de gestão e de atividades 2022 – Exercício 2022 Agência Nacional de Saúde Suplementar (Brasil). Diretoria Colegiada. Secretaria Geral. Gerencia de Planejamento e Acompanhamento. Rio de Janeiro: ANS, 2023. Disponível em: file:///C:/Users/ans/Downloads/Relatorio_Anual_de_Gestao_e_de_Atividades_2022.pdf. Acesso em: 23 jan. 2024.

CONTROLADORIA-GERAL DA UNIÃO (BRASIL). Integridade Pública, 2024. Disponível em: https://www.gov.br/cgu/pt-br/assuntos/integridade-publica. Acesso em: 23 jan. 2024.

CADER, Renato. Governança de Contratações Sustentáveis. Portal Solicita. Disponível em: https://portal.sollicita.com.br/Noticia/20778/governan%C3%A7a-de-contrata%C3%A7%C3%B5es-sustent%C3%A1veis. Acesso em: 20 jan. 2024.

VILLAC, Teresa. ESG, Governança e Contratações Públicas: o que esperar e como agir a partir do Acórdão 1205/2023 Plenário do Tribunal de Contas da União? (2023). Disponível em: https://www.novaleilicitacao.com.br/2023/07/10/esg-governanca-e-contratacoes-publicas-acordao-1205-2023/.

Informação bibliográfica deste livro, conforme a NBR 6023:2018 da Associação Brasileira de Normas Técnicas (ABNT):

VILLAC, Teresa; CADER, Renato. ESG na Agência Nacional de Saúde e iESGo no Tribunal de Contas da União: mudanças de paradigmas e avanços. *In*: RODRIGUES, Caroline; PIRONTI, Rodrigo (coord.). *ESG na Administração Pública*: estudos dirigidos. Belo Horizonte: Fórum, 2025. p. 581-603. ISBN 978-85-450-0779-1.

AINDA QUE EM CALAMIDADE, COM INTEGRIDADE. PANO DE FUNDO: CATÁSTROFE CLIMÁTICA ENFRENTADA PELO ESTADO DO RIO GRANDE DO SUL/BRASIL EM MAIO DE 2024

ÁLVARO SANTOS
JÚLIA FLORES SCHÜTT

> *"Nenhuma tragédia da natureza é pior do que a crueldade humana".*
> Elizabeth Aquino

1 Introdução: panorama da crise climática enfrentada pelo Estado do Rio Grande do Sul em maio de 2024

O tema *aquecimento global* não é novidade. Há anos somos alertados sobre como alguns "avanços" que acompanham a humanidade têm a capacidade de gerar efeitos deletérios à Terra. É cada vez mais recorrente o registro de catástrofes naturais ao redor do mundo e com menos intervalos de uma crise para a outra, as quais têm atingido, principalmente, as pessoas mais vulneráveis. Segundo a consultoria internacional Eurasia,[1] especializada em risco global, o ano de 2024 seria marcado por inúmeras dificuldades, cujos reflexos, nas mais diversas áreas, poderiam afetar, de forma direta ou indireta, todos os habitantes do planeta. Entre os dez riscos pontuados, a volta do *El Niño*, poderoso padrão que provoca eventos climáticos extremos capazes de gerar insegurança alimentar, aumentar a luta por obtenção de água, provocar problemas logísticos, espalhar doenças e aumentar a migração e a instabilidade política.

[1] Disponível em: https://www.eurasiagroup.net/issues/top-risks-2024. Acesso em: 6 jun. 2024.

Não menos relevantes são os estudos que visam a apontar a corrupção como uma das principais causas para o fenômeno aquecimento global/crise climática. A título exemplificativo, a Transparência Internacional publicou, em 2021, trabalho demonstrando a relação da corrupção com a grilagem de terras no Brasil:[2] "(...) em 2020, 46% das emissões de gases de efeito estufa do Brasil resultaram de mudanças no uso da terra (principalmente supressão florestal)" (TRANSPARÊNCIA INTERNACIONAL, 2021).

O termo "grilagem" (longe de ser a única prática ilícita capaz de impactar negativamente o trato com o meio ambiente) surge da antiga prática de se guardar documentos falsificados de propriedade de terras em ambientes com grilos, de forma a amarelar as páginas do documento, deixando-o, assim, com aspecto envelhecido. Hodiernamente, o processo de grilagem de terras é bem mais complexo e envolve falsificação e inserção dos títulos de propriedade falsos em cadastros públicos, envolvendo muitas vezes agentes públicos na operação criminosa deixando de atentar a qualquer norma de Direito Ambiental para o respectivo objeto jurídico tutelar (TRANSPARÊNCIA INTERNACIONAL, 2021).

Se a corrupção é uma das causas para o aquecimento global, também é verdade que ela é identificada na resposta pública às consequências dos desastres climáticos, como a reconstrução de infraestrutura pública danificada em enchentes por meio de processos de aquisição mais simplificados. Diante desse cenário, o que se buscará fomentar por meio desse *paper* é a utilização da *lente* do "postulado da integridade" para fins de prevenção, de fiscalização e de investigação de possíveis atos de corrupção nesse estágio pós-catástrofe. Fomentar-se-ão diretrizes/respostas que deverá o Estado adotar com o escopo de tutela do patrimônio público diante do iminente e urgente manejo de valores em proporções possivelmente antes não vistas para o restabelecimento da *ordem*.

Nesse sentido, a nota de conceito sobre o evento Fórum Global em Anticorrupção e Integridade de 2024, da Organização para a Cooperação e Desenvolvimento Econômico (OCDE),[3] observou que:

---

2 Disponível em: https://comunidade.transparenciainternacional.org.br/grilagem-de-terras?_gl=1*1f6ajyd*_ga*MjA5NDE5OTQ3NC4xNzE0NTA3NzQ0*_ga_E136MXN2HN*MTcxODExMDI2Mi45LjEuMTcxODExMDI4Ny4zNS4wLjA. Acesso em: 11 jun. 2024.

3 Disponível em: https://www.oecd.org/corruption-integrity/forum/home/.

as democracias ao redor do mundo estão sob inédita pressão interna e externa e os esforços para assegurar a integridade se tornaram mais importantes do que nunca. Ameaças de interferência externa, ao surgimento da inteligência artificial e a velocidade e escalada da mudança climática abrem caminho para novos riscos de corrupção e aumento da pressão nas estruturas de integridade. Fortalecer tais estruturas é essencial para apoiar governos, o setor privado e a sociedade civil no efetivo combate à corrupção e na produção das melhores práticas para a sociedade (OCDE, 2024).

Transpondo a ideia de prospectarem os desafios globais identificados pela pesquisa da consultoria Eurasia para o âmbito do Rio Grande do Sul, especialmente após a calamidade pública e a tragédia humanitária decorrentes das recentes chuvas e inundações, nítido que as consequências da catástrofe são temas sensíveis e prioritários que exigirão das instituições públicas e da sociedade civil diálogos e estratégias conjuntas e, sobretudo, projetos e ações efetivas em áreas críticas, como assistência social,[4] habitação, educação,[5] meio ambiente,[6] saúde[7] e segurança pública[8] voltados, especialmente, para os grupos mais vulneráveis de pessoas desabrigadas.

Em 2024, o Estado do Rio Grande do Sul enfrentou a sua maior tragédia climática, intensificada pelo *El Niño*, fenômeno que causa o aquecimento das águas do Pacífico gerando períodos de seca na região norte e nordeste do Brasil ao mesmo tempo em que agrava o volume

---

4 Identificada a presença de milhares de migrantes climáticos no território do Rio Grande do Sul, sem precedentes na história recente do povo gaúcho, e como esse deslocamento forçado impacta a vida dessas pessoas e afeta os serviços essenciais de assistência social, habitação, saúde, educação, trabalho etc.

5 Necessidade de reconstrução de escolas e de possível aumento da evasão escolar provocada pelo deslocamento de famílias de seus locais de origem para abrigos ou casas de familiares em outras cidades ou da inadaptação às novas instituições de ensino.

6 No âmbito da pauta ambiental via busca de medidas para mitigar as consequências dos chamados eventos climáticos extremos e suas consequências no RS, especialmente nos municípios mais afetados, como aqueles que compõem o Vale do Taquari, Vale dos Sinos, Porto Alegre, Região Metropolitana e Zona Sul do Rio Grande do Sul, já que as bacias estão interconectadas e possuem reflexos em todo o sistema hidrográfico.

7 Doenças infectocontagiosas historicamente verificadas após desastres climáticos como leptospirose, tétano, hepatite A, doenças diarreicas agudas, febre tifoide e acidente com animais peçonhentos exigirão pronto atendimento por meio do SUS e, na falta, atuação extrajudicial e judicial do Ministério Público e Defensoria Pública.

8 A destruição de residências também impacta na necessidade da presença mais efetiva e ostensiva de agentes da segurança pública nas entidades de acolhimento de desabrigados, que possivelmente serão mais permanentes e longevas neste presente evento, em função das constantes notícias de roubos, furtos, importunações sexuais, entre outros.

de chuvas na região sul. Essa tragédia desencadeou uma crise econômica que custará bilhões de reais de dinheiro público e privado; e, com maior agravo, um problema humanitário de grande impacto, inclusive com a perda de vidas humanas – até o dia quatro de junho havia 172 pessoas levadas a óbito em decorrência das enchentes, e 44 pessoas constavam como desaparecidas, conforme a Defesa Civil do Estado do Rio Grande do Sul.[9]

Os prognósticos da crise natural tiveram início no dia 21 do mês de abril,[10] com modelos meteorológicos anunciando grandes precipitações para o Rio Grande do Sul devido ao calor e à alta umidade.

Figura 1 – Previsão de chuva para 1ª semana (22 e 29/4/2024)

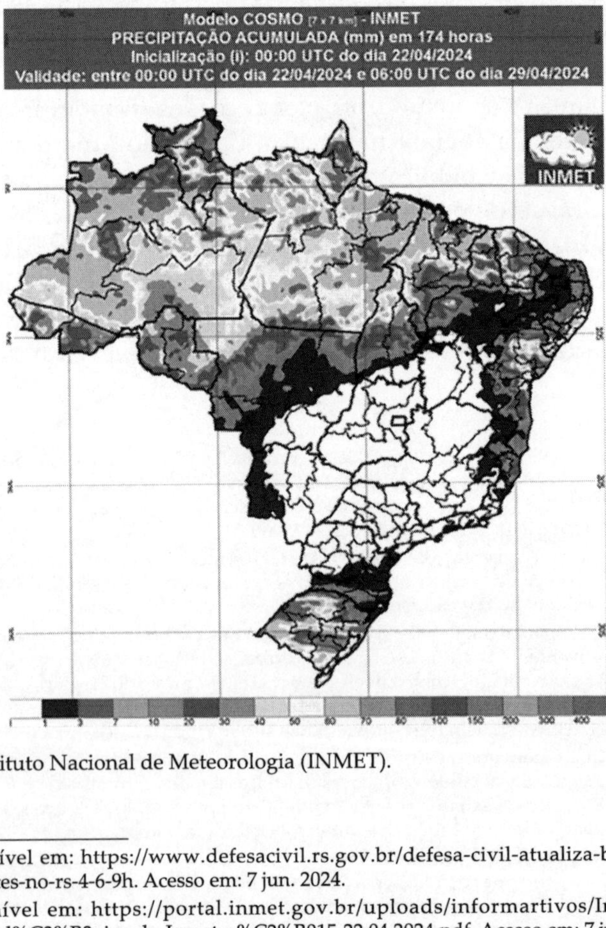

Fonte: Instituto Nacional de Meteorologia (INMET).

---

9 Disponível em: https://www.defesacivil.rs.gov.br/defesa-civil-atualiza-balanco-das-enchentes-no-rs-4-6-9h. Acesso em: 7 jun. 2024.

10 Disponível em: https://portal.inmet.gov.br/uploads/informartivos/Informativo-Meteorol%C3%B3gico-do-Inmet-n%C2%B015-22.04.2024.pdf. Acesso em: 7 jun. 2024.

Com a confirmação das previsões e uma *cheia* sem precedentes, os municípios da região central do Estado sofreram com deslizamentos, com o rompimento de barragens e com o bloqueio em diversas rodovias. Tal situação impactou massivo número de pessoas – desaparecimento e perda da vida dos moradores que não puderam ser resgatados de suas casas. Foi questão de tempo para que elevasse o nível das principais bacias hidrográficas que deságuam no lago Guaíba, gerando, por conseguinte, a maior cheia da história da capital gaúcha – Porto Alegre. Em apenas cinco dias o nível do Guaíba subiu quase 4 metros, chegando ao pico de 5,33 metros – maior nível já registrado em sua história. Para fins de comparação, no ano de 1941, até então a maior enchente já catalogada na cidade, o nível do Guaíba alcançou 4,76 metros.

Figura 2 – Nível do Guaíba

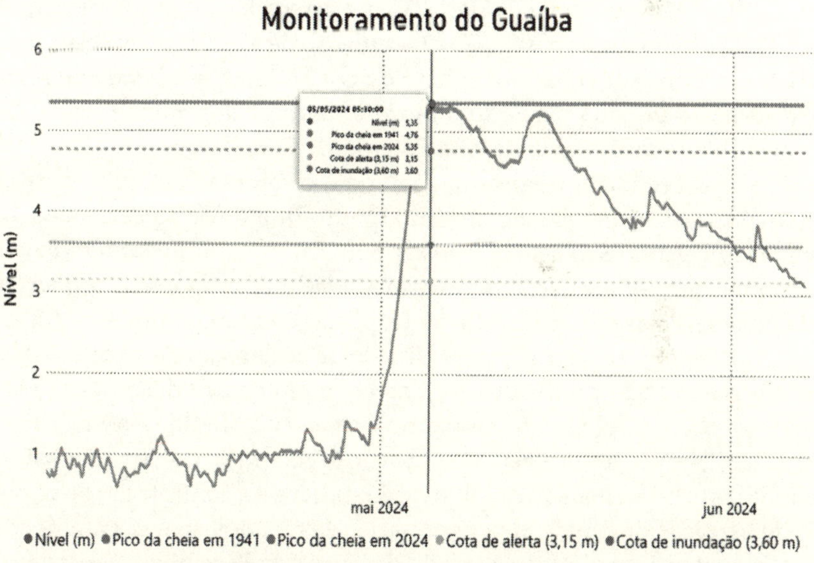

Fonte: Agência Nacional de Águas (ANA). Disponível em: https://app.powerbi.com/view?r=eyJrIjoiZTRjZDlmYjgtNzAzMS00ZTFmLTlmZDAtNzEwNjM0MDU0NTJhIiwidCI6ImUwYmI0MDEyLTgxMGItNDY5YS04YjRkLTY2N2ZjZDFiYWY4OCJ9. Acesso em: 7 jun. 2024.

Dos 497 municípios gaúchos, 476 foram afetados, ou seja, quase 96% de todas as cidades do Estado – impactando mais de 2 milhões de pessoas (dados de 4.6.2024),[11] conforme a Defesa Civil Estadual. Sob o ponto de vista econômico, serão necessários vultosos investimentos para recuperar as perdas que, diferentemente da crise gerada pela pandemia de covid, não afetaram apenas o fluxo da economia, mas também o estoque – com fortes danos tanto na infraestrutura pública (pontes, estradas, barragens, portos e aeroportos) quanto na privada (maquinário, centros logísticos, frotas e capacidade instalada). Especialistas estimam que a reconstrução do Estado na área de infraestrutura poderá ser na monta de R$ 92 bilhões.[12]

Essa alta demanda por investimentos acontece em um Estado que está em Regime de Recuperação Fiscal, de acordo com a Lei Complementar Federal nº 159, de 19 de maio de 2017, cujo objetivo é fornecer instrumentos de ajuste fiscal a estados que apresentem desequilíbrio financeiro grave.[13] Ademais, somente no mês de maio de 2024, registrou-se queda de 17,3% na arrecadação da sua principal fonte de receita – o Imposto sobre Circulação de Mercadorias e Serviços (ICMS) – derivada do agravamento da crise climática iniciada no final de abril. Essa queda percentual representa um valor monetário de R$ 600 milhões, conforme a Receita Estadual.[14]

A calamidade financeira somada à calamidade climática atual demanda providências de enfrentamento que deverão ser, além de eficazes, céleres. Exige-se celeridade com fins de minimizar o impacto negativo que pode ser acentuado caso o horizonte temporal de resolução da crise seja alargado pela falta de respostas efetivas do poder público.

Para se fazer frente à necessidade de aceleração da reconstrução da infraestrutura do Estado, alguns normativos de "desburocratização" já foram implementados, como é o caso da Medida Provisória nº 1.221/2024, que foi editada pelo governo federal e que dispõe sobre medidas excepcionais para a aquisição de bens e a contratação de obras e de serviços, inclusive de engenharia, destinados ao enfrentamento de impactos decorrentes de estado de calamidade pública. Verdadeira

---

[11] Disponível em: https://www.defesacivil.rs.gov.br/defesa-civil-atualiza-balanco-das-enchentes-no-rs-4-6-9h. Acesso em: 7 jun. 2024.

[12] Disponível em: https://www.terra.com.br/planeta/noticias/rio-grande-do-sul-estima-custo-inicial-da-reconstrucao-em-r-19-bilhoes-entenda,b73ef75eda05abc9383ad05e86c36d0eufqnplqq.html#google_vignette. Acesso em: 7 jun. 2024.

[13] Disponível em: https://rrf.rs.gov.br/upload/arquivos/202205/19140321-prf-rs.pdf. Acesso em: 7 jun. 2024.

[14] Disponível em: https://www.estado.rs.gov.br/upload/arquivos/202406/2024-06-20-govrs-reuniao-famurs-municipios.pdf. Acesso em: 21 jun. 2024.

oportunidade para potenciais fornecedores e empreiteiros diante da urgente demanda pela prestação de serviços e pela entrega de bens.

Por parte do governo gaúcho, algumas medidas visando a desburocratizar a forma de "dotação" de despesas com a calamidade também foram realizadas, como o repasse de R$ 500 mil para os municípios em calamidade sem a necessidade de comprovação de um plano de trabalho.[15]

Tal conjuntura, qual seja, o influxo súbito e massivo de dinheiro, de bens ou de serviços (oriundos, inclusive, de doações particulares), aliados à fomentada urgência para a execução de políticas públicas visando à restauração de cenário anterior à catástrofe, multiplica as possibilidades de má gestão, de desvio e de corrupção. Verdadeira *tentação perigosa* para aqueles que têm acesso ao "patrimônio público" caso não disponham dos devidos freios morais.[16] Se isso se exige do "cidadão comum", mais ainda do gestor público.

Se, por um lado, em eventos extraordinários são necessárias medidas extraordinárias, como a flexibilização das regras de contratações públicas, por outro, em virtude da criação de oportunidades para a corrupção e a malversação de dinheiro público derivadas da execução da despesa de forma mais facilitada, os órgãos de controle precisam criar mecanismos – também – extraordinários, como comitês interinstitucionais que realizem o acompanhamento dessas políticas. Salienta-se que tais medidas não visam, de modo algum, a criar entraves à consecução da *reconstrução* de um Estado arrasado, mas, sim, prezam por uma alocação de recursos públicos eficaz, equitativa e baseada nas melhores práticas lastreadas no preceito da integridade.

---

15 Disponível em: https://www.cnnbrasil.com.br/politica/governo-do-rs-fara-repasse-de-r-500-mil-para-cada-municipio-em-calamidade-sem-exigir-plano-de-trabalho-diz-leite/#:~:text=Eduardo%20Leite%2C%20governador%20do%20Rio%20Grande%20do%20Sul&text=Leite%20tamb%C3%A9m%20afirma%20que%20R,%C3%A9%20de%20R%24%20122%20milh%C3%B5es. Acesso em: 7 jun. 2024.

16 Para Gary S. Becker (Nobel em Ciências Econômicas, BECKER, Gary. S. *Crime and punishment*: an economic approach, disponível em http://www.nber.org/chapters/c3625.pdf, acesso em: 6 jun. 2024), a opção pelo crime é racional, ou seja, o infrator tende a comparar o prêmio a ser obtido por meio da prática criminosa com eventual "recompensa" à atividade lícita a ser desempenhada. Ao mesmo tempo, o criminoso analisa as chances de responsabilização ao tomar como escolha o crime. O economista esclarece que pelo bandido é feita, portanto, uma ponderação entre os riscos assumidos e o possível retorno alcançável com o delito. Quer-se dizer que agente criminoso penal é movido por incentivos. E qual o maior incentivo que não o da impunidade? O agente sem freios morais ou éticos apenas deixará de violar normas que regulem sua conduta se for ou previamente fiscalizado – e assim impedido – ou devidamente responsabilizado e punido por sua prática subversiva. Do contrário, a reincidência não será uma surpresa, mas uma certeza devidamente *incentivada*.

Além disso, mister que se reforcem os mecanismos de controle já existentes, principalmente os baseados em gestão de riscos, e que se avance na identificação de *standards* de gestão e potencialização de integridade pública já implementados em países mais avançados nessa seara, a exemplo de política de remuneração para o informante do bem (*whistleblowing*) – já tão bem trabalhada em outros ordenamentos jurídicos a exemplo do norte-americano.

2 Etapas da calamidade e respectivas "brechas" à corrupção

De acordo com a Política Nacional de Defesa Civil,[17] as etapas das ações de redução de desastres são:

1) prevenção de desastres;
2) preparação para emergências e desastres;
3) resposta aos desastres;
4) reconstrução.

Figura 3 – Etapas das ações de redução de desastres

Fonte: elaboração dos autores.

Importante ressaltar que, para as etapas 2 e 3, há diferentes "janelas" ou oportunidades de corrupção, prejudicando as pessoas mais afetadas. Assim, o referido crime econômico pode ocorrer de

[17] Disponível em: https://www.defesacivil.rs.gov.br/upload/arquivos/201511/04145516-02-manual-para-decretacao-de-situacao-de-emergencia-ou-de-estado-de-calamidade-publica-volume-1.pdf. Acesso em: 7 jun. 2024.

diversas formas: fraude, desvio de recursos, mau uso de ativos, desvio de recursos de ajuda e suborno direto (FENNER; MAHLSTEIN, 2009).

Conforme TRANSPARÊNCIA INTERNACIONAL (2022), a corrupção precariza esforços de adaptação e resposta aos eventos extremos da seguinte forma: a) por meio de fraudes em licitações e contratos; b) pelo favorecimento na hora de selecionar beneficiários e obras a serem realizadas; e c) pelo desvio de recursos derivados de contratações emergenciais.

Na própria decretação do estado de emergência ou de calamidade pública, pode haver desvio de finalidade desse instrumento com objetivo único de angariar fundos de entes federativos superiores, como o Estado ou a União. Dessa forma, é hialina a proibição de tal conduta no Manual de Decretação de Situação de Emergência ou de Estado de Calamidade Pública:[18] "A decretação da situação de emergência ou de estado de calamidade pública não é e não deve ser feita com o objetivo único de recorrer aos cofres do Estado ou da União, para solicitar recursos financeiros (BRASIL, p. 6, 2007)".

Para Fenner e Mahlstein, 2009, a partir da ocorrência de um desastre natural, a resposta humanitária se divide em duas fases:

> 1) de socorro imediato (etapa 2 no quadro anterior): objetivo de salvar vidas e de restaurar serviços básicos à população; e
> 2) de reconstrução a longo prazo (etapa 3 no quadro anterior): visando a restaurar meios de subsistência e reconstruir a infraestrutura colapsada.

Durante a fase de socorro imediato, itens como alimentos, medicamentos e cobertores podem ser desviados ou distribuídos de forma indevida, lesando os mais vulneráveis, o que pode forçá-los a recorrer a atividades ilegais para sobreviver, prejudicando a própria ordem social e causando o desmantelando do tecido social (círculo vicioso de condutas ilícitas). Além disso, o roubo direto de suprimentos também é uma questão deveras preocupante nessa etapa do pós-catástrofe. Por sua vez, a fase de reconstrução conta com riscos de corrupção ligados a tentativas de contornar procedimentos de aquisição e de contratação. Decisões inadequadas de planejamento e favorecimento de grupos específicos podem resultar em infraestrutura de baixa qualidade, ignorando

[18] Disponível em: https://www.defesacivil.rs.gov.br/upload/arquivos/201511/04145516-02-manual-para-decretacao-de-situacao-de-emergencia-ou-de-estado-de-calamidade-publica-volume-1.pdf. Acesso em: 7 jun. 2024.

as necessidades reais das pessoas afetadas em favor de interesses pessoais. Nesse contexto, o suborno em larga escala e a fraude contábil também são ameaças mais prováveis (FENNER; MAHLSTEIN, 2009).

Figura 4 – Etapas do desastre natural

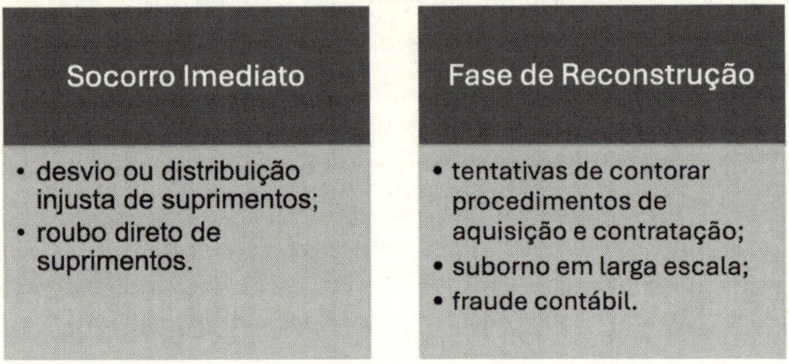

Fonte: Elaborado pelos autores conforme FENNER e MAHLSTEIN, 2009.

Assim, durante as mais distintas etapas de "superação da calamidade pública" estará suscetível o Estado a ser *vítima* de práticas ilícitas como influência indevida, captura política e regulatória, financiamento ilegal de partidos e campanhas, favorecimento, suborno, desvio de recursos, lavagem de ativos, entre outras. Como prevenir/fiscalizar/investigar possíveis desvios de finalidade/abusos de poder daqueles que venham a realizar intervenções/atividades sob o "manto" da proteção humanitária ou da reconstrução do Estado devastado?

O remédio está na "integridade".[19]

Ademais, ainda que seja insuficiente o mapeamento dos riscos de corrupção relacionados às mudanças climáticas, sendo incipientes os esforços para reduzi-los, devemos, desde logo, aprender com nossos "erros". Para tanto colaciona-se trecho do *Atlas de Clima e Corrupção* da Transparência Internacional Brasil de 2022, o qual é capaz de demonstrar "de pronto" para onde devemos envidar esforços no combate à malversação de dinheiro público em episódios com tais características:

---

[19] "(...) quando se pensa na palavra integridade, é estabelecida uma relação direta com valores consolidados a partir de conceitos extraídos da ética e da moralidade. De um modo mais direto e específico, a integridade implica a exata correspondência entre os relevantes valores morais e a realização desses valores no momento em que, diante das situações-problema do dia a dia, uma escolha é reclamada (...)." (ZENKER, Marcelo. *Integridade Governamental e Empresarial*. Um espectro de repressão e da prevenção à corrupção no Brasil e em Portugal. Belo Horizonte: Fórum, 2019. p. 46).

> Em 2011, chuvas intensas causaram mortes, deslizamentos e graves prejuízos na Região Serrana do estado do Rio de Janeiro. Após o episódio, recursos foram direcionados ao governo do estado e aos municípios com a finalidade de realizar reformas e implementar mudanças na infraestrutura, prevenindo novos desastres. Os recursos, contudo, foram drenados por um esquema de corrupção instalado na Secretaria de Obras do Governo do Estado do Rio de Janeiro. O esquema em questão foi investigado pela Força-Tarefa da Operação Lava Jato no Rio, concluindo que a Secretaria de Obras se tornou um espaço de coleta de propina e garantia de financiamento ilícito para campanhas e partidos. (...). Após as chuvas de 2011, a Secretaria teve uma demanda repentina de obras emergenciais sem licitação, constituindo uma oportunidade de alavancar propinas e desviar recursos públicos, com a entrada de novos personagens no esquema (G1, 2022a). Uma auditoria do TCU em Nova Friburgo (RJ), onde mais de 450 pessoas perderam a vida em 2011, por exemplo, evidenciou o superfaturamento de 130% (R$ 21 milhões) das obras de contenção das encostas planejadas após o desastre daquele ano (G1, 2022b). No total, o MPF estima que o valor dos recursos desviados para esse tipo de obras na Região Serrana chegou a R$ 4 bilhões (G1, 2022a). (...) A prevenção de deslizamentos e outros desastres associados às chuvas acabou escanteada, mesmo após os efeitos de 2011. No fim, apesar da vulnerabilidade das cidades da Região Serrana a deslizamentos, pouco foi feito para aumentar a resiliência das comunidades e evitar a ocorrência de um novo desastre (DARÉ, 2022). No dia 15 de fevereiro de 2022, a cidade de Petrópolis sofreu por causa dessa omissão com a morte de 241 pessoas após chuvas intensas e diversos deslizamentos (G1, 2022c).

É, assim, do postulado da integridade e de experiências pretéritas que nesse artigo serão instigadas quatro distintas[20] propostas de tutela do patrimônio público no cenário da catástrofe natural enfrentada pelo Estado do Rio Grande do Sul em maio de 2024.

---

[20] Evidentemente que não são excluídas outras formas de atuação estatal que visem a promover os mesmos fins, quais seja: o manejo probo com o dinheiro público voltado para mitigar os estragos causados com as enchentes.

3 A integridade como resposta: prevenção, fiscalização e investigação de possíveis práticas ilícitas que podem decorrer da calamidade climática

Não se duvida de que novas situações de calamidade oriundas de eventos externos num contexto da crise climática – até mesmo pelas novas chuvas intensas – são cada vez mais prováveis, o que torna necessária a adoção de políticas efetivas de prevenção e de adaptação. É claro que, para isso, eventuais recursos destinados a políticas de prevenção de catástrofes naturais não podem ser drenados pela corrupção, sob pena de tragédias como a ora vista no Estado do Rio Grande do Sul continuarem assolando essa e outras regiões do país.

Tivessem sido medidas preventivas adotadas para evitar ou amenizar os trágicos efeitos do desastre natural, ora pano de fundo da análise, as consequências danosas poderiam ter sido consideravelmente mitigadas. Neste artigo, todavia, fomentar-se-á o manejo da *integridade* para o estágio "pós-catástrofe", não se descurando que a má gestão e a corrupção podem estar diretamente atreladas às causas de insucesso de prevenção à calamidade climática em si.

Pois bem, apontadas, genericamente, as "hipóteses de riscos de corrupção" em cada etapa a ser vivida após as enchentes, serão demonstradas algumas respostas propositivas a serem fomentadas pelo Estado, ou seja, apresentar-se-ão, em conclusão, propostas de *iniciativas concretas no âmbito do Estado do Rio Grande do Sul para prevenir a prática de corrupção no enfrentamento à calamidade pública vivenciada em maio de 2024.*

3.1 Criação de grupo multifuncional de acompanhamento, de fiscalização e de investigação voltado às obras de infraestrutura cujo objeto tenha com fundamento a calamidade pública apontada

Como destacado, o que se pretende com este artigo é fomentar providências capazes de, nesse momento de crise climática "já instaurada", prevenir, acompanhar e investigar o manejo dos recursos públicos que já estão – ou que ainda serão – destinados à recuperação do Estado – tanto voltados para o atendimento das necessidades mais comezinhas da população afetada, como para a reconstrução da infraestrutura atingida do Estado.

Pois bem: momentos excepcionais demandam medidas excepcionais, que, por assim o serem, devem, da mesma forma como um profícuo programa de *compliance*, ser rotineiramente revisado/auditado para identificar seus resultados – se positivos ou negativos –, para fins de aprimoramento ou até mesmo de revisão de forma de atuação.

Sem pretender esgotar as atribuições de cada órgão de controle voltado a apurar a licitude do trato por parte de gestores para com o patrimônio público, entende-se que uma equipe multidisciplinar de uma gama de distintas instituições terá o condão de mais bem acompanhar as etapas de procedimentos que serão (ou melhor, já estão) adotados no âmbito do Estado do Rio Grande do Sul para contratar prestadores de serviço/fornecedores de bens para restaurar bens lesados e atender à população vítima da catástrofe.

A palavra "força-tarefa", pós-LAVA JATO, viralizou, mas não se quer fazer relação da presente proposição àquela operação (não por nela não acreditar ou dela desacreditar, mas apenas para se evitar qualquer tipo de "pré" conceito por aqueles que vierem a ser instados com a presente instigação). Quer-se, sim, fomentar um trabalho a ser desenvolvido em união entre instituições do Estado que, ao fim e ao cabo, almejam o mesmo propósito: a probidade no trato do patrimônio público.

Objetiva-se, por meio da formação de um grupo de trabalhado específico, enfrentar com mais eficácia possíveis atos de corrupção em momento tão "hediondo".

Não se irá aqui *fechar as portas* para qualquer instituição, mas se entende que, num primeiro momento, imprescindíveis à composição desse "time" seriam membros da Contadoria e Auditoria-Geral do Estado (CAGE), Tribunal de Contas do Estado (TCE-RS), Polícia Civil (PC-RS) e Ministério Público estadual (MPE-RS), bem como seus órgãos correlatos em nível federal, uma vez que muitos desses investimentos virão da União. Valendo-se disso, dever-se-á entabular proposta de coordenação de trabalho de modo que viabilizada a junção de esforços para verdadeiramente pensar-se numa triagem dos procedimentos para contratações atinentes à crise climática telada.

Assim, entende-se que o desenho prévio de "força-tarefa"[21] constituída com finalidade vinculada ao acompanhamento de investimento

---

[21] Nessa linha foi criado, no âmbito do TCU, o *programa Recupera Rio Grande do Sul para o acompanhamento das ações de reestruturação do Estado. Instituída força-tarefa de auditores*

voltado à recuperação do Estado do Rio Grande do Sul tenderá a evitar desvios e superfaturamentos em compras emergenciais para a prestação de serviços/compra de bens às vítimas e facilitará a transparência e a legalidade das licitações voltadas à contratação de entidade para reconstrução da infraestrutura estatal. Ou seja, sustenta-se uma atuação em parceria, de forma coordenada entre instituições responsáveis pela fiscalização da gestão dos bens públicos, ouvindo entidades e pessoas que realizam o chamado controle social.[22]

Sim, controle social: a sociedade civil é responsável, também, por fiscalizar a higidez no trato com a "coisa pública" – e não exclusivamente com condutas lastreadas por valores de ordem ética ou pela estruturação de programas de *compliance* no âmbito de pessoas jurídicas,[23] mas instigando os gestores a, pelo menos, executar a administração pública com transparência e publicidade. E, exatamente com fins de se fomentar esse controle social, apresenta-se a próxima medida voltada ao combate à corrupção, que deverá ser mais bem regulada no âmbito do Estado do Rio Grande do Sul de modo a ter maior efetividade – especialmente nesse cenário pós-enchentes.

---

para acompanhar, em tempo real, as ações de recuperação do Estado após a catástrofe ocasionada pelas chuvas. Disponível em: https://portal.tcu.gov.br/imprensa/noticias/tcu-institui-programa-recupera-rio-grande-do-sul.htm#:~:text=O%20objetivo%20%C3%A9%20facilitar%20a,a%20cat%C3%A1strofe%20ocasionada%20pelas%20chuvas. Acesso em: 9 jun. 2024.

22 Não resta nenhuma dúvida de que a cooperação e a união de esforços entre o Poder Público e a iniciativa privada, a partir da ideia original da "função social da empresa", é absolutamente fundamental para atender a uma série de necessidades comuns. As corporações e seus colaboradores – se absorverem a cultura de integridade que deve embalar a atividade empresarial – serão também cidadãos mais íntegros fora dos muros da empresa. Quando ocorre essa cooperação com repartição de encargos, automaticamente fica fortalecida a relação de confiança entre os governantes e os destinatários de sua atividade-fim.

23 Marcelo Zenker, ao desenvolver o tema do controle à corrupção na edição dos planos de ação do Grupo de Trabalho Anticorrupção, destacou que o Plano de Ação Anticorrupção do G-20 -2015-2016 apontou especial "importância da transparência e da integridade do setor privado e a necessidade de trabalhar em estreita colaboração com as empresas e a sociedade civil para reduzir a corrupção. Os países do G20 deixaram claro, com isto, que os governos não podem enfrentar sozinhos a corrupção, sendo o setor privado um parceiro essencial nessa tarefa, nomeadamente pelo desenvolvimento da educação anticorrupção e da integridade nos negócios, principalmente com a implementação de programas de *compliance* robustos e de relatórios efetivos de violação das leis anticorrupção" (ZENKER, Marcelo. *Integridade Governamental e Empresarial*. Um espectro de repressão e da prevenção à corrupção no Brasil e em Portugal. Belo Horizonte: Fórum, 2019. p. 96).

3.2 Fomentar a elaboração de normas que visem a incentivar, no âmbito do RS, o "denunciante do bem"

Tem-se como *whistle-blowing* a atividade por meio da qual um terceiro reporta à *autoridade* de uma entidade pública ou privada a prática de uma atividade ilícita. Assim, o *whistleblower* ou "denunciante do bem" é aquele que "sopra o apito", "faz o barulho".

Não se desconhece que, no âmbito do Estado do Rio Grande do Sul, a matéria vem disciplinada não só pelo Decreto nº 54.155/2018, mas também pela Ordem de Serviço do Governador de nº 18/2012, que visa a elucidar a conduta padrão a ser adotada por servidores públicos estaduais no recebimento e no encaminhamento das denúncias acerca de irregularidades no âmbito do serviço público prestado pelos órgãos e pelas entidades da Administração Pública Estadual Direta e Indireta.

Ocorre que os *sistemas de denúncia* apenas terão a capacidade de ser eficazes se, primeiramente, forem encaminhados aos órgãos públicos que tenham a capacidade de dar vazão a possível investigação superveniente à denúncia registrada por meio do respectivo canal.

Ou seja, para se alcançar na prática a análise do "*case* de corrupção" ventilado no sistema de *whisleblowing*, o rito procedimental a ser desenhado deve ser capaz de dar o devido trânsito à denuncia elaborada pelo cidadão que pretende detalhar possível desvio de finalidade pública.

Vê-se, todavia, que, nos termos da ordem de serviço mencionada, são três os meios de comunicação fornecidos pelo Estado para que se viabilize a denúncia:

> I - formulário eletrônico do Canal Denúncia, disponível em https://ouvidoriageral.rs.gov.br/inicial, com opção de sigilo;
> II - formulário físico, a ser encaminhado presencialmente ou pelos correios, por escrito, ao posto de atendimento da Ouvidoria-Geral do Estado, no endereço da Av. Borges de Medeiros, nº 1501 - andar térreo, bairro Praia de Belas, Porto Alegre/RS, CEP: 90119-900; ou
> III - e-mail: ouvidoriageral@casacivil.rs.gov.br.

Como se extrai da previsão normativa, em que pese sejam três distintas formas de se veicular a denúncia, todas desembocam na Ouvidora-Geral do Estado, vinculada, por sua vez, à Casa Civil.

Não se pretende neste artigo reconstruir o sistema arquitetado no âmbito do Estado (sobre o qual, sim, já se poderiam fazer críticas, pois tal canal é destinado a órgão que não dispõe de atribuição investigativa da denúncia, sendo, do nosso ponto de vista, "incompetente" para fazer a triagem das denúncias elaboradas via "canal denúncia"), mas estimular atuações excepcionais para um momento excepcional visando à integridade no trato da coisa pública pós-enchente.

Assim, entende-se que, dando sequência à proposta da criação de Força-Tarefa para acompanhamento, fiscalização e investigação dos procedimentos visando à contratação de serviços e bens no cenário pós-enchentes, o canal de denúncias para casos de corrupção atrelados a essa temática deveriam ser direcionados ao grupo de trabalho criado exatamente para tal fim, de modo a se buscar a efetividade necessária para o trânsito desses relatos que poderão ser bem investigados por esse corpo interdisciplinar fomentado.

Ainda, importante relembrar que o incentivo – *people respond to incentives* – é tido como a pedra de toque da vida moderna. Entendê-lo deve ser o ponto de partida para a (re)análise de qualquer instituto jurídico. Assim, também se recomenda, para dar maior efetividade a esse "canal de denúncia pós-catástrofe", a fixação de valor a ser pago ao denunciante do bem que venha, com base na sua denúncia, permitir que o Estado previna ou seja *ressarcido* pelo ato de corrupção desvendado.[24] Sugere-se, ainda, que o valor seja fixado com base em percentual do valor que retorne aos cofres públicos em razão da denúncia no caso concreto.

Importante ressaltar que a Lei Anticorrupção Estadual do Rio Grande do Sul, Lei nº 15.228/2028, previu um Fundo Vinculado de Combate à Corrupção. Tal fundo possui receitas provenientes das multas impostas em âmbito de Processos Administrativos de Responsabilização ou de multas contratuais relativas à não apresentação de um programa de integridade efetivo pelas empresas que contratem com a Administração Pública estadual.

---

[24] "Nos Estados Unidos, por exemplo, o *False Criminal Act* permite que qualquer cidadão denuncie fraudes nos contratos governamentais e, como compensação, receba quinze a vinte por cento do valor recuperado. Já o *Reforme and Consumer Protection Act* (conhecido como Dodd-Frank), apesar de ser voltado para a proteção de consumidores, permite que os funcionários (ou mesmo parceiros ou fornecedores) possam passar às autoridades informações de que a empresa está agindo de forma ilícita. A SEC – *Securities Exchange Comission* – é a gestora do programa e tem incentivado cada vez mais as denúncias, inclusive pagando um percentual da multa aplicada à empresa como prêmio ao denunciante" (ZENKER, Marcelo. *Integridade Governamental e Empresarial*. Um espectro de repressão e da prevenção à corrupção no Brasil e em Portugal. Belo Horizonte. Fórum, 2019. p. 215).

Verifica-se, ainda, que o inc. I do art. 90 do decreto regulamentador da Lei Anticorrupção Estadual permite a aplicação das receitas do Fundo Vinculado de Combate à Corrupção no financiamento de ações e programas com a finalidade de prevenir, fiscalizar e reprimir a prática de ilícitos previstos na Lei nº 15.228/2018, podendo este servir como possível enquadramento para a efetiva utilização da figura do *whistleblowing*.

É dizer, a existência do Fundo Vinculado de Combate à Corrupção, aliado à legislação aprovada no âmbito do pacote anticrime, abre portas para a implementação efetiva do sistema de *whistleblowing*, proporcionando a possibilidade de recompensas financeiras aos informantes que contribuírem significativamente para a mitigação dos efeitos da corrupção. Essa medida não apenas incentivará denúncias, mas também promoverá uma cultura de integridade, em que todos os cidadãos podem atuar como efetivos fiscalizadores da coisa pública.

3.3 Desenho de programa de *compliance* voltado à contratação de bens e serviços para a "reconstrução do RS"

Desde seu pontapé inicial,[25] o termo *compliance* foi, aos poucos, se notabilizando, ganhando significado próprio.[26] Passou, em verdade, a identificar como conduta empresarial íntegra aquela que estivesse amparada no cumprimento de regras, sejam leis, valores morais ou éticos, ou seja, mais do que um *simples* comportamento normativo, a ideia de *compliance* aborda um conceito de comportamento moral e de honestidade.

Nos anos de 1990, passou a ser adotado o *compliance* como princípio, significando "agir em sintonia com as regras". Em 1992, a gestão de riscos ganhou destaque com a publicação do guia *Internal Control*

---

[25] "(...) o termo *compliance* deriva do verbo inglês *to comply with* (seguir, respeitar, atender). Este termo é utilizado há muito tempo no âmbito da medicina, onde é empregado como se aplicar de forma devida uma terapia medicinal. Há algum tempo passou a ser adotado pela linguagem econômica, para indicar o conteúdo das leis, *standards* e diretrizes que devem guiar o desenvolvimento da atividade interna empresarial". ENGELHART, Marc. *Sanktionerung Von Unternehmen und Compliance*. Eine rechtsvergleichende Analyse Straf und Ordnungswidrigkeitenrechts in Deutschland und den USA. Berlin: Duncker & Humblot, 2010, p. 40 e 41.

[26] A palavra "*compliance*" é de origem inglesa e deriva diretamente do verbo "*to comply*", que numa tradução literal significaria *cumprir*, podendo o referido termo ser traduzido como "cumprimento", ou seja, um dever de obediência e conformidade.

– *Integrated Framework*, pelo COSO,[27] com critérios práticos para o estabelecimento de controles internos e para avaliação de sua efetividade nas organizações. O papel dos controles internos foi ampliado e entendido como instrumento de gerenciamento de riscos indispensável à governança corporativa.[28]

No âmbito brasileiro, o *Guia para Programas de Compliance do Conselho Administrativo de Defesa Econômica* se refere ao tema como "um conjunto de medidas internas que permite prevenir ou minimizar riscos de violação às leis decorrentes de atividade praticada por um agente econômico e de qualquer um de seus sócios ou colaboradores".[29]

Nos últimos anos, no âmbito brasileiro, normas passaram a trabalhar a temática da governança no âmbito da Administração Pública. Destacam-se a Lei nº 12.846/2013 ("Lei Anticorrupção"), o Decreto nº 8.420/2015, a Lei nº 13.303/2016 ("Lei das Estatais"), as diretrizes sobre o Programa de Integridade, estabelecidas pelo Decreto nº 8.420, do Ministério da Transparência e Controladoria-Geral da União, entre outras.

Assim, um programa de *compliance* pode ser definido como o conjunto de objetivos, processos, procedimentos e atividades[30] de

---

[27] Disponível em: https://www.coso.org/Pages/aboutus.aspx. A Comissão foi criada em 1985 e patrocinada conjuntamente por cinco grandes associações profissionais sediadas nos Estados Unidos: a Associação Americana de Contadores (AAA), o Instituto Americano de Contadores Públicos Certificados (AICPA), o Executivos Financeiros Internacionais (FEI), o Instituto de Auditores Internos (IIA) e a Associação Nacional de Contadores (agora Instituto de Contadores Gerenciais [IMA]). Totalmente independente de cada uma das organizações patrocinadoras, a Comissão incluía representantes da indústria, contabilidade pública, empresas de investimento e da Bolsa de Valores de Nova York.

[28] Disponível em: https://www.gov.br/inpi/pt-br/governanca/integridade-publica/conformidade/arquivos/documentos/relatorio-ft-compliance_vf_30-12-19.pdf Acesso em: 9 jun. 2024.

[29] BRASIL. Conselho Administrativo de Defesa Econômica – CADE. Guia para programas de Compliance. Brasília: Cade, 2016. Disponível em: http://www.cade.gov.br/acesso-a-informacao/publicacoesinstitucionais/guias_do_Cade/guia-compliance-versao-oficial.pdf/view Acesso em: 20 jun. 2021.

[30] "*(...) el compliance es una cuestión de acción y no solo de buenas intenciones. Es una cuestión de hechos acreditables y no de palabras, donde las acciones orientadas al control y supervisión de la empresa, deben quedar integralmente reflejadas (por escrito o en soporte electrónico) y custodiadas fielmente, a efectos de que pueda acreditarse en un momento posterior la efectiva veracidad, racionalidad y adecuación de las medidas llevadas a cabo para contener o evitar que los riegos existentes se transformen en ilícitos penales en un futuro. Consecuencia, por ejemplo, del inadecuado buen gobierno de la entidad, la gestión descuidada de la actividad empresarial o la realización de prácticas poco éticas*". (BALLESTEROS SANCHEZ, Julio. Criminalidad empresarial y derecho penal: la responsabilidad penal de las personas jurídicas en el marco de la globalización y los programas de cumplimiento efectivo. *In*: RAMÍREZ BARBOSA, Paula Andrea (dir.). *Desafíos del Derecho Penal en la sociedad del siglo XXI*. Colombia: Ed. Themis S.A., 2018, p. 322).

uma organização que visam, em última análise, a garantir que o seu funcionamento esteja alinhado com as demandas, os requisitos e as obrigações previstas (1) na legislação aplicável e nas (2) diretrizes das políticas internas estabelecidas pela própria organização em seu código de ética.[31]

Por sua vez, o Instituto Brasileiro de Governança Corporativa (IBGC) reporta-se ao sistema responsável pelos controles internos, pela gestão de riscos e pela governança como "sistema de *compliance*" – "sistema de conformidade". Corresponderia à integração entre a identidade da organização, os agentes de governança e os demais elementos da conformidade que permeiam toda a organização.

É fácil se extrair dessas disciplinas que se propõe via disseminação de cultura de integridade no âmbito da Administração Pública uma atuação preventiva, que, por seu turno, tem o potencial de gerar uma mudança cultural significativa. Ao invés de *simplesmente* punir os atos ilícitos após sua ocorrência, é possível criar uma cultura de integridade e transparência no setor público. Isso envolve não apenas a implementação de programas de *compliance*, mas também a educação e a conscientização de servidores públicos e da população em geral sobre a importância da integridade na Administração Pública.

Como se vê desse pequeno apanhado, não é nada inovador o fomento à implementação no âmbito do poder público da cultura de integridade. O Rio Grande do Sul – administração direta e indireta – não "ficou para trás", dispondo de órgãos de controle e de programas de integridade de modo a estipular, na execução de suas políticas públicas, a adoção dos princípios norteadores da Administração Pública.[32]

---

[31] Ao tratar de uma compilação sobre uma série de recomendações elaborada pela ONU em 2016 sobre a prevenção à criminalidade e a organização do sistema judicial, Busato afirma que "*El documento expresamente considera que la creación de códigos de conducta en el sector privado para promocionar buenas prácticas es una herramienta válida para la prevención del crimen en general. No se puede comparar tales códigos con programas de cumplimiento, porqué refieren principalmente al procedimiento profesional de ciertas categorías de servidores públicos para evitar delitos violentos y otras formas de abusos y fraudes, temas de naturaleza disciplinaria. Al revés, los programas de prevención de delitos en empresas son complementarios a códigos de buena conducta*". BUSATO, Paulo César; BRITTA SCANDELARI, Gustavo. La incorporación de los programas de cumplimientos ("criminal compliance")". *In*: Tratado sobre compliance penal. Responsabilidad Penal de las Personas Jurídicas y Modelos de Organización y Gestión. Valencia: Tirant lo Blanch, 2019, p. 1.236.

[32] Sem pretender esgotá-los, princípio: da legalidade, da impessoalidade, da moralidade, da publicidade, da eficiência, do interesse público, da probidade administrativa, da igualdade, do planejamento, da transparência, da eficácia, da segregação de funções, da motivação, da vinculação ao edital, do julgamento objetivo, da segurança jurídica, da

Sem buscar adentrar nos requisitos mínimos de um programa de *compliance*, enfatiza-se sua fase de "diagnóstico/análise de riscos" para se entender a justificativa de fazer a presente *propositura* nesse artigo: *Desenho de programa de compliance voltado à contratação de bens e serviços voltados à "reconstrução do RS"*.

Para que o *compliance* não seja uma *folha de papel*,[33] ele deve ser "casuístico", ou seja, deve conversar com a realidade. O diagnóstico da situação a ser "acobertada" pelas normas de governança não pode ser padronizado, mas, sim, detalhado. A situação ora enfrentada pelo nosso Estado a partir da crise causada pelo desastre climático é peculiar e deve ser *esmiuçada* – especialmente no ponto fulcral a qualquer programa de integridade: análise de riscos.

Assim, fomenta-se o desenvolvimento de plano de *compliance* específico no âmbito do Estado do RS para "acobertar" as atividades estatais voltadas para reestruturação do Estado pós-enchentes de 2024. Isso porque apenas se levadas em consideração as peculiaridades do caso concreto para reconhecer ou não a idoneidade das medidas de gestão e controle de riscos imprescindíveis àquele que pretende ser um programa de *compliance* efetivo.

Por fim, poder-se-ia utilizar a já implementada estrutura de política de integridade do Estado, criada por meio do Decreto nº 56.237/2021. De acordo com o artigo 9º da referida norma, os órgãos e entidades da Administração Direta, Autárquica e Fundacional do Poder Executivo do Estado do Rio Grande do Sul implementarão a Política de Integridade de que trata este decreto por meio da instituição de programas de integridade, compostos de medidas de proteção adequadas para o enfrentamento dos riscos de integridade identificados na atuação e no funcionamento de cada organização, de acordo com as suas peculiaridades e perfis, observadas as normas e princípios estabelecidos neste decreto, bem como os prazos e os cronogramas definidos em conjunto com o Comitê de Integridade, responsável pela coordenação e pela análise da efetividade do Plano Gaúcho de Promoção da Integridade.

---

razoabilidade, da competitividade, da proporcionalidade, da celeridade, da economicidade e do desenvolvimento nacional sustentável.

33 "(...) *un modelo estereotipado de cumplimiento que no atiende a las peculiaridades organizativas de cada concreta organización es, por definición, ineficaz* (...)". (SOLER, José Ignacio Gallego. Criminal compliance y proceso penal: reflexiones iniciales. *In*: MIR PUIG *et al.* (coord.). *Responsabilidad de la empresa y compliance*. Programas de prevención, detección y reacción penal. Montevideo-Buenos Aires: B de F, 2014, p. 195-229, p. 205.

3.4 Fomento à elaboração de "plano de contingência" destinado a desenhar as linhas gerais para a coordenação de "gabinete de crise" em situações de catástrofe

O Estado do Rio Grande do Sul se viu "paralisado" diante da catástrofe. A sociedade civil "deu um banho de bola" num primeiro momento no que se refere à reação perante o caso – especialmente no que tange aos resgates das pessoas "ilhadas" e na instalação de abrigos para refugiados climáticos.

A capacidade de o Estado se adequar às consequências já inevitáveis das mudanças climáticas também demanda, mais do que nunca, a elaboração prévia de rotinas lastradas em normas para serem imediatamente colocadas em prática na identificação de eventos externos como esse ora suportado pelo Rio Grande do Sul.

A estipulação prévia de método de resposta estatal, tanto para fins de prestação de ajuda humanitária como para a busca da reconstrução da "infraestrutura" afetada a partir dos eventos climáticos, tem a capacidade de reduzir as "portas" à corrupção.

Nitidamente o vácuo legislativo capaz de preconizar a resposta estatal a eventos climáticos de tamanha magnitude é um verdadeiro convite àqueles que não dispõem de freios morais e éticos capazes de pautar a sua conduta para malversar o dinheiro público – ou até mesmo bens e serviços oriundos de donativos de uma população enlutada – para fins ilícitos.

A Lei Federal nº 12.608/2012 estipula a Política Nacional de Proteção e Defesa Civil – PNPDEC e, em seu art. 1º, parágrafo único, VII, define:

> plano de contingência: conjunto de procedimentos e de ações previsto para prevenir acidente ou desastre específico ou para atender emergência dele decorrente, incluída a definição dos recursos humanos e materiais para prevenção, preparação, resposta e recuperação, elaborado com base em hipóteses de acidente ou desastre, com o objetivo de reduzir o risco de sua ocorrência ou de minimizar seus efeitos; [...].

Sabe-se que o estado de calamidade pública consiste em situação anormal decorrente de desastre (natural ou provocado) e que é capaz de causar danos graves à comunidade, inclusive ameaçando a vida da população. Nunca se estará devidamente "pronto" para se esperar uma catástrofe como essa ora enfrentada pelo povo gaúcho, mas as proporções das consequências da tragédia podem ser consideravelmente reduzidas, se houver sido previamente estipuladas diretrizes normativas coordenando os comandos de atuação.

Não se irá imiscuir na forma de como deverá ser conduzida/delineada a estratégia de condução de uma catástrofe pelo Estado do Rio Grande do Sul, mas, sim, fomentar-se-á o seu desenho, tendo, mais uma vez, como mote, a integridade. Sim, pois apenas valendo-se de um plano pré-desenhado para instigar providências a serem adotadas pelos órgãos públicos em situações de calamidade pública que se poderá melhor aferir sua probidade e, por sua vez, atendimento à finalidade pública com o manejo dos recursos estatais a serem utilizados "com urgência" e em volumes extraordinários em razão da demanda catastrófica.

Referências

AGÊNCIA NACIONAL DE ÁGUAS (ANA), 2024. *Monitoramento do Guaíba*. Disponível em: https://app.powerbi.com/view?r= eyJrIjoiZTRjZDlmYjgtNzAzMS00ZTFmLTlmZDAtNzEwNjM0MDU0NTJhIiwidCI6ImUwYmI0MDEyLTgxMGItNDY5YS04YjRkLTY2N2ZjZDFiYWY4OCJ9. Acesso em: 7 jun. 2024.

BALLESTEROS SANCHEZ, Julio. Criminalidad empresarial y derecho penal: la responsabilidad penal de las personas jurídicas en el marco de la globalización y los programas de cumplimiento efectivo. *In*: RAMÍREZ BARBOSA, Paula Andrea (dir.). *Desafíos del Derecho Penal en la sociedad del siglo XXI*. Colombia: Ed. Themis S.A., 2018, p. 322.

BECKER, Gary. S. Crime and punishment: an economic approach. Disponível em http://www.nber.org/chapters/c3625.pdf. Acesso em: 6 jun. 2024.

BRASIL, 2007. MINISTÉRIO DA INTEGRAÇÃO NACIONAL, SECRETARIA NACIONAL DE DEFESA CIVIL. Manual para a Decretação de Situação de Emergência ou de Estado de Calamidade Pública. Disponível em: https://www.defesacivil.rs.gov.br/upload/arquivos/201511/04145516-02-manual-para-decretacao-de-situacao-de-emergencia-ou-de-estado-de-calamidade-publica-volume-1.pdf. Acesso em: 7 jun. 2024.

BRASIL. Conselho Administrativo de Defesa Econômica – CADE. Guia para programas de Compliance. Brasília: Cade, 2016. Disponível em: http://www.cade.gov.br/acesso-a-informacao/publicacoesinstitucionais/guias_do_Cade/guia-compliance-versao-oficial.pdf/view Acesso em: 12 jun. 2024.

BUSATO, Paulo César; BRITTA SCANDELARI, Gustavo. La incorporación de los programas de cumplimientos ("criminal compliance")". *In*: Tratado sobre compliance penal. Responsabilidad Penal de las Personas Jurídicas y Modelos de Organización y Gestión. Valencia: Tirant lo Blanch, 2019, p. 1236.

CNN, 2024. *Governo do RS fará repasse de R$ 500 mil para cada município em calamidade sem exigir plano de trabalho, diz Leite*. Disponível em: https://www.cnnbrasil.com.br/politica/governo-do-rs-fara-repasse-de-r-500-mil-para-cada-municipio-em-calamidade-sem-exigir-plano-de-trabalho-diz-leite/#:~:text=Eduardo%20Leite%2C%20governador%20do%20Rio%20Grande%20do%20Sul&text=Leite%20tamb%C3%A9m%20afirma%20que%20R,%C3%A9%20de%20R%24%20122%20milh%C3%B5es. Acesso em: 7 jun. 2024.

DEFESA CIVIL ESTADUAL, 2024. *Balanço das Enchentes no Rio Grande do Sul*. Disponível em: https://www.defesacivil.rs.gov.br/defesa-civil-atualiza-balanco-das-enchentes-no-rs-4-6-9h. Acesso em: 7 jun. 2024.

ENGELHART, Marc. *Sanktionerung Von Unternehmen und Compliance*. Eine rechtsvergleichende Analyse Straf und Ordnungswidrigkeitenrechts in Deutschland und den USA. Berlin: Duncker & Humblot, 2010, p. 40 e 41.

FENNER, Gretta; MAHLSTEIN, Mirella. *Curbing the Risks of and Opportunities 5 for Corruption in Natural Disaster Situations*. International Law and Standards Applicable in Natural Disaster Situations. Capítulo 5, p. 242-25. International Development Law Organization (IDLO), 2009.

GOVERNO DO ESTADO DO RIO GRANDE DO SUL, 2022. Plano de Recuperação Fiscal. Disponível em: https://rrf.rs.gov.br/upload/arquivos/202205/19140321-prf-rs.pdf. Acesso em: 7 jun. 2024.

https://www.defesacivil.rs.gov.br/defesa-civil-atualiza-balanco-das-enchentes-no-rs-4-6-9h. Acesso em: 7 jun. 2024.

https://www.eurasiagroup.net/issues/top-risks-2024. Acesso em: 6 jun. 2024.

INSTITUTO NACIONAL DE METEOROLOGIA, 2024. Informativo meteorológico nº 15/2024. Disponível em: https://portal.inmet.gov.br/uploads/informartivos/Informativo-Meteorol%C3%B3gico-do-Inmet-n%C2%B015-22.04.2024.pdf.

RECEITA ESTADUAL, 2024. *Boletim Econômico Tributário*, n. 3, 7 jun. 2024. Disponível em: https://www.estado.rs.gov.br/upload/arquivos/202405/boletim-economico-tributario-receita-estadual-enchentes-2024-edicao-n-02.pdf. Acesso em: 7 jun. 2024.

RECEITA ESTADUAL, 2024. *Plano Rio Grande – Apresentação aos Prefeitos (FAMURS)*. 20 jun. 2024. Disponível em: https://www.estado.rs.gov.br/upload/arquivos/202406/2024-06-20-govrs-reuniao-famurs-municipios.pdf. Acesso em: 21 jun. 2024.

SOLER, José Ignacio Gallego. Criminal compliance y proceso penal: reflexiones iniciales. *In*: MIR PUIG *et al.* (coord.). *Responsabilidad de la empresa y compliance*. Programas de prevención, detección y reacción penal, Montevideo-Buenos Aires: B de F, 2014, p. 195-229, p. 205.

TERRA, 2024. *Rio Grande do Sul estima custo inicial da reconstrução em R$ 19 bilhões*. https://www.terra.com.br/planeta/noticias/rio-grande-do-sul-estima-custo-inicial-da-reconstrucao-em-r-19-bilhoes-entenda,b73ef75eda05abc9383ad05e86c36d0eufqnplqq.html?utm_source=clipboard. Acesso em: 7 jun. 2024.

TRANSPARÊNCIA INTERNACIONAL, 2021. *Governança Fundiária Frágil, Fraude e Corrupção*: um terreno fértil para a grilagem de terras. Transparência Internacional Brasil, São Paulo.

TRANSPARÊNCIA INTERNACIONAL, 2022. *Atlas de Clima e Corrupção*. Transparência Internacional Brasil, São Paulo.

ZENKER, Marcelo. *Integridade Governamental e Empresarial*. Um espectro de repressão e da prevenção à corrupção no Brasil e em Portugal. Belo Horizonte: Fórum, 2019.

Informação bibliográfica deste livro, conforme a NBR 6023:2018 da Associação Brasileira de Normas Técnicas (ABNT):

SANTOS, Álvaro; SCHÜTT Júlia Flores. Ainda que em calamidade, com integridade. Pano de fundo: catástrofe climática enfrentada pelo Estado do Rio Grande do Sul/Brasil em maio de 2024. *In*: RODRIGUES, Caroline; PIRONTI, Rodrigo (coord.). *ESG na Administração Pública*: estudos dirigidos. Belo Horizonte: Fórum, 2025. p. 605-628. ISBN 978-85-450-0779-1.

FRAMEWORKS: O CASE DA CEMIG SOBRE CRITÉRIOS APLICÁVEIS E COMO ADAPTAR À REALIDADE DE POLÍTICAS PÚBLICAS DE ASG

DANIEL PERRELLI LANÇA
ALINE CARUSO DE OLIVEIRA
ADIÉLITON GALVÃO DE FREITAS

A Companhia Energética de Minas Gerais S.A – Cemig, criada em 1952, sediada em Belo Horizonte (MG), é responsável por gerar, transmitir, distribuir e comercializar energia elétrica e distribuir gás natural para diversos municípios, especialmente, no Estado de Minas Gerais. A Cemig é uma sociedade de economia mista e de capital aberto, suas ações são negociadas nas Bolsas de Valores de São Paulo e Nova Iorque. Com o objetivo de criar valor para todas as partes interessadas em seu negócio (acionistas, empregados, fornecedores e sociedade), realiza investimentos em expansão da distribuição de energia reafirmando o compromisso com a qualidade do atendimento aos clientes e a importância para a visão estratégica da Cemig. Sempre baseada nos princípios de sustentabilidade e responsabilidade socioambiental, traz inúmeras ações e experiências em ASG (Ambiental, Social e Governança) viabilizando a implementação de atividades diversas para atender a políticas públicas alinhadas ao interesse público e ao objeto social ao qual está atrelada.

Como prestadora de serviços públicos relacionados à geração, transmissão e distribuição de energia elétrica, a Cemig adota uma estratégia de atuação abrangente em relação a suas partes interessadas, sejam elas autoridades governamentais; acionistas e investidores; clientes; consumidores; comunidade em geral (ONGs, sociedade, universidades); força de trabalho; fornecedores e imprensa. Essa atuação é executada por meio de programas sociais e técnicos em toda a sua área de concessão em Minas Gerais.

É por acreditar que o êxito de seus negócios e a qualidade de seus produtos dependem necessariamente do relacionamento com seus múltiplos públicos que a Cemig busca uma interação harmoniosa com eles, sendo o respeito e a consideração às necessidades de cada um a base para a construção e o cumprimento de todas as políticas públicas da companhia.

A seguir, serão destacadas algumas das principais e mais relevantes iniciativas da Cemig no quesito políticas públicas.

1 Universalização do fornecimento de energia elétrica

A Cemig vê o acesso à energia como um meio fundamental para o desenvolvimento regional e populacional. Com isso, a empresa investe continuamente na modernização, na expansão de sua estrutura de geração de energia e nas suas redes de transmissão e de distribuição de energia a fim de atender à crescente demanda de clientes novos e existentes.

Os resultados de algumas iniciativas da Cemig e do Governo Federal para aumentar a presença das empresas de energia elétrica no Brasil, inclusive em regiões economicamente desfavorecidas, estão apresentados a seguir:

Universalização	2023	2022	2021
Total de municípios universalizados	774	774	774
Municípios universalizados (%)	100	100	99,81

A Cemig também atua com a tarifa social, um desconto na conta de energia elétrica para famílias de baixa renda. Em 2023, cerca de 1,2 milhão de consumidores da Cemig receberam benefícios tarifários mensalmente relativos à tarifa social, no valor total de R$ 405 milhões no ano, um aumento de 26% em relação a 2022. Em relação ao total de consumidores no ambiente de contratação regulado para a classe residencial, a adesão à tarifa social na Cemig, para 2023 resultou em 15,5% de consumidores beneficiados. O benefício permite que mais pessoas tenham acesso a uma energia de qualidade, possibilitando uma melhoria da qualidade de vida e dignidade.

Além disso, a Cemig lançou o Programa Energia Legal, que visa regularizar o acesso à energia elétrica de aproximadamente 240 mil famílias localizadas em comunidades e ocupações na RMBH e em algumas regiões do Estado de Minas Gerais. Nessas localidades, serão implantadas, entre 2023 e 2027, novas redes e padrões individuais de medição de energia com investimento aproximado de R$ 1 bilhão.

O investimento inclui o uso de diversas tecnologias, de acordo com as diferentes estratégias de regularização dos locais, considerando áreas de complexidade social com alta criticidade de furtos de energia, áreas de risco com criticidade de fraudes e áreas com risco de execução de serviços. Essas tecnologias incluem desde a utilização de sistemas de medição centralizada nos postes até painéis de medição blindados para ocupações verticais.

Na interação com as populações, a equipe do Programa Energia leva orientações sobre o uso e o consumo consciente e seguro de energia e sobre regras para a inclusão de famílias de baixa renda na tarifa social de energia elétrica. Além disso, promove iniciativas do Programa de Eficiência Energética, como a doação de lâmpadas e geladeiras mais ecológicas.

São vantagens do Programa Energia Legal:

- Mais segurança contra choques elétricos;
- Mais cuidados para evitar queima de eletrodomésticos;
- Regularização da energia;
- Geração de comprovante de endereço, por meio de conta de luz;
- Direito a benefícios sociais;
- Facilidade para realizar novas ligações de energia;
- Assistência 24 horas por dia.

A Cemig auxilia os usuários na instalação da rede e disponibiliza gratuitamente um *kit* básico de instalação interna, que inclui padrões de entrada, conexões, luzes e tomadas. Para isso, o beneficiário deve estar cadastrado no Cadastro Único do Governo Federal.

Em 2023, já foram regularizadas, por meio do Programa, 10,7 mil famílias, especialmente na RMBH, com investimentos de R$ 107 milhões. Os resultados são divulgados às comunidades ao longo do Programa.

2 Pesquisa e Desenvolvimento (P&D) em energia elétrica

O P&D Cemig divulga editais para a captação de propostas, que após recebidas são avaliadas pelo corpo técnico Cemig em fóruns tecnológicos, e, posteriormente, as propostas aprovadas se tornam projetos que são desenvolvidos pelos parceiros e que podem se tornar protótipos e serem licenciados com potencial mercadológico.

Em 2023, a Cemig investiu em 16 projetos de PDI em diversos temas, tendo sido investidos pela Cemig Distribuição R$27,3 milhões, destacando-se os seguintes projetos:

- Sistema Integrado de Visão Computacional para Proteção à Receita e Segurança do Trabalho: propõe ganhos em produtividade e otimização de operação. A tecnologia utilizada é a da inteligência artificial (IA). Ela promove a captura e a interpretação de imagens, replicando funções condicionadas à visão humana, além de classificá-las, agrupá-las e distinguilas conforme padrão previamente estipulado.
- Plataforma de coleta, tratamento e processamento de dados satelitais: por meio dos dados e imagens coletados por nanossatélites, será feito um trabalho de pesquisa e desenvolvimento com o objetivo de gerar uma metodologia própria para a classificação e detecção das situações, auxiliando na tomada de decisão do operador do sistema.
- Sistema de priorização de investimentos no segmento de distribuição sob a ótica dos conceitos regulatórios de revisão tarifária e retorno sobre o capital: sistema computacional norteado por método de otimização, que deverá avaliar diversas obras e priorizar as que obtiverem melhor rentabilidade para a empresa, visando ao aprimoramento da confiabilidade do fornecimento, minimização dos custos e maximização dos resultados com base em critérios regulatórios.
- Método de Ranqueamento de Investimento: sistema integrado que opera em uma perspectiva de antecipação de riscos e possíveis falhas na rede de distribuição da companhia.
- Análise de Arranjo Técnico e Comercial Baseado em uma Planta Piloto de Sistema Distribuído de Armazenamento de Energia em Alimentador Crítico da Rede de Distribuição: os Sistemas de Armazenamento de Energia com Baterias – SAEBs se destacam pela versatilidade, pois mostram-se capazes de

prover diferentes serviços, como *back-up*, arbitragem e compensação da variabilidade de geração eólica e solar.

- Sistema de Produção Integrada de Energia Elétrica Fotovoltaica e Alimentos – Agrovoltaico: a proposta vai unir a agricultura, um dos pontos mais fortes da economia de Minas Gerais, e a geração de energia solar, forma de geração limpa que tem ganhado importância nos últimos anos.

3 Projetos de Eficiência Energética (PEE)

A Cemig historicamente investe na disseminação e na conscientização dos temas relacionados à cultura de eficiência, visando ao combate ao desperdício de energia elétrica e à preservação de recursos naturais. A Cemig Distribuição Cemig D desenvolve anualmente o Programa de Eficiência Energética – PEE, em atendimento à legislação setorial que determina a alocação de um percentual da receita operacional líquida anual da empresa em projetos executados em instalações de consumidores, visando ao incremento da eficiência energética no uso final de energia elétrica. Os projetos são realizados em diversos setores, com destaque para a atuação em hospitais, entidades filantrópicas, escolas, comunidades de baixa renda e instalações do poder público, em especial a iluminação pública de ruas e avenidas com o projeto Minas LED. Alguns projetos são desenvolvidos diretamente pela Cemig e outros são originados em chamadas públicas anuais.

O Programa de Eficiência Energética da Cemig D mantém um grande número de projetos em execução, chegando a 44 iniciativas em execução no final do ano de 2023. Em 2023, o programa investiu R$ 141 milhões em projetos em toda a área de concessão da Cemig D, além da disponibilização de outros R$ 50 milhões em novo processo de chamamento público a fim de selecionar propostas para composição do portfólio de projetos a serem financiados ao longo de 2024 e 2025.

As ações do programa visam sempre a eficiência energética associada a responsabilidade social e inovação, alinhados a objetivos estratégicos do negócio da Cemig, com destaque para atuação em hospitais, entidades filantrópicas, escolas, comunidades de baixa renda e instalações do poder público, em especial a iluminação pública de ruas e avenidas com o projeto Minas LED.

A tabela mostra o detalhamento das ações do PEE por público-alvo:

Projetos	Público-alvo	Qtd. concluída (consumidores)	Investimento (R$)	Economia de energia (MWh/ano)	Redução demanda na ponta (kW)	tCO_2 evitado
Cemig nas Comunidades	Famílias em comunidades urbanas de baixa renda	855	10.834.616,64	2.297	399	83
Cemig nas Escolas	Alunos do ensino fundamental de escolas públicas	85.828	1.239.640,00	0	0	0
Cemig nas Escolas	Escolas públicas da área de concessão da Cemig	682	6.266.668,48	4.362	1.101	158
Cemig nos Hospitais	Hospitais Públicos e filantrópicos	370	44.417.243,77	26.540	7.076	963
Cemig nas Cidades – Minas LED	Iluminação Pública de Municípios da área de concessão da Cemig	312	64.062.136,99	58.344	2.528	2.118
Cemig nas Cidades – Força de Segurança e Tribunais	Instalações da Polícia Militar, Sistema Prisional, Polícia Civil, Bombeiros Militar e Tribunais de Justiça	61	R$3.852.921,81	2.690	245	98
Cemig no Campo	Famílias em comunidades de baixa renda rurais	3.072	R$712.952,06	127	29	5
Chamadas públicas	Financiamento de projetos apresentados pela sociedade	6	R$9.937.048,07	7.730	1.587	281

4 Cidadania corporativa e investimentos sociais

As estratégias de investimento social e de cidadania corporativa da Cemig estão alinhadas à sua missão, visão e valores e objetivam o desenvolvimento econômico e social nos locais em que atua, por meio do apoio às comunidades, proporcionando transformação e impacto social duradouros para o alcance do desenvolvimento integral dos indivíduos.

A estratégia de cidadania corporativa e filantropia definida pela Cemig tem como prioridades: o desenvolvimento social e educacional, o fortalecimento do setor cultural e o incremento do setor esportivo, fortalecendo a marca e a imagem da companhia no mercado e na sociedade. Para concretizar essa estratégia, a Cemig atua em parceria com o Governo (Secretaria da Saúde, Secretaria de Educação, Secretaria de Esporte, Secretaria da Cultura, Ministério do Esporte e Ministério da Saúde), com os municípios (Conselhos Municipais dos Direitos da Criança e do Adolescente) e com instituições filantrópicas.

Ao apoiar projetos de benefício público e colaborar com municípios, estados e regiões, a Cemig se esforça para aumentar a qualidade de vida em toda a comunidade na qual está inserida.

Nesse sentido, são desenvolvidos e executados diversos projetos, priorizando-se aqueles que atendam, com qualidade, o maior número possível de beneficiários em todas as regiões de atuação no estado de Minas Gerais. Levam-se em conta a diversidade e o foco em ações de empreendedorismo, geração de renda, saúde, cultura e inclusão digital. A Cemig contribui com instituições comunitárias, ONGs e institutos de pesquisa, fornecendo infraestrutura, instalações e custos diretos em eventos artísticos e educacionais.

Um exemplo de programa é o Espaço Sesi de Eficiência Energética, que visa educar a comunidade quanto ao bom uso de energia. Essa é uma iniciativa do Programa de Eficiência Energética da Cemig, cujo objetivo é disseminar a cultura do uso eficiente da energia, com foco na sustentabilidade e alinhada aos Objetivos de Desenvolvimento Sustentável (ODS) da Organização das Nações Unidas (ONU), principalmente aqueles relacionados à promoção de oportunidades de aprendizagem e do acesso à inovação.

Alguns projetos de destaque no ano de 2023 foram:

• *Programa de apadrinhamento:* consiste na arrecadação de doações de terceiros (padrinhos) em favor das instituições filantrópicas, por meio da conta de energia elétrica, sendo essas doações repassadas integralmente, via depósito bancário. Em 2023, 182 instituições receberam aproximadamente R$ 76,7 milhões em doações.

• *Programa AI6%:* incentiva empregados e aposentados a repassarem 6% de seu imposto de renda devido aos Fundos da Infância e da Adolescência (FIA). A campanha de comunicação e engajamento de 2023 do AI6% envolveu a participação de 1.427 empregados que, voluntariamente, destinaram mais de R$ 1,3 milhão, com o intuito de beneficiar 137 instituições que atendem cerca de 20.000 crianças e adolescentes em situação de vulnerabilidade. A Cemig também destinou R$ 1,5 milhão do seu imposto de renda devido para os mesmos FIAs. No total, foram destinados R$ 2,8 milhões para entidades distribuídas em 69 municípios da área de influência da empresa.

• *Voluntariado Cemig – Você:* engloba diversas ações para incentivar e apoiar o envolvimento dos empregados em atividades voluntárias. Estruturado para potencializar as ações de voluntariado em curso, a trajetória do programa migra gradativamente do assistencialismo à cidadania participativa e de transformação social. Em 2023, o Programa de Voluntariado Cemig divulgou em sua plataforma um total de 21 ações, entre assistência social, informativas, doações de itens, doações financeiras e ações propostas pelos empregados. Participaram das ações como voluntários 183 colaboradores, totalizando mais de 400 horas de atuação voluntária pela força de trabalho do Grupo Cemig.

• *Mulheres Empreendedoras – on-line e presencial:* curso de aprendizagem prática composta por módulos que abordam temas relevantes para o autoconhecimento, empreendedorismo, ferramentas de gestão, comunicação, vendas e protagonismo feminino. O objetivo é contribuir com a geração de recursos para as mulheres e com a renda familiar, proporcionando a elas investirem no futuro de suas famílias e melhorar o bem-estar social, além de ser uma excelente oportunidade de aprendizado. Participaram das ações on-line e presencial, em Belo Horizonte, Pouso Alegre, além de outras cidades do interior, 12 voluntários, que deram aulas e contribuíram para a formação de beneficiárias.

• *Energia Jovem:* visa formar jovens estudantes de escolas públicas para o mercado de trabalho, auxiliando-os no entendimento de como iniciar a vida profissional e ingressar em uma organização. A formação é composta por módulos que abordam temas relevantes para a entrada no mercado de trabalho, como o autoconhecimento, *networking*, competências a serem desenvolvidas, como se preparar para uma entrevista e elaborar o currículo, entre outros. Em 2023, foram capacitados 30 jovens na cidade de Montes Claros, que contaram com a orientação de três voluntários da Cemig.

Além dessas iniciativas, também foram realizadas ações como o Dia do Voluntariado, proporcionando atendimento a centenas de pessoas na Vila Zilah Spósito, em Belo Horizonte. Adicionalmente, uniram-se a esses voluntários diversos empregados do interior de Minas Gerais, em ações nas cidades de Varginha, Pouso Alegre, Montes Claros e Divinópolis, arrecadando doações em benefício dos idosos assistidos em instituições locais.

• *Cultura:* A Cemig é a maior incentivadora de cultura em Minas Gerais e uma das maiores do país. Em 2023, foram investidos R$ 77,3 milhões em 146 projetos culturais. Desse total, R$1,8 milhão é proveniente de recurso próprio, via investimento direto. Além de incentivar produtores e artistas, o apoio da Cemig traz benefícios diretos à população, que passa a ter acesso aos bens culturais de maneira mais segura e democrática.

Esse investimento em cultura contribui para a construção do patrimônio de Minas Gerais e posiciona a Cemig como uma grande fomentadora do desenvolvimento da economia criativa, da manutenção de grupos tradicionais, de equipamentos históricos. Além disso, os projetos apoiados visam à ocupação do espaço urbano, transformação nas comunidades e fomento à arte inovadora.

A Cemig tem papel fundamental em patrocínio de espaços notáveis da cultura mineira, como a Fundação Clóvis Salgado, o Instituto Inhotim, a Orquestra Filarmônica de Minas Gerais, o Grupo Galpão, o Grupo Corpo, entre outros.

• *Esporte:* Para a comunidade, projetos de esporte geram benefícios de resgate social e cidadania, principalmente para crianças e adolescentes, ao estimular a prática de atividades esportivas e gerar a possibilidade de se tornarem atletas. Para a Cemig, projetos assim fortalecem sua imagem como empresa comprometida com o desenvolvimento de hábitos saudáveis, bem-estar e desenvolvimento das comunidades locais.

Nos últimos cinco anos, a Cemig destinou mais de R$ 30 milhões para projetos esportivos, impactando positivamente a vida de mais de 20 mil crianças e adolescentes, em 44 municípios de todas as regiões de Minas Gerais. Desse montante, 30% foram originários da lei estadual do esporte e 70% da lei federal.

Em 2023, a Cemig publicou editais para a seleção de projetos sociais que passaram a integrar o conjunto de iniciativas incentivadas pela companhia em Minas Gerais. As chamadas públicas buscam ações que trabalham as práticas esportivas.

Para a Cemig, a diversidade é um valor e deve estar presente também no esporte. Anualmente, cerca de 12% dos recursos destinados ao esporte são direcionados para projetos que trabalham exclusivamente com pessoas com deficiência em diversas modalidades esportivas e regiões do Estado.

A companhia continua comprometida em fazer a diferença na vida das pessoas e em contribuir para a construção de uma sociedade mais justa e inclusiva.

• *Fundo do Idoso:* A população com mais de 60 anos tem aumentado, e a expectativa de vida, nesse contexto, por isso a Cemig busca, por meio da destinação de recursos incentivados, viabilizar projetos de proteção e atendimento à pessoa idosa no Estado de Minas Gerais, visando a ampliação e melhoria das ações voltadas a essa população. Além disso, é prioridade para a companhia também o apoio a propostas que viabilizem a estruturação dos Fundos Municipais e Estadual do Idoso do Estado, aprimorando as ações destinadas a esse público.

Em 2023, foi lançado um edital de chamada pública visando selecionar os projetos de apoio a idosos mais alinhados às diretrizes organizacionais. Uma das instituições apoiadas pela Cemig nesse contexto é a Santa Casa de Misericórdia de Belo Horizonte, que, nos últimos cinco anos, recebeu aproximadamente R$ 1 milhão da companhia. O número de beneficiados das iniciativas destinadas aos idosos cresce a cada ano, tendo sido investidos nesses projetos, em 2023, mais de R$ 3 milhões.

• *Saúde:* No ano de 2023, a Cemig investiu R$ 44,4 milhões em diferentes regiões de Minas Gerais, onde foram atendidas 370 unidades hospitalares, envolvendo a substituição de autoclaves, secadoras e focos cirúrgicos, além da instalação de usinas fotovoltaicas.

Investimentos sociais internos e externos (R$)

Setor	2020	2021	2022	2023
Cultura	20.449.013,93	22.393.958,64	69.839.107,44	77.328.141,27
Educação	2.413.165,44	1.902.375,13	9.929.492,28	1.239.640,00
Esporte	4.940.834,11	3.381.299,47	4.886.008,30	12.110.693,78
Ações Sociais (Subtotal Fia, Progr. Eficiência Energéticas, AI6% e Doações + Subvenções)	55.739.000,00	42.909.245,680	96.404.639,42	146.225.009,47
Saúde	5.000.000,00	1.130.653,94	-	2.332.126,43
Ações Sociais (Subtotal Fia, Progr. Eficiência Energéticas, AI6% e Doações + Subvenções)	R$ 55.739.000,00	R$ 42.909.245,680	R$ 96.404.639,42	R$ 146.225.009,47
Patrimônio Público	R$0,00	R$ 0,00	R$ 0,00	R$ 0,00
Total	88.542.013,48	71.717.532,86	181.059.247,44	256.782.259,62

5 Conclusão

Aliar eficiência operacional e lucratividade com propósito é fundamental. Nessa toada, os princípios ASG podem ser implementados para trazer respostas práticas às demandas ambientais, sociais e de governança que buscam gerar sustentabilidade aos negócios com visão de longo prazo, demonstrados, na prática, no *case* Cemig.

Informação bibliográfica deste livro, conforme a NBR 6023:2018 da Associação Brasileira de Normas Técnicas (ABNT):

LANÇA, Daniel Perrelli; OLIVEIRA, Aline Caruso de; FREITAS, Adieliton Galvão de. *Frameworks* – o *case* da Cemig sobre critérios aplicáveis e como adaptar à realidade de políticas públicas de ASG. *In*: RODRIGUES, Caroline; PIRONTI, Rodrigo (coord.). *ESG na Administração Pública*: estudos dirigidos. Belo Horizonte: Fórum, 2025. p. 629-639. ISBN 978-85-450-0779-1.

O PLANO DE LOGÍSTICA SUSTENTÁVEL COMO FERRAMENTA DE GOVERNANÇA NAS CONTRATAÇÕES PÚBLICAS SUSTENTÁVEIS NO PODER JUDICIÁRIO BRASILEIRO

ADRIANA TOSTES
KETLIN FEITOSA DE ALBUQUERQUE LIMA SCARTEZINI

1 Introdução

O modelo de governança sustentável em contratações proposto pelo Poder Judiciário vem se destacando quanto à efetividade das práticas de sustentabilidade organizacionais e apresentando grandes avanços quanto ao uso racional de recursos públicos, consumo consciente, gestão de resíduos e licitações sustentáveis, a partir das políticas de sustentabilidade e de seu principal instrumento, o Plano de Logística Sustentável – PLS.

A partir da edição das políticas editadas pelo Conselho Nacional de Justiça (CNJ) sobre a temática da sustentabilidade, o PLS assumiu o condão indutor do processo de governança e gestão sustentável e vem demonstrando resultados, por meio dos balanços de sustentabilidade do Judiciário publicados anualmente pelo conselho.

Mesmo antes da edição das resoluções do CNJ, alguns tribunais já se destacavam pela implementação de boas práticas de responsabilidade socioambiental. O presente artigo, além de abordar o tema do PLS como ferramenta de governança de contratações públicas no Poder Judiciário brasileiro, apresenta os casos práticos do Superior Tribunal de Justiça e do Tribunal de Justiça do Distrito Federal e dos Territórios, celeiros de iniciativas sustentáveis inovadoras.

O Superior Tribunal de Justiça, em especial, se notabilizou quanto às análises nos processos de contratação de serviços e aquisição de bens considerando os aspectos sistêmicos do conceito do PLS, fruto do desdobramento da implementação do processo estruturado de governança em contratações públicas. Já o TJDFT, à luz da modelagem estabelecida pelos planos estratégicos e da congruência dos planos diretores de gestão, incluindo o Plano de Logística Sustentável e o Plano Anual de Contratações, estabeleceu uma sistemática governança que favoreceu os fluxos das licitações sustentáveis.

2 Governança pública e sustentabilidade

Martins e Marini (2014) afirmam que a governança pública é um processo que cria valor público por meio de capacidades e qualidades institucionais; da colaboração entre agentes públicos e privados na coprodução de serviços, de políticas e bens públicos, e da melhoria do desempenho, sendo que nenhum desses elementos pode ser considerado isoladamente.

Acrescentam os autores que governança pública envolve a capacidade de governar em rede de forma colaborativa e ser orientado para resultados. Juntos, esses elementos geram valor público sustentável. Fortalecer a capacidade de governar e a colaboração em rede não faz sentido se não estiverem direcionados para alcançar resultados e gerar valor público, o que, por sua vez, não acontece por acaso, mas exige o desenvolvimento de capacidades e relações interinstitucionais. Partindo-se da compreensão de que valor público envolve o equilíbrio de meios e fins, este valor não só confere direcionamento às ações do órgão, mas, principalmente, legitima a implementação da governança pública e a fortalece.

Como alertam Cader e Villac (2022) a institucionalização e o fortalecimento da sustentabilidade na governança pública exigem intensos debates e a superação constante de desafios, sinalizando que essa relação não pode estar restrita a fatores econômicos ou ambientais, bem como construída em curto e médio prazo.

À luz da Nova Lei de Licitações, verifica-se o papel determinante que a governança exerce no que tange às compras públicas, pois tem o condão de institucionalizar a responsabilidade da liderança quanto à implementação de processos e estruturas que visem ao alcance dos objetivos licitatórios, assim como garantir a integridade e confiabilidade do processo por meio do alinhamento das contratações à estratégia organizacional. O resultado, como nos revela Ache e Fenili (2022), é o interesse público materializado por meio de políticas públicas que atendam os ideais estratégicos de Estado.

Na análise das aquisições e contratações públicas de âmbito federal, o Plano de Logística Sustentável configura-se como uma das principais ferramentas de gestão administrativa, ainda que precise superar os desafios da percepção dos gestores sobre sua aplicabilidade e efetividade no processo de contratação. Nesta esteira, modelagens aprimoradas de análises de sustentabilidade têm a perspectiva de, paulatinamente, ampliar a compreensão e a visão sistêmica dos gestores sobre a sustentabilidade enquanto grande aliada da inovação, da melhoria contínua, da transparência, da integridade e da eficiência no processo de contratação, como preconizado no artigo 11 da Nova Lei de Licitações e Contratos.

Neste contexto é preciso registrar os avanços normativos para a inserção do viés sustentável no procedimento licitatório, os desafios a serem superados e abordar o protagonismo do Poder Judiciário na implementação do Plano de Logística Sustentável como ferramenta de governança pública. Nesse diapasão, torna-se oportuno apresentar os exemplos do Superior Tribunal de Justiça (STJ) e do Tribunal de Justiça do Distrito Federal e Territórios (TJDFT) na análise dos processos de contratação por possuírem mecanismos diferenciados voltados à governança de contratações para a execução da melhor compra na gestão pública considerando a multidimensionalidade da sustentabilidade.

3 Os avanços normativos

O Plano de Logística Sustentável ou PLS, como costuma ser referenciado, adveio da regulamentação do art. 3º da Lei nº 8.666/93 no bojo do Decreto nº 7.746/2012. O Decreto trouxe como competência da extinta Comissão Interministerial de Sustentabilidade na Administração Pública – CISAP a proposição de normas e regras para a elaboração de ações de logística sustentável, instrumentalizadas pelos respectivos PLS.

Os PLS deveriam conter, minimamente, ações e práticas de sustentabilidade que visassem a racionalização do uso bens materiais, assim como as responsabilidades, metodologias de implementação e respectivas ações de divulgação, conscientização e capacitação do corpo funcional. Contudo, a definição propriamente dita acerca do PLS veio de forma específica na IN SLTI/MPOG nº 10/2012, *in verbis*:

> Os PLS são ferramentas de planejamento com objetivos e responsabilidades definidas, ações, metas, prazos de execução e mecanismos de monitoramento e avaliação, que permite ao órgão ou entidade estabelecer práticas de sustentabilidade e racionalização de gastos e processos na Administração Pública.

Apesar da IN SEGES/MPDG nº 05/2017 não nominar de forma literal o PLS, depreende-se que havia referência ao instrumento no normativo, visto que foi definido o necessário alinhamento das contratações de serviços com o planejamento estratégico do órgão ou entidade, quando houvesse. A norma determinou que as fases do planejamento das contratações, assim como os critérios e as práticas de sustentabilidade são questões a serem observadas, analisados caso a caso.

Após o advento da IN SLTI/MPOG nº 10/2012, o PLS surge novamente no escopo do Decreto nº 10.024/2019, normativo que regulamentou a licitação na modalidade pregão e ocupa papel de destaque ao ser referenciado como instrumento material do princípio do desenvolvimento nacional sustentável na percepção multiplural da sustentabilidade. Decorridos quase dois anos do Decreto do Pregão, o PLS ganha novo fôlego no âmbito federal ao figurar como instrumento de governança das contratações públicas no escopo da Portaria SEGES/ME 8.678/2021.

Pode-se afirmar que o papel alcançado pelo PLS ao longo das evoluções revela uma amplitude do conceito de sustentabilidade. Segundo Scartezini e Ribeiro (2018, p. 95), essa expansão imputa a necessidade do PLS estar alinhado ao Plano Estratégico do órgão considerando a visão sistêmica que compreende todo o processo de contratação e que

> questões técnicas e diretrizes de sustentabilidade nas contratações abrangem todo o ciclo de vida da contratação pública, desde a etapa prévia de levantamento de necessidades (Plano de Contratações); o planejamento (Estudo Técnico Preliminar, estudos que busquem a qualidade e a redução dos riscos); o levantamento de custos e logística (aquisição, estoque, armazenamento, distribuições, manutenção, operação, repactuações, aditivações, apostilamentos, depreciação); os aspectos de inclusão social dos contratos de serviços; e a destinação final com menor impacto ambiental.

Parte da responsabilidade por estas mudanças foi fomentada pelo Tribunal de Contas da União, que foi, aos poucos, por meio de auditorias operacionais junto às unidades sob sua jurisdição, despertando a necessidade de avanços na qualidade e eficiência do gasto público, principalmente quanto à exigência dos PLS como instrumentos de gestão, como um dos desdobramentos do Plano Estratégico institucional.

Neste recorte, destaque-se o Acórdão TCU nº 2622/2015 - Plenário, que incluiu a sustentabilidade entre os temas das diretrizes relacionadas ao aperfeiçoamento da governança nos órgãos sob a jurisdição da Corte de Contas. O acordão, entre outras questões relevantes, trouxe os riscos de os agentes que operacionalizam os processos de aquisição tomarem decisões com base em critérios isolados, sem a visão estratégica e sistêmica da organização, indicando a necessidade de se estabelecerem requisitos de sustentabilidade, durabilidade e, em especial, com vistas a atender estratégias, para além da avaliação do menor preço.

O mesmo acórdão determinou aos órgãos públicos da Administração Pública Federal a definição de diretrizes para as aquisições e compras em geral, estoques, sustentabilidade ambiental, social e econômica e compras conjuntas, que favorecessem a integridade e a transparência na prestação de contas à sociedade.

Denota-se o relevante alinhamento da sustentabilidade com a estratégia das contratações dos órgãos no Acórdão TCU 1.056/2017, em especial no item 9.2.2.1, ao determinar ao Ministério do Planejamento, Desenvolvimento e Gestão uma atuação conjunta com a CISAP para que os PLS estejam previstos como instrumentos no planejamento estratégico dos órgãos da APF, "considerando o alcance e a transversalidade dos aspectos inerentes à sustentabilidade, de modo a institucionalizar, com isso, todas as ações de sustentabilidade junto à direção geral das aludidas instituições". Em outro ponto (9.2.5), o TCU exige que o Plano Anual de Contratações traga de forma especificada itens com critério de sustentabilidade de acordo com o PLS do órgão.

Diante do arcabouço jurídico e das orientações da corte de contas do país, restava fornecer ao gestor de contratos mecanismos de atuação que favorecessem o alinhamento da estratégia às contratações. A sustentabilidade ainda trazia no seu conceito certa subjetividade, o que gerava insegurança e, por vezes, indiferença dos gestores quanto à sua relevância.

Notável registrar que, apesar do esforço no âmbito da Secretaria de Gestão, antiga Secretaria de Logística e Tecnologia da Informação (SLTI) do Ministério do Planejamento, Orçamento e Gestão, o PLS não ganhou a força que se esperava, pois, segundo Alves (2015, p.76), num primeiro momento, percentual não superior a 10% de órgãos da Administração Pública Federal direta, autárquica, fundacional e nas empresas estatais dependentes havia publicado os seus documentos referenciais passados dois anos da edição da IN SLTI/MPOG nº 10/2012.

É imprescindível assinalar o recente destaque do PLS no Índice de Governança, Inovação e Sustentabilidade, o iESGo, fruto do Acórdão TCU - Plenário nº 1205/2023, lançado no ano de 2024 pelo TCU,[1] no qual é questionado aos órgãos sob sua jurisdição quanto ao papel da liderança no monitoramento da logística sustentável, e se o instrumento do PLS está alinhado com o Plano de Contratações Anual (PCA).

Necessário pontuar que, se no Executivo federal o PLS encontrou e ainda enfrenta entraves para ser internalizado, no Poder Judiciário a ferramenta encontrou terreno fértil para ser disseminada. É o ponto que veremos a seguir.

4 O protagonismo do Poder Judiciário

O Poder Judiciário foi ousado ao prever a unidade de sustentabilidade como estrutura organizacional responsável por disseminar a cultura de um pensamento sustentável sistêmico e inovador. Inicialmente, a Recomendação CNJ nº 11/2007 institucionalizou as Comissões de Responsabilidade Socioambiental. Ponto que merece registro consiste no fato de que desde 2010 a responsabilidade socioambiental é valor para o Judiciário, o que foi replicado por quase todos os 92 tribunais e conselhos, senão diretamente, indiretamente.

A Resolução CNJ nº 201/2015 criou estruturas organizacionais específicas para a atuação exclusiva com a temática e importou do Poder Executivo a modelagem do Plano de Logística Sustentável – PLS a ser adotado como instrumento obrigatório para os órgãos do Judiciário Nacional, com exceção do Supremo Tribunal Federal, e definiu os indicadores para o monitoramento do desempenho nos tribunais.

Não obstante as políticas direcionadoras, o avanço do Poder Judiciário quanto às contratações sustentáveis teve o suporte de um rol de indicadores obrigatórios (CNJ, 2015), para monitoramento e melhoria contínua, que incluem os grandes contratos de custeio e um sistema eletrônico de cadastro de dados dos tribunais do Brasil.

---

1 Portal do TCU. Governança Pública Organizacional. Questionário iESGo. Disponível em: https://portal.tcu.gov.br/governanca/governancapublica/organizacional/levantamento-de-governanca/levantamento-de-governanca.htm.

Coube também ao Poder Judiciário avançar na concepção do modelo de governança e gestão das contratações, com a edição da Resolução CNJ nº 347/2020, que incluiu o Plano de Logística Sustentável entre seus instrumentos e de forma alinhada com o Plano Estratégico, o Plano Anual de Contratações e os Planos de Riscos e de Capacitação sobre contratações. Este alinhamento foi reforçado com a edição da Resolução CNJ nº 400/2021 com um capítulo específico para as contratações sustentáveis.

A edição da Resolução CNJ nº 347/2020 teve outro caráter inovador, uma vez que foi concebida a partir de Grupo de Trabalho formado por representantes dos Poderes Judiciário e Executivo (Ministério da Economia e Advocacia-Geral da União) e, de forma inaugural, inspirou o Poder Executivo a adotar o PLS como instrumento diretor das contratações públicas (SEGES/ME, 2021).

Outro diferencial do Judiciário foi exigir que o PLS, desde seu nascedouro, fosse monitorado por meio de painéis inteligentes de dados no âmbito do CNJ. Os órgãos são instados a manter os cadastros atualizados e a dar transparência aos dados do PLS. Por meio de premiações e pontuações, são anualmente avaliados, o que inclui a divulgação do balanço anual de sustentabilidade que, de forma comparativa, apresenta os desempenhos das Cortes, por segmento de Justiça. Ainda, com o objetivo de incentivar incrementos na efetividade dos órgãos, o Conselho incluiu o IDS – Índice de Desempenho da Sustentabilidade no rol dos itens avaliados para o Prêmio Anual de Qualidade do Poder Judiciário.

Apesar da autonomia administrativa dos Tribunais, vale lembrar que os órgãos do Poder Judiciário, tendo em vista a estrutura altamente hierarquizada, observam as Resoluções do Conselho Nacional de Justiça, que se vale de sua força para implementar as mudanças administrativas que tenham foco na melhoria da gestão. Nesse sentido, registre-se a importância do instrumento "Cumprimento de Decisão" ou CUMPREDEC, espécie de controle administrativo para acompanhamento dos desdobramentos que visam a efetividade das normas editadas pelo CNJ. Todos estes instrumentos (Balanço de Sustentabilidade, Índice de Desempenho de Sustentabilidade, CUMPREDEC e Prêmio CNJ de Qualidade) cobrados de forma combinada instigam as instituições a avançarem na observância dos regulamentos e alimentam uma constante corrida pelos melhores desempenhos ao fomentarem uma disputa positiva entre órgãos.

Fundamental apontar que em 2018 o Judiciário internalizou os Objetivos de Desenvolvimento Sustentável (ODS) da Agenda 2030, movimento capitaneado pela Organização das Nações Unidas (ONU), que teve início no ano de 2015, e que compreende um planejamento global para o alcance da paz e da prosperidade para o planeta e para as pessoas por meio da implementação de parcerias. No escopo da agenda, é vital consignar o ODS 12, voltado ao consumo e produção sustentáveis, que possui meta específica destinada às compras públicas sustentáveis, e o ODS 16, que versa em sua meta 16.6 sobre o desenvolvimento de "instituições eficazes, responsáveis e transparentes em todos os níveis" (ONU, 2015).

Estava criado o cenário e o contexto para a concretização do alinhamento das contratações nos tribunais brasileiros, observando-se como diretriz primeira o Plano Estratégico e os instrumentos auxiliares de sua concretude, entre os quais, o Plano de Logística Sustentável. Nesta seara, quem saiu na frente e desbravou os mares turbulentos para as efetivas mudanças culturais na gestão pública foram os órgãos que possuíam estruturas de sustentabilidade em funcionamento e tinham conseguido avançar para a implementação dos primeiros passos das chamadas "licitações sustentáveis", o que pressupõe uma virada de chave no processo de atendimento da demanda e alinhamento das contratações ao plano estratégico institucional.

5 Estudo de casos

5.1 Superior Tribunal de Justiça – STJ

O STJ instituiu em 2008 o Programa de Responsabilidade Socioambiental (STJ, 2008), o que mais adiante se estruturou como Assessoria de Gestão Sustentável – AGS e foi vanguardista, sendo o primeiro tribunal superior no Brasil a despontar a temática da sustentabilidade no modelo de arquitetura organizacional.

Em suporte à fase de planejamento das contratações e à tomada de decisões da administração, a AGS analisa todos os processos de contratações do STJ, em parceria com as áreas demandantes, e tem com finalidade precípua a inserção de critérios que consideram a visão plural da sustentabilidade que perpassa o *triple bottom line* cunhado por Elkington (2012) para um espectro ampliado e pertinente às evoluções na gestão pública. São incorporadas percepções concebidas por Sachs

(2008), que trouxe as dimensões culturais, ecológicas, territoriais e políticas, e o modelo de Freitas, que amplifica a análise para as questões jurídico-políticas e éticas.

Considerando a plasticidade deste olhar, o órgão implementou uma política de sustentabilidade na qual o Plano de Logística Sustentável é um dos instrumentos norteadores da gestão administrativa juntamente com o Planejamento de Contratações e Aquisições, o Plano de Gestão de Resíduos Sólidos e o Guia de Contratações Sustentáveis. É evidenciado o protagonismo que o PLS ganha quando o alinhamento das metas delineadas no instrumento obrigatoriamente subsidia o planejamento de contratações. Corrobora ainda o fato de que o Plano Anual de Contratações deve estar vinculado às demandas, objetivos e metas pactuadas pelo PLS do órgão, como reforçam Ache e Fenili (2022, p. 157), ao ressaltarem a importância do "alinhamento entre os instrumentos estratégicos do Estado" no processo de contratações públicas.

Evidentemente que para colocar tudo isso em prática é fundamental uma análise completa e detalhada da sustentabilidade no processo de contratação, que não deve ficar restrita àquela específica atinente ao objeto, ou seja, a avaliação dos critérios de sustentabilidade ambiental. É indispensável vislumbrar adiante e elaborar questões primordiais que levam a crer que a compra ou contratação está vinculada à missão precípua do órgão. Torna-se imperioso avaliar o alinhamento institucional, como, por exemplo, quais Objetivos do Desenvolvimento Sustentável da Agenda 2030 estão sendo contemplados; se o alinhamento estratégico está sendo observado visto que a compra/contratação deve estar vinculada a algum objetivo estratégico da instituição, ainda que de maneira desdobrada nos demais planos setoriais, nos quais se destaca o Plano de Logística Sustentável.

No planejamento da contratação, faz-se necessário questionar qual justificativa adequada demonstra a real necessidade da demanda; se a estimativa calculada para a definição de quantitativos leva em consideração o comportamento e a tendência da série histórica de consumos e gastos; quais as possíveis inovações de mercado poderiam ser consideradas para a definição da escolha da solução e consequente atendimento da demanda; quais os impactos ambientais e econômicos considerados na análise de ciclo de vida do produto; quais os riscos levantados diante das análises de cenários internos e externos; e se há possibilidade de compra compartilhada para a contratação ou aquisição no sentido de conferir ao procedimento economia de escala considerando o volume a ser adquirido.

Findas as questões relacionadas ao planejamento, são levantados os critérios específicos atinentes ao objeto, em observância às normas regulamentadoras aplicáveis caso a caso.[2] Forçoso comentar que muitas das questões trazidas quanto aos critérios alusivos ao objeto não são novidades para o gestor público, uma vez que foram elencados na pioneira IN SLTI/MPOG nº 1/2010.

Outro aspecto formal que robustece o esforço institucional quanto à governança sustentável das contratações é revelada no Planejamento das Contratações e Aquisições (PCAq) do Superior Tribunal de Justiça, no qual é peremptória a tramitação dos processos do referido documento para a unidade técnica de sustentabilidade. Na tabela[3] de consolidação final das demandas das áreas técnicas, atualizada a cada exercício, há campos específicos sobre os impactos no Plano de Logística Sustentável e previsão de encaminhamento à Coordenadoria de Acessibilidade e Inclusão para checagem de critérios que atendam às pessoas com deficiência.

A modelagem de análise em tela exige, como desafio para replicação, a avaliação de viabilidade técnica e operacional, visto que o STJ conta com unidade de competência exclusiva para estas atividades, e a avaliação é executada por servidores com competências técnicas adequadas, que têm suas verificações revisadas pelo titular da unidade, conferindo assim dupla checagem aos critérios inseridos. Observa-se que o Plano de Logística Sustentável é objeto de exame a partir do planejamento da demanda no Plano de Contratações Anual (PCA) até

[2] Entre outras avaliações estão a necessidade de exigência do Cadastro Técnico Federal de Atividade Potencialmente Poluidoras (CTF/APP) em conformidade com as Fichas Técnicas do IBAMA; do Documento de Origem Florestal (DOF); da Etiqueta Nacional de Consumo de Energia (Ence); do Selo Ruído; a Diretiva RoHS que restringe o uso substâncias perigosas na fabricação, importação e distribuição de equipamentos elétricos e eletrônicos; das certificações do Instituto Nacional de Metrologia, Qualidade e Tecnologia – INMETRO; das fichas de dados de segurança (FDS) para produtos químicos; a autorização de funcionamento de empresa (AFE); do alvará sanitário ou a licença de funcionamento; e do cumprimento de cotas para mulheres em condição de especial vulnerabilidade econômico-social em conformidade com as diretrizes do Conselho Nacional de Justiça (Resolução CNJ 497/2023). Além destes pontos, devem ser observados o acondicionamento de bens em embalagens preferencialmente recicladas ou recicláveis, com o menor volume possível; o uso correto do bem e a fiscalização primorosa do contrato e a gestão adequada dos resíduos gerados, que podem configurar como uma obrigação da contratada ou do contratante a depender dos acordos setoriais vigentes, tipo do contrato e viabilidade técnica.

[3] Tabela Planejamento Anual das Contratações e Aquisições do STJ, exercício 2025. Disponível em: https://transparencia.stj.jus.br/wp-content/uploads/Anexos_I.pdf, acesso em 6 maio2025.

a elaboração dos instrumentos auxiliares que evidenciam a melhor solução para o atendimento das necessidades, também comprovado num sistema de dupla conferência. A última conferência é realizada pela assessoria jurídica do órgão que realiza, além da análise de cumprimento normativo, a conferência derradeira quanto à conformidade.[4]

5.2 Tribunal de Justiça do Distrito Federal e dos Territórios – TJDFT

O Tribunal de Justiça do Distrito Federal e Territórios se destacou nas primeiras colocações do Índice de Desempenho da Sustentabilidade do Poder Judiciário entre 2020 e 2023, inclusive no que se refere ao indicador de contratações sustentáveis.[5]

Seguindo a modelagem do Plano de Logística Sustentável dos normativos do Conselho Nacional de Justiça, o TJDFT avançou na estruturação do sistema de governança e gestão das contratações e da sustentabilidade, nos termos da sua política específica sobre essas temáticas:

> DA GOVERNANÇA DA SUSTENTABILIDADE
> Art. 4º As diretrizes e os objetivos de sustentabilidade devem ser observados pelos diferentes atores e pelos subsistemas da governança institucional do TJDFT na avaliação, no direcionamento e no monitoramento da gestão.
> Art. 5º A avaliação, o direcionamento e o monitoramento da sustentabilidade, em nível institucional, serão exercidos pela alta administração, prioritariamente pelos membros da presidência, com o apoio do Comitê de Governança e Gestão Estratégica - CGGE e da Comissão de Sustentabilidade, que atuarão em consonância com o direcionamento estratégico do TJDFT.
> §1º A Comissão de Sustentabilidade do TJDFT compõe o subsistema de governança e gestão estratégica e apoia os demais subsistemas de governança institucional na sua temática de atuação.
> §2º Os colegiados do sistema de governança institucional, inclusive o Comitê de Governança e Gestão das Contratações - CGGC, observarão

[4] Seminário de Planejamento Estratégico Sustentável do Poder Judiciário. Dia 13/06. Tempo 6'23''56. Disponível em: https://www.youtube.com/watch?v=OokA1Db21jo&t=1282s.

[5] TJDFT conquista 3º lugar no Índice de Desempenho da Sustentabilidade do Poder Judiciário. Disponível em: https://www.tjdft.jus.br/institucional/imprensa/noticias/2023/junho/tjdft-se-classifica-em-3o-lugar-no-indice-de-desempenho-da-sustentabilidade-do-poder-judiciario.

> as orientações de sustentabilidade do CGGE, em subsídio à análise das demandas de contratações do TJDFT.
> Art. 6º Deverão ser observados os direcionamentos provenientes dos órgãos superiores de governança do Poder Judiciário, com o objetivo de garantir o alinhamento institucional com os demais órgãos da governança colaborativa sobre o tema.[6]

Comprova-se que a existência de normas regulatórias na instituição confere maior segurança jurídica ao gestor que visualiza o comprometimento do órgão com a sustentabilidade desde o planejamento estratégico institucional até análises pormenorizadas nas contratações e aquisições que se apresentam, o que demonstra o estabelecimento de práticas de governança em estágio maduro, como nos revela Brito (2023):

> as práticas de governança em contratações públicas devem ser direcionadas para atender ao interesse público e garantir a entrega de resultados sustentáveis (valor público sustentável). Para que a aquisição de bens, serviços e obras seja efetiva nesse sentido, é crucial alinhar as necessidades organizacionais com as diretrizes estratégicas, observando princípios como integridade, transparência, planejamento e sustentabilidade. Além disso, para melhorar a eficiência dos processos de trabalho e a eficácia nas contratações, é essencial a alocação de recursos qualificados e a implementação de estruturas adequadas nas três etapas do processo – planejamento, seleção de fornecedores e gestão contratual – facilitando, dessa forma, a transformação desejada na área (qualidades e capacidades organizacionais).

A interlocução e o alinhamento entre as diretrizes estratégicas, os planos diretores setoriais, o Plano de Logística Sustentável e o Plano de Contratações Anual, se dá pela formatação semelhante dos componentes da Comissão de Sustentabilidade e do Comitê de Contratações. Esta modelagem reforça o objetivo de otimizar os esforços e favorecer a cultura sustentável das lideranças e dos gestores tomadores de decisão nas etapas de planejamento, gestão e fiscalização sobre a efetividade das contratações, e manter a coerência das diretrizes traçadas. Os gestores das unidades demandantes de contratos ganham, desta forma, maior segurança para aplicar modelagens inovadoras em busca da melhoria contínua e da efetividade.

---

6 Resolução nº 15, de 09/11/2021 – Política de Sustentabilidade do Tribunal de Justiça do Distrito Federal e dos Territórios (tjdft.jus.br). Disponível em: https://www.tjdft.jus.br/publicacoes/publicacoes-oficiais/resolucoes-do-pleno/2021/resolucao-15-de-09-11-2021.

O cumprimento das metas traçadas para os indicadores do PLS e a implementação dos planos de ação para o seu alcance são monitorados no âmbito do órgão, por meio de indicadores específicos do Plano Estratégico quinquenal, e são utilizados para a gestão do conhecimento em busca de correções de rumos ou aperfeiçoamentos. Por sua vez, o Comitê de Governança e Gestão Estratégica do Tribunal é instado a se manifestar sempre que provocado a respeito das diretrizes de sustentabilidade específicas a um indicador de desempenho do PLS ou modelagem inovadora de contratação.

O TJDFT já havia implementado painéis de monitoramento de desempenho dos indicadores do Plano de Logística Sustentável desde 2016, porém, com vistas a ampliar a abrangência da metodologia de monitoramento do PLS aos grandes contratos logísticos, para além dos indicadores obrigatórios das Resoluções CNJ, desenvolveu um painel de dados sobre os desempenhos econômicos dos vinte maiores contratos de custeio, seguindo a Lei de Pareto.[7]

Outra boa prática adotada pelo órgão foi a gestão dos riscos de sustentabilidade nas contratações na fase de planejamento, que são avaliados no bojo do Plano Anual de Contratações do órgão.

6 Conclusão

Estabelecida a relação entre governança pública e sustentabilidade, em especial, quanto ao papel do Plano de Logística Sustentável – PLS como ferramenta de governança, é preciso compreender as dimensões da sustentabilidade e aplicá-las de forma assertiva nas contratações públicas.

Os avanços alcançados pelo Poder Judiciário, nos casos concretos trazidos neste estudo, que referenciam o STJ e o TJDFT, demonstram que a administração dos órgãos e os ocupantes dos cargos de liderança devem definir diretrizes e objetivos claros de governança pública, conexos ao Plano Estratégico, e aos demais planos de gestão, inclusive o Plano de Logística Sustentável – PLS, em suporte aos gestores, executores e fiscais de contratos e à equipe de planejamento.

Os modelos de governança pública sustentável apresentados representam uma evolução nas análises de sustentabilidade nos

[7] Também denominada regra 80/20, diagrama de Pareto ou curva ABC.

procedimentos de compras e contratações e se coadunam com o disposto na Nova Lei de Licitações e Contratos Administrativos, pois promovem o alinhamento dos instrumentos diretores do órgão, além de demonstrar uma genuína preocupação quanto à minimização dos impactos sociais, ambientais e econômicos negativos causados pelas atividades institucionais. Como nos trazem Martins e Marini (2014), este pensamento sistêmico procurar materializar a boa governança voltada para a entrega de resultados com geração de valor público possível de ser alcançada tendo em vista o necessário apoio da alta liderança e o desenvolvimento de capacidades e qualidades institucionais que tragam reais possibilidades de mudanças na gestão com foco na eficiência, na efetividade e na eficácia.

Não se pode olvidar que as práticas sustentáveis devem ser objetivadas nos órgãos por meio de ações concretas, que se desdobram em grande parte nas contratações. Se depreende que a intencionalidade sustentável dos órgãos públicos incorre em riscos de credibilidade se acaso se limitar a campanhas de divulgação, coleta seletiva ou ações esporádicas no calendário anual de atividades. Ao contrário, é por meio do modelo de consumo, uso e descarte, e do regramento da contratação de mão de obra continuada, da gestão de pessoas, e na conduta íntegra no relacionamento com as partes interessadas que a instituição torna efetiva sua declaração e valor sustentável a ser entregue à sociedade.

Frente a todo o exposto, a inclusão de valor sustentável no processo de contratações apresenta certa complexidade, a qual se inicia na etapa de planejamento das aquisições e depende diretamente de uma estruturação interna dos órgãos, que envolve a gestão por competências das equipes designadas, a elaboração dos estudos técnicos preliminares, a capacitação e atualização frequente sobre o tema, a análise dos riscos específicos sobre os impactos ambientais, sociais e econômicos do objeto a ser contratado, inclusive quanto aos demais contratos, a visão sistêmica sobre a alocação dos recursos orçamentários e, após o certame, o monitoramento sobre a efetividade da solução buscada pela licitação.

Conclui-se pela necessidade de uma mudança paradigmática no modelo de governança e gestão dos órgãos e a devida instrumentalização que viabilize a atuação sustentável dos gestores em todos os níveis da administração. Este desafio foi assumido de forma precursora pelo Poder Judiciário, que continua a perseguir melhores resultados.

Referências

ACHE, Andrea; FENILI, Renato. *A lei de licitações e contratos*: visão sistêmica. Das Licitações – Planejamento e seleção do fornecedor. Volume 1 – Arts. 1º - 71. 1. ed. Guarulhos: Format Editora, 2022.

ALVES, E.; AMIDEN, G.; FEITOSA, K. Aspectos destacados da Resolução nº 201/2015: CNJ como instrumento de planejamento estratégico e governança voltada à sustentabilidade. *Resenha Eleitoral*. Tribunal Regional Eleitoral de Santa Catarina, v. 19, p.67-79, 2015.

BRASIL. Conselho Nacional de Justiça. *Recomendação n° 11, de 22 de maio de 2007*. Disponível em: https://atos.cnj.jus.br/atos/detalhar/atos-normativos?documento=867. Acesso em: 2 jun. 2024.

BRASIL. Conselho Nacional de Justiça. *Resolução CNJ nº 201, 3 de março de 2015*. Dispõe sobre a criação e competências das unidades ou núcleos socioambientais nos órgãos e conselhos do Poder Judiciário e implantação do respectivo Plano de Logística Sustentável (PLS-PJ). Disponível em: https://atos.cnj.jus.br/atos/detalhar/2126. Acesso em: 2 jun. 2024.

BRASIL. Conselho Nacional de Justiça. *Resolução CNJ nº 347, de 13 de outubro de 2020*. Dispõe sobre a Política de Governança das Contratações Públicas no Poder Judiciário. Disponível em: https://atos.cnj.jus.br/files/original170811202010155f8881fb44760.pdf. Acesso em: 2 jun. 2024.

BRASIL. Conselho Nacional de Justiça. *Portaria CNJ nº 353, de 4 de dezembro de 2023*. Institui o Regulamento do Prêmio CNJ de Qualidade, ano 2024. Disponível em: https://atos.cnj.jus.br/atos/detalhar/5366. Acesso em: 5 jun. 2024.

BRASIL. Conselho Nacional de Justiça. *Resolução CNJ nº 400, de 16 de junho de 2021*. Dispõe sobre a política de sustentabilidade no âmbito do Poder Judiciário. Disponível em: https://atos.cnj.jus.br/atos/detalhar/3986. Acesso em: 2 jun. 2024.

BRASIL. Conselho Nacional de Justiça. *Portaria CNJ nº 353, de 4 de dezembro de 2023*. Institui o Regulamento do Prêmio CNJ de Qualidade, ano 2024. Disponível em: https://atos.cnj.jus.br/atos/detalhar/5366. Acesso em: 5 jun. 2024.

BRASIL. Conselho Nacional de Justiça. *8º Balanço da Sustentabilidade do Poder Judiciário*. Brasília, 2024. Disponível em https://www.cnj.jus.br/wp-content/uploads/2024/06/8o-balanco-da-sustentabilidade-do-poder-judiciario-12062024.pdf. Acesso em: 5 jun. 2024.

BRASIL. *Lei de Licitações e Contratos Administrativos*. Disponível em: https://www.planalto.gov.br/ccivil_03/_ato2019-2022/2021/lei/l14133.htm. Acesso em: 5 jun. 2024.

BRASIL. Ministério do Planejamento, Orçamento e Gestão. SLTI. *Instrução Normativa nº 01, de 19 de janeiro de 2010*. Dispõe sobre os critérios de sustentabilidade ambiental na aquisição de bens, contratação de serviços ou obras pela Administração Pública Federal direta, autárquica e fundacional e dá outras providências. Disponível em: https://www.gov.br/compras/pt-br/acesso-a-informacao/legislacao/instrucoes-normativas/instrucao-normativa-no-01-de-19-de-janeiro-de-2010#:~:text=Disp%C3%B5e%20sobre%20os%20crit%C3%A9rios%20de,fundacional%20e%20d%C3%A1%20outras%20provid%C3%AAncias. Acesso em: 2 jun. 2024.

BRASIL. Ministério da Economia. *Portaria SEGES/ME nº 8.678, de 19 de julho de 2021*. Disponível em: https://www.gov.br/compras/pt-br/acesso-a-informacao/legislacao/portarias/portaria-seges-me-no-8-678-de-19-de-julho-de-2021 Acesso em: 3 jun. 2024

BRASIL. Superior Tribunal de Justiça. *Portaria nº 426, de 13 de novembro de 2008*. Dispõe sobre o Programa de Responsabilidade Socioambiental do STJ. Disponível em: https://bdjur.stj.jus.br/jspui/bitstream/2011/18063/PORTARIA%20DG%20426.pdf. Acesso em: 2 jun. 2024.

BRASIL. Superior Tribunal de Justiça. *Instrução Normativa STJ/GDG nº 7, de 15 de março de 2023*. Dispõe sobre o plano anual de contratações e aquisições no Superior Tribunal de Justiça e define os prazos para a execução das demandas nele contidas. Disponível em: https://bdjur.stj.jus.br/jspui/bitstream/2011/173490/Int_7_2023_GDG.pdf. Acesso em: 5 jun. 2024.

BRASIL. Superior Tribunal de Justiça. *Portaria nº 293, de 31 de maio de 2012*. Dispõe sobre a política de sustentabilidade no Superior Tribunal de Justiça. Disponível em: https://bdjur.stj.jus.br/jspui/bitstream/2011/46638/PRT_293_2012_ST.pdf. Acesso em: 3 jun. 2024.

BRASIL. Superior Tribunal de Justiça. *Instrução Normativa STJ/GDG nº 7, de 15 de março de 2023*. Dispõe sobre o plano anual de contratações e aquisições no Superior Tribunal de Justiça e define os prazos para a execução das demandas nele contidas. Disponível em: https://bdjur.stj.jus.br/jspui/bitstream/2011/173490/Int_7_2023_GDG.pdf. Acesso em: 5 jun. 2024.

BRASIL. Superior Tribunal de Justiça. *Instrução Normativa STJ/GDG n. 4, de 16 de janeiro de 2024*. Atualiza a Política de Sustentabilidade no Superior Tribunal de Justiça. Disponível em: https://bdjur.stj.jus.br/jspui/handle/2011/183295. Acesso em: 3 jun. 2024.

BRASIL. Superior Tribunal de Justiça. *Gestão Sustentável. Licitações Sustentáveis*. Disponível em: https://www.stj.jus.br/sites/portalp/Institucional/Gestao-Sustentavel/Licitacoes-Sustentaveis Acesso em: 3 jun. 2024.

BRASIL. Tribunal de Justiça do Distrito Federal e Territórios. Resolução 15 de 09/11/2021 – *Política de Sustentabilidade*. Disponível em: https://www.tjdft.jus.br/publicacoes/publicacoes-oficiais/resolucoes-do-pleno/2021/resolucao-15-de-09-11-2021. Acesso em: 4 jun. 2024.

BRASIL. Tribunal de Justiça do Distrito Federal e Territórios. *Plano de Logística Sustentável 2021-2026*. Disponível em: https://app.powerbi.com/view?r=eyJrIjoiYTA5NzcxZGEtNTQzMC00MGQyLWFhNWEtOTk5OTMwYTU1YzM1IiwidCI6ImRjNDIwMDkyLTIyNDctNDMzMC04ZjE1LWY5ZDEzZWViZWRhNCJ9&pageName=ReportSection. Acesso em: 5 jun. 2024.

BRASIL. Tribunal de Justiça do Distrito Federal e Territórios. Plano de Logística Sustentável Relatório de Desempenho Anual TJDFT – 2023. Disponível em: https://www.tjdft.jus.br/institucional/gestao-estrategica/relatorios-de-desempenho-das-metas/relatorio-de-desempenho-do-pls-2023.pdf. Acesso em: 5 jun. 2024.

BRITO, Isabella. Dissertação de Mestrado. *Governança das contratações públicas*: um estudo de caso aplicado no Tribunal de Justiça do Distrito Federal e dos Territórios (TJDFT). Disponível em: https://repositorio.idp.edu.br/handle/123456789/4922. Acesso em: 5 jun. 2024.

CADER, Renato; VILLAC, Teresa. *Governança e Sustentabilidade* – um elo necessário no Brasil. Belo Horizonte: Fórum, 2022.

ELKINGTON, J. *Sustentabilidade, canibais de garfo e faca.* São Paulo: M. Books do Brasil. Editora Ltda., 2012.

FALCÃO-MARTINS, Humberto; MARINI, Caio. Governança pública contemporânea – uma tentativa de dissecação conceitual. *Revista do TCU*, n. 130, 2014.

FREITAS, J. *Sustentabilidade Direito ao Futuro*. 3. ed. Belo Horizonte: Fórum, 2016.

MARTINS, Humberto Falcão; Marini, Caio. Um guia de governança para resultados na administração pública. Publix Editora, 2010. Brasília, DF.

ONU. *Agenda 2030 e os Objetivos de Desenvolvimento Sustentável*. Disponível em: https://brasil.un.org/pt-br. Acesso em: 3 jun. 2024.

SACHS, I. *Caminhos para o desenvolvimento sustentável.* Rio de Janeiro: Garamond, 2009.

SACHS, I. *Desenvolvimento includente, sustentável sustentado.* Rio de Janeiro: Garamond, 2008.

SCARTEZINI, Ketlin; RIBEIRO, Adriana. Critérios de Sustentabilidade nas contratações. *In*: FERNANDES, J.; FERNANDES, Murilo. *Terceirização* – Legislação, Doutrina e Jurisprudência. Belo Horizonte: Fórum, 2018, p. 83-105.

Informação bibliográfica deste livro, conforme a NBR 6023:2018 da Associação Brasileira de Normas Técnicas (ABNT):

TOSTES, Adriana; SCARTEZINI, Ketlin Feitosa de Albuquerque Lima. O plano de logística sustentável como ferramenta de governança nas contratações públicas sustentáveis no Poder Judiciário brasileiro. *In*: RODRIGUES, Caroline; PIRONTI, Rodrigo (coord.). *ESG na Administração Pública*: estudos dirigidos. Belo Horizonte: Fórum, 2025. p. 641-657. ISBN 978-85-450-0779-1.

SOBRE OS AUTORES

Adiéliton Galvão de Freitas
Engenheiro ambiental e mestre em Engenharia Sanitária e Ambiental pela Universidade Federal de Viçosa. MBA em Gestão de Negócios pela Fundação Getúlio Vargas. Atua na temática ESG há mais de 18 anos, liderando a área de Sustentabilidade na Cemig há 8 anos. *E-mail*: adieliton.freitas@cemig.com.br.

Adriana Tostes
Pós-graduada em Meio Ambiente e Sustentabilidade pela Fundação Getúlio Vargas. Foi coordenadora de Gestão Socioambiental e de Gestão Estratégica e Sustentabilidade do Tribunal de Justiça do Distrito Federal e Territórios – TJDFT (2012-2024). Palestrante e instrutora da temática de sustentabilidade aplicada às contratações. Participou dos Grupos de Trabalho do Conselho Nacional de Justiça para elaboração das Resoluções CNJ nºs 400/2015 e 347/2020.

Aline Caruso de Oliveira
Formada em Comunicação Social, com MBA em Comunicação Corporativa, Planejamento e Gestão, atua no setor de energia há mais de 10 anos. *E-mail*: aline.caruso@cemig.com.br.

Álvaro Santos
Auditor do Estado na Contadoria e Auditoria-Geral e Presidente do Comitê de Integridade Pública do Estado do Rio Grande do Sul. Mestre em Economia pela PUCRS.

Ana Carolina Corrêa Petenati de Oliveira
Advogada. Mestra em Direitos Fundamentais e Democracia. Especialista em Direito Penal e Processual Penal. Bacharel em Direito. Docente em cursos de graduação de Direito, além de autora de diversos capítulos de livros e artigos jurídicos. Palestrante e Diretora Executiva da empresa Lagom Cursos, que desenvolve programas de prevenção e combate a assédio nas empresas.

Ana Carolina Coura Vicente Machado
Advogada e consultora jurídica, sócia do escritório Coura Advocacia. Graduada pela Universidade Federal do Paraná com especialização em Direito Administrativo pelo Instituto de Direito Romeu Felipe Bacelar. Mais de 10 anos de experiência na assessoria jurídica a órgãos públicos, entidades do Sistema S e empresas privadas em todo o Brasil. Atuação estratégica em licitações e contratos públicos, *compliance* e ESG.

Ana Paula Nunes Mendonça Sextos
Advogada. Mestra em Direitos Fundamentais e Democracia. Especialista em Direito do Trabalho. Bacharel em Letras e em Direito. Autora do livro "Direitos Fundamentais nas Relações entre Particulares: discriminação na fase pré-contratual na relação de emprego". Palestrante e diretora de conhecimento da empresa Lagom Cursos, que desenvolve programas de prevenção e combate a assédio nas empresas.

André Trajano
Pesquisador, autor, professor, mediador, palestrante. Coordenador de Licitações e Contratos da Superintendência Regional de Administração da 2ª Região da Advocacia-Geral da União — AGU no Rio de Janeiro/Espírito Santo. Servidor Público Federal, atuando na área de contratações públicas desde 2008. Foi Diretor do Departamento de Contratos e Convênios da Fundação Educacional e Cultural de Nova Iguaçu/RJ, passando pelas funções de fiscalização e presidente de comissão permanente de licitação da entidade. Formado em Administração, é especialista em Administração Pública pela Universidade Federal Fluminense — UFF (2014), especialista em Educação Tecnológica pelo CEFET/RJ (2021) e especialista em Educação Profissional e Tecnológica pelo IFES (2023). Mestre em Gestão e Estratégia pela Universidade Federal Rural do Rio de Janeiro UFRRJ (2017). Doutor em Engenharia de Produção e Sistemas pelo CEFET/RJ (2023), na linha de pesquisa de sustentabilidade, onde desenvolveu tese sobre a aplicação de critérios de sustentabilidade em compras públicas à luz do *Triple Bottom Line*, propondo um modelo de integração de critérios de sustentabilidade nas três fases das compras públicas brasileiras. Revisor de periódicos e autor de artigos e livros publicados na temática de inovação, contratações públicas e sustentabilidade.

Bruna Toledo Piza Magacho
Advogada, mestra em Direito e Políticas Públicas pela Universidade Federal de Goiás (UFG). Consultora em integridade pública e privada, pesquisadora e professora.

Bruno Bartelle Basso
Procurador do Município de Florianópolis, sócio-fundador da empresa GEP *Compliance* e especialista nas áreas de governança, risco e *compliance*.

Carmen Iêda Carneiro Boaventura
Advogada e consultora jurídica há 14 anos. Especialista em Direito Administrativo e em Licitações e Contratos Administrativos. Coautora dos livros "Licitações e Contratos Administrativos na Lei 14.133/21 Aspectos Gerais", Ed. Negócios Públicos, 2022, e "Direito Administrativo Sancionador nas estatais", Ed. CEEJ, 2023. Membra da Comissão de Estudos em Licitações e Contratos da OAB/BA. Professora da pós-graduação em licitações e contratos do CERS, palestrante e autora de artigos jurídicos.

Caroline Palermo
Advogada. Especialista em Direito Tributário pela Faculdade de Direito de São Bernardo do Campo, com curso de extensão universitária na Lei Geral de Proteção de Dados Pessoais (LGPD), governança e *compliance* pela USP. Professora de cursos de pós-graduação, de cursos preparatórios para concursos públicos e para o exame da Ordem dos Advogados do Brasil em Direito Tributário. Sócia na área de Direito Tributário do escritório Leite, Tosto e Barros Advogados.

Caroline Rodrigues
Mestra em Meio Ambiente e Desenvolvimento na UFPR. Especialista em Direito e gestão das entidades do Sistema S, pelo IDP-Brasília. Especialista em Direito Socioambiental pela PUCPR. MBA em ESG e Impacto, pela Trevisan Escola de Negócios. Graduada em Direito pela UniCuritiba-PR. Consultora jurídica, professora de pós-graduação, palestrante e autora de diversos artigos e livros sobre o tema licitações, contratos administrativos, ESG, sustentabilidade, gestão de riscos e *compliance* público, com atuação na Administração Pública direta, indireta e nas entidades do Sistema S.

Daiesse Quênia Jaala Santos Bomfim
Auditora de Controle Externo (TCMSP). Chefe de Divisão de Auditoria de Licitações e Contratos (AGU). Professora e palestrante com pós-graduação e mestrado em Direito Público. Graduada em Direito pela Universidade Federal da Bahia.

Daniel Ferreira
Pós-doutorado pelo *Ius Gentium Conimbrigae* (IGC)/Faculdade de Direito da Universidade de Coimbra (FDUC). Doutor e mestre em Direito Administrativo pela PUC-SP. Professor e atual coordenador do programa de pós-graduação *stricto sensu* em Direito do Centro Universitário Internacional (PPGD/UNINTER). Sócio fundador e administrador do Ferreira, Kozicki de Mello e Maciel Advogados Associados (FKMPM), árbitro e mediador (CAMFIEP/PR) em Curitiba-PR.

Daniel Perrelli Lança
Daniel Lança é advogado, mestre em Ciências Jurídico-Políticas pela Universidade de Lisboa. Especialista em *Compliance* e Gestão de Riscos pelas Universidades de Harvard e da Pensilvânia. Diretor Jurídico e de *Compliance* da GASMIG. Professor convidado da Fundação Dom Cabral. *E-mail*: daniel.lanca@cemig.com.br.

Ednilson Alves da Silva
Administrador, mestre em Administração Pública, especialista em licitações e contratos, servidor de empresa estatal e pregoeiro, pesquisador e professor.

Eduardo Moura
Advogado. *Master in Business Administration* pelo IBMEC do Rio de Janeiro. Professor na Escola Superior de Polícia Civil e na Escola de Magistratura Federal do Estado do Paraná nas matérias de *compliance* anticorrupção e investigações corporativas. Sócio e *chief operating officer* do escritório Pironti Advogados.

Fabricio Soler
Advogado especializado em Direito Ambiental e Direito dos Resíduos. Doutorando em Direito Internacional Ambiental, mestre em Direito Ambiental pela PUC, MBA Executivo em Infraestrutura pela FGV, especialista em Gestão Ambiental pela USP e pós-graduado em Gestão e Negócios do Setor Energético também pela USP. Consultor internacional em economia circular, resíduos, logística reversa e embalagens. Professor dos cursos de pós-graduação em ESG e Direito Ambiental. Sócio da consultoria S2F Partners.

Fernando Mânica
Doutor pela USP. Mestre pela UFPR. Presidente da Comissão de Direito do Terceiro Setor da OAB-PR. Presidente da Comissão de Saúde do Instituto Brasileiro de Direito Regulatório. Professor do mestrado profissional em Direito da Universidade Positivo. Procurador do Estado, advogado e consultor especializado em parcerias no setor de saúde. www.fernandomanica.com.br.

Francisco Lopes Fernandes Netto
Professor e palestrante em eventos de Direito Público e gestão de alcance profissional e acadêmico. Professor do departamento de Direito da UNISAPIENS nas disciplinas de Direito Constitucional e Direito Administrativo. Foi condecorado com a Medalha de Honra ao Mérito do Conselho Nacional de Controle Interno (CONACI) na categoria Desenvolvimento Institucional (2023). Ex-vice-Presidente do CONACI (2022-2023). Ex-Controlador Geral do Estado de Rondônia — CGE-RO (2016-2023). Auditor fiscal da Secretaria de Estado de Finanças do Estado de Rondônia (SEFIN-RO) desde 2010.

Isabelle Campoli Cazarim Cavalheiro
Advogada, pós-graduada em *Law Enforcement*, *compliance* e responsabilidade empresarial pela Faculdade de Direito da Universidade de Lisboa.

Jander Leal
Economista, bacharel em Direito, pós-graduado em Gestão Pública e em Direito Ambiental. Mestre e doutor em Planejamento Estratégico Ambiental. Docente em Direito Administrativo e Ambiental. Professor da IRBB do Ministério Público do RJ. Foi servidor público por 30 anos e possui experiência na área de licitações e contratos há mais de 34 anos. Coordenou MBA sobre Licitações e Contratos no Instituto A Vez do Mestre, da Cândido Mendes, e hoje atua como palestrante, consultor e escritor na área de contratações pública.

Júlia Flores Schütt
Promotora de Justiça no Ministério Público do Rio Grande do Sul, mestre e doutora em Direito pela Universidade de Salamanca/Espanha.

Juliana Oliveira Nascimento
Executiva sênior, advogada e docente especialista em ESG, *Compliance*, Governança Corporativa, Riscos, Controles Internos, Auditoria Interna, Continuidade dos Negócios e *International Business. Risk Advisory Senior Manager* na KPMG. GRC Role Model 2023 & Menção Honrosa GRC Ambassador 2024 Women in *Compliance* Awards — London. Consultoras mais Admiradas em *Compliance* 2021 — *Compliance* ON TOP, Executiva mais Admirada — Análise 2023. Possui experiência relevante no âmbito corporativo com mais de 20 anos atuando em projetos estratégicos e de alta complexidade. Mestrado Profissional Master of Laws in International Business Law pela Steinbeis University Berlin (Alemanha). Mestra em Direito pelo Centro Universitário Autônomo do Brasil — UNIBRASIL. Global Corporate Compliance pela Fordham University (Professor Carole Basri). International Management and Compliance pela Frankfurt University Applied of Sciences. Formada nos cursos de ESG, IPO, Combinação de Negócios e Governance, Risk and Compliance — Risk University pela KPMG Business School; The Paris Agreement on Climate Change as a Development Agenda — United Nations System Staff College (UNSSC), Introduction for ESG pelo Corporate Finance Institute — CFI; e Becoming an Effective Leader pela The University of Queensland. Auditora Líder em Sistemas de Gestão de Compliance e Antissuborno pela World Compliance Association. Pós-graduada no LL.M. em Direito Empresarial Aplicado pelas Faculdades da Indústria do Sistema FIEP/SESI/SENAI/IEL. Pós-graduada em Direito e Processo do Trabalho pela Academia Brasileira de Direito Constitucional (ABDCONST). Pós-graduada em Estado Democrático de Direito pela Fundação Escola do Ministério Público do Estado do Paraná (FEMPAR). Bacharel em Direito pelo Centro Universitário Curitiba — UNICURITIBA (Faculdade de Direito de Curitiba). Integra os comitês do International Chambers of Commerce. Membra da Plataforma de Ação contra a Corrupção da Rede Brasil do Pacto Global da ONU. Palestrante, escritora e organizadora de livros. Coordenadora e coautora de diversos livros. Também possui diversos artigos publicados. Cofundadora, CEO e Vice-Presidente do Conselho do Compliance Women Committee (fundado em setembro de 2017), grupo que conta com mais de 3.000 mulheres integrantes que atuam com *compliance*, governança, riscos, ESG e áreas correlatas, no Brasil e diversos países do mundo, nas esferas pública e privada. Site: www.julianaoliveiranascimento.com.br. *E-mail*: juliana.nascimento7@yahoo.com.br.

Julieta Mendes Lopes
Vice-Presidente do Grupo JML. Advogada, consultora e palestrante em Licitações e Contratos. Mestra em Direito Público. Especialista em gestão ambiental e em Direito Ambiental. Coordenadora da especialização em

licitações e contratos da Católica/SC. Professora dos cursos de especialização em licitações e em Direito Administrativo da PUCPR. Membra do Instituto Paranaense de Direito Administrativo (IPDA) e do Instituto Nacional de Contratações Públicas (INCP).

Ketlin Feitosa de Albuquerque Lima Scartezini
Graduada em Direito/UniCeub de Brasília e MBA em Gestão e Tecnologias Ambientais pela Universidade Politécnica de São Paulo/USP. Pós-graduada em Meio Ambiente e Desenvolvimento Sustentável/FGV. Mestre em Gestão e doutoranda em Administração Pública/IDP.

Laura França Bubniak
Advogada, consultora jurídica no SEBRAE/PR, pesquisadora na área de responsabilidade social e políticas públicas, graduada em Direito pela Universidade de Direito de Curitiba (UNICURITIBA), especialista em Direito Administrativo pelo Instituto de Direito Romeu Felipe Bacellar, especialista em Filosofia e Direitos Humanos pela PUCPR.

Lucca T. Barros
Formado em Administração pela PUCPR, especializado em Gestão de Projetos, com MBA em finanças pela FGV, atua como Gerente de Projetos e Especialista em ESG no Grupo Ambiensys. Desenvolveu uma metodologia personalizada para a implementação de projetos ESG em grandes corporações no Brasil e possui vasta experiência especialmente em projetos de logística reversa e descarbonização.

Marcela Macedo Féder
Advogada. Gerente de *Compliance* e Proteção de Dados do escritório Pironti Advogados. Especialista em Direito Penal e Criminologia — Instituto de Criminologia e Política Criminal (ICPC). Pós-graduada em *compliance* e governança jurídica — FAE Business School.

Marcelo Zenkner
Managing Director da FTI Consulting em São Paulo. Ex-Diretor de Governança e Conformidade da Petrobras. Ex-Promotor de Justiça do Ministério Público do Espírito Santo. Ex-Secretário de Controle e Transparência do Estado do Espírito Santo. Líder do Comitê de Cultura de Integridade da Rede Brasil do Pacto Global da Organização das Nações Unidas ONU. É professor da Link School of Business e da Faculdade de Direito de Vitória (FDV). Doutor pela Universidade Nova de Lisboa e autor da obra "Integridade Governamental e Empresarial", publicada pela editora Fórum.

Maria da Gloria Colucci
Advogada. Especialista em Filosofia do Direito (PUCPR). Mestra em Direito Público (UFPR). Professora aposentada da UFPR. Membra do Instituto dos Advogados do Paraná (IAP). Membra da Sociedade Brasileira para o Progresso

da Ciência (SBPC). Membra da Comissão do Pacto Global (OAB-PR). Membra da Associação Brasileira de Mulheres de Carreira Jurídica (ABMCJ-PR). Membra da Academia Virtual Internacional de Poesia, Arte e Filosofia (AVIPAF). "Prêmio Professor João Crisóstomo Arns — Ano 2019" (Câmara Municipal de Curitiba).

Mariana Keppen
Advogada. Mestra em Direito e Economia pela Faculdade de Direito da Universidade de Lisboa (FDUL). Presidente da Comissão de Estudos sobre *Compliance* e Anticorrupção Empresarial da OAB/PR. Professora da pós-graduação de *compliance* empresarial da UFPR. Sócia diretora da área de *compliance* e proteção de dados do escritório Pironti Advogados.

Mirela Miró Ziliotto
Doutoranda e mestra em Direito Econômico e Desenvolvimento pela PUCPR. Sócia Diretora na área de Direito Administrativo no escritório Pironti Advogados. Professora de pós-graduação de Direito Administrativo e de Licitações e Contratos da PUCPR. Diretora de Comunicação Adjunta do IPDA. Autora das obras "*Blockchain* nas contratações públicas, Fórum, 2022" e "*Compliance* nas contratações públicas: exigência e critérios normativos, 2ª ed., Fórum, 2021".

Priscila Aguiar Mânica
Mestranda em Direito na Universidade Positivo. Chefe de Gabinete da Secretaria de Estado da Fazenda do Paraná (2021-2024). Advogada.

Regina Maria Bueno Bacellar
Mestre em Direito das Relações Sociais pela PUC-SP. Advogada consultora nas áreas ambiental, urbanística e de energia. Professora em cursos de graduação e pós-graduação em Direito. Presidente da Comissão de Direito à Cidade da OAB/PR.

Renato Cader
Doutor em Ambiente e Sociedade pela UNICAMP. Mestre em Administração Pública pela FGV e em Administração pela PUC. Graduado em Administração pela UERJ. Especialista em Políticas Públicas e Gestão Governamental do Ministério da Gestão e Inovação em Serviços Públicos. Prêmio Inovação na Gestão Pública Federal.

Rodrigo Pironti Aguirre de Castro
Pós-doutor em Direito pela Universidad Complutense de Madrid. Doutor e mestre em Direito Econômico e Social pela Pontifícia Universidade Católica do Paraná. Especialista em Direito Administrativo pelo Instituto de Direito Romeu Felipe Bacellar Filho e especialista em Direito Empresarial pela Pontifícia Universidade Católica do Paraná. Membro do Conselho Nacional de Proteção de Dados Pessoais e da Privacidade (CNPD). 1º Vice-Presidente do Instituto Paranaense de Direito Administrativo (IPDA). Ex-diretor executivo e financeiro

do Instituto Brasileiro de Direito Administrativo (IBDA). Autor de 14 obras relacionadas aos temas de *compliance*, Lei Geral de Proteção de Dados, gestão de riscos e controles internos. Autor de vários artigos jurídicos e conferencista em âmbito nacional e internacional. Comenda Honra ao Mérito em Controle Interno pelo Conselho Nacional de Controle Interno (CONACI). Advogado mais admirado pela Análise Editorial na categoria especializado — ano 2021, 2022 e 2023/2024 e pela LEC no anuário "Compliance on Top" — ano 2022. Sócio do escritório Pironti Advogados (www.pirontiadvogados.com).

Ronny Charles Lopes de Torres
Advogado. Consultor, parecerista. Doutorando em Direito do Estado pela UFPE. Mestre em Direito Econômico pela UFPB. Pós-graduado em Direito tributário (IDP). Pós-graduado em Ciências Jurídicas (UNP). Autor de diversos livros jurídicos, entre eles: "Leis de licitações públicas comentadas" (15ª edição, Ed. Juspodivm); "Direito Administrativo" (14ª edição, coautoria, Ed. Juspodivm); "Terceiro Setor: entre a liberdade e o controle" (Ed. Juspodivm); "Comentários à Lei de Improbidade administrativa" (2ª edição, coautoria, Ed. Juspodivm); "Licitações e contratos nas empresas estatais" (3ª edição, coautoria, Ed. Juspodivm); "Análise Econômica das Licitações e Contratos" (2ª edição, coautoria, Ed. Fórum).

Tatiana Camarão
Mestra em Direito pela Universidade Federal de Minas Gerais. Assessora técnica especializada da Presidência do Tribunal de Justiça de Minas Gerais. Professora da pós-graduação da PUC Minas. Diretora de Relações Institucionais do Instituto Mineiro de Direito Administrativo (IMDA). Palestrante. Coautora dos livros: "Comentários à Lei de Licitações e Contratos Administrativos" (2ª ed. Belo Horizonte: Fórum, 2023); e "Termo de Referência" (São Paulo: SGP, 2023).

Teresa Villac
Doutora em Ciência Ambiental (USP). Filósofa (USP). Advogada da União, atua na Consultoria Jurídica do Ministério do Meio Ambiente e Mudança do Clima. Coordenadora da Câmara Nacional de Sustentabilidade da Consultoria-Geral da União/ Advocacia-Geral da União.

Vanessa Santana de Jesus Souza
Defensora Pública do Estado de Pernambuco. Mestra em Direito Constitucional. Pós-graduada em Direito Processual Civil e em Direito do Estado. Graduada em Direito pela Universidade Federal da Bahia.

Esta obra foi composta em fonte Palatino Linotype, corpo 10
e impressa em papel Polen Bold 70g (miolo) e Supremo 250g (capa)
pela Gráfica Star7.